教育部哲学社会科学发展报告项目资助

中国证据法治发展报告
2015~2016

顾　　问	陈光中	刘　耀	樊崇义		
主　　编	张保生	王　旭			
副 主 编	褚福民	袁　丽			
编写组成员	张保生	王　旭	张　中	房保国	吴丹红
	褚福民	袁　丽	王世凡	吴洪淇	刘　良
	黄锶哲	马长锁	李成涛	杨　旭	郝红霞
	杨瑞琴	郭亚坤	任翼飞	张洪歌	张天源
	刘　晋	袁　泉	曾锦华	卢启萌	许晓东
	尚　华	冯俊伟	简乐伟	戴　锐	张洪铭
	黄　石	樊传明	郑　飞	张　伟	谢步高

中国政法大学出版社

2018·北京

Biennial Report on Evidence and the Rule of Law in China 2015-2016

Editors-in-Chief
Baosheng Zhang and Xu Wang

Associate Editors-in-Chief
Fumin Chu and Li Yuan

China University of Political Science and Law Press

证据是法治的基石,是实现司法公正的基石。党的十八届四中全会通过的《中共中央关于全面推进依法治国若干重大问题的决定》把"保证公正司法,提高司法公信力"作为全面推进依法治国的六大任务之一,提出"公正是法治的生命线。司法公正对社会公正具有重要引领作用,司法不公对社会公正具有致命破坏作用"。法治以司法制度为基础,司法制度以证据制度为基础,证据制度建设是我国司法改革的首要任务。司法要摆脱人治的束缚,必须坚持证据裁判原则,实现证据法治。

证据制度建设是一项长期而艰巨的任务,需要法学理论界与法律实务界密切合作、共同努力。本《中国证据法治发展报告》(以下简称"蓝皮书")试图从立法、司法及法学研究的全景视角,展现中国证据制度发展的总体脉络,总结证据立法的完善和司法实践的经验,梳理证据科学的学术研究成果,记录中国证据法治的实践发展轨迹,并预测其未来走向。同时,本发展报告也试图为法学理论界和法律实务界进一步开展证据科学研究、创新我国证据制度,做一些基础性、资料性和评价性的工作。我们相信,无论是立法机关、司法机关和法律服务部门的法律实务工作者,还是高等院校、科研机构的教师、学生和研究人员,都能从本书受益。

本蓝皮书从2015年起改为双年卷,其基本结构如下:

第一篇2015~2016年中国证据立法和司法进展,由如下四部分内容组成:

一是证据立法进展综述,从证据立法的五个层面(法律、司法解释、行政法规和部门规章、地方性证据规定及国际条约）回顾总结证据立法的进展情况。

二是证据司法实践发展综述，分别回顾总结人民法院、人民检察院和公安机关证据制度建设的实践经验。

三是司法鉴定制度建设综述，包括五个方面：人民法院司法技术管理工作制度建设、人民检察院司法鉴定工作制度建设、公安机关司法鉴定工作制度建设、司法行政机关登记管理与备案登记的司法鉴定工作制度建设、司法鉴定技术相关部门规章和行业规范。

四是司法实践中的证据制度建设：相关案例证据分析。

第二篇2015~2016年中国证据科学学术进展，由五部分内容组成：

一是证据科学研究进展：国内外证据科学研究进展情况评介。

二是证据法学研究进展（十个研究领域）述评：证据法理论基础和体系、证据属性与事实认定、证据开示、科学证据与司法鉴定、言词证据、证据排除规则、证明责任与证明标准、法院取证与证据保全、质证与认证、推定与司法认知。

三是法庭科学研究进展（十一个研究领域）述评：法医病理学、法医临床学、司法精神病学、法医生物学、文件检验学、毒物毒品检验学、微量物证检验学、痕迹检验学、交通事故鉴定、声像资料鉴定、电子数据鉴定。

四是证据科学教育进展述评：证据科学研究项目、学科建设和人才培养、课程和教材建设的进展情况。

五是证据科学研究成果选介：具有代表性的证据法学著作、论文和法庭科学著作。

附录收集了2015~2016年发表的证据科学期刊论文目录、证据科学研究生学位论文目录、证据科学学术著作目录，以及证据科学学术会议一览表和证据科学研究项目一览表。

本卷研究报告（蓝皮书）坚持了资料整理和评价功能并重的编写原则，在梳理资料的基础上，加强了分析评论在发展报告中的分量。

本卷研究报告（蓝皮书）的编写，特别感谢如下校外作者：

湖北省襄阳市人民检察院：简乐伟

山东大学法学院：冯俊伟

北京交通大学法学院：郑飞

北方工业大学文法学院：尚华
华东师范大学法学院：樊传明
福建江夏学院法学院：黄石
福建师范大学法学院：谢步高
西藏民族学院法学院：张伟
甘肃省高级人民法院：王世凡
北京市东城区人民检察院：张洪铭
司法鉴定科学研究院：李成涛、杨旭、曾锦华、卢启萌
中国人民公安大学：杨瑞琴、郭亚坤、任翼飞、张洪歌、张天源
公安部物证鉴定中心：刘晋
清华大学：袁泉
华中科技大学：黄锶哲

本书的编写得到"教育部哲学社会科学发展报告项目"资助，由"2011计划"司法文明协同创新中心、中国政法大学证据科学研究院（证据科学教育部重点实验室）和有关合作单位的35位教师、研究人员和法律实务工作者集体编写，体现了证据科学研究创新团队在教育部重点实验室和"2011计划"司法文明协同创新中心科研平台上开展交叉学科研究的协同优势。

编写组成员具体分工详见后记。全书由张保生、王旭修改统稿。

本书的错误或疏漏之处，恳请各位识者提出宝贵的批评意见。

张保生　王　旭
2017 年 10 月 15 日

2015～2016年中国证据法治前进的步伐

2015～2016年，我国证据法治建设继续稳步前行，在证据规则的完善、证据司法和证据科学研究等方面取得许多进展。以下从六个方面作简要的概括和评述。

一、证据规则不断完善

（一）《职业病防治法》创设可反驳的强制性推定

我国职业病认定实行推定制度。推定是标志基础事实与假定事实之间法律关系的证据法范畴。《职业病防治法》[1]第46条第2款规定："没有证据否定职业病危害因素与病人临床表现之间的必然联系的，应当诊断为职业病。"据此，判断劳动者是否患有职业病，以其临床表现为准，只要临床表现具有职业病症，即可推定该病症是由职业病危害因素所致。不过，这种推定是一种可反驳的推定，条件是用人单位有证据证明该劳动者所患病症与其职业病

---

[1] 2016年7月2日十二届全国人大常委会二十一次会议第二次修正，2016年7月2日主席令第48号公布，自2016年9月1日起施行。

危害因素无关。这虽然与一些国家将职业病认定设定为不可反驳的推定还有一定差距,[1]但从保护劳动者的角度看无疑体现了证据法的和谐价值。推定的本质特征在于,它是在一个事实与一个假定之间建立的法律关系,[2]而不是两个事实(基础事实与待证事实)之间的逻辑关系。从作用上看,只要企业、事业单位和个体经济组织等用人单位没有提供证据"否定职业病危害因素与病人临床表现之间的必然联系的",就"应当诊断为职业病",这是一种可反驳的强制性推定。创设该推定,是为了保护处于弱势地位的劳动者因接触粉尘、放射性物质和其他有毒有害因素而引起疾病的健康权利,促进社会和谐发展。

(二)最高法院司法解释完善专家辅助人作证规则

1. 专家辅助人向专家证人的角色演变及其问题

最高人民法院《关于审理环境民事公益诉讼案件适用法律若干问题的解释》[3]第15条第1款规定:"当事人申请通知有专门知识的人出庭,就鉴定人作出的鉴定意见或者就因果关系、生态环境修复方式、生态环境修复费用以及生态环境受到损害至恢复原状期间服务功能的损失等专门性问题提出意见的,人民法院可以准许。"这基本上沿袭了我国以往关于"有专门知识的人"出庭的法律规定,如《刑事诉讼法》第192条第2款"就鉴定人作出的鉴定意见提出意见",最高人民法院《关于民事诉讼证据的若干规定》第61条和《关于行政诉讼证据若干问题的规定》第48条"出庭(就案件的专门性问题)进行说明"、"可以对鉴定人进行询问",最高人民法院《关于适用〈中华人民共和国民事诉讼法〉的解释》(以下简称《民诉法解释》)第122条第1款"可以……代表当事人对鉴定意见进行质证,或者对案件事实所涉及的

---

[1] 例如,美国《1969年联邦煤矿卫生和安全法》关于丧失劳动能力的煤矿工人有权获得赔偿的规定(立法推定),只要通过X射线或其他临床证据证明某个矿工患有矽肺症(事实A),法院就可以推定该矿工完全丧失了劳动能力(事实B),因而作出其有权得到赔偿的裁判,而不允许矿主证明该矿工事实上可能没有全部丧失劳动能力(事实B)。参见〔美〕罗纳德·J.艾伦等:《证据法:文本、问题和案例》(第3版),张保生、王进喜、赵滢译,满运龙校,高等教育出版社2006年版,第854页。

[2] 《布莱克法律词典》对法律推定(presumption of law)的解释是:"一定事实被确定并且没有相反证据来反驳,法院被要求作出的一项假定。"参见 Black's Law Dictionary, 8th Edition, Thomson West, 2004, p.1224.

[3] 2015年1月6日公布(法释〔2015〕1号),自2015年1月7日起施行。

专业问题提出意见"的规定。专家辅助人参与诉讼，对案件专门性问题进行说明，对鉴定人进行询问或质证，打破了鉴定意见"一言堂"的局面，增强了庭审对抗性，有助于法官对鉴定意见进行认证。

按照美国《联邦证据规则》702，专家证言除了必须具有"辅助事实裁判者理解证据或裁断有争议的事实"之相关性，还须符合"基于充足的事实或数据"、"是可靠的原理或方法的产物"与"将这些原理和方法可靠地适用于案件的事实"等条件。从上述分析来看，最高人民法院《关于审理环境民事公益诉讼案件适用法律若干问题的解释》第15条第2款关于专家意见"经质证，可以作为认定事实的根据"的规定，使专家辅助人意见超出了质证范畴，具有了举证意义或与鉴定意见同样的性质，这与美国《联邦证据规则》702规定的专家证言十分相似了。

当然，专家证言是否为鉴定得出的意见，对于其可靠性而言应该是不一样的。美国丹尼尔·J.卡普拉（Daniel J. Capra）教授建议将现行规则702修改为规则702（a）一般规定，再补充规则702（b）法庭科学专家证人："如果一位证人将基于一项法庭科学鉴定而作证（用于确定一个证据样本是否与一个来源样本相似），该证据提出者除满足规则702（a）的要求外，还必须证明如下内容：①该证人的方法是可重复、可复制的，并且是准确的——由适于其预定使用条件下的实验研究所表明；②该证人具有可靠地应用该方法的能力，并实际上可靠地应用了该方法；并且③该证人准确地陈述了这些样本之间的相似或匹配的证明力（含义）。"[1] 显然，中国专家辅助人要向专家证人角色顺利演变，还需深入研究一般专家证人与法庭科学专家证人（鉴定人）的关系问题，包括检材分配原则等复杂的问题，并借鉴国外立法和法学研究的最新成果。

2. 专家辅助人在法庭上就专业问题提出的意见能否视为当事人陈述？双方专家辅助人在法庭上相互询问是否属于对质？

《民诉法解释》第122条第2款规定："具有专门知识的人在法庭上就专业问题提出的意见，视为当事人的陈述。"这一规定值得商榷。首先，当事人

---

[1] Daniel J. Capra, "Rulemaking Possibilities: Efforts of the U. S. Judicial Conference Advisory Committee on Evidence Rules to Address the Recent Challenges to Forensic Expert Testimony", *Keynote Speech at the Sixth International Conference on Evidence Law and Forensic Science*, Baltimore, August 16–17, 2017.

陈述是案件当事人对所见所闻之亲身知识的陈述;具有专门知识的人在法庭上就专业问题提出的意见,则是专家辅助人对专门性问题的研究结论或经推论而得出的意见。因此,二者在知识来源上存在着本质差别,不应该混淆。其次,由于对上述本质区别缺乏认识,《民诉法解释》第123条第1款规定"当事人各自申请的具有专门知识的人可以就案件中的有关问题进行对质"。这里使用"对质"而不是"交叉询问"概念,忽视了对质需要亲身知识,即面对面核实双方感知能力、记忆偏差、陈述歧义和诚实与否的特点;交叉询问一般并不特别苛求询问者必须拥有亲身知识,只要通过诱导性询问揭示其证言的矛盾、漏洞或者对其可靠性、可信性等提出质疑,从而对事实认定者采信或认证产生影响便达到目的了。因此,专家辅助人对专门性问题提出意见,可以根据相同的专门知识或普遍性原理进行不同的推论,从而可能得出不同的结论,他们可以互相质疑对方的方法和结论,但这与根据亲身知识的(面对面)对质还有一些本质上的区别。最后,当事人陈述作为支持本方事实主张的证据,具有较强的主观性与利己性,因而通常无法在法庭上接受质证;而且,根据《民事诉讼法》第75条第2款"当事人拒绝陈述的,不影响人民法院根据证据认定案件事实"的规定,将专家辅助人意见视为当事人陈述还会陷入是否允许其拒绝陈述等困境。

二、证据司法缓慢推进

(一)人民法院以证据制度建设推进审判中心诉讼制度改革

1. 《人民法院第四个五年改革纲要(2014～2018)》强调证据裁判原则

最高人民法院《关于全面深化人民法院改革的意见——人民法院第四个五年改革纲要(2014～2018)》[1]提出,建立以审判为中心的诉讼制度,必须尊重司法规律,确保庭审在保护诉权、认定证据、查明事实、公正裁判中发挥决定性作用,实现诉讼证据质证在法庭、案件事实查明在法庭、诉辩意见发表在法庭、裁判理由形成在法庭。主要改革措施包括:①全面贯彻证据裁判原则。强化庭审中心意识,落实直接言词原则,严格落实证人、鉴定人出庭制度,发挥庭审对侦查、起诉程序的制约和引导作用。坚决贯彻疑罪从无

---

[1] 法发〔2015〕3号,2015年2月4日发布。

原则，严格实行非法证据排除规则，进一步明确非法证据的范围和排除程序。②完善民事诉讼证明规则。强化民事诉讼证明中当事人的主导地位，依法确定当事人证明责任。明确人民法院依职权调查收集证据的条件、范围和程序。严格落实证人、鉴定人出庭制度。发挥庭审质证、认证在认定案件事实中的核心作用。严格高度盖然性原则的适用标准，进一步明确法官行使自由裁量权的条件和范围。一切证据必须经过庭审质证后才能作为裁判的依据，当事人双方争议较大的重要证据都必须在裁判文书中阐明采纳与否的理由。

2. 人民法院司法责任认定和追究程序尊重证据裁判规律

在审判过程中，对案件事实的认定是通过运用证据推论而实现的，法官的权力主要是采纳和排除证据的权力。所以，司法责任制也应围绕证据裁判权的运用来设计。为此，最高人民法院《关于完善人民法院司法责任制的若干意见》[1]规定：①违法审判责任的认定主要包括三种与证据相关的情节：一是涂改、隐匿、伪造、偷换和故意损毁证据材料的，或者因重大过失丢失、损毁证据材料并造成严重后果的；二是向合议庭、审判委员会汇报案情时隐瞒主要证据、重要情节和故意提供虚假材料的，或者因重大过失遗漏主要证据、重要情节导致裁判错误并造成严重后果的；三是其他故意违背法定程序、证据规则和法律明确规定违法审判的。②不得作为错案进行责任追究的与证据相关的情节包括两种：一是对案件基本事实的判断存在争议或者疑问，根据证据规则能够予以合理说明的；二是因出现新证据而改变裁判的。③关于违法审判责任追究程序，高级人民法院监察部门应当派员向法官惩戒委员会通报当事法官的违法审判事实及拟处理建议、依据，并就其违法审判行为和主观过错进行举证。④关于加强法官履职保障的证据问题：一是在案件审理的各个阶段，除非确有证据证明法官存在贪污受贿、徇私舞弊、枉法裁判等严重违法审判行为外，法官依法履职的行为不得暂停或者终止；二是依法及时惩治当庭损毁证据材料、庭审记录。

上述规定中，特别是关于对案件事实的判断存在争议或疑问应当根据证据规则予以合理说明的规定，对法官系统掌握证据法学的理论与方法提出了很高的要求。未来，强化证据法学理论与方法的训练，将是法官继续教育培训的新趋势。

---

[1] 法发〔2015〕13号，2015年9月21日发布。

3. 人民法院采取系列措施推动证据制度建设

（1）严格执行法定的证据采纳标准。最高人民法院常务副院长沈德咏在中国审判理论研究会2015年年会暨"推进以审判为中心的诉讼制度改革"理论研讨会上指出：为严格落实证据裁判原则，避免不具有证据能力的材料进入法庭，有必要研究改变传统的证据审查方式，区分证据能力和证明力两个层次的问题，严格执行法定的证据采纳标准。由于证据采纳标准同时就是证据排除标准，因此他强调：依法排除不具有证据能力的材料，引导和督促办案人员依法规范收集证据。严格排除采用非法方法收集的证据，严格排除不符合法律规范要求的证据，严格执行法律明确规定的证据采纳规则。他同时强调，要严格落实直接言词原则，严格规范举证质证程序，严格规范法庭辩论程序，严格规范法庭认证程序。要统一案件裁判标准，严格落实疑罪从无原则，严格执行法定证明标准。[1]这里有两点值得点评：一是要求区分证据能力和证明力两个层次的问题，强调避免不具有证据能力的材料进入法庭，这表明要从过去强调证明力规则转向重视可采性规则；二是统一案件裁判标准的含义需要进一步澄清，如果这是强调侦查终结、提起公诉和定罪的标准统一，是否还需要兼顾这三个阶段证明标准的层次性？

（2）"两院三部"《关于推进以审判为中心的刑事诉讼制度改革的意见》[2]对刑事证据制度建设提出了一系列新的要求：①建立健全符合裁判要求、适应各类案件特点的证据收集指引。②探索建立命案等重大案件检查、搜查、辨认、指认等过程录音录像制度。③完善技术侦查证据的移送、审查、法庭调查和使用规则以及庭外核实程序。④统一司法鉴定标准和程序。⑤完善见证人制度。⑥探索建立重大案件侦查终结前对讯问合法性进行核查制度。经核查，确有刑讯逼供、非法取证情形的，侦查机关应当及时排除非法证据，不得作为提请批准逮捕、移送审查起诉的根据。⑦对适用普通程序审理的案件，健全庭前证据展示制度，听取出庭证人名单、非法证据排除等方面的意见。⑧完善对证人、鉴定人的法庭质证规则。公诉人、当事人或者辩护人、诉讼代理人对证人证言有异议，人民法院认为该证人证言对案件定罪量刑有

---

[1] "沈德咏：统一司法审判标准 推进严格公正司法"，载中华人民共和国最高人民法院：http://www.court.gov.cn/zixun-xiangqing-15262.html，最后访问日期：2016年7月8日。

[2] 载中华人民共和国最高人民法院：http://www.court.gov.cn/fabu-xiangqing-28021.html，最后访问日期：2017年4月28日。

重大影响的，证人应当出庭作证。⑨完善强制证人到庭制度。

（二）人民检察院和公安机关严格规范电子数据取证

2016年9月，最高人民检察院与最高人民法院、公安部联合发布了《关于办理刑事案件收集提取和审查判断电子数据若干问题的规定》（以下简称《规定》）[1]，主要内容包括：电子数据收集提取和审查判断的一般规定；电子数据收集与提取行为；电子数据的检验与鉴定；电子数据审查与判断和主要内容。从宏观上看，其有几点创新：一是实现了技术规范和法律规范的融合，用技术规范支撑法律规范；二是对电子数据收集过程中不规范的问题进一步作了明确或补充，如电子数据收集主体及资质、收集方式及规范、电子数据的完整性保护方法、侦查实验的条件等；三是提出了电子数据审查标准和非法证据排除标准等。从微观上看，其创新体现在：其一，针对侦查机关难以将海量数据封存、扣押，以及云存储大数据难以调取的问题，将冻结措施应用于电子数据。其二，从技术和法律交叉的角度，首次较完整地规定了保障电子数据"完整性"的措施：①扣押、封存电子数据原始存储介质；②计算电子数据完整性校验值；③制作、封存电子数据备份；④冻结电子数据；⑤对收集、提取电子数据的相关活动进行录像；⑥其他保护电子数据完整性的方法。其三，明确了向第三方调取证据的有关规定，为向网络平台、网络服务供应商调取证据提供了依据。其四，关于电子数据封存的规定，较好地解决了电子数据及其存储介质保管链条的问题。其五，完善了犯罪嫌疑人身份和关联性的认定。

与此同时也有一个重要问题值得讨论，即外行辨认鉴真证人在电子数据出示中的作用。《规定》第21条规定："控辩双方向法庭提交的电子数据需要展示的，可以根据电子数据的具体类型，借助多媒体设备出示、播放或者演示。必要时，可以聘请具有专门知识的人进行操作，并就相关技术问题作出说明。"这里，只规定"具有专门知识的人进行操作……作出说明"是不够的。因为，电子数据的提取者、复制者和保管者（包括《规定》第15、16、24、27条所说的"见证人"）通常是普通警察和侦查人员，并不具有专门知识，却对电子数据的同一性和真实性拥有亲身知识。在电子数据的出示、播

---

[1] 最高人民法院、最高人民检察院、公安部2016年9月9日发布（法发〔2016〕22号），自2016年10月1日起施行。

放或演示过程中,检察官应该首先向这些外行证人进行直接询问,让其就电子数据取证和制作过程进行辨认鉴真,以确保电子数据来源的可靠性。这是一个证据铺垫过程,也是控方必须履行的一种举证责任。对电子数据的真实性有疑问的,当然可按《规定》第17条的规定通过鉴定来解决,但外行知情人的辨认鉴真在电子数据来源即检材可靠性或真实性的证明方面具有不可替代的作用。

(三) 地方检察院和公安机关联合推动侦查人员出庭作证

湖北省人民检察院与省高院、省公安厅联合印发《关于进一步加强公安机关侦查人员、鉴定人员出庭作证工作的通知》[1],主要规范了四个方面的内容(这里仅关注侦查人员):一是强调提升公安机关侦查人员的出庭作证能力,各级公安机关要充分认识侦查人员出庭作证工作是庭审实质化的重要内容,是提高办案质量、确保司法公正的重要环节,迅速组织广大民警深入学习相关法律和政策,通过专题培训、庭审旁听、模拟法庭等多种方式,促使侦查人员尽快适应角色转换,熟悉作证规则,增强心理素质,掌握作证要领,全面、准确、流利陈述事实和说明问题,提高接受法庭调查及控辩双方交叉询问的能力。二是规定了侦查人员出庭作证的范围:①经人民法院通知侦查人员就其执行职务时目击的犯罪情况或实施的侦查行为出庭作证或说明情况的;②人民法院认为现有证据材料不能证明证据收集的合法性,有必要通知侦查人员出庭说明情况的;③证据存在瑕疵且无法补正,侦查人员有必要出庭作出合理解释的;④其他人民法院认为侦查人员有必要出庭作证的情形。三是严格规范侦查人员出庭作证的程序要求:侦查人员对与案件有关的提问,应当客观、公正、实事求是地予以陈述,不得作猜测性、评论性、推断性的证言,不得涉及与作证内容无关的问题;当庭陈述与其之前提交的证明材料不一致的,应当庭说明原因;庭审结束后,要仔细阅读庭审笔录中有关本人作证或说明情况的记录,认为记载有遗漏或者差错的,可以要求补充或者改正。没有错误的,应当签名或者盖章。

侦查人员出庭作证具有重要的法治意义。在各国刑事审判中,警察都是

---

[1] 湖北省人民检察院联合省高法、省公安厅,2016年11月23日发布《关于进一步加强公安机关侦查人员、鉴定人员出庭作证工作的通知》,参见湖北省公安厅:http://www.hbgat.gov.cn/gk/zcfg/xfkd/208256.htm,最后访问日期:2017年6月21日。

控方证人出庭作证的基本群体,其主要作为案件侦查活动的知情证人提供证言,支持公诉。由于我国诉讼制度长期以侦查为中心,侦查人员很少出庭作证,立法上也多规定为"出庭说明情况",这暗示了"单向性说明"的"警察特权","让警察出庭与刑事被告人对簿公堂,被认为是降低了警察的身份"[1]。因此,推进以审判为中心的诉讼制度改革,实现庭审实质化,首先要解决侦查人员出庭的身份问题,应当将其明确界定为证人角色。根据《刑事诉讼法》第60条"凡是知道案件情况的人,都有作证的义务"的规定,侦查人员作为案件侦查情况的知情人,显然负有证人的一般作证义务,具体而言,又可分为目击证人、程序证人、辨认鉴真证人。警察作为案件事实目击证人,如《刑事诉讼法》第187条第2款规定的情况,即使不是没有,也比较罕见。警察作为程序证人,就侦查事项作证则是常见情况。例如,"英美法系国家普遍建立了警察作证制度,在一定程度上是出于对检警分立模式的缺陷的补救……当检察机关起诉时使用的证据受到质疑时,警察为支持公诉出庭作证就成为必然。"[2]在美国,"进行侦查的警察必须以**证人的身份**出庭就侦查事项作证"[3]。因此,上述通知关于提升公安机关侦查人员出庭作证能力,促使侦查人员尽快适应角色转换、熟悉作证规则、掌握作证要领、提高接受法庭调查及控辩双方交叉询问的能力等要求,对于推动警察出庭作证常态化具有重要的法治意义。在推进以审判为中心的诉讼制度改革过程中,警察应当树立以出庭作证为本职工作的观念,不能把出庭作证当作分外之事、额外工作。《警察法》第二章设置的多项职责和权利中,应当补充一条关于出庭作证职责的规定,明确警察职责包括作为证人,对每一次侦查执法活动的情况出庭作证。这不仅有利于刑事审判控方证明责任的落实,也将提高警察依法侦查办案的法治意识。

(四)陈满案证据分析

1. 案情概述[4]

海口市人民检察院指控被告人陈满犯故意杀人罪,海口市中院一审判决

---

[1] 崔敏:"关于警察出庭作证的若干问题",载《中国人民公安大学学报》2005年第5期。

[2] 何家弘、杨建国:"论警察出庭作证的程序保障——以《波士顿警察局规则与程序规则320》为蓝本",载《犯罪研究》2010年第4期。

[3] 参见杨宇冠:《非法证据排除规则研究》,中国政法大学2002年博士学位论文。

[4] 案情概述摘自浙江省高级人民法院刑事判决书,(2015)浙刑再字第2号。

认定：1992年1月，被告人陈满到海口市某村被害人钟某所在公司的住房租住。期间，陈满因未交房租等与钟某发生矛盾，钟声称要向公安机关告发陈满私刻公章帮他人办工商执照之事，并要陈满搬出所租房屋。陈满怀恨在心，遂起杀害钟某的歹念。同年12月25日晚7时许，陈满窜至该村，见钟某正在客厅喝酒，便与其聊天，随即进到房间从厨房拿起菜刀，趁钟不备，朝钟的头、颈、躯干等处连砍数刀，致钟当即死亡。接着，陈满将厨房煤气罐搬到钟卧室门口，用打火机点火焚尸灭迹，后经消防队将大火扑灭。经法医鉴定，钟某身有多处锐器伤、颈动脉被割断造成失血性休克死亡。海口市中院以故意杀人罪、放火罪，判处陈满死刑，缓期二年执行，剥夺政治权利终身。宣判后，市检察院提出抗诉，认为被告人陈满蓄意杀人，手段残忍，情节特别恶劣，后果特别严重，依法应予严惩，没有任何法定或酌定从轻处罚条件；原判对其量刑却适用死刑缓期二年执行，显然过轻，未充分体现罪刑相一致原则，应判处其死刑立即执行。省检察院支持该抗诉。但是，原审被告人陈满及其辩护人均提出，认定陈满杀死钟某在作案时间上不成立，所依据的间接证据不确实且相互矛盾，不能起到证明犯罪事实的作用，陈满在侦查阶段的有罪供述系诱供、逼供所致，本案没有确实、充分的证据证明其犯罪，应当作出证据不足，指控的犯罪不能成立的无罪判决。海南省高院二审经开庭审理，驳回抗诉，维持原判。裁判生效后，陈满不服，向最高人民检察院提出申诉。最高人民检察院按审判监督程序向最高人民法院提出抗诉。最高人民法院作出（2015）刑抗字第2号再审决定书，指令浙江省高院再审，该院组成合议庭，2015年12月29日在海南省海口市琼山区法院开庭审理了本案。

再审中，原审被告人陈满及其辩护人均提出，本案有众多证人证言证明陈满没有作案时间，侦查机关也未收集到认定陈满犯故意杀人罪、放火罪的直接证据，其他间接证据没有形成严密、完整的证据体系。除有罪供述外，并无其他证据证明陈满杀人放火的事实。陈满的有罪供述与已查实的证据具有不可调和的矛盾，侦查人员采用刑讯逼供等非法手段获取了陈满的有罪供述，原裁判据以定罪的主要证据——陈满有罪供述的合法性和真实性存在疑问。证明陈满实施了故意杀人、放火犯罪的证据严重不足，不能认定陈满就是杀人凶手。本案不能排除其他人作案的可能性，应对陈满宣告无罪。

出庭检察员认为，原裁判认定原审被告人陈满实施杀人、放火行为的主要证据，除陈满曾作过的有罪供述外，其他证据均不能证实本案系陈满所为。

作为定罪主要证据的陈满有罪供述与现场勘查笔录、证人证言等其他在案证据存在矛盾，供述的真实性、合法性存在疑问，且有罪供述中的一些情节得不到其他证据印证。本案没有任何指向陈满作案的实物证据和技术性证据，作案工具难以认定，相关物证在侦查阶段已经丢失，没有在庭审中举证、质证，依法不能作为定案的依据。原裁判认定事实的证据不确实、不充分，认定的事实不具有唯一性和排他性。依法应当宣告陈满无罪。

经再审查明，原裁判认定原审被告人陈满于1992年1月到海口市某村向被害人钟某租房居住，案发前搬离，同年12月25日晚7时许，钟某被人杀死在该村，现场被人放火焚尸灭迹的事实清楚。但原裁判认定系原审被告人陈满杀死被害人钟某并焚尸灭迹的事实不清，证据不足，指控的犯罪不能成立，依法应予改判纠正。控辩双方要求撤销原裁判，宣告陈满无罪的意见成立，均予以采纳。本案经最高人民法院审判委员会讨论决定，依法判决原审被告人陈满无罪。

2. 证据分析

（1）关于被告人口供证明力的审查判断。尽管再审法院并未将被告人口供作为非法口供排除，但对该口供的证明力给予否定性评价，认为其不能作为定案根据。这涉及口供证明力的审查判断规则。

《刑事诉讼法》第53条第1款在规定证明标准的同时，也规定了口供补强规则："对一切案件的判处都要重证据，重调查研究，不轻信口供。只有被告人供述，没有其他证据的，不能认定被告人有罪和处以刑罚；没有被告人供述，证据确实、充分的，可以认定被告人有罪和处以刑罚。"根据该规则，口供不能单独作为认定有罪的证据，而必须由其他证据予以补充和强化。最高人民法院《关于适用〈中华人民共和国刑事诉讼法〉的解释》（以下简称《刑诉法解释》）第83条第3款规定："被告人庭前供述和辩解存在反复，但庭审中供认，且与其他证据相互印证的，可以采信其庭审供述；被告人庭前供述和辩解存在反复，庭审中不供认，且无其他证据与庭前供述印证的，不得采信其庭前供述。"

再审程序中，法院作出的"原裁判据以定案的主要证据即陈满的有罪供述及辨认笔录的客观性、真实性存疑，依法不能作为定案依据"的结论，是由以下三点审查判断的结论[1]支持的：①"原审被告人陈满的有罪供述不稳定。经再审查实，陈满在侦查阶段的供述经历了从不承认犯罪，到承认犯罪，又否认犯罪，再又承认犯罪的多次反复，到检察机关审查起诉阶段和原一、二审审理时全面翻供。"这个结论实际上是对《刑诉法解释》第83条第3款的适用，被告人从不认罪到认罪又到不认罪存在反复，一、二审全面翻供，且无其他证据补强口供，因而"不得采信其庭前供述"。②"原审被告人陈满关于作案时间、进出现场、杀人凶器、作案手段、作案过程以及对作案时着装的处理等主要情节的供述不仅前后矛盾，而且与在案的现场勘查笔录、法医检验报告、证人证言等证据所反映的情况不符。如陈满供称，其持平头菜刀趁被害人钟某不备朝钟的头部、颈部、躯干部等处连砍数刀，与现场勘查笔录及照片、法医检验报告及照片，以及再审阶段浙江省人民检察院技术处出具的《技术性证据审查意见书》等证据反映的情况不符。上述证据证实，钟某尸体头面部、双手等部位的多处损伤系由带有尖端和锋利面凶器所形成，而不能由平头菜刀形成。"这个结论也是对《刑诉法解释》第83条第3款的适用，其他证据不但没有补强口供，反而削弱了口供的证明力，因而"不得采信其庭前供述"。③"原审被告人陈满供述将自己工作证留在现场的动机得不到合理解释。侦查机关将本案凶手锁定为陈满的关键证据，是在钟某的裤口袋里发现了陈满的工作证。陈满曾供述，将自己原来的工作证放在钟的裤袋里是为了让人误以为死者是自己，以逃避他人追债。但杨某某、章某某、刘某某、陆某某、肖某、罗某某、陈某某等多名证人证言，证明未发现案发后陈满有任何异常，陈满也不存在有意躲藏、躲避他人的情形。"这个结论，是对口供本身证明力的审查，体现了再审法院对"两院三部"《关于办理死刑案件审查判断证据若干问题的规定》第18条第6项"被告人的辩解内容是否符合案情和常理，有无矛盾"的审查判断标准的适用。

（2）关于确信无疑或"排除合理怀疑"证明标准的适用。否定了上述口供的证明力之后，再审法院需要审查判断其他证据能否证明犯罪事实。这涉及证明标准，尤其是以间接证据认定案件事实的证明标准规则适用。《刑事诉讼法》第53条第2款规定了"证据确实、充分"的有罪证明标准应当符合以下条件：①定罪量刑的事实都有证据证明；②据以定案的证据均经法定程序

---

[1] 三点结论均引自浙江省高级人民法院刑事判决书，(2015) 浙刑再字第2号。

查证属实；③综合全案证据，对所认定事实已排除合理怀疑。《刑诉法解释》第105条规定了以间接证据认定犯罪事实的标准："没有直接证据，但间接证据同时符合下列条件的，可以认定被告人有罪：①证据已经查证属实；②证据之间相互印证，不存在无法排除的矛盾和无法解释的疑问；③全案证据已经形成完整的证明体系；④根据证据认定案件事实足以排除合理怀疑，结论具有唯一性；⑤运用证据进行的推理符合逻辑和经验。"

陈满案再审法院对口供之外其他证据的审查判断的分析要点包括：①收集在案的现场勘查笔录、法医检验报告等证据不能证明原审被告人陈满作案。火灾原因认定书、现场勘查笔录及照片、物证照片、法医检验报告及照片、法医物证检验报告等证据仅能证明被害人钟某被人杀害，作案现场被人为纵火的事实。②案发现场提取的物证无法对原审被告人陈满的有罪供述起到印证作用。据现场勘查笔录等证据反映，侦查人员在案发现场收集到大量物证，包括带血的白衬衣、《海南日报》、卫生纸、破碎的酒瓶、散落在现场的多把刀具、陈满的工作证等，案内证据未显示侦查机关是否对上述物证进行过指纹、血迹鉴定，对白衬衣、工作证等物证没有进行照相留存，且上述物证在原一审庭审前均已丢失，原一、二审庭审中也无法出示上述物证，没有进行举证、质证，不能作为定案的依据。③原裁判认定的作案凶器难以确认。原裁判认定原审被告人陈满杀死被害人钟某的凶器，是案发当日侦查人员从案发现场厨房砧板上提取，并经陈满辨认的一把锈迹斑斑的木柄平头菜刀。根据现场勘查笔录和法医检验报告及照片、《审查意见》等证据证实，钟某被害前曾遭挟制并因反抗而与作案人发生过剧烈的打斗，其头、面、颈部及双手有20多处损伤，系遭到过一类有尖端凶器一二十次的作用过程所导致，其中尸体颈部有一横行切割创口，长度约25厘米，深至颈椎前缘，气管、左侧颈总静脉和右侧颈总动脉被割断，导致其死亡。陈满有罪供述交代并辨认过的作案工具平头菜刀，难以形成导致钟某死亡的相关损伤。④在案证人证言只是证明了发案时的相关情况、案发前后原审被告人陈满的活动情况以及陈满与被害人钟某的关系等，无法证明陈满实施了杀死钟某并焚尸灭迹的行为。

"排除合理怀疑"（beyond reasonable doubt，亦可译为"确信无疑"）标准的确切含义是："除非对其构成被指控的犯罪所必要的每一项事实都有确信无疑的证据,否则,正当程序条款保护被告人免于定罪。"[1]在陈满案中,构成所指控故意杀人罪之每一要件事实的证明,都必须达到确信无疑的程度,才能给其定罪。但根据再审法院对其他证据的上述分析,各种物证、书证都缺乏辨认鉴真,其来源的可靠性值得怀疑,因而不能作为定罪的依据;证人证言只是证明了发案时的相关情况、案发前后的一些背景信息等,无法证明被告人陈满实施了杀死钟某并焚尸灭迹的行为。因此,再审法院得出结论:"原裁判认定原审被告人陈满杀死被害人钟某并焚尸灭迹的事实不具有唯一性和排他性,再审不予认定"。

三、证据科学研究进展

(一)域外证据科学理论研究

第一,关于证据法学与法庭科学的分野。罗纳德·J. 艾伦(Ronald J. Allen)教授[2]认为,二者关注不同的问题并运用各具特色的认识论方法,两个学科的交流存在着自说自话的重大风险。法律是一门具有可塑性的学科,必须对高度复杂的价值体系加以优化,并使自身适应无常的变化。困难在于,法律知识形式和结构体系必须与那些形式完全不同的定量学科进行互动,而法庭科学家可能更愿意看到法律可直接采用本学科解决特定问题所适用的方法。然而,某些法庭科学视角下的证明与法律领域的证明存在着冲突和矛盾,二者并不是完全对应和重合的。只有加强两个学科领域彼此的认知,才能避免司法证明领域认识论和方法论意义上的各种错误,促进证据科学的整体发展。

第二,"法庭科学证据的宪法规制"一文[3],反映了美国最高法院和许多地方法院近年来对刑事案件法庭科学证据运用加强宪法规制的趋向。科学技术犹如双刃剑,其在司法活动中彰显优越性的同时,又由于自身的局限性

---

[1] [美]罗纳德·J. 艾伦等:《证据法:文本、问题和案例》(第3版),张保生、王进喜、赵滢译,满运龙校,高等教育出版社2006年版,第818页。

[2] [美]罗纳德·J. 艾伦:"证据法的法域范围",汪诸豪、李吟、蒋毅译,载《证据科学》2015年第3期。

[3] Brandon L. Garrett, "Constitutional Regulation of Forensic Evidence", 73 *Wash. & Lee L. Rev.* 1147, 2016.

和高度专业性，而使作为科学外行的司法人员不能对科学证据的证明力进行有效评估，导致科学证据往往被误用，酿成许多错误的事实认定。学者们在探索冤案成因时认为，在美国，包括 DNA 证据、指纹证据等科学证据的错误运用，是制造冤案的罪魁祸首。法庭科学分析更多依赖于实验室技术，因此，对科学证据的宪法规制，主要是基于宪法第六修正案和正当程序要求，强调专家证人出庭进行交叉询问，对实验室技术的可靠性进行分析，帮助事实认定者对科学证据的证明力进行准确评估。

第三，关于传统交叉询问方法在科学证据评估中的困境。斯蒂芬·奥杰斯（Stephen Odgers）[1] 在分析专家知识的有效性检验时认为，不管是根据普通法传统还是澳大利亚统一证据法，法庭都享有充分的自由裁量权，通过交叉询问对专家证人的专业知识进行质证。但现实问题是，辩护律师普遍缺乏相关专业知识，不能对科学证据进行有效质证，使其虚弱性充分暴露在陪审团面前，最终造成法庭错误运送正义的后果。加勒特（Garrett）[2] 认为，在刑事案件中，应当强化辩护律师对法庭科学证据进行辩护的义务，而且，辩护律师的最佳辩护策略是接受专家的帮助。加里·埃德蒙（Gary Edmond）教授[3] 认为，传统的交叉询问等质证方法对发现和揭露专家意见中的无意识偏见和个人主观倾向等显得比较虚弱。可行的方法是，通过重点审查专家意见所依据的专业知识的可靠性，来提升专家证言的可信度。然而，外行事实认定者往往对 DNA 分型、毒品与化学测定、指纹比对、弹道与刀痕等有一些显著的"信息空洞"（informational voids）。为提升事实认定者对专家意见进行理性评估的能力，需要对其进行教育培训。

第四，关于目击证人错误辨认的心理学研究。韦克斯勒（Wechsler）等"人身保护令案件司法裁决中的法庭科学与社会科学证据"一文[4]，报道了对具有 13 年以上从业经验的 308 名法官在其办案过程中所经历的可能导致错

---

[1] Stephen Odgers SC, "What Lawyers Should Do about Forensic Science Evidence", 36 *Adel. L. Rev.* 147, 2015.

[2] Brandon L. Garrett, "Constitutional Regulation of Forensic Evidence", 73 *Wash. & Lee L. Rev.* 1147, 2016.

[3] Gary Edmond, "Forensic Science Evidence and the Conditions for Rational (Jury) Evaluation", 39 *Melb. U. L. Rev.* 77, 2015.

[4] Hayley J. Wechsler et al., "The Impact of Forensic vs. Social – Science Evidence on Judicial Decisions to Grant a Writ of Habeas Corpus", 51 *Ct. Rev.* 158, 2015.

误的因素的调查。结果显示，导致冤案的主要原因一是程序性错误，二是证据性错误。在证据性错误中，两个显著因素是目击证人非主观的辨认错误和专家证言的不当运用和审查。在美国利用 DNA 证据平反的 500 件冤案中，有 235 件是因目击证人的辨认错误所致。这些辨认错误不是因目击证人的主观错误，而是因其客观的记忆偏差等引起。南希·K. 司迪磊（Nancy K. Steblay）教授[1]从心理学角度论证了目击证人记忆的不可靠性，以及陪审团缺乏识别自认为诚实作证但却因记忆缺陷导致错误作证的目击证人的能力，强调了科学评估对检验辨认证言的可靠性所发挥的作用。俄勒冈州高等法院在州诉劳森（State v. Lawson）案中，阐明了对目击证人记忆开展科学研究的义务，即规定将目击证人证言纳入该州的证据指南。根据该规定，提供目击证人辨认证言的一方当事人，负有证明其目击证言具有可靠性（对其记忆能力进行科学检验）的责任，而无论该目击证人在辨认过程中是否受到了不当暗示。南希教授强调，运用"双盲序列法"（The double – blind sequential procedure）对目击证人辨认证言的可靠性进行评估和检验，可以减少错误指控的可能性。

（二）首届事实与证据国际研讨会

事实与证据是证据科学的元理论问题。2016 年 5 月 28 ~ 29 日，"事实与证据：哲学与法学的对话"国际研讨会，由"2011 计划"司法文明协同创新中心联合华东师范大学哲学系、华东师范大学法学院在上海共同主办。童世骏教授致辞指出，"事实"和"证据"既是法学概念，也是哲学概念；当柏拉图借苏格拉底之口作出"真实信念"与"知识"之间的经典区分时，这两个概念就连同"律师"、"陪审团"等角色被带进了一场长达两千多年的认识论讨论。张保生教授指出，事实是证据法学的逻辑起点，证据是联系事实与事实认定者的唯一"桥梁"。证据法学研究如何运用证据进行事实认定，但法学家希望从哲学家对这个跨学科课题的研究中得到启发。挪威卑尔根大学希尔贝克（Skirbekk）教授指出，法学与哲学之间存在一定聚合关系。在考察了哲学史上理性、感知、行动和实验这四种证据来源的基础上，他勾勒了证据、事实和各种论辩之间的丰富关联。同时，通过反思立法环节、法庭活动以及法学学术系统中的专家知识，他认为，法学与哲学在对待确定性与不确定性、

---

[1] Nancy K. Steblay, "Scientific Advances in Eyewitness Identification Evidence", 41 *Wm. Mitchell L. Rev.* 1090, 2015.

证据与事实等问题上，能够达成富有成效的对话。法学与哲学的合作不仅仅体现在语义层面，也体现在这两个领域专家之间的人际交往实践之中。美国西北大学法学院艾伦教授提出，任何领域的学者都应该寻求知识和研究工具——分析性、认知性或方法论的工具——它们都可被应用于解决学者所关注的问题。法律制度以及法学知识和法律科学，延伸到人类生活的全部领域；对这些领域的多学科讨论，法学家要保持既谨慎又重视的态度。

会议中，对话一方哲学家阵营——希尔贝克教授、北京大学陈波教授、中山大学熊明辉教授、北京师范大学江怡教授、中国政法大学舒国滢教授、美国迈阿密大学斯鲁特（Slote）教授、瑞典乌普萨拉大学斯巴姆（Sibum）教授等，阐述了证据的定义、事实的概念、证明的规范、论证等认识论和方法论问题，讨论了事实与证据的关系以及通过证据认定事实的方法论。对话另一方法学家阵营——艾伦教授、张保生教授、纪格非教授，以及四川大学龙宗智教授、左卫民教授、北京大学陈瑞华教授、意大利帕维亚大学塔鲁夫（Taruffo）教授、美国凯斯西储大学南希教授、新加坡国立大学何福来教授等，从法学和司法的语境，论述了法庭审判过程中事实、证据和真相的特性，事实认定的主体、过程和模式，证据推论、概率论在司法证明中的作用等问题，对司法程序中的证成和认识论理论进行了深入研讨。在会议闭幕式上，张保生教授作出两点呼吁：一是要深刻反思我国政法战线长期形成的一套传统司法哲学理念，这就要向哲学家们求教；二是希望能将法庭审判当作开展认识论研究的试验场，哲学"抽象"应当自下而上，而非高高在上。

（三）国内学者对证据科学的阐释

第一，迈向整合性证据科学。郑飞[1]撰文指出，中外证据学科称谓及其理论体系之争，实质上是学科独立性与跨学科研究范式之争。二者并不矛盾，因为学科专业化和综合化都是现代学科发展的必然趋势，应该顺应学科发展和司法实践的需要，在走向独立的"证据法学"与深入规律的"证据学"基础上，形成一种"事实认定一体化"研究范式，更加自信且坚定地迈向整合的"证据科学"。区分证据法学、证据学和证据科学，不是就此断绝它们的天然联系，而是要实现法学的归法学，技术的归技术，让证据学（或法庭科学）作为一个法学辅助学科为证据法学的研究提供更多的基础性知识。证据科学

---

[1] 参见郑飞："证据科学的研究现状及未来走向"，载《环球法律评论》2015年第4期。

中法庭科学或证据学与证据法的发展具有相互推动的作用,促进了证据科学以"事实认定一体化"的跨学科研究范式来解决司法证明的难题,这正是迈向整合性"证据科学"的意义所在。

第二,法官科学证据审查责任与复合型法律人才培养模式。王进喜等[1]撰文指出,科学证据审查范式发生了重大变化,美国科学证据审查"表象时代"的终结,我国《刑事诉讼法》对鉴定意见相关规定的修改完善,都意味着法院对科学证据的审查要承担更多职责,也对法庭科学实践及法学教育提出了挑战。科学证据的"光环"会令人高估其证明力。"表象时代"结束后,法官对于科学证据的实质性审查便无从逃避,不能再将科学证据在证据法上的有效性问题抛给专家,而要靠自身去学习和了解争议中的科学证据,审查其原理、方法是否可靠以及在案中能否可靠地适用的问题。应对科学证据消极影响的根本举措是:培养具有科技素养的法律人,懂得科学理论,不盲目崇拜科学。法学院应提供法庭科学课程和培训,培养懂科学的法律人。中国政法大学证据科学研究院开展交叉研究,招收法律硕士(法庭科学方向)研究生,适应了司法实践对复合型人才的需要。

第三,统计学应成为证据科学教育的重要内容。王元凤等[2]撰文指出,统计学与逻辑学和心理学并驾齐驱,将证据研究的重点由证据规格推向证明过程;统计学工具在突破证明焦点、贴近犯罪认定等方面发挥着重要作用。尽管错误运用统计学知识而导致错误证明的情况依然存在,但统计学席卷科学证据领域的趋势不可阻挡。所有法律工作者都应做好应对这种证据变革的知识储备。从证据科学视角看,法律工作者要探索统计学介入科学证据的途径,并通过培训提高使用包含统计元素的科学证据的能力。

四、证据法学研究进展

(一)证据法理论体系研究

传统"证据论+证明论"理论体系进行了自我修正。陈光中主编《证据

---

[1] 参见王进喜、胡萌:"论科学证据审查范式的发展与法学教育的应对",载《中国司法》2015年第7期。

[2] 参见王元凤、于颖超、吴桂玲:"论统计学在科学证据报告中的应用",载《证据科学》2016年第4期。

法学》（第3版）[1]在坚持"证据论+证明论"二分体系的基础上，将传统证据法教材中占一半篇幅的证据种类压缩为一章，从而为关联性规则、非法证据排除规则、传闻证据规则、最佳证据规则、意见证据规则、口供补强规则的论述腾出了空间。何家弘、张卫平主编《简明证据法学》（第4版）[2]共16章内容包括：证据法在何处，什么是证据，证据有哪些法定形式和分类，何为司法证明以及应遵循哪些原则和一般方法，如何取证、举证、质证，法官如何认证，三大诉讼有哪些证明规则，如何审查判断证据、确定证明标准。值得注意的是，该书未对书证、物证、证人证言等传统"证据论"内容进行详细讨论，而是强化了对证据理论、证据规则的阐释，压缩了证据种类，但如何把"证据"与"证明"有机结合仍是一个值得探讨的问题。

（二）证据属性与事实认定

1. 关于证据属性

（1）"老三性说"（客观性、关联性和合法性）陷入重重困境。何家弘、张卫平主编《简明证据法学》（第4版）[3]虽还在坚持客观说，但对证据客观性作了一些补充说明，即所有证据都是人的主观认识和客观事物相结合的产物，因此，证据也具有主观性。"老三性说"的问题，首先是混淆了本体论和认识论，不了解证据法是一个"法庭认识论"[4]构造，其中一切都是主客体相互作用。把客观性当作证据根本属性，势必否定相关性是证据根本属性和现代证据制度的根本原则，这就无法建立现代证据法的理论体系。其次，用客观性代替相关性作为证据根本属性，必然把"客观真实"、命案必破、不枉不漏、有错必纠、终身追究奉为司法的基本追求，处处违背司法规律。最后还会陷入如下三种困境：其一，证据"客观性"没有检验标准，法官无法判断一项证据是否有客观性（不以人的意志为转移），却可以判断它是否有相关性（对要件事实具有证明作用）。由于客观性缺乏检验标准，证据"客观性"审查既无法实现，也无认识论意义。其二，为摆脱这种困境，证据"客

---

[1] 参见陈光中主编：《证据法学》（第3版），法律出版社2015年版。
[2] 参见何家弘、张卫平主编：《简明证据法学》（第4版），中国人民大学出版社2016年版。
[3] 参见何家弘、张卫平主编：《简明证据法学》（第4版），中国人民大学出版社2016年版，第21~24页。
[4] [美]戴维·伯格兰："证据法的价值分析"，张保生、郑林涛译，载何家弘主编：《证据学论坛》（第13卷），法律出版社2007年版，第247页。

观说"不得不求助于其反面即主观性,认为证据也有主观性的一面,这使其陷入了以偏概全的困境。其三,证据有真假之分,"客观说"无法回答"真假证据哪个具有客观性"的问题。占善刚、刘显鹏《证据法论》(第3版)[1]认为,一直在我国证据法理论中占主导地位的、将"客观性"作为证据最基本的属性的"三性说",严重阻碍了证据理论研究的发展,将客观性纳入证据属性的范畴无疑违背了认识论的一般规律。

(2)"新三性说"(客观性、关联性和可采性)为可采性正名。陈光中主编《证据法学》(第3版)[2]主张,在证据属性问题上,对传统"三性说"观点要有所修正。针对近几年学界"证据既具有客观性,又具有主观性,是主、客观的统一体"的观点,作者在赞成之余也指出,主观性如果是不依据实际情况而单纯由偏见构成的,则证据当然不应当具有主观性。在证据合法性方面,本版以"可采性"取代"合法性"作为证据的法律属性,理由是,违反法定程序并非排除非法证据的唯一标准,还要结合考虑其他因素,并非所有违法取得的证据均自动排除,而要由法官(在起诉阶段由检察官)结合考虑其他因素后裁量决定该证据是否可采。我们认为,"可采性"对"合法性"的取代,在中国证据法理论体系建设中具有里程碑意义。我国传统证据法理论长期以"合法性"取代"可采性",国人只知非法证据排除规则,却不知最重要的证据排除规则乃是不相关证据排除规则。相关性是可采性的必要条件,即没有相关性不可采,有了相关性不一定可采。换言之,没有相关性的东西(包括言词、实物),就不是证据。但如果相关证据的危险性实质上超过其证明力,也可予以排除。因此,除了非法证据,还有品性证据、传闻证据、不得用以证明过错和责任的证据等一系列相关证据排除规则及其例外。总之,以"可采性"取代"合法性",有利于维护证据法求真、求善之双重目的,夯实证据法的认识论和价值论基础。

2. 关于事实认定

关于事实认定的特征,张中《实践证据法》一书[3]提出,其一,事实认定是一种理性证明。理性是判断事物的科学基础,在证据裁判下,法官根

---

[1] 参见占善刚、刘显鹏:《证据法论》(第3版),武汉大学出版社2015年版,第26~43页。

[2] 参见陈光中主编:《证据法学》(第3版),法律出版社2015年版,第143~152页。

[3] 参见张中:《实践证据法——法官运用证据经验规则实证研究》,中国政法大学出版社2015年版,第103~107页。

据证据并通过推理来确定案件事实,是一种理性的证明方式。其二,事实认定属于严格证明范畴。在证据理论上,证据裁判原则的规范意义在于,认定事实必须根据具有证据能力的证据,而且只有经过调查之后才能认定构成犯罪核心内容的事实,而这种认定事实的方式又被称为严格的证明。其三,事实认定是一个概率问题。对事实认定的程度只能在一个相对确定的盖然性范围内,事实认定的结果只能是一个盖然性或可能性的事情,而缺乏完全的确定性。

关于法官在事实认定中的规则依赖,侣化强[1]撰文指出,中世纪及近代普通法法院的英国法官与欧洲大陆的刑事法官一样,往往为了避免地狱之灾而遵循"规则依赖"的行为逻辑,"依证据裁判"而不是"依良心或确信的真相裁判"。当下中国法官在遇有压力和职业风险的案件中,往往遵循"规则依赖"、"机构依赖"和"制度依赖"的行为逻辑进行裁判,这不仅造成人为的错案,还导致审委会制度、上诉制度扭曲。目前的司法改革有助于克服和消解法官的"依赖惰性"。但是,三大诉讼中大量的证明力规则不仅构成了"谁裁判谁负责"的制度性障碍,还可能让法官重回"规则依赖"的旧途。因此,废止或改造证明力规则、修改司法责任制中的相关条款就成为当务之急。

(三)证据开示

关于刑事诉讼证据开示,程绍燕[2]认为,官本位思想传统、突出的诉讼效率问题和以审前为中心,构成了中国独特的司法大环境,也使刑事证据开示具有独特的制度价值:加强辩护能力,促进检察官客观义务的履行,减少错误或不必要的起诉,减少庭审对证据审查的时间。在证据开示时,办案机关必须保障辩方拥有阅卷权;在审查起诉阶段,控方负有更为严格的开示义务;在庭审前,对于重大、复杂和未成年人犯罪的案件,控辩双方均可以提出申请,在主审法官或书记员主持下,结合庭前会议程序,采用听证方式进行证据开示。

关于民事诉讼证据交换,针对当事人对证据交换程序需求不强烈,基层

---

[1] 参见侣化强:"事实认定'难题'与法官独立审判责任落实",载《中国法学》2015年第6期。

[2] 参见程绍燕:"中国特色视域中的刑事证据开示",载《公民与法》(法学版)2015年第4期。

法官主动适用程序的意愿也较弱的问题，陈昶屹[1]提出以法官"审理思路公开"为路径，构建法官指导型证据交换程序的五个建议：其一，法官庭前阅卷工作区分简易程序和普通程序，对后者的证据交换程序强制前置，简易程序审理的案件则可以将证据交换程序和迳行开庭相结合；其二，改变现行唯一的"到庭见面交换"形式，建立书面交换、信息化平台交换等多种证据交换方式，法官可根据案件情况灵活选择；其三，建立与完善法官指导举证及公开审理思路的规则，明确"开示—公开"的范围，使双方当事人和法官知晓推进诉讼及审判的相关信息，并由法官对当事人的举证做出指导；其四，建立与完善证据交换程序的纠错和救济规则，即允许法官及合议庭对一开始就存在的瑕疵加以指导，由法官主动向当事人说明原因后予以调整和修正，同时赋予当事人异议权和程序救济；其五，按照当事人向度和法官向度，明确不履行证据交换义务的制裁规则和管理责任。

关于域外证据开示制度，陈灿祁[2]对欧盟反垄断民事诉讼证据开示制度进行了研究，研究表明，当反垄断法私人诉讼遇到激励不够的困境时，欧盟希望并强调通过引入证据开示制度来完善证据规则以克服原告提起反垄断诉讼的困难，便利原告胜诉。欧洲法院引入"权衡标准"，在私人反垄断诉讼中，竞争主管机构应当根据个案情势的权衡，将部分证据向私人当事人进行披露。欧盟委员会在多份规则中都将证据开示制度和信息披露作为减轻当事人举证负担、促进私人反垄断民事诉讼的重要内容。董林涛[3]撰文论述了日本证据开示制度改革情况，认为控辩双方平等、理性对抗是"审判中心主义"的前提，证据开示是实现这一目的的重要手段。

(四) 科学证据与司法鉴定

关于科学证据的"双刃剑"作用，刘铭[4]以念斌案为例反思科学证据在侦查中的应用，提出侦查机关需从全局视角重整科学证据相关操作规范，从制度和观念上呵护"娇弱"的科学证据，避免取证"粗疏"，重视科学证

---

[1] 参见陈昶屹："试论构建法官指导型民事证据交换程序"，载《法律适用》2015年第3期。

[2] 参见陈灿祁："欧盟反垄断民事诉讼中的证据开示研究"，载《湘潭大学学报》（哲学社会科学版）2016年第2期。

[3] 参见董林涛："实质庭审：日本证据开示制度改革介评"，载《公安学刊》2015年第4期。

[4] 参见刘铭："典型个案中的科学证据侦查应用反思"，载《中国刑警学院学报》2015年第3期。

据的证明推理,重视出庭质证。赵言泽等[1]提出,科学证据有助于司法人员对案件事实作出准确认定,但科学证据本身难以避免的错误极有可能酿成刑事错案,应当在制度上对科学证据的提取、保存、质证与认定等环节作出规定。

关于司法鉴定管理制度,杨德齐等[2]指出,在尚未实现统一司法鉴定管理体制的前提下,先"统一"再"健全"是必然的路径选择。落实侦查机关鉴定机构和鉴定人的备案登记制度,统一准入标准、鉴定程序和技术规范是"统一"的基本要求,而侦查机关内部侦、鉴部门分离,构建司法鉴定技术评价和转化体系,制定全国鉴定机构统一发展规划,建立鉴定机构资质分级及动态调整机制,则是"健全"司法鉴定统一管理体制的重要环节。但从长远来看,制定司法鉴定法是健全统一司法鉴定管理体制的根本途径。郭华[3]分析了我国司法鉴定制度改革中出现的鉴定机构等级化倾向,指出司法鉴定制度改革应当在统一司法鉴定管理体制下以提高鉴定机构和鉴定人的鉴定能力为基础,以统一司法鉴定程序、技术方法、鉴定标准等影响鉴定质量的因素作为改革内容,以完善鉴定意见的质证、审查判断与选择适用机制为改革保障,完善鉴定机构和鉴定人资质能力的培育,同时不否定不同鉴定机构间鉴定能力的差异。

王相臣等[4]研究了物证检验鉴定的数学原理与方法,提出物证特征出现率与物证特征符合率的内在关联关系决定了物证特征关联总价值的假设,并建立物证检验鉴定的数学模型,分别给出了反映各类物证内在规律的数学公式;同时,从剖析物证的层次与结构入手,提出了从宏观、中观和微观层次对物证特征进行统一分类的新方法;进而,从客观概率与主观概率相结合的角度,阐述了物证特征出现率、物证特征符合率的量化方法;最后,论述了物证检验鉴定意见量化表达的具体方法,以及运用贝叶斯原理统一用"似然

---

[1] 参见赵言泽、周强:"科学证据与刑事错案的发生",载《尊重司法规律与刑事法律适用研究(下)——全国法院第27届学术讨论会获奖论文集》,2016年。

[2] 参见杨德齐、徐明江、王维:"健全司法鉴定统一管理体制的路径分析——基于对党的十八届四中全会精神的思考",载《中国司法鉴定》2015年第2期。

[3] 参见郭华:"健全统一司法鉴定管理体制的思路转向",载《中国司法鉴定》2015年第1期。

[4] 参见王相臣、胡鑫:"物证检验鉴定的数学原理与方法研究",载《中国刑警学院学报》2016年第3期。

比"确定证据强度的观点。

(五) 言词证据

关于当事人陈述,《民诉法解释》第110条增设了当事人询问制度和虚假陈述惩戒规定,旨在保证当事人陈述的真实性,但实践中相关规定形同虚设。当事人真实陈述义务虽在立法上经历了由否定到肯定的变化,但对其过分强调,势必与辩论主义产生冲突,如将其视为一种完全性义务,则可能导致诉讼模式向职权主义倒退。有学者对此提出如下建议:①明确当事人承担真实义务的范围仅限于法院依职权询问的内容,询问当事人必须严格遵循辩论原则。②坚持询问当事人的补充性。我国立法规定只有本人陈述而不能提出其他相关证据时,其主张不予支持。③强化当事人出庭义务。真实陈述义务的前提是当事人积极陈述,但我国当事人普遍不出庭或者不积极进行辩论,其利益并不会因不出庭而受到损害,甚至不陈述反而可以避免真实陈述义务。因此,当事人出庭是陈述真实原则实现的前提。④不因求真而压制当事人灵活诉讼的空间。真实陈述义务和禁止反言原则一起限制了诉讼中当事人选择攻防策略的自由,立法应当允许当事人在起诉时提出替代性请求,不得以替代性请求之间存在矛盾而认定当事人违背了真实义务,还应允许当事人在特定条件和范围下修改先前的陈述。[1]

关于被告人口供,我国侦查工作长期奉行口供中心主义,采取由供到证的证明模式,刑讯逼供导致了大量冤案。作为一种对己不利的陈述,口供若在合法、自愿基础上收集可能具有较高证明力,侦查机关可以通过口供发现侦查方向和线索,并以此收集其他证人证言或实物证据。此外,口供还可成为反向补强其他证据的关键手段,如犯罪故意、犯罪过失、犯罪目的和动机等。[2] 但是,案件证据大厦如果以被告人口供为核心,辅之以其他证据,一旦出现被告人虚假供述,案件证据体系就会坍塌,导致冤案。有学者根据国外立法例,将口供补强证据规则分为两种思路:一种是普通法中的罪体标准,即要求口供以外的补强证据应当独立证明犯罪事实,并达到某种质和量的要求;就补强对象而言,罪体标准仅要求就犯罪结果、犯罪行为进行补强,而

---

[1] 参见纪格非:"我国民事诉讼中当事人真实陈述义务之重构",载《法律科学》2016年第1期。

[2] 参见李庚强:"新时代背景下认罪口供的价值探讨——从批判认罪口供的绝对定罪价值谈起",载《公安学刊》2016年第1期。

不需要补强证据证明被告人系犯罪行为的实施者。若适用该标准，无疑会加重检控方证明责任，导致大量刑事案件得不到追诉。另一种是可信性标准，即要求口供以外的补强证据佐证口供的真实性，是对口供本身的补强而不是对犯罪事实的补强。可信性标准要求，在提出口供之前，要提出确实、独立的证据来确认口供的可信性，达到优势证据标准才具有可采性。如果适用可信性标准，则必须确认口供没有受到外部信息源污染。[1]

关于证人证言，我国《刑事诉讼法》既规定了证人作证义务和特定条件下的强制出庭义务，又规定了未到庭证人证言笔录可以当庭宣读，这导致了一种困境，即在我国案卷中心主义审理模式下，法官往往基于案卷对案件形成预判，若有大量证人出庭作证，容易出现翻证的情形。美国对抗制诉讼模式下，基于起诉状一本主义和传闻证据等规则，证人出庭作证是庭审的核心，并形成了以交叉询问为核心的质证规则，但其绝大多数刑事案件是通过辩诉交易结案的。[2] 对抗制诉讼模式必然要求证人出庭作证，有人从促进证人作证积极性的角度认为，首先，强制出庭作证的范围应限于关键性证人，即对案件定罪量刑有重要影响的证人，同时对特定身份的人应当适用特免权规则；在证人保护方面，制度上尽可能减少证人现实顾虑，证人保护性措施远比不作证带来的制裁性措施更为有效，如提供经济补偿、隐匿身份作证等。[3]

关于作证豁免权，国家通过放弃对污点证人一定的刑罚权，从轻、减轻或者免除其刑事责任，来避免出现重罪犯因证据不足而无法追诉。[4] 污点证人豁免制度主要分为两类：一类是罪行豁免，另一类是证据使用豁免。罪行豁免指的是国家对于污点证人就其提供的证言中所涉及的罪行不再追诉。证据使用豁免指的是被豁免的人提供的证言或者任何根据该证言获得的信息不得在随后进行的任何刑事程序中用作不利于该证人的证据。若对污点证人采取罪行豁免这一较为宽松的政策，就要求对污点证人豁免权的适用进行严格限制，否则将有放纵犯罪的风险。需要注意的有以下几点：一是其豁免的应当是证言涉及的相关罪行，而不是证人的全部罪行；二是就案件类型来看，

---

[1] 参见向燕："论口供补强规则的展开及适用"，载《比较法研究》2016年第6期。
[2] 参见余方晟、叶成国："庭审中心视野下强制证人出庭作证研究"，载《河北法学》2016年第3期。
[3] 参见汤立伊："论刑事证人保护制度的完善"，载《理论界》2016年第7期。
[4] 参见张璟："论建立污点证人作证豁免制度的正当性"，载《法制博览》2016年第30期。

证人证言所揭露的犯罪应当是取证困难、疑难复杂的案件,如贪污贿赂犯罪、毒品犯罪等;三是该证人证言对案件的侦破必须能够起到关键性作用;四是只豁免刑事责任而不豁免民事责任;五是污点证人如果作伪证的话,仍要面临被追诉的风险。[1]

(六) 证据排除规则

1. 证据排除规则基础理论研究

关于证据排除规则体系的批判与建构,我国学术界和法律实务界长期以证据合法性代替可采性,导致证据排除规则研究也一直局限于非法证据排除规则。针对这种以偏概全的情况,张栋[2]认为,要实现证据制度体系的优化,立法应在通常意义上界定证据规则,某些关键性证据规则不应缺失。兰跃军[3]也认为,我国刑事证据规则立法亟待体系化,规范证据能力的规则应包括关联性规则、品格证据规则、证据禁止规则、传闻证据规则、意见证据规则、陈述自愿性规则等。上述对刑事证据排除规则体系的宏观探索,回应了我国刑事证据体系方面存在的缺陷。

关于审判中心背景下刑事证据制度改革走向,陈瑞华[4]将案卷移送为特征的审判方式称为"新间接审理主义"。法庭将公诉方案卷材料奉为庭前查阅和当庭调查的对象,使证言笔录和被告人供述笔录在法庭上具有无可争议的证据能力,甚至成为法庭认定案件事实的直接根据。法官庭前先入为主的预断、庭审流于形式、排斥被告方辩护观点、审判失去纠错能力等,都是新间接审理主义造成的负面影响。因此,确立直接和言词的审理方式,是中国刑事司法改革所追求的目标之一。胡铭[5]认为,审判中心主义要求裁判者亲历审理和证据审查,依据当庭提供并经过质证的证据作出裁判,侦查等审前程序需要为此作出调整,使刑事司法围绕审判展开,并使侦查、控诉、辩护、审判四方关系发生变化。应围绕对质权保障推动庭审实质化,从证明力切入

---

[1] 参见杨雯清:"反腐案件亟待引入'污点证人'豁免制度",载《辽宁警察学院学报》2016年第5期。

[2] 参见张栋:"中国刑事证据制度体系的优化",载《中国社会科学》2015年第7期。

[3] 参见兰跃军:"刑事证据规则体系的建构",载《中国刑事法杂志》2015年第6期。

[4] 参见陈瑞华:"新间接审理主义——'庭审中心主义改革'的主要障碍",载《中外法学》2016年第4期。

[5] 参见胡铭:"审判中心、庭审实质化与刑事司法改革——基于庭审实录和裁判文书的实证研究",载《法学家》2016年第4期。

逐渐限制证据能力。为此，引入必要的传闻证据规则是一种可能途径，因为直接言辞原则与传闻证据规则有异曲同工之妙。

关于德国证据禁止制度，赫格曼斯教授[1]概述了德国刑事诉讼证据采纳或禁止的问题。证据禁止分为非自主性和自主性的证据使用禁止，前者可能由公诉初步侦查取证错误导致。在适用非自主性证据使用禁止问题上，德国司法官会从几个方面加以考虑，如犯罪的严重性或取证错误的严重性。自主性证据使用禁止是由于侵犯了个人隐私，例如，私人日记不能作为证据使用。

2. 非法证据排除规则研究

关于美国非法证据排除规则适用的新进展，有学者发现，美国最高法院对排除规则的态度在2006年"哈德逊诉密歇根州"案（Hudson v. Michigan）中发生了根本性改变，作出了"排除规则一直是我们最后的手段，而不是首选"的著名论断，声称其他救济措施可以完全替代排除规则，强烈暗示排除规则已经过时、没有存在的必要了。随后赫瑞恩案（Herring v. United States）、戴维斯案（Davis v. United States）及金案（Kentucky v. King）等重要判例延续了这一立场，纷纷实质性地限制了排除规则的适用，直接导致了排除规则的转向。[2]

关于国内非法证据排除规则实证研究，吴纪奎[3]对228个案件的裁判文书进行分析后发现，非法证据排除申请呈现出案件类型、证据种类和排除理由"三集中"现象。对于非法证据排除申请，检察院、法院探索形成了类型化的应对策略和处理方式。实践中，被告人及其辩护律师滥用申请与申请能力不足并存，检察院怠于履行证明责任与举证手段有限并存，法院认知偏差与怠于严格执行排除规则并存，构成了非法证据排除的三大结构性难题。对此，应通过纠正控辩审三方对非法证据排除规则的认知偏差、落实检察院的举证责任、调动法院严格执行非法证据排除规则的积极性等加以解决。左卫

---

[1] 参见［德］迈克尔·赫格曼斯："德国刑事诉讼法中的证据使用禁止"，周婧译，载《证据科学》2016年第5期。

[2] 参见王景龙："美国证据排除规则的转向——以'哈德逊诉密西根州'案为视角"，载《比较法研究》2015年第1期。另参见吴宏耀："美国非法证据排除规则的当代命运"，载《比较法研究》2015年第1期。

[3] 参见吴纪奎："非法证据排除的实践表达"，载《证据科学》2015年第6期。

民[1]在调研中发现了一个"热"与"冷"的悖反：非法证据排除规则是学界、立法与司法机关及社会关注的热点，但在司法实践中却显得十分冷清，不仅法院很少依职权启动非法证据排除程序，被告方提出启动程序申请的比例也较低。即使依被告方申请启动程序，法官展开合法性调查的兴趣也不高。从结果看，很少有证据被认定为非法并排除，即便被排除也难以对案件审理产生实质影响。这反映了中国刑事司法领域国家权力与个人权利的角力，非法证据排除规则在某种程度上是一个用个人权利保障的外衣裹着国家权力本位的规则。要解决这个悖反，需要社会性结构因素的调整。易延友[2]以1459个案例为基础数据进行了分析，认为非法证据排除规则虽已从法律文本走向司法实践，但"毒树之果"原理缺失，导致犯罪嫌疑人、被告人的权利不能得到更好的保护，应当确立"毒树之果"规则，杜绝举证责任倒置，逐步实现从证据分类型规则向权利分类型规则的转变。吴洪淇[3]通过访谈发现，审查起诉阶段的非法证据排除程序启动频率高于审判阶段，这主要是因为该阶段非法证据排除更契合于侦查、审查起诉和审判机关三者的职业利益和职业处境。非法证据排除规则在审查起诉阶段的实施，其实更多的是发挥证据把关的作用而不是真正意义上的证据排除，二者在主体角色定位、程序效果和正当性基础上都存在微妙差别。这种特殊格局对侦查阶段的震慑效应和被告人、犯罪嫌疑人权利保障都会产生深刻影响。

关于重复供述的排除问题，陈瑞华[4]认为，唯有将那些受到强迫取证行为直接影响的派生证据和重复自白予以排除，才可以实现排除规则的立法宗旨。吉冠浩[5]提出，对重复供述有三种应对模式：直接适用非法证据排除规则、"毒树之果"规则和证据使用禁止。有必要提倡一种以先前非法讯问对随

---

[1] 参见左卫民："'热'与'冷'：非法证据排除规则适用的实证研究"，载《法商研究》2015年第3期。

[2] 参见易延友："非法证据排除规则的中国范式——基于1459个刑事案例的分析"，载《中国社会科学》2016年第1期。

[3] 参见吴洪淇："证据排除抑或证据把关：审查起诉阶段非法证据排除的实证研究"，载《法制与社会发展》2016年第5期。

[4] 参见陈瑞华："非法证据排除规则的适用对象——以非自愿供述为范例的分析"，载《当代法学》2015年第1期。

[5] 参见吉冠浩："论非法证据排除规则的继续效力——以重复供述为切入的分析"，载《法学家》2015年第2期。

后供述的任意性是否继续产生影响的判断为核心的继续效力排除模式，尤其是审酌先前非法讯问方法对随后重复供述的"污染之稀释"程度。

3. 笔录类证据排除规则

关于同步录音录像制度下讯问笔录的采纳问题，张颖[1]认为，由于立法规定过于原则化，缺乏制裁性机制，司法实践中大量存在选择性录制、先审后录、讯问后补录或重录等现象。因此，应当强制排除选择性录制和先审后录所获得的供述，对于讯问后补录或重录所获得的供述则应酌情排除。在讯问笔录采纳标准上，一些学者对印证标准提出质疑。印证式采纳言词笔录的实践，会错误激励侦控行为，虚化庭审质证程序，酿成冤假错案，理应被否定。言词笔录的证据资格审查标准应为关联性与可靠性，法官应围绕于此展开调查与认证。[2] 宋维彬[3]认为，刑事诉讼中勘验、检查笔录缺乏证据能力规则约束，应当对其证据能力规则予以建构。勘验、检查笔录原则上不具备证据能力，应当要求庭审时法官亲自进行勘验、检查或者侦查人员出庭作证，只有符合以"可信性之情况保障"与"必要性"为设置标准的例外情形时，才具备证据能力。

4. 电子证据的可采性问题

刘品新[4]认为，关联性是电子证据在法庭上运用的关键性指标。作为一种虚拟空间的证据，电子证据用于定案必须同时满足内容和载体上的关联性。前者是指其数据信息要同案件事实有关，后者突出表现为虚拟空间的身份、行为、介质、时间与地址要同物理空间的当事人或其他诉讼参与人关联起来。这些关联性的良好实现，有赖于我国电子证据规则、刑事民事取证制度以及司法鉴定技术规范的创新。在美国陪审团审判中，试图使用电子证据的检察官要想使法官采纳电子证据必须克服一些阻碍。检察官可要求法院启动庭前审理程序来决定电子证据是否可以被采纳。建立电子证据保管链条和专门处

---

[1] 参见张颖："违反讯问录音录像规定所获供述之证据能力问题"，载《证据科学》2015年第6期。

[2] 参见郭文利："刑事司法印证式采纳言词笔录实践之反思"，载《证据科学》2015年第6期。

[3] 参见宋维彬："论刑事诉讼中勘验、检查笔录的证据能力"，载《现代法学》2016年第2期。

[4] 参见刘品新："电子证据的关联性"，载《法学研究》2016年第6期。

理电子证据的既定机构程序是检方工作的关键环节,这样才能确保法庭调查获得陪审团的信任。[1]

(七) 证明责任与证明标准

1. 证明责任研究

关于证明责任基本理论研究,有学者探讨了民法典中的证明责任规范,认为其主要包括民事证明责任一般规范和民事证明责任法定例外规范,前者需要通过证明责任一般条款独立规定,后者则表现为法定化的民事权利推定规范、民事法律事实推定规范和证明责任倒置规范。[2]有学者认为,应该运用民法矫正正义观和分配正义观指导证据规范的妥当配置,将民事权利落到实处。民法典中的证据规范应包括证据方法规范、证明责任一般规范、证明责任倒置规范、民事权利推定规范、民事法律事实推定规范等;以证明责任一般规范和倒置规范为重点,应该采取抽象原则和具体例外相结合的立法技术对相关证据规范进行规定。[3]

关于刑事诉讼证明责任研究,有学者从实证角度研究非法证据排除中的证明责任问题,发现法官通过回避、模糊举证责任分配但最终采信审前笔录的案件占总量的近五成;法官在庭审中对被告人提出的线索要求过于苛刻。[4]针对犯罪构成与证明责任的关系,有学者认为,三阶层递进式犯罪构成理论可以作为证明责任分配的合理标准。[5]有学者从实证角度分析了巨额财产来源不明罪的证明责任分配问题,认为其中被告人应当承担的证明责任,不宜理解为"提供证据的责任",而应阐释为"较大可能性"或"优势证据"标准的"说服责任"。这一结论,是基于无罪推定原则的合理限制角度,并充分考虑该罪立法目的以及在我国的司法适用情形,从比例原则进行的正当性考

---

[1] 参见[美]肖恩·博因:"电子证据的相关问题",张爱艳、肖燕译,载《证据科学》2016年第2期。

[2] 参见王雷:"民法证据规范论",载《环球法律评论》2015年第2期。

[3] 参见张旭东:"环境侵权因果关系证明责任倒置反思与重构:立法、学理及判例",载《中国地质大学学报》(社会科学版)2015年第5期。

[4] 参见张健:"非法证据排除规则实施背景下的庭审翻供问题研究——对2011~2013年655起案件的实证考察",载《暨南学报》(哲学社会科学版)2015年第4期。

[5] 参见罗翔:"犯罪构成与证明责任",载《证据科学》2016年第4期。

量。[1]

2. 证明标准研究

关于证明标准基本理论研究，有国外学者运用概率论对证明标准进行研究，认为优势证据标准通常被认为是 0.5 的绝对概率阈值的观点是错误的，应当将优势证据标准重构为一种概率比，使用概率比去解决所谓的合取悖论，同时在贝叶斯视角下发展概率检验标准去进一步解释蓝色巴士问题或者其他与统计证据有关的难题。将证据的概率理论与最新溯因推理模型（最佳解释推理）相协调，可以修补当前证据学界的争议裂痕。[2] 针对有人将美国"排除合理怀疑"与德国"内心确信"相等同的看法，有学者认为，从证明标准的适用程序范围和待证要件范围以及"剩余怀疑"的风险分配来看，在美德两国均存在较大差异，这使字面上相同的标准产生了完全不同的规范效果。导致这种差异的直接原因是诉讼构造、诉讼职能、犯罪构成的基本要素和证明责任分配机制等差异，其深层原因是两大法系诉讼目的观的差异。[3]

刑事诉讼证明标准研究的成果包括：其一，关于证明标准的层次性，有学者认为，以审判为中心的诉讼制度改革对统一证明标准提出了严峻挑战。审判中心主义之下，证明标准只存在于审判阶段，应明确审前证据要求与庭审证明标准的区别；明确侦查终结、审查起诉的证据要求和有罪判决的证明标准的差异性。[4] 陈卫东教授[5]认为，在侦查、起诉阶段，要求证据向法庭定罪量刑的标准看齐，是不符合诉讼规律和认识特点的。有学者认为，目前公诉与定罪适用"证据确实、充分"的同一证明标准，这一严格标准有助于提高审查起诉的质量，防止检察机关滥诉。但是，以定罪标准来约束检察官起诉，有悖认识规律和诉讼规律，也在一定程度上增加了法院作出无罪判

---

[1] 参见陈娜："巨额财产来源不明罪证明责任实证分析——以100例司法裁判为研究样本"，载《证据科学》2016年第6期。

[2] 参见［美］爱德华·K. 程："证明责任的重构"，李静静译，载《证据科学》2015年第4期。

[3] 参见李昌盛："排除合理怀疑等于内心确信吗?"，载《比较法研究》2015年第4期。

[4] 参见杨波："审判中心下统一证明标准之反思"，载《吉林大学社会科学学报》2016年第4期。

[5] 参见陈卫东："以审判为中心：解读、实现与展望"，载《当代法学》2016年第4期。

决的阻力，同时导致了侦查的拖延。[1]杨宇冠教授等[2]认为，我国"排除合理怀疑"的主体具有多样性，使该标准具有了一定层次性，这有利于减少片面追求证据完备的法定证据主义，充分发挥办案人员的司法能动性。有学者认为，由于逮捕环节尚处于证据收集阶段，且需要对社会危险性进行证明，所以不应实行"排除合理怀疑"证明标准，只需达到"相当理由"或"优势证据"的标准即可，并在实践中将其作为底线。[3]与上述观点不同，如最高人民法院沈德咏副院长[4]认为，推进以审判为中心的诉讼制度改革，实际上是要实行以司法审判标准为中心。根据我国刑事诉讼法的规定，侦查终结、提起公诉、审判定罪都应当达到"事实清楚，证据确实、充分"的证明标准。其二，关于认罪认罚从宽制度的证明标准，陈光中教授等[5]认为，应与我国刑事诉讼法规定相一致，坚持"案件事实清楚，证据确实、充分"。被追诉人认罪认罚的，公安司法机关不仅要审查被追诉人的自愿性、合法性，而且要基于客观真实原则审查判断被追诉人的有罪供述和其他证据是否达到了法定证明标准，才可以作出相应的从宽处理。其三，关于刑事速裁程序证明标准，汪建成教授[6]认为，可以适当降低，沿用"两个基本"（基本事实清楚、基本证据确实）的证明标准即可。这可看作是被告人基于诉权处分权对自己权利的一种让渡和对检察官证明义务的主动降低，并无损害程序公正和案件客观真实之可能，是适应轻罪审判需要和提高诉讼效率的必由之路。在速裁程序降低证明标准的同时，必须有一套确保被告人自愿认罪的保障机制。有学者认为，"同一证明标准说"是我国刑事简易程序立法和司法的主流观点，但从应然角度出发，简易程序中的证明标准可适当低于普通程序，这并不意味着在简易程序中放弃实体真实和人权保障，只不过其存在不同的实现机制。[7]

---

[1] 参见李辞："公诉与定罪适用同一证明标准的理论反思"，载《当代法学》2015年第3期。
[2] 参见杨宇冠、郭旭："'排除合理怀疑'证明标准在中国适用问题探讨"，载《法律科学》2015年第1期。
[3] 参见万毅："逮捕程序若干证据法难题及其破解——法解释学角度的思考"，载《西南民族大学学报》（人文社会科学版）2015年第2期。
[4] 参见沈德咏："论以审判为中心的诉讼制度改革"，载《中国法学》2015年第3期。
[5] 参见陈光中、马康："认罪认罚从宽制度若干重要问题探讨"，载《法学》2016年第8期。
[6] 参见汪建成："以效率为价值导向的刑事速裁程序论纲"，载《政法论坛》2016年第1期。
[7] 参见谢登科："论刑事简易程序中的证明标准"，载《当代法学》2015年第3期。

关于民事诉讼证明标准研究,有学者批评了在民事诉讼领域提高证明标准的主张,认为排除合理怀疑标准在民事诉讼领域缺乏足够共识,并且可能冲击高度盖然性的标准;提高证明标准显示出对证明标准功能不切实际的期待。在高度盖然性的"高"标准确立并严格适用后,未来中国民事诉讼证明标准体系的作业,应主要指向"降低"而非"提高"。[1]我们认为,《民诉法解释》第108条关于负有举证责任方对待证事实的证明应当使事实认定者确信达到"高度可能性"的规定,已明显高出各国通行的优势证据标准。因此,关于未来应当"降低"而非"提高"民事诉讼证明标准的主张是正确的。优势证据标准旨在对原被告双方有利的错误进行平等分配,这有助于争端解决。如果将优势证据标准提高为高度盖然性,就会使诉讼更有利于被告,提高原告的诉讼成本。

(八)法院取证与证据保全

1. 法院取证

关于环境污染公益诉讼中的法院取证,在环境公益诉讼中,被侵权人应当首先承担因果关系具有可能性的初步证明,但这类证据技术含量高、专业性强,且环境污染又具有潜伏性、累积性等特征,证据搜集十分困难。环境民事公益诉讼还要面临政府及企业阻力,很多污染企业自身实力雄厚且为地方政府纳税大户,证据搜集、审判执行阻力重重。因此,有人提出以法院职权走出取证困境,只有依法院职权,让环境民事公益诉讼逾越证据搜集的高山,赋予环境民事公益诉讼主体永不妥协的勇气,史上最严环境保护法才能真正被贯彻执行。[2]

关于技术调查官制度,最高人民法院《关于知识产权法院技术调查官参与诉讼活动若干问题的暂行规定》建立了技术调查官制度。2015年10月,北京知识产权法院技术调查室成立,现有39名技术调查官,另选聘了27名具有教授或者其他正高级职称的技术专家,初步形成了以交流和兼职技术调查官为主、聘用技术调查官为辅的工作模式。技术调查官可以直接参与庭前准备、开庭审理及庭后合议的整个审判流程。在法官审理案件时,调查官结合案件情况向当事人进行询问,固定双方当事人无争议的技术事实,并确定双

---

[1]参见霍海红:"提高民事诉讼证明标准的理论反思",载《中国法学》2016年第2期。
[2]参见刘勋:"以法院职权走出取证难困境",载《人民法院报》2015年1月10日,第2版。

方就技术事实存在的争议点，将晦涩难懂的技术语言转化成法官可以理解的语言，辅助法官确定案件审理的重点和思路，使得技术类案件审判质效得到提升。〔1〕

2. 证据保全

关于民事证据保全程序及其完善，《民事诉讼法》第 81 条第 3 款规定："证据保全的其他程序，参照适用本法第九章保全的有关规定。"有学者认为，证据保全与保全程序在性质上是两类根本不相容的诉讼程序，从理论上讲，绝无参照适用保全程序的可能，实践中即便循此操作也存在诸多障碍从而根本达不到证据保全应有的效果。因此，该规定在方法论上和司法适用中均不能立足，因而属于立法错误，应予废除。证据保全是附随的民事诉讼程序，应具有完整的程序结构。作为预先进行的证据调查程序，证据保全至少涉及保全条件、启动方式、管辖法院、具体程序、所应采取的方式及效力等制度的适用，这些均应在民事诉讼立法中予以规范，缺一不可。同时，在证据保全程序中，必须始终维系双方当事人对立的程序构造，即在法院实施证据保全程序时，一般应传唤当事人到场。〔2〕

关于网络证据保全公证，发生在互联网上的网络侵权行为证据具有易删除、易篡改的特点。权利人自行保存相关网页、进行截图，其真实性容易受到质疑，证据效力有限，选择公证是有效的保全方式。〔3〕有人结合"新传在线（北京）信息技术有限公司告中国网通四川自贡公司案"，分析了其技术风险，包括利用磁盘缓存制造浏览器在线访问假象、修改缓存文件导致浏览器访问虚假网页、通过木马软件或远程侵入的方式控制工作电脑等。为此，要求公证员树立风险意识，不断提高职业技能、强化证据审核和规范操作规程。网络证据保全公证效力提升的技术措施，包括网络证据固定方式的选择、软硬件设备的配备、已下载页面电子文档的保存、电子签名和数字时间戳的运

---

〔1〕 参见赵春艳："北京知识产权法院技术调查官制度运行 1 年 结案率提升 87%"，载《民主与法制时报》2016 年 10 月 29 日，第 4 版。

〔2〕 参见占善刚："证据保全程序参照适用保全程序质疑——《中华人民共和国民事诉讼法》第 81 条第 3 款检讨"，载《法商研究》2015 年第 6 期。

〔3〕 参见石飞："云南充分运用公证职能加大知识产权保护力度 保全证据公证服务发挥重要作用"，载《法制日报》2016 年 10 月 19 日，第 2 版。

用等。[1]网络证据保全有时会获取个人隐私,对此,应当对网络中的信息进行证据信息与个人隐私的分离,最大限度缩小接触案件有关证据的人的范围,保证获取证据信息方式和手段的合法性,同时注意内容甄别,如果有与案情无关且涉及他人工作、生活、婚姻、家庭等的内容出现,应当注意筛选,尽量从保全的页面中分离。[2]

关于刑事证据保全,《刑事诉讼法》扩大了证据保全的财物范围,第142条规定,检察机关与公安机关根据侦查犯罪的需要,除可以依照规定查询、冻结犯罪嫌疑人的存款、汇款外,还可查询、冻结犯罪嫌疑人的债券、股票、基金份额等财产。有论者指出,刑事诉讼法没有区分证据保全与财产保全,并且以证据保全代替财产保全不可避免地存在一些缺陷。正确的做法是:只能对涉案财物采取财物保全,不能针对犯罪嫌疑人、被告人采取行为保全;只能保全涉案财物,不能保全非涉案财物;只能采取查封、扣押、冻结措施,不能采取提供担保方式等其他财产保全措施。[3]

关于电子证据保全的研究内容涉及:①第三方电子证据保全。有论者结合"南京途牛科技有限公司与华盖创意(北京)图像技术有限公司侵害著作权纠纷案",讨论了有关理论和实践问题:一是第三方电子证据保全机构是否可以有一席之地;二是保全证据是否必须有相关资质要求;三是所保全电子证据的真实性判断;四是所保全电子证据的作用。认为电子证据保全不应当设置主体资质要求,但必须审查其真实性、合法性、关联性、证明力。[4]②"云证保"问题,如将动态数据指纹保存于电子数据保全的安全中心,固定电子数据的原始形态,防止其被篡改。[5]操作程序如:当医疗争议发生后,由医患双方共同参与,通过第三方证据保全客户端对需要保全的电子病历原

---

[1] 参见杨月珠:"论网络证据保全公证的技术风险与效力提升策略——从新传在线告中国网通案说起",载《中国公证》2016年第7期。

[2] 参见卢毅:"网络证据保全公证过程中保护隐私权问题探讨",载《法制博览》2016年第29期。

[3] 参见吴光升:"刑事诉讼财产保全制度论要",载《中国刑事法杂志》2016年第4期。

[4] 参见李自柱:"知识产权诉讼中有关电子证据的两个问题",载《电子知识产权》2016年第12期。

[5] 2016年5月21日下午,重庆兴手付科技发展股份有限公司举行了"云证保"电子数据保全产品发布会。参见http://www.newssoon.com/it/2016/0524/1143.html,最后访问日期:2017年5月30日。

件创建唯一的 HASH（哈希值）；将该哈希值发送至电子数据保全中心的保全服务器；由该保全服务器将收到的哈希值发送至电子数据保全中心的时间戳服务器加盖有效的时间戳，由此生成电子数据保全证书；该保全证书再通过保全服务器传输至用户客户端。"云证保"具有即时性、不可更改性等特点。[1]

（九）质证与认证

1. 质证研究

关于质证的要素，刘晓兵[2]认为，质证主体不但包括当事人，而且包括广义上的证人。质证客体应限于"当事人提出质疑的证据"，过宽或过窄均不利于兼顾司法公正的实现和诉讼效率的提升。质证内容应限于证据的真实性、关联性和合法性三个方面，证据的客观性缺乏质证意义。郑未媚[3]认为，国内质证主体应该包括控辩审三方。法官除了主持质证活动外，还要进行质证活动，实际上还是承担着质证的角色。我们认为，首先，质证主体的界定应当以证明权为基准，质证是当事人的诉讼权利，因此，法官对证人的询问不是质证；证人不能对其他证人发问，因而也不是质证主体。其次，质证的客体应当包括与案件事实有关的任何证据信息，而不应局限于"当事人提出质疑的证据"，因为，对证人可信性的弹劾也是交叉询问的规定性特征。

关于对质权，孙长永教授等[4]认为，在欧洲人权法院审判实践中，对《欧洲人权公约》第6条第3款d项规定的对质询问权所应具备的公正要素，包括口头询问、证人出庭、平等武装以及官方义务，作了有条件的限缩，但同时也提出了"唯一或决定性"规则作为底线性保障。对于一项最低限度的基本权利，欧洲人权法院的保障与限制，无疑关乎其对"公正"审判标准的界定。

2. 认证研究

关于印证理论，周洪波[5]指出，"印证"概念虽在实证上能较为具体地呈现中国特色刑事证明方法的类型特征，但对印证的理解不合常识且较为驳

---

[1] 参见林梅："论电子病历的第三方保全"，载《医学与法学》2016年第6期。
[2] 参见刘晓兵："民事庭审质证的基本要素研究"，载《证据科学》2015年第3期。
[3] 参见郑未媚："庭审中心与质证规则构建"，载《证据科学》2016年第3期。
[4] 参见孙长永、胡波："保障与限制：对质询问权在欧洲人权法院的实践及其启示"，载《现代法学》2016年第3期。
[5] 参见周洪波："中国刑事印证理论批判"，载《法学研究》2015年第6期。

杂，无法清晰标识我国刑事证明方法的模式特征，对证明方法模式的归因解释难以成立，因而无力促成现实的合理化变革。学界仍需寻找替代性模式理论来说明我国刑事证明方法所面临的转型问题。目前的两种刑事证明模式理论，要么不是好的替代性理论，要么还称不上是替代性理论：一种是以新法定证据主义这种类型理论来解说我国刑事证明方法的总体特征；另一种则是以直接证据为核心的"验证模式"和完全使用间接证据的"体系模式"，以更细致地说明我国刑事证明方法的总体特征。蔡元培[1]认为，在证明力审查判断上，"印证模式"在实践中存在诸多漏洞：一是将具有或然性的经验法则普适化；二是重视证立、轻视排伪；三是过于依赖直接证据。这些漏洞会导致案件事实背离实质真实。

关于证言可信性的弹劾，强卉[2]认为，弹劾规则在我国刑事诉讼中的运用，对判断证人证言的可信性与证明力有所助益。例如，针对先前不一致的陈述，在通常情况下控辩双方不能提出先前不一致陈述的旁证，弹劾规则使得控辩双方有机会就该陈述对上述人证进行询问。又如，当某一证据兼有弹劾作用和实质证明作用时，应将其作为实质证据使用。先前不一致陈述可以作为弹劾证据使用。弹劾证据的运用旨在抵消证人的可信性。关于弹劾证据的证据能力，首先，相关的弹劾证据具有可采性；其次，当证据的证明价值被不公正偏见等危险性实质上超过时，即使相关，法官也应当行使自由裁量权予以排除。关于弹劾证据的证明力由法官审查判断。

（十）推定与司法认知

1. 刑事推定研究

有学者指出，我国刑法和司法解释对于巨额财产来源的非法性、特定的明知要素以及以非法占有为目的要素构建了推定规范。这对解决司法证明困难、贯彻特定刑事政策以及提高认定事实的效率，都有积极意义。在推定规范的适用中，基础事实的证明，意味着推定事实的自动成立；被告人因此承担证明推定事实不成立的证明责任，否则即承担罪名成立的"败诉风险"。推定具有一定的局限性和负面作用，其是否继续存在取决于刑事法律体系是否

---

[1] 参见蔡元培："论印证与心证之融合——印证模式的漏洞及其弥补"，载《法律科学》2016年第3期。

[2] 参见强卉："刑事证人证言的可信性问题研究——以美国证据法中的证人弹劾制度为视角"，载《法律科学》2016年第3期。

严密，以及国家法律是否具备解决特定犯罪案件司法证明困难的能力。[1]

有学者建议创设有关强制性讯问中录音录像问题的推定规则。实践中存在录音录像选择性录制和提供的困境，因此，必须对违反强制性录音录像要求所获供述的证据能力及审查、认定、排除程序等作出规范，以此来保证录音录像价值的实现。考虑到拒不提供录音录像与以刑讯逼供等非法方法收集证据之间的高伴生性关系，可以通过推定规则的设计来实现这一目的。[2]

2. 民事推定研究

有论者提出，物权诉讼过程中的证明责任是案件裁判的重点问题，我国《物权法》中暗含大量的物权推定规范，可以将这些物权推定规范区分为三类：不动产登记簿的权利推定规范、占有的权利推定规范和不可反驳的物权推定规范。不动产和动产善意取得制度的构成要件及其证明责任并不相同，前者要求相对较低，这是由不动产登记簿公信力高于动产占有公信力所决定的；相比于占有，不动产登记簿具有更高的可信度和更坚实的信赖基础。[3]

对于民事诉讼中亲子关系的推定规则，有学者进行了实证研究。虽然最高人民法院《关于适用〈中华人民共和国婚姻法〉若干问题的解释（三）》首次规定了亲子关系诉讼的推定规则，结束了长期以来各界关于能否适用推定认定亲子关系的争论，将亲子关系诉讼中的事实推定上升为法律推定，然而，观察三年来亲子关系诉讼中推定规则的适用状况可以发现，裁判者对其适用范围、适用条件以及原告范围等问题理解不同，导致实践中同案不同判现象频现。对此，既要在理论层面使裁判者明确亲子关系诉讼中推定的逻辑结构和法律效果，正确处理推定与亲子鉴定在亲子关系认定问题上的适用关系，并合理配置双方当事人的程序性权利义务；又要在民事立法层面建构完善的亲子关系推定及强制认领制度，保障亲子关系诉讼中推定规则的有效实施。[4]

3. 案例分析

重庆市一中院终审环境诉讼案：被告重庆远上机械制造有限公司（简称

---

[1] 参见陈瑞华：“论刑事法中的推定”，载《法学》2015年第5期。

[2] 参见何家弘、王爱平：“强制性讯问录音录像推定规则”，载《国家检察官学院学报》2015年第3期。

[3] 参见王雷：“论物权推定规范"，载《比较法研究》2016年第6期。

[4] 参见张海燕：“我国亲子关系诉讼中推定规则适用之实践观察与反思”，载《政法论丛》2015年第1期。

"远上公司")2003年搬迁至重庆市北碚区澄江镇柏林村金家沟组，主要从事铸造加工，用废钢铁生产汽车铸件，排放污染物为废气、粉尘等，废气刺鼻难闻。远上公司围墙距其排烟管道（烟囱）底部距离约25米，距原告王莉家住宅约1.7米。因反复咳嗽2个月，王莉2011年8月12日到重庆市第九人民医院住院治疗，诊断为支气管肺炎、支气管哮喘。王莉以远上公司排放废气致人损害为由，诉至重庆市渝北区法院，请求远上公司给予损害赔偿。远上公司则以其生产与王莉患病之间的因果关系无法得到证明为由，请求法院驳回王莉诉讼请求。

对于王莉患病与远上公司排放污染物有无因果关系，法院经过审理认为，两者具有因果关系：首先，没有证据表明王莉的直系长辈有支气管肺炎、支气管哮喘病史；其次，从时间上看，远上公司污染在前，王莉生病在后；再次，支气管肺炎、支气管哮喘等呼吸道疾病与环境有关联性，而远上公司的排放物就有废气、粉尘等，且排放点距离王莉家较近，故不能排除王莉所患疾病与远上公司排污行为有关联；最后，虽然远上公司举示两份验收监测报告证明排放污染物达标，但该两份报告均系王莉患病后才进行检测所形成的报告，不能证明远上公司此前的排放是否达标，更不能证明对王莉的身体健康没有产生影响。法官认为，对于环境污染案件中因果关系的认定可以采取推定方式，有证据证明下列基础事实存在的，可以推定被告的污染行为和原告损害之间具有因果关系：①排污者排放了污染物；②受害人接触了该污染物；③受害人接触该污染物之后损害才发生。在此基础上，被告必须提出充分的证据证明推定事实不存在，或者基础事实不存在才能免责，如果仅仅提出一些证据使推定事实存在与否处于真伪不明的状态是不够的。[1]

五、法庭科学研究进展

（一）司法鉴定业务发展及管理举措

根据司法部公布的统计数据[2]，2016年，全国经司法行政机关审核登

---

[1] 参见黄成、陈果："环境诉讼因果关系推定需受害者证明基础事实"，载《人民司法》2015年第2期。

[2] 参见"2016司法鉴定这一年"，载http：//www.moj.gov.cn/zt/content/2017-01/11/content_6951697.htm? node=86533，最后访问日期：2017年3月2日。

记的司法鉴定机构共4750家，司法鉴定人53 928人，完成各类司法鉴定业务212.6万件，是2005年的8倍多。

2016年3月，司法部颁布《司法鉴定程序通则》（司法部令第132号），以提高鉴定质量为核心，着力优化鉴定程序。2016年11月，司法部《关于印发司法鉴定文书格式的通知》颁布了《司法鉴定委托书》等7种文书格式。2016年10月，最高人民法院、司法部联合发布的《关于建立司法鉴定管理与使用衔接机制的意见》指出：①加强沟通协调，促进司法鉴定管理与使用良性互动；②完善工作程序，规范司法鉴定委托与受理；③加强保障监督，确保鉴定人履行出庭作证义务；④严处违法违规行为，维持良好司法鉴定秩序。同时强调，法院和司法行政机关要开展定期和不定期沟通会商，协调解决司法鉴定委托与受理、鉴定人出庭等突出问题，开展司法鉴定程序规范、名册编制、公告等的信息共享，建立常态化的沟通协调机制。特别提出，法院要为鉴定人出庭提供席位、通道，保障鉴定人出庭作证时的人身安全及其他合法权益；鉴定人可以使用视听传输技术或者同步视频作证室等作证。这是我国关于鉴定人在法庭席位等内容上的首次文件性规定。

2016年12月28日，由司法部司法鉴定管理局主办，司法部司法鉴定科学技术研究所、中国政法大学司法文明协同创新中心共同承办了全国第二届"宋慈杯"优秀司法鉴定文书评选活动，共收到全国29个省、自治区参评鉴定文书692份，涵盖了司法鉴定11个专业类别；最后评出一等奖2篇、二等奖6篇、三等奖9篇、优秀奖33篇。这项强化司法鉴定质量的评选活动在业内引起强烈反响，有望成为鉴定机构评级的指标之一。

目前，社会对司法鉴定的关注度持续加大，对违规的处罚力度也在加大。2016年，全国查处司法鉴定违法违规问题230多件，涉及违反鉴定程序规则和技术操作规范、超出登记业务范围开展鉴定活动、组织未取得执业资格的人员从事司法鉴定业务等问题；同时，注销鉴定机构132家，注销鉴定人逾千人，司法鉴定的行业管理更为精细化。[1]

（二）法医学技术发展

法医学研究基本代表了中国法庭科学的发展水平。2016年3月21~23

---

〔1〕 "2016年全国查处司法鉴定违法违规问题230多件"，载《中国法医学杂志》2017年第2期。

日,国家自然科学基金委员会医学科学部、信息科学部与政策局在上海召开法医学"双清论坛"。本次会议凝练了法医学领域包括神经精神与心血管损伤、毒性损伤与环境、损伤机制与时间推断、个体生物特征鉴识四个方面的深层次科学问题,形成了战略规划。会议邀请了来自国内法医学、影像医学、生物医学工程以及信息科学等领域近40位顶尖专家学者参加。[1]

从国家自然科学基金法医学领域资助课题的情况看,2015年度,资助与法医学相关的4个子领域(法医病理学与法医毒理毒物分析学、法医临床学与法医精神病学、法医物证学与法医人类学、法医学其他科学问题)共31个项目;2016年度,资助上述4个子领域共36个项目,其中迅速崛起的法医精神病学项目3项,法医毒理毒物分析学项目7项。法医脑科学的研究以及与毒品/环境损害有关的法医学研究,有望成为未来基础研究的热点。

法医病理学研究主要集中在猝死综合征、硅藻检验的标准化、死亡时间推断、损伤时间推断、虚拟解剖等方面。猝死事件在多行业见诸报端,死亡原因的统计分析数据对科学研究具有指导意义。统计显示:心源性猝死为猝死主要类型(59.49%),冠心病为主要病因;[2]发病年轻化,青壮年猝死综合征(sudden manhood death syndrome, SMDS)得到学者关注。[3]心脏病理学研究显示,心肌组织磷酸酶与张力蛋白同源基因(phosphatase and tensin homology deleted on chromosome ten, PTEN)的表达可能与冠心病的发生发展有关。[4]在死亡时间推断研究中,多角度多因素筛选稳定敏感的生物学指标(生物化学、超生反应、代谢组学、影像学和遗传物质降解规律等),并优化回归方程,有望提高死亡时间推断的准确性。[5]

虚拟解剖成为法医病理学研究热点。多例案例报道提示,法医病理鉴定

---

[1] "双清论坛"是国家自然科学基金委标志性会议,旨在凝练学科重大问题。本次论坛代表了中国法医学在基础科学研究方面的最高水准。参见"第153期双清论坛人体损伤的法医学研究召开",载 http://news.sciencenet.cn/htmlnews/2016/4/344545.shtm,最后访问日期:2016年7月30日。

[2] 李明等:"广东地区622例猝死案例的流行病学调查",载《中国法医学杂志》2015年第1期。

[3] Zheng J. et al., "A Case – control Study of Sudden Unexplained Nocturnal Death Syndrome in the Southern Chinese Han Population", *The American Journal of Forensic Medicine and Pathology*, 2015, 36 (1): 39 – 43.

[4] 李雪榕等:"PTEN在冠心病心肌组织中的表达",载《法医学杂志》2016年第2期。

[5] Lv Y. et al., "RNA Degradation as Described by a Mathematical Model for Postmortem Interval Determination", *J Forensic Leg Med*, 2016, 44: 43 – 52.

人员在无法掌握足够的直接证据用以判断死亡原因或损伤机制时，CT 成像技术具有辅助诊断的价值。[1] 应用 CT 作为辅助手段进行死因分析、死亡时间推断等，更方便、更准确地协助了法医病理学检验。CT 辅助检验的优势还体现在其能在短时间内获得比较完整准确的尸体相关数据，分辨率高，清晰反映解剖关系，且数据保存及传输方便。但 CT 技术也有不足，容易导致误诊误判。

法医临床学鉴定、科研和学科建设持续发展。在司法行政部门注册登记的 20 个司法鉴定类别中，法医临床类鉴定案件量连续 3 年（2014~2016 年）逾 100 万件，占同期案件总数的 50% 以上。2015 年，司法部颁布实施了行业技术规范《人身损害后续诊疗项目评定指南》（SF/Z JD0103008-2015）；2016 年，"两院三部"联合发布了《人体损伤致残程度分级》（2017 年 1 月 1 日实施），作为人身损害赔偿法律实务的重要鉴定标准之一，备受瞩目。截至2016 年底，中国法医临床学技术规范、标准化体系已初步形成，现行有效的法医临床学鉴定标准以及具有标准特征的规范性技术文件（含技术法规）已有 21 个。与此同时，各实体鉴定机构及研究机构纷纷开展技术标准的研究与培训，法医临床学技术标准研究与培训成为学科及专业发展的一大特征。

以"遵循最佳证据"的循证医学（evidence-based medicine）理念系统考证法医临床学鉴定标准的科学性、严谨性、可行性，成为法医临床学与证据法学交叉研究的一项内容。在国际公认的 WHO-ICF 架构下，[2] 学界对标准的研究呈现出活跃的态势，包括：①汤家全等[3]"新人体损伤程度鉴定标准存在的问题初探"；②王旭等[4]"试论人身损害赔偿中的后续诊疗项目评定"；③张奎等[5]"新工伤伤残标准脊柱损伤相关条款刍议"；④杨天潼等[6]

---

[1] 王坚等："CT 在法医病理学中的应用与展望"，载《刑事技术》2015 年第 1 期。

[2] ICF，是指国际功能、残疾和健康分类（International Classification of Functioning, Disability and Health），是由世界卫生组织（WHO）制定的国际标准。

[3] 汤家全、刘建锋："新人体损伤程度鉴定标准存在的问题初探"，载《中国法医学杂志》2015 年第 1 期。

[4] 王旭、宁锦："试论人身损害赔偿中的后续诊疗项目评定"，载《中国法医学杂志》2015 年第 4 期。

[5] 张奎、邓振华："新工伤伤残标准脊柱损伤相关条款刍议"，载《中国司法鉴定》2015 年第 3 期。

[6] 杨天潼、尤萌："《永久性残损评定指南》（第六版）实践应用指南"，载《证据科学》2015 年第 3 期。

"《永久性残损评定指南》(第六版)实践应用指南";⑤王长保等[1]"AIS-ISS 创伤评分在人体损伤程度鉴定中的应用";⑥尤萌等[2]"利用 ICF 量表对 TBI 进行伤残评定的可行性研究"。

法医生物学的核心研究内容则围绕"判断个体之间的亲缘关系和现场检材的来源"两大研究主题,从试剂盒研制、群体遗传学调查、DNA 提取与新技术应用等方面展开。试剂盒的研制分为常染色体 STR 分型试剂盒、Y 染色体 STR 分型试剂盒、mtDNA 扩增试剂盒以及 SNP 分型试剂盒。张庆霞等[3]对 11 种国产试剂盒和 8 种进口试剂盒的法医学应用价值进行了评估和验证性研究,为试剂盒的法医学应用提供了支撑性数据。

法医物证学颁布了 3 项司法鉴定技术规范,分别是生物学祖孙关系鉴定规范(SF/Z JD0105005-2015)、亲子鉴定文书规范(SF/Z JD0105004-2015)和法医 SNP 分型与应用规范(SF/Z JD0105003-2015);修订了 1 项技术标准:亲权鉴定技术规范(SF/Z JD0105001-2016)。

在群体遗传学调查方面,我国学者对各少数民族群体数据不断进行补充。那春福等[4]、马丽英等[5]、徐颖等[6]、马温华等[7]、李忠杰等[8]分别对辽宁清原县满族人群,甘肃裕固族人群,广西瑶族、苗族人群,广西壮族人群,苏州地区的四川凉山彝族自治州籍彝族人群进行了遗传多态性调查。上述对于不同地域群体的遗传学数据调查分析,为法医学个体识别、亲权鉴定以及群体遗传学研究等提供了重要依据。

---

[1] 王长保、董黄勇:"AIS-ISS 创伤评分在人体损伤程度鉴定中的应用",载《中国法医学杂志》2015 年第 5 期。

[2] 尤萌等:"利用 ICF 量表对 TBI 进行伤残评定的可行性研究",载《中国法医学杂志》2015 年第 5 期。

[3] 张庆霞等:"19 种扩增试剂盒的确证试验",载《刑事技术》2016 年第 6 期。

[4] 那春福、魏建生、金萍:"辽宁清原县满族 19 个 STR 基因座遗传多态性",载《中国法医学杂志》2015 年第 5 期。

[5] 马丽英等:"甘肃裕固族人群 21 个 STR 基因座的遗传多态性",载《法医学杂志》2016 年第 4 期。

[6] 徐颖等:"广西瑶族和苗族人群 18 个 STR 基因座遗传多态性",载《刑事技术》2016 年第 1 期。

[7] 马温华等:"广西壮族人群 18 个 STR 基因座多态性",载《刑事技术》2016 年第 4 期。

[8] 李忠杰等:"苏州地区凉山籍彝族人群 17 个 STR 基因座遗传多态性",载《中国法医学杂志》2015 年第 4 期。

司法精神病学研究主要集中在强制医疗程序、精神病人的监护制度与民事行为能力鉴定、颅脑外伤所致精神障碍鉴定等方面。2016 年,司法部司法鉴定管理局颁发了《精神障碍者刑事责任能力评定指南》(SF/Z JD0104002 - 2016)和《精神障碍者服刑能力评定指南》(SF/Z JD0104003 - 2016)两部技术规范,进一步规范相关法律能力的评定,规定了刑事责任能力评定的基本原则、要求和方法;对精神障碍者完全责任能力、限制责任能力、无责任能力的评定要点也作了明确规定。随着一些社会热点案件,如南京宝马案等法医精神病鉴定案例的公布,法医精神病学受到社会各界的关注,法律与精神医学交叉领域的问题也引发了学界的思考。2015 年 10 月 27~30 日,中国法医学会法医精神病学专业委员会五届一次学术交流会召开,会上讨论了刑事责任能力鉴定、精神损伤与伤残评定、强制医疗相关问题、毒品所致精神障碍者刑事责任能力鉴定、法医精神病学鉴定能力验证与学科发展方向等问题。2015 年 12 月 12 日,司法文明协同创新中心主办了中国政法大学第三届法律与精神医学论坛,主题为"精神病学司法鉴定中的证据、证明与程序"。2016 年 11 月 12 日,司法文明协同创新中心主办了中国政法大学第四届法律与精神医学论坛,围绕我国法律与精神医学交叉领域的突出问题与对策进行了深入研讨。

(三)物证技术学的发展

文件检验领域在签名笔迹特征的量化、印章印文检验的量化、文件制作时间鉴定等热点和难点问题领域展开研究。张云等[1]通过对笔迹特征进行选取、赋值、量化比对,统计得出了不同人笔迹的单字相似度和多字相似度情况以及同一人笔迹的单字稳定度和多字稳定度情况,为笔迹鉴定的定量化研究提供了思路。印章印文特征的量化研究,为文件检验提供了新思路。[2] 文件形成时间鉴定可通过三种技术通道来完成:墨迹(含印文印迹)的形成时间、纸制品的形成时间、文件内容的系统性分析,其中以墨迹书写时间鉴定

---

[1] 张云、李育革、石惠:"汉字笔迹间不同人相似度和同一人稳定度的量化实验研究",载《中国人民公安大学学报》(自然科学版)2015 年第 4 期。

[2] 韩星周等:"印章印文比对检验的特征量化研究",载《湖北警官学院学报》2015 年第 1 期。

最为普遍。[1]

随着各种新型微量物证的出现，微量物证检验学在传统方法的改进与优化以及新的检验分析方法应用方面进入新的阶段：①气相色谱-质谱联用法是近年常用的分析方法，也是国际法庭科学公认的一种分析方法。[2]②高效液相色谱具有应用面广、灵敏度高的特点，在微量物证检验中被广泛应用。[3]③X射线荧光光谱法（XRF）具有元素分析范围广泛、分析速度快、灵敏度高、不破坏检材等优点，在法庭科学物证检验方面具有很大优势。[4]④在鉴定有机化合物的方法方面，红外光谱特征性强、操作简单、分析速度快且不破坏样品。[5]对于作为新型微量物证之一的化妆品成分检验，顾志斌[6]建立了同时测定化妆品中6种硝基酚的固相萃取-超高效液相色谱分析法，可通过犯罪嫌疑人皮肤或衣服上的化妆品成分与受害者皮肤上的化妆品成分的分析对比，推测嫌疑人是否和受害者有过接触。另外，微量物证检验学与文件检验学、痕迹检验学呈现出交叉研究的局面。[7]

在电子数据领域，关注的重点包括APT攻击取证研究、智能手机取证技术分析比较研究、Android系统取证研究等，主要集中在以下几个方面：①APT（Advanced Persistent Threat，即高级持续性威胁）攻击相关研究；②移动终端安全性研究；③云平台安全性研究；④Snort入侵检测系统与防火墙技术研究；⑤使用密码技术对云存储数据实施机密性保护和访问控制，即加密技术研究；⑥局域网嗅探系统技术研究；⑦GPS欺骗检测领域的研究；⑧区

---

[1] 连园园、梁鲁宁、刘建伟："文件形成时间检验方法综述和评析"，载《证据科学》2016年第6期。

[2] 李阳、夏攀："涉案枪支发射药及其残留物的TSP-GC/MS检测方法的分析研究"，载公安部物证鉴定中心主编：《第七届全国微量物证检验及应用技术学术交流会论文汇编》，群众出版社2016年版，第177~180页。

[3] 张路杰、旺堆、韩闯："电线护套中助剂成分的高效液相色谱分析"，载《福建分析测试》2015年第2期。

[4] 黎乾等："微束X射线荧光光谱仪测定射击残留物特征元素分布图的应用研究"，载《分析测试学报》2015年第4期。

[5] 潘远彬、王连明、王元凤："机动车号牌用油墨及反光膜的红外光谱分析"，载《中国司法鉴定》2015年第6期。

[6] 顾志斌："固相萃取-超高效液相色谱法测定化妆品中6种硝基酚"，载《现代测量与实验室管理》2015年第6期。

[7] 王晓宾、黄建同："扫描电镜/能谱法检验激光打印文件"，载《刑事技术》2015年第3期。

块链技术研究；⑨DDoS 攻击检测研究。

在毒物毒品检测领域，各种新型毒物毒品检测技术稳步发展，传统检测技术不断改进与优化，主要体现在：①气相色谱/质谱联用；[1] ②液相色谱/质谱联用；[2] ③多种色谱与质谱混合联用；等等。梁丽军等[3]从测定程序的角度，分析了测量实验过程中引入的不确定度的来源，以及标准不确定度、获得测量结果的扩展不确定度等，建立了气相色谱内标法测定甲基苯丙胺含量的不确定度评估方法。

在交通事故鉴定技术方面，主要围绕交通事故的痕迹、车速鉴定等，针对道路交通事故鉴定中的突出问题，从法律、技术和管理三个层面，开展了道路交通事故鉴定体系框架等方面的研究，[4]综合利用法医学、痕迹物证学、交通工程学、道路工程学、车辆工程学等专业知识，从人、车、路、环境等方面综合分析交通要素与事故发生之间的因果关系。在交通事故鉴定的方法技术方面，利用近景摄影测量技术、无人机航拍、激光三维扫描等技术进行更全面、客观的记录。车速鉴定则更强调路面痕迹的确切勘查记录、车辆变形的量化描述分析、计算机仿真的验证、多源数据信息的利用等。在计算机仿真方面，奥地利交通事故再现软件 Pc-Crash 仍是目前交通事故再现的主流软件。

六、证据科学教育进展

(一) 中国法庭科学博物馆开馆

2016 年 5 月 20 日，中国政法大学证据科学研究院"中国法庭科学博物馆"（China Forensic Science Museum，CFSM）正式开馆。该博物馆是我国首家

---

[1] Guo L. et al., "Simple and Rapid Analysis of Four Amphetamines in Human Whole Blood and Urine Using Liquid-liquid Extraction without Evaporation/derivatization and Gas Chromatography-mass Spectrometry", *Forensic Toxicology*, 2015 (33): 104 - 111.

[2] 石银涛等："ASPE - LC - Q - TOF/MS 检测血液中氯硝西泮和 7 - 氨基氯硝西泮"，载《药物分析杂志》2015 年第 4 期。

[3] 梁丽军等："气相色谱内标法测定甲基苯丙胺含量的不确定度评定"，载《刑事技术》2016 年第 4 期。

[4] 俞春俊、李平凡："道路交通事故鉴定体系框架概要设计"，载《中国公共安全》（学术版）2015 年第 1 期。

法庭科学（含法医学与物证技术）博物馆，集文献文物收藏、科普教育和科学研究为一体，是一个综合性学术研究机构，也是法庭科学文化研究中心的科研平台。该博物馆于 2011 年筹建，自 2013 年起得到"2011 计划"司法文明协同创新中心经费资助，从而加快了其建设步伐。该博物馆的主要任务是：向国内外研究机构和研究学者、社会大众宣传中国法庭科学发展的历史，其规划的研究主题包括：①法庭科学通史、断代史、专门史研究类；②法庭科学标志性人物"口述历史"研究类；③相关研究专题整理类；④历史文献校注翻译类；⑤历史文献资料汇编类；等等。该法庭科学博物馆分本体展区和公共展区两部分。其中，本体展区位于法大法庭科学技术鉴定研究所五层，面积约 230 平方米；公共展区位于法大法庭科学技术鉴定研究所办公楼部分廊道、教室、会议室、门厅、院落等处。目前，该博物馆本体展区共展示藏品 619 件，公共展区共展示藏品 50 件。

（二）国际著名教授课程方阵推动证据科学人才培养国际化

随着证据科学教育部重点实验室和司法文明协同创新中心建设的不断推进，中国政法大学证据科学研究院的人才培养国际化正在加强，2015～2016 年度，共有 10 位国外著名教授为研究生开设了 36 学时 2 学分选修课程，这些课程全部采用英文授课。详见下表：

证据科学人才培养国际著名教授课程方阵

序号	姓 名	职称	国家/学校	课程名称	授课时间
1	保罗·罗伯茨 （Paul Roberts）	教授	英国诺丁汉大学法学院	比较法视野下的英国刑事证据规则	2015 年 5 月 2016 年 4 月
2	约瑟夫·霍夫曼 （Joseph Hoffmann）	教授	美国印第安纳大学法学院	美国刑事案例中的证据问题	2016 年 11～12 月
3	阿维娃·奥伦斯坦 （Aviva Orenstein）	教授	美国印第安纳大学法学院	美国证据法及庭审程序概述	2016 年 6 月
4	罗纳德·J. 艾伦 （Ronald J. Allen）	教授	美国西北大学法学院	美国证据法	2015 年 5 月 2016 年 5 月

续表

序号	姓名	职称	国家/学校	课程名称	授课时间
5	安德鲁·里格伍德（Andrew Ligertwood）戴维·卡鲁索（David Caruso）	教授	澳大利亚阿德莱德大学法学院	普通法刑事程序与法庭科学证据	2015年9月 2016年9月
6	迈克尔·塔鲁夫（Michele Taruffo）	教授	意大利帕维亚大学法学院	从比较法视角看证据法与事实真相	2015年10月 2016年11月
7	弗朗哥·塔罗尼（Franco Taroni）	教授	瑞士洛桑大学刑事司法学院	盖然推理和科学证据评估	2015年10月
8	迈克尔·格雷克（Michael Grecoz）	教授	美国律师协会前主席	国际刑法	2015年11月 2016年11月
9	托马斯·Y. 满（Thomas Y. Man）	教授	北京大学国际法学院	美国律师职业与实务	2015年11月 2016年11月
10	刘大群	教授	联合国前南国际刑事法庭	国际刑法强化	2015年12月 2016年12月

（三）证据法学本科生核心课程申请

为推进依法治国和司法文明建设，培养大批拥有证据科学知识的法律人才，中国政法大学于2015年6月向教育部高校法学学科教学指导委员会提交了《关于将〈证据法学〉列为法学本科生核心课程的申请》，论证要点包括：

1. 证据法学列入核心课程的必要性

（1）证据法是法治的基石，是实现司法公正的基石。

（2）证据制度是法治国家的一项基本制度，证据法学在中国特色社会主义法学体系中应有一席之地。

（3）证据法学在法学教育体系中占有重要地位：首先，从国外情况来看，英美大学法学院一般都将证据法学作为必修课程；其次，从我国证据法学教育的情况来看，我国法律人才培养普遍存在证据法学知识严重缺乏的问题；

最后，从法律人才的知识结构来看，证据法学应该列入法学核心课程。

（4）开设证据法学课程的意义：其一，证据法学教育有利于提高法律人才的综合素质；其二，证据法学教育有利于促进法律人才培养的职业化。

2. 证据法学列入核心课程的可行性

（1）证据法和诉讼法具有相对独立性。

（2）证据法学具有相对独立的学科地位。陈光中教授说："判断证据法学能否作为一门独立的学科，不应以是否有独立的证据法典为标准，而关键看是否有独立的研究对象和完整的理论体系。事实上，我国现行的法典数量远远大于法学学科数量，这说明有独立的法典并不意味着就能成为独立的法学学科。相反的是，行政法学等没有对应的统一法典，却成为一门独立的法学学科。就研究对象和理论体系而言，证据法学尽管与诉讼法学和民法学等实体法学在部分内容上有交叉，但是没有哪一门法学能完全包容证据法学的全部研究内容。因此，证据法学应该作为一个独立的学科。"

（3）我国证据法学教育已初具规模，主要标志是：①在机构建设方面，中国政法大学、中南财经政法大学、中国人民大学、西安交通大学、甘肃政法学院等学校都成立了证据法学的专门研究机构，证据科学教育部重点实验室（中国政法大学）2005年被批准立项建设，2006年中国政法大学成立了证据科学研究院。②在学科学位点建设和研究生培养方面，2006年7月，全国第一个证据法学硕士和博士学位点由中国政法大学在国务院学位办备案，硕士点下设证据法学、物证技术学、法医学三个研究方向，博士点下设证据法学和法庭科学两个研究方向，2007年招收了第一届证据法学硕士、博士研究生。2010年，北京市教委、北京市学位委员会批准"证据科学"为北京市交叉学科重点学科。③在本科生教学方面，证据法学在一些综合大学、国家法官学院已被列为必修课，在许多大学法学院被列为选修课。

（4）证据法学教材和教学参考资料的准备情况。

（5）证据法学核心课程的整体设计与实施方案：①证据法学核心课程设计三原则：一是理论与实践相结合；二是应然与实然相结合；三是中国与世界相结合。②证据法学核心课程教学方式与方法。③证据法学核心课程课时分配。

总之，在依法治国的大背景下，2015~2016年，我国证据法治建设进一步发展，证据规则、证据司法和证据科学研究十分活跃，与证据有关的交叉领域研究不断拓宽，国际交流取得长足发展，证据科学作为一门新兴学科正在崛起。

张保生 王 旭
2017 年 10 月 15 日

全　　称	简　　称
《中华人民共和国刑事诉讼法》	《刑事诉讼法》
《中华人民共和国民事诉讼法》	《民事诉讼法》
《中华人民共和国行政诉讼法》	《行政诉讼法》
《中华人民共和国刑法》	《刑法》
《中华人民共和国精神卫生法》	《精神卫生法》
《中华人民共和国侵权责任法》	《侵权责任法》
《中华人民共和国食品安全法》	《食品安全法》
《中华人民共和国国家安全法》	《国家安全法》
《中华人民共和国反恐怖主义法》	《反恐怖主义法》
《中华人民共和国职业病防治法》	《职业病防治法》
《中华人民共和国固体废物污染环境防治法》	《固体废物污染环境防治法》
《中华人民共和国民用航空法》	《民用航空法》
《中华人民共和国行政处罚法》	《行政处罚法》
《中华人民共和国银行业监督管理法》	《银行业监督管理法》
《中华人民共和国药品管理法》	《药品管理法》
最高人民法院《关于民事诉讼证据的若干规定》	最高人民法院《民事诉讼证据规定》

续表

全　　称	简　　称
最高人民法院《关于适用〈中华人民共和国民事诉讼法〉的解释》	最高人民法院《民诉法解释》
最高人民法院《关于适用〈中华人民共和国刑事诉讼法〉的解释》	最高人民法院《刑诉法解释》
最高人民法院《关于适用〈中华人民共和国行政诉讼法〉若干问题的解释》	最高人民法院《行政诉讼法解释》
最高人民法院《关于审理环境侵权责任纠纷案件适用法律若干问题的解释》	最高人民法院《审理环境侵权案件适用法律的解释》
最高人民法院、最高人民检察院、公安部、国家安全部、司法部《关于在部分地区开展刑事案件认罪认罚从宽制度试点工作的办法》	"两院三部"《刑事案件认罪认罚从宽制度试点办法》
第×届全国人民代表大会第×次会议	×届全国人大×次会议
全国人民代表大会常务委员会	全国人大常委会
最高人民法院、最高人民检察院、公安部、国家安全部、司法部	"两院三部"
最高人民法院、最高人民检察院	"两院"
××省高级人民法院	××省高院

前　言 ……………………………………………………………（1）

序　言　2015～2016年中国证据法治前进的步伐 ……………（4）

缩略语表 …………………………………………………………（54）

第一篇　2015～2016年中国证据立法与司法进展 ……………（1）
  一、证据立法进展综述 ………………………………………（1）
    （一）法律 …………………………………………………（1）
    （二）司法解释 ……………………………………………（7）
    （三）行政法规、部门规章 ………………………………（25）
    （四）地方性证据规定 ……………………………………（36）
    （五）国际条约 ……………………………………………（47）
  二、证据司法实践发展综述 …………………………………（50）
    （一）人民法院证据制度建设 ……………………………（50）
    （二）人民检察院证据制度建设 …………………………（54）
    （三）公安机关证据制度建设 ……………………………（60）
  三、司法鉴定制度建设综述 …………………………………（68）
    （一）人民法院司法技术管理工作制度建设 ……………（68）
    （二）人民检察院司法鉴定工作制度建设 ………………（71）
    （三）公安机关司法鉴定工作制度建设 …………………（74）

（四）司法行政机关登记管理与备案登记的司法鉴定工作
　　　　制度建设 ……………………………………………………（79）
　　（五）司法鉴定技术相关部门规章与行业规范 …………………（87）
四、司法实践中的证据制度建设：陈满案和任海玲案证据分析 ……（115）
　　（一）陈满案证据分析 ……………………………………………（115）
　　（二）任海玲案证据分析 …………………………………………（123）

第二篇　2015~2016年中国证据科学学术进展 ……………………（130）

一、证据科学研究进展 …………………………………………………（130）
　　（一）证据科学域外理论研究 ……………………………………（130）
　　（二）证据科学国内研究进展 ……………………………………（135）
　　（三）证据科学国际会议 …………………………………………（137）
二、证据法学研究进展 …………………………………………………（139）
　　（一）证据法理论基础和体系 ……………………………………（139）
　　（二）证据属性与事实认定 ………………………………………（143）
　　（三）证据开示 ……………………………………………………（146）
　　（四）科学证据与司法鉴定 ………………………………………（151）
　　（五）言词证据 ……………………………………………………（156）
　　（六）证据排除规则 ………………………………………………（163）
　　（七）证明责任与证明标准 ………………………………………（174）
　　（八）法院取证与证据保全 ………………………………………（183）
　　（九）质证与认证 …………………………………………………（195）
　　（十）推定与司法认知 ……………………………………………（199）
三、法庭科学研究进展 …………………………………………………（205）
　　（一）法医病理学 …………………………………………………（205）
　　（二）法医临床学 …………………………………………………（221）
　　（三）司法精神病学 ………………………………………………（234）
　　（四）法医生物学 …………………………………………………（242）
　　（五）文件检验学 …………………………………………………（257）
　　（六）毒物毒品检验学 ……………………………………………（269）

    （七）微量物证检验学 …………………………………… (289)
    （八）痕迹检验学 ………………………………………… (305)
    （九）交通事故鉴定 ……………………………………… (324)
    （十）声像资料鉴定 ……………………………………… (335)
    （十一）电子数据鉴定 …………………………………… (351)
  四、证据科学教育进展 ……………………………………… (356)
    （一）证据科学研究项目 ………………………………… (356)
    （二）证据科学学科建设和人才培养 …………………… (358)
    （三）证据科学课程和教材建设 ………………………… (372)
  五、证据科学研究成果选介 ………………………………… (382)
    （一）证据法学著作选介 ………………………………… (382)
    （二）证据法学论文选介 ………………………………… (391)
    （三）法庭科学著作选介 ………………………………… (399)

附录1 证据科学期刊论文目录 ……………………………… (419)
  附录1.1 中文证据法学期刊论文目录（2015～2016）…… (420)
  附录1.2 中文法庭科学期刊论文目录（2015～2016）…… (435)
  附录1.3 英文法庭科学期刊论文目录（2015～2016）…… (568)

附录2 证据科学研究生学位论文目录 ……………………… (572)
  附录2.1 证据法学研究生学位论文目录（2015～2016）… (573)
  附录2.2 法庭科学研究生学位论文目录（2015～2016）… (610)

附录3 证据科学学术著作目录 ……………………………… (630)
  附录3.1 证据法学学术著作目录（2015～2016）………… (631)
  附录3.2 法庭科学学术著作目录（2015～2016）………… (640)

附录4 证据科学学术会议一览表（2015～2016） ………… (646)

附录5 证据科学研究项目一览表 …………………………… (654)
  附录5.1 国家自然科学基金项目证据科学研究课题
         立项一览表（2015～2016）……………………… (655)

附录 5.2 国家社会科学基金证据科学研究课题立项一览表
（2015~2016） ………………………………………… (662)
附录 5.3 教育部人文社会科学研究项目证据科学研究课题
立项一览表（2015~2016） ……………………………… (663)
附录 5.4 最高人民法院实证项目证据科学研究课题立项一览表
（2015~2016） ………………………………………… (664)
附录 5.5 最高人民检察院实证项目证据科学研究课题立项一览表
（2015~2016） ………………………………………… (665)
附录 5.6 司法部国家法治与法学理论研究项目证据科学研究课题
立项一览表（2015~2016） ……………………………… (667)
附录 5.7 中国法学会项目证据科学研究课题立项一览表
（2015~2016） ………………………………………… (668)

后　记 ……………………………………………………………… (670)

第一篇

2015~2016年中国证据立法与司法进展

一、证据立法进展综述

（一）法律

1.《食品安全法》[1]

（1）完善了证据保管制度。一是食品生产者进货查验记录制度。第50条规定的记录内容增加了"生产日期"、"地址"，"并保存相关凭证"。二是食品生产者出厂检验记录制度。第51条规定的记录内容增加了"保质期"、"地址"，"并保存相关凭证"。三是食品经营者进货查验记录制度。第53条规定的记录内容增加了"生产日期"、"地址"，"并保存相关凭证"；"从事食品批发业务的经营企业应当建立食品销售记录制度，如实记录批发食品的名称、规格、数量、生产日期或者生产批号、保质期、销售日期以及购货者名称、地址、联系方式等内容，并保存相关凭证。"四是食品添加剂生产者出厂检验记录制度。新增第59条规定："食品添加剂生产者应当建立食品添加剂出厂检验记录制度，查验出厂产品的检验合格证和安全状况，如实记录食品添加剂的名称、规格、数量、生产日期或者生产批号、保质期、检验合格证号、销售日期以及购货者名称、地址、联系方式等相关内容，并保存相关凭证。"五是食品添加剂经营者进货查验记录制度。六是食用农产品销售者进货查验记录制度。新增第65条规定："食用农产品销售者应当建立食用农产品进货查验记录制度，如实记录食用农产品的名称、数量、进货日期以及供货者名称、地址、联系方式等内容，并保存相关凭证。"七是进口商食品添加剂进口

---

[1] 2009年2月28日十一届全国人大常委会七次会议通过。2015年4月24日十二届全国人大常委会十四次会议修订通过，2015年4月24日主席令第二十一号公布，自2015年10月1日起施行。

和销售记录制度。第98条增加规定了进口商应当建立"食品添加剂"进口和销售记录制度，要求其如实记录食品、食品添加剂的名称、规格、数量、生产日期、生产或者进口批号、保质期、境外出口商和购货者名称、地址及联系方式、交货日期等内容，并保存相关凭证。八是证据的真实性保障。第103条第4款规定："任何单位和个人不得对食品安全事故隐瞒、谎报、缓报，不得隐匿、伪造、毁灭有关证据。"与旧法相比，本款增加了不得"隐匿、伪造"证据的规定。第128条增加规定了隐匿、伪造、毁灭证据的法律后果。

（2）完善了食品召回制度的证明标准。第63条第1款规定："食品生产者发现其生产的食品不符合食品安全标准或者有证据证明可能危害人体健康的，应当立即停止生产，召回已经上市销售的食品。"与旧法相比，本条增加了"或者有证据证明可能危害人体健康的"规定，这显然是一个优势证据标准。

2.《国家安全法》[1]

（1）情报信息的收集主体。第42条明确了情报信息的收集主体是国家安全机关、公安机关和有关军事机关。第52条第1款再次明确上述三机关"根据职责分工，依法搜集涉及国家安全的情报信息。"第52条第2款还规定："国家机关各部门在履行职责过程中，对于获取的涉及国家安全的有关信息应当及时上报。"也就是说，除上述三机关外，其他国家机关及政府部门没有收集涉及国家安全的情报信息的权力，但在履行职责过程中"意外"获取涉及国家安全的有关信息时，应当及时将有关信息上报给上述三机关。

（2）情报信息的鉴别及其处理。第53条规定："开展情报信息工作，应当充分运用现代科学技术手段，加强对情报信息的鉴别、筛选、综合和研判分析。"本条强调了现代科技手段在情报信息收集和使用中的重要性。

（3）公民和组织的证据协助义务。第77条规定，公民和组织应当"及时报告危害国家安全活动的线索"，"如实提供所知悉的涉及危害国家安全活动的证据"。

---

[1] 2015年7月1日十二届全国人大常委会十五次会议通过，2015年7月1日中华人民共和国主席令第二十九号公布，自公布之日起施行。

3. 《反恐怖主义法》[1]

(1) 情报信息的收集的主体。第 44 条明确了情报信息的收集主体是"公安机关、国家安全机关和有关部门"。结合第 45 条的规定，收集情报信息的主体还包括军事机关。

(2) 单位和个人的证据协助义务。一是规定单位和个人积极提供情报信息和证据的义务。第 28 条第 3 款规定："任何单位和个人发现宣扬极端主义的物品、资料、信息的，应当立即向公安机关报告。"第 46 条还规定："有关部门对于在本法第三章规定的安全防范工作中获取的信息，应当根据国家反恐怖主义情报中心的要求，及时提供。"二是如实提供证据的义务。第 51 条规定："公安机关调查恐怖活动嫌疑，有权向有关单位和个人收集、调取相关信息和材料。有关单位和个人应当如实提供。"

(3) 技术侦察取证与证据使用。第 45 条第 1 款规定："公安机关、国家安全机关、军事机关在其职责范围内，因反恐怖主义情报信息工作的需要，根据国家有关规定，经过严格的批准手续，可以采取技术侦察措施。"这里的"技术侦察措施"与《刑事诉讼法》规定的"技术侦查措施"在表述上虽只有一字之差，但含义并不相同，它通常是公安机关、国家安全机关和军事机关在刑事诉讼之前采取的搜集证据的特殊手段。这从本条第 2 款的规定也可以得出这一结论，该款规定了技术侦察取得证据的用途，即"依照前款规定获取的材料，只能用于反恐怖主义应对处置和对恐怖活动犯罪、极端主义犯罪的侦查、起诉和审判，不得用于其他用途"。

(4) 国际反恐证据的国内转化。第 72 条规定："通过反恐怖主义国际合作取得的材料可以在行政处罚、刑事诉讼中作为证据使用，但我方承诺不作为证据使用的除外。"

(5) 证人保护。第 76 条规定："因报告和制止恐怖活动，在恐怖活动犯罪案件中作证，或者从事反恐怖主义工作，本人或者其近亲属的人身安全面临危险的，经本人或者其近亲属提出申请，公安机关、有关部门应当采取下列一项或者多项保护措施：①不公开真实姓名、住址和工作单位等个人信息；②禁止特定的人接触被保护人员；③对人身和住宅采取专门性保护措施；

---

[1] 2015 年 12 月 27 日十二届全国人大常委会十八次会议通过，2015 年 12 月 27 日中华人民共和国主席令第三十六号公布，自 2016 年 1 月 1 日起施行。

④变更被保护人员的姓名，重新安排住所和工作单位；⑤其他必要的保护措施。公安机关、有关部门应当依照前款规定，采取不公开被保护单位的真实名称、地址，禁止特定的人接近被保护单位，对被保护单位办公、经营场所采取专门性保护措施，以及其他必要的保护措施。"

4.《职业病防治法》[1]

（1）职业病认定实行推定制度。本法第46条第2款规定："没有证据否定职业病危害因素与病人临床表现之间的必然联系的，应当诊断为职业病。"据此，劳动者患有职业病以其临床表现为准，只要临床表现具有职业病症，即可推定该病症是其职业危害因素所致。不过，这种推定是一种可反驳的推定，条件是用人单位有证据证明该劳动者所患病症与其职业病危害因素无关。这与一些国家将职业病认定设定为不可反驳的推定，还有一定差距。

（2）证据的收集、固定与保全。本法第63条规定，安全生产监督管理部门履行监督检查职责时，可以进入被检查单位和职业病危害现场，了解情况，调查取证，查阅或者复制与违反职业病防治法律、法规的行为有关的资料和采集样品。第64条进一步规定，发生职业病危害事故或者有证据证明危害状态可能导致职业病危害事故发生时，安全生产监督管理部门可以封存造成职业病危害事故或者可能导致职业病危害事故发生的材料和设备，组织控制职业病危害事故现场。

（3）关于职业病的鉴定。其一，设立职业病诊断鉴定委员会。第53条规定，职业病诊断鉴定委员会由相关专业的专家组成。省级人民政府卫生行政部门应当设立相关的专家库，需要对职业病争议作出诊断鉴定时，由当事人或者当事人委托有关卫生行政部门从专家库中以随机抽取的方式确定参加诊断鉴定委员会的专家。第54条第2款进一步规定，人民法院受理有关案件需要进行职业病鉴定时，应当从上述专家库中选取参加鉴定的专家。其二，职业病鉴定原则。第54条第1款规定，职业病诊断鉴定委员会组成人员应当遵守职业道德，客观、公正地进行诊断鉴定，并承担相应的责任；不得私下接触当事人，不得收受当事人的财物或者其他好处，与当事人有利害关系的，

---

[1] 2001年10月27日九届全国人大常委会二十四次会议通过，2011年12月31日十一届全国人大常委会二十四次会议第一次修正，此次修改是根据2016年7月2日十二届全国人大常委会二十一次会议第二次修正，2016年7月2日主席令第四十八号公布，自2016年9月1日起施行。

应当回避。其三，关于鉴定材料的来源。第 47 条规定，用人单位应当如实提供职业病诊断、鉴定所需的劳动者职业史和职业病危害接触史、工作场所职业病危害因素检测结果等资料；安全生产监督管理部门应当监督检查和督促用人单位提供上述资料；劳动者和有关机构也应当提供与职业病诊断、鉴定有关的资料。鉴定机构需要了解工作场所职业病危害因素情况时，可以对工作场所进行现场调查，也可以向安全生产监督管理部门提出组织现场调查。其四，职业病诊断鉴定书的出具（第 53 条第 3 款）。其五，对于用人单位不提供工作场所职业病危害因素检测结果等资料的处理。第 48 条第 1 款规定，在此情况下，鉴定机构应当结合劳动者的临床表现、辅助检查结果和劳动者的职业史、职业病危害接触史，并参考劳动者的自述、安全生产监督管理部门提供的日常监督检查信息等，作出职业病诊断、鉴定结论。

(4) 职业病仲裁中的举证责任。首先，谁主张、谁举证。第 49 条第 2 款规定："当事人在仲裁过程中对自己提出的主张，有责任提供证据。"其次，举证责任倒置原则。第 49 条第 2 款规定："劳动者无法提供由用人单位掌握管理的与仲裁主张有关的证据的，仲裁庭应当要求用人单位在指定期限内提供；用人单位在指定期限内不提供的，应当承担不利后果。"

5.《固体废物污染环境防治法》[1]

(1) 监管部门的调查取证权。本法第 15 条规定，县级以上人民政府环境保护行政主管部门和其他固体废物污染环境防治工作的监督管理部门，有权依据各自的职责对管辖范围内与固体废物污染环境防治有关的单位进行现场检查，并有权采取现场监测、采集样品、查阅或者复制与固体废物污染环境防治相关的资料等措施。

(2) 举证责任倒置原则。第 86 条规定："因固体废物污染环境引起的损害赔偿诉讼，由加害人就法律规定的免责事由及其行为与损害结果之间不存在因果关系承担举证责任。"在此类诉讼中，由被告即加害人承担举证责任，证明固体废物污染存在法定免责事由，以及原告的损害结果不是由其固体废

---

[1] 1995 年 10 月 30 日八届全国人大常委会十六次会议通过，2004 年 12 月 29 日十届全国人大常委会十三次会议修订，2013 年 6 月 29 日十二届全国人大常委会三次会议第一次修正，2015 年 4 月 24 日十二届全国人大常委会十四次会议第二次修正，此次修改是 2016 年 11 月 7 日十二届全国人大常委会二十四次会议第三次修正，2016 年 11 月 7 日中华人民共和国主席令第五十七号公布，自公布之日起施行。

物污染引起的,且两者必须同时得到证明,否则将承担固体废物污染引起损害的赔偿责任。

(3)环境监测机构的证据协助义务。第87条规定,固体废物污染环境的损害赔偿责任和赔偿金额的纠纷,当事人可以委托环境监测机构提供监测数据。环境监测机构应当接受委托,如实提供有关监测数据。

6.《民用航空法》[1]

(1)确定了客票、行李票、航空货运单的证据效力。本法第111条第1、2款规定,客票是航空旅客运输合同订立和运输合同条件的初步证据。即使旅客未能出示客票、客票不符合规定或者客票遗失,也不影响运输合同的存在或者有效。第112条第2、3款规定,行李票是行李托运和运输合同条件的初步证据。即使旅客未能出示行李票、行李票不符合规定或者行李票遗失,也不影响运输合同的存在或者有效。第118条规定,航空货运单是航空货物运输合同订立和运输条件以及承运人接受货物的初步证据。航空货运单上关于货物的重量、尺寸、包装和包装件数的说明具有初步证据的效力。除经过承运人和托运人当面查对并在航空货运单上注明经过查对或者书写关于货物的外表情况的说明外,航空货运单上关于货物的数量、体积和情况的说明不能构成不利于承运人的证据。

(2)未提出异议的证据效力。第134条第1款规定,旅客或者收货人收受托运行李或者货物而未提出异议,为托运行李或者货物已经完好交付并与运输凭证相符的初步证据。

(3)对承运人的过错实行举证责任倒置。第127条规定,在旅客、行李运输中产生的损失由承运人就其不存在过错承担证明责任,如果经承运人证明,损失是由索赔人的过错造成或者促成的,应当根据造成或者促成此种损失的过错的程度,相应免除或者减轻承运人的责任。旅客以外的其他人就旅客死亡或者受伤提出赔偿请求时,经承运人证明,死亡或者受伤是旅客本人的过错造成或者促成的,同样应当根据造成或者促成此种损失的过错的程度,相应免除或者减轻承运人的责任。在货物运输中,经承运人证明,损失是由

---

[1] 1995年10月30日八届全国人大常委会十六次会议通过,2009年8月27日十一届全国人大常委会十次会议第一次修正,2015年4月24日十二届全国人大常委会十四次会议第二次修正,2016年11月7日十二届全国人大常委会二十四次会议第三次修正,2016年11月7日中华人民共和国主席令第五十七号公布,自公布之日起施行。

索赔人或者代行权利人的过错造成或者促成的,应当根据造成或者促成此种损失的过错的程度,相应免除或者减轻承运人的责任。

(4) 对于特定事项的推定。一是航空运输期间发生损失的推定。第 125 条第 6 款规定,航空运输期间,包括机场外的任何陆路运输、海上运输、内河运输过程如果是为了履行航空运输合同而装载、交付或者转运,在没有相反证据的情况下,所发生的损失视为在航空运输期间发生的损失。二是实际承运人的推定。第 137 条第 2 款规定,实际承运人,是指根据缔约承运人的授权,履行前款全部或者部分运输的人,而不是指连续承运人;在没有相反证明时,此种授权被认为是存在的。三是实际承运人和缔约承运人的作为和不作为的推定。第 137 条第 1 款规定,实际承运人的受雇人、代理人在受雇、代理范围内的作为和不作为,关系到实际承运人履行的运输的,应当视为缔约承运人的作为和不作为。缔约承运人的作为和不作为,缔约承运人的受雇人、代理人在受雇、代理范围内的作为和不作为,关系到实际承运人履行的运输的,应当视为实际承运人的作为和不作为。

(5) 执行搜寻援救任务的单位或者个人的证据协助义务。第 154 条规定,执行搜寻援救任务的单位或者个人,应当尽力抢救民用航空器所载人员,按照规定对民用航空器采取抢救措施并保护现场,保存证据。

(二) 司法解释

1. 最高人民法院《审理环境民事公益诉讼案件适用法律的解释》[1]

(1) 举证责任。一是原告的举证责任。第 8 条规定,提起环境民事公益诉讼除提交起诉状及副本外,还应提交被告的行为已经损害社会公共利益或者具有损害社会公共利益重大风险的初步证明材料。二是被告的举证责任。第 13 条规定,原告请求被告提供其排放的主要污染物名称、排放方式、排放浓度和总量、超标排放情况以及防治污染设施的建设和运行情况等环境信息,法律、法规、规章规定被告应当持有或者有证据证明被告持有而拒不提供,如果原告主张相关事实不利于被告的,人民法院可以推定该主张成立。

(2) 法院取证及委托鉴定。第 14 条规定,对于审理环境民事公益诉讼案件需要的证据,人民法院认为必要的,应当调查收集。对于应当由原告承担

---

[1] 2014 年 12 月 8 日由最高人民法院审判委员会第 1631 次会议通过,2015 年 1 月 6 日公布(法释〔2015〕1 号),自 2015 年 1 月 7 日起施行。

举证责任且为维护社会公共利益所必要的专门性问题,人民法院可以委托具备资格的鉴定人进行鉴定。

(3)专家辅助人出庭。第15条规定,当事人申请通知有专门知识的人出庭,就鉴定人作出的鉴定意见或者就因果关系、生态环境修复方式、生态环境修复费用以及生态环境受到损害至恢复原状期间服务功能的损失等专门性问题提出意见的,人民法院可以准许。上述专家意见经质证,可以作为认定事实的根据。这是对专家辅助人举证的一个新规定。

(4)承认的效力。第16条规定,原告在诉讼过程中承认的对己方不利的事实和认可的证据,人民法院认为损害社会公共利益的,应当不予确认。这显然是一个价值权衡的排除规则。

(5)预决事实问题。第30条规定,已为环境民事公益诉讼生效裁判认定的事实,因同一污染环境、破坏生态行为依法提起诉讼的原告、被告均无需举证证明,但原告对该事实有异议并有相反证据足以推翻的除外。对于环境民事公益诉讼生效裁判就被告是否存在法律规定的不承担责任或者减轻责任的情形、行为与损害之间是否存在因果关系、被告承担责任的大小等所作的认定,因同一污染环境、破坏生态行为依法提起诉讼的原告主张适用的,人民法院应予支持,但被告有相反证据足以推翻的除外。被告主张直接适用对其有利的认定的,人民法院不予支持,被告仍应举证证明。

2. 最高人民法院、最高人民检察院、公安部、司法部《关于依法办理家庭暴力犯罪案件的意见》[1]

(1)及时、全面收集证据。第11条规定,公安机关在办理家庭暴力案件时,要充分、全面地收集、固定证据,除了收集现场的物证、被害人陈述、证人证言等证据外,还应当注意及时向村(居)委会、人民调解委员会、妇联、共青团、残联、医院、学校、幼儿园等单位、组织的工作人员,以及被害人的亲属、邻居等收集涉及家庭暴力的处理记录、病历、照片、视频等证据。

(2)加强自诉案件举证指导。第14条规定,家庭暴力犯罪案件具有案发周期较长、证据难以保存,被害人处于相对弱势、举证能力有限,相关事实

---

[1] 2015年3月2日最高人民法院、最高人民检察院、公安部、司法部联合发布(法发〔2015〕4号),自2015年1月19日起施行。

难以认定等特点。有些特点在自诉案件中表现得更为突出。因此，人民法院在审理家庭暴力自诉案件时，对于因当事人举证能力不足等原因，难以达到法律规定的证据要求的，应当及时对当事人进行举证指导，告知需要收集的证据及收集证据的方法。

（3）法院取证。第 14 条规定，对于因客观原因不能取得的证据，当事人申请人民法院调取的，人民法院应当认真审查，认为确有必要的，应当调取。

3. 最高人民法院《民诉法解释》[1]

（1）当事人举证责任。第 90 条规定，当事人对自己提出的诉讼请求所依据的事实或者反驳对方诉讼请求所依据的事实，应当提供证据加以证明，但法律另有规定的除外。在作出判决前，当事人未能提供证据或者证据不足以证明其事实主张的，由负有举证证明责任的当事人承担不利的后果。

（2）证明责任分配原则。第 91 条规定，除法律另有规定的外，人民法院应当依照下列原则确定举证证明责任的承担：一是主张法律关系存在的当事人，应当对产生该法律关系的基本事实承担举证证明责任；二是主张法律关系变更、消灭或者权利受到妨害的当事人，应当对该法律关系变更、消灭或者权利受到妨害的基本事实承担举证证明责任。

（3）当事人承认及其效力。第 92 条规定，一方当事人在法庭审理中，或者在起诉状、答辩状、代理词等书面材料中，对于己不利的事实明确表示承认的，另一方当事人无需举证证明。对于涉及身份关系、国家利益、社会公共利益等应当由人民法院依职权调查的事实，不适用前款自认的规定。自认的事实与查明的事实不符的，人民法院不予确认。

（4）司法认知。第 93 条规定："下列事实，当事人无须举证证明：①自然规律以及定理、定律；②众所周知的事实；③根据法律规定推定的事实；④根据已知的事实和日常生活经验法则推定出的另一事实；⑤已为人民法院发生法律效力的裁判所确认的事实；⑥已为仲裁机构生效裁决所确认的事实；⑦已为有效公证文书所证明的事实。前款第 2 项至第 4 项规定的事实，当事人有相反证据足以反驳的除外；第 5 项至第 7 项规定的事实，当事人有相反证据足以推翻的除外。"

---

[1] 2014 年 12 月 18 日由最高人民法院审判委员会第 1636 次会议通过，2015 年 1 月 30 日公布（法释〔2015〕5 号），自 2015 年 2 月 4 日起施行。

(5) 人民法院收集证据的范围：一是依申请取证的范围。第 94 条规定，当事人及其诉讼代理人因客观原因不能自行收集的下列证据，可以在举证期限届满前书面申请人民法院调查收集：①证据由国家有关部门保存，当事人及其诉讼代理人无权查阅调取的；②涉及国家秘密、商业秘密或者个人隐私的；③当事人及其诉讼代理人因客观原因不能自行收集的其他证据。二是依职权取证的范围。第 96 条规定，无需依据当事人的申请，人民法院可以依职权调取的证据包括：①涉及可能损害国家利益、社会公共利益的；②涉及身份关系的；③涉及民事诉讼法第 55 条规定诉讼的；④当事人有恶意串通损害他人合法权益可能的；⑤涉及依职权追加当事人、中止诉讼、终结诉讼、回避等程序性事项的。

(6) 证据保全。第 98 条规定，当事人可以依法在举证期限届满前书面提出。证据保全的申请。但证据保全可能对他人造成损失的，人民法院应当责令申请人提供相应的担保。

(7) 举证期限及逾期举证的后果：一是举证期限的确定方式，第 99 条第 1 款规定，举证期限可以由人民法院在审理前的准备阶段确定，也可以由当事人协商，并经人民法院准许。二是人民法院确定的举证期限，第 99 条第 2 款规定，一审普通程序案件，举证期限不得少于 15 日；当事人提供新的证据的二审案件，举证期限不得少于 10 日。第 99 条第 3 款规定，举证期限届满后，当事人对已经提供的证据，申请提供反驳证据或者对证据来源、形式等方面的瑕疵进行补正的，人民法院可以酌情再次确定举证期限，该期限不受前款举证期限的限制。三是举证期限的延长，第 100 条规定，当事人申请延长举证期限的，应当在举证期限届满前向人民法院提出书面申请。申请理由成立的，人民法院应当准许，适当延长举证期限，并通知其他当事人。延长的举证期限适用于其他当事人。申请理由不成立的，人民法院不予准许，并通知申请人。四是逾期举证的后果，第 101 条规定，当事人逾期提供证据的，人民法院应当责令其说明理由，必要时可以要求其提供相应的证据。当事人因客观原因逾期提供证据，或者对方当事人对逾期提供证据未提出异议的，视为未逾期。第 102 条第 1、2 款规定，当事人因故意或者重大过失逾期提供的证据，人民法院不予采纳。但该证据与案件基本事实有关的，人民法院应当采纳，并予以训诫、罚款。当事人非因故意或者重大过失逾期提供的证据，人民法院应当采纳，并对当事人予以训诫。

（8）质证：一是质证的一般要求。第103条规定，证据应当在法庭上出示，由当事人互相质证。未经当事人质证的证据，不得作为认定案件事实的根据。但当事人在审理前的准备阶段认可的证据，经审判人员在庭审中说明后，视为质证过的证据；涉及国家秘密、商业秘密、个人隐私或者法律规定应当保密的证据，不得公开质证。二是质证的内容。第104条第1款规定，人民法院应当组织当事人围绕证据的真实性、合法性以及与待证事实的关联性进行质证，并针对证据有无证明力和证明力大小进行说明和辩论。

（9）证据审查判断原则。第105条规定，人民法院应当按照法定程序，全面、客观地审核证据，依照法律规定，运用逻辑推理和日常生活经验法则，对证据有无证明力和证明力大小进行判断，并公开判断的理由和结果。

（10）证据排除。第106条规定，对以严重侵害他人合法权益、违反法律禁止性规定或者严重违背公序良俗的方法形成或者获取的证据，不得作为认定案件事实的根据。第107条规定，在诉讼中，当事人为达成调解协议或者和解协议作出妥协而认可的事实，不得在后续的诉讼中作为对其不利的根据，但法律另有规定或者当事人均同意的除外。

（11）证明标准。第108条确立了"高度可能性"民事诉讼的证明标准，即"对负有举证证明责任的当事人提供的证据，人民法院经审查并结合相关事实，确信待证事实的存在具有高度可能性的，应当认定该事实存在。对一方当事人为反驳负有举证证明责任的当事人所主张事实而提供的证据，人民法院经审查并结合相关事实，认为待证事实真伪不明的，应当认定该事实不存在。"但对于部分特殊性事实，第109条确立了"排除合理怀疑"的证明标准，即"当事人对欺诈、胁迫、恶意串通事实的证明，以及对口头遗嘱或者赠与事实的证明，人民法院确信该待证事实存在的可能性能够排除合理怀疑的，应当认定该事实存在。"

（12）书证使用。一是书证复制件、副本、节录本的使用条件。第111条第1款规定，可以使用书证的复制件、副本、节录的情形包括：①书证原件遗失、灭失或者毁损的；②原件在对方当事人控制之下，经合法通知提交而拒不提交的；③原件在他人控制之下，而其有权不提交的；④原件因篇幅或者体积过大而不便提交的；⑤承担举证证明责任的当事人通过申请人民法院调查收集或者其他方式无法获得书证原件的。二是书证内容真实性推定。第112条规定，书证在对方当事人控制之下的，承担举证证明责任的当事人可以在举证期限届满前书面申请人民法院责令对方当事人提交。申请理由成立的，人民法院应当责令对方当事人提交，因提交书证所产生的费用，由申请人负担。对方当事人无正当理由拒不提交的，人民法院可以认定申请人所主张的书证内容为真实。三是书证的自我鉴真。第114条规定，国家机关或者其他依法具有社会管理职能的组织，在其职权范围内制作的文书所记载的事项推定为真实，但有相反证据足以推翻的除外。必要时，人民法院可以要求制作文书的机关或者组织对文书的真实性予以说明。

（13）单位证明材料的规格及其鉴真。第115条规定，单位向人民法院提出的证明材料，应当由单位负责人及制作证明材料的人员签名或者盖章，并加盖单位印章。人民法院就单位出具的证明材料，可以向单位及制作证明材料的人员进行调查核实。必要时，可以要求制作证明材料的人员出庭作证。单位及制作证明材料的人员拒绝人民法院调查核实，或者制作证明材料的人员无正当理由拒绝出庭作证的，该证明材料不得作为认定案件事实的根据。

（14）视听资料和电子数据的范围。第116条规定，视听资料包括录音资料和影像资料。电子数据是指通过电子邮件、电子数据交换、网上聊天记录、博客、微博客、手机短信、电子签名、域名等形成或者存储在电子介质中的信息。存储在电子介质中的录音资料和影像资料，适用电子数据的规定。

（15）证人出庭作证。一是证人出庭作证的启动方式。第117条规定，证人出庭作证有两种启动方式，即当事人申请证人出庭作证和人民法院依职权通知证人出庭作证。不过，本条第3款又规定："未经人民法院通知，证人不得出庭作证，但双方当事人同意并经人民法院准许的除外。"二是证人出庭作证的经济补偿（第118条）。三是证人如实作证的义务。第119条第1款规定，人民法院在证人出庭作证前应当告知其如实作证的义务以及作伪证的法律后果，并责令其签署保证书，但无民事行为能力人和限制民事行为能力人除外。第120条进一步规定，证人拒绝签署保证书的，不得作证，并自行承担相关费用。

（16）鉴定。一是当事人申请鉴定及其处理。第121条第1款规定，当事人申请鉴定，可以在举证期限届满前提出。申请鉴定的事项与待证事实无关联，或者对证明待证事实无意义的，人民法院不予准许。本条第2款规定，人民法院准许当事人鉴定申请的，应当组织双方当事人协商确定具备相应资格的鉴定人。当事人协商不成的，由人民法院指定。二是法院依职权委托鉴定。第121条第3款规定，符合依职权调查收集证据条件的，人民法院应当依职权委托鉴定，在询问当事人的意见后，指定具备相应资格的鉴定人。

(17) 专家辅助人出庭。一是当事人申请专家辅助人的人数。第122条第1款规定，当事人可依法在举证期限届满前申请1～2名具有专门知识的人出庭。二是专家辅助人的作用。第122条第1款规定，具有专门知识的人在法庭上可以代表当事人对鉴定意见进行质证，或者对案件事实所涉及的专业问题提出意见。三是专家辅助人意见的证据属性。第122条第2款规定："具有专门知识的人在法庭上就专业问题提出的意见，视为当事人的陈述。"四是专家辅助人接受询问与对质。第123条第1款规定，人民法院可以对出庭的具有专门知识的人进行询问。经法庭准许，当事人可以对出庭的具有专门知识的人进行询问，当事人各自申请的具有专门知识的人可以就案件中的有关问题进行对质。五是专家辅助人退庭。第123条第2款规定，具有专门知识的人不得参与专业问题之外的法庭审理活动。

(18) 勘验。第124条第1款规定，人民法院认为有必要的，可以根据当事人的申请或者依职权对物证或者现场进行勘验。本条还规定了勘验的特别要求，包括保护他人的隐私和尊严，要求鉴定人参与勘验。必要时，还可以要求鉴定人在勘验中进行鉴定。

4. 最高人民法院《关于办理死刑复核案件听取辩护律师意见的办法》[1]

(1) 辩护律师提交证据的权利。第3条规定，辩护律师提交证据等书面材料的，可以经高级人民法院同意后代收并随案移送，也可以寄送至最高人民法院承办案件的审判庭或者在当面反映意见时提交；对尚未立案的案件，辩护律师可以寄送至最高人民法院立案庭，由立案庭在立案后随案移送。

(2) 辩护律师查阅案卷材料。第4条规定，辩护律师可以到最高人民法院办公场所查阅、摘抄、复制案卷材料。但依法不公开的材料不得查阅、摘抄、复制。

5. 最高人民法院《行政诉讼法解释》[2]

(1) 举证责任。第9条第2款规定，作出原行政行为的行政机关和复议

---

[1] 2015年1月29日由最高人民法院发布（法〔2014〕346号），自2015年2月1日起施行。
[2] 2015年4月20日由最高人民法院审判委员会第1648次会议通过，2015年4月22日由最高人民法院公布（法释〔2015〕9号），自2015年5月1日起施行。

机关对原行政行为合法性共同承担举证责任，可以由其中一个机关实施举证行为。复议机关对复议程序的合法性承担举证责任。

（2）民事权益处分在行政诉讼中的证据效力。第19条第2款规定，当事人在调解中对民事权益的处分，不能作为审查被诉行政行为合法性的根据。

（3）规范性文件的排除。第21条规定，规范性文件不合法的，人民法院不作为认定行政行为合法的依据，并在裁判理由中予以阐明。

（4）新证据的处理。第24条第1款规定，在判决、裁定或者调解书发生法律效力后，如果当事人发现了新的证据，足以推翻原判决、裁定的，自知道或者应当知道之日起6个月内可以提出再审申请。

（5）错误认证的后果。第24条第1款规定，如果原判决、裁定认定事实的主要证据是伪造的，可以作为当事人申请再审的法定理由。

6. 最高人民法院《审理环境侵权案件适用法律的解释》[1]

（1）证明对象。第6条规定，被侵权人对于环境污染侵权提出请求赔偿的，应当提供证明以下事实的证据材料：①污染者排放了污染物；②被侵权人的损害；③污染者排放的污染物或者其次生污染物与损害之间具有关联性。

（2）司法鉴定。第8条规定，对查明环境污染案件事实的专门性问题，可以委托具备相关资格的司法鉴定机构出具鉴定意见或者由国务院环境保护主管部门推荐的机构出具检验报告、检测报告、评估报告或者监测数据。

（3）专家辅助人出庭。第9条规定，当事人申请通知一至两名具有专门知识的人出庭，就鉴定意见或者污染物认定、损害结果、因果关系等专业问题提出意见的，人民法院可以准许。当事人未申请，人民法院认为有必要的，可以进行释明。具有专门知识的人在法庭上提出的意见，经当事人质证，可以作为认定案件事实的根据。

（4）环境污染调查报告等。第10规定，负有环境保护监督管理职责的部门或者其委托的机构出具的环境污染事件调查报告、检验报告、检测报告、评估报告或者监测数据等，经当事人质证，可以作为认定案件事实的根据。

（5）证据保全。第11规定，对于突发性或者持续时间较短的环境污染行为，在证据可能灭失或者以后难以取得的情况下，当事人或者利害关系人依

---

[1] 2015年2月9日由最高人民法院审判委员会第1644次会议通过，2015年6月1日由最高人民法院公布（法释〔2015〕12号），自2015年6月3日起施行。

法申请证据保全的，人民法院应当准许。

7. 最高人民法院《关于审理民间借贷案件适用法律若干问题的规定》[1]

（1）举证责任。第2条第1款规定，出借人向人民法院起诉时，应当提供借据、收据、欠条等债权凭证以及其他能够证明借贷法律关系存在的证据。第16条第1款规定，原告仅依据借据、收据、欠条等债权凭证提起民间借贷诉讼，被告抗辩已经偿还借款，被告应当对其主张提供证据证明。被告提供相应证据证明其主张后，原告仍应就借贷关系的成立承担举证证明责任。第17条规定，原告仅依据金融机构的转账凭证提起民间借贷诉讼，被告抗辩转账系偿还双方之前借款或其他债务，被告应当对其主张提供证据证明。被告提供相应证据证明其主张后，原告仍应就借贷关系的成立承担举证证明责任。

（2）民事证据的刑事转化。第5条第1款规定，人民法院立案后，发现民间借贷行为本身涉嫌非法集资犯罪的，应当裁定驳回起诉，并将涉嫌非法集资犯罪的线索、材料移送公安或者检察机关。第6条进一步规定，人民法院立案后，发现与民间借贷纠纷案件虽有关联但不是同一事实的涉嫌非法集资等犯罪的线索、材料的，人民法院应当继续审理民间借贷纠纷案件，并将涉嫌非法集资等犯罪的线索、材料移送公安或者检察机关。这两条规定中的"移送公安或者检察机关"，均值得商榷。

（3）证据的综合审查判断与事实认定。第16条第2款规定，被告抗辩借贷行为尚未实际发生并能作出合理说明，人民法院应当结合借贷金额、款项交付、当事人的经济能力、当地或者当事人之间的交易方式、交易习惯、当事人财产变动情况以及证人证言等事实和因素，综合判断查证借贷事实是否发生。第18条规定，负有举证证明责任的原告无正当理由拒不到庭，经审查现有证据无法确认借贷行为、借贷金额、支付方式等案件主要事实，人民法院对其主张的事实不予认定。

8. "两院三部"《关于依法保障律师执业权利的规定》[2]

（1）律师收集、核实证据等执业权利。第2条概括规定了律师在三大诉讼中的执业权利，其中有关证据的权利包括阅卷权、收集证据和质证等权利。

---

[1] 2015年6月23日由最高人民法院审判委员会第1655次会议通过，2015年8月6日由最高人民法院公布（法释〔2015〕18号），自2015年9月1日起施行。

[2] 2015年9月16日最高人民法院、最高人民检察院、公安部、国家安全部、司法部印发《关于依法保障律师执业权利的规定》的通知（司发〔2015〕14号），发布之日起施行。

第10条规定,自案件移送审查起诉之日起,辩护律师会见犯罪嫌疑人、被告人,可以向其核实有关证据。第14条规定,辩护律师自人民检察院对案件审查起诉之日起,可以查阅、摘抄、复制本案的案卷材料。第24条还规定了律师申请补充鉴定或者重新鉴定以及证人、鉴定人出庭作证的权利。第32条规定,法庭审理过程中,律师可以提出证据材料,申请通知新的证人、有专门知识的人出庭,申请调取新的证据,申请重新鉴定或者勘验、检查。

(2) 律师申请调取证据。一是刑事诉讼律师申请调取证据。第16条规定,在刑事诉讼审查起诉、审理期间,辩护律师书面申请调取公安机关、人民检察院在侦查、审查起诉期间收集但未提交的证明犯罪嫌疑人、被告人无罪或者罪轻的证据材料的,人民检察院、人民法院应当依法及时审查。经审查,认为辩护律师申请调取的证据材料已收集并且与案件事实有联系的,应当及时调取。相关证据材料提交后,人民检察院、人民法院应当及时通知辩护律师查阅、摘抄、复制。经审查决定不予调取的,应当书面说明理由。第17~19条还分别就辩护律师申请向被害人或者其近亲属、被害人提供的证人、向正在服刑的罪犯收集与本案有关的材料问题作了规定。二是民事诉讼、行政诉讼中律师申请调取证据。第20条规定,在民事诉讼、行政诉讼过程中,律师因客观原因无法自行收集证据的,可以依法向人民法院申请调取。经审查符合规定的,人民法院应当予以调取。

(3) 律师申请排除非法证据。第23条规定,辩护律师在侦查、审查起诉、审判期间发现案件有关证据存在刑讯逼供等非法取证情形的,可以向办案机关申请排除非法证据。辩护律师在开庭以前申请排除非法证据,人民法院对证据收集合法性有疑问的,应当依照《刑事诉讼法》有关规定召开庭前会议,就非法证据排除问题了解情况,听取意见。辩护律师申请排除非法证据的,办案机关应当听取辩护律师的意见,按照法定程序审查核实相关证据,并依法决定是否予以排除。

(4) 律师的质证权。第28条规定,法庭审理过程中,经审判长准许,律师可以向当事人、证人、鉴定人和有专门知识的人发问。第29条规定,法庭审理过程中,律师可以就证据的真实性、合法性、关联性,从证明目的、证明效果、证明标准、证明过程等方面,进行法庭质证和相关辩论。第30条规定,法庭审理过程中,律师可以就案件事实、证据和适用法律等问题,进行法庭辩论。

9. 最高人民检察院《人民检察院办理羁押必要性审查案件规定（试行）》[1]

对申请人提供证据的责任作出如下规定：犯罪嫌疑人、被告人及其法定代理人、近亲属、辩护人申请进行羁押必要性审查的，应当说明不需要继续羁押的理由。有相关证明材料的，应当一并提供。如果申请人没有正当理由或者理由明显不成立，或者经人民检察院审查后未提供新的证明材料或者没有新的理由而再次申请的，则由检察官作出不予立案的决定。

10. 最高人民法院、最高人民检察院、公安部《办理毒品犯罪案件毒品提取、扣押、称量、取样和送检程序若干问题的规定》[2]

（1）基本原则。第2条规定，公安机关对于毒品的提取、扣押、称量、取样和送检工作，应当遵循依法、客观、准确、公正、科学和安全的原则，确保毒品实物证据的收集、固定和保管工作严格依法进行。

（2）非法证据排除。第3条规定，人民检察院、人民法院办理毒品犯罪案件，应当审查公安机关对毒品的提取、扣押、称量、取样、送检程序以及相关证据的合法性。上述程序存在瑕疵，可能严重影响司法公正的，人民检察院、人民法院应当要求公安机关予以补正或者作出合理解释。经公安机关补正或者作出合理解释的，可以采用相关证据；不能补正或者作出合理解释的，对相关证据应当依法予以排除，不得作为批准逮捕、提起公诉或者判决的依据。

（3）毒品样本的提取、扣押。第4条第1、2、4款规定，侦查人员应当对毒品犯罪案件有关的场所、物品、人身进行勘验、检查或者搜查，及时准确地发现、固定、提取、采集毒品及内外包装物上的痕迹、生物样本等物证，依法予以扣押。必要时，可以指派或者聘请具有专门知识的人，在侦查人员的主持下进行勘验、检查。侦查人员对制造毒品、非法生产制毒物品犯罪案件的现场进行勘验、检查或者搜查时，应当提取并当场扣押制造毒品、非法生产制毒物品的原料、配剂、成品、半成品和工具、容器、包装物以及上述物品附着的痕迹、生物样本等物证。现场勘验、检查或者搜查时，应当对查

---

[1] 2016年1月13日最高人民检察院第十二届检察委员会第四十七次会议通过，2016年1月22日发布，自发布之日起施行。

[2] 2016年5月24日最高人民法院、最高人民检察院、公安部发布（公禁毒〔2016〕511号），自发布之日起施行。

获毒品的原始状态拍照或者录像。第 5 条第 2 款规定，毒品的提取、扣押情况应当制作笔录，并当场开具扣押清单。

（4）毒品称量。第 12、13、19 条规定，毒品的称量应当在有犯罪嫌疑人在场并有见证人的情况下进行，一般应当由两名以上侦查人员在查获毒品的现场完成，并制作称量笔录。现场称量后将毒品带回公安机关办案场所或者送至鉴定机构取样的，应当按照规定对毒品及包装物进行封装。

（5）毒品取样。第 21～23、28 条规定，毒品的取样一般应当在称量工作完成后，由两名以上侦查人员在查获毒品的现场或者公安机关办案场所完成。必要时，可以指派或者聘请具有专门知识的人进行取样。在现场或者公安机关办案场所不具备取样条件的，应当按照规定对毒品及包装物进行封装后，将其送至鉴定机构并委托鉴定机构进行取样。在查获毒品的现场或者公安机关办案场所取样的，应当在有犯罪嫌疑人在场并有见证人的情况下进行，并制作取样笔录。必要时，侦查人员应当对拆封和取样的主要过程进行拍照或者录像。委托鉴定机构进行取样的，应当使用封装袋封装取样后剩余的毒品及包装物并加密封口，做好标记和编号，由侦查人员和取样人在封口处签名并签署封装日期，对毒品的取样方法、过程、结果等情况应当制作取样笔录，但鉴定意见包含取样方法的除外。

（6）送检。第 30～32 条规定，公安机关应当向鉴定机构提供真实、完整、充分的鉴定材料，并对鉴定材料的真实性、合法性负责。对查获的全部毒品或者从查获的毒品中选取或者随机抽取的检材，应当由两名以上侦查人员在法定期间内，送至鉴定机构进行鉴定。侦查人员送检时，应当持本人工作证件、鉴定聘请书等材料，并提供鉴定事项相关的鉴定资料。送检的侦查人员应当配合鉴定机构核对鉴定材料的完整性、有效性，并检查鉴定材料是否满足鉴定需要。第 34 条规定，对毒品原植物及其种子、幼苗，应当委托具备相应资质的鉴定机构进行鉴定。

11. 最高人民法院《关于防范和制裁虚假诉讼的指导意见》[1]

（1）当事人和证人出庭接受询问及宣誓制度。第 5 条规定，涉嫌虚假诉讼的，应当传唤当事人本人到庭，就有关案件事实接受询问。除法定事由外，应当要求证人出庭作证。要充分发挥《民诉法解释》中有关当事人和证人签

―――――――
[1] 2016 年 6 月 28 日最高人民法院发布（法发〔2016〕13 号），自发布之日起施行。

署保证书规定的作用,探索当事人和证人宣誓制度。

(2)当事人承认的效力。第6条规定,诉讼中,一方对另一方提出的于己不利的事实明确表示承认,且不符合常理的,要做进一步查明,慎重认定。查明的事实与自认的事实不符的,不予确认。

(3)虚假鉴定的处理。第16条规定,鉴定机构、鉴定人参与虚假诉讼的,可以根据情节轻重,给予鉴定机构、鉴定人训诫、责令退还鉴定费用、从法院委托鉴定专业机构备选名单中除名等制裁,并应当向司法行政部门或者行业协会发出司法建议。

12. "两院三部"《关于推进以审判为中心的刑事诉讼制度改革的意见》[1]。基本原则。一是无罪推定原则。第1条规定,未经人民法院依法判决,对任何人都不得确定有罪。二是证据裁判原则。第2条规定,严格按照法律规定的证据裁判要求,没有证据不得认定犯罪事实。本条第2款进一步强调,侦查机关、人民检察院应当按照裁判的要求和标准收集、固定、审查、运用证据,人民法院应当按照法定程序认定证据,依法作出裁判。三是客观全面原则。第4条规定,侦查机关应当全面、客观、及时收集与案件有关的证据。

(2)证明标准。根据第2、9条规定,侦查机关侦查终结,人民检察院提起公诉,人民法院作出有罪判决,都应当做到犯罪事实清楚,证据确实、充分。对未达到法定证明标准的案件,人民检察院应当依法作出不起诉决定,防止事实不清、证据不足的案件进入审判程序。人民法院作出有罪判决,对于证明犯罪构成要件的事实,应当综合全案证据排除合理怀疑,对于量刑证据存疑的,应当作出有利于被告人的认定。第15条进一步规定,人民法院经审理,对案件事实清楚,证据确实、充分,依据法律认定被告人有罪的,应当作出有罪判决。依据法律规定认定被告人无罪的,应当作出无罪判决。证据不足,不能认定被告人有罪的,应当按照疑罪从无原则,依法作出无罪判决。

(3)非法证据排除规则。第4条规定,侦查机关应当依法收集证据。对

---

[1] 2016年10月11日最高人民法院、最高人民检察院、公安部、国家安全部、司法部联合发布,自发布之日起施行。

采取刑讯逼供、暴力、威胁等非法方法收集的言词证据,应当依法予以排除。侦查机关收集物证、书证不符合法定程序,可能严重影响司法公正,不能补正或者作出合理解释的,应当依法予以排除。第5条规定,经核查,确有刑讯逼供、非法取证情形的,侦查机关应当及时排除非法证据,不得作为提请批准逮捕、移送审查起诉的根据。

(4) 不得强迫任何人证实自己有罪。第5条规定,完善讯问制度,防止刑讯逼供。严格按照有关规定要求,在规范的讯问场所讯问犯罪嫌疑人。严格依照法律规定对讯问过程全程同步录音录像,逐步实行对所有案件的讯问过程全程同步录音录像。探索建立重大案件侦查终结前对讯问合法性进行核查制度。对公安机关、国家安全机关和人民检察院侦查的重大案件,由人民检察院驻看守所检察人员询问犯罪嫌疑人,核查是否存在刑讯逼供、非法取证情形,并同步录音录像。

(5) 举证责任。第8条规定,被告人有罪的举证责任,由人民检察院承担。对被告人不认罪的,人民检察院应当强化庭前准备和当庭讯问、举证、质证。

(6) 证据开示制度。第10条规定,健全庭前证据开示制度,听取出庭证人名单、非法证据排除等方面的意见。

(7) 保障被告人质证权。第11条规定,规范法庭调查程序,确保诉讼证据出示在法庭、案件事实查明在法庭。证明被告人有罪或者无罪、罪轻或者罪重的证据,都应当在法庭上出示,依法保障控辩双方的质证权利。对定罪量刑的证据,控辩双方存在争议的,应当单独质证;对庭前会议中控辩双方没有异议的证据,可以简化举证、质证。

(8) 证人、鉴定人出庭作证规则。第12条第1款规定,落实证人、鉴定人、侦查人员出庭作证制度,提高出庭作证率。公诉人、当事人或者辩护人、诉讼代理人对证人证言有异议,人民法院认为该证人证言对案件定罪量刑有重大影响的,证人应当出庭作证。本条第2款进一步规定了证人保护措施、作证补助专项经费和完善强制证人到庭制度。

(9) 辩护人的证据权利。第17条第2款规定,依法保障辩护人会见、阅卷、收集证据和发问、质证、辩论辩护等权利。

(10) 其他规定。第3条规定,建立健全符合裁判要求、适应各类案件特点的证据收集指引。完善技术侦查证据的移送、审查、法庭调查和使用规则以及庭外核实程序。统一司法鉴定标准和程序。完善见证人制度。

13. 最高人民法院、最高人民检察院、公安部《关于办理刑事案件收集提取和审查判断电子数据若干问题的规定》[1]

（1）电子数据的概念与范围。第1条规定，电子数据是案件发生过程中形成的，以数字化形式存储、处理、传输的，能够证明案件事实的数据，包括但不限于下列信息、电子文件：①网页、博客、微博客、朋友圈、贴吧、网盘等网络平台发布的信息；②手机短信、电子邮件、即时通信、通讯群组等网络应用服务的通信信息；③用户注册信息、身份认证信息、电子交易记录、通信记录、登录日志等信息；④文档、图片、音视频、数字证书、计算机程序等电子文件。该条第3款进一步规定，以数字化形式记载的证人证言、被害人陈述以及犯罪嫌疑人、被告人供述和辩解等证据，不属于电子数据。确有必要的，对相关证据的收集、提取、移送、审查，可以参照适用本规定。

（2）电子数据收集和审查的原则。第2条规定，侦查机关收集电子数据应当遵守法定程序，遵循有关技术标准，全面、客观、及时地收集、提取电子数据。人民检察院、人民法院审查判断电子数据应当审查其真实性、合法性、关联性。此外，第4条规定，电子数据涉及国家秘密、商业秘密、个人隐私的，应当保密。

（3）电子数据的完整性及其保障。第5条规定，对作为证据使用的电子数据，应当采取以下一种或者几种方法保护电子数据的完整性：①扣押、封存电子数据原始存储介质；②计算电子数据完整性校验值；③制作、封存电子数据备份；④冻结电子数据；⑤对收集、提取电子数据的相关活动进行录像；⑥其他保护电子数据完整性的方法。

（4）案外电子数据的证据效力。第6条规定，初查过程中收集、提取的电子数据，以及通过网络在线提取的电子数据，可以作为证据使用。

（5）电子数据的收集与提取。第7～17条规定，电子数据的收集与提取除应符合相关技术标准外，还应遵守以下规则：①收集、提取电子数据，能够扣押电子数据原始存储介质的，应当扣押、封存原始存储介质，并制作笔录，记录原始存储介质的封存状态。具有法定情形，无法扣押原始存储介质

---

[1] 2016年9月9日，最高人民法院、最高人民检察院、公安部发布（法发〔2016〕22号），自2016年10月1日起施行。

的，可以提取电子数据，但应当在笔录中注明不能扣押原始存储介质的原因、原始存储介质的存放地点或者电子数据的来源等情况，并计算电子数据的完整性校验值。②具有下列情形之一的，经县级以上公安机关负责人或者检察长批准，可以对电子数据进行冻结：数据量大，无法或者不便提取的；提取时间长，可能造成电子数据被篡改或者灭失的；通过网络应用可以更为直观地展示电子数据的；其他需要冻结的情形。冻结电子数据，是一种防止增加、删除、修改电子数据的措施。③调取电子数据，应当制作调取证据通知书，注明需要调取电子数据的相关信息，通知电子数据持有人、网络服务提供者或者有关部门执行。④电子数据检查，应当对电子数据存储介质拆封过程进行录像，并将电子数据存储介质通过写保护设备接入到检查设备进行检查；有条件的，应当制作电子数据备份，对备份进行检查；无法使用写保护设备且无法制作备份的，应当注明原因，并对相关活动进行录像。电子数据检查应当制作笔录，注明检查方法、过程和结果，由有关人员签名或者盖章。进行侦查实验的，应当制作侦查实验笔录，注明侦查实验的条件、经过和结果，由参加实验的人员签名或者盖章。⑤电子数据鉴定。

（6）电子数据的移送与展示。第18、19、21条规定，电子数据的移送与展示应当符合以下要求：①收集、提取的原始存储介质或者电子数据，应当以封存状态随案移送，并制作电子数据的备份一并移送。对网页、文档、图片等可以直接展示的电子数据，可以不随案移送打印件；人民法院、人民检察院因设备等条件限制无法直接展示电子数据的，侦查机关应当随案移送打印件，或者附展示工具和展示方法说明。对冻结的电子数据，应当移送被冻结电子数据的清单，注明类别、文件格式、冻结主体、证据要点、相关网络应用账号，并附查看工具和方法的说明。②对侵入、非法控制计算机信息系统的程序、工具以及计算机病毒等无法直接展示的电子数据，应当附电子数据属性、功能等情况的说明。对数据统计量、数据同一性等问题，侦查机关应当出具说明。③控辩双方向法庭提交的电子数据需要展示的，可以根据电子数据的具体类型，借助多媒体设备出示、播放或者演示。必要时，可以聘请具有专门知识的人进行操作，并就相关技术问题作出说明。

（7）电子数据的审查与判断。第22～28条规定，电子数据的审查与判断包括以下内容：①电子数据的真实性审查。对电子数据是否真实，应当着重审查以下内容：是否移送原始存储介质；在原始存储介质无法封存、不便移动时，有无说明原因，并注明收集、提取过程及原始存储介质的存放地点或者电子数据的来源等情况；电子数据是否具有数字签名、数字证书等特殊标识；电子数据的收集、提取过程是否可以重现；电子数据如有增加、删除、修改等情形的，是否附有说明；电子数据的完整性是否可以保证。②电子数据的完整性验证：审查原始存储介质的扣押、封存状态；审查电子数据的收集、提取过程，查看录像；比对电子数据完整性校验值；与备份的电子数据进行比较；审查冻结后的访问操作日志等。③电子数据的合法性审查：收集、提取电子数据是否由二名以上侦查人员进行，取证方法是否符合相关技术标准；收集、提取电子数据，是否附有笔录、清单，并经侦查人员、电子数据持有人（提供人）、见证人签名或者盖章；没有持有人（提供人）签名或者盖章的，是否注明原因；对电子数据的类别、文件格式等是否注明清楚；是否依照有关规定由符合条件的人员担任见证人，是否对相关活动进行录像；电子数据检查是否将电子数据存储介质通过写保护设备接入到检查设备；有条件的，是否制作电子数据备份，并对备份进行检查；无法制作备份且无法使用写保护设备的，是否附有录像。④认定犯罪嫌疑人、被告人的网络身份与现实身份的同一性，可以通过核查相关IP地址、网络活动记录、上网终端归属、相关证人证言以及犯罪嫌疑人、被告人供述和辩解等进行综合判断。认定犯罪嫌疑人、被告人与存储介质的关联性，可以通过核查相关证人证言以及犯罪嫌疑人、被告人供述和辩解等进行综合判断。⑤鉴定人出庭作证。公诉人、当事人或者辩护人、诉讼代理人对电子数据鉴定意见有异议，可以申请人民法院通知鉴定人出庭作证。公诉人、当事人或者辩护人、诉讼代理人可以申请法庭通知有专门知识的人出庭，就鉴定意见提出意见。⑥电子数据的采纳与排除。电子数据的收集、提取程序有下列瑕疵，经补正或者作出合理解释的，可以采用；不能补正或者作出合理解释的，不得作为定案的根据。在这里，瑕疵主要是指以下情形：未以封存状态移送的；笔录或者清单上没有侦查人员、电子数据持有人（提供人）、见证人签名或者盖章的；对电子数据的名称、类别、格式等注明不清的；有其他瑕疵的。此外，电子数据具有下列情形之一的，也不得作为定案的根据：电子数据系篡改、伪造或者无法确定真伪的；电子数据有增加、删除、修改等情形，影响电子数据真实性的；其他无法保证电子数据真实性的情形。

14. "两院三部"《刑事案件认罪认罚从宽制度试点办法》[1]

第16条第1款规定,对于基层人民法院管辖的可能判处3年有期徒刑以下刑罚的案件,事实清楚、证据充分,当事人对适用法律没有争议,被告人认罪认罚并同意适用速裁程序的,可以适用速裁程序,由审判员独任审判,送达期限不受刑事诉讼法规定的限制,不进行法庭调查、法庭辩论。但第4条第3款强调,办理认罪认罚案件,应当坚持证据裁判,依照法律规定收集、固定、审查和认定证据。

15. 最高人民法院、最高人民检察院、公安部《关于办理电信网络诈骗等刑事案件适用法律若干问题的意见》[2]

(1) 被害人陈述的收集。第6条第1款规定,办理电信网络诈骗案件,确因被害人人数众多等客观条件的限制,无法逐一收集被害人陈述的,可以结合已收集的被害人陈述,以及经查证属实的银行账户交易记录、第三方支付结算账户交易记录、通话记录、电子数据等证据,综合认定被害人人数及诈骗资金数额等犯罪事实。

(2) 技术侦查证据的使用。第6条第2款规定,公安机关采取技术侦查措施收集的案件证明材料,作为证据使用的,应当随案移送批准采取技术侦查措施的法律文书和所收集的证据材料,并对其来源等作出书面说明。

(3) 境外证据的收集及其使用。第6条第3款规定,依照国际条约、刑事司法协助、互助协议或平等互助原则,请求证据材料所在地司法机关收集,或通过国际警务合作机制、国际刑警组织启动合作取证程序收集的境外证据材料,经查证属实,可以作为定案的依据。公安机关应对其来源、提取人、提取时间或者提供人、提供时间以及保管移交的过程等作出说明。对其他来自境外的证据材料,应当对其来源、提供人、提供时间以及提取人、提取时间进行审查。能够证明案件事实且符合刑事诉讼法规定的,可以作为证据使用。

(4) 对于拨打诈骗电话次数、发送诈骗信息条数的认定。第2条第4款规定,因犯罪嫌疑人、被告人故意隐匿、毁灭证据等原因,致拨打电话次数、

---

[1] 2016年11月16日最高人民法院、最高人民检察院、公安部、国家安全部、司法部发布(法〔2016〕386号),自发布之日起试行二年。

[2] 2016年12月19日最高人民法院、最高人民检察院、公安部发布(法发〔2016〕32号),自2016年12月20日起施行。

发送信息条数的证据难以收集的，可以根据经查证属实的日拨打人次数、日发送信息条数，结合犯罪嫌疑人、被告人实施犯罪的时间、犯罪嫌疑人、被告人的供述等相关证据，综合予以认定。

（三）行政法规、部门规章

1. 国务院《海关稽查条例》[1]

（1）取证原则。海关稽查过程中，应当遵守六个取证原则。其中，第5条规定了四个取证原则：①客观公正；②保守被稽查人的商业秘密；③不得侵犯被稽查人的合法权益；④合法。第11条规定，海关稽查时应当组成稽查组，组成人员不得少于2人。第12条规定，海关稽查时，海关工作人员应当出示海关稽查证。⑤回避原则（第13条）。⑥配合原则（第17、18、20条）。第20条规定，海关稽查时，与被稽查人有财务往来或者其他商务往来的企业、单位应当向海关如实反映被稽查人的有关情况，提供有关资料和证明材料。

（2）取证方式。海关进行稽查有七种取证方式：①查阅、复制被稽查人的账簿、单证等有关资料。②进入被稽查人的生产经营场所、货物存放场所，检查与进出口活动有关的生产经营情况和货物。③询问被稽查人的法定代表人、主要负责人员和其他有关人员与进出口活动有关的情况和问题。④经直属海关关长或者其授权的隶属海关关长批准，查询被稽查人在商业银行或者其他金融机构的存款账户。⑤查封、扣押账簿、单证等有关资料以及相关电子数据存储介质。⑥查封、扣押有关进出口货物。⑦委托鉴定。海关进行稽查时，可以委托会计、税务等方面的专业机构就相关问题作出专业结论。

2. 交通运输部《铁路危险货物运输安全监督管理规定》[2]

（1）取证方式。第33条规定，铁路监管部门进行监督检查时，可以使用以下三种方式取证：①进入铁路危险货物运输作业场所检查，调阅有关资料，向有关单位和人员了解情况；②依法查封或者扣押有根据认为不符合保障安全生产的国家标准或者行业标准的设施、设备、器材，并作出处理决定；③法律、行政法规规定的其他措施。

（2）取证原则。①合法原则。第34条第1款规定，铁路监管部门行政执

---

[1] 中华人民共和国国务院令第670号，自2016年10月1日起施行。
[2] 交通运输部令2015年第1号，自2015年5月1日起施行。

法人员应当忠于职守、秉公执法，遵守执法规范；行政执法人员依法履行监督检查职责时，应当出示有效执法证件。②保密原则。第 34 条第 1 款规定，铁路监管部门行政执法人员对监督检查过程中知悉的商业秘密负有保密责任。③配合原则。第 34 条第 2 款规定，被监督检查单位和个人对铁路监管部门依法进行的监督检查应当予以配合，如实提供有关情况或者资料，不得拒绝、阻挠。④及时原则（第 36 条第 2 款）。

（3）专家证人。第 35 条第 2 款规定，铁路监管部门监督检查时，可聘请熟悉铁路危险货物运输、化学化工、安全技术管理、应急救援等的专家和专业人员提供技术支撑，可依法委托安全技术机构对危险货物运输安全实施监督检查。

3. 国家食品药品监督管理总局《药品医疗器械飞行检查办法》[1]

（1）取证原则。①防控安全风险原则。第 4 条规定，药品医疗器械飞行检查应当遵循依法独立、客观公正、科学处置的原则，围绕安全风险防控开展。②配合原则。第 5 条规定，被检查单位对食品药品监督管理部门组织实施的药品医疗器械飞行检查应当予以配合，不得拒绝、逃避或者阻碍。第 16 条规定，被检查单位及有关人员应当及时按照检查组要求，明确检查现场负责人，开放相关场所或者区域，配合对相关设施设备的检查，保持正常生产经营状态，提供真实、有效、完整的文件、记录、票据、凭证、电子数据等相关材料，如实回答检查组的询问。③保密原则（第 7、12 条）。④合法原则。第 10 条第 1 款规定，食品药品监督管理部门派出的检查组应当由 2 名以上检查人员组成，检查人员应当是食品药品行政执法人员、依法取得检查员资格的人员或者取得本次检查授权的其他人员。第 15 条规定，检查组到达检查现场后，检查人员应当出示相关证件和受食品药品监督管理部门委派开展监督检查的执法证明文件，通报检查要求及被检查单位的权利和义务。⑤回避原则（第 10 条第 2 款）。

（2）记录规范。飞行检查记录应当符合以下规范要求：①内容要求。第 17 条第 1 款规定，检查组应当详细记录检查时间、地点、现场状况等。②形式要求。第 17 条第 1 款规定，对发现的问题应当进行书面记录，并根据实际情况收集或者复印相关文件资料、拍摄相关设施设备及物料等实物和现场情

---

[1] 国家食品药品监督管理总局令第 14 号，自 2015 年 9 月 1 日起施行。

况、采集实物以及询问有关人员等。③程序要求。第 17 条第 1 款规定，询问记录应当包括询问对象姓名、工作岗位和谈话内容等，并经询问对象逐页签字或者按指纹。④总体要求。第 17 条第 2 款规定，记录应当及时、准确、完整，客观真实反映现场检查情况。

(3) 证明效力。第 17 条第 3 款规定，飞行检查过程中形成的记录及依法收集的相关资料、实物等，可以作为行政处罚中认定事实的依据。

(4) 检验鉴定。第 18 条规定，对成品或物料进行检验鉴定的，应当符合以下要求：①抽样。需要抽取成品及其他物料进行检验的，检查组可以按照抽样检验相关规定抽样或者通知被检查单位所在地食品药品监督管理部门按规定抽样。②鉴定机构。抽取的样品应当由具备资质的技术机构进行检验或者鉴定。

(5) 证据保全。第 19 条规定，检查组认为证据可能灭失或者以后难以取得的，以及需要采取行政强制措施的，可以通知被检查单位所在地食品药品监督管理部门。被检查单位所在地食品药品监督管理部门应当依法采取证据保全或者行政强制措施。

4. 中国银监会《中国银监会行政处罚办法》[1]

(1) 取证原则。①全面客观原则。第 26 条规定，调查人员应当全面、客观、公正地调查收集有关当事人违法、违规行为的证据材料。第 36 条规定，调查人员应当收集当事人有无违法、违规行为以及违法、违规行为情节轻重的证据。②合法原则。第 28 条从正面规定，调查人员在调查或者现场检查时不得少于二人，并应当出示银监会或银监会派出机构颁发的工作证件和执法文书。第 27 条第 2 款从反面规定，立案前核查或者现场检查过程中取得的证据材料，违反取证程序或者不符合行政处罚证据要求的，不得作为认定违法、违规事实的证据。③协助原则（第 29 条第 2 款）。④一并调查原则。第 32 条第 1 款规定，银监会及其派出机构在现场检查或者调查银行业金融机构违法、违规行为时，应当对直接负责的董（理）事、高级管理人员和其他直接责任人员的违法、违规行为及其责任一并进行调查认定。

(2) 取证方式。第 26 条规定，必要时可以采取《行政处罚法》第 37 条规定的登记封存措施和《银行业监督管理法》第 42 条规定的措施。根据上述

[1] 中国银监会令 2015 年第 8 号，自 2015 年 9 月 9 日起施行。

规定，调查人员经设区的市一级以上银行业监督管理机构负责人批准，可以使用以下四种方式取证：①在证据可能灭失或者以后难以取得的情况下，可以先行登记保存；②询问有关单位或者个人，要求其对有关情况作出说明；③查阅、复制有关财务会计、财产权登记等文件、资料；④对可能被转移、隐匿、毁损或者伪造的文件、资料，予以先行登记保存。

（3）证据资格。一是衔接使用。第27条第1款规定，立案前核查或者现场检查过程中依法取得的证据材料，符合行政处罚证据要求的可以作为认定违法、违规事实的证据，但应当在调查报告中载明上述情况。第46条规定，对司法机关或者其他行政执法机关保存、公布、移送的证据材料，经审查认定其真实合法性后，可以作为本机构行政处罚的证据。二是形式要件。第35条规定，中国银监会行政处罚证据包括：①书证；②物证；③视听资料；④电子数据；⑤证人证言；⑥当事人的陈述；⑦鉴定意见；⑧勘验笔录、现场笔录八种形式。此外，第47条进一步规定，调查人员应当对收集的证据材料进行分类编号，制作证据目录和证据说明。证据分类编号应当以符合案件事实证明逻辑的方式编制，证据说明应当包括证据材料的来源、证明对象和内容。三是实质要件。第37条规定，调查人员收集证据，应当符合以下要求：①与被证明事实具有关联性；②能够真实、客观反映被证明事实；③收集证据行为符合法定程序。

（4）取证规范。①收集书证要求（第38条）。②收集物证要求（第39条）。③询问当事人和证人要求。第40条规定，调查人员询问当事人和证人应当分别进行；调查笔录应当交被询问人核对，核对无误后，由被询问人逐页签章。④收集视听资料要求（第41条）。⑤以录音、录像等方式收集证据要求。第42条规定，调查人员采取录音、录像、拍照等方式提取有关证据的，应当注明制作方法、制作时间、制作地点、制作人和证明对象；声音资料应当附有该声音内容的文字记录。⑥收集电子数据要求。第43条规定，调查人员提取电子数据，可以直接提取当事人电子计算机管理业务数据库中的数据，也可以采用转换、计算、分解等方式形成新的电子数据；收集电子数据应当注明收集方法、收集时间、收集人和证明对象等。

（5）证据认证。①不配合取证情形。第44条规定，当事人或有关人员拒绝接受调查、拒绝提供有关证据材料或者拒绝在证据材料上签名、盖章的，调查人员应当告知其不利后果，并在调查笔录上载明或以录音、录像等视听资料加以证明。必要时，调查人员可以邀请无利害关系第三方作为见证人。通过上述方式获取的材料可以作为认定相关事实的证据。②配合取证且自认情形。第45条第1款规定，当事人对现场检查事实确认书记载的有关违法、违规事实予以确认的，视为自认，可以作为认定违法、违规事实的证据。③配合取证但不自认情形。第45条第2款规定，当事人对现场检查事实确认书记载的有关违法、违规事实不予确认的，若无其他类型证据予以佐证，一般不能单独作为认定违法、违规事实的证据。

（6）举证责任。①监督检查部门的举证责任。第5条规定，银监会及其派出机构设立行政处罚委员会和行政处罚委员会办公室，实行调查、审理和决定相分离的行政处罚制度，监督检查部门负责立案、调查取证、提出行政处罚建议。②当事人的举证责任。第69条第2款规定，当事人对违法、违规事实有争议的，应当在提起听证申请时提交相关证据材料。

5. 交通运输部《海上海事行政处罚规定》[1]

（1）取证原则。①及时原则（第74条第1款）。②客观全面原则（第74条第2款）。③合法原则（第76条第1款）。④最佳证据原则。第78条规定，收集海事行政处罚案件的书证、物证和视听资料，应当是原件、原物。收集原件、原物确有困难的，可由提交证据的自然人、法人或者其他组织在复制品、照片等物件上签名或者盖章，并注明"与原件一致"字样。

（2）证据资格。一是实质要件即相关性要求。第75条第1款规定，能够证明海事行政处罚案件真实情况的事实，都是证据。二是形式要件。第75条第2款规定，海事行政处罚案件的证据种类有下列八种：①书证；②物证；③视听资料；④电子数据；⑤证人证言；⑥当事人的陈述；⑦鉴定意见；⑧勘验笔录、现场笔录。

（3）取证方式。海事行政处罚案件调查人员的五种取证方式：①询问或者检查相关人员。第77条第1、2款规定，调查人员询问或者检查，应当出示海事行政执法证件，并制作询问笔录、现场笔录或者勘验笔录。②照相、录音、录像。第78条规定，海事管理机构收集海事行政处罚案件的书证、物证和视听资料时，可以使用照相、录音、录像以及法律允许的其他调查手段。③查阅、调取有关资料。第79条规定，调查人员、检查人员查阅、调取与海

---

[1] 交通运输部令2015年第8号，自2015年7月1日起施行。

事行政处罚案件有关资料,可以对有关内容进行摘录或者复制,并注明来源。④对有关物品或者场所进行勘验或者检查。第80条规定,调查人员、检查人员对与案件有关物品或者场所进行勘验或者检查,应当通知当事人到场,制作勘验笔录或者现场笔录。当事人不到场或者暂时难以确定当事人的,可以请在场的其他人作证。勘验笔录或者现场笔录应当由当事人或者见证人签名或者盖章;拒绝签名或者盖章的,调查人员应当在勘验笔录或者检查笔录上注明情况。⑤抽样取证。第81条规定,对需要抽样取证的,应当通知当事人到场,并制作抽样取证清单。当事人不到场或者暂时难以确定当事人的,可以请在场的其他人作证。抽样取证清单,应当由调查人员、当事人或者证人签名或者盖章。

(4)鉴定。第82条规定,为查明海事行政处罚案件事实需要进行技术鉴定的专门性问题,海事管理机构应当请有关技术鉴定机构或者具有专门技术的人员进行鉴定,并制作鉴定意见,由技术鉴定机构和人员签名或者盖章。

(5)先行登记保存。一是先行登记保存条件。第83条第1款规定了三个必要条件:①海事行政处罚案件的证据可能灭失或者以后难以取得;②经海事管理机构负责人批准;③通知当事人或者有关人员到场,当事人或者有关人员不到场或者暂时难以确定当事人、有关人员的,请在场的其他人作证。二是先行登记保存要求。第83条第2款规定,证据登记保存清单,应当由调查人员、检查人员、当事人或者有关人员、证人签名或者盖章。拒绝签名、盖章的,调查人员应当在证据登记保存清单上注明情况。三是先行登记保存后续处理措施。第83条第3款规定三种处理措施:①需要进行技术鉴定的,依照规定送交鉴定;②对不应当处以海事行政处罚的,应当解除先行登记保存,并将先行登记保存的物品及时退还;③法律、法规、规章规定应当作其他处理的,依法作其他处理。

(6)证据审查。第86条规定,海事管理机构负责人审查时可以根据案件证据情况作出六种相应决定:①违法事实清楚,证据确实、充分,行政处罚适当、办案程序合法,按规定不需要听证或者当事人放弃听证的,同意负责行政执法调查的内设机构的意见,建议报批后告知当事人;②违法事实清楚,证据确实、充分,行政处罚适当、办案程序合法,按照规定应当听证的,同意调查人员意见,建议报批后举行听证,并告知当事人;③违法事实清楚,证据确实、充分,但定性不准、适用法律不当、行政处罚不当的,建议调查人员修改；④违法事实不清，证据不足的，建议调查人员补正；⑤办案程序不合法的，建议调查人员纠正；⑥不属于本海事管理机构管辖的，建议移送其他有管辖权的机关处理。

6. 教育部《高等学校预防与处理学术不端行为办法》[1]。

（1）取证主体。一是负责主体。第5条规定，高等学校是学术不端行为预防与处理的主体。二是受理主体。第12条规定，高等学校应当明确具体部门，负责受理社会组织、个人对本校教学科研人员、管理人员及学生学术不端行为的举报；有条件的，可以设立专门岗位或者指定专人，负责学术诚信和不端行为举报相关事宜的咨询、受理、调查等工作。三是调查主体。第16条第1款规定，学术不端行为举报受理后，应当交由学校学术委员会按照相关程序组织开展调查。

（2）举报受理。一是受理条件。第13条第1款规定，对学术不端行为举报受理的证据条件有三个：①有明确的举报对象；②有实施学术不端行为的事实；③有客观的证据材料或者查证线索。二是受理后的处理。第15条规定，高等学校受理机构认为举报材料符合条件的，应当及时作出受理决定，并通知举报人。不予受理的，应当书面说明理由。

（3）初步审查。第16条第2、3款规定，学术委员会可委托有关专家就举报内容的合理性、调查的可能性等进行初步审查，并作出是否进入正式调查的决定。决定不进入正式调查的，应当告知举报人。举报人如有新的证据，可以提出异议。异议成立的，应当进入正式调查。

（4）取证原则。①告知原则。第17条规定，高等学校学术委员会决定进入正式调查的，应当通知被举报人。被调查行为涉及资助项目的，可以同时通知项目资助方。②合法原则。第18条第2款规定，调查组应当不少于3人，必要时应当包括学校纪检、监察机构指派的工作人员，可以邀请同行专家参与调查或者以咨询等方式提供学术判断。③回避原则。第19条规定，调查组的组成人员与举报人或者被举报人有合作研究、亲属或者导师学生等直接利害关系的，应当回避。④权利保障原则。第21条规定，调查组在调查过程中，应当认真听取被举报人的陈述、申辩，对有关事实、理由和证据进行核实；认为必要的，可以采取听证方式。⑤配合原则。第22条规定，有关单位

---

[1] 教育部令第40号，自2016年9月1日起施行。

和个人应当为调查组开展工作提供必要的便利和协助。举报人、被举报人、证人及其他有关人员应当如实回答询问，配合调查，提供相关证据材料，不得隐瞒或者提供虚假信息。⑥保密原则。第25条规定，接触举报材料和参与调查处理的人员，不得向无关人员透露举报人、被举报人个人信息及调查情况。

（5）取证方式。第20条规定，调查组对被举报行为进行调查时可以采取以下六种方式取证：查询资料、现场查看、实验检验、询问证人、询问举报人和被举报人及委托无利害关系的专家或者第三方专业机构就有关事项进行独立调查或者验证。

（6）调查报告。第24条规定，调查报告应具备两个要件：①实质要件。调查组应当在查清事实的基础上形成调查报告。②形式要件。调查报告应当包括学术不端行为责任人的确认、调查过程、事实认定及理由、调查结论等。学术不端行为由多人集体做出的，调查报告中应当区别各责任人在行为中所发挥的作用。

7. 食品药品监管总局等《食品药品行政执法与刑事司法衔接工作办法》[1]

（1）案件移送与法律监督：①食品药品监管部门在查办食品药品违法案件过程中，发现涉嫌犯罪，依法需要追究刑事责任的，应当及时将案件移送公安机关，并抄送同级人民检察院。向公安机关移送的案件，应当符合下列条件：一是实施行政执法的主体与程序合法；二是有证据证明涉嫌犯罪事实发生。②在查处食品药品违法行为过程中，应当妥善保存所收集的与违法行为有关的证据。③向公安机关移送涉嫌犯罪案件，应当自作出移送决定之日起24小时内移交案件材料，并将案件移送书抄送同级人民检察院。向公安机关移送涉嫌犯罪案件，应当附有下列材料：涉嫌犯罪案件的移送书、涉嫌犯罪案件情况的调查报告、涉案物品清单、有关检验报告或者鉴定意见及其他有关涉嫌犯罪的材料。④检察院发现食品药品监管部门不依法移送涉嫌犯罪案件线索的，应当及时与食品药品监管部门协商，并可以派员调阅、查询有

---

[1] 2015年12月22日，食品药品监管总局、公安部、最高人民法院、最高人民检察院、国务院食品安全办发布《食品药品行政执法与刑事司法衔接工作办法》（食药监稽〔2015〕271号），本办法自发布之日起施行。

关案卷材料；对于涉嫌犯罪的，应当提出建议依法移送的检察意见。食品药品监管部门应当自收到检察意见之日起3日内将案件移送公安机关，并将执行情况通知人民检察院。⑤食品药品监管部门建议人民检察院进行立案监督的案件，应当提供立案监督建议书、相关案件材料，并附公安机关不予立案、立案后撤销案件决定及说明理由的材料，复议维持不予立案决定的材料或者公安机关逾期未作出是否立案决定的材料。⑥食品药品监管部门在行政执法和查办案件过程中依法收集的物证、书证、视听资料、电子数据、检验报告、鉴定意见、勘验笔录、检查笔录等证据材料，经公安机关、人民检察院审查，人民法院庭审质证确认，可以作为证据使用。

（2）涉案物品检验与认定的主要内容如下：

第一，公安机关、人民检察院、人民法院办理危害食品药品安全犯罪案件，商请食品药品监管部门提供检验结论、认定意见协助的，食品药品监管部门应当按照公安机关、人民检察院、人民法院刑事案件办理的法定时限要求积极协助，及时提供检验结论、认定意见，并承担相关费用。

第二，对同一批次或者同一类型的涉案食品药品，如因数量较大等原因，无法进行全部检验检测，根据办案需要，可以依法进行抽样检验检测。公安机关、人民检察院、人民法院对符合行政执法规范要求的抽样检验检测结果予以认可，可以作为该批次或该类型全部涉案产品的检验检测结果。

第三，对符合"两院"《关于办理危害食品安全刑事案件适用法律若干问题的解释》[1]第1条第2项中属于病死、死因不明的畜、禽、兽、水产动物及其肉类、肉类制品和第3项规定情形的涉案食品，食品药品监管部门可以直接出具认定意见并说明理由。

第四，对于符合《药品管理法》第48条第3款第1、2、5、6项规定情形的涉案药品，地市级以上食品药品监管部门可以直接出具认定意见并说明理由；确有必要的，应当载明检测结果。

第五，根据食品药品监管部门或者公安机关、人民检察院的委托，对尚未建立食品安全标准检验方法的，相关检验检测机构可以采用非食品安全标准等规定的检验项目和检验方法对涉案食品进行检验，检验结果可以作为定罪量刑的参考。通过上述办法仍不能得出明确结论的，根据公安机关、人民

---

[1] 最高人民法院、最高人民检察院法释〔2013〕12号。

检察院的委托,地市级以上的食品药品监管部门可以组织专家对涉案食品进行评估认定,该评估认定意见可作为定罪量刑的参考。对药品的检验检测按照《药品管理法》及其实施条例等有关规定执行。

第六,食品药品监管部门依据检验检测报告、结合专家意见等相关材料得出认定意见的,应当按照以下格式出具结论:①假药案件,结论中应写明"经认定……属于假药(或者按假药论处)";②劣药案件,结论中应写明"经认定……属于劣药(或者按劣药论处)";③生产、销售不符合食品安全标准的案件,符合"两院"《关于办理危害食品安全刑事案件适用法律若干问题的解释》[1]第1条相关情形的,结论中应写明"经认定,某食品……不符合食品安全标准,足以造成严重食物中毒事故(或者其他严重食源性疾病)";④生产、销售不符合保障人体健康的国家标准、行业标准的医疗器械案件,符合最高人民检察院、公安部联合印发的《关于公安机关管辖的刑事案件立案追诉标准的规定(一)》[2]第21条相关情形的,结论中应写明"经认定,某医疗器械……不符合国家标准、行业标准,足以严重危害人体健康";⑤其他案件也均应写明认定涉嫌犯罪应当具备的结论性意见。

第七,办案部门应当及时告知犯罪嫌疑人、被害人或者其辩护律师、法定代理人,在涉案物品依法处置前提出重新或补充检验检测、认定的申请。

8. 国家食品药品监督管理总局《食品生产经营日常监督检查管理办法》[3]

(1)取证主体。第4条规定,食品生产经营日常监督检查工作取证主体分为三个层面:①国家食品药品监督管理总局负责监督指导全国食品生产经营日常监督检查工作;②省级食品药品监督管理部门负责监督指导本行政区域内食品生产经营日常监督检查工作;③市、县级食品药品监督管理部门负责实施本行政区域内食品生产经营日常监督检查工作。

(2)取证原则。①合法原则。第14条规定,市、县级食品药品监督管理部门实施日常监督检查,应当由2名以上(含2名)监督检查人员参加。监督检查人员应当由食品药品监督管理部门随机选派。监督检查人员应当当场

---

[1] 法释〔2013〕12号。
[2] 公通字〔2008〕36号。
[3] 国家食品药品监督管理总局令第23号,自2016年5月1日起施行。

出示有效执法证件。②全覆盖原则。第 16 条规定，市、县级食品药品监督管理部门每年对本行政区域内食品生产经营者的日常监督检查，原则上应当覆盖全部项目。③配合原则。第 7 条第 2 款规定，食品生产经营者应当按照食品药品监督管理部门的要求提供食品生产经营相关数据信息。第 20 条规定，食品生产经营者应当按照食品药品监督管理部门的要求，开放食品生产经营场所，回答相关询问，提供相关合同、票据、账簿和其他有关资料，协助生产经营现场检查和抽样检验。④协作原则。第 28 条规定，市、县级食品药品监督管理部门在日常监督检查中发现违法案件线索，对不属于本部门职责或者超出管辖范围的，应当及时移送有权处理的部门；涉嫌构成犯罪的，应当及时移送公安机关。

（3）取证方式。第 26 条规定，市、县级食品药品监督管理部门实施日常监督检查，有权采取以下六种方式取证：①进入食品生产经营等场所实施现场检查；②对被检查单位生产经营的食品进行抽样检验；③查阅、复制有关合同、票据、账簿以及其他有关资料；④查封、扣押有证据证明不符合食品安全标准或者有证据证明存在安全隐患以及用于违法生产经营的食品、工具和设备；⑤查封违法从事生产经营活动的场所；⑥法律法规规定的其他措施。

（4）监督检查规范。①形式要件。第 21 条规定，食品生产经营者应当按照监督检查人员要求，在现场检查、询问和抽样检验等文书上签字或者盖章。被检查单位拒绝在日常监督检查结果记录表上签字或者盖章的，监督检查人员应当在日常监督检查结果记录表上注明原因，并可以邀请有关人员作为见证人签字、盖章，或者采取录音、录像等方式进行记录，作为监督执法的依据。②程序要件。第 27 条第 2 款规定，立案调查制作的笔录，以及拍照、录像等的证据保全措施，应当符合食品药品行政处罚程序相关规定。

9. 国家食品药品监督管理总局《网络食品安全违法行为查处办法》[1]

（1）取证主体。第 3 条规定，网络食品安全违法行为查处工作取证主体分为两个层面：①国家食品药品监督管理总局负责监督指导全国网络食品安全违法行为查处工作。②县级以上地方食品药品监督管理部门负责本行政区域内网络食品安全违法行为查处工作。

（2）取证原则。该《办法》主要规定了配合原则。第 5 条规定，网络食

---

〔1〕 国家食品药品监督管理总局令第 27 号，自 2016 年 10 月 1 日起施行。

品交易第三方平台提供者和入网食品生产经营者应当配合食品药品监督管理部门对网络食品安全违法行为的查处，按照食品药品监督管理部门的要求提供网络食品交易相关数据和信息。

（3）取证方式。第24条规定，县级以上地方食品药品监督管理部门，对网络食品安全违法行为进行调查处理时，可以采取以下六种方式取证：①进入当事人网络食品交易场所实施现场检查；②对网络交易的食品进行抽样检验；③询问有关当事人，调查其从事网络食品交易行为的相关情况；④查阅、复制当事人的交易数据、合同、票据、账簿以及其他相关资料；⑤调取网络交易的技术监测、记录资料；⑥法律、法规规定可以采取的其他措施。

（4）抽样检验规范。①抽样规范。第25条规定，县级以上食品药品监督管理部门通过网络购买样品进行检验的，应当按照相关规定填写抽样单，记录抽检样品的名称、类别以及数量，购买样品的人员以及付款账户、注册账号、收货地址、联系方式，并留存相关票据。买样人员应当对网络购买样品包装等进行查验，对样品和备份样品分别封样，并采取拍照或者录像等手段记录拆封过程。②告知规范。第26条第1、2款规定，检验结果不符合食品安全标准的，食品药品监督管理部门应当按照有关规定及时将检验结果通知被抽样的入网食品生产经营者。通过网络食品交易第三方平台购买样品的，应当同时将检验结果通知网络食品交易第三方平台提供者。

（四）地方性证据规定

2015~2016年，各地通过的证据规定列表如下：

序号	发布时间	制定单位	名称
1	2015年1月5日	山西省高院证据技术中心	《关于不流拍保证金缴纳与退还的说明》
2	2015年1月5日	浙江省高院、省检察院、省公安厅	《重大毒品犯罪案件证据收集审查判断工作指引》

续表

序号	发布时间	制定单位	名称
3	2015年6月19日	山东省高院、省检察院、省公安厅、省司法厅、省人社厅、省国土资源厅、省住建厅、省卫计委、省地税局、省工商局、省质监局、青岛海关、济南海关	《关于进一步保障律师执业权利的若干规定》
4	2015年6月29日	湖南省检察院	《关于贯彻执行最高人民检察院关于依法保障律师执业权利的规定的实施细则》
5	2015年7月21日	广东省检察院	《关于依法保障辩护律师执业权利的若干意见（试行）》
6	2015年8月3日	江苏省镇江市丹徒区法院、检察院、公安局	《关于进一步规范刑事案件证据证明标准的暂行规定（试行）》
7	2016年1月6日	青海省高院	《关于办理刑事案件严格排除非法证据若干问题的指导意见（试行）》
8	2016年2月3日	海南省公安厅	2016年全省公安机关打击毒品犯罪推进会
9	2016年3月31日	福建省高院	《人民法院指定鉴定机构确认书》
10	2016年4月18日	深圳市中院	《受理减刑、假释案件情况公示》
11	2016年4月22日	湖南省高院	《2016年度对外委托专业机构会议纪要》
12	2016年4月27日	贵州省高院、省检察院、省公安厅	《关于印发〈刑事案件基本证据要求〉的通知》
13	2016年5月19日	江苏省高院	《关于民事申请再审案件受理和移送若干问题的规定》

续表

序号	发布时间	制定单位	名称
14	2016年5月19日	江苏省高院	《关于案外人针对诉讼保全措施能否提起执行异议之诉的纪要》
15	2016年8月4日	北京市高院	《关于审理婚姻纠纷案件若干疑难问题的参考意见》
16	2016年9月2日	营口市检察院	《规范公安机关提请批准逮捕案件证据标准座谈会纪要》
17	2016年11月3日	江西省高院、省检察院、省公安厅	《关于办理拒不执行判决、裁定刑事案件的指导意见》
18	2016年12月6日	江苏省高院	《关于审理消费者权益保护纠纷案件若干问题的讨论纪要》

1. 山东省《关于进一步保障律师执业权利的若干规定》

（1）受委托的律师可以按照法律规定收集与案件有关的证据材料。律师收集、调取证据确有困难，且拟调取的证据可能影响案件罪名和事实认定的，可以书面申请人民检察院、人民法院依法收集、调取，人民检察院、人民法院认为确有必要的，应当依法收集、调取。

（2）律师认为在侦查、审查起诉阶段公安机关、人民检察院收集的证明被告人无罪或者罪轻的证据材料未随案移送的，可以申请人民检察院或者人民法院调取。申请应当以书面形式提出，并提供相关线索或者材料，人民法院、人民检察院应当依法调取。

（3）受委托的律师为办理诉讼、仲裁、行政复议等诉讼或非诉讼业务，可以向工商、公安、国土、建设、海关、人力资源社会保障、卫生、技术监督以及房产、车辆登记等单位调查与所承办业务有关的情况，查阅、摘抄、复制与所承办业务有关的材料。相关国家机关、有关单位和经办人员应当按照有关规定给予配合和协助。

（4）律师同时凭下列证件可以向有关单位调查与承办法律事务有关的情况：①律师执业证书；②律师事务所证明。除上述证件外，有关单位不得附加其他条件，不得以其他借口拒绝律师依法查询相关材料，但法律法规另有规定的除外。

（5）律师要求确认所复制的材料来源的，提供材料的国家机关、有关单位应当予以盖章确认。律师向行政机关申请获取属于该机关职责权限范围的政府信息，但该机关未制作或者获取的，应当书面告知申请人该政府信息不存在。有关国家机关、单位不得收取工本费以外的费用。

（6）对律师依法提交的证据、文书，人民法院、人民检察院、公安机关、仲裁机构、行政机关等有关单位应当提供回执单，写明证据、文书的名称、页数、份数、原件或者复印件以及收到时间等，并由经办人签名或者盖章。

（7）受委托的律师根据案情的需要，可以申请人民检察院、人民法院收集、调取证据，人民检察院、人民法院认为律师的申请对查清案件事实有必要的，应当予以支持。

2. 湖南省人民检察院《关于贯彻执行最高人民检察院关于依法保障律师执业权利的规定的实施细则》

（1）辩护律师申请收集、调取证据的，应当向人民检察院案件管理部门提出书面申请。申请书应当载明需要收集、调取证据的相关信息。

（2）案件移送审查逮捕或者审查起诉后，辩护律师认为侦查机关或者侦查部门收集的证明犯罪嫌疑人无罪或者罪轻的证据未提交，书面申请人民检察院调取的，侦查监督部门或者公诉部门应当进行审查，并在7日以内区分情况作出以下处理决定：①申请调取的证据已收集并且与案件事实有联系的，应当要求侦查机关或者侦查部门立即移送；②申请调取的证据未收集，但与案件事实有联系并且确有收集必要的，应当要求侦查机关或者侦查部门立即收集并移送；③申请调取的证据与案件事实没有联系，决定不予调取的，应当在3日以内书面告知辩护律师并说明理由。在侦查机关或者侦查部门移送相关证据材料后，侦查监督部门或者公诉部门应当在3日以内告知辩护律师。

（3）案件移送审查起诉后，辩护律师书面申请人民检察院向证人或者有关单位和个人收集、调取证据的，公诉部门应当在7日以内作出是否同意的决定。辩护律师申请收集、调取的证据与案件事实有联系，确有收集、调取必要的，应当依法收集、调取并制作笔录附卷，并在3日以内通知辩护律师查阅、摘抄、复制；决定不予收集、调取的，应当在3日以内向辩护律师书面说明理由。人民检察院根据辩护律师的申请收集、调取证据时，辩护律师提出在场申请的，应当许可。担任诉讼代理人的律师申请人民检察院收集、调取证据的，参照本条的规定办理。

（4）在审查起诉过程中，辩护律师向被害人或者其近亲属、被害人提供的证人收集与本案有关的材料，向人民检察院提出申请的，公诉部门应当在7日以内作出是否许可的决定。申请收集的有关材料与案件事实有联系，且确有收集必要的，应当作出许可决定，并通知辩护律师；决定不予许可的，应当在3日以内向辩护律师书面说明理由。

3. 广东省人民检察院《关于依法保障辩护律师执业权利的若干意见（试行）》

（1）人民检察院应当依法保障辩护律师的申请收集、调取证据权。①案件移送审查逮捕或者审查起诉后，辩护律师依据《刑事诉讼法》第39条规定申请人民检察院调取侦查机关或者侦查部门收集但未移送的证明犯罪嫌疑人无罪或者罪轻的证据材料的，侦查监督部门或者公诉部门应当及时进行审查。经审查认为辩护律师申请调取的证据侦查机关或者侦查部门已经收集并且与案件事实有联系的，应当予以调取，并在调取后3个工作日以内告知辩护律师。认为辩护律师申请调取的证据未收集或者与案件事实没有联系，决定不予调取的，应当书面说明理由。②案件移送审查起诉后，辩护律师依据《刑事诉讼法》第41条第1款申请人民检察院收集、调取证据，人民检察院认为需要收集、调取的，应当决定收集、调取并制作笔录附卷；决定不予收集、调取的，应当书面说明理由。人民检察院根据辩护律师申请收集、调取证据时，辩护律师可以在场。③辩护律师向被害人或者其近亲属、被害人提供的证人收集与本案有关的材料，向人民检察院提出申请的，人民检察院应当在7个工作日以内作出是否许可的决定。人民检察院没有许可的，应当书面说明理由。对辩护律师提交的证据和材料，人民检察院应当接受并及时审查，不采信辩护律师提交的证据的，应当说明理由。

（2）人民检察院应当依法保障辩护律师申请排除以非法方法收集的证据权利。辩护律师申请排除以非法方法收集的证据并提供涉嫌非法取证的人员、时间、地点、方式、内容等相关线索或者材料的，人民检察院应当进行核查。对于经核查确认或者不能排除存在《刑事诉讼法》第54条以非法方法收集证据情形的，对有关证据应当予以排除，不得作为审查批准、决定逮捕，或者移送审查起诉、提起公诉的依据。

（3）人民检察院应当依法保障辩护律师提出辩护意见权。在侦查、审查逮捕、审查起诉过程中，辩护律师提出要求听取其意见的，人民检察院应当在 3 个工作日内答复并及时安排时间听取。听取意见应当制作笔录，辩护律师提交书面意见的，应当附卷。对辩护律师提出不构成犯罪，罪轻或者减轻、免除其刑事责任，无社会危害性，不适宜羁押，侦查活动有违法情形等书面意见的，办案人员必须进行审查，在相关工作文书中载明辩护律师提出的意见，并说明是否采纳的情况和理由。

（4）有下列情形之一的，侦查监督部门、公诉部门办案人员应当主动约请辩护律师听取意见：①犯罪嫌疑人辩称无罪的；②犯罪嫌疑人提出侦查人员存在刑讯逼供等非法方法收集证据的；③在案证据存在重大矛盾的。

4. 浙江省高级法院、省检察院、省公安厅《重大毒品犯罪案件证据收集审查判断工作指引》

（1）吸毒人员身份认定。犯罪嫌疑人（被告人）是否系吸毒人员，应有相应证据证明，如行政处罚决定书、尿检结果、证人证言、看守所出具的证明收押后毒瘾发作的情况说明、戒毒所的证明材料等。

（2）主观故意的认定。判定毒品犯罪主观故意的主要依据是犯罪嫌疑人（被告人）的供述与辩解、证人证言、书证、电子证据和其他有助于判断主观故意的证据。毒品犯罪中共同犯罪的认定，应当注意收集证明共同故意的证据。

（3）贩卖目的的认定。犯罪嫌疑人（被告人）贩卖目的的认定，应当根据犯罪嫌疑人（被告人）实施毒品犯罪的过程、方式、毒品被查获时的情形等，结合犯罪嫌疑人（被告人）前科、吸毒史等进行综合分析判断。购买毒品被查获后，以下情形可以认定为有贩卖目的：①犯罪嫌疑人（被告人）供认主观上系以贩卖为目的，经审查供述客观真实的；②犯罪嫌疑人（被告人）供认主观上系以贩卖为目的，且得到其他证据印证，后翻供否认，但不能合理说明翻供原因或者其辩解与全案证据相矛盾的；③犯罪嫌疑人（被告人）否认主观上系以贩卖为目的，但多名证人、同案犯指证曾向其购买毒品的，指证的事实有其他证据印证、且能排除合谋陷害的。

（4）关于"明知"的认定。毒品犯罪主观故意中的"明知"是指行为人知道或者应当知道其所贩卖、运输的物品系毒品。具有下列事实，并且犯罪嫌疑人（被告人）不能做出合理解释的，可以认定其"明知"：①执法人员在出入境口岸、机场、车站、港口和其他检查站检查时，要求行为人申报为他人携带的物品,并告知其法律责任,而行为人未如实申报,在其所携带的物品内查获毒品的;②以伪报、藏匿、伪装等蒙蔽手段逃避海关、边防等检查,在其携带、运输、邮寄的物品中查获毒品的;③执法人员检查时,有逃跑、弃车逃离、丢弃携带物品,或者逃避、抗拒检查等行为,在其丢弃的车辆、携带或丢弃的物品中查获毒品的;④体内藏匿物品,被检查发现系毒品的;⑤为获取不同寻常的高额或者不等值的报酬而携带、运输物品,从中查获毒品的;⑥采用高度隐蔽的方式携带运输物品,从中查获毒品的;⑦采用高度隐蔽的方式交接物品,明显违背合法物品惯常交接方式,从中查获毒品的;⑧行程路线故意绕开检查站点,在其携带、运输的物品中查获毒品的;⑨以虚假身份或者地址办理托运手续,在其托运的物品中查获毒品的;⑩在实际控制的车辆、住所查获毒品的;⑪专程驾车前往毒品源头地区,返程时在车上查获毒品的;⑫有其他证据足以认定行为人应当明知的。上述基础事实,必须有确实、充分的证据予以证明,并且达到排除合理怀疑的程度。犯罪嫌疑人(被告人)及其辩护人对上述事实有异议的,应当举出相反的证据或者做出合理解释。如有证据表明犯罪嫌疑人(被告人)确属被蒙骗,或者犯罪嫌疑人(被告人)能够做出合理解释的,则不宜认定其"明知"。

(5)证明毒品犯罪客观方面的主要证据有:①物证及照片,包括毒品、毒品的半成品、制毒物品、毒资、盛装毒品的容器或包装物、电子秤等贩毒工具等实物及其照片;②书证,主要有:证明毒资往来的书证,如银行支付凭证、账户交易明细等;证明毒品运输的书证,如托运单、货单、仓单、邮寄单等;证明涉毒人员行踪的书证,如交通运输凭证(车票、船票、机票)、汽车GPS行车记录、交通卡口记录、住宿登记记录等;证明涉毒人员相互联络的书证,如手机通话记录、短信、微信、QQ聊天记录等,以及通话基站信息、用于联络的书信等;③报案记录、投案记录、举报记录、控告记录、破案报告、吸毒记录等能说明案件及相关情况的书面材料;④毒品、毒资、作案工具及其他涉案物品的扣押清单;⑤相关证人证言,包括海关、边防检查人员、侦查人员的证言以及鉴定人员对鉴定所作的说明;⑥辨认笔录、指认笔录及其照片,包括有关知情人员对犯罪嫌疑人的辨认和犯罪嫌疑人对毒品、毒资等犯罪对象的指认情况;⑦犯罪嫌疑人(被告人)的供述和辩解;⑧毒品鉴定和检验报告,包括毒品鉴定、指纹鉴定、是否吸食毒品的检验报告等;⑨现场勘验、检查笔录及照片、录像、现场制图,包括对现场的勘验及对人身、物品的检查；⑩毒品数量的称量笔录；⑪视听资料，包括录音、录像光盘等；⑫电子数据，包括电子邮件、网络聊天记录等；⑬其他能证明毒品犯罪客观方面的证据。

（6）侦查机关应当出具由侦查人员署名并加盖侦查机关印章的破案经过说明。案经过说明应当写明案件来源情况，是否系秘密力量提供线索或者使用技术侦查手段，确定犯罪嫌疑人，犯罪嫌疑人到案时间、地点、经过，同案犯罪嫌疑人到案的顺序等内容。侦查机关出具的破案经过说明过于简单，检察机关、审判机关可以要求侦查机关出具详细的破案经过说明。对于通过秘密侦查、技术侦查手段侦破的案件，审判机关、检察机关认为有必要就秘密侦查、技术侦查情况作出说明的，侦查机关应当单独提供说明。有关秘密侦查、技术侦查材料，侦查机关应当归入保密卷。审判机关、检察机关可以派员查阅相关保密卷。

（7）办案人员不应当轻信犯罪嫌疑人（被告人）供述等言词证据，应当强化对物证、书证等证据的收集、挖掘与运用。基于毒品犯罪依赖言词证据定案的特性，第19条提出对主要依据言词证据认定犯罪事实的四项指导原则：①犯罪嫌疑人（被告人）的供述与同案其他犯罪嫌疑人（被告人）供述吻合，并且完全排除诱供、逼供、串供等情形的，犯罪嫌疑人（被告人）的供述与同案犯罪嫌疑人（被告人）的供述可以作为定案的根据；②毒品买卖双方，一方交代购买或者出售毒品，另一方始终否认的，一般不能认定犯罪事实。但一方交代的毒品交易的数量、种类、时间、地点等具体情节能够得到其他证据印证，并且完全排除诱供、逼供、串供等情形的，可以认定犯罪事实；③毒品买卖双方一方交代多次贩卖毒品事实，另一方只交代其中部分事实的，一般认定双方交代一致的犯罪事实；④毒品买卖双方一方交代贩卖毒品事实，另一方在多次确认后又否认，但不能合理说明翻供原因或者其辩解与全案证据矛盾的，应当按照多次确认的供述认定犯罪事实。

5. 贵州省高级法院、省检察院、省公安厅《关于印发〈刑事案件基本证据要求〉的通知》

（1）立案的证据。对毒品案件立案侦查，应当有相关人员报案、控告、举报的材料，或者犯罪嫌疑人投案的材料，或者公安机关在履行职务过程中发现涉毒犯罪的材料，或者相关部门移送的涉毒犯罪材料等证据材料证明。

（2）报案、控告、举报或者投案材料。①报案、控告、举报可以用书面或者口头提出。口头报案、控告、举报的，接受的工作人员应当制作笔录，经宣读无误后，由报案人、控告人、举报人签名或者盖章。②网上报案、控告、举报的，应对网页截图打印附卷，并注明来源。③电话报案、控告、举报的，接受的工作人员应当制作笔录，载明报案人的基本情况、报案电话等信息。④犯罪嫌疑人自动投案的，接受的工作人员应当制作笔录，由投案人签名、捺印。⑤报案、控告、举报可能招致打击报复的，相关单位应履行保密义务，并对相关材料作技术处理。

（3）公安机关在履行职务中发现涉毒犯罪的材料公安机关在日常巡逻、例行检查等履行职务过程中发现涉毒犯罪的，工作人员应当将相关情况写成书面材料，签名并加盖单位公章。工作人员所写的书面材料，每人一份，不能共同书写。

（4）相关部门移送的涉毒犯罪材料。①有关单位在日常工作中发现涉毒犯罪向公安机关移送的材料，应加盖单位公章。②公安机关顺线侦查的，应制作相关线索来源说明材料。③上级公安机关指定管辖的，应将相关函件及线索材料附卷。

（5）特情提供的材料。通过特情提供涉毒犯罪情报的，应当将相关情况写成书面材料，并应加盖单位公章。如材料涉密应标注密级，另行制作保密卷移送。

（6）报案人证言。公安机关可以根据案件情况，向报案人了解、核实与案件相关的情况，制作调查笔录，由报案人签名或者盖章。

（7）受案登记表、立案决定书。①受案登记表由表头、腹栏、尾栏组成。表头填写内容包括报案人基本情况、报案方式、发案时间、发案地点、犯罪嫌疑人基本情况等。腹栏填写内容包括报案情况、简要案情、犯罪行为造成的损害结果等。尾栏填写内容包括领导的意见、处理结果等。②立案决定书是公安机关发现犯罪事实或者犯罪嫌疑人，决定立案侦查时制作使用的格式化法律文书，应按要求填写。

（8）案件侦破的证据。公安机关通过特情介入、案件经营、技术侦查等措施，查明犯罪事实，抓获犯罪嫌疑人，应当有锁定并抓获犯罪嫌疑人的材料、破案报告等相关证据证明。

（9）锁定犯罪嫌疑人的材料。①公安机关通过技术侦查措施锁定犯罪嫌疑人的，应当进行证据转换；不能转换的，应当将相关情况写成书面材料附卷或制作保密卷随案移送。②使用警犬嗅源手段侦查确定犯罪嫌疑人、起获毒品等相关物品的，应进行动态录像并附相关文字说明；没有录像的，应将相关情况写成书面材料，并应加盖单位公章。

（10）侦查人员出具的抓获经过或者证言。①侦查人员应当分别将抓获犯罪嫌疑人的具体情况写成书面材料，签字并应加盖单位公章。②侦查人员应当写明犯罪嫌疑人有无自首、立功、提供同案人相关信息或者协助抓获同案人的情况。

（11）破案报告。①破案报告应当写明案件线索来源；有无特情参与、是否利用技侦手段、警犬嗅源破案等侦查措施情况和开展的侦查活动情况；犯罪嫌疑人归案的方式、时间、地点；查获毒品的时间、地点、数量；根据犯罪嫌疑人的供述获取的证据情况和抓获其他犯罪嫌疑人的情况；共同犯罪的犯罪嫌疑人归案的先后顺序及到案后的供述情况等。写清楚该案是侦查机关通过特情、技术侦查等方式侦破的，还是通过日常巡逻、例行检查等方式破获的。②破案报告内容如不能公开，应标注密级，另行制作保密卷移送。

（12）现场勘验、检查笔录。①对犯罪现场、相关场所、物品、人身进行勘验或者检查，应当依法、及时、全面、客观、详细地制作现场勘验、检查笔录。②现场勘验、检查笔录应当详细记载提起勘验、检查的事由，勘验、检查的起止时间、地点，在场人员、现场方位、周围环境等，现场毒品的位置、颜色、规格等具体特征，以及勘验、检查、搜查的过程。③笔录应当由犯罪嫌疑人、见证人和侦查人员签字确认。

（13）现场照片、录像、制图。勘查毒品犯罪现场、查扣毒品、搜查、提取物证、书证、痕迹等侦查活动，应当同步录像、拍照，制作现场示意图。

（14）提取物证、书证、痕迹等笔录及扣押物品清单。①查扣毒品、毒资、贩运工具，提取相关物证、书证、痕迹等，应当制作提取笔录，由犯罪嫌疑人或物品持有人、见证人和侦查人员签字确认。②查扣毒品、提取相关物证、书证等，应当制作扣押物品清单，详细记录查扣物品的名称、编号、规格、数量、质量、特征及来源，由侦查人员、见证人和持有人签名或盖章，一份交给持有人，一份交侦查机关保管人员，一份附卷备查。对于无法确定持有人或者持有人拒绝签名的，侦查人员应当在清单中注明。③人货分离的毒品犯罪，应当收集、提取毒品包装物及相关物品上的指纹、生物检材或者与犯罪嫌疑人相关联的物证、书证等。

（15）辨认笔录。①侦查机关应当让犯罪嫌疑人、证人对涉案毒品、作案工具、作案现场、同案犯罪嫌疑人、毒品上下家等进行辨认。②辨认应当在侦查人员的主持下进行，主持辨认的侦查人员不得少于2人。几名辨认人对同一辨认对象进行辨认时，应当由辨认人个别进行。组织辨认前，侦查人员应当向辨认人详细询问辨认对象的具体特征。辨认时，应当将辨认对象混杂在特征相类似的其他对象中，辨认对象不能有明显区别于其他对象的特征，侦查人员不得给辨认人暗示、诱导或者明显有指认嫌疑。③对人进行辨认，被辨认的人数不得少于7人；对人的照片进行辨认，照片不得少于10张；对物品进行辨认，类似物品不得少于5件。④对辨认经过和结果，应当制作辨认笔录，由侦查人员、辨认人、见证人签名。必要时，应当对辨认过程进行录音或者录像。

（16）毒品称量记录及照片。①查扣毒品时应当在持有人在场的情况下当面对毒品称量。毒品有多包的，应当逐一称量。毒品连同包装物一起称量的，应当另行净量称量。毒品称量，应当记入笔录，告知持有人，由持有人、侦查人员签字确认。②查扣毒品时确实不具备称量条件的，应当场封存、拍照，并记入笔录，在具备条件时应当立即称量。③对毒品称量，应当拍照或者录像附卷。④毒品称量后应当场封存。⑤称量时，操作人员应按照有关规范佩戴手套、口罩、头套等防护工具，防止生物物证污染。

（17）毒品上缴、保管的材料。①对查扣的毒品应当按规定即时上缴，接收部门应当出具收据，收据应当详细记录上缴毒品的名称、编号、规格、数量、质量、特征及来源；移交人、接收人应当在收据上签名或者盖章。②接收部门对上缴的毒品应当专案封存，妥善保管，在人民法院终审判决前（死刑案件为最高法院复核终结前）不得销毁。

（18）毒品鉴定的证据。对查扣的毒品应当按规定充分取样进行毒品成分鉴定。对可能判处死刑的毒品案件，或者涉案毒品可能大量掺假，或者成分复杂的新类型毒品，应当作出含量鉴定。对于含有2种以上毒品成分的混合型毒品，应当进一步作成分鉴定，确定所含的毒品成分及比例。

（19）检材移送的材料。①侦查机关应当及时向鉴定人送交毒品疑似物检材对比样本等原始材料，介绍与鉴定有关的情况，明确提出鉴定要求，不得暗示或者强迫鉴定人作出某种鉴定意见。②移送检材应由2名以上侦查人员进行。

(20) 毒品鉴定意见。①毒品的鉴定应当指定具有鉴定资格的2人以上进行，参与鉴定的人员应当在鉴定意见上签名。②检材提取应符合相关专业要求。对从不同持有人处扣押的毒品疑似物或者多件包装的毒品疑似物少于10件的，应当分别提取鉴定，每包取样0.2克~1克。对不同批次、不同包装或者包装内毒品经目测明显不同的，应当逐件抽样鉴定，每包取样0.2克~1克。对同一批次的多件包装毒品疑似物为10~100件的，按照公安部规定的抽样方法，随机对其中10件内的样品，每包取样0.2克~1克鉴定；对同一批次的多件包装毒品疑似物多于100件的，按照公安部规定的抽样方法，随机选取的样品为总样品数开平方所得的整数，每包取样0.2克~1克鉴定。③毒品成分应当按照《刑法》规定及其化学名称规范表述。④鉴定机构和鉴定人应当将资质复印件加盖公章后附卷。

（五）国际条约

1. 落实《国家人权行动计划（2012~2015年）》

中国政府按照《国家人权行动计划（2012~2015年）》，进一步落实被追诉人的人身权利和诉讼权利保障，积极履行《联合国禁止酷刑公约》等国际条约赋予的义务。根据该《行动计划》终期评估报告提供的内容，[1]至少可以概括出如下几点：①"犯罪嫌疑人人身权利得到保障。最高人民法院、最高人民检察院、公安部发布相关规定，细化了逮捕、取保候审、监视居住等强制措施的适用条件、审批程序和告知程序。2012~2015年，全国检察机关不批准逮捕总数为816 379人。其中，以无社会危险性不批捕340 491人，以不构成犯罪不批捕63 809人，以事实不清、证据不足不批捕379 290人。"②对刑讯逼供等违法违规行为的监督和检查力度加强。"2012~2015年，检察机关对滥用强制措施、非法取证、刑讯逼供等侦查活动违法情形，提出纠正意见869 775次。2015年共处理检察人员违法违纪208件243人。"③"依法全面取证和审查判断证据的规定得到严格执行。公安机关将收集的证明有罪或无罪、罪重或罪轻的所有证据归入案卷全部移送，并严格审查证据的真实性、合法性以及证明力。人民检察院对辩护律师提出的犯罪嫌疑人不构成犯罪、无社会危险性或者排除非法证据等意见都记录在案。"④"律师执业权利

---

[1]《〈国家人权行动计划（2012~2015年）〉实施评估报告》，载新华网http://news.xinhuanet.com/politics/2016-06/14/c_1119038762.htm，最后访问日期：2016年6月20日。

得到保障。2015年，最高人民法院、最高人民检察院、公安部、国家安全部、司法部联合发布了《关于依法保障律师执业权利的规定》，进一步明确细化了律师的知情权、申请权、申诉权，以及会见、阅卷、收集证据和发问、质证、辩论辩护等方面的权利。"

2. 出台《国家人权行动计划（2016~2020年）》

中国政府出台的《国家人权行动计划（2016~2020年）》中涉及证据制度建设的内容主要包括：①第一部分"经济、社会和文化权利"，列举了多项权利保障措施，有助于《经济、社会和文化权利国际公约》义务的履行。②第二部分"公民权利和政治权利"规定，"规范涉及公民人身的执法行为和司法行为。采取措施防范刑讯逼供。规范监管场所，保障各类被限制人身自由人员的权利。"全面贯彻证据裁判原则、疑罪从无原则，保障被追诉人受到公正审判，这些行动计划的实施，有助于中国尽早批准加入《公民权利和政治权利国际公约》。③第五部分"人权条约履行和国际交流合作"规定，中国政府将继续履行《联合国禁止酷刑公约》等国际人权公约，积极推进国际人权交流与合作。

3. 推进以审判为中心的诉讼制度改革

2016年10月，"两院三部"《关于推进以审判为中心的刑事诉讼制度改革的意见》要求，[1]侦查机关应当依法收集证据。对采取刑讯逼供、暴力、威胁等非法方法收集的言词证据，应当依法予以排除。侦查机关收集物证、书证不符合法定程序，可能严重影响司法公正，不能补正或者作出合理解释的，应当依法予以排除。严格按照有关规定要求，在规范的讯问场所讯问犯罪嫌疑人。严格依照法律规定对讯问过程全程同步录音录像，逐步实行对所有案件的讯问过程全程同步录音录像。依法保障当事人和其他诉讼参与人的知情权、陈述权、辩论辩护权、申请权、申诉权。严禁刑讯逼供，依法排除非法证据，符合《联合国禁止酷刑公约》的要求，有助于促进条约义务的履行。

4. 《中国和斯里兰卡刑事司法协助条约》[2]

(1) 司法协助的证据范围。第1条规定，在刑事侦查、起诉和审判程序

---

[1]《关于推进以审判为中心的刑事诉讼制度改革的意见》，载新华网，http://www.sh.xinhuanet.com/2016-10/12/c_135748659.htm，最后访问日期：2017年5月4日。

[2] 2016年11月7日十二届全国人大常委会二十四次会议决定批准《中华人民共和国和斯里兰卡民主社会主义共和国关于刑事司法协助的条约》。

中相互提供的刑事司法协助包括：获取有关人员的证言或者陈述；提供证据，包括但不限于物证、书证、视听资料、电子数据；获取和提供鉴定意见；查找、辨认人员；进行检查或者勘验场所或物品；安排有关人员作证或者协助调查；临时移送在押人员以便作证或者协助调查；查询、搜查、查封、冻结和扣押；与犯罪所得和犯罪工具有关的协助，等等。

（2）调取证据。第9条规定，被请求方应当根据本国法律并依请求，调取证据并移交给请求方。如果请求涉及移交文件或者记录，被请求方可以移交经证明的副本或者影印件；在请求方明示要求移交原件的情况下，被请求方应当尽可能满足此项要求。被请求方在不违背本国法律的前提下，应当同意请求中指明的人员在执行请求时到场，并可以允许这些人员通过被请求方主管机关人员向被取证人员提问。第14条的规定，被请求方应当在本国法律允许的范围内，执行查询、搜查、查封、冻结和扣押作为证据的财物的请求。被请求方应当向请求方提供有关执行上述请求的结果，包括查询或者搜查的结果，查封、冻结或者扣押的地点和状况以及有关财物随后被监管的情况。如果请求方同意被请求方就移交所提出的条件，被请求方可以将被扣押财物移交给请求方。

（3）证据的使用及其限制。第7条规定，如果被请求方提出要求，请求方应当对被请求方提供的资料和证据予以保密，或者仅在被请求方指明的条件下使用。未经被请求方事先同意，请求方不得为了请求所述案件之外的任何目的使用根据本条约所获得的资料或者证据。此外，第9条规定，移交给请求方的文件和其他资料，在不违背被请求方法律的前提下，应当按照请求方要求的形式予以证明，以便使其可以依请求方法律作为证据得到采用。

（4）拒绝作证。第10条规定，根据本条约被要求作证的人员，如果任何一方法律允许该人在类似情形下不作证，可以拒绝作证。根据本条约被要求作证的人员，如果主张依请求方法律有拒绝作证的权利或者特权，被请求方应当将该人的主张告知请求方，并要求请求方提供是否存在该权利或者特权的证明。请求方的证明应当视为是否存在该权利或者特权的充分证据，除非有明确的相反证据。

（5）证人和鉴定人的保护。第13条规定，请求方对于根据本条约到达其境内的证人或者鉴定人，不得由于该人在入境前的任何作为或者不作为而进行侦查、起诉、羁押、处罚或者采取其他限制人身自由的措施。请求方也不得强迫该人在请求所未涉及的任何侦查、起诉或者其他诉讼程序中作证或者协助调查,但事先征得被请求方和该人同意的除外。此外,对于依本条约拒绝作证或者协助调查的人员,不得由于此种拒绝而施加任何刑罚或者采取任何限制其人身自由的强制措施。

二、证据司法实践发展综述

（一）人民法院证据制度建设

1. 最高人民法院《关于全面深化人民法院改革的意见——人民法院第四个五年改革纲要（2014~2018）》[1]

（1）建立以审判为中心的诉讼制度,"必须尊重司法规律,确保庭审在保护诉权、认定证据、查明事实、公正裁判中发挥决定性作用,实现诉讼证据质证在法庭、案件事实查明在法庭、诉辩意见发表在法庭、裁判理由形成在法庭。"主要改革措施包括：①全面贯彻证据裁判原则。强化庭审中心意识,落实直接言词原则,严格落实证人、鉴定人出庭制度,发挥庭审对侦查、起诉程序的制约和引导作用。坚决贯彻疑罪从无原则,严格实行非法证据排除规则。②强化人权司法保障机制。完善对限制人身自由司法措施和侦查手段的司法监督,加强对刑讯逼供和非法取证的源头预防,健全冤假错案的有效防范、及时纠正机制。③完善民事诉讼证明规则。强化民事诉讼证明中当事人的主导地位,依法确定当事人证明责任。明确人民法院依职权调查收集证据的条件、范围和程序。严格落实证人、鉴定人出庭制度。发挥庭审质证、认证在认定案件事实中的核心作用。严格高度盖然性原则的适用标准,进一步明确法官行使自由裁量权的条件和范围。一切证据必须经过庭审质证后才能作为裁判的依据,当事人双方争议较大的重要证据都必须在裁判文书中阐明采纳与否的理由。

（2）优化人民法院内部职权配置,完善审级制度。推动实现一审重在解决事实认定和法律适用,二审重在解决事实和法律争议、实现二审终审,再审重在依法纠错、维护裁判权威。

（3）健全审判权力运行机制,"必须严格遵循司法规律,完善以审判权为

---

[1] 法发〔2015〕3号,2015年2月4日发布。

核心、以审判监督权和审判管理权为保障的审判权力运行机制，落实审判责任制，做到让审理者裁判，由裁判者负责。"主要改革措施包括：①改革审判委员会工作机制。建立审判委员会讨论事项的先行过滤机制，规范审判委员会讨论案件的范围。除法律规定的情形和涉及国家外交、安全和社会稳定的重大复杂案件外，审判委员会主要讨论案件的法律适用问题，不再讨论事实认定问题。②改革陪审方式，逐步实行人民陪审员不再审理法律适用问题，只参与审理事实认定问题。③推动裁判文书说理改革。重视律师辩护代理意见，对于律师依法提出的辩护代理意见未予采纳的，应当在裁判文书中说明理由。

2. 最高人民法院采取系列措施推动证据制度建设

（1）最高人民法院《关于完善人民法院司法责任制的若干意见》[1]有关证据制度建设的内容如下：①违法审判责任的认定包括三种与证据相关的情节：一是涂改、隐匿、伪造、偷换和故意损毁证据材料的，或者因重大过失丢失、损毁证据材料并造成严重后果的；二是向合议庭、审判委员会汇报案情时隐瞒主要证据、重要情节和故意提供虚假材料的，或者因重大过失遗漏主要证据、重要情节导致裁判错误并造成严重后果的；三是其他故意违背法定程序、证据规则和法律明确规定违法审判的。②不得作为错案进行责任追究的情节包括：一是对案件基本事实的判断存在争议或者疑问，根据证据规则能够予以合理说明的；二是因出现新证据而改变裁判的。③违法审判责任追究程序中的举证和质证规则，高级人民法院监察部门应当派员向法官惩戒委员会通报当事法官的违法审判事实及拟处理建议、依据，并就其违法审判行为和主观过错进行举证。④加强法官的履职保障的证据制度：一是在案件审理的各个阶段，除非确有证据证明法官存在贪污受贿、徇私舞弊、枉法裁判等严重违法审判行为外，法官依法履职的行为不得暂停或者终止。二是依法及时惩治当庭损毁证据材料、庭审记录、法律文书和法庭设施等妨碍诉讼活动或者严重藐视法庭权威的行为。

（2）最高人民法院、司法部《人民陪审员制度改革试点方案》[2]中有关证据制度建设的内容如下：①逐步探索实行人民陪审员不再审理法律适用问

---

[1] 法发〔2015〕13号，2015年9月21日发布。
[2] 法〔2015〕100号，2015年4月24日发布。

题，只参与审理事实认定问题，充分发挥人民陪审员富有社会阅历、了解社情民意的优势，提高人民法院裁判的社会认可度。②人民陪审员在案件评议过程中独立就案件事实认定问题发表意见，不再对法律适用问题发表意见。审判长应将案件事实争议焦点告知人民陪审员，引导人民陪审员围绕案件事实认定问题发表意见，并对与事实认定有关的证据资格、证据证明力、诉讼程序等问题及注意事项进行必要的说明，但不得妨碍人民陪审员对案件事实的独立判断。③人民陪审员和法官共同对案件事实认定负责，如果意见分歧，应当按多数人意见对案件事实作出认定，但是少数人意见应当写入笔录。如果法官与人民陪审员多数意见存在重大分歧，且认为人民陪审员多数意见对事实的认定违反了证据规则，可能导致适用法律错误或者造成错案的，可以将案件提交院长决定是否由审判委员会讨论。

(3) 最高人民法院《关于依法切实保障律师诉讼权利的规定》[1]中有关证据制度建设的内容如下：①依法保障律师阅卷权。②依法保障律师辩论、辩护权。法官在庭审过程中应合理分配诉讼各方发问、质证、陈述和辩论、辩护的时间，充分听取律师意见。除律师发言过于重复、与案件无关或者相关问题已在庭前达成一致等情况外，不应打断律师发言。③依法保障律师申请排除非法证据的权利。律师申请排除非法证据并提供相关线索或者材料，法官经审查对证据收集合法性有疑问的，应当召开庭前会议或者进行法庭调查。经审查确认存在法律规定的以非法方法收集证据情形的，对有关证据应当予以排除。④依法保障律师申请调取证据的权利。律师因客观原因无法自行收集证据的，可以依法向人民法院书面申请调取证据。律师申请调取证据符合法定条件的，法官应当准许。

(4) 统一证据采纳标准，严格规范举证质证程序，严格执行法定证明标准。最高人民法院常务副院长沈德咏在中国审判理论研究会2015年年会暨"推进以审判为中心的诉讼制度改革"理论研讨会上的讲话指出：[2]为严格落实证据裁判原则，避免不具有证据能力的材料进入法庭，有必要研究改变传统的证据审查方式，区分证据能力和证明力两个层次的问题，严格执行法定

---

[1] 法发〔2015〕16号，2015年12月29日发布。

[2] 李艳波："沈德咏：统一司法审判标准，推进严格公正司法"，参见最高人民法院官网：http://www.court.gov.cn/zixun-xiangqing-15262.html，最后访问日期：2016年7月8日。

的证据采纳标准,依法排除不具有证据能力的材料,引导和督促办案人员依法规范收集证据。沈德咏进一步强调,推进以审判为中心的诉讼制度改革要统一证据采纳标准,严格落实证据裁判原则,严格排除采用非法方法收集的证据,严格排除不符合法律规范要求的证据,严格执行法律明确规定的证据采纳规则。要严格落实直接言词原则,严格规范举证质证程序,严格规范法庭辩论程序,严格规范法庭认证程序。要统一案件裁判标准,严格落实疑罪从无原则,严格执行法定证明标准。

3. 刑事证据制度继续缓慢推进

(1)"两院三部"《关于推进以审判为中心的刑事诉讼制度改革的意见》[1],对刑事证据制度建设提出一些新的要求:①建立健全符合裁判要求、适应各类案件特点的证据收集指引。②探索建立命案等重大案件检查、搜查、辨认、指认等过程录音录像制度。③完善技术侦查证据的移送、审查、法庭调查和使用规则以及庭外核实程序。④统一司法鉴定标准和程序。⑤完善见证人制度。⑥探索建立重大案件侦查终结前对讯问合法性进行核查制度。经核查,确有刑讯逼供、非法取证情形的,侦查机关应当及时排除非法证据,不得作为提请批准逮捕、移送审查起诉的根据。⑦对适用普通程序审理的案件,健全庭前证据展示制度,听取出庭证人名单、非法证据排除等方面的意见。⑧完善对证人、鉴定人的法庭质证规则。公诉人、当事人或者辩护人、诉讼代理人对证人证言有异议,人民法院认为该证人证言对案件定罪量刑有重大影响的,证人应当出庭作证。⑨健全证人保护工作机制,建立证人、鉴定人等作证补助专项经费划拨机制。⑩完善强制证人到庭制度。

(2)最高人民法院、最高人民检察院、公安部《关于办理刑事案件收集提取和审查判断电子数据若干问题的规定》[2],从电子数据的收集与提取、电子数据的移送与展示、电子数据的审查与判断等方面完善了电子数据收集提取和审查判断机制。

4. 民事与行政诉讼证据制度进一步完善

(1)最高人民法院《民诉法解释》[3]第四部分第90~124条,对证据规

---

〔1〕 参见最高人民法院网站:http://www.court.gov.cn/fabu-xiangqing-28021.html,最后访问日期:2017年4月28日。

〔2〕 法发〔2016〕22号,2016年9月9日发布。

〔3〕 法释〔2015〕5号,2015年1月30日发布,自2015年2月4日起施行。

则作出系统规定。从解释内容看，它既吸收了最高人民法院《民事诉讼证据规定》的大量内容，对某些条款进行调整和修改，又将证据法学理论的一些基本规则正式法定化。[1]

（2）最高人民法院《人民法院民事裁判文书制作规范》和《民事诉讼文书样式》[2]，要求裁判文书说理应当紧扣案件事实和法律争议，对证据采信理由、案件事实认定理由以及解释法律根据和案件事实具有法律上逻辑关系的理由等予以充分论述。对于当事人没有争议的事实及证据，当事人举证、质证过程可以不用在裁判文书中罗列和说明，而可以直接予以确认。

（3）最高人民法院《行政诉讼法解释》[3]第9条规定，复议机关决定维持原行政行为的，人民法院应当在审查原行政行为合法性的同时，一并审查复议程序的合法性。作出原行政行为的行政机关和复议机关对原行政行为合法性共同承担举证责任，可以由其中一个机关实施举证行为。复议机关对复议程序的合法性承担举证责任。除此之外，最高人民法院《行政诉讼证据规定》的其他内容均未得到系统修订。

（二）人民检察院证据制度建设

1. 最高人民检察院《关于深化检察改革的意见（2013～2017年工作规划）》（2015年修订版）

（1）适应以审判为中心的诉讼制度改革，全面贯彻证据裁判规则。严格规范取证程序，依法收集、固定、保存、审查、运用证据，配合有关部门完善证人、鉴定人出庭制度，举证、质证、认定证据标准，健全落实罪刑法定、疑罪从无、非法证据排除的法律制度。

（2）进一步明确检察环节非法证据排除的范围、程序和标准。

（3）从防范冤假错案的角度推进证据制度建设，"加强对刑讯逼供和非法取证的源头预防。落实和完善讯问职务犯罪嫌疑人全程同步录音录像制度，推动有条件的地方建立对所有讯问活动、重要取证活动全程同步录音或录像制度。"

---

[1] 参见余日红、冯慧："民诉新司解证据篇——条文导读"，参见中国律师网：http://www.acla.org.cn/html/lilunyanjiu/20150417/20665.html，最后访问日期：2016年7月8日。

[2] 参见最高人民法院网站：http://www.court.gov.cn/zixun-xiangqing-23181.html，最后访问日期：2017年4月28日。

[3] 法释〔2015〕9号，2015年4月22日发布。

2. 与最高人民法院等联合发布《关于推进以审判为中心的刑事诉讼制度改革的意见》

该《意见》主要从四个方面提出了检察机关推进以审判为中心的刑事诉讼制度改革工作机制建设的内容:[1]

(1) 着眼于规范侦查取证行为,提出一系列防范刑讯逼供制度机制。一是针对实践中对证明标准把握不统一的问题,要求建立健全符合裁判要求、适应各类案件特点的证据收集指引。二是为确保讯问合法进行,要求完善讯问制度。三是首次提出探索建立重大案件侦查终结前讯问合法性核查制度,对公安机关、国家安全机关和人民检察院侦查的重大案件,由人民检察院驻看守所检察人员询问犯罪嫌疑人,核查是否存在刑讯逼供、非法取证情形,并同步录音录像。

(2) 着眼于防止案件"带病"进入审判程序,提出一系列加强检察机关审前把关和发挥过滤功能的制度机制。一是完善补充侦查制度,进一步明确退回补充侦查的条件,建立人民检察院退回补充侦查引导和说理机制;规范补充侦查行为,对于确实无法查明的事项,公安机关、国家安全机关应当书面向人民检察院说明理由。二是完善不起诉制度,对未达到法定证明标准的案件,人民检察院应当依法作出不起诉决定,防止事实不清、证据不足的案件进入审判程序。三是完善撤回起诉制度,规范撤回起诉的条件和程序。

(3) 着眼于推进案件繁简分流,提出进一步完善公诉机制、优化司法资源配置的制度机制。为完善刑事案件认罪认罚从宽制度,有必要探索被告人认罪与不认罪案件相区别的出庭公诉模式。进一步完善公诉机制,对被告人不认罪的,人民检察院应当强化庭前准备和当庭讯问、举证、质证;完善刑事案件速裁程序和认罪认罚从宽制度。

(4) 着眼于发挥检察机关法律监督的职能作用,提出完善人民检察院对侦查活动和刑事审判活动的监督机制。

3. 与最高人民法院等联合发布《关于办理刑事案件收集提取和审查判断电子数据若干问题的规定》

该《规定》主要包括四个方面内容:一是关于电子数据收集提取和审查

---

[1] 参见"刑诉制度改革:防止刑讯逼供 不得强迫任何人自证有罪",载中新网 http://www.chinanews.com/gn/2016/10-11/8027023.shtml,最后访问日期:2017 年 5 月 22 日。

判断的一般规定；二是规范了电子数据收集与提取行为；三是规范了电子数据的移送与展示；四是规范了电子数据审查与判断。

从宏观上看，该《规定》实现了五点创新：一是实现了技术规范和法律规范较好的融合，用技术规范给法律规范提供支撑；二是对于电子数据收集过程不规范的问题，如电子数据收集主体及资质、电子数据收集的方式及规范、电子数据的完整性保护方法、侦查实验的条件等问题，作了进一步的明确或补充；三是针对电子数据证据移送不规范的问题，对电子数据的移送形式及有关要求进行了规定；四是对于电子数据审查标准问题，提出了证据审查和非法证据排除标准；五是对电子数据涉及的专门性技术问题，根据有关司法解释，将鉴定与检验"两条腿走路"原则扩展到更多类型案件的电子数据取证领域，进一步明确了有关条件。

从微观上看，该《规定》也有五点创新：一是针对侦查机关难以将海量数据封存、扣押，以及云存储大数据难以调取的问题，将冻结措施应用于电子数据；二是从技术和法律交叉的角度，第一次比较完整地规定了保证电子数据"完整性"的措施；三是明确了向第三方调取证据的有关规定，为向网络平台、网络服务供应商调取证据提供了依据；四是关于电子数据封存的规定，较好地解决了电子数据及其存储介质保管链条的问题；五是关于犯罪嫌疑人身份和关联性的认定，基于实务经验的总结，具有很高的推广价值。

4. 地方检察院积极推进证据制度建设

新一轮的司法改革注重顶层设计，要求在中央统一部署下统一、有序展开，但同时，地方司法机关在法律允许的范围内可以先行先试，进行制度创新。

（1）浙江省《重大毒品犯罪案件证据收集审查判断工作指引》针对《刑事诉讼法》第152条"采取侦查措施收集的材料在刑事诉讼中可以作为证据使用"的规定缺乏有效规制的问题，作出如下规定：①以案件立案并经依法审批为条件。第46条要求，侦查机关应当在案件立案并经依法审批后方能采取技术侦查措施，采取技术侦查措施收集的材料作为证据使用时，批准采取技术侦查措施的法律文书应当附卷。②转化与无法转化的情况处理。第47条规定，侦查机关经负责人批准采用秘密侦查、技术侦查措施所收集的物证、书证及其他证据材料，要转化为其他合法形式的证据并经查证属实，才能作为定案的依据。无法转化的，侦查机关应当就秘密侦查、技术侦查获得的原始证据材料等情况独立成卷,供检察机关、审判机关在需要时查阅。③秘密力量使用原则。第48条对秘密力量的使用原则作出规定,侦查机关使用秘密力量侦破案件,必须在"确保安全、有效控制的前提下,可以指挥秘密力量进行毒品假买活动"。但是,秘密力量不得诱使他人犯罪,即"不得使用促使他人产生犯罪意图的方法引诱他人进行毒品犯罪"。④秘密力量使用的审批程序。第49条对秘密力量的审批作出规定,即有秘密力量参与的毒品案件,必要时经审判机关或者检察机关和侦查机关负责人联合审批,办理案件的审判人员、检察人员可以核实秘密力量建档材料,但不得摘抄、翻录,并予以保密,侦查机关应当予以配合。

(2)天津市人民检察院《毒品死刑案件证据审查规范(试行)》[1],从检察机关在审查起诉阶段对证据进行审查的角度,对常规证据和特殊证据的审查重点以及审查方法作出了规定。第4~9条分别就物证、书证、被告人供述、鉴定意见、视听资料、电子数据的审查明确规定了重点审查内容。对特殊证据,主要规范了技术侦查获取的证据以及特情侦查获取的证据的审查内容。首先,"对于技侦案件证据,应重点审查:①是否有县级以上公安机关负责人的决定材料;②是否有被告人的通话清单、活动轨迹;③对于使用电话监听手段破获的案件,是否附有侦查机关出具的技侦材料。"(第11条)其次,"对于技侦材料,应重点审查:①通过何种方式获得并锁定监听的电话号码;②监听锁定号码在被监听期间的实际使用人;③通话过程中商谈的整个犯罪过程;④通话中涉及的外号、别称、黑话、隐语、俗语等;⑤对于能反映案情的通话内容,由于较多不宜直接转化的,是否由侦查机关出具了情况说明。"(第12条)最后,"对于特情案件证据,应重点审查:①是否有特情身份的证明材料;②是否有县级以上公安机关负责人的决定材料;③是否有毒品或资金的出库、入库手续;④是否有特情第一次提供线索时的接待笔录及证言;⑤是否有特情与被告人的通话清单、活动轨迹;⑥是否有化装民警与特情的联系过程及参与交易的整个过程。"(第16条)

(3)《新疆检察机关关于依法保障律师执业权利的意见》[2]规定:一是

---

[1] 2016年12月26日,天津市人民检察院发布《毒品案件死刑案件证据审查规范(试行)》(津检二审发〔2016〕2号)。

[2] 2016年1月5日,新疆维吾尔自治区人民检察院发布《新疆检察机关关于依法保障律师执业权利的意见》(新检发案管字〔2016〕1号)。

依法保障律师的阅卷权（第5条）。二是依法保障律师的调查取证权（第6条）：①如律师提交有关犯罪嫌疑人不在犯罪现场、未达到刑事责任年龄、属于依法不负刑事责任的精神病人的证据，案件管理部门应当及时移送办案部门，相关办案部门应当及时进行审查，并将审查情况及时反馈给律师。②案件移送审查逮捕或者审查起诉后，律师依据《刑事诉讼法》第39条申请人民检察院调取侦查机关收集但未提交的证明犯罪嫌疑人无罪或者罪轻的证据材料的，案件管理部门应当及时将调取证据的申请移送侦查监督部门、公诉部门审查。经审查决定不予调取的，办案部门应当向律师说明理由。经审查决定调取后，侦查机关移送相关证据材料的，人民检察院办案部门应当在收到材料后3日以内告知律师可以查阅、摘抄、复制调取的证据材料。③案件移送审查起诉后，律师依据《刑事诉讼法》第41条第1款的规定申请人民检察院收集、调取证据的，案件管理部门应当及时将调取证据申请移送公诉部门审查，公诉部门认为需要收集、调取证据的，应当决定收集、调取并制作笔录附卷；决定不予收集、调取的，应当书面向律师说明理由。④人民检察院办案部门根据律师的申请收集、调取证据时，律师可以申请在场，办案部门也可以通知律师到场，相关情况应当记录在卷。⑤律师向被害人或者其近亲属、被害人提供的证人收集与本案有关的材料，向人民检察院提出申请的，案件管理部门应当及时将收集证据的申请移送相关办案部门审查，相关办案部门应当在7日以内作出是否许可的决定，并通知律师。人民检察院没有许可的，办案部门应当书面说明理由，及时答复律师。

（4）河南省人民检察院《关于加强命案诉押衔接防止非法讯问和超期羁押的意见》[1]，制定了一系列前置性措施，预防刑讯逼供情况的发生：①监督看守所严格落实犯罪嫌疑人入所体检制度。第3条规定，驻看守所检察室应当在命案犯罪嫌疑人入所3日以内，对羁押手续、入所身体健康检查等收押工作实行严格监督。监督看守所严格落实犯罪嫌疑人入所体检制度，规范入所体检程序，如实、全面、清晰、准确填写各项体检内容，特别对损伤情况及致伤原因应详细记载。发现犯罪嫌疑人有出血、红肿、瘀癍等外伤体征或疼痛、功能障碍等外伤症状，以及犯罪嫌疑人反映被刑讯逼供的，派驻看

---

[1] 2016年12月9日，河南省人民检察院发布《关于加强命案诉押衔接防止非法讯问和超期羁押的意见》（豫检文〔2016〕72号）。

守所检察室应当自行组织检查，制作检查笔录，进行拍照、录像，固定证据，并将调查核实情况提前向同级公诉部门通报。②对新入所的命案犯罪嫌疑人进行谈话。第 4 条规定，驻看守所检察室应当对新入所的命案犯罪嫌疑人进行谈话，了解入所前的讯问情况，包括案件来源、抓获经过、讯问时间和地点，是否进行同步录音录像，有无被刑讯逼供等非法讯问情形，告知其有权申请对讯问合法性进行核查。③对提解命案犯罪嫌疑人出所和还押环节进行监督。第 5 条规定，对于侦查机关以起赃、辨认、指认现场等事由提解命案犯罪嫌疑人出所的，驻看守所检察室应当及时了解提解的时间、地点、理由、审批手续等情况。还押时应当监督看守所重新进行身体健康检查，若发现有外伤或者超过提解期限、所外讯问等情况的，应当作好检查、记录工作，向侦查机关提出纠正意见，并提前向同级公诉部门通报。④对是否存在刑讯逼供等情况进行核查。第 6 条规定，在命案侦查终结后、移送起诉前，驻看守所检察室应当询问犯罪嫌疑人，对侦查机关讯问合法性进行核查，重点核查是否存在刑讯逼供等非法讯问情形。询问时可以进行全程同步录音录像。第 8 条规定，发现上述可能存在刑讯逼供等非法讯问情形的，由刑事执行检察部门会同负责命案办理的公诉部门进行核查。经核查，确有刑讯逼供等非法讯问情形的，应当依法向侦查机关提出纠正意见，建议排除非法证据；也可以建议更换侦查人员，必要时建议追究侦查人员的执法执纪责任；构成犯罪需要追究刑事责任的，移交有管辖权的部门立案查处。

（5）湖北省人民检察院等联合印发了《关于进一步加强公安机关侦查人员、鉴定人员出庭作证工作的通知》[1]，该通知主要规范了四个方面的内容：一是强调提升公安机关侦查人员、鉴定人员出庭作证能力，各级公安机关要充分认识侦查人员、鉴定人员出庭作证工作是庭审实质化的重要内容，是提高办案质量、确保司法公正的重要环节，迅速组织广大民警深入学习相关法律和政策，通过专题培训、庭审旁听、模拟法庭等多种方式，促使侦查人员、鉴定人员尽快适应角色转换，熟悉作证规则，增强心理素质，掌握作证要领，全面、准确、流利陈述事实和说明问题，提高接受法庭调查及控辩

---

[1] 2016 年 11 月 23 日，湖北省人民检察院联合省高法、省公安厅发布《关于进一步加强公安机关侦查人员、鉴定人员出庭作证工作的通知》，参见湖北省公安厅网站：http://www.hbgat.gov.cn/gk/zcfg/xfkd/208256.htm，最后访问日期：2017 年 6 月 21 日。

双方交叉询问的能力。二是规定了侦查人员、鉴定人员出庭作证的范围，该范围主要包括：①经人民法院通知侦查人员就其执行职务时目击的犯罪情况或实施的侦查行为出庭作证或说明情况的；②人民法院认为现有证据材料不能证明证据收集的合法性，有必要通知侦查人员出庭说明情况的；③证据存在瑕疵且无法补正，侦查人员有必要出庭作出合理解释的；④公诉人、当事人或者辩护人、诉讼代理人对鉴定意见有异议，或鉴定意见存在瑕疵，或与其他鉴定意见相矛盾，人民法院认为有必要通知鉴定人员出庭说明情况的；⑤其他人民法院认为侦查人员、鉴定人员有必要出庭作证的情形。三是严格规范侦查人员、鉴定人员出庭作证的程序要求：①出庭的仪表、举止等要求。②出庭作证或说明情况，其内容仅限于对客观事实的陈述和对证据、鉴定活动合法性的说明。③侦查人员对与案件有关的提问，应当客观、公正、实事求是地予以陈述，不得作猜测性、评论性、推断性的证言，不得涉及与作证内容无关的问题。④鉴定人员应当围绕鉴定依据的材料以及方法、步骤、分析、意见等与鉴定有关的事项进行陈述。⑤对与案件或鉴定事项无关以及涉及侦查工作秘密的问题，经法庭同意，可以拒绝回答。⑥当庭陈述与其之前提交的证明材料不一致的，应当庭说明原因。⑦庭审结束后，要仔细阅读庭审笔录中有关本人作证或说明情况的记录，认为记载有遗漏或者差错的，可以要求补充或者改正。没有错误的，应当签名或者盖章。四是加大对出庭侦查人员、鉴定人员的保护力度。

（三）公安机关证据制度建设

2015年，全国人大常委会通过了与公安工作紧密相关的《反恐怖主义法》，国务院印发了《法治政府建设实施纲要（2015~2020年）》和《居住证暂行条例》，"两院三部"颁布了《关于依法保障律师执业权利的规定》；2016年，公安部加强了对警察执法质量和过错责任追究的规范，先后出台了《公安机关执法质量考核评议规定》（公安部令第137号）、《公安机关人民警察执法过错责任追究规定》（公安部令第138号）等规定，对公安机关证据制度建设具有重要推动作用。2015~2016年，公安部颁布或以公安部为主与其他部门联合颁布的涉及证据规则的规定可参见下表：

序号	名　　称	时　间
1	公安部、国家卫计委、食品药品监管总局、国家禁毒办《非药用类麻醉药品和精神药品列管办法》（公通字〔2015〕27号）	2015年9月24日
2	公安部《关于认真做好"三证合一、一照一码"登记制度改革相关工作的通知》（公法〔2015〕1197号）	2015年9月29日
3	中央政法委、财政部、最高人民法院、最高人民检察院、公安部、司法部《关于建立完善国家司法救助制度的意见（试行）》	2015年12月7日
4	食品药品监管总局、公安部、最高人民法院、最高人民检察院、国务院食品安全办《食品药品行政执法与刑事司法衔接工作办法》（食药监稽〔2015〕271号）	2015年12月22日
5	公安部《公安机关执法质量考核评议规定》	2016年1月14日
6	公安部《公安机关人民警察执法过错责任追究规定》	2016年1月14日
7	最高人民检察院、公安部、财政部《关于保护、奖励职务犯罪举报人的若干规定》	2016年4月9日
8	《公安部关于废止〈公安机关对被管制、剥夺政治权利、缓刑、假释、保外就医罪犯的监督管理规定〉的决定》（公安部令第140号）	2016年4月22日
9	"两院"与公安部《关于办理刑事案件收集提取和审查判断电子数据若干问题的规定》	2016年9月20日
10	中国银监会、公安部《电信网络新型违法犯罪案件冻结资金返还若干规定》（银监发〔2016〕41号）	2016年9月18日
11	最高人民法院、最高人民检察院、公安部、司法部《关于进一步加强社区矫正工作衔接配合管理的意见》	2016年9月22日
12	公安部《境外非政府组织代表机构登记和临时活动备案办事指南》	2016年11月28日
13	最高人民法院、最高人民检察院、公安部《关于办理电信网络诈骗等刑事案件适用法律若干问题的意见》（法发〔2016〕32号）	2016年12月19日

1. 公安部《公安机关执法质量考核评议规定》

(1) 接处警执法应当达到6个标准，其中涉及证据问题的包括：①现场取证及时、全面；②接处警记录完整、准确、规范；③按规定出具接报案回执。

(2) 办理案件应当达到11个标准，其中涉及证据问题的包括：①案件事实清楚，证据确实充分，程序合法；②调查取证合法、及时、客观、全面；③法律文书规范、完备，送达合法、及时，案卷装订、保管、移交规范。

(3) 执法监督救济应当达到5个标准，其中涉及证据问题的包括：①受理、查处涉警投诉及时、规范；②对行政诉讼案件依法出庭应诉，提出诉讼证据和答辩意见，及时执行生效判决。

(4) 执法办案场所和监管场所建设与管理应当达到7个标准，其中涉及证据问题的包括：①违法犯罪嫌疑人被带至公安机关后，直接带入办案区，无违反规定带出办案区讯问询问等情形；②违法犯罪嫌疑人进入办案区后，按照规定进行人身检查和信息采集；③在办案区内开展执法活动，有视频监控并记录，同步录音录像资料保管妥当；④办案区使用的记录、台账等完整、规范。

(5) 执法办案信息系统应用管理应当达到6个标准，其中涉及证据问题的包括：①落实网上办案要求，除案件性质和事实涉及国家秘密的以外，实现各类案件信息、主要证据材料上传信息系统，审核审批考评网上进行，案件电子卷宗自动生成；②自动生成执法办案单位及其民警的执法档案，准确记载执法办案的数量和质量；③无擅自更改或者删除执法办案信息系统中已经审核、审批通过的案件信息等情形。

(6) 具有7种情形之一的，不予扣分，其中包括：对案件基本事实的判断存在争议或者疑问，根据证据规则能够予以合理说明的。

(7) 具有6种情形之一的，年度执法质量考核评议结果应当确定为不达标，其中涉及证据问题的包括：刑讯逼供或者殴打、体罚、虐待被监管人员、涉案人员致其重伤、死亡的。被考核评议单位拒绝接受考核评议或者弄虚作假的，年度执法质量考核评议结果应当确定为不达标。

2. 公安部《公安机关人民警察执法过错责任追究规定》

本规定与证据有关的内容包括：

(1) 执法办案人、鉴定人、审核人、审批人都有故意或者过失造成执法过错的,应当根据各自对执法过错所起的作用,分别承担责任。

(2) 因鉴定人提供虚假、错误鉴定意见造成执法过错的,由鉴定人承担主要责任。

(3) 下级公安机关人民警察按照规定向上级请示的案件,因上级的决定、命令错误造成执法过错的,由上级有关责任人员承担责任。因下级故意提供虚假材料或者不如实汇报导致执法过错的,由下级有关责任人员承担责任。

(4) 具有下列情形之一的,不予追究执法过错责任:①因法律法规、司法解释发生变化,改变案件定性、处理的;②因法律规定不明确、有关司法解释不一致,致使案件定性、处理存在争议的;③因不能预见或者无法抗拒的原因致使执法过错发生的;④对案件基本事实的判断存在争议或者疑问,根据证据规则能够予以合理说明的;⑤因出现新证据而改变原结论的;⑥原结论依据的法律文书被撤销或者变更的;⑦因执法相对人的过错致使执法过错发生的。

3. "两院"与公安部《关于办理刑事案件收集提取和审查判断电子数据若干问题的规定》

(1) 基本概念。

第一,电子数据是案件发生过程中形成的,以数字化形式存储、处理、传输的,能够证明案件事实的数据。电子数据包括但不限于下列信息、电子文件:①网页、博客、微博客、朋友圈、贴吧、网盘等网络平台发布的信息;②手机短信、电子邮件、即时通信、通讯群组等网络应用服务的通信信息;③用户注册信息、身份认证信息、电子交易记录、通信记录、登录日志等信息;④文档、图片、音视频、数字证书、计算机程序等电子文件。以数字化形式记载的证人证言、被害人陈述以及犯罪嫌疑人、被告人供述和辩解等证据,不属于电子数据。确有必要的,对相关证据的收集、提取、移送、审查,可以参照适用本规定。

第二,侦查机关应当遵守法定程序,遵循有关技术标准,全面、客观、及时地收集、提取电子数据;人民检察院、人民法院应当围绕真实性、合法性、关联性审查判断电子数据。

第三,人民法院、人民检察院和公安机关有权依法向有关单位和个人收集、调取电子数据。有关单位和个人应当如实提供。

第四,对作为证据使用的电子数据,应当采取以下一种或者几种方法保护电子数据的完整性：①扣押、封存电子数据原始存储介质；②计算电子数据完整性校验值；③制作、封存电子数据备份；④冻结电子数据；⑤对收集、提取电子数据的相关活动进行录像；⑥其他保护电子数据完整性的方法。

第五，初查过程中收集、提取的电子数据，以及通过网络在线提取的电子数据，可以作为证据使用。

（2）电子数据的收集与提取。

第一，收集、提取电子数据，应当由二名以上侦查人员进行。取证方法应当符合相关技术标准。

第二，收集、提取电子数据，能够扣押电子数据原始存储介质的，应当扣押、封存原始存储介质，并制作笔录，记录原始存储介质的封存状态。封存电子数据原始存储介质，应当保证在不解除封存状态的情况下，无法增加、删除、修改电子数据。封存前后应当拍摄被封存原始存储介质的照片，清晰反映封口或者张贴封条处的状况。封存手机等具有无线通信功能的存储介质，应当采取信号屏蔽、信号阻断或者切断电源等措施。

第三，具有下列情形之一，无法扣押原始存储介质的，可以提取电子数据，但应当在笔录中注明不能扣押原始存储介质的原因、原始存储介质的存放地点或者电子数据的来源等情况，并计算电子数据的完整性校验值：①原始存储介质不便封存的；②提取计算机内存数据、网络传输数据等不是存储在存储介质上的电子数据的；③原始存储介质位于境外的；④对于原始存储介质位于境外或者远程计算机信息系统上的电子数据，可以通过网络在线提取。为进一步查明有关情况，必要时，可以对远程计算机信息系统进行网络远程勘验。进行网络远程勘验，需要采取技术侦查措施的，应当依法经过严格的批准手续。

第四，由于客观原因无法或者不宜依据第8~9条的规定收集、提取电子数据的，可以采取打印、拍照或者录像等方式固定相关证据，并在笔录中说明原因。

第五，具有下列情形之一的，经县级以上公安机关负责人或者检察长批准，可以对电子数据进行冻结：①数据量大，无法或者不便提取的；②提取时间长，可能造成电子数据被篡改或者灭失的；③通过网络应用可以更为直观地展示电子数据的；④其他需要冻结的情形。

第六，冻结电子数据，应当制作协助冻结通知书，注明冻结电子数据的网络应用账号等信息,送交电子数据持有人、网络服务提供者或者有关部门协助办理。冻结电子数据,应当采取以下一种或者几种方法:①计算电子数据的完整性校验值;②锁定网络应用账号;③其他防止增加、删除、修改电子数据的措施。

第七,调取电子数据,应当制作调取证据通知书,注明需要调取电子数据的相关信息,通知电子数据持有人、网络服务提供者或者有关部门执行。

第八,收集、提取电子数据,应当制作笔录,记录案由、对象、内容、收集、提取电子数据的时间、地点、方法、过程,并附电子数据清单,注明类别、文件格式、完整性校验值等,由侦查人员、电子数据持有人(提供人)签名或者盖章;电子数据持有人(提供人)无法签名或者拒绝签名的,应当在笔录中注明,由见证人签名或者盖章。有条件的,应当对相关活动进行录像。

第九,收集、提取电子数据,应当根据刑事诉讼法的规定,由符合条件的人员担任见证人。由于客观原因无法由符合条件的人员担任见证人的,应当在笔录中注明情况,并对相关活动进行录像。针对同一现场多个计算机信息系统收集、提取电子数据的,可以由一名见证人见证。

第十,对扣押的原始存储介质或者提取的电子数据,可以通过恢复、破解、统计、关联、比对等方式进行检查。必要时,可以进行侦查实验。

电子数据检查,应当对电子数据存储介质拆封过程进行录像,并将电子数据存储介质通过写保护设备接入到检查设备进行检查;有条件的,应当制作电子数据备份,对备份进行检查;无法使用写保护设备且无法制作备份的,应当注明原因,并对相关活动进行录像。

电子数据检查应当制作笔录,注明检查方法、过程和结果,由有关人员签名或者盖章。进行侦查实验的,应当制作侦查实验笔录,注明侦查实验的条件、经过和结果,由参加实验的人员签名或者盖章。

第十一,对电子数据涉及的专门性问题难以确定的,由司法鉴定机构出具鉴定意见,或者由公安部指定的机构出具报告。对于人民检察院直接受理的案件,也可以由最高人民检察院指定的机构出具报告。具体办法由公安部、最高人民检察院分别制定。

(3)电子数据的移送与展示。

第一,收集、提取的原始存储介质或者电子数据,应当以封存状态随案移送，并制作电子数据的备份一并移送。对网页、文档、图片等可以直接展示的电子数据，可以不随案移送打印件；人民法院、人民检察院因设备等条件限制无法直接展示电子数据的，侦查机关应当随案移送打印件，或者附展示工具和展示方法说明。对冻结的电子数据，应当移送被冻结电子数据的清单，注明类别、文件格式、冻结主体、证据要点、相关网络应用账号，并附查看工具和方法的说明。

第二，对侵入、非法控制计算机信息系统的程序、工具以及计算机病毒等无法直接展示的电子数据，应当附电子数据属性、功能等情况的说明。对数据统计量、数据同一性等问题，侦查机关应当出具说明。

第三，公安机关报请人民检察院审查批准逮捕犯罪嫌疑人，或者对侦查终结的案件移送人民检察院审查起诉的，应当将电子数据等证据一并移送人民检察院。人民检察院在审查批准逮捕和审查起诉过程中发现应当移送的电子数据没有移送或者移送的电子数据不符合相关要求的，应当通知公安机关补充移送或者进行补正。

第四，对于提起公诉的案件，人民法院发现应当移送的电子数据没有移送或者移送的电子数据不符合相关要求的，应当通知人民检察院。公安机关、人民检察院应当自收到通知后3日内移送电子数据或者补充有关材料。

第五，控辩双方向法庭提交的电子数据需要展示的，可以根据电子数据的具体类型，借助多媒体设备出示、播放或者演示。必要时，可以聘请具有专门知识的人进行操作，并就相关技术问题作出说明。

(4) 电子数据的审查与判断。

第一，对电子数据是否真实，应当着重审查以下内容：①是否移送原始存储介质；在原始存储介质无法封存、不便移动时，有无说明原因，并注明收集、提取过程及原始存储介质的存放地点或者电子数据的来源等情况；②电子数据是否具有数字签名、数字证书等特殊标识；③电子数据的收集、提取过程是否可以重现；④电子数据如有增加、删除、修改等情形的，是否附有说明；⑤电子数据的完整性是否可以保证。

第二，对电子数据是否完整，应当根据保护电子数据完整性的相应方法进行验证：①审查原始存储介质的扣押、封存状态；②审查电子数据的收集、提取过程，查看录像；③比对电子数据完整性校验值；④与备份的电子数据进行比较；⑤审查冻结后的访问操作日志；⑥其他方法。

第三，对收集、提取电子数据是否合法，应当着重审查以下内容：①收集、提取电子数据是否由二名以上侦查人员进行，取证方法是否符合相关技术标准；②收集、提取电子数据，是否附有笔录、清单，并经侦查人员、电子数据持有人（提供人）、见证人签名或者盖章；没有持有人（提供人）签名或者盖章的，是否注明原因；对电子数据的类别、文件格式等是否注明清楚；③是否依照有关规定由符合条件的人员担任见证人，是否对相关活动进行录像；④电子数据检查是否将电子数据存储介质通过写保护设备接入到检查设备；有条件的，是否制作电子数据备份，并对备份进行检查；无法制作备份且无法使用写保护设备的，是否附有录像。

第四，认定犯罪嫌疑人、被告人的网络身份与现实身份的同一性，可以通过核查相关 IP 地址、网络活动记录、上网终端归属、相关证人证言以及犯罪嫌疑人、被告人供述和辩解等进行综合判断。

第五，认定犯罪嫌疑人、被告人与存储介质的关联性，可以通过核查相关证人证言以及犯罪嫌疑人、被告人供述和辩解等进行综合判断。

第六，公诉人、当事人或者辩护人、诉讼代理人对电子数据鉴定意见有异议，可以申请人民法院通知鉴定人出庭作证。人民法院认为鉴定人有必要出庭的，鉴定人应当出庭作证。经人民法院通知，鉴定人拒不出庭作证的，鉴定意见不得作为定案的根据。对没有正当理由拒不出庭作证的鉴定人，人民法院应当通报司法行政机关或者有关部门。

第七，公诉人、当事人或者辩护人、诉讼代理人可以申请法庭通知有专门知识的人出庭，就鉴定意见提出意见。

第八，电子数据的收集、提取程序有下列瑕疵，经补正或者作出合理解释的，可以采用；不能补正或者作出合理解释的，不得作为定案的根据：①未以封存状态移送的；②笔录或者清单上没有侦查人员、电子数据持有人（提供人）、见证人签名或者盖章的；③对电子数据的名称、类别、格式等注明不清的；④有其他瑕疵的。

第九，电子数据具有下列情形之一的，不得作为定案的根据：①电子数据系篡改、伪造或者无法确定真伪的；②电子数据有增加、删除、修改等情形，影响电子数据真实性的；③其他无法保证电子数据真实性的情形。

三、司法鉴定制度建设综述

（一）人民法院司法技术管理工作制度建设

1. 部署落实鉴定人出庭制度

2015年2月4日，最高人民法院发布《关于全面深化人民法院改革的意见——人民法院第四个五年改革纲要（2014~2018）》[1]，其中，第10条规定，全面贯彻证据裁判原则。强化庭审中心意识，落实直接言词原则，严格落实证人、鉴定人出庭制度，发挥庭审对侦查、起诉程序的制约和引导作用。第14条规定，完善民事诉讼证明规则。强化民事诉讼证明中当事人的主导地位，依法确定当事人证明责任。明确人民法院依职权调查收集证据的条件、范围和程序。严格落实证人、鉴定人出庭制度。

2. 规范了鉴定相关事项特别报告制度

2015年8月19日，最高人民法院印发《人民法院落实〈领导干部干预司法活动、插手具体案件处理的记录、通报和责任追究规定〉的实施办法》[2]，其中，第7条规定，人民法院报送外部过问案件情况时，应当将领导干部的下述行为列为特别报告事项：……⑧要求人民法院选择特定鉴定机构、资产评估机构、拍卖机构或者破产企业资产管理人的。

3. 规范了涉外商事海事案件鉴定程序

2015年7月14日，最高人民法院发布《关于全面推进涉外商事海事审判精品战略为构建开放型经济体制和建设海洋强国提供有力司法保障的意见》[3]。该《意见》明确规定要确立庭审中心主义，对于当事人调查、收集证据或进行鉴定的申请，应当按照相关法律、司法解释的规定及时回应。

4. 规范了涉及鉴定的司法责任制

2015年9月21日，最高人民法院发布《关于完善人民法院司法责任制的若干意见》，[4]其中，第16条规定，合议庭审理案件时，承办法官应当履行以下审判职责：……②就当事人提出的管辖权异议及保全、司法鉴定、非法

---

[1] 法发〔2015〕3号。
[2] 法发〔2015〕10号，自2015年8月20日起施行。
[3] 法〔2015〕205号。
[4] 法发〔2015〕13号。

证据排除申请等提请合议庭评议;第19条规定,法官助理在法官的指导下履行以下职责:……④受法官指派,办理委托鉴定、评估等工作。

5. 规范了网络司法拍卖工作制度

2015年12月24日,最高人民法院发布《关于加强和规范人民法院网络司法拍卖工作的意见》[1],该《意见》指出网络司法拍卖工作是人民法院依照法律规定,在互联网平台上公开拍卖诉讼资产的司法行为,是执行工作的重要组成部分。加强和规范人民法院网络司法拍卖工作,是公开司法、司法为民的本质要求,是保障当事人合法权益、实现诉讼资产价值最大化的有效途径,是全面深化人民法院改革的重要内容,是提高人民法院司法公信力的重要举措,要切实抓紧抓好。进一步明确职责,实行归口管理。网络司法拍卖工作坚持执行与拍卖相分离的原则,最高人民法院司法行政装备管理局司法辅助工作办公室负责指导全国法院网络司法拍卖工作。地方各级人民法院司法技术辅助工作部门负责网络司法拍卖工作。

6. 2015年度司法技术工作情况统计

2015年3月18日,最高人民法院发布《人民法院工作年度报告(2014)》(白皮书),其中显示,2014年度全国法院共办理鉴定、审计、评估、拍卖等对外委托案件约37万余件。

7. 规范了鉴定人与专家辅助人出席法庭方式

2016年4月13日,最高人民法院发布修订后的《人民法院法庭规则》[2],其中,第4条规定,刑事法庭可以配置同步视频作证室,供依法应当保护或其他确有保护必要的证人、鉴定人、被害人在庭审作证时使用。第9条第3款规定,证人、鉴定人以及准备出庭提出意见的有专门知识的人,不得旁听。

8. 规范了特邀调解员回避制度

2016年6月28日,最高人民法院发布《关于人民法院特邀调解的规定》[3],其中,第16条规定,特邀调解员不得在后续的诉讼程序中担任该案的人民陪审员、诉讼代理人、证人、鉴定人以及翻译人员等。

---

[1] 法〔2015〕384号,自2016年1月1日起执行。
[2] 法释〔2016〕7号,自2016年5月1日起施行。最高人民法院此前发布的司法解释及规范性文件与本规则不一致的,以本规则为准。
[3] 法释〔2016〕14号,自2016年7月1日起施行。

9. 规范了鉴定人司法救助制度

2016年7月1日，最高人民法院发布《关于加强和规范人民法院国家司法救助工作的意见》[1]，其中，第3条规定，当事人因生活面临急迫困难提出国家司法救助申请，符合下列情形之一的，应当予以救助：……⑤举报人、证人、鉴定人因举报、作证、鉴定受到打击报复，致使其人身受到伤害或财产受到重大损失，无法通过诉讼获得赔偿，陷入生活困难的。

10. 规范了网络司法拍卖涉及的鉴定委托程序

2016年8月2日，最高人民法院发布《关于人民法院网络司法拍卖若干问题的规定》[2]，其中，第7条中规定，实施网络司法拍卖的，人民法院可以将下列拍卖辅助工作委托社会机构或者组织承担：……③拍卖财产的鉴定、检验、评估、审计、仓储、保管、运输等。

11. 规范了对鉴定人姓名进行隐名处理措施

2016年8月29日，最高人民法院发布修订后的《关于人民法院在互联网公布裁判文书的规定》[3]，其中，第8条规定，人民法院在互联网公布裁判文书时，应当对下列人员的姓名进行隐名处理：……②刑事案件被害人及其法定代理人、附带民事诉讼原告人及其法定代理人、证人、鉴定人。

12. 创新了鉴定人作证方式与鉴定委托责任主体

2016年9月12日，最高人民法院发布《关于进一步推进案件繁简分流优化司法资源配置的若干意见》[4]，其中，第10条规定，创新开庭方式。对于适用简易程序审理的民事、刑事案件，经当事人同意，可以采用远程视频方式开庭。证人、鉴定人、被害人可以使用视听传输技术或者同步视频作证室等作证。第19条规定，推进审判辅助事务集中管理。根据审判实际需要，在诉讼服务中心或者审判业务等部门安排专门的审判辅助人员，集中负责送达、排期开庭、保全、鉴定评估、文书上网等审判辅助事务。

---

[1] 法发〔2016〕16号。
[2] 法释〔2016〕18号，自2017年1月1日起施行。施行前最高人民法院公布的司法解释和规范性文件与本规定不一致的，以本规定为准。
[3] 法释〔2016〕19号，自2016年10月1日起施行。最高人民法院以前发布的司法解释和规范性文件与本规定不一致的，以本规定为准。
[4] 法发〔2016〕21号。

13. 规范了产权司法保护鉴定程序

2016年11月28日，最高人民法院发布《关于充分发挥审判职能作用切实加强产权司法保护的意见》[1]，其中，第8条中规定，按照公开公正和规范高效的要求，严格执行、不断完善涉案财物保管、鉴定、估价、拍卖、变卖制度。

14. 规范了民事诉讼重新鉴定审查程序

2016年11月30日，最高人民法院发布《第八次全国法院民事商事审判工作会议（民事部分）纪要》[2]，其中第35条规定，当事人对鉴定人作出的鉴定意见的一部分提出异议并申请重新鉴定的，应当着重审查异议是否成立；如异议成立，原则上仅针对异议部分重新鉴定或者补充鉴定，并尽量缩减鉴定的范围和次数。

（二）人民检察院司法鉴定工作制度建设

1. 部署完善鉴定人出庭制度

2015年2月15日，最高人民检察院发布修订后的《关于深化检察改革的意见（2013~2017年工作规划）》[3]，其中，第23条规定，适应以审判为中心的诉讼制度改革，全面贯彻证据裁判规则。严格规范取证程序，依法收集、固定、保存、审查、运用证据，配合有关部门完善证人、鉴定人出庭制度，举证、质证、认定证据标准，健全落实罪刑法定、疑罪从无、非法证据排除的法律制度。

2. 规范了涉案财物管理制度

2015年3月6日，最高人民检察院发布《人民检察院刑事诉讼涉案财物管理规定》[4]，其中，与司法鉴定相关的内容主要包括：

（1）移送审查。第11条规定，案件管理部门接收人民检察院办案部门移送的涉案财物或者清单时，应当审查是否符合下列要求：……④移送的外币、金银珠宝、文物、名贵字画以及其他不易辨别真伪的贵重物品，已经依照《人民检察院刑事诉讼规则（试行）》有关扣押的规定予以密封，检察人员、

---

[1] 法发〔2016〕27号。
[2] 载《人民法院报》2015年12月1日，第3版。
[3] 高检发〔2015〕5号。
[4] 高检发〔2015〕6号，自公布之日起施行。最高人民检察院2010年5月9日公布的《人民检察院扣押、冻结涉案款物工作规定》同时废止。

见证人和被扣押物品持有人在密封材料上签名或者盖章,经过鉴定的,附有鉴定意见复印件。

(2) 设备配置。第20条规定,涉案物品专用保管场所应当符合下列防火、防盗、防潮、防尘等要求:……④配备必要的计量、鉴定、辨认等设备设施。

(3) 鉴定费用。第36条规定,对涉案财物的保管、鉴定、估价、公告等支付的费用,列入人民检察院办案(业务)经费,不得向当事人收取。

3. 规范了涉及鉴定的司法责任制

2015年9月25日,最高人民检察院发布《关于完善人民检察院司法责任制的若干意见》[1],其中,第17条规定,检察官依照法律规定和检察长委托履行职责。下列办案事项应当由检察官亲自承担:……②对重大案件组织现场勘验、检查,组织实施搜查,组织实施查封、扣押物证、书证,决定进行鉴定。

4. 规范了涉及鉴定的出庭公诉工作措施

2015年6月15日,最高人民检察院发布《关于加强出庭公诉工作的意见》[2],其中,与司法鉴定相关的内容主要包括:

(1) 庭前证据审查。第4条规定,加强庭前审查。高度重视对物证、书证等客观性证据的审查和运用,掌握司法会计、法医、精神病、痕迹检验等鉴定意见以及电子证据相关的专业性知识和审查判断方法。

(2) 庭前会议准备。第5条规定,有效运用庭前会议解决争议。对需要召开庭前会议提请解决的案件管辖、回避、庭审方案和出庭证人、鉴定人、有专门知识的人、侦查人员的名单等与审判相关的问题,公诉人要提前准备好意见。

(3) 庭前预测准备。第6条规定,加强庭前预测和应对准备。对申请关键证人、被害人、鉴定人、侦查人员出庭作证的,庭前充分沟通,介绍庭审程序、法庭纪律和有关法律知识,并进行必要的心理疏导,确保出庭作证顺利和良好庭审效果。

(4) 业务实训。第21条规定,完善公诉人出庭实训机制。选择优秀公诉

---

[1] 高检发〔2015〕10号。
[2] 高检发诉字〔2015〕5号。

人示范庭，有证人、鉴定人、侦查人员和有专门知识的人出庭案件，新类型、重大疑难复杂等案件的庭审，组织庭审观摩。

5. 规范了涉及鉴定的违法行为处理制度

2015 年 12 月 15 日，最高人民检察院发布《关于对检察机关办案部门和办案人员违法行使职权行为纠正、记录、通报及责任追究的规定》[1]，其中，第 4 条规定，违法行使职权行为是指以下情形：……⑧隐匿、毁弃、伪造证据，违背事实作出勘验、检查笔录、鉴定意见，包庇、放纵被举报人、犯罪嫌疑人、被告人，或者使无罪的人受到刑事追究的；……⑩具有法定回避情形而不回避的。

6. 规范了公益诉讼中鉴定等证据调查核实制度

2015 年 12 月 24 日，最高人民检察院发布《人民检察院提起公益诉讼试点工作实施办法》[2]，其中，第 6 条第 1 款规定，人民检察院可以采取以下方式调查核实污染环境、侵害众多消费者合法权益等违法行为、损害后果涉及的相关证据及有关情况：……⑤委托鉴定、评估、审计；⑥勘验物证、现场；⑦其他必要的调查方式。第 33 条第 1 款规定，人民检察院可以采取以下方式调查核实有关行政机关违法行使职权或者不作为的相关证据及有关情况：……⑤委托鉴定、评估、审计；⑥勘验物证、现场；⑦其他必要的调查方式。

7. 规范了行政诉讼监督鉴定程序

2016 年 3 月 22 日，最高人民检察院发布《人民检察院行政诉讼监督规则（试行）》[3]，其中，第 12 条规定，人民检察院受理当事人申请监督的案件，应当在 3 个月内审查终结并作出决定，但调卷、鉴定、评估、审计期间不计入审查期限。有特殊情况需要延长的，由本院检察长批准。

8. 规范了强制医疗检察程序

2016 年 6 月 2 日，最高人民检察院发布《人民检察院强制医疗执行检察办法（试行）》[4]，其中，第 8 条规定，交付执行检察的方法：①赴现场进

---

[1] 高检发〔2015〕16 号，自发布之日起施行。
[2] 高检发释字〔2015〕6 号，本办法自发布之日起施行。本院之前发布的司法解释和规范性文件，与本办法规定不一致的，适用本办法。
[3] 自发布之日起施行。本院之前公布的其他有关行政诉讼监督的规定与本规则内容不一致的，以本规则为准。
[4] 高检发执检字〔2016〕9 号，自发布之日起试行。

行实地检察；②审查强制医疗决定书、强制医疗执行通知书、证明被强制医疗人无刑事责任能力的鉴定意见书等相关法律文书等。第12条中规定，人民检察院发现强制医疗机构有下列情形之一的，应当依法及时提出纠正意见：……⑥没有依照规定定期对被强制医疗人进行诊断评估的。

9. 部署了"科技强检"规划

2016年7月7日，最高人民检察院发布《关于充分发挥检察职能依法保障和促进科技创新的意见》[1]，其中，第12条规定，培养、选拔专家型人才和业务骨干从事涉及科技创新案件的办理工作。探索利用大数据分析等技术手段，提高互联网条件下电子证据的收集、固定和综合运用能力。探索建立知识产权专家库，建立健全专家证人、专家咨询、技术鉴定等案件办理机制，完善有专门知识的人出庭作证制度，为办案提供智力支持。

10. 规范了鉴定人司法救助程序

2016年8月16日，最高人民检察院发布《人民检察院国家司法救助工作细则（试行）》[2]，其中，第7条中规定，救助申请人符合下列情形之一的，人民检察院应当予以救助：……⑤举报人、证人、鉴定人因向检察机关举报、作证或者接受检察机关委托进行司法鉴定而受到打击报复，致使人身受到伤害或者财产受到重大损失，无法通过诉讼获得赔偿，造成生活困难的。第16条中规定，向人民检察院申请国家司法救助，应当提交下列材料：……③实际损害结果证明，包括被害人伤情鉴定意见、医疗诊断结论及医疗费用单据或者死亡证明，受不法侵害所致财产损失情况。

（三）公安机关司法鉴定工作制度建设

1. 废止了部分公共安全行业标准

2015年4月19日，公安部发布《关于废止12项公共安全行业标准的公告》，其中，与司法鉴定相关的共7项：GA/T 825-2009《电子物证数据搜索检验技术规范》、GA/T 826-2009《电子物证数据恢复检验技术规范》、GA/T 827-2009《电子物证文件一致性检验技术规范》、GA/T 853-2009《痕迹勘查箱通用配置要求》、GA 49-2009《强制道路交通事故现场图绘制》、GA/T 832-2009《道路交通安全违法行为图像取证技术规范》、GA/T 800-2008

---

[1] 高检发〔2016〕9号。
[2] 高检发刑申字〔2016〕1号，自发布之日起试行。

《人身损害护理依赖程度评定》。

2. 对认定吸食甲基苯丙胺违法行为作出规范

2015年5月12日，公安部发布《关于根据实验室检测结论认定吸食甲基苯丙胺违法行为有关意见的批复》[1]：

（1）目前，国家食品药品监督管理总局未批准甲基苯丙胺作为药品上市，通过实验室检测特定目标物认定吸食甲基苯丙胺是科学的、可行的。

（2）甲基苯丙胺摄入人体后，部分以原体形式从尿液中排出，吸食甲基苯丙胺的人员尿液中可检出甲基苯丙胺，但由于个别药物在人体中代谢也可产生甲基苯丙胺，因此，在排除被检测人服用相关药物（如治疗帕金森病的处方药司来吉兰）的前提下，方可认定其摄入甲基苯丙胺。实验室检测结果只能确认被检测人体内摄入了毒品，其主动吸食行为是否成立，还应当结合实际查处情况，排除诱骗、强迫等被动摄入现象。

（3）实验室检测机构和人员应具备相关鉴定资质，其机构和人员均应当在公安或司法机关核准登记，同时其机构登记开展的鉴定项目应当包括对人体生物样本（如尿液、血液、唾液、毛发或其他体液中至少一种）中甲基苯丙胺的定性检验。检测机构和人员在对特定目标物甲基苯丙胺进行检测时，应当严格遵守行业或部门技术标准、技术规范或者已获国家实验室认可的方法，以保证检测结果的科学性和合法性。

3. 规范了涉案财物管理制度

2015年7月22日，公安部发布《公安机关涉案财物管理若干规定》[2]，其中，与司法鉴定相关的内容主要包括：

（1）鉴定费用。第7条规定，公安机关对涉案财物进行保管、鉴定、估价、公告等，不得向当事人收取费用。

（2）及时鉴定。第11条第4款规定，依法对文物、金银、珠宝、名贵字画等贵重财物采取查封、扣押、扣留等措施的，应当拍照或者录像，并及时鉴定、估价；必要时，可以实行双人保管。第13条第1款规定，因情况紧

---

[1] 公复字〔2015〕1号，对江苏省公安厅《关于以人体生物样本实验室检测结论作为认定吸毒违法行为直接证据的请示》（苏公通〔2015〕8号）作出批复。

[2] 公通字〔2015〕21号，自2015年9月1日起施行。2010年11月4日印发的《公安机关涉案财物管理若干规定》（公通字〔2010〕57号）同时废止。公安部此前制定的有关涉案财物管理的规范性文件与本规定不一致的，以本规定为准。

急,需要在提取后的 24 小时以内开展鉴定、辨认、检验、检查等工作的,经办案部门负责人批准,可以在上述工作完成后的 24 小时以内将涉案财物移交涉案财物管理人员,并办理移交手续。

(3) 涉案财物调用与报告。第 15 条第 1 款规定,因讯问、询问、鉴定、辨认、检验、检查等办案工作需要,经办案部门负责人批准,办案人员可以向涉案财物管理人员调用涉案财物。第 16 条第 1 款规定,调用人应当妥善保管和使用涉案财物。调用人归还涉案财物时,涉案财物管理人员应当进行检查、核对。对于有损毁、短少、调换、灭失等情况的,涉案财物管理人员应当如实记录,并报告调用人所属部门负责人和涉案财物管理部门负责人。因鉴定取样等事由导致涉案财物出现合理损耗的,不需要报告,但调用人应当向涉案财物管理人员提供相应证明材料和书面说明。

4. 司法鉴定技术标准建设取得新进展

2015 年度,公安部批准发布的与司法鉴定相关的公共安全行业推荐性标准共 10 项。具体为:GA/T 1238－2015《法庭科学 DFO 显现手印技术规范》、GA/T 1240－2015《法庭科学碘熏显现手印技术规范》、GA/T 1243－2015《法庭科学光学检验手印技术规范》、GA/T 1241－2015《法庭科学四甲基联苯胺显现血手印技术规范》、GA/T 1242－2015《法庭科学硝酸银显现手印技术规范》、GA/T 1239－2015《法庭科学茚三酮显现手印技术规范》、GA/T 1249－2015《火灾现场照相规则》、GA/T 1272－2015《公安机关道路交通事故鉴定机构建设规范》、GA/T 1270－2015《火灾事故技术调查工作规则》、GA/T 1276－2015《道路交通事故被困人员解救行动指南》。

2016 年度,公安部共批准发布与司法鉴定相关的公共安全行业强制性标准 2 项、推荐性标准 19 项。2 项公共安全行业强制性标准为:GA 1301－2016《火灾原因认定规则》、GA 1334－2016《管制刀具分类与安全要求》。19 项公共安全行业推荐性标准为:GA/T 1310－2016《法庭科学笔迹鉴定意见规范》、GA/T 1311－2016《法庭科学印章印文鉴定意见规范》、GA/T 1312－2016《法庭科学添改文件检验技术规程》、GA/T 1313－2016《法庭科学正常笔迹检验技术规程》、GA/T 1314－2016《法庭科学纸张纤维组成的检验规范》、GA/T 1315－2016《法庭科学笔迹特征的分类规范》、GA/T 1316－2016《法庭科学毛发、血液中氯胺酮气相色谱和气相色谱－质谱检验方法》、GA/T 1318－2016《法庭科学吸毒人员尿液中吗啡和单乙酰吗啡气相色谱和气相色谱-质谱检验方法》、GA/T 1319-2016《法庭科学吸毒人员尿液中苯丙胺等四种苯丙胺类毒品气相色谱和气相色谱-质谱检验方法》、GA/T 1320-2016《法庭科学血液、尿液中氟离子气相色谱-质谱检验方法》、GA/T 1321-2016《法庭科学生物体液中哌替啶及其代谢物气相色谱和气相色谱-质谱检验方法》、GA/T 1322-2016《法庭科学血液中地西泮等十种苯骈二氮杂卓类药物气相色谱-质谱检验方法》、GA/T 1327-2016《法庭科学生物检材中唑吡坦气相色谱、气相色谱-质谱和液相色谱-串联质谱检验方法》、GA/T 1328-2016《法庭科学生物检材中卡马西平气相色谱和气相色谱-质谱检验方法》、GA/T 1329-2016《法庭科学吸毒人员尿液中氯胺酮气相色谱和气相色谱-质谱检验方法》、GA/T 1330-2016《法庭科学吸毒人员尿液中四氢大麻酚和四氢大麻酸气相色谱-质谱检验方法》、GA/T 1331-2016《法庭科学血液中阿维菌素B1a液相色谱-串联质谱检验方法》、GA/T 1332-2016《法庭科学血液中甲草胺等五种酰胺类除草剂气相色谱-质谱检验方法》、GA/T 1335-2016《日用刀具分类与安全要求》。

5. 规范了驾驶证申请相关事项调查核实制度

2016年3月21日，公安部发布修订后的《机动车驾驶证业务工作规范》[1]，其中，第59条中规定，车辆管理所在办理机动车驾驶证业务过程中，对申请人的申请条件、提交的材料和申告的事项有疑义的或者申请人提出异议的，按照下列程序进行调查核实：……⑤对申请人的身体条件是否适合驾驶机动车有疑义的，向省级卫生主管部门指定的医疗机构进行核查。⑥对申请人有精神病嫌疑的，应当委托精神病司法鉴定机构进行鉴定；对有其他妨碍安全驾驶疾病嫌疑的，应由省级卫生主管部门指定的医疗机构进行诊断。⑦对申请人吸毒行为记录、戒毒治疗记录有疑义的，委托机动车驾驶证核发地或者转入地公安机关禁毒部门进行核查。……嫌疑情况调查处理完毕，应当将核查、鉴定、检测证明，调查报告、询问笔录、法律文书等材料整理、装订后建立档案。

---

[1] 公交管〔2016〕136号，自2016年4月1日起施行。《机动车驾驶证业务工作规范》（公交管〔2012〕332号）同时废止。

6. 规范了毒品管理制度

2016年5月19日，公安部发布《公安机关缴获毒品管理规定》[1]，其中，与司法鉴定相关的内容主要包括：

（1）临时保管。第6条规定，公安机关鉴定机构负责临时保管鉴定剩余的毒品检材和留存备查的毒品检材。对不再需要保留的毒品检材，公安机关鉴定机构应当及时交还委托鉴定的办案部门或者移交同级公安机关禁毒部门。

（2）回避。第8条第1款规定，办案部门应当指定不承担办案或者鉴定工作的民警负责本部门毒品的接收、保管、移交等管理工作。

（3）送检。第13条第3款规定，需要将毒品送至鉴定机构进行取样、鉴定的，经办案部门负责人批准，办案人员可以在送检完成后的24小时以内办理移交手续。

（4）移交。第17条第1款规定，公安机关指定涉案财物管理部门负责保管毒品的，禁毒部门应当及时将本部门缴获的毒品和其他办案部门、鉴定机构移交的毒品移交同级涉案财物管理部门。第18条第1款规定，毒品保管人员对本部门办案人员或者其他办案部门、鉴定机构移交的毒品，应当当场检查毒品及其包装物的封装是否完好以及封装袋上的标记、编号、签名等是否清晰、完整，并对照有关法律文书对移交的毒品逐一查验、核对。

（5）调用。第19条第1款规定，因讯问、询问、鉴定、辨认、检验等办案工作需要，经本条第2款规定的负责人审批，办案人员可以调用毒品。第20条第3款规定，调用人归还毒品时，毒品保管人员应当对照批准文件进行核对，检查包装，复称重量；必要时，可以进行检验或者鉴定。经核对、检查无误，毒品保管人员应当重新办理毒品入库手续。

（6）损耗证明。第20条第4款规定，对出现缺损、调换、灭失等情况的，毒品保管人员应当如实记录，并报告调用人所属部门；毒品在调用过程中出现分解、潮解等情况的，调用人应当作出书面说明；因鉴定取样、实验研究等情况导致调用毒品发生合理损耗的，调用人应当提供相应的证明材料。

7. 规范了涉嫌犯罪案件证据移送检查制度

2016年6月16日，公安部发布《公安机关受理行政执法机关移送涉嫌犯

---

[1]　公禁毒〔2016〕486号，自2016年7月1日起施行。2001年8月23日印发的《公安机关缴获毒品管理规定》（公禁毒〔2001〕218号）同时废止。

罪案件规定》[1]，其中，第 2 条第 1 款规定，对行政执法机关移送的涉嫌犯罪案件，公安机关应当接受，及时录入执法办案信息系统，并检查是否附有下列材料：……④附有鉴定机构和鉴定人资质证明或者其他证明文件的检验报告或者鉴定意见；⑤现场照片、询问笔录、电子数据、视听资料、认定意见、责令整改通知书等其他与案件有关的证据材料。

8. 规范了公安派出所出具死亡证明制度

2016 年 8 月 3 日，公安部、发展改革委、教育部、工业和信息化部、国家民委、民政部、司法部、人力资源社会保障部、国土资源部、住房城乡建设部、卫生计生委、人民银行发布《关于改进和规范公安派出所出具证明工作的意见》[2]，其中规定，公安部门依法处置的非正常死亡案（事）件（经医疗卫生机构救治的除外），需要开具证明的，公安派出所应当依据相关公安部门调查和检验鉴定结果出具。

9. 规范了吸毒检测程序

2016 年 12 月 16 日，公安部发布修订后的《吸毒检测程序规定》[3]，对法律依据、检测样本种类、检材保存期限、检测报告出具时限、检测费承担主体等作出了调整和新规范。

(四) 司法行政机关登记管理与备案登记的司法鉴定工作制度建设

1. 司法鉴定技术规范建设取得新进展

2015 年 11 月 20 日，司法部办公厅发布《关于推荐适用〈法医学虚拟解剖操作规程〉等 28 项司法鉴定技术规范的通知》[4]，推荐适用的 28 项司法鉴定技术规范具体包括：《法医学虚拟解剖操作规程》SF/ZJD0101003 - 2015、《法医学尸体解剖规范》SF/ZJD0101002 - 2015、《亲子鉴定文书规范》SF/ZJD0105004 - 2015、《生物学祖孙关系鉴定规范》SF/ZJD0105005 - 2015、《法医 SNP 分型与应用规范》SF/ZJD0105003 - 2015、《人身损害后续诊疗项目评定指南》SF/ZJD0103008 - 2015、《血液和尿液中 108 种毒（药）物的气相色谱 - 质谱检验方法》SF/ZJD0107014 - 2015、《血液中 45 种有毒生物碱成分的液相色谱 - 串联质谱检验方法》SF/ZJD0107015 - 2015、《毛发中可卡因及其

---

[1] 公通字〔2016〕16 号，自发布之日起实施。
[2] 公通字〔2016〕21 号，自 2016 年 9 月 1 日起施行。
[3] 公安部令第 141 号。
[4] 司办通〔2015〕65 号。

代谢物苯甲酰爱康宁的液相色谱-串联质谱检验方法》SF/ZJD0107016-2015、《生物检材中 32 种元素的测定电感耦合等离子体质谱法》SF/ZJD0107017-2015、《激光显微拉曼光谱法检验墨水》SF/ZJD0203002-2015、《文件制作时间鉴定通用术语》SF/ZJD0201010-2015、《印章印文形成时间物理检验规范》SF/ZJD0201013-2015、《打印文件形成时间物理检验规范》SF/ZJD0201011-2015、《静电复印文件形成时间物理检验规范》SF/ZJD0201012-2015、《多光谱视频文件检验仪检验规程》SF/ZJD0201014-2015、《文件上可见指印鉴定技术规范》SF/ZJD0202001-2015、《录音设备鉴定技术规范》SF/ZJD0301002-2015、《音像制品同源性鉴定技术规范》SF/ZJD0300002-2015、《录音资料处理技术规范》SF/ZJD0301003-2015、《图像真实性鉴定技术规范》SF/ZJD0302001-2015、《图像资料处理技术规范》SF/ZJD0302002-2015、《手机电子数据提取操作规范》SF/ZJD0401002-2015、《数据库数据真实性鉴定规范》SF/ZJD0402002-2015、《破坏性程序检验操作规范》SF/ZJD0403002-2015、《即时通讯记录检验操作规范》SF/ZJD0402003-2015、《电子数据证据现场获取通用规范》SF/ZJD0400002-2015、《计算机系统用户操作行为检验规范》SF/ZJD0403003-2015。

2. 部署将环境损害司法鉴定纳入统一登记管理

(1) 2015 年 12 月 21 日，最高人民法院、最高人民检察院、司法部发布《关于将环境损害司法鉴定纳入统一登记管理范围的通知》[1]，该通知规定，为满足环境损害诉讼需要，加强环境发展、环境保护和环境修复工作，推进生态文明建设，根据全国人大常委会《关于司法鉴定管理问题的决定》和最高人民法院、最高人民检察院《关于办理环境污染刑事案件适用法律若干问题的解释》等有关规定，经研究，决定将环境损害司法鉴定纳入统一登记管理范围。环境损害司法鉴定管理的具体办法由司法部会同环境保护部制定。

(2) 2015 年 12 月 21 日，司法部、环境保护部发布《关于规范环境损害司法鉴定管理工作的通知》[2]，对鉴定机构设置发展规划、鉴定事项、审核登记、监督管理等作出规范。

---

[1] 司发通〔2015〕117 号。
[2] 司发通同〔2015〕118 号。

3. 2015~2016年度司法行政机关登记管理的司法鉴定情况统计[1]

(1) 司法鉴定机构数。截至2015年11月底[2],全国经司法行政机关审核登记的司法鉴定机构共4924家,比上年增长22家,增长0.45%。从事法医、物证、声像资料和精神障碍医学鉴定的机构为2523家(其中包括业务范围既有"三大类"又有"其他类"执业类别的综合机构360家),占机构总数的51.24%,比上年增长50家。仅从事知识产权、司法会计、建设工程、产品质量、价格类、涉农类等"其他类"司法鉴定的机构为2401家,占机构总数的48.76%,比上年减少28家。

截至2016年11月30日[3],全国经司法行政机关审核登记的司法鉴定机构共有4872家,比上年减少1.06%。其中,从事法医、物证、声像资料和环境损害"四大类"司法鉴定的机构为2582家(其中包括业务范围既有"四大类"又有"其他类"的综合机构375家),占机构总数的53%。仅从事知识产权、司法会计、建设工程、产品质量、价格类、涉农类等"其他类"司法鉴定的机构为2290家,占47%。从各地情况看,华中、华东地区机构比较集中,上海、江苏、浙江、安徽、福建、江西、山东、河南、湖北、湖南十个省份机构总数占全国的41.46%。机构最多的省份是河南(407家),其次是湖北(339家)、重庆(301家)。

(2) 司法鉴定人数。截至2015年11月底,全国经司法行政机关审核登记的司法鉴定人共计55 662人,比上年增长0.67%。全国司法鉴定人中30岁以下的2743人,31~50岁的30 798人,51~60岁的15 697人,61~70岁的5310人,71岁以上的1165人。其中30岁以下及31~50岁的司法鉴定人数量减少,50岁以上各年龄段的司法鉴定人数量增多。全国司法鉴定人中具有博士学历的2183人,硕士学历的5327人,本科学历的35 447人,大学专科及以下12 756人。具有本科及以上学历的占总数的77.17%。具有正高职称的12 256人,副高职称的17 269人,中级职称的21 067人,初级职称的2047人。其中,具有副高以上职称的占总人数的53.04%,比上年提高近6个百分点。

---

[1] 参见党凌云、郑振玉:"2015年度全国司法鉴定情况统计分析",载《中国司法鉴定》2016年第3期。

[2] 原文注:2015年度的统计时间周期为2015年1月1日至2015年11月30日。下同。另参见党凌云、郑振玉:"2016年度全国司法鉴定情况统计分析",载《中国司法鉴定》2017年第3期。

[3] 原文注:2016年度的统计时间周期为2015年12月1日至2016年11月30日。下同。

截至 2016 年 11 月 30 日，全国经司法行政机关审核登记的司法鉴定人共计 54 198 人，比上年减少 2.63%。年龄在 31~60 岁的司法鉴定人占 84.25%。全国司法鉴定人中具有博士学历的 2336 人，硕士学历的 5768 人，本科学历的 33 858 人，大学专科及以下 12 711 人。具有本科及以上学历的占总数的 77.42%，比上年增长 0.25 个百分点。具有正高职称的 12 380 人，比上年增长 1.0%，副高职称的 16 367 人，比上年减少 5.1%，中级职称的 19 650，比上年减少 6.73%。其中，具有副高以上职称的占总人数的 53.04%，与上年持平。

（3）司法鉴定检案数。2015 年 1 月 1 日~11 月 30 日，全国经司法行政机关审核登记的司法鉴定机构和司法鉴定人完成各类司法鉴定业务共计 1 933 928 件（为了更好地体现业务量的增长情况，以 2014 年月平均业务量作为 2015 年 12 月完成的业务量，推算出 2015 年全年共完成 2 088 547 件。司法鉴定全年业务量首次突破 200 万件，同比增长 12.56%）。司法鉴定援助业务量 26 441 件，比上年增长 29.29%，减免费用 4320.18 万元，比上年增长 68.75%。司法鉴定人接到出庭通知 17 867 次，97.86% 的司法鉴定人接到通知后按通知要求依法出庭。在各类司法鉴定业务中，公检法部门委托 1 170 913 件，律师事务所委托 134 364 件，企事业单位委托 80 826 件，个人委托 504 814 件，其他主体委托 43 080 件。公检法部门委托依然为主体，占总数的 60.55%，比上年提高 0.35 个百分点。在各类司法鉴定业务中，涉及民事诉讼的 878 616 件，涉及刑事诉讼的 329 028 件，涉及行政诉讼的 18 562 件，非涉诉的 707 791 件，分别占总数的 47.35%、17.73%、1.00%、38.15%。完成业务量超过 10 万件的省份有 8 个，依次是四川、广东、湖南、江苏、湖北、浙江、江西、山东，其中四川最多，为 132 242 件。不足 1 万件的为宁夏、青海、海南、西藏。全国司法鉴定机构所均业务量 393 件/家。所均业务量最多的是浙江（2048 件/家），其次为福建（961 件/家）、天津（776 件/家）、江苏（760 件/家）。全国司法鉴定人人均业务量为 35 件/人。人均业务量最多的是浙江（144 件/人），其次为福建（109 件/人）、江苏（72 件/人）、河北（58 件/人）。

2016 年度，全国经司法行政机关审核登记的司法鉴定机构完成各类司法鉴定业务共计 2 131 578 件，业务收费 36.69 亿元。司法鉴定援助业务量 24 185件，减免费用 7034.25 万元，比上年增长 62.8%。按鉴定事项分类，

"四大类"鉴定占业务总量的89.57%,"其他类"占10.43%。"四大类"鉴定业务中,法医类占81.89%。声像资料、环境损害、司法会计、建设工程、价格类、涉农类鉴定业务量比上年减少,其他均比上年有小幅增长,涨幅最大的是法医物证鉴定,增长3.35%。鉴定业务主要来自公检法部门委托,占59.81%。完成业务量最多的是广东(165 989件),其次是浙江(123 432件)、江苏(119 255件)。业务量增幅最大的是安徽(27.86%),其次是吉林(22.46%)、广东(20.95%)。全国司法鉴定机构所均业务量437件/家,比上年提高3.05%。所均业务量最多的是浙江(2374件/家),其次为天津(1026件/家)、安徽(906件/家)。全国司法鉴定人人均业务量为39件/人,比上年增长4.82%。人均业务量最多的是浙江(163件/人),其次为天津(86件/人)、福建(84件/人)。

(4) 司法鉴定教育培训人数。2015年1月1日~11月30日,司法鉴定人参加培训22 654人次,比上年增长12.27%。其中岗前培训3053人次,转岗培训1029人次,继续教育培训19 304人次。司法鉴定管理干部参加培训910人次,比上年增长32.07%。其中部级培训130人次,省级培训780人次。

(5) 司法鉴定投诉举报数。2015年1月1日~11月30日,各省级司法行政机关接到对司法鉴定机构和司法鉴定人的投诉举报共计1372件,同比下降7.5%,投诉率为0.07%,比上年下降0.017个百分点。针对司法鉴定机构的投诉处理情况:在各类投诉中,投诉司法鉴定机构的有1220件,共涉及547家机构。其中有效投诉705件,占57.79%;查证不实或无法查实的573件,占46.97%;经过司法行政机关调查并给予相应处理的132件,占10.82%,其中行政处罚20件(警告并责令改正15件,暂停执业5件),占1.64%,行政处理112件,占9.18%。行业协会给予行业处分的27件。针对司法鉴定人的投诉处理情况:在各类投诉中,投诉司法鉴定人的有449件,共涉及681名司法鉴定人。其中有效投诉247件,占55.01%;查证不实或无法查实的172件,占38.31%;经过司法行政机关调查给予相应处理的74件,占16.48%,其中行政处罚27件(警告并责令改正16件,暂停执业9件,撤销登记2件),占6.01%,行政处理47件,占10.47%。行业协会给予行业处分的14件。

2016年度,各省级司法行政机关接到对司法鉴定机构和司法鉴定人的投诉举报共计1466件,投诉率0.069%。投诉率持续降低。针对司法鉴定机构的投诉有1254件,共涉及582家机构。其中不予受理的469件;查证不实或无法查实的585件;经过司法行政机关调查并给予相应处理的177件,包括给予行政处罚的43件(警告并责令改正36件,暂停执业4件,撤销登记3件),给予行政处理的134件。针对司法鉴定人的投诉有371件,共涉及479名司法鉴定人。其中不予受理的113件;查证不实或无法查实的199件;经过司法行政机关调查并给予相应处理的58件,包括给予行政处罚的25件(警告并责令改正22件,暂停执业2件,撤销登记1件),给予行政处理的33件。

4. 发布了新修订的《司法鉴定程序通则》

2016年3月2日,司法部发布修订后的《司法鉴定程序通则》[1],全文共6章50条,从进一步优化司法鉴定程序、进一步健全司法鉴定防错纠错机制、进一步完善司法鉴定文书规范、进一步规范鉴定机构与诉讼当事人之间的关系、进一步规范鉴定人出庭作证等方面作出了新规范。

5. 部署了实施《人体损伤致残程度分级》相关工作

2016年5月19日,司法部发布《关于认真做好实施〈人体损伤致残程度分级〉相关工作的通知》[2],该《通知》指出,《人体损伤致残程度分级》(以下简称《分级》)已于2016年4月18日发布,自2017年1月1日起施行。《分级》是开展法医临床司法鉴定,确定民事赔偿责任的重要标准。《分级》的发布施行,对于进一步严格规范司法鉴定执业活动、提高司法鉴定质量、有效遏制和减少重复鉴定、维护司法公正和人民群众合法权益具有重要意义。该通知对相关工作提出具体要求:

(1) 在2017年1月1日《分级》施行前,各地要按照统一师资、统一教材、分期分批的工作要求,完成对现有法医临床司法鉴定人的全员培训和考核。对于考核不合格的司法鉴定人,司法行政机关要暂停执业资格;对于经多次培训考核仍不合格的,要注销执业资格,确保法医临床司法鉴定人准确理解、正确适用《分级》。今后各地要将《分级》作为法医临床司法鉴定人继续教育的重点内容,持续提高鉴定人使用《分级》的能力和水平。

---

〔1〕 司法部令第132号,自2016年5月1日起施行。司法部2007年8月7日发布的《司法鉴定程序通则》(司法部第107号令)同时废止。

〔2〕 司发通〔2016〕48号。

(2) 自 2017 年 1 月 1 日起，省级司法行政机关在授予法医临床司法鉴定人执业资格时，要对申请人掌握和适用《分级》的能力进行专项考评，对于不具备能力的，不得授予执业资格。

(3) 各地要通过开展专项检查、鉴定文书评查、能力验证等多种方式，加大监督力度，督促司法鉴定机构和司法鉴定人严格执行《分级》。

6. 规范了监狱暂予监外执行的诊断、检查、鉴别程序

2016 年 8 月 22 日，司法部发布《监狱暂予监外执行程序规定》[1]，其中，第二章对暂予监外执行的诊断、检查、鉴别程序等作出专门规范。

2016 年 9 月 22 日，司法部办公厅发布《关于颁布〈亲权鉴定技术规范〉等 8 项司法鉴定技术规范（2016 年修订版）的通知》[2]，推荐适用的 8 项司法鉴定技术规范（2016 年修订版）具体包括：《道路交通事故涉案者交通行为方式鉴定》SF/Z JD0101001 - 2016、《亲权鉴定技术规范》SF/Z JD0105001 - 2016、《血液中乙醇的测定顶空气相色谱法》SF/Z JD0107001 - 2016、《生物检材中苯丙胺类兴奋剂、哌替啶和氯胺酮的测定》SF/Z JD0107004 - 2016、《血液、尿液中 238 种毒（药）物的检测液相色谱 - 串联质谱法》SF/Z JD0107005 - 2016、《视觉功能障碍法医学鉴定规范》SF/Z JD0103004 - 2016、《精神障碍者刑事责任能力评定指南》SF/Z JD0104002 - 2016、《精神障碍者服刑能力评定指南》SF/Z JD0104003 - 2016。自印发之日起，该 8 项技术规范旧版废止，不再适用。

7. 初步建立了司法鉴定管理与使用衔接机制

2016 年 10 月 9 日，最高人民法院、司法部发布《关于建立司法鉴定管理与使用衔接机制的意见》[3]，就建立司法鉴定管理与使用衔接机制，从加强沟通协调，促进司法鉴定管理与使用良性互动；完善工作程序，规范司法鉴定委托与受理；加强保障监督，确保鉴定人履行出庭作证义务；严处违法违规行为，维持良好司法鉴定秩序等方面作出初步规范。

8. 规范了环境损害司法鉴定机构审核登记程序

(1) 2016 年 10 月 12 日，司法部、环境保护部发布《环境损害司法鉴定

---

[1] 司法通〔2016〕78 号，自 2016 年 10 月 1 日起施行。
[2] 司办通〔2016〕58 号。
[3] 司发通〔2016〕98 号。

机构审核登记评审办法》[1]，对申请从事环境损害司法鉴定业务的法人或者其他组织应当具备的条件、申请与评审程序、登记与重新登记程序等作出了系统规范。

（2）2016年10月12日，司法部、环境保护部发布《环境损害司法鉴定机构登记评审专家库管理办法》[2]，对入库专家应具备的条件、工作内容、专家库管理等作出了具体规范。

（3）2016年11月17日，环境保护部、司法部发布《关于公开遴选全国环境损害司法鉴定机构登记评审专家库专家的通知》[3]。

9. 发布了新版《司法鉴定文书格式》

2016年11月21日，司法部发布《关于印发司法鉴定文书格式的通知》[4]，该《通知》称，为贯彻执行全国人大常委会《关于司法鉴定管理问题的决定》和修订后的《司法鉴定程序通则》[5]，司法部制定了《司法鉴定委托书》等7种文书格式，现予印发，自2017年3月1日起执行。2007年11月1日印发的《司法部关于印发〈司法鉴定文书规范〉和〈司法鉴定协议书（示范文本）〉的通知》[6]同时废止。附件司法鉴定文书格式目录及样本包括：司法鉴定委托书、司法鉴定意见书、延长鉴定时限告知书、终止鉴定告知书、司法鉴定复核意见、司法鉴定意见补正书、司法鉴定告知书。

10. 开始筹建全国司法鉴定名录网

2016年11月30日，司法部司法鉴定管理局发布的《关于启用司法鉴定名册信息采集平台 加强司法鉴定名录网建设的通知》[7]称，为落实最高人民法院、司法部《关于建立司法鉴定管理与使用衔接机制的意见》[8]，进一步加强和改进国家司法鉴定人和司法鉴定机构名册编制工作，依据《司法鉴定人和司法鉴定机构名册管理办法》[9]，决定启用国家司法鉴定名册信息采集

---

[1] 司发通〔2016〕101号，自2016年12月1日起施行。
[2] 司发通〔2016〕101号，自2016年12月1日起施行。
[3] 环办政法函〔2016〕2075号。
[4] 司发通〔2016〕112号，自2017年3月1日起执行。
[5] 司法部令第132号。
[6] 司发通〔2007〕71号。
[7] 司鉴〔2016〕24号。
[8] 司发通〔2016〕98号。
[9] 司发通〔2010〕84号。

平台，并建设全国司法鉴定名录网。司法鉴定名册信息采集统一使用国家司法鉴定名册信息采集平台（http://adm.sfjdml.com/login_sfml.jspx），司法鉴定机构录入司法鉴定名册基本信息，各地司法行政机关审核后于2017年2月前上报司法部司法鉴定管理局。今后新审批司法鉴定机构、司法鉴定机构被注销、撤销登记的，或者司法鉴定机构、司法鉴定人有关信息发生变更的，需按照相同的流程上报部司鉴局。该局将以各地提交的司法鉴定名册信息为基础，建设全国司法鉴定名录网，不断完善、丰富全国司法鉴定名录网站内容，最大限度向社会公开司法鉴定机构基本情况、资质等级、司法鉴定人执业信息、诚信等级、奖惩情况等，强化社会监督，促进司法鉴定机构和司法鉴定人依法、规范、诚信执业。

11. 发布了新版《司法鉴定许可证》和《司法鉴定人执业证》

2016年12月6日，司法部办公厅印发《关于统一换发新版〈司法鉴定许可证〉和〈司法鉴定人执业证〉的通知》[1]，该通知称，为深入推进健全统一司法鉴定管理体制改革，贯彻落实国务院关于社会信用体系建设和统一社会信用代码制度建设的有关要求，我部根据《司法鉴定许可证和司法鉴定人执业证管理办法》，结合实践工作经验，制作了新版《司法鉴定许可证》和《司法鉴定人执业证》，并决定于2017年统一换发新版证书。

（五）司法鉴定技术相关部门规章与行业规范

1. 民事诉讼与鉴定

2015年1月30日，最高人民法院《民诉法解释》[2]对民事诉讼相关司法鉴定活动作出系统规范，主要内容包括：

（1）应当回避的审判人员界定。第48条规定，审判人员包括参与本案审理的人民法院院长、副院长、审判委员会委员、庭长、副庭长、审判员、助理审判员和人民陪审员。第49条规定，书记员和执行员适用审判人员回避的有关规定。

（2）申请鉴定。第121条第1款规定，当事人申请鉴定，可以在举证期限届满前提出。申请鉴定的事项与待证事实无关联，或者对证明待证事实无意义的，人民法院不予准许。

---

[1] 司办通〔2016〕74号。
[2] 法释〔2015〕5号，自2015年2月4日起施行。

(3) 鉴定人选择与指定。第 121 条第 2 款规定，人民法院准许当事人鉴定申请的，应当组织双方当事人协商确定具备相应资格的鉴定人。当事人协商不成的，由人民法院指定。

(4) 依职权委托鉴定。第 121 条第 3 款规定，符合依职权调查收集证据条件的，人民法院应当依职权委托鉴定，在询问当事人的意见后，指定具备相应资格的鉴定人。

(5) 专家辅助人。主要包括：①申请期限、人数与职责。第 122 条第 1 款规定，当事人可以依照《民事诉讼法》第 79 条的规定，在举证期限届满前申请 1~2 名具有专门知识的人出庭，代表当事人对鉴定意见进行质证，或者对案件事实所涉及的专业问题提出意见。②意见的法律性质。第 122 条第 2 款规定，具有专门知识的人在法庭上就专业问题提出的意见，视为当事人的陈述。③费用承担。第 122 条第 3 款规定，人民法院准许当事人申请的，相关费用由提出申请的当事人负担。④询问与对质。第 123 条第 1 款规定，人民法院可以对出庭的具有专门知识的人进行询问。经法庭准许，当事人可以对出庭的具有专门知识的人进行询问，当事人各自申请的具有专门知识的人可以就案件中的有关问题进行对质。⑤参与法庭审理活动的范围。第 123 条第 2 款规定，具有专门知识的人不得参与专业问题之外的法庭审理活动。

(6) 物证与现场勘验。第 124 条规定，人民法院认为有必要的，可以根据当事人的申请或者依职权对物证或者现场进行勘验。勘验时应当保护他人的隐私和尊严。人民法院可以要求鉴定人参与勘验。必要时，可以要求鉴定人在勘验中进行鉴定。

(7) 庭前会议与鉴定勘验。第 225 条第 5 项规定，根据案件具体情况，庭前会议可以根据当事人的申请决定调查收集证据，委托鉴定，要求当事人提供证据，进行勘验，进行证据保全。

(8) 出庭通知。第 227 条规定，对鉴定人、勘验人应当用通知书通知其到庭；鉴定人、勘验人在外地的，应当留有必要的在途时间。

(9) 鉴定期间与审判期限。第 243 条中规定，《民事诉讼法》第 149 条规定的审限，是指从立案之日起至裁判宣告、调解书送达之日止的期间，鉴定期间不应计算在内。

2. 司法鉴定与收费标准

(1) 2015 年 4 月 24 日，十二届全国人大常委会十四次会议通过修订后的

《全国人大常委会关于司法鉴定管理问题的决定》，该决定将第 15 条修改为："司法鉴定的收费标准由省、自治区、直辖市人民政府价格主管部门会同同级司法行政部门制定。"

（2）2015 年 6 月 3 日，国家发展改革委、教育部、司法部、新闻出版广电总局发布《关于下放教材及部分服务价格定价权限有关问题的通知》[1]，其中规定，司法鉴定服务收费属下放到省级管理的定价项目；司法鉴定服务收费由省、自治区、直辖市人民政府价格主管部门会同同级司法行政部门按照有利于司法鉴定事业可持续发展和兼顾社会承受能力的原则制定。

3. 司法鉴定与资质认定

（1）2015 年 4 月 9 日，国家质量监督检验检疫总局发布《检验检测机构资质认定管理办法》[2]，该办法第 3 条规定，检验检测机构从事下列活动，应当取得资质认定：①为司法机关作出的裁决出具具有证明作用的数据、结果的；②为行政机关作出的行政决定出具具有证明作用的数据、结果的；③为仲裁机构作出的仲裁决定出具具有证明作用的数据、结果的；④为社会经济、公益活动出具具有证明作用的数据、结果的；⑤其他法律法规规定应当取得资质认定的。并对资质认定条件和程序、技术评审管理、检验检测机构从业规范、监督管理、法律责任等作出系统规范

（2）2015 年 7 月 31 日，国家认监委发布《关于实施〈检验检测机构资质认定管理办法〉的若干意见》[3]，对检验检测机构资质认定实施范围、检验检测机构主体准入条件、有关检验检测机构资质、资格许可权限调整、检验检测机构资质认定的技术评审、检验检测机构资质认定证书有效期的衔接、检验检测人员的有关要求、检验检测报告或者证书的责任、检验检测机构资质认定标志与检验检测专用章的规定、检验检测机构资质认定的监督管理、检验检测机构资质认定分类监督管理、检验检测机构资质认定能力验证的规定等作出细化规范。

（3）2015 年 7 月 31 日，国家认监委发布《检验检测机构资质认定配套

---

[1] 发改价格〔2015〕1199 号。

[2] 国家质量监督检验检疫总局令第 163 号，自 2015 年 8 月 1 日起施行。国家质量监督检验检疫总局于 2006 年 2 月 21 日发布的《实验室和检查机构资质认定管理办法》同时废止。

[3] 国认实〔2015〕49 号。

工作程序和技术要求的通知》[1]，印发了《检验检测机构资质认定 公正性和保密性要求》等 15 份配套工作程序和技术要求。

（4）2015 年 12 月 2 日，国家认证认可监督管理委员会发布《2015 年第三批 5 项认证认可行业标准》[2]，其中包括 RB/T198 - 2015《司法鉴定/法庭科学机构能力认可通用要求》。

4. 人民陪审员与鉴定

2015 年 5 月 20 日，最高人民法院、司法部发布《人民陪审员制度改革试点工作实施办法》[3]，其中，第 27 条规定，人民陪审员有下列情形之一，经所在法院会同同级司法行政机关查证属实的，除按程序免除其人民陪审员职务外，可以采取在辖区范围内公开通报、纳入个人诚信系统不良记录等措施进行惩戒；构成犯罪的，依法移送有关部门追究刑事责任：……⑤充当诉讼掮客，为当事人介绍律师和评估、鉴定等中介机构的。

5. 司法人员与鉴定机构接触行为规范

2015 年 9 月 6 日，"两院三部"发布《关于进一步规范司法人员与当事人、律师特殊关系人、中介组织接触交往行为的若干规定》[4]，对司法人员与中介组织等接触交往应当遵守的工作纪律、应当禁止的接触行为、违反该规定的法律责任等作出了系统规范。该《规定》第 14 条第 3 款规定，本规定所称"中介组织"，是指依法通过专业知识和技术服务，向委托人提供代理性、信息技术服务性等中介服务的机构，主要包括受案件当事人委托从事审计、评估、拍卖、变卖、检验或者破产管理等服务的中介机构。公证机构、司法鉴定机构参照"中介组织"适用本规定。

6. 律师执业与鉴定

2015 年 9 月 16 日，"两院三部"发布《关于依法保障律师执业权利的规定》[5]，其中，与司法鉴定相关的内容主要包括：

（1）庭前申请权。第 24 条规定，辩护律师在开庭以前提出召开庭前会

---

[1] 国认实〔2015〕50 号，自发布之日起试行，试行期一年。
[2] 国认科〔2015〕71 号。
[3] 法〔2015〕132 号，本办法应当报全国人民代表大会常务委员会备案，自发布之日起实施。之前有关人民陪审员制度的规定与本办法不一致的，按照本办法执行。
[4] 法〔2015〕264 号，自发布之日起施行。
[5] 司发〔2015〕14 号，自发布之日起施行。

议、回避、补充鉴定或者重新鉴定以及证人、鉴定人出庭等申请的,人民法院应当及时审查作出处理决定,并告知辩护律师。

(2) 庭审中的发问权。第 28 条规定,法庭审理过程中,经审判长准许,律师可以向当事人、证人、鉴定人和有专门知识的人发问。

(3) 庭审中的申请权。第 32 条规定,法庭审理过程中,律师可以提出证据材料,申请通知新的证人、有专门知识的人出庭,申请调取新的证据,申请重新鉴定或者勘验、检查。在民事诉讼中,申请有专门知识的人出庭,应当在举证期限届满前向人民法院申请,经法庭许可后才可以出庭。

(4) 庭审中申请的审查与救济。第 38 条规定,法庭审理过程中,律师就回避、案件管辖、非法证据排除、申请通知证人、鉴定人、有专门知识的人出庭、申请通知新的证人到庭、调取新的证据、申请重新鉴定、勘验等问题当庭提出申请,或者对法庭审理程序提出异议的,法庭原则上应当休庭进行审查,依照法定程序作出决定。其他律师有相同异议的,应一并提出,法庭一并休庭审查。法庭决定驳回申请或者异议的,律师可当庭提出复议。经复议后,律师应当尊重法庭的决定,服从法庭的安排。律师不服法庭决定保留意见的内容应当详细记入法庭笔录,可以作为上诉理由,或者向同级或者上一级人民检察院申诉、控告。

7. 办理毒品犯罪案件与鉴定

2015 年 5 月 18 日,最高人民法院发布《全国法院毒品犯罪审判工作座谈会纪要》[1],其中,与司法鉴定相关的内容主要包括:

(1) 两种以上毒品数量认定与折算。走私、贩卖、运输、制造、非法持有两种以上毒品的,可以将不同种类的毒品分别折算为海洛因的数量,以折算后累加的毒品总量作为量刑的根据。对于《刑法》、司法解释或者其他规范性文件明确规定了定罪量刑数量标准的毒品,应当按照该毒品与海洛因定罪量刑数量标准的比例进行折算后累加。对于《刑法》、司法解释及其他规范性文件没有规定定罪量刑数量标准,但《非法药物折算表》规定了与海洛因的折算比例的毒品,可以按照《非法药物折算表》折算为海洛因后进行累加。对于既未规定定罪量刑数量标准,又不具备折算条件的毒品,综合考虑其致瘾癖性、社会危害性、数量、纯度等因素依法量刑。在裁判文书中,应当客

---

[1] 法〔2015〕129 号。

观表述涉案毒品的种类和数量，并综合认定为数量大、数量较大或者少量毒品等，不明确表述将不同种类毒品进行折算后累加的毒品总量。

（2）混合毒品的数量认定。对于未查获实物的甲基苯丙胺片剂（俗称"麻古"等）、MDMA 片剂（俗称"摇头丸"）等混合型毒品，可以根据在案证据证明的毒品粒数，参考本案或者本地区查获的同类毒品的平均重量计算出毒品数量。在裁判文书中，应当客观表述根据在案证据认定的毒品粒数。

（3）又吸又贩人员毒品数量认定。对于有吸毒情节的贩毒人员，一般应当按照其购买的毒品数量认定其贩卖毒品的数量，量刑时酌情考虑其吸食毒品的情节；购买的毒品数量无法查明的，按照能够证明的贩卖数量及查获的毒品数量认定其贩毒数量；确有证据证明其购买的部分毒品并非用于贩卖的，不应计入其贩毒数量。

（4）毒品纯度与数量认定。办理毒品犯罪案件，无论毒品纯度高低，一般均应将查证属实的毒品数量认定为毒品犯罪的数量，并据此确定适用的法定刑幅度，但司法解释另有规定或者为了隐蔽运输而临时改变毒品常规形态的除外。涉案毒品纯度明显低于同类毒品的正常纯度的，量刑时可以酌情考虑。

（5）制造毒品数量认定。制造毒品案件中，毒品成品、半成品的数量应当全部认定为制造毒品的数量，对于无法再加工出成品、半成品的废液、废料则不应计入制造毒品的数量。对于废液、废料的认定，可以根据其毒品成分的含量、外观形态，结合被告人对制毒过程的供述等证据进行分析判断，必要时可以听取鉴定机构的意见。

8. 办理妨害文物管理等刑事案件与鉴定

2015 年 12 月 30 日，最高人民法院、最高人民检察院发布《关于办理妨害文物管理等刑事案件适用法律若干问题的解释》[1]，其中，与司法鉴定相关的内容主要包括：第 14 条规定，依照文物价值定罪量刑的，根据涉案文物的有效价格证明认定文物价值；无有效价格证明，或者根据价格证明认定明显不合理的，根据销赃数额认定，或者结合本解释第 15 条规定的鉴定意见、

---

[1] 法释〔2015〕23 号，自 2016 年 1 月 1 日起施行。本解释公布施行后，《最高人民法院、最高人民检察院关于办理盗窃、盗掘、非法经营和走私文物的案件具体应用法律的若干问题的解释》〔法（研）发〔1987〕32 号〕同时废止；之前发布的司法解释与本解释不一致的，以本解释为准。

报告认定。第15条规定，在行为人实施有关行为前，文物行政部门已对涉案文物及其等级作出认定的，可以直接对有关案件事实作出认定。对案件涉及的有关文物鉴定、价值认定等专门性问题难以确定的，由司法鉴定机构出具鉴定意见，或者由国务院文物行政部门指定的机构出具报告。其中，对于文物价值，也可以由有关价格认证机构作出价格认证并出具报告。

9. 监狱罪犯死亡与鉴定

2015年3月18日，最高人民检察院、民政部、司法部发布《监狱罪犯死亡处理规定》[1]，其中，与司法鉴定相关的内容主要包括：

（1）死亡调查。分为：一是监狱组织的调查。第7条规定，罪犯死亡后，对初步认定为正常死亡的，监狱应当立即开展以下调查工作：①封存、查看罪犯死亡前15日内原始监控录像，对死亡现场进行保护、勘验并拍照、录像；②必要时，分散或者异地分散关押同监室罪犯并进行询问；③对收押、监控、管教等岗位可能了解死亡罪犯相关情况的民警以及医生等进行询问调查；④封存、查阅收押登记、入监健康和体表检查登记、管教民警谈话教育记录、禁闭或者戒具使用审批表、就医记录等可能与死亡有关的台账、记录等；⑤登记、封存死亡罪犯的遗物；⑥查验尸表，对尸体进行拍照并录像；⑦组织进行死亡原因鉴定。二是人民检察院组织的调查。第9条规定，人民检察院接到监狱罪犯死亡报告后，应当立即派员赶赴现场，开展相关工作。具有下列情形之一的，由人民检察院进行调查：①罪犯非正常死亡的；②死亡罪犯的近亲属对监狱的调查结论有疑义，向人民检察院提出，人民检察院审查后认为需要调查的；③人民检察院对监狱的调查结论有异议的；④其他需要由人民检察院调查的。

（2）尸检见证。第12条规定，监狱或者人民检察院组织进行尸检的，应当通知死亡罪犯的近亲属到场，并让其在《解剖尸体通知书》上签名或者盖章。对死亡罪犯无近亲属或者无法通知其近亲属，以及死亡罪犯的近亲属无正当理由拒不到场或者拒绝签名或者盖章的，不影响尸检，但是监狱或者人民检察院应当在《解剖尸体通知书》上注明，并对尸体解剖过程进行全程录像，并邀请与案件无关的人员或者死者近亲属聘请的律师到场见证。

（3）鉴定机构选择。第13条规定，监狱、人民检察院委托其他具有司法

---

[1] 司发〔2015〕5号，自发布之日起施行。

鉴定资质的机构进行尸检的，应当征求死亡罪犯的近亲属的意见；死亡罪犯的近亲属提出另行委托具有司法鉴定资质的机构进行尸检的，监狱、人民检察院应当允许。

（4）鉴定费用。第 15 条规定，鉴定费用由组织鉴定的监狱或者人民检察院承担。死亡罪犯的近亲属要求重新鉴定且重新鉴定意见与原鉴定意见一致的，重新鉴定费用由死亡罪犯的近亲属承担。

（5）死亡证明。第 16 条规定，罪犯死亡原因确定后，由监狱出具《死亡证明》。

（6）法律责任。第 27 条规定，在调查处理罪犯死亡工作中，人民警察、检察人员以及从事医疗、鉴定等相关工作人员应当严格依照法律和规定履行职责。对有玩忽职守、滥用职权、徇私舞弊等违法违纪行为的，依法依纪给予处分；构成犯罪的，依法追究刑事责任。

10. 办理刑事赔偿案件与鉴定

2015 年 12 月 28 日，最高人民法院、最高人民检察院发布《关于办理刑事赔偿案件适用法律若干问题的解释》[1]，其中与司法鉴定相关的内容主要包括：

（1）护理费计算与鉴定。第 14 条规定，护理费赔偿参照当地护工从事同等级别护理的劳务报酬标准计算，原则上按照一名护理人员的标准计算护理费；但医疗机构或者司法鉴定人有明确意见的，可以参照确定护理人数并赔偿相应的护理费。护理期限应当计算至公民恢复生活自理能力时止。公民因残疾不能恢复生活自理能力的，可以根据其年龄、健康状况等因素确定合理的护理期限，一般不超过 20 年。

（2）残疾生理辅助器具费计算与鉴定。第 15 条规定，残疾生活辅助器具费赔偿按照普通适用器具的合理费用标准计算。伤情有特殊需要的，可以参照辅助器具配制机构的意见确定。辅助器具的更换周期和赔偿期限参照配制机构的意见确定。

（3）误工时间计算与鉴定。第 16 条规定，误工减少收入的赔偿根据受害公民的误工时间和国家上年度职工日平均工资确定，最高为国家上年度职工

---

[1] 法释〔2015〕24 号，自 2016 年 1 月 1 日起施行。本解释施行前最高人民法院、最高人民检察院发布的司法解释与本解释不一致的，以本解释为准。

年平均工资的5倍。误工时间根据公民接受治疗的医疗机构出具的证明确定。公民因伤致残持续误工的，误工时间可以计算至作为赔偿依据的伤残等级鉴定确定前一日。

（4）伤残等级与劳动能力鉴定。第17条规定，造成公民身体伤残的赔偿，应当根据司法鉴定人的伤残等级鉴定确定公民丧失劳动能力的程度，并参照以下标准确定残疾赔偿金：①按照国家规定的伤残等级确定公民为一级至四级伤残的，视为全部丧失劳动能力，残疾赔偿金幅度为国家上年度职工年平均工资的10倍至20倍；②按照国家规定的伤残等级确定公民为五级至十级伤残的，视为部分丧失劳动能力。五至六级的，残疾赔偿金幅度为国家上年度职工年平均工资的5倍至10倍；七至十级的，残疾赔偿金幅度为国家上年度职工年平均工资的5倍以下。有扶养义务的公民部分丧失劳动能力的，残疾赔偿金可以根据伤残等级并参考被扶养人生活来源丧失的情况进行确定，最高不超过国家上年度职工年平均工资的20倍。

11. 食品药品行政执法刑事司法衔接与鉴定

2015年12月22日，国家食品药品监管总局、公安部、最高人民法院、最高人民检察院、国务院食品安全办发布《食品药品行政执法与刑事司法衔接工作办法》[1]，其中，与司法鉴定相关的内容主要包括：

（1）鉴定意见移交。第7条第1、2款规定，食品药品监管部门向公安机关移送涉嫌犯罪案件，应当自作出移送决定之日起24小时内移交案件材料，并将案件移送书抄送同级人民检察院。食品药品监管部门向公安机关移送涉嫌犯罪案件，应当附有下列材料：①涉嫌犯罪案件的移送书；②涉嫌犯罪案件情况的调查报告；③涉案物品清单；④有关检验报告或者鉴定意见；⑤其他有关涉嫌犯罪的材料。

（2）行政执法证据的法律效力。第18条规定，食品药品监管部门在行政执法和查办案件过程中依法收集的物证、书证、视听资料、电子数据、检验报告、鉴定意见、勘验笔录、检查笔录等证据材料，经公安机关、人民检察院审查，人民法院庭审质证确认，可以作为证据使用。

（3）涉案物品检验与认定。第19条规定，公安机关、人民检察院、人民法院办理危害食品药品安全犯罪案件，商请食品药品监管部门提供检验结论、

---

[1] 食药监稽〔2015〕271号，自发布之日起施行。

认定意见协助的，食品药品监管部门应当按照公安机关、人民检察院、人民法院刑事案件办理的法定时限要求积极协助，及时提供检验结论、认定意见，并承担相关费用。

（4）检测机构名单。第20条规定，地方各级食品药品监管部门应当及时将会同有关部门认定的食品药品检验检测机构名单、检验检测资质及项目等，向公安机关、人民检察院、人民法院通报。

（5）抽样检测的法律效力。第21条规定，对同一批次或者同一类型的涉案食品药品，如因数量较大等原因，无法进行全部检验检测，根据办案需要，可以依法进行抽样检验检测。公安机关、人民检察院、人民法院对符合行政执法规范要求的抽样检验检测结果予以认可，可以作为该批次或该类型全部涉案产品的检验检测结果。

（6）可直接认定的情形。第22条规定，对于符合《最高人民法院、最高人民检察院关于办理危害食品安全刑事案件适用法律若干问题的解释》（法释〔2013〕12号）第1条第2项中属于病死、死因不明的畜、禽、兽、水产动物及其肉类、肉类制品和第3项规定情形的涉案食品，食品药品监管部门可以直接出具认定意见并说明理由。第23条规定，对于符合《药品管理法》第48条第3款第1、2、5、6项规定情形的涉案药品，地市级以上食品药品监管部门可直接出具认定意见并说明理由；确有必要的，应当载明检测结果。

（7）无标准检验方式情形的处理。第24条规定，根据食品药品监管部门或者公安机关、人民检察院的委托，对尚未建立食品安全标准检验方法的，相关检验检测机构可以采用非食品安全标准等规定的检验项目和检验方法对涉案食品进行检验，检验结果可以作为定罪量刑的参考。通过上述办法仍不能得出明确结论的，根据公安机关、人民检察院的委托，地市级以上的食品药品监管部门可以组织专家对涉案食品进行评估认定，该评估认定意见可作为定罪量刑的参考。对药品的检验检测按照《药品管理法》及其实施条例等有关规定执行。对医疗器械的检测按照《医疗器械监督管理条例》有关规定执行。

（8）出具认定意见的格式。第25条规定，食品药品监管部门依据检验检测报告、结合专家意见等相关材料得出认定意见的，应当按照以下格式出具结论：①假药案件，结论中应写明"经认定……属于假药（或者按假药论处）"；②劣药案件，结论中应写明"经认定……属于劣药（或者按劣药论处)";③生产、销售不符合食品安全标准的案件,符合《最高人民法院、最高人民检察院关于办理危害食品安全刑事案件适用法律若干问题的解释》[1]第 1 条相关情形的,结论中应写明"经认定,某食品……不符合食品安全标准,足以造成严重食物中毒事故（或者其他严重食源性疾病）";④生产、销售不符合保障人体健康的国家标准、行业标准的医疗器械案件,符合最高人民检察院、公安部联合印发的《关于公安机关管辖的刑事案件立案追诉标准的规定（一）》[2]第 21 条相关情形的,结论中应写明"经认定,某医疗器械……不符合国家标准、行业标准,足以严重危害人体健康";⑤其他案件也均应写明认定涉嫌犯罪应当具备的结论性意见。

（9）重新或补充检验申请。第 26 条规定,办案部门应当及时告知犯罪嫌疑人、被害人或者其辩护律师、法定代理人,在涉案物品依法处置前提出重新或补充检验检测、认定的申请。

12. 审理环境民事公益诉讼案件与鉴定

2015 年 1 月 6 日,最高人民法院发布《关于审理环境民事公益诉讼案件适用法律若干问题的解释》[3],其中,与司法鉴定相关的内容主要包括:

（1）鉴定委托。第 14 条规定,对于审理环境民事公益诉讼案件需要的证据,人民法院认为必要的,应当调查收集。对于应当由原告承担举证责任且为维护社会公共利益所必要的专门性问题,人民法院可以委托具备资格的鉴定人进行鉴定。

（2）专家辅助人。第 15 条规定,当事人申请通知有专门知识的人出庭,就鉴定人作出的鉴定意见或者就因果关系、生态环境修复方式、生态环境修复费用以及生态环境受到损害至恢复原状期间服务功能的损失等专门性问题提出意见的,人民法院可以准许。前款规定的专家意见经质证,可以作为认定事实的根据。

（3）鉴定费用。第 22 条规定,原告请求被告承担检验、鉴定费用,合理的律师费以及为诉讼支出的其他合理费用的,人民法院可以依法予以支持。第 24 条规定,人民法院判决被告承担的生态环境修复费用、生态环境受到损

---

[1] 法释〔2013〕12 号。
[2] 公通字〔2008〕36 号。
[3] 法释〔2015〕1 号,自 2015 年 1 月 7 日起施行。

害至恢复原状期间服务功能损失等款项，应当用于修复被损害的生态环境。其他环境民事公益诉讼中败诉原告所需承担的调查取证、专家咨询、检验、鉴定等必要费用，可以酌情从上述款项中支付。

（4）鉴定费用过高的情形。第23条规定，生态环境修复费用难以确定或者确定具体数额所需鉴定费用明显过高的，人民法院可以结合污染环境、破坏生态的范围和程度、生态环境的稀缺性、生态环境恢复的难易程度、防治污染设备的运行成本、被告因侵害行为所获得的利益以及过错程度等因素，并可以参考负有环境保护监督管理职责的部门的意见、专家意见等，予以合理确定。

13. 审理环境侵权责任纠纷案件与鉴定

2015年6月1日，最高人民法院发布《关于审理环境侵权责任纠纷案件适用法律若干问题的解释》[1]，其中，与司法鉴定相关的内定主要包括：

（1）鉴定检验机构。第8条规定，对查明环境污染案件事实的专门性问题，可以委托具备相关资格的司法鉴定机构出具鉴定意见或者由国务院环境保护主管部门推荐的机构出具检验报告、检测报告、评估报告或者监测数据。

（2）专家辅助人。第9条规定，当事人申请通知一至两名具有专门知识的人出庭，就鉴定意见或者污染物认定、损害结果、因果关系等专业问题提出意见的，人民法院可以准许。当事人未申请，人民法院认为有必要的，可以进行释明。具有专门知识的人在法庭上提出的意见，经当事人质证，可以作为认定案件事实的根据。

（3）行政监督部门出具的检验检测报告的法律效力。第10条规定，负有环境保护监督管理职责的部门或者其委托的机构出具的环境污染事件调查报告、检验报告、检测报告、评估报告或者监测数据等，经当事人质证，可以作为认定案件事实的根据。

14. 道路交通事故与鉴定

2015年10月22日，公安部办公厅、中国保险监督管理委员会办公厅发布《关于开展公路和农村地区道路交通事故快处快赔试点工作的通知》[2]，

---

[1] 法释〔2015〕12号，自2015年6月3日起施行。本解释施行后，最高人民法院以前颁布的司法解释与本解释不一致的，不再适用。

[2] 公交管〔2015〕506号。

其中，与司法鉴定相关的内容主要包括：在县（市）试点建设道路交通事故保险理赔服务中心，开展财产损失道路交通事故快处快赔工作。有条件的，可以推广集事故处理、司法鉴定、伤残鉴定、财产损失评估、人民调解、司法调解、人民法庭、保险理赔为一体的道路交通事故综合服务中心，实现道路交通事故处理全流程"一站式"服务，构建农村道路交通事故快速理赔工作机制。

15. 公证与鉴定

2015年4月24日，十二届全国人大常委会十四次会议通过修订后的《公证法》，其中，第31条规定，有下列情形之一的，公证机构不予办理公证：……③申请公证的事项属专业技术鉴定、评估事项的。

16. 拍卖与鉴定

2015年4月24日，十二届全国人大常委会十四次会议通过修订后的《拍卖法》，其中，第8条规定，依照法律或者按照国务院规定需经审批才能转让的物品或者财产权利，在拍卖前，应当依法办理审批手续。委托拍卖的文物，在拍卖前，应当经拍卖人住所地的文物行政管理部门依法鉴定、许可。第43条规定，拍卖人认为需要对拍卖标的进行鉴定的，可以进行鉴定。鉴定结论与委托拍卖合同载明的拍卖标的的状况不相符的，拍卖人有权要求变更或者解除合同。

17. 反家庭暴力与鉴定

2015年12月27日，十二届全国人大常委会十八次会议通过《反家庭暴力法》，其中与司法鉴定相关的内容主要包括：第15条第1款规定，公安机关接到家庭暴力报案后应当及时出警，制止家庭暴力，按照有关规定调查取证，协助受害人就医、鉴定伤情。第20条规定，人民法院审理涉及家庭暴力的案件，可以根据公安机关出警记录、告诫书、伤情鉴定意见等证据，认定家庭暴力事实。

18. 无户口人员登记与鉴定

2015年12月31日，国务院办公厅发布《关于解决无户口人员登记户口问题的意见》[1]，其中，与司法鉴定相关的内容主要包括：

（1）不符合计划生育政策的无户口人员。政策外生育、非婚生育的无户

---

[1] 国办发〔2015〕96号。凡以前文件规定与本意见规定不一致的，按本意见规定执行。

口人员,本人或者其监护人可以凭《出生医学证明》和父母一方的居民户口簿、结婚证或者非婚生育说明,按照随父随母落户自愿的政策,申请办理常住户口登记。申请随父落户的非婚生育无户口人员,需一并提供具有资质的鉴定机构出具的亲子鉴定证明。

(2) 未办理《出生医学证明》的无户口人员。在助产机构内出生的无户口人员,本人或者其监护人可以向该助产机构申领《出生医学证明》;在助产机构外出生的无户口人员,本人或者其监护人需提供具有资质的鉴定机构出具的亲子鉴定证明,向拟落户地县级卫生计生行政部门委托机构申领《出生医学证明》。无户口人员或者其监护人凭《出生医学证明》和父母一方的居民户口簿、结婚证或者非婚生育说明,申请办理常住户口登记。

(3) 我国公民与外国人、无国籍人非婚生育的无户口人员。我国公民与外国人、无国籍人在国内非婚生育、未取得其他国家国籍的无户口人员,本人或者其具有我国国籍的监护人可以凭《出生医学证明》、父母的非婚生育说明、我国公民一方的居民户口簿,申请办理常住户口登记。未办理《出生医学证明》的,需提供具有资质的鉴定机构出具的亲子鉴定证明。

19. 药品管理与鉴定

2015年4月24日,十二届全国人大常委会第十四次会议通过修订后的《药品管理法》,其中,第6条规定,药品监督管理部门设置或者确定的药品检验机构,承担依法实施药品审批和药品质量监督检查所需的药品检验工作。

20. 非药用类麻醉药品和精神药品列管与鉴定

2015年9月24日,公安部、国家卫生计生委、食品药品监管总局、国家禁毒办发布《非药用类麻醉药品和精神药品列管办法》[1],其中,与司法鉴定相关的内容主要包括:

(1) 概念界定。第2条规定,本办法所称的非药用类麻醉药品和精神药品,是指未作为药品生产和使用,具有成瘾性或者成瘾潜力且易被滥用的物质。第3条规定,麻醉药品和精神药品按照药用类和非药用类分类列管。除麻醉药品和精神药品管理品种目录已有列管品种外,新增非药用类麻醉药品和精神药品管制品种由本办法附表列示。非药用类麻醉药品和精神药品管制品种目录的调整由国务院公安部门会同国务院食品药品监督管理部门和国务

---

[1] 公通字〔2015〕27号,自2015年10月1日起施行。

院卫生计生行政部门负责。非药用类麻醉药品和精神药品发现医药用途，调整列入药品目录的，不再列入非药用类麻醉药品和精神药品管制品种目录。

（2）主管机关。第5条规定，各地禁毒委员会办公室（以下简称"禁毒办"）应当组织公安机关和有关部门加强对非药用类麻醉药品和精神药品的监测，并将监测情况及时上报国家禁毒办。国家禁毒办经汇总、分析后，应当及时发布预警信息。对国家禁毒办发布预警的未列管非药用类麻醉药品和精神药品，各地禁毒办应当进行重点监测。

（3）专家委员会。第6条规定，国家禁毒办认为需要对特定非药用类麻醉药品和精神药品进行列管的，应当交由非药用类麻醉药品和精神药品专家委员会（以下简称"专家委员会"）进行风险评估和列管论证。第7条规定，专家委员会由国务院公安部门、食品药品监督管理部门、卫生计生行政部门、工业和信息化管理部门、海关等部门的专业人员以及医学、药学、法学、司法鉴定、化工等领域的专家学者组成。专家委员会应当对拟列管的非药用类麻醉药品和精神药品进行下列风险评估和列管论证，并提出是否予以列管的建议：①成瘾性或者成瘾潜力；②对人身心健康的危害性；③非法制造、贩运或者走私活动情况；④滥用或者扩散情况；⑤造成国内、国际危害或者其他社会危害情况。专家委员会启动对拟列管的非药用类麻醉药品和精神药品的风险评估和列管论证工作后，应当在3个月内完成。

（4）列管目录。该办法附件《非药用类麻醉药品和精神药品管制品种增补目录》发布116种列管制品目录。

21. 化学品毒性与鉴定

2015年6月9日，国家卫生计生委发布修订后的《化学品毒性鉴定管理规范》[1]，对化学品毒性鉴定机构、毒性鉴定、质量考核、监督管理等作出系统规范。

22. 内河水域环境污染与鉴定

2015年12月31日，交通运输部发布《防治船舶污染内河水域环境管理规定》[2]，其中，第40条规定，船舶污染事故调查的证据种类包括：①证、

---

[1] 国卫疾控发〔2015〕69号。
[2] 交通运输部令2015年第25号，自2016年5月1日起施行。2005年8月20日以交通部令2005年第11号公布的《防治船舶污染内河水域环境管理规定》同时废止。

物证、视听资料、电子数据;②证人证言;③当事人陈述;④鉴定意见;⑤勘验笔录、调查笔录、现场笔录;⑥其他可以证明事实的证据。第43条规定,事故调查处理需要委托有关机构进行技术鉴定或者检验、检测的,事故调查机构应当委托具备国家规定资质要求的机构进行。

23. 古生物化石与鉴定

2015年5月6日,国土资源部发布修订后的《古生物化石保护条例实施办法》[1],其中,与司法鉴定相关的内容主要包括:

(1) 咨询鉴定。第6条第1款规定,国家古生物化石专家委员会负责为古生物化石保护和管理提供专业指导和咨询,主要承担下列工作:……⑦对申请进出境的重点保护古生物化石、涉嫌违法进出境的古生物化石、有关部门查获的古生物化石等出具鉴定意见。

(2) 鉴定费。第10条规定,县级以上人民政府国土资源主管部门应当将古生物化石保护工作所需经费纳入年度预算,专款用于古生物化石保护管理、产地和标本保护、调查评价、规划编制、评审鉴定、咨询评估、科研科普、宣传培训等工作。

(3) 行政执法鉴定。第36条第1款规定,国土资源部或者省、自治区、直辖市人民政府国土资源主管部门应当组织专家对公安、工商行政管理、海关等部门查获的有理由怀疑属于古生物化石的物品进行鉴定,出具是否属于古生物化石的证明文件。

(4) 境外鉴定。第47条规定,对境外查获的有理由怀疑属于我国古生物化石的物品,国土资源部应当组织国家古生物化石专家委员会进行鉴定。对违法出境的古生物化石,国土资源部应当在国务院外交、公安、海关等部门的支持和配合下进行追索。追回的古生物化石,由国土资源部交符合相应条件的收藏单位收藏。

(5) 法律责任。第58条规定,古生物化石专家违反法律法规和本办法的规定,开展评审、鉴定、评估等工作,违背职业道德、危害国家利益的,不得担任国家古生物化石专家委员会或者省级古生物化石专家委员会的委员;构成犯罪的,依法追究刑事责任。

---

[1] 国土资源部令第64号。

24. 进出口商品数量重量检验鉴定

2015年11月23日，国家质量监督检验检疫总局发布修订后的《进出口商品数量重量检验鉴定管理办法》[1]，其中，第3条规定，国家质量监督检验检疫总局（以下简称国家质检总局）主管全国进出口商品数量、重量检验鉴定管理工作。国家质检总局设在各地的出入境检验检疫机构负责所辖地区的进出口商品数量、重量检验鉴定及其监督管理工作。并对检验的范围、报检检验程序、监督管理、法律责任等作出规范。

25. 农业机械试验鉴定

2015年7月15日，农业部发布修订后的《农业机械试验鉴定办法》[2]，对农业机械试验鉴定作出界定，并对鉴定机构、申请和受理、试验鉴定、鉴定公告、监督管理、罚则等作出了系统规范。

26. 农作物品种与鉴定

2015年4月27日，农业部办公厅发布《农作物品种DNA身份鉴定体系构建实施方案》[3]，对实施方案的意义、总体思路和目标、组织实施、保障措施等作出总体规范，并对品种DNA身份鉴定体系构建技术路线、品种（资源、材料）DNA身份鉴定工作流程作出规定，还公布了品种DNA身份鉴定技术研发及数据库构建实施单位（第一批）。

27. 林业有害生物事件与鉴定

2015年11月24日，国家林业局发布修订后的《突发林业有害生物事件处置办法》[4]，其中，第5条规定，一级突发林业有害生物事件，由国家林业局确认；二级突发林业有害生物事件，由省、自治区、直辖市人民政府林业主管部门确认。属于从国（境）外新传入的林业有害生物，以及首次在省、自治区、直辖市范围内发生的林业检疫性有害生物，应当经过国家林业局林业有害生物检验鉴定中心鉴定。

28. 林业植物新品种与鉴定

2015年12月30日，国家林业局发布《林业植物新品种保护行政执法办

---

[1] 国家质量监督检验检疫总局令第172号。
[2] 农业部令2015年第2号。
[3] 农办种〔2015〕18号。
[4] 国家林业局令第38号。

法》[1]，其中，与司法鉴定相关的内容包括：第5条规定，林业植物新品种保护行政执法由主要违法行为地的县级以上林业行政主管部门管辖。国家林业局科技发展中心（植物新品种保护办公室）负责林业植物新品种保护行政执法管理工作。第14条规定，案件承办人在现场取证时，可以根据请求人或者举报人提供的涉案品种所在地点和生长状况等信息，及时取证并鉴定。第16条规定，对于案件涉及的植物品种，可以采用田间观察检测、基因指纹图谱检测等方法进行鉴定。

29. 畜禽遗传资源与鉴定

2015年4月24日，十二届全国人大常委会第十四次会议通过修订后的《畜牧法》，其中，第10条规定，国务院畜牧兽医行政主管部门设立由专业人员组成的国家畜禽遗传资源委员会，负责畜禽遗传资源的鉴定、评估和畜禽新品种、配套系的审定，承担畜禽遗传资源保护和利用规划论证及有关畜禽遗传资源保护的咨询工作。

30. 民用建筑可靠性与鉴定

2015年12月3日，住房和城乡建设部发布GB50292-2015《民用建筑可靠性鉴定标准》[2]公告：现批准《民用建筑可靠性鉴定标准》为国家标准，编号为GB50292-2015，自2016年8月1日起实施。其中，第5.2.2、5.2.3、5.3.2、5.3.3、5.4.2、5.4.3、5.5.2、5.5.3条为强制性条文，必须严格执行。原国家标准《民用建筑可靠性鉴定标准》GB50292-1999同时废止。

31. 缺陷汽车产品召回与鉴定

2015年11月27日，国家质量监督检验检疫总局发布《缺陷汽车产品召回管理条例实施办法》[3]，其中，第22条规定，质检总局根据缺陷调查报告认为汽车产品存在缺陷的，应当向生产者发出缺陷汽车产品召回通知书，通知生产者实施召回。生产者认为其汽车产品不存在缺陷的，可以自收到缺陷汽车产品召回通知书之日起15个工作日内向质检总局提出书面异议，并提交相关证明材料。生产者在15个工作日内提出异议的，质检总局应当组织与

---

[1] 林技发〔2015〕176号，自2016年1月1日起施行，有效期至2020年12月31日。2014年8月1日发布的《国家林业局关于印发〈林业植物新品种保护行政执法办法〉的通知》（林技发〔2014〕114号）同时废止。

[2] 住房和城乡建设部公告第1006号。

[3] 国家质量监督检验检疫总局令176号，自2016年1月1日起施行。

生产者无利害关系的专家对生产者提交的证明材料进行论证；必要时质检总局可以组织对汽车产品进行技术检测或者鉴定；生产者申请听证的或质检总局根据工作需要认为有必要组织听证的，可以组织听证。第23条规定，生产者既不按照缺陷汽车产品召回通知书要求实施召回，又不在15个工作日内向质检总局提出异议的，或者经组织论证、技术检测、鉴定，确认汽车产品存在缺陷的，质检总局应当责令生产者召回缺陷汽车产品。

32. 价格认证

（1）2015年8月31日，国家发展改革委价格认证中心发布《关于废止部分规范性文件的通知》[1]，其中与司法鉴定相关的主要有：《关于假冒、伪劣产品和走私物品等价格鉴定有关问题的复函》（计价证办〔2002〕58号）、《国家计委价格认证中心关于印发〈价格信用认证咨询服务机构暂行办法〉的通知》（计价证认〔2002〕189号）、《国家计委价格认证中心关于印发旧机动车价格评估鉴证机构资质等级认证工作程序的通知》（计价证认〔2003〕16号）、《关于印发旧机动车价格评估鉴证人员资格认证暂行办法通知》（计价证认〔2003〕91号）、《国家发展改革委价格认证中心关于价格认证中心有无资产评估资质问题的复函》（发改价证办〔2004〕57号）、《关于在路产盗窃刑事案件价格鉴定中如何把握价格鉴定标准问题的复函》（发改价证函〔2005〕193号）、《关于明确涉案侵犯知识产权、伪劣产品价格鉴定适用法律有关问题的函》（发改价证函〔2006〕7号）、《关于拍卖保留价确定问题的复函》（发改价证函〔2006〕178号）、《关于对被雨水浸泡修复后车辆价值贬损费价格鉴定有关问题的函》（发改价证函〔2007〕137号）、《关于国有资产价格评估资格问题的复函》（发改价证函〔2007〕207号）、《关于价格鉴定规定和程序有关问题的复函》（发改价证函〔2008〕222号）、《关于故意毁坏财物刑事案件涉案财产在价格鉴定中是否考虑折旧问题的复函》（发改价证函〔2010〕134号）、《国家发展改革委价格认证中心关于如何对流入国内的国外被盗二手原装机动车进行价格鉴定的请示的复函》（发改价证函〔2012〕43号）、《关于印发〈价格评估专业人员资格认证暂行办法〉的通知》（发改价证审〔2012〕55号）等。

（2）2015年12月31日，国家发展改革委价格认证中心发布《钟表价格

---

[1] 发改价证办〔2015〕200号。

认定规则》[1], 对涉案新钟表价格认定、涉案旧钟表价格认定、涉案毁坏钟表损失价格认定和涉案假冒钟表价格认定等作出规范。

33. 保险公估

(1) 2015年4月24日,十二届全国人大常委会十四次会议通过修订后的《保险法》,其中,与司法鉴定相关的内容主要包括:①鉴定机构。第129条规定,保险活动当事人可以委托保险公估机构等依法设立的独立评估机构或者具有相关专业知识的人员,对保险事故进行评估和鉴定。接受委托对保险事故进行评估和鉴定的机构和人员,应当依法、独立、客观、公正地进行评估和鉴定,任何单位和个人不得干涉。前款规定的机构和人员,因故意或者过失给保险人或者被保险人造成损失的,依法承担赔偿责任。②法律责任。第174条规定,投保人、被保险人或者受益人有下列行为之一,进行保险诈骗活动,尚不构成犯罪的,依法给予行政处罚:①投保人故意虚构保险标的,骗取保险金的;②编造未曾发生的保险事故,或者编造虚假的事故原因或者夸大损失程度,骗取保险金的;③故意造成保险事故,骗取保险金的。保险事故的鉴定人、评估人、证明人故意提供虚假的证明文件,为投保人、被保险人或者受益人进行保险诈骗提供条件的,依照前款规定给予处罚。

(2) 2015年10月19日,中国保险监督管理委员会发布修订后的《保险公估机构监管规定》[2], 对保险公估机构市场准入、经营规则、市场退出、监督检查、法律责任等作出规范。

34. 职务犯罪举报人与鉴定

2016年3月30日,最高人民检察院、公安部、财政部发布《关于保护、奖励职务犯罪举报人的若干规定》[3], 其中,第5条规定,人民检察院对职务犯罪举报应当采取下列保密措施:……⑥调查核实情况时,严禁出示举报材料原件或者复印件;除因侦查工作需要并经检察长批准外,严禁对匿名举报材料进行笔迹鉴定。

35. 《人体损伤致残程度分级》与鉴定

2016年4月18日,最高人民法院、最高人民检察院、公安部、国家安全

---

[1] 发改价证办 [2015] 310号, 2016年5月1日起执行。
[2] 中国保险监督管理委员会令2015年第3号。
[3] 高检会 [2016] 6号, 自发布之日起施行。

部、司法部发布《关于发布〈人体损伤致残程度分级〉的公告》，公布了《人体损伤致残程度分级》，自2017年1月1日起施行，司法鉴定机构和司法鉴定人进行人体损伤致残程度鉴定统一适用《人体损伤致残程度分级》。

36. 公开选拔法官、检察官与任职回避

2016年6月2日，中共中央办公厅发布《从律师和法学专家中公开选拔立法工作者、法官、检察官办法》[1]，其中，第13条第2款规定，律师、法学专家被选拔为法官、检察官的，其父母、配偶、子女在拟任职人民法院、人民检察院辖区内开办律师事务所、担任律师或者从事司法鉴定、司法拍卖等与司法活动利益相关职业的，应当按照任职回避的要求不再担任律师事务所设立人、合伙人或者退出股份、调整工作。

37. 制裁虚假诉讼与鉴定

2016年6月20日，最高人民法院发布《关于防范和制裁虚假诉讼的指导意见》[2]，其中，第16条规定，鉴定机构、鉴定人参与虚假诉讼的，可以根据情节轻重，给予鉴定机构、鉴定人训诫、责令退还鉴定费用、从法院委托鉴定专业机构备选名单中除名等制裁，并应当向司法行政部门或者行业协会发出司法建议。

38. 以审判为中心的刑事诉讼制度与鉴定

2016年7月20日，"两院三部"发布《关于推进以审判为中心的刑事诉讼制度改革的意见》[3]，其中，与司法鉴定相关的内容主要包括：

（1）统一鉴定标准。第3条规定，建立健全符合裁判要求、适应各类案件特点的证据收集指引。探索建立命案等重大案件检查、搜查、辨认、指认等过程录音录像制度。完善技术侦查证据的移送、审查、法庭调查和使用规则以及庭外核实程序。统一司法鉴定标准和程序。完善见证人制度。

（2）及时送检。第4条规定，侦查机关应当全面、客观、及时收集与案件有关的证据。侦查机关应当依法收集证据。对采取刑讯逼供、暴力、威胁等非法方法收集的言词证据，应当依法予以排除。侦查机关收集物证、书证不符合法定程序，可能严重影响司法公正，不能补正或者作出合理解释的，

---

[1] 厅字〔2016〕20号，自2016年6月2日起施行。
[2] 法发〔2016〕13号。
[3] 法发〔2016〕18号。

应当依法予以排除。对物证、书证等实物证据,一般应当提取原物、原件,确保证据的真实性。需要鉴定的,应当及时送检。证据之间有矛盾的,应当及时查证。所有证据应当要善保管,随案移送。

(3) 鉴定人出庭作证。第 12 条规定,完善对证人、鉴定人的法庭质证规则。落实证人、鉴定人、侦查人员出庭作证制度,提高出庭作证率。公诉人、当事人或者辩护人、诉讼代理人对证人证言有异议,人民法院认为该证人证言对案件定罪量刑有重大影响的,证人应当出庭作证。健全证人保护工作机制,对因作证面临人身安全等危险的人员依法采取保护措施。建立证人、鉴定人等作证补助专项经费划拨机制。完善强制证人到庭制度。

39. 电子数据与鉴定

2016 年 9 月 9 日,最高人民法院、最高人民检察院、公安部发布《关于办理刑事案件收集提取和审查判断电子数据若干问题的规定》[1],其中,与司法鉴定相关的内容主要包括:

(1) 鉴定机构。第 17 条规定,对电子数据涉及的专门性问题难以确定的,由司法鉴定机构出具鉴定意见,或者由公安部指定的机构出具报告。对于人民检察院直接受理的案件,也可以由最高人民检察院指定的机构出具报告。具体办法由公安部、最高人民检察院分别制定。

(2) 电子数据真实性审查。第 22 条规定,对电子数据是否真实,应当着重审查以下内容:①是否移送原始存储介质;在原始存储介质无法封存、不便移动时,有无说明原因,并注明收集、提取过程及原始存储介质的存放地点或者电子数据的来源等情况;②电子数据是否具有数字签名、数字证书等特殊标识;③电子数据的收集、提取过程是否可以重现;④电子数据如有增加、删除、修改等情形的,是否附有说明;⑤电子数据的完整性是否可以保证。

(3) 电子数据完整性审查。第 23 条规定,对电子数据是否完整,应当根据保护电子数据完整性的相应方法进行验证:①审查原始存储介质的扣押、封存状态;②审查电子数据的收集、提取过程,查看录像;③比对电子数据完整性校验值;④与备份的电子数据进行比较;⑤审查冻结后的访问操作日

---

[1] 法发〔2016〕22 号,自 2016 年 10 月 1 日起施行。之前发布的规范性文件与本规定不一致的,以本规定为准。

志；⑥其他方法。

（4）电子数据合法性审查。第24条规定，对收集、提取电子数据是否合法，应当着重审查以下内容：①收集、提取电子数据是否由2名以上侦查人员进行，取证方法是否符合相关技术标准；②收集、提取电子数据，是否附有笔录、清单，并经侦查人员、电子数据持有人（提供人）、见证人签名或者盖章；没有持有人（提供人）签名或者盖章的，是否注明原因；对电子数据的类别、文件格式等是否注明清楚；③是否依照有关规定由符合条件的人员担任见证人，是否对相关活动进行录像；④电子数据检查是否将电子数据存储介质通过写保护设备接入到检查设备；有条件的，是否制作电子数据备份，并对备份进行检查；无法制作备份且无法使用写保护设备的，是否附有录像。

（5）电子数据关联发生审查。第25条规定，认定犯罪嫌疑人、被告人的网络身份与现实身份的同一性，可以通过核查相关IP地址、网络活动记录、上网终端归属、相关证人证言以及犯罪嫌疑人、被告人供述和辩解等进行综合判断。认定犯罪嫌疑人、被告人与存储介质的关联性，可以通过核查相关证人证言以及犯罪嫌疑人、被告人供述和辩解等进行综合判断。

（6）瑕疵证据与补强。第27条规定，电子数据的收集、提取程序有下列瑕疵，经补正或者作出合理解释的，可以采用；不能补正或者作出合理解释的，不得作为定案的根据：①未以封存状态移送的；②笔录或者清单上没有侦查人员、电子数据持有人（提供人）、见证人签名或者盖章的；③对电子数据的名称、类别、格式等注明不清的；④有其他瑕疵的。

（7）非法证据。第28条规定，电子数据具有下列情形之一的，不得作为定案的根据：①电子数据系篡改、伪造或者无法确定真伪的；②电子数据有增加、删除、修改等情形，影响电子数据真实性的；③其他无法保证电子数据真实性的情形。

（8）鉴定人与专家辅助人出庭。第26条规定，公诉人、当事人或者辩护人、诉讼代理人对电子数据鉴定意见有异议，可以申请人民法院通知鉴定人出庭作证。人民法院认为鉴定人有必要出庭的，鉴定人应当出庭作证。经人民法院通知，鉴定人拒不出庭作证的，鉴定意见不得作为定案的根据。对没有正当理由拒不出庭作证的鉴定人，人民法院应当通报司法行政机关或者有关部门。公诉人、当事人或者辩护人、诉讼代理人可以申请法庭通知有专门知识的人出庭，就鉴定意见提出意见。对电子数据涉及的专门性问题的报告，参照适用前三款规定。

40. 监察与勘验鉴定

2016年12月25日，十二届全国人大常委会二十五次会议通过《关于在北京市、山西省、浙江省开展国家监察体制改革试点工作的决定》，其中，第2条规定，试点地区监察委员会按照管理权限，对本地区所有行使公权力的公职人员依法实施监察；履行监督、调查、处置职责，监督检查公职人员依法履职、秉公用权、廉洁从政以及道德操守情况，调查涉嫌贪污贿赂、滥用职权、玩忽职守、权力寻租、利益输送、徇私舞弊以及浪费国家资财等职务违法和职务犯罪行为并作出处置决定，对涉嫌职务犯罪的，移送检察机关依法提起公诉。为履行上述职权，监察委员会可以采取谈话、讯问、询问、查询、冻结、调取、查封、扣押、搜查、勘验检查、鉴定、留置等措施。

41. 涉外法律服务与鉴定

2016年12月30日，司法部、外交部、商务部、国务院法制办公室发布《关于发展涉外法律服务业的意见》[1]，其中，第12条中规定，提高涉外法律服务质量。……建立完善涉外司法鉴定事项报告制度，进一步规范涉外司法鉴定工作。

42. 办理毒品犯罪案件与鉴定

2016年5月24日，最高人民法院、最高人民检察院、公安部发布《办理毒品犯罪案件毒品提取、扣押、称量、取样和送检程序若干问题的规定》[2]，对毒品的提取、扣押、称量、取样和送检工作及其审查作出系统规范。

43. 办理非法采矿、破坏性采矿刑事案件与鉴定

2016年11月28日，最高人民法院、最高人民检察院发布《关于办理非法采矿、破坏性采矿刑事案件适用法律若干问题的解释》[3]，其中，第14条规定，对案件所涉的有关专门性问题难以确定的，依据下列机构出具的鉴定意见或者报告，结合其他证据作出认定：①司法鉴定机构就生态环境损害出具的鉴定意见；②省级以上人民政府国土资源主管部门就造成矿产资源破坏的价值、是否属于破坏性开采方法出具的报告；③省级以上人民政府水行

---

[1] 司发通〔2016〕136号。

[2] 公禁毒〔2016〕511号，自2016年7月1日起施行。

[3] 法释〔2016〕25号，自2016年12月1日起施行。本解释施行后，《最高人民法院关于审理非法采矿、破坏性采矿刑事案件具体应用法律若干问题的解释》（法释〔2003〕9号）同时废止。

政主管部门或者国务院水行政主管部门在国家确定的重要江河、湖泊设立的流域管理机构就是否危害防洪安全出具的报告;④省级以上人民政府海洋主管部门就是否造成海岸线严重破坏出具的报告。

44. 查办泄密案件与鉴定

2016年12月14日,最高人民检察院、国家保密局印发《人民检察院、保密行政管理部门查办泄密案件若干问题的规定》[1],其中,第13条第1、2款规定,保密行政管理部门向人民检察院移送涉嫌泄密犯罪案件,对于其在行政执法中收集的物证、书证、视听资料、电子数据等证据材料,应当以该保密行政管理部门的名义一并移送人民检察院。经人民检察院审查符合法定要求的,可以作为刑事诉讼证据使用。对于保密行政管理部门在查办泄密案件过程中收集的鉴定意见和勘验、检查笔录,经人民检察院审查符合法定要求的,可以作为刑事诉讼证据使用。第15条规定,人民检察院办理泄密犯罪案件过程中,需要对有关事项是否属于国家秘密以及属于何种密级进行鉴定的,应当向有鉴定权的保密行政管理部门提请鉴定。保密行政管理部门应当依法作出鉴定,并出具密级鉴定书。

45. 办理环境污染刑事案件与鉴定

2016年12月23日,最高人民法院、最高人民检察院发布《关于办理环境污染刑事案件适用法律若干问题的解释》[2],其中,第12条规定,环境保护主管部门及其所属监测机构在行政执法过程中收集的监测数据,在刑事诉讼中可以作为证据使用。公安机关单独或者会同环境保护主管部门,提取污染物样品进行检测获取的数据,在刑事诉讼中可以作为证据使用。第14条规定,对案件所涉的环境污染专门性问题难以确定的,依据司法鉴定机构出具的鉴定意见,或者国务院环境保护主管部门、公安部门指定的机构出具的报告,结合其他证据作出认定。

46. 办理减刑假释案件与鉴定

2016年11月14日,最高人民法院发布《关于办理减刑、假释案件具体

---

[1] 国保发〔2016〕42号,自发布之日起施行。
[2] 法释〔2016〕29号,自2017年1月1日起施行。本解释施行后,《最高人民法院、最高人民检察院关于办理环境污染刑事案件适用法律若干问题的解释》(法释〔2013〕15号)同时废止;之前发布的司法解释与本解释不一致的,以本解释为准。

应用法律的规定》[1]，其中，第39条第4款规定，对刑罚执行机关提供的证明罪犯患有严重疾病或者有身体残疾的证明文件，人民法院应当审查，必要时可以委托有关单位重新诊断、鉴定。

47. 审理消费民事公益诉讼案件与鉴定

2016年4月24日，最高人民法院发布《关于审理消费民事公益诉讼案件适用法律若干问题的解释》[2]，其中，第18条规定，原告及其诉讼代理人对侵权行为进行调查、取证的合理费用、鉴定费用、合理的律师代理费用，人民法院可根据实际情况予以相应支持。

48. 审理发生在我国管辖海域相关案件与鉴定

2016年8月1日，最高人民法院发布《关于审理发生在我国管辖海域相关案件若干问题的规定（二）》[3]，其中，第7条规定，对案件涉及的珍贵、濒危水生野生动物的种属难以确定的，由司法鉴定机构出具鉴定意见，或者由国务院渔业行政主管部门指定的机构出具报告。珍贵、濒危水生野生动物或者其制品的价值，依照国务院渔业行政主管部门的规定核定。核定价值低于实际交易价格的，以实际交易价格认定。本解释所称珊瑚、砗磲，是指列入《国家重点保护野生动物名录》中国家一、二级保护的，以及列入《濒危野生动植物种国际贸易公约》附录一、附录二中的珊瑚、砗磲的所有种，包括活体和死体。

49. 审理司法赔偿案件与鉴定

2016年9月7日，最高人民法院发布《关于审理民事、行政诉讼中司法赔偿案件适用法律若干问题的解释》[4]，其中，与司法鉴定相关的内容主要包括：

（1）违法保全。第3条规定，违法采取保全措施，包括以下情形：……⑦对季节性商品或者鲜活、易腐烂变质以及其他不宜长期保存的物品采取保

---

[1] 法释〔2016〕23号，自2017年1月1日起施行。以前发布的司法解释与本规定不一致的，以本规定为准。

[2] 法释〔2016〕10号，自2016年5月1日起施行。本解释施行后人民法院新受理的一审案件，适用本解释。本解释施行前人民法院已经受理、施行后尚未审结的一审、二审案件，以及本解释施行前已经终审、施行后当事人申请再审或者按照审判监督程序决定再审的案件，不适用本解释。

[3] 法释〔2016〕17号，自2016年8月2日起施行。

[4] 法释〔2016〕20号，自2016年10月1日起施行。本解释施行前最高人民法院发布的司法解释与本解释不一致的，以本解释为准。

全措施，未及时处理或者违法处理，造成物品毁损或者严重贬值的。

（2）错误执行。第5条规定，对判决、裁定及其他生效法律文书执行错误，包括以下情形：……⑨对季节性商品或者鲜活、易腐烂变质以及其他不宜长期保存的物品采取执行措施，未及时处理或者违法处理，造成物品毁损或者严重贬值的；⑩对执行财产应当拍卖而未依法拍卖的，或者应当由资产评估机构评估而未依法评估，违法变卖或者以物抵债的。

（3）审理期限。第20条规定，人民法院赔偿委员会审理民事、行政诉讼中的司法赔偿案件，有下列情形之一的，相应期间不计入审理期限：……②人民法院赔偿委员会委托鉴定、评估的。

50. 预防接种异常反应与鉴定

2016年4月23日，国务院发布修订后的《疫苗流通和预防接种管理条例》[1]，其中，第45条规定，预防接种异常反应的鉴定参照《医疗事故处理条例》执行，具体办法由国务院卫生主管部门会同国务院药品监督管理部门制定。第73条规定，以发生预防接种异常反应为由，寻衅滋事，扰乱接种单位的正常医疗秩序和预防接种异常反应鉴定工作的，依法给予治安管理处罚；构成犯罪的，依法追究刑事责任。

51. 职业病与鉴定

2016年7月2日，十二届全国人大常委会二十一次会议通过修订后的《职业病防治法》，其中，第54条第2款规定，人民法院受理有关案件需要进行职业病鉴定时，应当从省、自治区、直辖市人民政府卫生行政部门依法设立的相关的专家库中选取参加鉴定的专家。

52. 中医药与鉴定

2016年12月25日，十二届全国人大常委会二十五次会议通过《中医药法》，其中，第51条规定，开展法律、行政法规规定的与中医药有关的评审、评估、鉴定活动，应当成立中医药评审、评估、鉴定的专门组织，或者有中医药专家参加。

53. 农业机械事故与鉴定

2016年2月6日，国务院发布修订后的《农业机械安全监督管理条例》[2]，

---

[1] 国务院令第668号，自公布之日起施行。
[2] 国务院令第666号，自公布之日起施行。

其中，对农业机械事故处理作出专章规定。第27条规定，对经过现场勘验、检查的农业机械事故，农业机械化主管部门应当在10个工作日内制作完成农业机械事故认定书；需要进行农业机械鉴定的，应当自收到农业机械鉴定机构出具的鉴定结论之日起5个工作日内制作农业机械事故认定书。农业机械事故认定书应当载明农业机械事故的基本事实、成因和当事人的责任，并在制作完成农业机械事故认定书之日起3个工作日内送达当事人。

54. 进出口商品与检验

2016年2月6日，国务院发布修订后的《进出口商品检验法实施条例》[1]，其中，第37条规定，在中华人民共和国境内设立从事进出口商品检验鉴定业务的检验机构，应当依法办理工商登记，并符合有关法律、行政法规、规章规定的注册资本、技术能力等条件，经国家质检总局和有关主管部门审核批准，获得许可，方可接受委托办理进出口商品检验鉴定业务。第38条规定，对检验机构的检验鉴定业务活动有异议的，可以向国家质检总局或者出入境检验检疫机构投诉。

55. 涉外考古与鉴定

2016年2月6日，国务院发布修订后的《考古涉外工作管理办法》[2]，其中，第11条规定，合作考古调查、勘探、发掘的文物或者自然标本需要送到中国境外进行分析化验或者技术鉴定的，应当报经国家文物局批准。化验、鉴定完毕后，除测试损耗外，原标本应当全部运回中国境内。

56. 档案管理与鉴定

2016年11月7日，十二届全国人大常委会二十四次会议通过修订后的《档案法》，第15条规定，鉴定档案保存价值的原则、保管期限的标准以及销毁档案的程序和办法，由国家档案行政管理部门制定。禁止擅自销毁档案。

57. 取消部分职业资格许可和认定

2016年1月20日，国务院发布《关于取消一批职业资格许可和认定事项的决定》[3]，其中，取消的与司法鉴定相关的职业资格许可和认定事项主要包括：公路水运工程造价人员资格、全国建设工程造价员资格、尘肺诊断医

---

[1] 国务院令第666号，自公布之日起施行。
[2] 国务院令第666号，自公布之日起施行。
[3] 国发〔2016〕5号。

师资格、职业中毒诊断医师资格、物理因素职业病诊断医师资格、全国职业性放射病诊断医师资格、化学品毒性鉴定专家、冶金行业造价师、文物进出境责任鉴定员。

2016年6月8日,国务院发布《关于取消一批职业资格许可和认定事项的决定》[1],其中,取消的与司法鉴定相关的职业资格许可和认定事项主要包括:价格鉴证师、矿产储量评估师、珠宝玉石质量检验师、棉花质量检验师、计量检定员、地震安全性评价工程师、水利工程造价工程师。

2016年12月1日,国务院发布《关于取消一批职业资格许可和认定事项的决定》[2],其中,取消的与司法鉴定相关的职业资格许可和认定事项主要包括:肉品品质检验人员资格、防雷专业技术人员资格、鉴定估价师(拍卖、典当及租赁业务)。

四、司法实践中的证据制度建设:陈满案和任海玲案证据分析

2015年,最高人民检察院就陈满涉嫌故意杀人案,按照审判监督程序向最高人民法院抗诉;最高人民法院对陈满案再审后,撤销原有罪生效判决,宣判陈满无罪。最高人民法院刑事审判一至五庭2016年出版的《刑事审判参考》(总第102集),将任海玲故意杀人案作为第1058号指导案例,该案的核心是如何把握"疑罪"认定标准。

(一)陈满案证据分析

1. 案情概述[3]

海口市检察院指控原审被告人陈满犯故意杀人罪,海口市中级人民法院于1994年11月9日作出(1994)海中刑初字第19号刑事判决,以故意杀人罪,判处陈满死刑,缓期二年执行,剥夺政治权利终身;以放火罪,判处其有期徒刑九年,决定执行死刑,缓期二年执行,剥夺政治权利终身。宣判后,海口市检察院提出抗诉,海南省检察院支持抗诉。海南省高级法院经开庭审理,于1999年4月15日作出(1994)琼刑终字第81号刑事裁定,驳回抗

---

[1] 国发〔2016〕35号。
[2] 国发〔2016〕68号。
[3] 案情陈述摘自浙江省高级人民法院刑事判决书,(2015)浙刑再字第2号。

诉，维持原判。裁判生效后，陈满不服，向最高人民检察院提出申诉。2015年2月10日，最高人民检察院作出高检刑申抗（2015）1号刑事抗诉书，按照审判监督程序向最高人民法院提出抗诉。最高人民法院于同年4月24日作出（2015）刑抗字第2号再审决定书，决定将本案指令浙江省高级人民法院再审，该院依法组成合议庭，2015年12月29日在海南省海口市琼山区法院开庭审理了本案。

海口市中级人民法院一审判决认定的事实为：1992年1月，被告人陈满到海口市上坡下村×××号被害人钟某所在公司的住房租住。期间，陈满因未交房租等，与钟某发生矛盾，钟某声称要向公安机关告发陈满私刻公章帮他人办工商执照之事，并于同年12月17日要求陈满搬出所租房屋。陈满怀恨在心，遂起杀害钟某歹念。12月25日晚7时许，陈满发现上坡下村地面停电并得知钟某要返回四川老家，便从宁屯大厦窜至上坡下村×××号，见钟某正在客厅喝酒，便与其聊天，随即陈满进到房间从厨房拿起菜刀一把，趁钟某不备，朝钟某的头部、颈部、躯干部等处连砍数刀，致钟某当即死亡。接着，陈满将厨房的煤气罐搬到钟某的卧室门口，用打火机点火焚尸灭迹。大火烧毁钟某住室、床及办公桌等家具，后经消防队将大火扑灭。经法医鉴定，钟某身有多处锐器伤、颈动脉被割断造成失血性休克死亡。一审判决认为，被告人陈满因债务纠纷而将他人杀死，并焚尸灭迹，其行为已构成故意杀人罪，且情节特别恶劣，后果特别严重，应依法严惩。此外，陈满在人口密集住宅区放火，危害公共安全，构成放火罪，应予数罪并罚。

海口市检察院抗诉提出，被告人陈满蓄意杀人，手段残忍，情节特别恶劣，后果特别严重，依法应予严惩，没有任何法定或酌定从轻处罚条件；原判对其量刑却适用死刑缓期二年执行，显然过轻，未充分体现罪刑相一致原则，应判处其死刑立即执行。海南省检察院支持抗诉认为，原审被告人陈满有罪供述交代的犯罪动机、犯罪过程与现场勘查笔录、法医检验报告、证人证言完全一致，陈满作案手段凶残，情节特别恶劣，没有法定从轻处罚的情节，一审判决判处其死刑缓期二年执行不当，应当撤销原判，判处陈满死刑立即执行，剥夺政治权利终身。

但是，原审被告人陈满及其辩护人均提出，认定陈满杀死钟某在作案时间上不成立，所依据的间接证据不确实且相互矛盾，不能起到证明犯罪事实的作用，陈满在侦查阶段的有罪供述系诱供、逼供所致，本案没有确实、充分的证据证明其犯罪,应当作出证据不足,指控的犯罪不能成立的无罪判决。

海南省高级法院二审裁定认定的事实,与一审判决基本一致。二审裁定认为,原审被告人陈满因欠债不还与钟某发生矛盾,被钟某以揭露其违法行为要挟,竟怀恨在心,持刀将钟某杀死,又不顾左邻右舍安危,在人口密集的作案现场放火焚尸,其行为已分别构成故意杀人罪和放火罪,手段残忍,情节恶劣,后果严重,依法应予严惩。抗诉机关的抗诉理由并无不当,但考虑到本案的具体情况,对陈满可不立即执行死刑。辩护人关于陈满无作案时间及认定其作案证据不足等辩护意见与事实不符,不予采纳。原判认定事实清楚,证据确实、充分,定罪准确,量刑适当,审判程序合法。

再审中,原审被告人陈满及其辩护人均提出,本案有众多证人证言证明陈满没有作案时间,侦查机关也未收集到认定陈满犯故意杀人罪、放火罪的直接证据,其他间接证据没有形成严密、完整的证据体系。除陈满的有罪供述外,并无其他证据证明陈满杀人放火的事实。陈满的有罪供述与已查实的证据具有不可调和的矛盾,侦查人员采用刑讯逼供等非法手段获取的陈满有罪供述,原裁判据以定罪的主要证据,陈满有罪供述的合法性和真实性存在疑问。证明陈满实施了故意杀人、放火犯罪的证据严重不足,不能认定陈满就是杀人凶手。证明陈满没有实施犯罪的证据确实、充分。本案不能排除其他人作案的可能性。应对陈满宣告无罪。

出庭检察员认为,原裁判认定原审被告人陈满实施杀人、放火行为的主要证据,除陈满曾作过的有罪供述外,其他证据均不能证实本案系陈满所为。作为定罪主要证据的陈满有罪供述与现场勘查笔录、证人证言等其他在案证据存在矛盾,供述的真实性、合法性存在疑问,且有罪供述中的一些情节得不到其他证据印证。本案没有任何指向陈满作案的客观性证据和技术性证据,作案工具难以认定,相关物证在侦查阶段已经丢失,没有在法院庭审中举证、质证,依法不能作为定案的依据,无法对有罪供述起到印证作用。本案侦查机关取证的合法性存在疑问,但除陈满的辩解外,没有其他证据能够证明存在采用刑讯逼供等非法手段收集犯罪嫌疑人供述的行为。原裁判认定事实的证据不确实、不充分,认定的事实不具有唯一性和排他性。依法应当宣告陈满无罪。

经再审查明,原裁判认定原审被告人陈满于1992年1月到海口市振东区(今海口市美兰区)上坡下村×××号向被害人钟某租房居住,案发前搬离,同年12月25日晚7时许，钟某被人杀死在上坡下村×××号一楼东卧室，中心现场被人放火焚尸灭迹的事实清楚。但原裁判认定系原审被告人陈满杀死被害人钟某并焚尸灭迹的事实不清，证据不足。再审法院认为，原裁判认定原审被告人陈满杀死被害人钟某并放火焚尸灭迹的事实不清，证据不足，指控的犯罪不能成立，依法应予改判纠正。控辩双方要求撤销原裁判，宣告陈满无罪的意见成立，均予以采纳。本案经最高人民法院审判委员会讨论决定，依照《刑事诉讼法》第245条、第225条第1款第3项，最高人民法院《刑诉法解释》第389条第2款之规定，判决如下：①撤销海南省高级人民法院（1994）琼刑终字第81号刑事裁定和海口市中级人民法院（1994）海中刑初字第19号刑事判决；②原审被告人陈满无罪。

2. 证据分析

（1）关于非法证据排除的证明责任和证明标准。再审程序中，原审被告人陈满及其辩护人均提出，侦查机关刑讯逼供获取陈满的有罪供述。但出庭检察员认为："虽然本案侦查机关取证的合法性存在疑问，但除陈满的辩解外，没有其他证据能够证明本案存在采用刑讯逼供等非法手段收集陈满供述的行为。"[1] 再审法院认为出庭检察员的意见成立，予以采纳，未将该口供作为非法证据排除。这涉及适用非法证据排除规则的证明责任和证明标准。

《刑事诉讼法》第57条第1款规定："在对证据收集的合法性进行法庭调查的过程中，人民检察院应当对证据收集的合法性加以证明。"但第56条第2款同时规定："当事人及其辩护人、诉讼代理人有权申请人民法院对以非法方法收集的证据依法予以排除。申请排除以非法方法收集的证据的，应当提供相关线索或者材料。"对于这种证明责任分配机制，有学者称之为"两步式的证明责任分配规则"[2]，即由被告方承担初步举证责任，提供"相关线索或者材料"后即可启动口供合法性调查程序；启动调查程序后，最终意义上的证明责任由控方承担，即实行举证责任倒置。对于"相关线索"的含义，最高人民法院《刑诉法解释》第96条规定："当事人及其辩护人、诉讼代理人申请人民法院排除以非法方法收集的证据的，应当提供涉嫌非法取证的人员、时间、地点、方式、内容等相关线索或者材料。"当辩方履行了初步举证责任

---

[1] 浙江省高级人民法院刑事判决书，（2015）浙刑再字第2号。
[2] 陈瑞华：《刑事证据法学》，北京大学出版社2012年版，第297页。

后，便由控方承担最终的证明责任，所适用的证明标准是《刑事诉讼法》第58条的规定，即"对于经过法庭审理，确认或者不能排除存在本法第54条规定的以非法方法收集证据情形的，对有关证据应当予以排除"。对控方而言，无论是"确认"还是"不能排除"，都意味着其对证据合法性的证明必须达到确信无疑的标准。

那么，本案被告人和辩护律师是否履行了"提供相关线索或者材料"的初步举证责任？被告人陈满在申诉书中提供了以下信息："晚上11点左右，他们十几个人一起开始审讯我。他们问我，上坡下村×××号的事是不是我干的。我向他们解释，并说不是我干的，对此事一无所知。……几个人便一哄而上拳打脚踢，把我打倒在地，并不停地用脚踢我的身体。……他们用脚踢我，用绳子抽打我。三番五次使我头部重重摔在地上。大约这样反反复复多次，摔倒又让我站起来做固定动作。过了一个小时以后，我已头昏昏沉沉，剩下三个人，他们用绳子捆住我，用力拉，拼命地挤压我的身体，直至无法再压，我感到呼吸几乎停止，身体万般难忍。身体挤压在一起，持续一段时间，然后放开。稍停片刻，又挤压，如此反复多次。这样做完以后，接着用铁棍和铁棒打我身体多处部位。特别是打我关节和肌肉较少的部位。致使我身体多处皮破肿胀，血流不止，疼痛难忍。更为残忍的是用铁棍、铁棒敲打我的头部，头部四处起包，直到天亮，他们才停下来……其中一人说：叫我配合他们，让我承认此事是由我干的，他们可以完成任务，也好向上级领导交差。只要我采取合作的态度，他们也可以保证让我有意想不到的好处和结果，不然他们也可以把我整死，同样可以向上级交差。但这样对我一点好处都没有。"[1]

被告人提供的上述信息，包含了涉嫌非法取证的人员、时间、地点、方式、内容等线索，应当认为已经履行了初步举证责任。这些信息能够使法官对取证的合法性产生合理的怀疑，即"不能排除"存在非法收集证据的情形。实际上，出庭检察员的意见也认可了"侦查机关取证的合法性存在疑问"。在这种情况下，便可启动口供合法性调查程序，转由检控方承担证明责任，如果控方通过举证仍不能消除对侦查机关取证合法性的疑问，那就应当根据前

---

〔1〕 陈满案再审律师辩护词，载 http://www.cqlsw.net/lite/word/2016020118715.html。

述证明标准,认定口供的取得非法,予以排除。[1]

(2)关于被告人口供证明力的审查判断。尽管再审法院并未将被告人口供作为非法口供排除,但对该口供的证明力却给予否定性评价,认为其不能作为定案根据。这涉及口供证明力的审查判断规则。

《刑事诉讼法》第53条第1款在规定证明标准的同时,也规定了口供补强规则:"对一切案件的判处都要重证据,重调查研究,不轻信口供。只有被告人供述,没有其他证据的,不能认定被告人有罪和处以刑罚;没有被告人供述,证据确实、充分的,可以认定被告人有罪和处以刑罚。"根据该规则,口供不能单独作为认定有罪的证据,而必须由其他证据予以补充和强化。最高人民法院《刑诉法解释》第83条规定了翻供后对原口供证明效力的审查判断。该条第2款规定:"被告人庭审中翻供,但不能合理说明翻供原因或者其辩解与全案证据矛盾,而其庭前供述与其他证据相互印证的,可以采信其庭前供述。"第3款规定:"被告人庭前供述和辩解存在反复,但庭审中供认,且与其他证据相互印证的,可以采信其庭审供述;被告人庭前供述和辩解存在反复,庭审中不供认,且无其他证据与庭前供述印证的,不得采信其庭前供述。"

再审程序中,法院关于"原裁判据以定案的主要证据即陈满的有罪供述及辨认笔录的客观性、真实性存疑,依法不能作为定案依据"的总结论,是由以下二点审查判断的子结论支持的:①"原审被告人陈满的有罪供述不稳定。经再审查实,陈满在侦查阶段的供述经历了从不承认犯罪,到承认犯罪,又否认犯罪,再又承认犯罪的多次反复,到检察机关审查起诉阶段和原一、二审审理时全面翻供。"这个结论实际上是对上述第83条第3款翻供条款的适用,被告人从不认罪到认罪又到不认罪存在反复,一、二审全面翻供,且无其他证据补强口供,因而"不得采信其庭前供述"。②"原审被告人陈满关于作案时间、进出现场、杀人凶器、作案手段、作案过程以及对作案时着装的处理等主要情节的供述不仅前后矛盾,而且与在案的现场勘查笔录、法医检验报告、证人证言等证据所反映的情况不符。如陈满供称,其持平头菜刀

---

[1] 辩护律师在辩护词中也提出:"原审检察机关并未出庭,自然也不可能提供什么证明原审公安机关没有刑讯逼供的证据,更不可能将不存在刑讯逼供的事实证明到排除合理怀疑的程度。原审公安机关出示的关于不存在刑讯逼供的'情况说明',并不足以证明不存在刑讯逼供。在这种情况下,应当认定本案刑讯逼供的事实存在。"同上注。

趁被害人钟某不备朝钟某的头部、颈部、躯干部等处连砍数刀,与现场勘查笔录及照片、法医检验报告及照片,以及再审阶段浙江省人民检察院技术处出具的《技术性证据审查意见书》等证据反映的情况不符。上述证据证实,钟某尸体头面部、双手等部位的多处损伤系由带有尖端和锋利面凶器所形成,而不能由平头菜刀形成。"这个结论也是对上述第83条第3款翻供条款的适用,其他证据不但没有补强口供,反而削弱了口供的证明力,因而"不得采信其庭前供述"。③"原审被告人陈满供述将自己工作证留在现场的动机得不到合理解释。侦查机关将本案凶手锁定为陈满的关键证据,是在钟某的裤口袋里发现了陈满的工作证。陈满曾供述,将自己原来的工作证放在钟某的裤袋里是为了让人误以为死者是自己,以逃避他人追债。但杨某某、章某某、刘某某、陆某某、肖某、罗某某、陈某某等多名证人证言,证明未发现案发后陈满有任何异常,陈满也不存在有意躲藏、躲避他人的情形。"[1]这个结论,是对口供本身证明力的审查,体现了再审法院对"两院三部"《死刑案件证据规定》第18条第1款第6项"被告人的辩解内容是否符合案情和常理,有无矛盾"的审查判断标准的适用。

(3) 关于确信无疑或"排除合理怀疑"证明标准的适用。否定了上述口供的证明力之后,再审法院需要审查判断其他证据能否证明犯罪事实。这涉及证明标准,尤其是以间接证据认定案件事实的证明标准规则的适用。

《刑事诉讼法》第53条第2款规定了何为"证据确实、充分"的有罪证明标准:"证据确实、充分,应当符合以下条件:①定罪量刑的事实都有证据证明;②据以定案的证据均经法定程序查证属实;③综合全案证据,对所认定事实已排除合理怀疑。"这是我国证据规则第一次正式提出"排除合理怀疑"。最高人民法院《刑诉法解释》第105条规定了以间接证据认定犯罪事实的标准:"没有直接证据,但间接证据同时符合下列条件的,可以认定被告人有罪:①证据已经查证属实;②证据之间相互印证,不存在无法排除的矛盾和无法解释的疑问;③全案证据已经形成完整的证明体系;④根据证据认定案件事实足以排除合理怀疑,结论具有唯一性;⑤运用证据进行的推理符合逻辑和经验。"上述条款中"排除合理怀疑"、"结论具有唯一性"以及"推理符合逻辑和经验"等语句的规范含义,在司法实践中需要具体把握。

---

[1] 浙江省高级人民法院刑事判决书,(2015)浙刑再字第2号。

陈满案再审法院对口供之外其他证据的审查判断,其分析要点包括:①收集在案的现场勘查笔录、法医检验报告等证据,不能证明原审被告人陈满作案。火灾原因认定书、现场勘查笔录及照片、物证照片、法医检验报告及照片、法医物证检验报告等证据,仅能证明被害人钟某被人杀害,作案现场被人为纵火的事实。②案发现场提取的物证,无法对原审被告人陈满的有罪供述起到印证作用。据现场勘查笔录等证据反映,侦查人员在案发现场收集到大量物证,包括带血的白衬衣、《海南日报》、卫生纸、破碎的酒瓶、散落在现场的多把刀具、陈满的工作证等,案内证据未显示侦查机关是否对上述物证进行过指纹、血迹鉴定,对白衬衣、工作证等物证没有进行照相留存,且上述物证在原一审庭审前均已丢失,原一、二审庭审中也无法出示上述物证,没有进行举证、质证,不能作为定案的依据。③原裁判认定的作案凶器难以确认。原裁判认定原审被告人陈满杀死被害人钟某的凶器是案发当日侦查人员从案发现场厨房砧板上提取,并经陈满辨认的一把锈迹斑斑的木柄平头菜刀。根据现场勘查笔录和法医检验报告及照片、《审查意见》等证据证实,钟某被害前曾遭挟制并因反抗而与作案人发生过剧烈的打斗,其头、面、颈部及双手有20多处损伤,系遭到过一类有尖端凶器一二十次的作用过程所导致,其中尸体颈部有一横行切割创口,长度约25厘米,深至颈椎前缘,气管、左侧颈总静脉和右侧颈总动脉被割断,导致其死亡。陈满有罪供述交代并辨认过的作案工具平头菜刀,难以形成导致钟某死亡的相关损伤。④在案证人证言只是证明了发案时的相关情况、案发前后原审被告人陈满的活动情况以及陈满与被害人钟某的关系等,无法证明陈满实施了杀死钟某并焚尸灭迹的行为。

"排除合理怀疑"(beyond reasonable doubt,也可译为"确信无疑")标准的确切含义是:"除非对其构成被指控的犯罪所必要的每一项事实都有确信无疑的证据,否则,正当程序条款保护被告人免于定罪。"[1]换言之,在陈满案中,构成所指控故意杀人罪之每一要件事实的证明,都必须达到确信无疑的程度,才能给其定罪。但根据再审法院对其他证据的上述分析,各种物证、书证都缺乏辨认鉴真,其来源的可靠性值得怀疑,因而不能作为定罪的依据;

---

[1] [美]罗纳德·J. 艾伦等:《证据法:文本、问题和案例》(第3版),张保生、王进喜、赵滢译,满运龙校,高等教育出版社2006年版,第818页。

证人证言只是证明了案发时的相关情况、案发前后的一些背景信息等,无法证明被告人陈满实施了杀死钟某并焚尸灭迹的行为。因此,再审法院得出结论:"原裁判认定原审被告人陈满杀死被害人钟某并焚尸灭迹的事实不具有唯一性和排他性,再审不予认定。"

(二) 任海玲案证据分析

1. 案情概述[1]

任海玲,女,1979年6月16日生。2008年6月16日因涉嫌故意杀人罪被捕。陕西省西安市检察院以被告人任海玲犯故意杀人罪,向西安市中级人民法院提起公诉。公诉人指控称:2005年,被告人任海玲与华某某相识并租房同居。2007年,华某某与被害人弥某某相识并有暧昧关系。华某某向任海玲提出分手,任海玲因此嫉恨弥某某。2008年5月14时22时许,任海玲谎称系华某某之妹,来到西安市雁塔区铁炉庙二村76号102室弥某某租房内,在与弥某某闲聊过程中,将添加镇静药物的咖啡奶茶让弥某某喝下。随后,任海玲趁弥某某昏睡之际,持刀捅刺弥某某之子计某某颈部,致其椎动脉破裂大量失血而死亡;又持刀割伤弥某某左腕部,致其轻微伤。任海玲作案后随即逃离现场。针对上述指控,公诉人提供了如下证据:

(1) 证人文利贤(房东)证明,2008年5月15日早,听见弥某某呼救,来到其房间后,见弥某某左手腕部有一处伤口;现场茶几上放着一把水果刀,文利贤把水果刀拨到地上,随即报警。

(2) 现场勘查笔录、照片及示意图证明,室内靠南墙放有一双人床,床外沿处躺有一小男孩尸体,上身穿背心,下身穿灰色长裤,赤脚。在小孩尸体上可见一处刀口,床单上有血迹。进房门左侧有一白色小木柜,上面放有一把水果刀,刀上有血迹。现场勘查提取木柜上水果刀一把、弥某某睡衣一件和床单、茶几等处的血迹。经DNA鉴定,床单上的血迹、茶几上的血迹、水果刀上的血迹及弥某某睡衣衣襟正中的血迹,均为弥某某所留。

(3) 法医鉴定意见称,死者计某某颈部正中见一6cm×8cm的皮下淤血,在其上部可见一1cm×0.2cm横行创口,创缘较齐,可见血液溢出,其左侧见一皮瓣形成。打开颈部,可见颈前肌肉软组织大量淤血,颈椎2、3椎体间可

---

[1] 案情陈述摘自最高人民法院刑事审判一至五庭编著:《刑事审判参考》(总第102集),法律出版社2016年版,第1058号指导案例。

见一1.2cm×0.3cm创口，左侧椎间动脉断裂。结论：计某某系在被他人扼压颈部致机械性窒息的状态下，又被刺伤颈部致椎动脉破裂大量失血而死亡。鉴定意见还称，计某某颈部创口皮瓣可由现场提取的水果刀两次抽动形成。被害人弥某某左腕部见3条略平行的皮肤裂痕，分别为6.8cm、3cm、2cm，均已拆线，愈合良好，左腕部及各指活动、感觉无异常。结论：弥某某损伤为轻微伤。

（4）公安部物证检验报告称，弥某某睡衣及现场床单上的血迹中检出地西泮及阿普唑仑成分（该两种药具有抗焦虑、镇静催眠作用）。

（5）被害人弥某某陈述，其与华某某是情人关系，任海玲也是华某某的情人。2008年5月14日22时许，任海玲来到弥某某住处，提一白色塑料袋，里面装着豆腐干、火腿肠、两杯咖啡奶茶饮品等食品。弥某某向任海玲谈起她和华某某的感情。弥某某还把华某某送给她的一把水果刀拿出来让任海玲看。弥某某喝了任海玲带来的奶茶后觉得头晕，就躺下睡了。5月15日上午，弥某某不知道几点醒来后，发现左胳膊在流血，身边孩子头上有血，鼻子往外冒血泡样东西。弥某某在一审庭审中另陈述，自己苏醒过来时，发现刀子在自己手中。

（6）证人罗海棋（房东）证明，案发前日晚，他看见弥某某和一个女的在说话。23时许，他关大门时，看见弥某某家的灯还亮着。

（7）证人王军民证明，2008年5月14日，他开车带任海玲和弥某某到蓝田玩，当天任海玲心情很不好。

（8）证人华某某证明，他和任海玲、弥某某均系情人关系。任海玲见弥某某时自称是他妹妹。2008年5月13日，华某某向任海玲提出分手，她不同意。华某某送给弥某某一把银色金属刀，是买三圈霸道电池带的赠品。

（9）证人计某宏（弥某某之夫）证明，2008年5月15日9时许，计某宏接到房东电话称家里出事。他发现弥某某黑色CECT直板手机和家里及院子大门的钥匙都不见了。房东一般是22时关大门，大门是反锁的，没有院大门钥匙无法出去。

（10）现场指认笔录及照片证明，被告人任海玲辨认丢弃案发时所穿衣物地点，位于铁炉庙二村村口"黄河湾饺子馆"门前；去弥某某家时购买食物的商店，系铁炉庙二村"春辉小家电"、"祥意商店"；作案现场，系铁炉庙二村76号1楼进门西侧弥某某租住房；丢弃手机地点，系铁炉庙二村90号公共厕所。

（11）辨认笔录及照片证明，被告人任海玲从7把刀具辨认出4号（现场提取的刀具）为其作案工具。

（12）通话清单证明，被告人任海玲手机号130×××××××与弥某某的手机号158×××××××，于2008年5月14日（案发日）18：54、21：06、22：02、22：18、22：27多次通话。

（13）被告人任海玲在公安机关曾作过9次供述，但供述前后存在矛盾。被告人一审时推翻了先前供述，在庭审中辩称：案发当晚弥某某得知她是华某某情妇后持刀要杀她，她将计某某抱起来抵挡，弥某某持刀戳中计某某致其死亡。

辩护人提出，起诉书指控任海玲在弥某某的咖啡奶茶中投放镇静药物并持刀杀死计某某的证据不足，公诉机关的指控不能成立。

西安市中级人民法院经审理认为，公诉机关指控被告人任海玲因感情纠葛而报复杀害计某某的事实不清，证据之间存在的疑点和矛盾无法排除，现有证据不能证明所指控的犯罪事实，也不能完全排除他人作案的可能。被告人任海玲的辩护人所提本案证据不足、公诉机关指控不能成立的辩护意见，予以采纳。依照《刑事诉讼法》第195条第3项和最高人民法院《刑诉法解释》第241条第1款第4项之规定，法院判决宣告被告人任海玲无罪。

一审宣判后，西安市检察院提出抗诉。陕西省检察院认为，西安市检察院的抗诉理由成立，被告人任海玲持刀杀害计某某的基本事实清楚，基本证据确实，原审判决错误。

陕西省高级法院经审理认为，公诉机关提供的证据能够证实被害人计某某遇害，被告人任海玲有作案动机，去过犯罪现场，具有作案时间。但公诉机关证明任海玲杀害计某某的证据不充分，主要依据的是任海玲的供述，而其供述前后不一，诸多内容不合情理，且未得到其他证据印证。由于案件证据之间存在的矛盾无法排除，依据现有证据不能得出任海玲杀害计某某的唯一结论。据此，依法裁定驳回抗诉，维持原判。

2. 证据分析

（1）关于口供证明力的审查判断。本案中，被告人任海玲在公安机关曾作过九次供述，但后来翻供。第一次供称：她和华某某同居三四年，华某某承诺离婚后和她结婚，但她发现弥某某和华某某有染，华某某还提出要与她分手。她曾以华某某妻子和妹妹的身份劝弥某某离开华某某，未果，遂产生杀死弥某某的念头。5月14日白天，她让朋友王军民开车载她和弥某某一起去蓝田玩。当晚10时许，她通过电话联系后去了弥某某家，去之前在村路边小超市买了奶茶饮料、鸡爪子、豆腐干。在弥某某家，她换了弥某某的睡裙，她俩就坐在床上聊，主要聊弥某某与华某某的感情问题。在聊天过程中，弥某某从床头柜里拿出一把折叠刀说是华某某送给自己的。她们聊天时抽了很多哈德门烟（后称是猴王香烟），又一起喝了奶茶，喝完后就睡了，弥某某将吃过的空袋子收拾到垃圾袋里扔到外面。任海玲睡觉时越想越生气，就拿起床头柜上的刀子在弥某某的左胳膊上划了两刀，弥某某也没什么反应，流了很多血。她想可能是因为二人抽了很多烟，而且她枕着弥某某的左胳膊，把其胳膊枕麻了，她才没有反应。这时，弥某某的孩子起来小便，她抱着孩子小便后孩子又叫妈妈，她当时想将错就错，就用手掐住孩子的脖子，孩子喊了两声，因她手上没劲，孩子又在哭闹，她就用刀在孩子脖子上戳了两刀，直到孩子不动了。她怕弥某某死不了，又用刀在她的左手腕上割了一刀。刀子用完后，她就放在床头柜上了。天亮后，她听到外边有人开门，因为衣服上沾了很多血，就换上干净衣服，拿了弥某某的手机；用塑料袋装了沾血的睡衣，出了弥某某家，走到村里街上，把装衣服的塑料袋扔到垃圾筐，把手机扔进一个公共厕所冲掉。

被告人任海玲前五次供述与第一次供述基本相同。第二次供述还提到，她与弥某某发生争吵，弥某某先拿出刀，她拿了一根木棍打在弥某某后脑将其打晕，然后用刀割弥某某手腕。此后，任海玲翻供称，她和弥某某发生争执后，弥某某用刀捅她，她抱起计某某抵挡，弥某某用刀刺中计某某。被告人任海玲在一审庭审中辩称，案发当晚弥某某得知她是华某某情妇后，持刀要杀她，她将计某某抱起来抵挡，弥持刀戳中计某某，致其死亡。

《刑事诉讼法》第53条第1款规定："对一切案件的判处都要重证据，重调查研究，不轻信口供。只有被告人供述，没有其他证据的，不能认定被告人有罪和处以刑罚；没有被告人供述，证据确实、充分的，可以认定被告人有罪和处以刑罚。"根据该规则，口供既不能单独作为定罪的证据，又不具有预设的证明力，而且本案口供存在反复和矛盾，其可信性无法保障。因此，被告人任海玲的庭前有罪供述无法作为认定其有罪的根据。

（2）关于"疑罪从无"的认定标准。按照《刑事诉讼法》第53条第2

款的规定，认定有罪的证明标准是："证据确实、充分，应当符合以下条件：①定罪量刑的事实都有证据证明；②据以定案的证据均经法定程序查证属实；③综合全案证据，对所认定事实已排除合理怀疑。"如果达不到"排除合理怀疑"或确信无疑，就意味着"疑罪"，应按照《刑事诉讼法》第195条第3项的规定作出判决："证据不足，不能认定被告人有罪的，应当作出证据不足、指控的犯罪不能成立的无罪判决。"

综合全案证据，对于被告人有罪，事实认定者尚不能达到确信无疑，或排除合理怀疑。具体而言：其一，公诉机关当庭出示的被害人弥某某陈述、证人华某某、计某宏、王军民等的证言、手机通话记录等证据仅能证明：①任海玲与华某某、弥某某三人之间存在感情纠葛；②任海玲得知华某某因弥某某要与其分手而产生怨恨心理，具有作案动机；③任海玲与弥某某在案发当日多次电话联系，并去过作案现场，有作案时间。其二，被害人弥某某的睡衣及床单上的血迹中检出地西泮及阿普唑仑成分，但含有这些成分的镇静药物的来源及残留物去向缺乏相应的证据证实。任海玲归案后虽作过有罪供述，但从侦查阶段到审判阶段从未供述过使用镇静药物的情况。其三，任海玲供述中提到的咖啡奶茶杯、烟头、手机、钥匙、血衣等物证，均未提取到案，无法补强其供述的真实性。其四，现场提取的刀具未作指纹鉴定，且刀具上未检出死者计某某的血迹，不能确定该刀具是作案工具，也不能确定任海玲曾持有该刀具。其五，侦查机关对现场周围住户没有系统排查，不能确定被害人弥某某所住院子的大门在案发当晚是否关闭、是否反锁，无法排除案发当晚有其他人进入案发现场。其六，在案证据之间还存在以下矛盾：①证人文利贤证明，其进入现场后，看见弥某某房中茶几上放着一把水果刀，其把水果刀拨到地上，但现场勘查笔录显示，在进房门左侧白色木柜上放着一把水果刀，刀上有血迹。②被害人弥某某称计某某睡前穿白色T恤、裤头，但现场勘查笔录和照片显示，计某某穿的是长裤。③任海玲归案后的多次供述存在矛盾。

因此，西安市中级人民法院一审判决："证据之间存在的疑点和矛盾无法排除，现有证据不能证明起诉书指控的犯罪事实，也不能完全排除他人作案的可能。"该法院将本案作为疑罪案件，作出无罪推定的判决，是符合刑事诉讼证明标准的。

（3）关于证明标准的盖然性与"疑罪从无"的似真性解释理论。证明标准又称说服责任,它既是承担证明责任一方提供充分证据对其事实主张加以证明所应达到的标准,又是事实认定者作出裁决时被这些证明所说服的程度。"说服责任则是指陪审团为了对特定争点作出认定而必须具有的确定性程度。……在民事案件中,陪审团必须通过优势证据认定原告的诉求是真实的。优势证据意味着可能性高于50%,或'可能的概率高于不可能的概率'。在刑事案件中,说服责任意味着在有罪问题上要'确信无疑'(beyond reasonable doubt,或译为'排除合理怀疑')。"[1]"确信无疑"或"确实、充分",是指一种"道德上的确定性",而非数学上的"绝对确定性",其确信程度大约为95%。这是从刑事错案率大致推算出来的。例如,"在美国,有数据表明,在强奸谋杀案审判的死刑定罪中,重罪审判的错误率大约在3.5%~5.0%之间。"[2]

证明标准的盖然性决定了事实认定的盖然性。传统的证明标准理论即证据的概率解释理论,是给证据片段赋予假设概率,试图将证明标准精确化或量化,从而对竞争性案情作标准化比较。然而,正如我们在任海玲案中所看到的,一些证据的含义是模糊的,可以作多种解释,要给它们赋值是相当困难的。例如,对被害人弥某某的两次陈述,她在一次陈述中说,自己喝了任海玲带来的奶茶后觉得头晕,就躺下睡了。5月15日上午,自己不知道几点醒来后,发现左胳膊在流血,身边孩子头上有血,鼻子往外冒血泡样东西。她在一审庭审中另陈述说,自己苏醒过来时,发现刀子在自己手中。对这两个陈述,要赋予概率值或将其量化是很困难的。

为了摆脱这种解释困境,艾伦(Allen)教授提出一个另辟蹊径的思路,即"最佳解释推论"(IBE)。它不像传统概率论解释那样局限于一个个具体证据,而是采取一种整体性解释方法,即由全案证据拼合出来的完整案情或故事。这种似真性最佳解释理论,在民事诉讼中是一种比较优势的抉择,因为民事诉讼是优势证据标准,那就要看原告的故事是否比被告的故事更好还是被告的故事比原告的故事更好。哪一个故事更似真,哪一方就应该胜诉。在刑事诉讼中,根据无罪推定原则,有三种选择:①如果没有似真的犯罪案

---

[1] 参见[美]罗纳德·J. 艾伦等:《证据法:文本、问题和案例》,张保生、王进喜、赵滢译,满运龙校,高等教育出版社2006年版,第253~254、807页。

[2] [美]罗纳德·J. 艾伦:"证据法、诉讼法和实体法的关系?",张保生、张月波、汪诸豪译,载《证据科学》2010年第6期。

情，此人就是无罪的。②如果有似真的犯罪案情，且没有似真的无罪案情，此人就是有罪的。③如果有似真的犯罪案情和似真的无罪案情，此人就是无罪的。[1] 显然，在三种选择中，有两种对被告人有利。关于计某某的死因，如果被害人弥某某的陈述可信，被告人就有似真的犯罪案情；如果被告人任海玲的陈述（案发当晚，弥某某得知她是华某某的情妇后，持刀要杀她，她将计某某抱起来抵挡，弥某某持刀戳中计某某，致其死亡）可信，被告人就有似真的无罪案情。因此，根据最佳解释理论，在犯罪案情和无罪案情都具有似真性的情况下，就应该作出被告人无罪的判决。

---

[1] 参见 [美] 罗纳德·J. 艾伦："证据与推论——兼论概率与似真性"，张月波译，张保生校，载《证据科学》2011年第1期。

2015~2016年中国证据科学学术进展

一、证据科学研究进展

2015~2016年度,国内外证据科学研究呈现出两个显著特点:其一,对于开展证据科学交叉研究的意义,取得了更加广泛的共识。其二,国内外学者都从更加务实(如减少冤假错案)的角度,探讨了证据法学和法庭科学交叉研究的问题。

(一)证据科学域外理论研究

1. 关于证据法学和法庭科学研究领域的分野

艾伦《证据法的法域范围》一文[1]试图通过对证据法研究领域的讨论,使法庭科学与证据法学的分野明朗化,以利于二者之间更有效地进行交流。他认为,法庭科学家和证据法学者处在两个不同的世界,法庭科学和证据法学作为两个独立的学科,有各自独特的构造和演进过程,关注不同的问题并运用各具特色的认识论方法。因此,这两个学科的交流存在着自说自话的重大风险。该风险体现在法庭科学家与证据法学者之间常常沟通不畅。因此,科学合理地构建"证据法"概念,对于法庭科学和证据法学而言均至关重要。作者认为,法律是一门具有可塑性的学科,必须对高度复杂的价值体系加以优化,并使自身适应无常的变化。困难在于,法律知识形式和结构体系必须与那些形式完全不同的定量学科进行互动,而法庭科学家们可能更愿意看到法律可以直接采用本学科解决特定问题所适用的方法。因此,加强法学家和法庭科学家之间的对话及沟通就显得非常重要和必要。某些法庭科学视角下

---

[1] [美]罗纳德·J.艾伦:"证据法的法域范围",汪诸豪等译,载《证据科学》2015年第3期。

的证明，与法律领域的证明可能存在着冲突和矛盾，二者并不是完全对应和重合的。只有在加强两个学科领域彼此认知和了解的基础上，才能避免司法证明领域认识论和方法论意义上的各种错误，促进证据科学的整体发展。

2. 对科学证据"双刃剑"作用的宪法规制

当代社会的发展越来越依赖于科学技术，世界各国司法也越来越仰仗于科学技术应用。但科学技术犹如一把双刃剑，其优越性在司法（特别是刑事司法）活动中进一步彰显的同时，又由于自身的局限性和高度专业性，而使作为科学外行的司法人员不能对科学证据的证明力进行有效评估，导致科学证据往往被误用，酿成许多错误的事实认定。美国许多学者在探索冤案成因时认识到，包括 DNA 证据、指纹证据等科学证据的错误运用，是制造美国冤假错案的罪魁祸首。《法庭科学证据的宪法规制》[1]一文，反映了近年来美国最高法院和许多地方法院对刑事案件法庭科学证据的运用加强宪法规制的趋向。法庭科学分析更多依赖于实验室技术（而非传统的交叉询问），因此，对科学证据的宪法规制，主要是基于《美国宪法》第六修正案和正当程序要求，强调专家证人出庭，对实验室技术的可靠性进行分析，帮助事实认定者对科学证据的证明力进行准确评估。宪法规制的合理内涵表现为，法庭科学分析专家与辩护律师、警察和检控人员之间具有一种交互关系。因此，如何提升作为科学外行的律师、警察、检察官和法官的科学素养，提高他们对科学证据进行准确认知的能力，将是重大研究课题。

3. 事实认定者的教育培训模式

（1）外行事实认定者的"信息空洞"（informational voids）问题。一些澳大利亚学者探讨了外行陪审团和律师在评估和分析科学证据时所面临的困境。埃德蒙（Edmond）教授对外行陪审团进行科学证据可靠性审查时面临的困境作了深入分析。他认为，[2]传统的交叉询问等质证方法，对于发现和揭露专家意见中的无意识偏见和个人主观倾向等，显得比较虚弱。由于专家证人没有亲历案件现场，针对外行证人的传统质证方法对于发现其主观意见中的瑕疵，作用有限。可行的方法是，通过重点审查专家意见所依据的专业知识的

---

[1] Brandon L. Garrett, "Constitutional Regulation of Forensic Evidence", 73 *Wash. & Lee L. Rev.* 1147, 2016.

[2] Gary Edmond, "Forensic Science Evidence and the Conditions for Rational (Jury) Evaluation", 39 *Melb. U. L. Rev.* 77, 2015.

可靠性来提升专家证言的可信度。事实认定者要有效评估专家意见的可信性，某些信息是必不可少的。然而，外行事实认定者往往有一些显著的"信息空洞"，而这些被外行事实认定者所"遗漏"的信息，恰好是法庭科学的主要产品，主要包括：DNA分型、毒品与化学测定、潜指纹比对、弹道与刀痕、文件与笔迹以及一些数字证据等。为了提升事实认定者对这些领域的专家意见进行理性评估的能力，需要对其进行教育培训以便能够辨别专家所依托的相关技术。

（2）关于事实认定者迷信科学证据而导致事实认定错误的问题。海莉·J. 韦克斯勒（Hayley J. Wechsler）等六位教授《人身保护令案件司法裁决中的法庭科学与社会科学证据》[1]一文，还探讨了外行事实认定者对科学证据的迷信而导致事实认定错误的问题。面对专家证言等科学证据时，因缺乏相关专业知识和盲目崇拜专家和科学，从而给专家证言不恰当的评估并赋予其过高的证明力，导致事实认定错误。针对上述问题，相应的解决对策是，对事实认定者（法官和陪审团）进行有关科学知识的培训和教育，提高他们对科学证据进行合理评估的能力。培训内容主要是教会他们如何分析和判断科学证据所对应的科学有效性和可靠性。培训方式包括举办"司法教育"会议、论坛及工作坊等，以及由一些专门的机构（如国家司法学院、联邦司法中心等）负责对法官进行培训。

4. 传统交叉询问方法在评估科学证据时面临的困境

（1）外行律师的质证有效性问题。斯蒂芬（Stephen）从律师的角度，通过三个相关案例[2]，论述了如何对专家所依赖的专家知识之有效性进行检验。他认为，[3]不管是根据普通法传统还是《澳大利亚统一证据法》的规定，法庭都享有充分的自由裁量权，通过交叉询问方式对专家证人的专业知识进行质证。但面临的现实问题是，参加质证活动的辩护律师普遍缺乏相关的专业知识，使其不能对科学证据进行有效彻底的质证，从而使得科学证据

---

[1] Hayley J. Wechsler, Robert J. Cramer, Andre Kehn, Robin E. Wosie, Marcus T. Boccaccini & Jorge G. Varela, "The Impact of Forensic vs. Social – Science Evidence on Judicial Decisions to Grant a Writ of Habeas Corpus", 51 *Ct. Rev.* 158, 2015.

[2] 三个案例是：Campbell v. The Queen；Honeysett v. The Queen；Gilham v. The Queen.

[3] Stephen Odgers SC, "What Lawyers Should Do about Forensic Science Evidence", 36 *Adel. L. Rev.* 147, 2015.

的虚弱性不能充分暴露在陪审团面前,并最终造成法庭错误运送正义的后果。上述研究表达了加强科学知识训练和科学素养培育,对于促进法律人和科学家之间交流和沟通的重要性,也进一步提出了开展证据法学和法庭科学交叉研究的重要性。布兰登·L. 加勒特(Brandon L. Garrett)认为,在刑事案件中,应当强化辩护律师对法庭科学证据进行辩护的义务,而且,辩护律师的最佳辩护战略是接受专家的帮助。[1]

(2) 关于专家证言可靠性之"甄别科学"(identification science)。《法庭科学证据及陪审团理性评估的条件》[2]一文,通过对陪审团事实认定能力的实证研究表明,外行的陪审团对于法庭科学证据和医学证据的可信性和证明力评估,存在着严重障碍。传统的交叉询问等质证方式,很难满足对于科学专家意见的审查要求,因为科学证据可靠的前提在于其科学技术和方法的可靠性和有效性。一旦那些不具有科学可靠性的专家意见成为案件事实认定的依据,且陪审团成员很难对科学技术和方法是否科学有效加以辨识,那么科学证据的使用不当,反而会增加裁判的不公平性。因此,陪审团对于法庭科学证据进行理性评估的条件在于,检控人员和法官一定要重新扮演好"守门人"的角色,对采纳的科学证据之原理和方法的科学有效性加以严格把关。在基本上没有任何证据评估规则的前提下,刑事诉讼有效开展的重要基础在于,陪审团、法官及律师等有能力对检控方提供的证据(特别是科学证据)进行有效评估。据此,作者提出一种针对专家意见证据的"甄别科学",即针对诸如 DNA 分型、指纹识别和面相识别等技术本身的有效性进行检验和质疑。陪审团、法官和辩护律师都需要掌握这种鉴别科学,这是现代科学证据时代提出的挑战。必须努力提高和拓宽陪审团成员获取专业知识的能力和渠道,以便作为事实认定者的陪审团能够对专家意见证据所依赖的科学技术之有效性进行检验和识别。

5. 关于目击证人错误辨认的心理学研究

海莉·J. 韦克斯勒等六位教授《人身保护令案件司法裁决中的法庭科学与社会科学证据》一文探讨了引起冤案的系列原因。该研究小组对具有 13 年

---

[1] Brandon L. Garrett, "Constitutional Regulation of Forensic Evidence", 73 Wash. & Lee L. Rev. 1147, 2016.

[2] Gary Edmond, "Forensic Science Evidence and the Conditions for Rational (Jury) Evaluation", 39 Melb. U. L. Rev. 77, 2015 – 2016.

以上从业经验的 308 名法官进行调研，向他们了解在其办案过程中所经历的可能导致错误指控的因素。结果显示，导致冤案的原因主要有两种：一是程序性错误，二是证据性错误，而在证据性错误中，涉及科学问题的两个最显著因素是目击证人非主观的辨认错误和专家证言的不当运用和审查。例如，在美国利用 DNA 证据平反的 500 件冤案中，有 235 件是因目击证人的辨认错误所致。这些进行错误辨认的目击证人并不是因为其主观错误，而是因客观的记忆偏差等引起的，这些错误需要借助社会心理学等科学知识才能被揭露出来。

南希·K. 斯坦布雷（Nancy K. Steblay）教授，[1] 从心理学角度论证了目击证人记忆的不可靠性，以及作为事实认定者的外行陪审团缺乏一种识别自认为诚实作证但却因记忆缺陷导致错误作证的目击证人的能力，强调了科学进步对于评估和检验目击证人辨认证言的可靠性所发挥的作用。由于目击证人有机会目睹案件发生经过和犯罪嫌疑人的容貌，因此，目击证人证言在司法证明领域往往具有较高的证明力。但证人记忆的天生缺陷，却往往使得目击证言成为错误指控的罪魁祸首。为解决这一矛盾，美国联邦最高法院自 1977 年以来首次在"佩里诉新罕布什尔州"（Perry v. New Hampshire）案中对涉及目击证人的案件进行审查。在审查这类案件时，法院主要采用了一种"双重决策法"（two-pronged decision process），即首先审查目击证人的辨认过程是否受到暗示影响；其次，一旦能够证明辨认过程受到了暗示影响，就必须根据《美国宪法》第六修正案，在审前由律师对目击证人的记忆准确性问题进行交叉询问，这就需要借助科学技术对证人的记忆能力进行评估和检验。例如，在新泽西州一个涉及目击证人辨认的案件中，州高等法院指派了已退休的杰弗里（Jeffrey）法官，对包含在长达 88 页的有关论证目击证人记忆之科学知识的文件进行了审查。俄勒冈州高等法院在"人民诉劳森"（State v. Lawson）案中，阐明了对目击证人记忆开展科学研究的义务，即规定将目击证人证言纳入该州的证据指南。根据该规定，提供目击证人辨认证言的一方当事人，负有证明其目击证言具有可靠性（对目击证人记忆能力进行科学检验）的责任，而无论该目击证人在辨认过程中是否受到了不当暗示。因此，

---

[1] Nancy K. Steblay, "Scientific Advances in Eyewitness Identification Evidence", 41 *Wm. Mitchell L. Rev.* 1090, 2015.

南希教授强调了将科学知识运用于法律领域的重要性，即运用"双盲序列法"（The double-blind sequential procedure）对目击证人的辨认证言的可靠性进行评估和检验，从而减少错误指控的可能性。

（二）证据科学国内研究进展

1. 学科独立性与跨学科的统一：迈向整合性证据科学

郑飞《证据科学的研究现状及未来走向》[1]一文指出，中外证据学科称谓及其理论体系之争，实质上是学科独立性与跨学科研究范式之争。但二者并不矛盾，因为学科专业化和综合化都是现代学科发展的必然趋势。因此，应该顺应学科发展和司法实践的需要，在走向独立的"证据法学"与深入规律的"证据学"之基础上，形成一种"事实认定一体化"研究范式，从而更加自信且坚定地迈向整合的"证据科学"。区分证据法学、证据学和证据科学，"不是就此断绝（证据法学）与证据学（或法庭科学）的天然联系，而是要实现'法学的归法学，技术的归技术'，让证据学（或法庭科学）在一个法学辅助学科地位为证据法学的研究提供更多的基础性知识。""证据科学（中的法庭科学或证据学）的发展，将对证据法的发展产生积极影响"，而证据法的发展也同样会对证据学（或法庭科学）的发展产生推动作用，从而促进整个证据科学以"事实认定一体化"的跨学科研究范式来解决司法证据与证明这一难题，这正是迈向整合的"证据科学"的意义所在。该文采用了一种独特的研究视角，即先客观地反映出证据法学和法庭科学之间的差异性，强调学科独立性和学科专业化建设这一大前提。然后，基于"准确认定事实"这一天然纽带和普遍价值诉求，即作者所说的遵从"自然规律"，使得我们必然迈向"规则+规律"式的整合性证据科学。

2. 司法实践推动证据科学教育发展

（1）法官的科学证据审查责任与复合型法律人才培养模式改革。王进喜、胡萌《论科学证据审查范式的发展与法学教育的应对》[2]一文认为，近些年来，科学证据的审查范式发生了重大变化。不论是美国科学证据审查"表象时代"的终结，还是我国《刑事诉讼法》关于鉴定意见的修改完善，都意味

---

[1] 郑飞："证据科学的研究现状及未来走向"，载《环球法律评论》2015年第4期。
[2] 王进喜、胡萌："论科学证据审查范式的发展与法学教育的应对"，载《中国司法》2015年第7期。

着法院对科学证据的审查要承担更多的职责，也都对本国法庭科学实践及法学教育提出了挑战。但是，在法律职业群体认识到科学证据对于发现事实的重大帮助作用并将其广泛应用时，也发现了其一些固有的风险：其一，"科学光环"可能会令人高估其证明力。其二，科学本身是不断发展的，新的技术和方法也有被补充、修正的可能性和必要性，因此，已准入的鉴定方法和技术会面临退出的问题。由于上述消极因素的存在，科学证据不仅需要不断更新理论与技术，也需要在司法中接受法律的规范和法庭的审查。表象时代结束后，法官对于科学证据的实质性审查便无从逃避，不能再将科学证据与证据法上的有效性问题抛给专家，而要学会亲力亲为，靠自身去学习和了解争议中的科学证据问题，审查科学证据的原理、方法是否可靠，以及科学证据的原理、方法在本案中是否被可靠的适用。因此，应对科学证据消极影响的根本举措在于：培养出具有科学技术素养的法律人，他们要懂得基本科学理论，不盲目崇拜科学。法学院应通过提供法庭科学方面的课程，强化法学教育中的自然科学因素，为今后的司法活动培养出懂科学的法律人；同时，法庭科学学科中的重要原理、方法以及新的发展需要通过继续教育、研讨会等适当的渠道传达给法律学者和法律职业人员。中国政法大学于2006年设立的证据科学研究院拥有证据法学和法庭科学两支科研队伍，开展交叉研究，自2009年起招生法律硕士（法庭科学方向）研究生，培养适应司法实践需要的复合型人才。

（2）统计学应当成为证据科学教育的重要内容。王元凤《论统计学在科学证据报告中的应用》[1]一文，分析了统计学不仅与逻辑学和心理学并驾齐驱，共同将证据研究的重点由证据规格领域推向证明过程；而且在控辩双方的争议主张逐渐由来源层级向活动层级以及犯罪层级递进的过程中，颇具渗透性的统计学工具更是在突破证明焦点、贴近犯罪认定等方面发挥着重要作用。尽管错误运用统计学知识而导致错误证明的情况依然存在，但统计学席卷科学证据领域的趋势已势不可挡。所有法律工作者都要做好应对这种证据变革所必要的知识储备。从证据科学的视角看，法律工作者对待统计学的态度，一方面，要探索统计学介入科学证据的途径；另一方面，要通过培训提高使用包含统计元素在内的科学证据的能力。

---

[1] 王元凤等："论统计学在科学证据报告中的应用"，载《证据科学》2016年第4期。

（三）证据科学国际会议

1. 第五届证据理论与科学国际研讨会

由中国政法大学证据科学研究院、国际证据科学协会和澳大利亚阿德莱德大学法学院共同主办的"第五届证据理论与科学国际研讨会"于2015年7月22~23日在澳大利亚阿德莱德市召开。这是自2007年中国政法大学证据科学研究院在北京举办首届并连续举办了四届国际研讨会以来，该会议召开地点第一次走出国门。来自五大洲包括中国、澳大利亚、美国、英国、瑞士、坦桑尼亚、南非等15个国家和地区的220多名证据法学者和法庭科学家出席了此次会议。与会代表围绕会议主题"当代诉讼中的证明问题：证据法与法庭科学的发展和变革"进行了广泛深入的交流。大会主题发言阶段，围绕"现代诉讼中证据和法庭科学证明的性质"，8位发言人发表了英文主题演讲。大会由3个分会场21个主题单元组成：①DNA证据：技术、演示和革命；②当代法庭科学的有效性与可靠性；③鉴定在笔迹证明中的优势；④视觉专家的训练与交流；⑤当代诉讼中的证明体系与标准；⑥当代刑事司法中的权利保障；⑦法医学鉴定证据：方法和证明；⑧普通法系与大陆法系比较视野下言词证据在刑事证明中的应用；⑨法医学鉴定中的新发展；⑩误判：证明与实践中的教训；⑪当代诉讼中的推理和效率；⑫当代诉讼中的电子数据保存、复原和互联网；⑬国际仲裁中的证明问题；⑭东方世界的非法证据问题：西方思想体系的效用；⑮当代诉讼中的专家证人和普通证人影响和评估：如何对待专家以及陪审团的未来；⑯法庭科学证据的框架：环球视野下的鉴定标准以及法律框架；⑰在法庭中理解鉴定意见：法官和陪审团所面临的挑战；⑱国际冲突与安全中的证明和证据保全问题；⑲品性与不良行为证据的法律和鉴定分析；⑳犯罪心理学和精神作用：来自法律和法庭科学的回应；㉑如何在庭审中交叉询问法庭科学家：给律师的指南。与前四届会议相比，本次国际研讨会更加重视法庭科学家对于证据科学发展的作用，进一步强化了证据法学与法庭科学的融合。

2. "事实与证据：哲学与法学的对话"国际研讨会

由"2011计划"司法文明协同创新中心与华东师范大学哲学系、法学院联合主办的"事实与证据：哲学与法学的对话"国际研讨会于2016年5月在华东师范大学举办。来自中国、美国、挪威、澳大利亚、意大利、新加坡、瑞典的哲学家和法学家出席了本次研讨会，开展跨学科的交流与研讨。会议联合主席、司法文明协同创新中心联席主任、中国政法大学证据科学研究院名誉院长张保生教授指出，事实是证据法学的逻辑起点。审判活动始于事实认定，准确认定事实是正确适用法律、实现司法公正的前提。证据是事实认定的必要条件，是联系事实客体与认识主体的唯一"桥梁"。证据法学是一门研究如何运用证据进行事实认定的法律学科，但事实、证据与事实认定是一个跨学科的课题，法学家们非常希望从哲学家对这些问题的研究中得到启发。"事实与证据：哲学与法学的对话"将是一个良好的开端，我们期望将来围绕"事实与证据"还会有历史学与法学、心理学与法学、语言学与法学、逻辑学与法学等更多交叉学科的对话。挪威卑尔根大学奎纳尔·希尔贝克（Gunnar Skirbekk）教授在主题报告中说，法学与哲学之间存在一定的聚合关系。在考察了哲学史上理性、感知、行动和实验这四种证据来源的基础上，他勾勒了证据、事实和各种论辩之间的丰富关联。同时，通过反思立法环节、法庭活动以及法学学术系统中的专家知识，他认为，法学与哲学在对待确定性与不确定性、证据与事实等问题上，能够达成富有成效的对话。法学与哲学的合作不仅体现在语义层面，而且体现在这两个领域专家的人际交往实践之中。美国西北大学法学院艾伦教授在主题报告中提出：几乎任何领域的任何学者都应该寻求知识和分析性、认知性或方法论的研究工具。法律制度以及法学知识和法律科学，延伸到人类生活的全部领域；对这些领域的多学科讨论，法学家要保持既谨慎又重视的态度。他还说："当我听到张保生教授致辞说，这次法学与哲学的对话将是法学和其他更多领域的对话的开端时，我感到非常振奋；同时我还建议，对法学与经济学和政治学之间的对话，也要重视，甚至更要重视。"

3. 第二届中瑞证据科学国际研讨会

受"2011 计划"司法文明协同创新中心、"111 计划"证据科学创新引智基地、证据科学教育部重点实验室、瑞士国家科学基金会等联合资助，由瑞士洛桑大学和中国政法大学证据科学研究院共同举办，"2011 计划"中瑞证据科学联合研究中心与瑞士洛桑大学刑事司法学院共同承办的第二届中瑞证据科学国际研讨会（2nd International Symposium on Sino Swiss Evidence Science）于 2016 年 9 月 7~9 日在瑞士洛桑举行。来自瑞士、中国、美国、澳大利亚、新西兰等国四十余名证据法学和法庭科学领域学者参加了此次会议，与会嘉宾围绕"科学证据与司法证明"这一主题进行了深入的讨论。中方 15 位参会人员来自中国政法大学、北京大学、西南政法大学、公安部物证鉴定中心、辽宁省公安厅、江苏警官学院以及常州市中级人民法院等单位。研讨会分为如下五个单元进行深入研讨：①科学证据与证明的现阶段问题；②指印与法庭影像证据；③DNA证据；④法庭科学调查与法律程序；⑤文件检验证据。会议讨论内容既包括法庭科学发展的哲学根基，又包括疑似射击残留物检验等具体问题。张保生教授在闭幕式上的发言指出：此次研讨会围绕"科学技术与司法证明"主题进行深入研讨，取得了圆满成功。随着科学技术日新月异的发展，科学证据在司法证明中的作用日益增强。我们一方面要打破科学与法律的界限，发挥科学证据在司法证明中的作用；另一方面也要打破对科学证据的迷信，特别要警惕先进科技手段的运用可能带给我们的潜在危害，防止其副作用。

二、证据法学研究进展

（一）证据法理论基础和体系

1. 关于证据法理论基础的研究

2015~2016年度，学者们对证据法理论基础的研究，仍然有"一论基础说"、"两论基础说"、"三论基础说"和"多论基础说"。

（1）"一论基础说"。陈一云、王新清主编的《证据学》（第6版）坚持了该书的一贯观点，认为辩证唯物主义认识论是新中国证据制度的理论基础。书中指出，[1]证据制度的主要内容是司法人员通过收集和审查判断证据，认定案件事实。具体包括三个问题：一是如何认识案件事实；二是如何认识证据；三是如何认识司法人员对案件事实的认定。根据辩证唯物主义认识论，案件事实是客观存在的事实，证据也是客观存在的事实，两者都可以被司法人员认识和把握；在第三个问题上，司法人员借助于证据与案件事实之间固有的客观联系，可以对案件事实进行认定，如主观符合客观，其认识即具有真理性。"我国证据制度要解决的核心问题是如何保证司法人员能够正确认识案件事实，亦即如何保证其主观符合客观。""一论基础说"的主要问题有两

---

[1] 参见陈一云、王新清主编：《证据学》（第6版），中国人民大学出版社2015年版，第57~58页。

个：一是不理解证据法的宗旨是求真和求善的统一；二是用客观性代替相关性这个现代证据制度的根本原则。

（2）"两论基础说"。陈光中主编的《证据法学》（第3版）中坚持了该书前两版的观点，认为应当将"较多学者认同的"认识论和价值论作为证据法的理论基础。书中主张，[1] 应当将辩证唯物主义认识论原理与诉讼证据运用的特殊规律结合，形成诉讼认识论作为证据法的认识论基础；而公正、人权、秩序、效率等价值共同构成了证据法的价值论基础。在认识论与价值论的关系上，二者互相促进，但又有所制约。我们既要查明事实真相，又不应当只追求事实真相，必须通过证据制度和诉讼程序的规制，使多重诉讼价值互相结合并得以平衡实现。陈卫东主编的《刑事证据问题研究》一书，也将认识论和价值论作为证据法的理论基础，强调应当重视诉讼认识论的特殊性，证据法的价值基础包括实体公正、程序公正及效率等多元价值。[2] 陈卫东、谢佑平主编的《证据法学》（第2版）也主张，证据法的理论基础包括认识论和价值论两个方面。[3] 张建伟所著的《证据的容颜 司法的场域》一书认为，[4] 认识论和法律价值及平衡、选择理论构成了证据法学的理论基础。证明活动同时是一个认识过程，这种认识活动在诉讼和仲裁中具有决定意义。同时，证据法的价值是多元的，包括秩序、个人自由、公平和效率，上述价值在诉讼证明中应当兼顾、达致平衡。应当以法律多元价值及选择理论为证据法的价值论基础。

（3）"三论基础说"。刘广三主编的《刑事证据法学》（第2版）教材坚持该书第1版的观点，从认识论、价值论和程序正义三个方面论述了证据法的理论基础。[5] 书中认为，首先，诉讼证明是一个认识活动，辩证唯物主义认识中的反映论、相对论对这一过程起着重要的理论指导作用。其次，诉讼证明活动还涉及价值选择问题，秩序、自由、效益构成了诉讼证明的多元价

---

〔1〕 参见陈光中主编：《证据法学》（第3版），法律出版社2015年版，第86~97页。

〔2〕 参见陈卫东主编：《刑事证据问题研究》，中国人民大学出版社2016年版，第19页以下。

〔3〕 参见陈卫东、谢佑平主编：《证据法学》（第2版），复旦大学出版社2016年版，第二章内容。

〔4〕 参见张建伟：《证据的容颜 司法的场域》，清华大学出版社2015年版，第17~32页。

〔5〕 参见刘广三主编：《刑事证据法学》（第2版），中国人民大学出版社2015年版，第39~57页。

值基础。最后，诉讼证明活动除了要遵循辩证唯物主义认识论的一系列要求之外，还要受到程序法律的规范，据此，程序正义理论也构成了证据法的理论基础之一。这三个理论基础具有不同的作用范围，并且相互作用。在三者可能出现冲突时，应当对公共利益和个人利益、打击犯罪和保障人权、实体正义与程序正义进行有效平衡。"三论基础说"面临的难题是，认识论、价值论与程序正义三者并不处于同一层次，价值论领域包含了对程序公正的要求。

（4）"多论基础说"。周宝峰所著的《证据法之基本问题》一书提出，[1] 证据法的理论基础包括认识论、价值论、程序论、信息论、概率论、自然科学等方面。具体言之，证据法的认识论基础是指诉讼认识是特殊认识活动，具有一定局限。价值论基础是指诉讼证明应当接受主流价值观的评价，实现价值优位。程序论基础要求证据收集运用中应当遵循公正程序。信息论基础主要体现在电子数据方面。概率论基础是指司法中的事实认定是一种盖然性判断。自然科学基础是指自然科学为证据分析和司法证据提供了新手段。"多论基础说"不仅有将证据法理论基础泛化的危险，而且划分依据也值得商榷。比如，价值论与程序论有包容关系，对信息论的阐述完全建立在电子数据基础上也有所不足，自然科学知识在刑事证明中的使用不一定就构成证据法的理论基础。

2. 关于证据法理论体系的研究

关于证据法理论体系的研究主要体现为三种观点：一是对传统"证据论+证明论"证据法体系的修正；二是对证据规则体系的分析；三是对刑事诉讼证据规则体系的新探索。

（1）传统"证据论+证明论"理论体系的修正。在这种理论体系中，证据论主要包括证据概念、证据种类等内容；证明论主要是对证明概念、证明主体、证明对象、证明责任、证明标准等的论述。陈光中主编的《证据法学》（第3版），[2] 虽然仍坚持"证据论+证明论"的二分体系，但在具体内容方面，"证据论"部分设证据概述、证据的种类、证据的分类、证据规则四章。由于将传统证据法教材中占一半篇幅的证据种类压缩为一章，便为证据规则的论述腾出了空间，因此，该教材对关联性规则、非法证据排除规则、传闻

---

[1] 参见周宝峰：《证据法之基本问题》，内蒙古大学出版社2015年版，第16页以下。
[2] 参见陈光中主编：《证据法学》（第3版），法律出版社2015年版。

证据规则、最佳证据规则、意见证据规则、口供补强规则等作了细致的阐释。何家弘、张卫平主编的《简明证据法学》（第4版）[1]一书共有16章，包括：证据法在何处，什么是证据，证据有哪些法定形式，证据有哪些分类，什么是司法证明，司法证明应该遵循哪些原则，司法证明的一般方法是什么，如何取证，如何举证，如何质证，法官如何认证，刑事诉讼有哪些特殊的证明规则，民事诉讼有哪些特殊的证明规则，行政诉讼有哪些特殊的证明规则，如何审查判断证据，如何确定司法证明的标准。值得注意的是，书中未对书证、物证、证人证言等传统"证据论"内容进行讨论。

（2）证据规则体系化分析。郑曦《证据规则体系及其中国构建》[2]一文认为，"证据规则可以划分成关联性规则、辅助性规则和外部政策规则三个基本层次；关联性规则具有基础性地位，其对证据在逻辑方面的关联性要求是证据进入审判的第一道关口；外部政策规则主要是免证规则，常因价值衡量而在特定情况下可能起到阻碍案件真实发现的作用；辅助性规则极为纷繁复杂，可以再细分为优先性规则、分析性规则、预防性规则、简化性规则和定量性规则五小类。"

（3）刑事诉讼证据规则体系的探索。张栋《中国刑事证据制度体系的优化》[3]一文，总结了我国证据制度在体系方面的不足，如证据立法数量不足、结构不完整、立法各条文之间缺乏内在的逻辑联系。作者认为，证据制度体系优化应当遵循以下三个原理：①单个证据规则的内容完备性原理；②不同证据规则组合起来发挥效用的协同性原理；③所有证据规则的顺序性原理。证据制度体系的优化要以真实发现作为重要价值。证据制度的运作在"刑事诉讼的整个过程都要体现权力的制衡"。在此基础上，作者对我国证据制度体系优化提出构想：一是立法应在通常意义上界定证据规则；二是各个证据规则应当是有顺序的，重证据采纳（而非排除），重视证据规则中的权利保障（而非义务承担），注意证据规则的顺序（但并非固定不变）；三是关键性的证据规则不应缺位，如沉默权规则、对质规则等；四是前置式证据规则优先；五是确保关键证据的发现、形成和固定尽早进行。

---

[1] 何家弘、张卫平主编：《简明证据法学》（第4版），中国人民大学出版社2016年版。
[2] 郑曦："证据规则体系及其中国构建"，载《证据科学》2016年第2期。
[3] 张栋："中国刑事证据制度体系的优化"，载《中国社会科学》2015年第7期。

上述三种观点都对传统"证据论+证明论"体系有所突破,第一种观点认识到传统"证据论+证明论"的局限,强化了对证据理论、证据规则的阐释,压缩了关于证据种类的内容,但仍未摆脱"证据"与"证明"相割裂的基本格局。第二种观点在普通法证据理论的基础上,对关联性规则、辅助性证明政策规则和外部政策规则进行了探索,但仍局限于"证据排除规则"的学术视域,一些术语的使用也缺乏共识性理解,对构建中国证据法理论体系的借鉴意义有限。第三种观点对刑事证据规则体系作出新探索,从我国当前立法、司法现实出发,提出了优化我国刑事证据制度体系的宏观思路,但尚未提出刑事证据规则体系化的具体构想。我们认为,将证据法体系分为"证据论+证明论"可能会割裂证据与证明的互动关系,导致了证据法学具体知识内容上的断裂。证据的取得以证明为目的,证据的运用也是在证明中进行的。证明的核心并非证明主体、证明对象、证明责任、证明标准等静态内容,而是如何通过证据推论对待证事实进行举证、质证和认证的动态过程。我国证据法理论体系的构建必须对事实、证据、证明、事实认定等知识领域作整体把握,才能建构科学严谨的理论体系。

(二)证据属性与事实认定

1. 关于证据属性

2015~2016年度,学者们在论述证据属性时,主要有"老三性说"(客观性、关联性和合法性)、"新三性说"(客观性、关联性和可采性)和"两性说"(证据能力和证据力)三种观点。

(1)关于证据属性的"老三性说"(客观性、关联性和合法性)。何家弘、张卫平主编的《简明证据法学》(第4版)教材[1]仍然沿袭这一传统观点。与传统观点略有不同的是,作者对证据的客观性和合法性作了一些补充说明,即所有证据都是人的主观认识和客观事物相结合的产物,因此,证据也具有主观性。并且,不具有合法性的证据也还是证据,只是一般不能在诉讼中被采纳而已。

(2)关于证据属性的"新三性说"(客观性、关联性和可采性)。陈光中主编的《证据法学》(第3版)教材主张,[2]在证据属性问题上,对传统的

---

[1] 何家弘、张卫平主编:《简明证据法学》,中国人民大学出版社2016年版,第21~24页。
[2] 陈光中主编:《证据法学》,法律出版社2015年版,第143~152页。

"三性说"观点应当要有所修正。针对近几年学界提出的"证据既具有客观性,又具有主观性,是主、客观的统一体"的观点,作者在赞成的同时也指出,主观性如果是指不依据实际情况而单纯由偏见构成的,则证据当然不应当具有主观性。在证据的合法性方面,作者认为,应当以"可采性"取代"合法性"作为证据的法律属性,理由是,违反法定程序并非排除非法证据的唯一标准,还要考虑其他因素,并非所有违法取得的证据均自动排除,而要由法官(在起诉阶段由检察官)考虑其他因素后裁量决定该证据是否可采。

(3)关于证据属性的"两性说"(证据能力和证据力)。占善刚、刘显鹏所著的《证据法论》(第3版),[1]主张证据能力和证据力是证据的两个基本属性。一直在我国证据法理论中占据主导地位的"三性说"则正是忽视了这样一个基点,其认为,将"客观性"作为证据最基本的属性,更是严重地阻碍了证据理论研究的发展和司法实践的进行。作者论及其摒弃证据"客观性"的理由,即认定案件事实的证据客观与否是法官进行证据评价或证据判断所要解决的问题,而绝不是证据本身就当然具有的属性。谁都无法在诉讼程序伊始就可以检验作为过去的片断的证据是否客观和真实。法官也只能够通过对证据(过往事实的片断)的认识来把握过去作为一个整体事实的案件事实;但是,在整体的案件事实被发现之前,其必须把握证据在整体事实中的确切背景。只有在全部意义被认识后,证据才能被确切地判定为真实或虚假。要解决这一问题,必须凭借法官审查判断证据的适当性来保障。在整体案件事实被认识之前,法官无法确切把握证据和案件事实整体之间的关系,无法对证据的真实与否得出明确的结论。所以,将客观性纳入证据属性的范畴无疑是违背了认识论的一般规律。

2. 关于事实认定

(1)关于事实认定的特征和程度标准,张中所著的《实践证据法》[2]一书提出,首先,事实认定是一种理性证明。理性是判断事物的科学基础,在证据裁判下,法官根据证据并通过推理来确定案件事实,是一种理性的证明方式。其次,事实认定属于严格证明范畴。在证据理论上,证据裁判原则的规范意义在于,认定事实必须根据具有证据能力的证据,而且只有经过调查

---

[1] 占善刚、刘显鹏:《证据法论》,武汉大学出版社2015年版,第26~43页。
[2] 张中:《实践证据法》,中国政法大学出版社2015年版,第103~107页。

之后才能认定构成犯罪核心内容的事实,而这种认定事实的方式又被称为严格的证明。再次,事实认定是一个概率问题。对事实认定的程度只能在一个相对确定的盖然性范围内,事实认定的结果只能是一个盖然性或可能性的事情,而缺乏完全的确定性。最后,诉讼的性质不同,对于事实认定的要求是不同的。"排除合理怀疑"是我国刑事诉讼证明标准的新解释,"高度盖然性"是我国民事诉讼证明标准的新标准。

(2)关于法官在事实认定中的规则依赖。侣化强《事实认定"难题"与法官独立审判责任落实》[1]一文认为,受基督教"血罪"观念影响,中世纪及近代普通法法院的英国法官与欧洲大陆的刑事法官一样,往往为了避免地狱之灾而遵循"规则依赖"的行为逻辑,"依证据裁判"而不是"依良心或确信的真相裁判"。当下中国的法官,在遇有压力和涉及职业风险的案件中,往往遵循"规则依赖"、"机构依赖"和"制度依赖"的行为逻辑进行裁判,这不仅造成人为的错案,还导致审委会制度、上诉制度扭曲。目前的司法改革,有助于克服和消解法官的"依赖惰性"。但是,三大诉讼中大量的证明力规则和最高人民法院近期制定的《关于完善人民法院司法责任制的若干意见》的两个条款,不仅构成了"谁裁判谁负责"的制度性障碍,还可能让法官重回"规则依赖"的旧途。因此,废止或改造证明力规则、修改司法责任制中的相关条款就成为当务之急。

(3)关于证据裁判原则对事实认定者的指导和规制。李苏林《证据裁判原则下的案件事实认定》[2]一文认为,事实认定科学化的前提首先应当是事实认定规范化。事实认定的规范化就是使内心确信的形成过程受到一些客观化因素的制约。证据规则的存在是法的确定性的表现,可以对事实认定者自由心证形成有效的制约,防止自由心证过程中出现的恣意认定;事实认定者在证据裁判原则的指导下,运用证据规则对证据的证据能力和证明力进行审查判断,结合经验法则、逻辑规则进行推理,从而形成内心确认。事实认定者综合各种因素对案件事实进行最终认定,为正确适用法律实现司法公正奠定坚实的基础。

---

[1] 侣化强:"事实认定'难题'与法官独立审判责任落实",载《中国法学》2015年第6期。
[2] 李苏林:"证据裁判原则下的案件事实认定",载《山西大学学报》(哲学社会科学版)2015年第3期。

(4) 关于刑事案件事实认定的方法与路径。田源、顾震《事实认定三步法：从原初事实到法律事实——刑事案件事实认定的方法探究与路径选择》[1]一文认为，当前，法院裁判案件主要有三种模式——侦查中心式、被动裁判式、审判中心式。在审判中心式框架下，根据案件审理的不同阶段，可以将案件事实划分为原初事实、证据事实、裁判事实、法律事实。通过对刑事案件事实认定的现状考察和路径分析，刑事案件事实认定的有效途径是三步法，即围绕犯罪构成确定证据事实、围绕证据规则确定裁判事实和围绕法律规范确定法律事实。

(三) 证据开示

证据开示是一种审前程序和机制，通过这一程序，诉讼一方得以从另一方获得与案件有关的证据信息，从而为审判做好准备。证据开示制度具有保障当事人辩护权以及提高诉讼效率等诉讼价值，是程序公正的重要实现手段。2015~2016年度，关于证据开示制度具有代表性的研究主要集中于以下五个方面：

1. 刑事诉讼中的证据开示

(1) 关于中国刑事证据开示制度的特点。程绍燕认为，[2]中国具有独具特色的政治、经济、法律背景，包括官本位思想传统、突出的诉讼效率问题和以审前为中心。"在这种司法大环境下，刑事证据开示具有独特的制度价值：包括加强辩护能力，促进检察官客观义务的履行、减少错误或者不必要的起诉，增加了诉讼步骤的同时减少庭审对证据审查的时间。"为充分保障程序公正和被告人人权，在证据开示时，办案机关必须保障辩方拥有普遍的阅卷权；在审查起诉阶段，控辩双方可以进行证据交流，赋予控方更为严格的开示义务；在庭审前，对于重大、复杂和未成年人犯罪的案件，控辩双方均可以提出申请，在主审法官或者书记员的主持下，结合庭前会议程序，采用听证的方式进行证据开示。杨蕾从四个方面构建我国的刑事证据开示制度：[3]一是开示主体。刑事诉讼中的证据开示主体是控辩双方，但鉴于我国控辩双方的职能和诉讼环境，应采用控辩双方非对等性原则，法律加重控方的证据

---

[1] 田源、顾震："事实认定三步法：从原初事实到法律事实——刑事案件事实认定的方法探究与路径选择"，载《净月学刊》2016 年第 5 期。
[2] 程绍燕："中国特色视域中的刑事证据开示"，载《公民与法》（法学版）2015 年第 4 期。
[3] 杨蕾："构建符合我国国情的刑事证据开示制度"，载《法制博览》2015 年第 11 期。

开示义务。二是开示范围。凡是用于庭审时提出的证据，控方都应当主动向辩方出示，凡未经开示的证据在法庭上一律不得使用，除非基于"公共利益豁免"原则未经开示的证据，由法官自由裁量后可成为开示的例外。同时，辩方拟在庭上提出的证据、传唤的证人，也应当向检察机关进行开示。三是开示时间。按照我国《刑事诉讼法》及相关司法解释，证据开示应当包括诉前的审查起诉阶段和诉后的审判阶段，建立全面、及时的开示制度。四是违反开示义务的制裁。法官应在综合考虑开示主体违反义务的原因、动机、过错程度以及造成的损害和使用其他救济方式的可能性等因素，衡量各方利益之后，作出强制开示、决定延期审理、排除证据的使用、推定未经开示的证据成立、撤销原判、发回重审等裁断。

（2）关于庭前会议被告人证据开示请求权。张式泽结合刑事审判庭前会议制度，从被告人角度对证据开示请求权进行了研究。张式泽认为，《刑事诉讼法》规定了庭前会议制度，但对作为庭前会议重要内容的证据开示却未作出明确规定，被告人在庭前会议中的证据开示请求权更是处于缺失状态，造成被告人的知情权和诉讼主体地位难以得到保障。"赋予被告人证据开示请求权的最终目的在于保障被告人的听审权，进而增强我国诉讼程序的正当性。同时也可以在客观上衡平控辩双方不对等的资源差距，削弱控方以往在法庭上的强势地位，为促进庭审中双方的实质性平等对抗，为实现庭审中心主义发挥积极的作用。"[1]该文基于我国刑事诉讼律师辩护率不高、很多案件只能由被告人自行辩护的现状，提出的赋予被告人相应的证据开示请求权的建议，有助于改变被告人开庭前对控方所掌握的证据一无所知，难以当庭提出有针对性的反驳的不利局面。在立法上赋予被告人自身证据开示的请求权，并赋予司法机关相应的告知义务，对实现公正审判具有重大法治意义。

2. 民事诉讼中的证据开示

（1）关于法官指导型证据交换。陈昶屹《试论构建法官指导型民事证据交换程序》[2]一文提出了在民事诉讼中以法官"审理思路公开"为路径，构建法官指导型证据交换程序的观点。这个观点有利于促进证据开示制度在民事诉讼中的实现。"证据交换程序规则制度从草创时期的普遍适用到制度确立

---

[1] 张式泽："庭前会议被告人证据开示请求权研究"，载《鸡西大学学报》2015 年第 7 期。
[2] 陈昶屹："试论构建法官指导型民事证据交换程序"，载《法律适用》2015 年第 3 期。

的当下变得门庭冷落,主要是由于在规范层面上,新《民事诉讼法》确立了证据交换的庭前准备程序地位,却因丧失证据关门的原有优势则不如正式开庭更有效率;实证层面上,原被告当事人对证据交换程序需求不强烈,基层法官主动适用程序的意愿也较弱,致使程序优势难以发挥。"这就产生了改良现行民事证据开示制度的需求。法官指导型证据交换程序的构建可分为五个部分:其一,法官庭前阅卷工作区分简易程序和普通程序,对于普通程序审理的案件,证据交换程序强制前置,简易程序审理的案件则可以将证据交换程序和迳行开庭相结合。其二,改变现行唯一的"到庭见面交换"形式,建立书面交换、信息化平台交换等多种证据交换方式,法官根据案件情况灵活选择。其三,建立与完善法官指导举证及公开审理思路的规则,明确"开示-公开"的范围,使得双方当事人和法官知晓推进诉讼及审判的相关信息,并由法官对当事人的举证进行指导。其四,建立与完善证据交换程序的纠错和救济规则,即允许法官及合议庭对一开始就存在的瑕疵加以指导,由法官主动向当事人说明原因后予以调整和修正,同时赋予当事人异议权和程序救济。其五,按照当事人向度和法官向度,明确不履行证据交换义务的制裁规则和管理责任。

(2) 关于电子证据的庭前开示。毕玉谦教授提出,[1]"在审判实践中,电子数据的载体具有多样性,且其数量有日渐剧增的趋势。当事人就对方当事人在诉讼中所提交的电子数据在形式上的真实性是否提出异议,将决定是否有必要由专业人士介入加以协助的问题。而这一问题的产生往往存在许多不确定因素,导致不得不增加开庭次数,以至于造成程序拖延。基于集中审理的考量,应当为此建构相应的电子数据庭前准备的基本程序与规则体系。"为保证电子数据庭前开示的充分性,法律应当赋予对方当事人的证明协力义务,即如果电子数据在对方当事人的控制之下,举证人可以在举证期限届满前要求对方提交,如对方当事人无正当理由拒不提交的,法院可以认定举证人所主张的电子数据内容为真实。在今后的民事证据开示过程中,电子数据的开示内容、开示方法、开示程序必须引起足够的重视并设计相应的规则体系,否则,势必造成在有着电子数据存在的案件中,开庭审理时控辩双方纠

---

[1] 毕玉谦:"论民事诉讼中电子数据证据庭前准备的基本建构",载《法律适用》2016年第2期。

缠于电子数据的关联性、完整性和真实性,在举证质证时要求对电子数据进行鉴定、勘验或重新鉴定、勘验,导致庭审费时且无法集中。

(3) 反垄断民事诉讼领域内的证据开示。厉潇逸在《反垄断私人诉讼的证据开示制度研究》[1]一文提出,目前我国审理反垄断案件适用"谁主张,谁举证"这样一般的民事诉讼规则,但垄断案件具有很强的特殊性,受害人很难发现和证明垄断行为,这极大地限制了反垄断私人诉讼的有效实施。因此,可以将证据开示制度落实在私人反垄断诉讼中:其一,转变程序运作机制。强调当事人主义的诉讼模式和对抗式的诉讼结构,将举证时限及证据失权作为证据开示制度的两项重要保障。其二,确定证据开示的适用范围。证据开示程序原则上应适用于所有垄断诉讼案件,即使当事人没有提出证据开示申请,法院也可以依职权主动组织证据开示程序。其三,根据案件的复杂程度和证据交换的程序类型(书面型、照面型、开庭型),确定证据开示的方式和次数。其四,确立证据失权的规则。其五,增强违反证据开示制度的制裁力度。其六,强化当事人的调查取证权。陈灿祁《欧盟反垄断民事诉讼中的证据开示研究》[2]一文对欧盟反垄断民事诉讼中的证据开示制度进行了研究。在反垄断民事诉讼中,个人收集证据的难度非常大,且《欧盟反垄断法》没有《美国反托拉斯法》上的三倍损害赔偿。因此,当反垄断私人诉讼遇到激励不够的困境时,欧盟希望并且强调通过引入证据开示制度来完善证据规则以克服原告提起反垄断诉讼的困难,便利原告胜诉:①宽免制度是秘密垄断的参与者(成员)与竞争主管机构合作,自愿提供垄断企业违反《欧盟运作条约》第101条或者成员国竞争法行为的信息或证据,以获得竞争主管机构免除或者减轻处罚宽免的制度。如果竞争主管机构将获取的相关材料披露给私人作为反垄断民事诉讼的证据,那么这将极大地降低垄断组织成员申请宽免的积极性。②出于对宽免制度有效性的保障,欧洲法院引入了"权衡标准",即对公共执法与私人实施的利益进行权衡,既要考虑宽免制度对公共执法的重要作用,也要考虑私人实施对维护竞争的巨大贡献。据此,在私人反垄断诉讼中,竞争主管机构应当根据个案情势的权衡,有限地将部分证据向

---

[1] 厉潇逸:"反垄断私人诉讼的证据开示制度研究",载《法学杂志》2016年第8期。
[2] 陈灿祁:"欧盟反垄断民事诉讼中的证据开示研究",载《湘潭大学学报》(哲学社会科学版)2016年第2期。

私人当事人进行披露。③欧盟委员会把证据开示制度和信息披露作为当事人获取反垄断案件证据的重要途径，在多份规则中，都将证据开示制度和信息披露作为减轻当事人举证负担、促进私人反垄断民事诉讼的重要内容。欧盟法中关于反垄断诉讼证据开示的制度，对于我国私人反垄断诉讼中证据开示程序的借鉴有着一定的积极意义和参考价值。

3. 域外证据开示制度的启示

董林涛《实质庭审：日本证据开示制度改革评介》[1]一文论述了控辩双方平等、理性对抗是"审判中心主义"的前提之一，证据开示则是实现这一目的的重要手段。日本刑事诉讼中现行的证据开示制度由于存在种种问题，因而成了新一轮刑事司法改革的重要课题。为实现庭审实质化，《刑事诉讼法等部分条文改正法律案要纲》针对现存问题对证据开示制度进行了修改与扩充，在坚持现行证据开示基本框架的基础上进行局部修补、补充，结果虽尚未可知，但任何以"审判中心"为主旨的改革，均需要结合实际存在的问题，合理设计针对具体制度的改革措施。[2]

张骏《国际商事仲裁证据开示的范围锚定程式》[3]一文将国际商事仲裁的合意性以及效率性作为考察的出发点，提出了国际商事仲裁证据开示时的程序依据应当按照"协议"-"规则"-"公约"三个层次的规则划分优先级。首先，基于协议。当事人可以选择仲裁准据法以及约定仲裁规则。如若双方在协议中明确以明示的方式约定某一类或某几类证据形式不在开示之列，那么，即使证据是必要的，仲裁庭在审理案件时也不应调取该种类的证据材料，充分体现仲裁协议的优先效力。其次，基于特定仲裁机构的仲裁规则。世界各主流商事仲裁机构往往具有自己独有的仲裁规则，这些仲裁规则是这些机构吸引商事主体积极提交争端、解决争端的动力之一。许多当事人在订立仲裁协议或者仲裁条款时并不会特别订立详细的程序或仲裁规则，而是选择仲裁机构自身的规则。因此，当仲裁协议未界定证据开示范围时，仲裁机构的

---

[1] 董林涛："实质庭审：日本证据开示制度改革介评"，载《公安学刊》（浙江警察学院学报）2015年第4期。

[2] 董林涛："实质庭审：日本证据开示制度改革介评"，载《公安学刊》（浙江警察学院学报）2015年第4期。

[3] 张骏："国际商事仲裁证据开示的范围锚定程式"，载《开封教育学院学报》2016年第7期。

仲裁规则就成为程序依据。再次，基于国际公约和准则。目前，主流的涉及证据开示问题的国际公约是《IBA取证规则》，该《规则》为没有特别约定同时也未获得清晰明确仲裁规则指引的当事人提供了举证可依靠的程序。最后，作者提出了国际商事仲裁的证据开示应当如何缩减范围：一是商业秘密是应当严格排除出开示范围的；二是应当赋予被要求开示证据者以相应的异议权；三是法院或仲裁庭的自由裁量权应当受到一定的限制。[1] 将国际商事仲裁的效率作为优先考虑的价值选择，以此来作为证据开示范围的决定基础，从某种程度上来说符合现代商事纠纷解决的发展方向，即快速、便捷，因而具有一定的积极价值。

（四）科学证据与司法鉴定

1. 科学证据的特点

（1）科学证据的风险控制研究。史长青针对司法审判过程中的专家垄断事实的普遍化问题指出，专家与法官角色出现混同，不仅重创了程序正义，而且，法庭上的坏科学与有组织的不负责任相结合，以科学掩盖事实，又使实体正义屡遭挫败。为了化解上述风险，史长青提出既要重申法官自由心证的权能，更要帮助法官掌握科学证据的评价方法，同时引入中立专家以弥补法官专业知识的不足，并论证了法官独立于专家而进行的自由心证，除了实现个案正义，还有效地关注了社会正义，即通过司法实现社会公共价值。[2] 李国兵、邱丙辉就我国当前司法鉴定中的人为错误情形进行了归纳分类，指出制约鉴定错误的法律法规缺失或不明确是造成鉴定人为错误的主要因素，建议通过构建完善的司法鉴定责任制度和采取相应的辅助措施等来防控司法鉴定的人为错误。[3]

（2）科学证据的"双刃剑"作用。刘铭以念斌案为研究样本，通过反思科学证据在侦查中的应用，提出侦查机关需要从更为宏大的视域，从立法、司法、执法的全局视角，重整科学证据相关操作规范。具体来说，一是需要从制度和观念上呵护"娇弱"的科学证据，避免取证"粗疏"；二是由于科

---

[1] 张骏："国际商事仲裁证据开示的范围锚定程式"，载《开封教育学院学报》2016年第7期。

[2] 史长青："科学证据的风险及其规避"，载《华东政法大学学报》2015年第1期。

[3] 李国兵、邱丙辉："我国司法鉴定中的人为错误及其对策研究"，载《医学与法学》2015年第4期。

学证据的证明依赖性，需要适时切换查明思维和证明思维，重视科学证据的证据链及其证明推理；三是根据不同的侦鉴机制，选择适当的科学证据审查判断方式；四是重视出庭质证，保障科学证据对案件事实证明功能的有效发挥。[1] 刘宇飞认为，科学证据具有促进实体公正和程序公正的积极价值，但其不当运用也会产生侵犯人权、拖延诉讼甚至造成错判的消极影响。为正确认识科学证据的本质及问题形成原因，其对科学证据的含义、价值以及应用中需注意的问题进行了探讨。[2] 赵言泽等提出辩证地看待科学证据和刑事错案的关系。其认为，科学证据具有预防刑事错案发生的优势，有助于司法人员对案件事实作出准确认定。但同时也应看到，科学证据本身可能出错，司法人员对其运用也可能出错，这些难以避免的错误极有可能酿成刑事错案，作者在此基础上探讨了在制度上保证科学证据的提取、保存、质证与认定等环节的问题。[3] 董凯对比了中美司法实践中由于司法鉴定错误而引发的刑事错案，指出二者在鉴定错误方面具有明显的共通性，美国预防刑事错案发生的具体司法建议和实践中的改革措施，对我国刑事错案预防具有借鉴意义。[4] 粮志诚等以实证研究方法，探究了鉴定引发刑事错案的主要原因：侦查机关破案的压力、证据的数量和质量、鉴定人的专业能力、刑事科学技术的可靠性、现场勘察检材提取、现场构建等方面的问题，以及故意错鉴等。其提出的解决方案包括：一是进行鉴定体制改革，凸显鉴定中立性，如侦查机关内设鉴定机构人员和侦查主体适度分离；二是保障利害关系人权利，实现以权利制约权力；三是侦查机关建立备鉴制度；四是允许当事人参与鉴定，强化对鉴定活动的监督。

2. 司法鉴定的研究热点

（1）司法鉴定管理制度。党的十八届四中全会通过的《关于全面推进依法治国若干重大问题的决定》提出"健全统一司法鉴定管理体制"，学术界对此进行了深入的分析探讨。杨德齐等指出，在目前尚未实现统一司法鉴定管理体制的前提下，先"统一"再"健全"是必然的路径选择。"统一"侧重

---

[1] 刘铭：“典型个案中的科学证据侦查应用反思”，载《中国刑警学院学报》2015 年第 3 期。

[2] 刘宇飞：“科学证据及其应用问题探讨”，载《大庆师范学院学报》2016 年第 2 期。

[3] 赵言泽、周强："科学证据与刑事错案的发生"，载《尊重司法规律与刑事法律适用研究（下）——全国法院第 27 届学术讨论会获奖论文集》2016 年。

[4] 董凯："中美刑事错案中司法鉴定致错的比较研究"，载《政法论坛》2016 年第 5 期。

体制形式上的整体性,"健全"侧重于体制的功能。落实侦查机关鉴定机构和鉴定人的备案登记制度、统一准入标准、统一鉴定程序和技术规范是"统一"的基本要求,而将侦查机关鉴定机构内部的侦查技术部门与鉴定部门分离、构建司法鉴定技术评价和转化体系、制定全国鉴定机构统一发展规划、建立鉴定机构资质分级及动态调整机制是"健全"司法鉴定统一管理体制的重要环节。但从长远来看,《司法鉴定法》的出台是健全统一司法鉴定管理体制的根本途径。[1] 郭华分析了我国司法鉴定制度改革过程中出现的鉴定机构等级化倾向,探讨了等级化思路与健全统一司法鉴定管理体制的基本方向、鉴定的发展规律以及鉴定意见作为证据的本质要求之间的相互关系,指出司法鉴定制度改革应当在统一司法鉴定管理体制下以提高鉴定机构和鉴定人的鉴定能力为基础,以统一司法鉴定程序、技术方法、鉴定标准等影响鉴定质量的项目作为改革内容,以完善鉴定意见的质证、审查判断与选择适用机制为改革的保障,完善鉴定机构和鉴定人资质能力的培育,同时不否定不同鉴定机构间鉴定能力的差异。[2] 陈如超认为,就司法鉴定管理体制而言,政法部门的权力纠葛和司法行政机关管理社会鉴定机构、鉴定人所遭遇的重重困境,削弱了全国人大常委会《关于司法鉴定管理问题的决定》所意欲形塑的统一管理预期。为了"健全统一司法鉴定管理体制",国家应注重在法律、法规、技术等层面实现规范性统一,并在操作层面合理平衡统一管理与部门管理的权限,充分发挥司法鉴定行业管理的作用。[3]

(2)关于《司法鉴定程序通则》[4]。邹明理在论述司法鉴定程序公正和实体公正与该《通则》关系的基础上,归纳了新修订的《司法鉴定程序通则》的八个基本特点及其对保障司法鉴定意见客观真实的意义;对于其规定的鉴定中常有争议的七个问题,从司法鉴定立法和鉴定实践的角度做了简要解读,并提出了实施的参考要点。[5] 郭华论述了《司法鉴定程序通则》的修

---

[1] 杨德齐、徐明江、王维:"健全司法鉴定统一管理体制的路径分析——基于对党的十八届四中全会精神的思考",载《中国司法鉴定》2015年第2期。
[2] 郭华:"健全统一司法鉴定管理体制的思路转向",载《中国司法鉴定》2015年第1期。
[3] 陈如超:"司法鉴定管理体制改革的方向与逻辑",载《法学研究》2016年第1期。
[4] 司法部令第132号,自2016年5月1日起施行。
[5] 邹明理:"司法鉴定程序公正与实体公正的重要保障——以新《司法鉴定程序通则》的特点与实施要求为基点",载《中国司法鉴定》2016年第3期。

订在体系结构上对完善司法鉴定程序、规范司法鉴定行为以及推进司法鉴定改革具有的重要意义。同时，对诸如诉讼活动外鉴定人参照本《通则》进行鉴定的性质、司法鉴定意见送达后能否撤销等问题作了理论分析。[1]陈如超分析了司法鉴定委托受理存在的困境。例如，委托人特别是法院在鉴定材料合法性、真实性方面的责任，司法鉴定机构受理案件时的困境与违规操作，以及当事人在鉴定委托与受理过程中的不正当干预，都会因为新《司法鉴定程序通则》自身的局限而难以改变。司法鉴定的委托与受理不仅涉及司法鉴定机构及其鉴定人，而且牵涉到委托人、当事人以及司法行政机关自身。因此，司法鉴定程序（包括司法鉴定委托受理）的法律规制，也许应打破部门边界，实行国家层面的立法，这样才能明确合理地规范各主体的权力或权利及其责任。[2]贾治辉等就新《司法鉴定程序通则》规定的终止鉴定的情形进行了分析，探讨和总结了对司法鉴定人和司法鉴定机构怎样启动、审查、决定终止鉴定等规范管理问题，以及终止鉴定后委托人的救济途径及处理等问题。[3]

（3）环境损害司法鉴定研究。2016年1月，最高人民法院、最高人民检察院、司法部下发通知，将环境损害司法鉴定纳入统一登记管理范围。司法部和环境保护部也下发通知，对规范环境损害司法鉴定管理工作提出要求。这使环境损害司法鉴定研究成为2016年司法鉴定研究领域的热点之一。於方等《我国环境司法损害鉴定制度初探》一文指出，鉴于环境损害鉴定的专业性、复杂性和特殊性，应当由司法行政主管部门和环境保护行政主管部门共同开展对环境损害司法鉴定制度的构建和对环境损害司法鉴定行业的管理；构建行业管理与行政管理相结合的环境损害司法鉴定运行体系，并根据不同地区环境损害鉴定评估的业务需求和潜在的环境损害类型，集中各自的资源和技术优势，在每一个领域规划并培育少量的鉴定评估机构，适当控制总体

---

[1] 郭华："司法鉴定程序通则的修改与解读"，载《中国司法鉴定》2016年第4期。

[2] 陈如超："司法鉴定委托受理的困境与改革——基于《司法鉴定程序通则》与司法鉴定实践的双重分析"，载《证据科学》2016年第4期。

[3] 贾治辉、朱兰、宋利利、朱昱："论终止鉴定——以新《司法鉴定程序通则》为视角"，载《中国司法鉴定》2016年第4期。

规模确保环境损害鉴定质量。[1]刘鑫等通过分析现有环境损害司法鉴定模式的矛盾和弊端，对现有环境损害司法鉴定立法情况进行总结，探讨建立环境损害综合鉴定平台，以求更加科学地解决环境损害归因关系，并论述了环境损害综合鉴定平台的综合性、平台工作原则以及方法论等问题。[2]李乾等结合环境损害司法鉴定的特点，针对实践中存在的鉴定取证程序性瑕疵，提出了以诉审商谈和叙事伦理的理念创设"鉴定会"制度，助力构建符合程序正义的环境损害司法鉴定取证程序规则。[3]远丽辉对环境损害司法鉴定机构设立的条件和数量提出建议，并从多个角度对环境损害司法鉴定机构"公有"模式的科学性、客观性、必然性进行论证，并建议对"公有"模式环境损害司法鉴定机构的运行和管理采取行业化、规范化管理。[4]

（4）《人体损伤程度鉴定标准》条款的适用与理论分析。汤家全对该《标准》实施过程中出现的一些新问题，如条款缺失导致匹配原则偏差、条款表达欠妥导致理解偏差、诊断标准不明确导致的偏差、损伤程度等级匹配原则不科学导致的偏差等进行分析后，提出了诸如及时出台相关解释与补充说明、建立请示制度与专家会诊制度等建议。[5]张剑针对公安部及司法部的《人体损伤程度鉴定标准释义》、《人体损伤程度鉴定标准适用指南》与各省相应出台的一些解释文件或指导意见进行了分析，发现其存在诸如手指关节丧失程度未作规定、个别条款解释难以作为评定依据等问题，并对这些问题提出了具有可操作性的建议。[6]

（5）司法鉴定新理论和技术。王相臣对物证检验鉴定的数学原理与方法进行了研究，提出了物证特征出现率与物证特征符合率的内在关联关系决定

---

[1] 於方、田超、张衍燊："我国环境司法损害鉴定制度初探"，载《中国司法鉴定》2015年第5期。

[2] 刘鑫、方玉叶："我国环境损害司法鉴定模式的问题与对策"，载《中国司法鉴定》2016年第2期。

[3] 李乾、陆建泉："诉讼视角下的环境损害司法鉴定取证程序研究"，载《中国司法鉴定》2016年第2期。

[4] 远丽辉："论环境损害司法鉴定机构的设立模式——以其公有性为视角"，载《中国司法鉴定》2016年第2期。

[5] 汤家全、刘建锋："新人体损伤程度鉴定标准存在的问题初探"，载《中国法医学杂志》2015年第1期。

[6] 张剑："人体损伤程度鉴定标准应用中有关问题的探讨"，载《中国法医学杂志》2016年第S2期。

了物证特征关联总价值的假设,并建立物证检验鉴定的数学模型,分别给出反映各类物证内在规律的数学公式;同时,从剖析物证的层次与结构入手,提出了从宏观、中观和微观层次对物证特征进行统一分类的新方法;进而,从客观概率与主观概率相结合的角度,分别阐述了物证特征出现率、物证特征符合率的量化方法;最后,论述了物证检验鉴定意见量化表达的具体方法,以及运用贝叶斯原理(Bayes Principle)统一用"似然比"确定证据强度的观点。[1] 刘宁通过实验考察反射变换成像技术在提取签名笔压特征方面的效用,发现反射变换成像技术不仅能够呈现签名书写压痕及其节奏的细致三维形态和表面质地,而且能够完全排除黑色墨迹的干扰,可以获得现有其他方法无法获得的效果,为签名笔迹检验提供了一种有力工具。[2] 该技术除传统图像数据采集外,还通过数字方法增强物体表面的形状与颜色属性,有效提高了钢印印文图像的清晰度,有利于直观比对检验和重合比对检验,为压印力量较小、印文纸张文字花纹干扰强的钢印印文检验找到了解决手段。[3] 韩丹岩课题组开发了笔迹三维特征提取分析仪,运用该软硬件的压力彩色图显、压痕去墨色图显、压痕深度曲线分析等功能,分析了正常和模仿签名笔迹的三维信息。[4]

(五)言词证据

自十八届四中全会《关于全面推进依法治国若干重大问题的决定》提出"推进以审判为中心的诉讼制度改革"以来,庭审实质化便成为实现以审判为中心的诉讼制度改革的最重要议题。在刑事诉讼中,通过庭审认定案件事实并在此基础上决定被告人的定罪量刑,即事实证据调查在法庭,定罪量刑辩论在法庭,裁判结果形成于法庭,这些是庭审实质化的核心问题。其中,最重要的有两点:一是法官审判的亲历性;二是证人出庭作证。这都与我国传

---

[1] 王相臣、胡鑫:"物证检验鉴定的数学原理与方法研究",载《中国刑警学院学报》2016年第3期。

[2] 刘宁:"运用反射变换成像技术显现黑色签名字迹书写笔压",载《警察技术》2015年第5期。

[3] 朱明新、李阳、张里:"反射变换成像技术在钢印印文检验中的应用",载《刑事技术》2016年第2期。

[4] 参见申思、韩丹岩:"运用笔迹三维信息提取分析仪对正常签名书写力的研究",载《中国司法鉴定》2015年第6期。另参见申思、韩丹岩、俞纲:"运用笔迹三维信息提取分析仪对摹仿签名笔力特征的实验研究",载《中国刑警学院学报》2016年第3期。

统的案卷移送主义相关，证言笔录和被告人供述笔录作为重要的定案依据，其可采性和证明力问题亟待解决，因此言词证据的认证问题成为关注重点。

1. 当事人陈述

当事人陈述作为我国民事诉讼独有的一类证据，其证明力往往被诟病，甚至成为其他证据的证明对象，而难以发挥对案件的证明作用。有研究者从当事人陈述的内涵，将其分为有关事实的陈述和有关主张的陈述。当事人基于诉讼主体地位所作的事实陈述是对事实的主张，在辩论主义和主张责任原理之下，事实主张成为法院的审理对象和裁判基础，这部分陈述并非被作为证据看待；相应地，当事人的利己主张成为待证事实，需要提供证据加以证明，而对己不利的主张则构成诉讼上的自认，是免证事实。[1]

然而，当事人作为案件亲历者，对案件事实有最为直接而完整的感知，如果忽视其陈述的作用，不仅不利于当事人权利的保护，且可能丧失对案件整体情况的把握。2012年《民事诉讼法》修订后，当事人陈述在证据种类中从原来的第五位跃居第一位，这表明其作用受到立法机关重视。最高人民法院《民诉法解释》第110条规定："人民法院认为必要的，可以要求当事人本人到庭，就案件有关事实接受询问。在询问当事人之前，可以要求其签署保证书。保证书应当载明据实陈述、如有虚假陈述愿意接受处罚等内容。当事人应当在保证书上签名或者捺印。负有举证证明责任的当事人拒绝到庭、拒绝接受询问或者拒绝签署保证书，待证事实又欠缺其他证据证明的，人民法院对其主张的事实不予认定。"增设当事人询问制度和虚假陈述惩戒的规定，无疑是要以此保证当事人陈述的真实性和证明力。但实证研究表明，当事人询问制度和虚假陈述惩戒制度在实践中的适用案例很少，相关规定形同虚设。当事人陈述真实性义务虽然在立法上经历了由否定到肯定的变化，但对其过分强调，势必与辩论主义产生冲突。当事人真实陈述的义务范围也许应当限于其提出的事实或者主张，如果将其视为一种完全性义务，则可能导致诉讼模式向职权主义倒退。有学者在当事人陈述制度的构建上提出了相关建议：①明确当事人承担真实义务的范围仅限于法院依职权询问的内容，询问当事人必须严格遵循辩论原则。②坚持询问当事人的补充性。由于我国立法规定只有本人陈述而不能提出其他相关证据时，其主张不予支持。这导致

---

[1] 参见王慧利："证据性当事人陈述制度的完善"，载《法制与社会》2016年第19期。

了当事人陈述作为补充性证据的必然性,对其真实陈述义务进行限定,可以减少当事人的诉讼负担。③丰富当事人获得案件信息的手段。当事人虚假陈述不仅源于利益诱惑,也源于其对虚假陈述不易被发现的侥幸,只有赋予当事人双方广泛接触证据的权利,才能够将真相尽可能全面地展现于审理者面前,当事人通过虚假陈述谋利的可能性才能被减少。④强化当事人的出庭义务。真实陈述义务的前提是当事人积极进行陈述,但我国当事人不出庭或者不积极进行辩论的情况大量存在,当事人并不会因为不出庭而受有损害,甚至不陈述反而可以避免真实陈述的义务,因此,当事人出庭是陈述真实原则实现的前提。⑤不因真实而压制当事人灵活诉讼的空间。真实陈述义务原则和禁反言原则一起限制了诉讼中当事人选择攻防策略的自由,立法应当允许当事人在起诉时提出替代性请求,不得以替代性请求之间存在矛盾而认定当事人违背了真实义务,同时也应当允许当事人在特定条件和范围下修改先前的陈述。[1]

2. 被害人陈述

被害人陈述在我国被确定为刑事诉讼证据种类之一,但被害人在诉讼中扮演着双重角色:一是当事人,二是证人。当事人的角色决定了其有权参与诉讼的全过程并发表自己的意见,但作为受害者其陈述必然带有倾向性,因此被害人陈述在作为证言时则要求中立客观,这种张力给被害人陈述证明力的认证带来了难度:①被害人陈述的不可替代性。由于被害人对于案件的亲历性,特别是在一些隐蔽性犯罪中,被害人陈述极有可能成为唯一的证据,如果没有其他的证人证言或者实物证据进行补强,则其证明力难以认定。②被害人不出庭。基于各种价值考量,在我国刑事诉讼中被害人基本不出庭,只在侦查阶段搜集被害人的陈述,且为了防止二次伤害,对其询问也多只进行一次,庭上无法对其进行询问和质证。③被害人陈述的主观性。被害人由于是犯罪的直接受害者,对于追诉犯罪有着更为迫切的要求,为了报复罪犯有可能夸大事实。在某些突发性犯罪发生时,被害人处于惊恐或者慌乱的状态,其感知能力极有可能出现障碍,不能客观陈述案件发生时的状况。同时,出于保护名誉、保护家人朋友或者包庇犯罪分子等动机,被害人有可能作出

---

[1] 参见纪格非:"我国民事诉讼中当事人真实陈述义务之重构",载《法律科学》2016年第1期。

虚假陈述。④被害人没有独立的诉讼地位。在刑事诉讼中，公权力代替被害人行使权利，被害人必须依附于公诉机关。⑤被害人陈述主体范围狭窄。目前我国被害人陈述仅限于自然人，而对于日益增多的针对单位或者国家及不特定公众的犯罪，尚未明确被害人参与庭审并作出陈述的主体地位。[1]

由于被害人与证人都是以亲身知识（感知和记忆）而获得在法庭上进行陈述的权利，因此在英美法系和大陆法系的多数国家，被害人陈述都被归入证人证言，其采纳和采信过程同样受传闻证据规则、补强证据规则、意见证据规则的限制，其证明力的认证更为轻松而有序。因此有学者认为，应当修正被害人的双重主体地位，将被害人明确纳入证人类别，其陈述应当属于证人证言。被害人陈述要在法庭上经过举证、质证、认证，经查证属实后才能够作为定案依据；被害人进行虚假陈述，严重干扰司法程序的，应当按照相应罪名进行处罚，法律不因其特殊身份、地位、经历而区别对待。[2]

3. 被告人口供

长期以来我国侦查工作奉行口供中心主义，采取"由供到证"的证明模式，但采取刑讯逼供方式收集被告人有罪供述导致了大量冤案。首先，被告人陈述能直接反映案件的主要事实。作为一种不利己陈述，口供如果是在合法、自愿的基础上收集则具有很高的证明力，特别是在一些隐蔽性犯罪，如贪污贿赂类案件中，被告人口供是最为重要甚至是唯一的突破口，对于案件事实的认定具有重要作用。其次，口供具有引导作用，侦查机关往往通过被告人口供发现新的线索和侦查方向，并以此收集其他证人证言或者实物证据。除此之外，口供和其他证据之间可相互印证，成为反向补强其他证据的关键手段。同时，认罪口供还包含其他证据无法载有的犯罪主观方面的信息，如犯罪故意、犯罪过失、犯罪目的和动机等。[3]

但是，如果案件的证据大厦以被告人口供为核心，辅之以现场勘查笔录等证据，一旦出现被告人虚假供述，案件的整个证据体系就会坍塌，导致冤

---

[1] 参见拜荣静："被害人陈述认证的主要障碍及其程序优化"，载《北方民族大学学报》（哲学社会科学版）2016年第3期。

[2] 参见牛瑛："刑事诉讼中被害人陈述的证据学思考"，载《曲靖师范学院学报》2016年第5期。

[3] 参见李庚强："新时代背景下认罪口供的价值探讨——从批判认罪口供的绝对定罪价值谈起"，载《公安学刊》（浙江警察学院学报）2016年第1期。

假错案出现。因此，补强证据是针对主证据而言的，是指专为增强主证据的证明力而提出的诉讼证据。[1] 有学者根据国外立法例，将口供补强证据规则分为了两种思路：一种思路是普通法中的罪体标准，即要求口供以外的补强证据应当独立证明犯罪事实，并达到某种质和量的要求；就补强对象而言，罪体标准仅要求就犯罪结果、犯罪行为进行补强，而不需要补强证据证明被告人系犯罪行为的实施者。另一种思路是可信性标准，即要求口供以外的补强证据应当佐证口供的真实性，可信性标准是对口供本身的补强而不是对犯罪事实的补强。若适用罪体标准，补强证据和口供相互独立地对案件主要事实进行证明，虽然并不要求全部一致，但在两者证明力叠加的情况下，可以认定被告人实施该犯罪行为具有很高的概率，这无疑加重了检控方的证明责任，会导致大量刑事案件得不到追诉。可信性标准则要求在提出口供之前，要提出确实、独立的证据来确认口供的可信性，达到优势证据标准时口供才具有可采性。口供和犯罪事实的吻合程度是可信性的最大特点，但其前提在于口供的来源必须具有合法性，特别是要避免警察指供的风险。因此，如果适用可信性标准，则必须确认口供没有受到外部信息源污染。[2]

有学者认为，对于直接故意和疏忽大意过失的证明，口供往往能够使司法人员对行为人的主观心态形成完整的心证，且犯罪构成要件行为能够直接印证主观心态，其主观心态的真实性也能够同时得到证明，因此没有对这两类心态再予补强的必要。而对于目的犯中的目的、特定明知以及部分间接故意和过于自信过失的证明，口供能够使司法人员对行为人的主观心态形成完整的心证，但犯罪构成要件行为往往不能印证这几类主观心态，一般不能通过间接证据补强这几类主观方面事实的真实性，为了兼顾诉讼效率的要求，庭审供述的自愿性一般能够得到保障，无需补强，而庭外供述的自愿性和真实性较差，如不补强采用虚假口供错误定案的风险则较大。而对于部分间接故意和过于自信过失的证明，由于其不能使法官形成完整的心证，因此不存在适用口供补强规则的前提，对这一类主观心态，要通过大量细节性客观证据的收集，运用间接证据结合口供内容，共同证明主观方面事实。[3]

---

[1] 杨尚岷："论口供补强原则在司法实践中的应用"，载《法制与经济》2016年第2期。
[2] 向燕："论口供补强规则的展开及适用"，载《比较法研究》2016年第6期。
[3] 姚磊："刑事主观方面事实证明中的口供补强"，载《人民检察》2016年第7期。

4. 证人证言

有学者分析了我国《刑事诉讼法》既规定了证人作证义务和特定条件下的强制出庭义务，又规定了未到庭证人证言笔录可以当庭宣读的困境。在我国案卷中心主义审理模式下，法官往往可以基于案卷对案件形成预判，从而把握整个庭审过程，若有大量证人出庭作证，不仅会延长审判时间，甚至容易出现翻证的情形。美国对抗制诉讼模式下，基于起诉书一本主义和传闻证据等规则，证人出庭作证是庭审的核心，并形成了以交叉询问为核心的质证规则，但绝大多数刑事案件是通过辩诉交易结案的。而我国缺少刑事案件分流程序，熟人社会以及传统厌讼文化构成了我国现有民族情感和主流社会心理，如果一味强制公民到庭作证，不可避免地会遇到这样的尴尬：在用法律创建社会秩序的同时，又用法律破坏了社会自身的和谐和凝聚力。[1]因此，证人出庭作证面临文化传统和效率要求这两座大山，其改革进程必然是缓慢的。

但建立对抗制诉讼模式必然要求证人出庭作证，有人从限制证人出庭作证条件和提供作证保护这两个方面讨论了促进证人作证积极性的问题。首先，对于强制出庭作证的范围必须限于关键性证人，即对案件定罪量刑具有重要影响的证人，同时对于特定身份的人应当适用特免权规则，不得强制要求其到庭作证，对于因客观原因确实无法到庭作证的，可以不强制出庭作证。在证人保护方面，在制度上尽可能减少证人的现实顾虑才是促进证人出庭作证的根本，且证人作证的保护性措施远比不作证带来的制裁性措施更为有效，如提供经济补偿、隐匿身份作证等。[2]但将匿名作证当作给予证人的特殊保护措施，无论在理论上还是在实践中都会遇到更大的危害。

庭审中心主义的另一个要求是对证言真实性的审查，交叉询问制度对于审查以感知、记忆和表达能力为基础的证人证言是最为有效的质证制度设计。有学者对英美法中的证人弹劾与正誉制度进行了研究。实践中影响证言真实性的因素可能多种多样，既可能是感知缺陷导致的无意虚假陈述，也可能是有意作虚假陈述。根据美国《联邦证据规则》的规定，弹劾证人主要有六种

---

[1] 余方晟、叶成国："庭审中心视野下强制证人出庭作证研究"，载《河北法学》2016年第3期。

[2] 汤立伊："论刑事证人保护制度的完善"，载《理论界》2016年第7期。

方式，包含先前不一致的陈述、偏见、刑事犯罪记录、不良行为、感知缺陷以及证人不诚实的名声或者个人意见。刑事犯罪记录、不良行为、证人的不诚实名声或者个人意见三种品性证据在庭审时不得提出用以证明被告人的行为倾向，但却可以用于弹劾证人的可信性。我国目前立法对于品性证据未作明确规定，但基于其潜在原理的合理性，我国应当允许诉讼双方用品性证据来削弱证人证言的可信性。也就是说，品性证据不能直接用于证明该证人证言为假，但可用来说明证人具有撒谎的动机、倾向性或者至少可以证明他并非是从来不撒谎的人。[1]

5. 作证特免权

我国《刑事诉讼法》第 188 条第 1 款规定了被告人的配偶、父母和子女享有免于强制出庭作证的权利。这种权利并不是亲属作证特免权，即近亲属只有不被强制出庭作证的权利。尽管如此，有学者还是研究了亲属作证特免权的主体问题，即谁享有作证特免权。应当明确的是，被追诉人的特免权是主权利，因此当其主张亲属作证特免权时，亲属证人不得作为证人作证，但若是被追诉人放弃作证特免权，则亲属证人有权决定其是否作证。[2]但在被告人弃权情况下，若亲属证人选择作证却主张出庭豁免，就会导致剥夺被追诉人对质权的风险，如在薄熙来案审判中，谷开来的视频作证就是典型的基于亲属出庭豁免导致的被告人被剥夺质证权的情况。因此，在亲属证人提供了对被告人不利证言的情况下，应规定亲属证人若拒绝出庭接受质证，其庭外证言应根据《刑事诉讼法》第 59 条的规定予以排除，不得作为定案的依据，以保证被告人的质证权。

6. 作证豁免权

2016 年关于作证豁免权的研究集中于污点证人的作证豁免权。学者们在讨论不得强迫自证其罪原则时，常将其适用主体局限于被告人和犯罪嫌疑人，但证人也应享有不得强迫自证其罪的权利。有学者认为，证人享有不得强迫自证其罪的权利，其在原理上和被告人享有的权利是一致的。这既可以避免如实作证义务给证人带来道德和法律上的选择困境，又可保障证人证言的可

---

[1] 强卉："刑事证人证言的可信性问题研究——以美国证据法中的证人弹劾制度为视角"，载《法律科学》2016 年第 3 期。

[2] 覃冠文："亲属免证：究竟是谁的权利——以亲属免证特权权属为基点的展开"，载《政治与法律》2016 年第 1 期。

靠性。证人在涉及有可能使自己面临追诉风险的个别问题时,可以主张其有不得被自证其罪的权利,并向审讯人员阐明其面临的自证其罪风险;但基于其证人身份和作证义务,不得对于审判人员的提问行使概括性豁免权。特别是在行贿受贿犯罪案件中,当侦查机关依法搜集的证据达不到确实充分标准时,行贿人证言便成为整个案件事实认定的关键证据。然而,在司法实践中,行贿人往往拒不作证,一个重要原因就是担心指证他人之后会暴露自己的罪行,从而使自己陷入不利境地。因此,赋予证人作证豁免权对于解除证人作证的后顾之忧,应对侦查实践中出现的新问题,规范司法机关的取证手段,鼓励证人如实作证具有重要意义。[1] 国家通过放弃对污点证人一定的刑罚权及从轻、减轻或者免除对其的刑事责任,以此来避免出现重罪犯因为证据不足而无法追诉的不良后果。[2] 这不仅符合效益最大化要求,也顺应了宽严相济的刑事政策。

污点证人豁免制度主要分为两类:一类是罪行豁免,一类是证据使用豁免。罪行豁免指的是国家对于污点证人就其提供的证言中所涉及的罪行不再追诉。证据豁免指的是被豁免的人提供的证言或者任何根据该证言获得的信息不得在随后进行的任何刑事程序中用作不利于该证人的证据。若是对污点证人采取罪行豁免这一较为宽松的政策,就要求对污点证人豁免权的适用进行严格限制,否则就有放纵犯罪的嫌疑。需要注意的问题:一是其豁免的应当是证言涉及的相关罪行,而不是证人的全部罪行;二是就案件类型来看,证人证言所揭露的犯罪应当是取证困难、疑难复杂的案件,如贪污贿赂犯罪、毒品犯罪等;三是该证人证言对案件的侦破必须能够起到关键性作用;四是只豁免刑事责任而不豁免民事责任;五是污点证人如果作伪证的话,仍然要面临被追诉的风险。[3]

(六) 证据排除规则

1. 证据排除规则的基础理论研究

(1) 证据排除规则体系的批判与建构。张栋认为,近年来,中国刑事证

---

[1] 陈学权、郭恒:"证人的不被强迫自证其罪权",载《国家检察官学院学报》2016年第4期。

[2] 张璟:"论建立污点证人作证豁免制度的正当性",载《法制博览》2016年第30期。

[3] 杨雯清:"反腐案件亟待引入'污点证人'豁免制度",载《辽宁警察学院学报》2016年第5期。

据立法日益丰富，初步形成了证据制度体系。但从"排除合理怀疑"证明标准和非法证据排除这两个重要证据规则的适用情况看，证据制度尚未实现优化配置。要实现证据制度体系的优化，立法应在通常意义上界定证据规则，某些关键性证据规则不应缺失，这也更为契合审判中心主义与证据裁判主义的价值内核。[1] 兰跃军也认为，我国刑事证据规则立法、内容、实践和生存环境方面存在诸多问题，亟待体系化，可从公检法"分工配合制约原则"出发，将证据分为言词证据和实物证据，构建和完善若干分别规范证据能力、证明力和证据运用的证据规则。其中，规范证据能力的规则包括关联性规则（含品格证据规则）、证据禁止规则、传闻证据规则、意见证据规则、陈述自愿性规则和原始证据优先规则；规范证明力的规则主要是证据补强规则；规范证据运用的规则包括作证特免权规则、交叉询问规则和证据相互印证规则。[2] 上述对刑事证据排除规则体系的宏观探索，回应了我国刑事证据规范在体系性、系统性方面存在的缺陷。

（2）证据准入体系的思考与建构。证据准入是证据排除规则的门槛，也是证据排除规则发挥效用的基本装置。艾明从比较法视角来考察，其发现就证据取得禁止与证据使用禁止之间的关系而言，我国虽采取规范保护目的理论的立场，但和德国学说和实务见解相比具有明显的中国特色，即只有那些旨在担保所获证据真实性和可靠性的重要取证规定被违反时，相关法律才会科以明确的证据使用禁止后果。我国证据使用禁止呈现立法上的积极主动、司法上的消极保守、阶段上的层层把关、论证上的简单恣意四个特点，这些特点皆与德国相关法律规定相背离，这反映出，尽管我国与德国同属大陆法系，共享职权主义传统，但在刑事诉讼制度方面却存在着较大差异。[3] 纵博认为，对刑事证据能力的研究应从我国立法和实践出发，从实然证据能力规则中提炼证据能力理论。从作用机制看，刑事证据能力是指"作为认定事实依据的资格"，不具有证据能力的证据不得作为定案的根据。在现行诉讼制度下，证据能力规则难以将应排除的证据彻底阻隔在事实认定过程之外，只能

---

[1] 张栋："中国刑事证据制度体系的优化"，载《中国社会科学》2015年第7期。
[2] 兰跃军："刑事证据规则体系的建构"，载《中国刑事法杂志》2015年第6期。
[3] 艾明："论我国刑事诉讼中的证据使用禁止——以证据取得禁止和证据使用禁止之间的关系为中心"，载《现代法学》2015年第5期。

通过多种措施并举，以促进其实效。[1]

(3) 案卷移送制度对证据法运行环境的影响。案卷移送制度是我国刑事诉讼运行的一个基本特征，牟军认为，在对知识的传播和接纳以及在此基础上的决策有较严格要求的领域，文字所具有的记录性、形象性、稳定性和可传递性等外部特征以及内部文法特有的叙事功能，使得文字材料运用的优势得以凸显。以文字为载体所体现的卷证内外特征，决定了法官对其有一种自然信赖。然而，文字固有的缺陷以及卷证制作和使用的不当及自身的局限性，导致其运用对公正审判会产生不利影响。这需要通过卷证证据能力与证明力规则的确立加以消解。[2] 孙远研究了案卷移送背景下控方卷宗笔录在审判阶段的使用问题。他认为，《刑事诉讼法》重新确立了全案移送制度，这表明我国刑诉程序改革向着更为务实的方向调整，但问题是立法未明示控方全案移送的卷宗笔录在审判阶段应如何使用。正确做法是：庭前审查与庭前准备这两个程序环节，应主要依托控方卷宗材料来展开，强化庭前审查的实质性与庭前准备的充分性；而法庭审判一旦正式开启，则应严格贯彻直接审理原则，控方卷宗笔录仅能在有限范围内发挥作用。他认为，在开庭之前禁止法官阅卷是一种错误的做法，因为这会促使法官由庭前阅卷转为庭后阅卷。他还认为，在庭审过程中对包括《刑事诉讼法》在内的诸多彰显直接审理原则之要求的规定作限缩解释，而将卷宗笔录作为法庭调查的主要对象同样也是不可取的。[3]

(4) 以审判为中心的诉讼制度改革背景下刑事证据制度的改革走向。陈瑞华将以案卷移送为特征的审判方式称为"新间接审理主义"。他提出，自1979年以来的历次刑事审判制度变革，仍然保留了一种新间接审理主义的审判方式。法庭将公诉方案卷材料奉为庭前查阅和当庭调查的对象，使得证人证言笔录和被告人供述笔录在法庭上具有无可争议的证据能力，甚至可以成为法庭认定案件事实的直接根据。这一审判理念的形成，与流水作业的诉讼构造模式、实体真实至上的价值取向、法官倾向于刑事追诉的理念以及建立在办案期限基础上的效率意识有着直接的关系，并带来了一系列消极的诉讼

---

[1] 纵博："我国刑事证据能力之理论归纳及思考"，载《法学家》2015年第3期。
[2] 牟军："刑事卷证：以文字为起点的证据分析"，载《法学论坛》2016年第6期。
[3] 孙远："全案移送背景下控方卷宗笔录在审判阶段的使用"，载《法学研究》2016年第6期。

后果：法官庭前产生先入为主的预断、庭审流于形式、排斥被告方辩护观点、审判失去纠错能力等，都是新间接审理主义所造成的负面影响。我国法院近年来对庭审实质化所做的改革探索，尽管有一定效果，但没有从根本上摆脱新间接审理主义的困扰。可以说，克服新间接审理主义的消极作用，确立直接和言词的审理方式，是中国刑事司法改革所追求的目标之一。[1] 胡铭认为，审判中心主义要求裁判者亲历审理和证据审查过程，依据当庭提供并经过质证的证据作出裁判，侦查等审前程序需要为此作出调整，从而使刑事司法围绕审判展开，并使侦查、控诉、辩护、审判四方关系发生变化。他通过实证分析提出，我国刑事诉讼仍带有显著的案卷笔录中心主义色彩，这背后又是侦查中心主义的刑事诉讼构造。应围绕对质权保障推动庭审实质化，从证明力切入逐渐限制证据能力，完善分工配合制约原则，渐次展开审判中心主义之改革，以实现刑事司法中看得见的正义。[2] 这两篇文章揭示了我国刑事诉讼制度内在的侦查中心主义构造及其所带来的间接审判主义的内在困境。不走出这样一个基本格局，证据排除规则就很难真正落地生根。

（5）关于德国证据禁止制度。德国迈克尔·赫格曼斯（Machael Heghmanns）教授概述了德国刑事诉讼法中关于证据采纳或禁止的问题。证据禁止区分为非自主性和自主性的证据使用禁止。非自主性证据使用禁止可能是由公诉中初步侦查取证错误导致的。在是否适用非自主性证据使用禁止这一问题上，德国司法官会从几个方面加以考虑，例如，犯罪的严重性或取证错误的严重性。自主性证据使用禁止是由于侵犯了个人隐私，例如，私人日记不能作为证据使用。[3]

2. 非法证据排除规则研究

（1）非法证据排除规则的域外研究。首先是域外非法证据排除规则运行对我国的启示。熊秋红对美国非法证据排除规则实践运作进行考察发现，宪法和判例、法官的独立性、预防和减少警察违法取证的措施、辩护律师启动

---

[1] 陈瑞华："新间接审理主义——'庭审中心主义改革'的主要障碍"，载《中外法学》2016年第4期。

[2] 胡铭："审判中心、庭审实质化与刑事司法改革——基于庭审实录和裁判文书的实证研究"，载《法学家》2016年第4期。

[3] [德] 迈克尔·赫格曼斯："德国刑事诉讼法中的证据使用禁止"，周婧译，载《证据科学》2016年第5期。

非法证据排除程序的动力与方式、法律援助制度、检察官的监督和过滤作用、非法证据排除的类型和重点以及科技发展所带来的挑战等诸多方面,都对美国非法证据排除规则的实施发挥着作用。美国经验的启示包括:重视宪法规范的引领作用;实现警察、检察官、法官、律师之间的良性互动;明确合法证据与非法证据的界限;充分认识法官行使自由裁量权的重要性;构建完善的非法证据排除程序;健全非法证据排除的证明机制;以发展的眼光看待非法证据排除规则;正确看待非法证据排除率及对诉讼结果的影响。[1] 有学者考察了英国非法证据排除规则对我国的启示。英国的供述排除规则采取了强制排除与裁量排除相结合的立法模式,法律上的规定加之法院在实践中形成的一系列判例,形成了一套既具有原则性又具灵活性的证据规则体系,既有效保障了刑事被告的正当权利,又充分尊重了法官在供述排除与采纳方面的自由裁量权。[2]

其次是美国非法证据排除规则适用的最新进展。吴宏耀发现,自 20 世纪 60 年代马普案（Mapp v. Ohio）以来,非法证据排除规则不仅在理论基础方面发生了实质性变化,该规则的适用范围也在不断受到限缩。近年来,美国联邦最高法院关于哈德逊案（Hudson v. Michigan）、赫尔英案（Herring v. United States）以及戴维斯案（Davis v. United States）的判决尽管都是针对具体问题的判决,但是,这些判决不仅进一步限缩了排除规则的适用范围,而且,其论证逻辑也为非法证据排除规则的命运蒙上了一层挥之不去的阴影。[3] 王景龙探讨了美国非法证据排除规则的转向。他认为,美国联邦最高法院对排除规则的态度在 2006 年哈德逊案中发生了根本性改变,作出了"排除规则一直是我们最后的手段,而不是首选"的著名论断,声称其他救济措施可以完全替代排除规则,强烈暗示排除规则已经过时、没有存在的必要了。随后赫尔英案、戴维斯案及金案（Kentucky v. King）等重要判例延续了这一立场,纷纷实质性地限制了排除规则的适用,直接导致了排除规则的转向。为摆脱警察滥权的困扰,初步建立证据排除规则的中国对待非法证据的态度也发生

---

[1] 熊秋红:"美国非法证据排除规则的实践及对我国的启示",载《政法论坛》2015 年第 3 期。

[2] 史立梅:"英国供述排除规则对我国防范冤假错案之借鉴",载《国家检察官学院学报》2015 年第 3 期。

[3] 吴宏耀:"美国非法证据排除规则的当代命运",载《比较法研究》2015 年第 1 期。

了转向。转变的方向与美国相反,但殊途同归。[1]

(2)非法证据排除规则实证研究。①吴纪奎对 228 份案件裁判文书进行分析后发现,非法证据排除申请呈现出案件类型、证据种类和排除理由集中的"三集中"现象。对于非法证据排除申请,检察院、法院探索形成了类型化的应对策略和处理方式。在实践中,被告人及其辩护律师滥用申请与申请能力不足并存、检察院怠于履行证明责任与举证手段有限并存、法院认知偏差与怠于严格执行非法证据排除规则并存是三大结构性难题。对此,应通过纠正控辩审三方对非法证据排除规则的认知偏差、落实检察院的举证责任、调动法院严格执行非法证据排除规则的积极性等措施加以解决。[2]②左卫民在调研中发现一个"热"、"冷"悖反:非法证据排除规则是学界、立法与司法机关及社会关注的热点问题。然而,与热闹话语形成强烈反差的是实践的冷清:不仅法院很少依职权启动非法证据排除程序,而且被告方提出启动程序申请的比例也较低。即使依被告方申请启动程序,法官展开合法性调查的兴趣也不高。从结果看,很少有证据被认定为非法并排除,即便被排除也难以对案件审理产生实质影响。这反映了中国刑事司法领域国家权力与个人权利的角力,非法证据排除规则在某种程度上是一个披着个人权利保障外衣却裹着国家权力本位的规则。要解决这个悖反,需要社会性结构因素的调整。[3]③易延友以北大法网 1459 个案例为基础数据进行分析后认为,非法证据排除规则已从法律文本走向司法实践,并在保障人权方面发挥了重要作用。在司法实践中,大多数排除申请都能启动证据合法性审查,约一成左右的申请得到支持,将非法证据排除。在非法证据被排除的案件中,有些被告人被宣告无罪,有些被发回重审,有的检察院撤回起诉;有些被告人虽被定罪,但其被指控的部分犯罪事实未被认定。但是,"毒树之果"原理的缺失,导致犯罪嫌疑人、被告人的权利不能得到更好的保护,部分案件在证据合法性证明上出现转嫁举证责任的现象,有些法院从内容真实推论程序合法,有些案件因规则模糊导致权利保护不到位。应对举措是确立"毒树之果"规则,杜绝举

---

[1] 王景龙:"美国证据排除规则的转向——以'哈德逊诉密西根州'案为视角",载《比较法研究》2015 年第 1 期。

[2] 吴纪奎:"非法证据排除的实践表达",载《证据科学》2015 年第 6 期。

[3] 左卫民:"'热'与'冷':非法证据排除规则适用的实证研究",载《法商研究》2015 年第 3 期。

证责任倒置,逐步实现从证据分类型规则向权利分类型规则的转变。[1]④孔令勇对 400 份非法供述排除裁判文书的实证研究发现:供述自愿性审查呈现出主观判断与客观审查两种模式。但客观审查模式的功能没有发挥出来,通过结果证据审查供述真实性仍是我国供述自愿性审查的主流方式。这两种模式均未解决非法供述排除难的问题。因此,应当在刑事司法实践中适用综合性审查判断模式,既有效认定供述的自愿性,也准确认定供述的真实性,间接保障客观审查模式的正确适用,从技术层面解决非法供述排除难的问题。[2]⑤吴洪淇对多个受访群体进行访谈后发现,审查起诉阶段的非法证据排除程序启动频率高于审判阶段,这主要是因为该阶段的非法证据排除更契合于侦查、审查起诉和审判机关三者的职业利益和职业处境。非法证据排除规则在审查起诉阶段的实施,其实更多的是发挥证据把关的作用而不是真正意义上的证据排除。二者之间在主体角色定位、程序效果和正当性基础上都存在微妙差别。这种特殊格局对侦查阶段的震慑效应和被告人、犯罪嫌疑人权利保障都会产生深刻的影响。[3]

(3)重复供述的排除问题。重复供述的排除问题是我国非法证据排除问题中的一个热点也是难点问题。陈瑞华认为,唯有将那些受到强迫取证行为直接影响的派生证据和重复自白予以排除,才可以实现排除规则的立法宗旨。[4]在此基础上,吉冠浩提出,对重复供述,目前存在三种应对模式:直接适用非法证据排除规则模式、"毒树之果"模式和证据使用禁止的放射效力模式。但是,现有模式在处理重复供述问题上操作性和兼容性均有不足,因而有必要提倡一种以先前非法讯问对随后供述的任意性是否继续产生影响的判断为核心的继续效力排除模式。关于继续效力是否存在,应当综合案件情况加以具体判断,权衡被告人被讯问时的每一个因素,尤其是审酌先前非法讯问方法对随后重复供述的"污染之稀释"程度。同时,继续效力排除模式在证明

---

[1] 易延友:"非法证据排除规则的中国范式——基于 1459 个刑事案例的分析",载《中国社会科学》2016 年第 1 期。

[2] 孔令勇:"供述自愿性审查判断模式实证研究——兼论非法供述排除难的成因与解决进路",载《环球法律评论》2016 年第 1 期。

[3] 吴洪淇:"证据排除抑或证据把关:审查起诉阶段非法证据排除的实证研究",载《法制与社会发展》2016 年第 5 期。

[4] 陈瑞华:"非法证据排除规则的适用对象——以非自愿供述为范例的分析",载《当代法学》2015 年第 1 期。

责任及证明标准方面也有特殊要求。此外,继续效力的排除模式超越了强制性排除与裁量性排除的框架,适用于所有言词证据,但不适用于实物证据。[1]

(4) 非法证据排除规则适用的困境与出路。经过几年的运行,非法证据排除规则在我国司法实践中遭遇了一定程度的困境。这种困境是否存在,表现为何,如何走出困境?许多学者试图对此作出解释并提出解决方案。杨波认为,非法证据排除规则是针对严重程序违法行为的一种程序性制裁,其排除基点应为证据能力而非证明力。由于我国证据立法及实践偏重证明力规则而忽视证据能力规则,非法证据排除基点严重错位,以证明力取代证据能力,并由此导致非法证据范围不清晰、排除程序不独立和滞后、非法证据证明的形式化等问题,其适用陷入实践困境。未来应摆脱证明力的羁绊,以证据能力为标准,明晰非法证据的范围,从主客观两方面构建非法证据的认定标准;以对证据能力的规制为目标,构建独立、前置的排除程序;以证据能力为核心,推进非法证据证明的实质化。[2]王树茂认为,非法证据排除规则在适用中遭遇诸多困境,究其原委,既有司法体制机制的制约,又有司法人员的观念素质影响。非法证据排除范围混淆了非法证据与瑕疵证据、违法证据的界限;非法证据排除规则遭遇司法机关追诉犯罪与诉讼监督、放纵犯罪与保障人权之间的职责冲突;非法证据证明手段作用受限,举证责任落实不够,证明标准把握不严;非法证据排除的审理实体、程序问题一并审理,裁决时机颠倒实体结论与排除结论的先后顺序等问题,需要从理念、规范和制度运行规则上予以解决。[3]

(5) 非法证据排除的规范解释问题。在司法实践中,公检法机关在相应司法解释和规定中对非法证据范围的界定存在比较严重的冲突。针对"刑讯逼供等"这一术语,不同机关给出了不同的解释。蕴含在这种冲突背后的逻辑是什么?吴洪淇发现,公检法机关在非法言词证据解释上的冲突是一个不断演化的过程。通过引入芝加哥学派的管辖权冲突理论,可以对作为刑事司

---

[1] 吉冠浩:"论非法证据排除规则的继续效力——以重复供述为切入的分析",载《法学家》2015年第2期。

[2] 杨波:"由证明力到证据能力——我国非法证据排除规则的实践困境与出路",载《政法论坛》2015年第5期。

[3] 王树茂:"非法证据排除规则的司法适用辨析",载《政治与法律》2015年第7期。

法系统中行动主体的公检法三机关在不同阶段对非法言词证据作出的不同解释进行清晰描摹。对非法言词证据排除规则作出客观化的解释，从某种意义上说是非常困难的。在解释过程中，语词的含义更多地取决于利益的逻辑而非语词本身的逻辑。不同机构各自的利益关注、权力格局、冤假错案带来的舆论环境、政治大环境等一系列因素都会对非法言词证据的解释产生不同程度的影响。[1] 该文将社会学的职业冲突理论运用到立法中的解释冲突问题，是运用跨学科方法的一个尝试。

(6) 非法证据排除的说理问题。《刑事诉讼法》确立了"非法言词与实物区别排除"，或者说，"强制排除与裁量排除相结合"的模式。这样一种模式必然意味着非法证据排除的裁定存在一个巨大的裁量空间。如何规范这样一个裁量空间便成为一个不容忽视的问题。雷小政研究发现，当前非法证据排除说理是整个刑事裁判文书说理的一个"短板"。在司法实践中，许多瑕疵证据、非法证据通过"补正"、"合理解释"被采纳，但缺乏"实质说理"。强化以审判为中心的诉讼制度改革，需要强化非法证据排除的"实质说理"。这一完善过程是艰巨的，涉及实体规则、程序规则、配套制度等方面的综合改革。从长远来看，有必要建构一独立自洽的针对证据合法性调查的"诉中诉"程序。[2] 所谓实质说理，就是对非法证据排除裁量权进行有效制约，其实现需要许多配套措施的跟进与改善。

3. 笔录类证据排除规则

2012 年《刑事诉讼法》扩充了侦查笔录类证据进入法庭的范围，对此类证据如何加以规范是司法实践中提出的一个重要问题。韩旭研究了侦查实验笔录的证据能力问题。他认为，最高人民法院《刑诉法解释》虽然将"实验条件相似"确立为侦查实验笔录是否具有证据能力的判断标准，但由于侦查实验程序规范性不足、已有的制度规范缺乏协调性以及外部监督机制和证明机制的双重缺失，导致该类证据在审查判断上操作困难。实验结论的可靠性依赖于实验条件的实质相似性，包括实验场所的一致性、实验工具的同一性、实验环境的相近性、实验主体的同质性、实验过程的完整性以及实验活动的反复性等内容。为充分发挥实验结论在诉讼中的证明作用，有必要将侦查实

---

[1] 吴洪淇："非法言词证据的解释：利益格局与语词之争"，载《法学家》2016 年第 3 期。
[2] 雷小政："非法证据排除中的'实质说理'与改革建议"，载《证据科学》2016 年第 3 期。

验改造成为一种控辩审三方均可实施的司法证明手段,完善实验规则,并建立证明规则、见证规则以及专家辅助人出庭规则等相关的制度规范。[1]

笔录类证据中的讯问笔录,在同步录音录像制度大力推行的背景下将会发生什么样的变化,违反同步录音录像制度所做的讯问笔录证据效力如何?张颖认为,由于立法规定过于原则化,缺乏制裁性机制,导致在司法实践中大量存在选择性录制、先审后录、讯问后补录或重录等现象。因此,应当强制排除选择性录制和先审后录所获得的供述,对于讯问后补录或重录所获得的供述则应酌情排除,但排除违法录音录像所获供述还受到口供中心主义等一系列现实因素的制约。[2]在讯问笔录采纳标准上,一些学者对印证采纳标准提出了质疑。印证式采纳言词笔录的实践不仅曲解了证据印证的要求,而且会错误激励侦控行为,虚化庭审质证程序,容易酿成冤假错案,理应被否定。其产生的根本原因在于,对证据真实性的模糊认识,或将证据鉴真等同于鉴别材料内容的真实。抽象而言,言词笔录的证据资格审查标准应为关联性与可靠性,法官应围绕于此展开调查与认证。[3]

关于刑事勘验、检查笔录的证据能力问题。宋维彬认为,刑事诉讼中勘验、检查笔录的应然范围应当仅包括五官感知类笔录,不应包括搜查、扣押类笔录与证据提取类笔录,其在证据属性上应当属于言词证据。国外在勘验、检查笔录证据能力立法模式的设置上,存在传闻证据模式与直接言词模式两类,我国宜选择传闻证据模式,但同时应当借鉴直接言词模式的成功经验。针对我国勘验、检查笔录缺乏证据能力规则约束,勘验、检查人员出庭作证缺乏规制的问题,应当对其证据能力规则予以建构。勘验、检查笔录原则上不具备证据能力,应当要求庭审时法官亲自进行勘验、检查或者侦查人员出庭作证,只有符合以"可信性之情况保障"与"必要性"为设置标准的例外情形时,才具备证据能力。[4]

4. 电子证据的可采性问题

刘品新认为,关联性是电子证据在法庭上运用的关键性指标。作为一种

---

[1] 韩旭:"论侦查实验笔录证据能力的审查判断",载《法商研究》2015年第1期。
[2] 张颖:"违反讯问录音录像规定所获供述之证据能力问题",载《证据科学》2015年第6期。
[3] 郭文利:"刑事司法印证式采纳言词笔录实践之反思",载《证据科学》2015年第6期。
[4] 宋维彬:"论刑事诉讼中勘验、检查笔录的证据能力",载《现代法学》2016年第2期。

虚拟空间的证据,电子证据用于定案必须同时满足内容和载体上的关联性。前者是指其数据信息要同案件事实有关,后者突出表现为虚拟空间的身份、行为、介质、时间与地址要同物理空间的当事人或其他诉讼参与人关联起来。这些关联性的良好实现,有赖于我国电子证据规则、刑事民事取证制度以及司法鉴定技术规范的创新。[1]在美国陪审团审判中,试图使用电子证据的检察官要想使法官采纳电子证据必须克服一些阻碍。一些证据标准被设计用来限制陪审团的事实发现过程。检察官可要求法院启动庭前审理程序来决定电子证据是否可以被采纳。建立电子证据保管链条和专门处理电子证据的既定机构程序是检方工作的关键环节,这样才能确保法庭调查获得陪审团的信任。[2]

5. 专家证据的可采性问题

苏珊·哈克(Susan Haack)探讨了美国专家证据的经验教训。她解释了为何评价专家证据的效力会存在特殊的认识论困境,追溯了不同规则和程序的历史,美国法律制度采用这些规则和程序的目的都是为了竭力保障或控制专家证据的质量——从弗赖伊规则(Frye v. United States)、联邦证据规则(Federal Rules of Evdence)、多伯特(Daubert v. Merrell Dow Pharm, Inc.)三部曲到近代专家证人出庭的宪法案件,以及法庭指定专家的试验和法官的科学教育。[3]徐月笛从我国错案中去总结物证鉴定意见所存在的问题。她认为,从理论上看,物证鉴定意见合法性应具备资格要件、客体要件、程式要件、形式要件四要件,而当前刑事错案中四要件欠缺导致的物证鉴定不合法均有体现。最高人民法院《刑诉法解释》第84条"对鉴定意见应着重审查的内容"集中反映了合法性四要件的内容,"不得作为定案的根据"实际上是对非法物证鉴定意见的排除加以规范;而且,物证鉴定意见不存在瑕疵事由,其取得过程中任一环节的失灵都可能导致其失去真实性。要保障物证鉴定意见的合法性,可以采取对物证收集合法化进行立法补充、逐步建立物证保管链

---

[1] 刘品新:"电子证据的关联性",载《法学研究》2016年第6期。
[2] [美]肖恩·博因:"电子证据的相关问题",张爱艳、肖燕译,载《证据科学》2016年第2期。
[3] [英]苏珊·哈克:"专家证据:美国的经验与教训",邓晓霞译,载《证据科学》2016年第3期。

条制度以及在鉴定启动权中增加对抗因素等措施。[1]

6. 行政证据与纪委收集证据的可采性问题

谢登科认为,[2]证明对象的重叠性、行政程序的先行性、程序运行的保障性,决定了行政执法证据可以在刑事诉讼中使用。由于现有立法和司法解释对行政机关未予明确、转化的行政执法证据种类模糊、审查判断程序缺失等问题,导致该制度在司法适用中存在较大争议和困惑。有必要对行政机关作扩大解释,将法律法规授权的组织、具有双重属性的办案执法部门等纳入行政机关。证据种类并不是行政执法证据在刑事诉讼中使用的关键因素,影响其证据能力的关键因素是行政执法程序。需要明确行政执法证据转化的司法审查标准和方式,以确保其具有相应的证据能力和证明力。

钟朝阳对纪委"双规"、"双指"期间自书材料的定性问题进行了研究。[3]他认为,自书材料是职务犯罪审理时常见的一种证据形式,但它作为诉讼证据的合法性不足,故在证据属性上应将其界定为"准口供"。自书材料在使用时应当受到限制,不能随侦查卷宗一起不受限制地直入法庭,应以用作弹劾证据为原则。在满足真实性保障的前提下,自书材料可以用作实质证据,但任何时候不得用作补强证据。应当把刑讯、变相刑讯以及威胁、引诱、欺骗所取得的自书材料均界定为非法证据。但非法自书材料不能对后续的侦查口供产生波及效应,否则就意味着惩罚守法的侦查人员,有违排除规则阻却违法之目的。

(七)证明责任与证明标准

有关证明责任和证明标准的研究呈现出如下特点:其一,基础理论的探讨出现了新角度,运用了新方法。例如,国外学者运用概率论对证明标准问题展开了分析,国内学者对证明标准实质从哲学上进行了重新诠释,关于证明责任、证明标准的探讨在一些基本理念上出现了碰撞,如关于行为责任是否也存在证明责任分配的争论。其二,注重结合实体法的具体领域、具体的程序制度以及具体案例来探讨证明责任和证明标准问题,很有针对性。其三,

---

[1] 徐月笛:"论物证鉴定意见的合法性——从刑事错案和规范分析两个视角",载《证据科学》2016年第4期。

[2] 谢登科:"论行政执法证据在刑事诉讼中的使用——基于典型案例的实证分析",载《华东政法大学学报》2016年第4期。

[3] 钟朝阳:"'双规、双指'期间自书材料的证据法分析",载《证据科学》2016年第2期。

随着法律裁判文书的公开,学界也利用统计方法对其进行梳理,对证明责任、证明标准问题展开了实证研究。其四,学界注重结合实体法的具体领域、具体的程序制度以及具体案例来展开对证明责任、证明标准问题的探讨,有较强的对策性。

1. 关于证明责任的研究

(1) 证明责任基本理论研究。有学者探讨了在民法典中证明责任规范的问题,认为民法证据规范主要包括民事证明责任一般规范和民事证明责任法定例外规范,前者需要通过证明责任一般条款独立加以规定,后者则具体表现为法定化的民事权利推定规范、民事法律事实推定规范和证明责任倒置规范。[1] 有学者认为,应该运用民法矫正正义观和分配正义观指导证据规范的妥当配置,将民事权利落到实处。民法典中的证据规范应包括证据方法规范、证明责任一般规范、证明责任倒置规范、民事权利推定规范、民事法律事实推定规范等。民法典中的证据规范以证明责任一般规范和倒置规范为重点,应该采取抽象原则和具体例外相结合的立法技术对相关证据规范进行规定。[2]

潘剑锋教授认为,证明责任是指当事人对自己提出的事实主张,有提出证据并对证据与事实之间的关系予以说明的责任,如果当事人在诉讼的证明阶段未能尽到上述责任,则有可能承担法院对其主张作出不利判断的风险。[3] 有学者对证明责任分配规则进行探讨,认为具体举证责任与抽象证明责任性质不同,各具分配与承担规则。"谁主张,谁举证"、"举证责任转换"、"举证责任倒置"及"法官分配举证责任"更符合对具体举证责任承担规则的描述;而在抽象证明责任分配层面,则应依据"规范说"理论,从拟适用的实体法规范出发,依"要件事实的一般规定"、"法律要件的特别规定"及对规范漏洞的"法律续造",形成不同层面的证明责任分配的规范根据。[4] 有学者概括了目前用概率性语言描述证据及证明活动的尝试,认为应正确认识检

---

[1] 参见王雷:"民法证据规范论",载《环球法律评论》2015 年第 2 期。

[2] 参见张旭东:"环境侵权因果关系证明责任倒置反思与重构:立法、学理及判例",载《中国地质大学学报》(社会科学版) 2015 年第 5 期。

[3] 参见潘剑锋:"民事证明责任论纲——对民事证明责任基本问题的认识",载《政治与法律》2016 年第 11 期。

[4] 参见胡学军:"我国民事证明责任分配理论重述",载《法学》2016 年第 5 期。

察官及辩护律师谬论、结合悖论、相关性悖论等认识错误。这些错误并非是对概率性理论的批判,而是对法学理论家们就概率性理论的特定使用的批判。[1]

(2) 民事诉讼证明责任研究。其一,关于抗辩与否认的区别,有学者认为二者的根本差异在于对请求原因事实的攻击路径:抗辩排斥请求原因事实发生的法律效果,承认请求原因事实的客观存在;否认直接排斥请求原因事实本身。《最高人民法院关于审理民间借贷案件适用法律若干问题的规定》第17条的"被告抗辩",其性质是积极否认,被告不对该事实主张负担结果意义上的证明责任。[2] 其二,关于证明责任分配的实质性原则。有学者认为,当代证明责任理论的各种学说所提出的盖然性原则、证明危机原则和消极事实原则等,均不是证明责任分配的实质性原则,不能为证明责任分配提供正当性理由。应当从民法价值理念的角度探寻其实质性原则。由于证明责任概念的功能仅在于实现相关民法概念的功能,所以它的实质性原则就是相关民法概念背后的民法基本原则。[3] 其三,有学者探讨了家暴认定中的证明责任机制,为了以诉讼行为遏制和减少家庭暴力,考虑到家庭暴力案件"证据少"、"证明难"等特点,应当减轻家暴行为的证明责任,强化法官的职权调查以及运用表见证明和推定机制来减轻证明责任。[4] 其四,关于民事公益诉讼中举证责任的分配,有学者认为《民事诉讼法》第55条规定得过于粗疏,应当从建立举证责任倒置规则、认定法官的中立公断者角色、合理确定法官干预程度等方面加以完善。[5] 其五,关于环境侵权中的证明责任,有学者认为,证明责任倒置适用于环境侵权因果关系证明受到普遍质疑。域外立法、学理及判例显示,因果关系证明责任呈原告负担逐渐弱化、被告负担渐进强化趋势;环境侵权领域因果关系证明,主要采用因果关系推定而非证明责任倒置;损害对象的差异性、因果关系推定证明理论及证明标准亦有不同。我

---

[1] 参见巩寒冰:"概率性证据研究中的认识悖论",载《证据科学》2016年第2期。
[2] 参见袁琳:"证明责任视角下的抗辩与否认界别",载《现代法学》2016年第6期。
[3] 参见胡东海:"民事证明责任分配的实质性原则",载《中国法学》2016年第4期。
[4] 参见冯俊伟:"论促进家庭暴力认定的证据机制——以诉讼行为的激励作用为视角",载《法学杂志》2015年第5期。
[5] 参见刘海洋:"论我国民事公益诉讼之举证责任分配",载《湖南社会科学》2015年第3期。

国环境侵权因果关系证明责任倒置立法存在矫枉过正之嫌，应当对环境侵权因果关系证明进行类型化规范设计。[1]也有学者认为，环境污染侵权因果关系证明责任倒置的规定在司法实践中遭遇消极抵制，缘于立法存在的"皱折"，需要通过司法予以"熨平"，故要求受害人举证证明损害事实与污染行为之间存在因果关系具有相当程度的盖然性，在此基础上，法院可以作出因果关系的推定。[2]其六，有学者将"文书提出义务"与证明责任进行了辨析，认为司法实务对于"文书提出义务"这一民诉法概念还非常陌生。这种义务实际上是指持有文书且不负证明责任的当事人或第三人，因举证人将该文书作为证据方法使用，而负有将其提交于受诉法院以便法院进行证据调查的诉讼法上的义务；其与证明责任在性质与后果、主体与依据、目的与效果等方面均存在差异。[3]

（3）刑事诉讼证明责任研究。其一，关于公诉案件中的举证责任，有学者认为，刑事诉讼中被告人有罪的举证责任由控方承担这一规定的理论依据，主要是无罪推定原则和控方的诉讼地位。公诉案件中人民检察院承担的举证责任的基本要求有：应当首先提出证据的责任、应当提出合法证据的责任、应当面向被告人和法庭提出证据的责任、提出的证据应当达到定罪证明标准的责任。[4]其二，关于非法证据排除的证明责任，有学者认为，公诉人无疑应当证明证据收集合法，证明列入调查范围的证据材料具备证据资格，可以作为指控证据使用。[5]有学者认为，[6]重复供述未受先前非法讯问的继续影响的证明责任由控方承担。有学者从实证角度探讨了非法证据排除规则中的证明责任问题，认为法官通过回避、模糊举证责任分配但最终采信审前笔录的

---

[1] 参见张旭东："环境侵权因果关系证明责任倒置反思与重构：立法、学理及判例"，载《中国地质大学学报》（社会科学版）2015年第5期。

[2] 参见郑丽清："困与解：环境污染责任之构成审思"，载《海南大学学报》（人文社会科学版）2015年第3期。

[3] 参见袁中华："文书提出义务的实践与反思——以劳动争议为视角"，载《当代法学》2015年第2期。

[4] 参见顾永忠："论我国刑事公诉案件举证责任的突破、误区及理论根基"，载《甘肃社会科学》2015年第2期。

[5] 参见王树茂："非法证据排除规则的司法适用辨析"，载《政治与法律》2015年第7期。

[6] 参见吉冠浩："论非法证据排除规则的继续效力——以重复供述为切入的分析"，载《法学家》2015年第2期。

案件占总量的近五成；法官在庭审中对被告人提出的线索的要求过于苛刻。[1]其三，关于刑事推定中各类事实的证明责任分配问题，陈瑞华教授认为，检察院对作为推定前提的基础事实要承担证明责任。在基础事实得到证明的前提下，法院对推定事实自动进行认定；证明推定事实不成立的责任则转移给被告人；在被告人提供证据证明推定事实不成立之后，证明责任再次转移给检察机关。[2]有学者研究了强制医疗程序中的证明责任问题。其认为应在承认强制医疗保安处分性质的基础上，由检察机关承担证明责任，被申请人或被告人一方仅负担提出证据的责任。[3]其四，关于犯罪构成与证明责任的关系，有学者认为，三阶层递进式犯罪构成理论可以作为证明责任分配的合理标准。[4]有学者从实证角度分析了巨额财产来源不明罪中的证明责任分配问题，认为巨额财产来源不明罪中被告人应当承担的证明责任，不宜理解为"提供证据的责任"，而应阐释为"较大可能性"或"优势证据"标准的"说服责任"。这一结论，是基于无罪推定原则的合理限制角度，并充分考虑该罪立法目的以及在我国的司法适用情形，从比例原则出发进行的正当性考量。[5]

2. 关于证明标准研究

（1）证明标准基本理论研究。其一，域外关于证明标准的概率论基础研究。有国外学者运用概率论对证明标准进行研究后认为，优势证据标准通常被认为是 0.5 的绝对概率阈值，这种观点是错误的。应当将优势证据标准重构为一种概率比，使用概率比去解决所谓的合取悖论，同时在贝叶斯视角下发展概率检验标准去进一步解释蓝色巴士问题[6]或者其他与统计证据有关的

---

[1] 参见张健："非法证据排除规则实施背景下的庭审翻供问题研究"，载《暨南学报》（哲学社会科学版）2015 年第 4 期。

[2] 参见陈瑞华："论刑事法中的推定"，载《法学》2015 年第 5 期。

[3] 参见潘侠："刑事强制医疗证明机制论"，载《河南社会科学》2015 年第 3 期。

[4] 参见罗翔："犯罪构成与证明责任"，载《证据科学》2016 年第 4 期。

[5] 参见陈娜："巨额财产来源不明罪证明责任实证分析——以 100 例司法裁判为研究样本"，载《证据科学》2016 年第 6 期。

[6] 该案件指史密斯（Smith）诉快速运输公司案。案情主旨是原告夜间行驶在一条未设分隔线的双车道乡间小路上，道路中间迎面驶来一辆巴士。原告为避免发生事故急转向，不慎跌入路旁的水沟里。由于事出紧急，原告仅仅注意到巴士是蓝色的，其他细节都没注意到。原告出示的证词及其相关证据表明被告蓝色巴士公司经营着城内 80% 的蓝色巴士。被告承认了事实，且没有提交附加证据。原告有可能胜诉吗？——编者注

难题。将证据的概率理论与最新溯因推理模型（最佳解释推理）相协调，可以修补当前证据学界的争议裂痕。[1] 其二，关于实质真实与形式真实。裴苍龄教授[2] 探讨了证明标准的科学性问题。其认为神示证据制度的证明标准是神示真实。法定证据制度的证明标准是法定真实。自由心证证据制度的证明标准是心证真实。然而，前两种"真实"均不存在；后一种真实由于看不见、摸不着，也不适宜作标准。实际上，真实有两个层面：客观层面和主观层面。在客观真实中能作标准的只有实质真实，主观真实中能作标准的也只有形式真实。司法证明追求的高标准应该是实质真实；低标准则是形式真实。其三，证明标准的道德维度。有学者从道德角度探析了证明标准问题。对思维过程的法律控制通常只能诉诸事前的信息输入控制和事后的输出结果控制，无法直接作用于过程本身。能够直接影响理性认知过程的重大力量源自于裁判者的德性，诸如同情恻隐之心、谨慎、谦卑、思维开放和勇敢等品质。从作为能动主体的裁判者"内部视角"而言，德性既影响到对证明尺度本身的把握，也影响到思维过程疑点的发现和排除。为了保障证明标准中的德性要求得到贯彻，有必要进一步从法官选拔和制裁机制、司法体制和程序机制等方面完善有关制度。[3] 其四，"排除合理怀疑"与"内心确信"的差异。针对有人将美国的"排除合理怀疑"与德国的"内心确信"相等同的看法，有学者认为，从证明标准的适用程序范围和待证要件范围以及"剩余怀疑"的风险分配来看，作为两大法系代表的美德两国均存在较大差异，这使字面上相同的标准产生了完全不同的规范效果。导致这种差异形成的直接原因是诉讼构造、诉讼职能、犯罪构成的基本要素和证明责任分配机制等差异，其深层原因则是两大法系诉讼目的观的差异。[4]

（2）刑事诉讼证明标准研究。其一，关于证明标准的层次性。有学者认为，以审判为中心的诉讼制度改革对统一证明标准提出了严峻挑战，使其失去了适用的事实基础和程序基础。审判中心主义之下，证明标准只存在于审

---

[1] 参见［美］爱德华·K.程："证明责任的重构"，李静静译，载《证据科学》2015年第4期。

[2] 参见裴苍龄："用辩证唯物主义打造证据学的金身——六论实质证据观"，载《甘肃政法学院学报》2015年第4期。

[3] 参见李昌盛："证明标准的德性之维"，载《暨南学报》（哲学社会科学版）2016年第5期。

[4] 参见李昌盛："排除合理怀疑等于内心确信吗？"，载《比较法研究》2015年第4期。

判阶段，应明确审前证据要求与庭审证明标准的区别；明确侦查终结、审查起诉的证据要求和有罪判决的证明标准的差异性。[1] 有学者认为，"以审判为中心"并不等同于要求侦查、起诉实行与审判相同的证明标准，相反，应当淡化侦查、起诉阶段证明标准的意义，而突出审判阶段证明标准的决定性作用。侦查、起诉阶段对证据的判断，并非严格意义上的诉讼证明活动，而是为查明案件事实做出相应诉讼行为的"自向证明"活动。[2] 陈卫东教授认为，在侦查、起诉阶段，要求侦查、起诉的证据向法庭定罪量刑的标准看齐是不符合诉讼规律、不符合人类的认识特点的。[3] 有学者认为，目前公诉与定罪适用"证据确实、充分"的同一证明标准，这一严格的标准有助于提高审查起诉的质量，防止检察机关滥诉。但是，以定罪标准来约束检察官起诉，却有悖于认识规律和诉讼规律，造成了公诉实务中的一些弊端，也在一定程度上增加了法院作出无罪判决的阻力，同时导致了侦查的拖延。[4] 有学者在探讨逮捕程序涉及的证明标准时，认为由于逮捕环节尚且处于证据收集阶段，且需要对社会危险性进行证明，所以不应实行"排除合理怀疑"的证明标准，而只需达到"相当理由"或"优势证据"的标准即可，但实践操作中应将"相当理由"或"优势证据"作为底线。[5] 当然，也有学者认为，在我国刑事诉讼中，立案、侦查、批捕、提起公诉、第一审审判、第二审审判、死刑复核、审判监督再审等一系列诉讼环节，都是围绕着证据的收集、固定、甄别、审查而展开，都应围绕着证据是否"确实、充分"而作出判断和认定。[6]

其二，以审判为中心就要实现以审判标准为中心。最高人民法院沈德咏副院长认为，推进以审判为中心的诉讼制度改革，实际上是要实行以司法审判标准为中心。根据我国《刑事诉讼法》的规定，侦查终结、提起公诉、审判定

---

［1］参见杨波："审判中心下统一证明标准之反思"，载《吉林大学社会科学学报》2016年第4期。

［2］参见纵博："'以审判为中心'改革中的若干诉讼证明问题探讨"，载《云南师范大学学报》（哲学社会科学版）2016年第6期。

［3］参见陈卫东："以审判为中心：解读、实现与展望"，载《当代法学》2016年第4期。

［4］参见李辞："公诉与定罪适用同一证明标准的理论反思"，载《当代法学》2015年第3期。

［5］参见万毅："逮捕程序若干证据法难题及其破解——法解释学角度的思考"，载《西南民族大学学报》（人文社会科学版）2015年第2期。

［6］参见石莹莹："构筑'以审判为中心'诉讼制度诸要件的思考"，载《政法论坛》2016年第1期。

罪都应当达到"事实清楚，证据确实、充分"的证明标准。[1]其三，关于"排除合理怀疑"标准在我国的适用性。有人认为，就我国现状而言，"排除合理怀疑"与"证据确实、充分"的结合适用还存有配套制度、诉讼规则和体系化建设的诸多缺陷和问题。其中，证据规则体系的完善应当成为我国证据制度建设的头等要务。"排除合理怀疑"的远期前景是在诉讼和证据规则的完善基础上充分吸纳其理论内涵。[2]杨宇冠教授认为，我国"排除合理怀疑"的主体具有多样性特点，使得该标准具有了一定的层次性，这有利于减少片面追求证据完备的法定证据主义传统的影响，充分发挥办案人员在刑事诉讼中的司法能动性。[3]还有学者认为，排除合理怀疑的含义在西方国家存在争议，是否适用于死刑案件更面临质疑与挑战。我国对排除合理怀疑的理解，不能简单套用西方国家的主流解释，而应努力实现认定案件事实符合客观真相的要求，对案件的主要事实的证明达到确定性的程度。为保障排除合理怀疑的有效运用，还应当坚持以审判为中心，探索贯彻直接言词原则。[4]其四，关于认罪认罚从宽制度和速裁程序的证明标准。陈光中教授认为，认罪认罚从宽制度的证明标准应与我国《刑事诉讼法》的规定相一致，坚持"案件事实清楚，证据确实、充分"。被追诉人认罪认罚的，公安司法机关不仅要审查被追诉人的自愿性、合法性，而且要基于客观真实原则审查判断被追诉人的有罪供述和其他证据是否达到了法定证明标准。只有达到证明标准并符合认罪认罚从宽制度规定的，才可以作出相应的从宽处理。[5]汪建成教授认为，刑事速裁程序证明标准可以适当降低，沿用"两个基本"（基本事实清楚、基本证据确实）的证明标准即可。这种降低，可以看作是被告人基于诉权处分权对自己权利的一种让渡和对检察官证明义务的主动降低，并无损害程序公正和案件客观真实之可能，相反却是适应轻罪案件审判需要和提高诉讼效率的必由之路。在速裁程序降低证明标准的同时，必须有一套确保被告人自愿

---

[1] 参见沈德咏："论以审判为中心的诉讼制度改革"，载《中国法学》2015年第3期。
[2] 参见王戬："论'排除合理怀疑'证明标准的中国意义"，载《华东政法大学学报》2015年第6期。
[3] 参见杨宇冠、郭旭："'排除合理怀疑'证明标准在中国适用问题探讨"，载《法律科学》2015年第1期。
[4] 参见肖沛权："排除合理怀疑及其中国适用"，载《政法论坛》2015年第6期。
[5] 参见陈光中、马康："认罪认罚从宽制度若干重要问题探讨"，载《法学》2016年第8期。

认罪的保障机制。[1]有学者认为,从实然层面看,"同一证明标准说"是我国刑事简易程序立法和司法的主流观点,但其在运行中存在诸多困境。从应然角度出发,简易程序中的证明标准可适当低于普通程序。证明标准的松动,并不意味着在简易程序中放弃实体真实和人权保障,只不过其存在不同的实现机制。[2]其五,关于非法证据排除的证明标准。有学者主张,对控辩双方在非法证据排除程序中实行不同层次的证明标准,辩方提供线索或材料只需达到"存在非法取证的可能性"这样较低程度的证明标准即可,控方举证则需达到"排除合理怀疑"这样较高程度的证明标准。[3]有学者认为,在非法证据排除程序中,控方与辩方的证明标准应作区分。对于辩方启动非法证据排除程序的,其证明标准不宜过于严苛;而根据证明责任转移原则,对于控方在后续程序中进行的证据合法性之证明,则应采取二重性标准,即"确认(非法)"或者"不能排除(非法)",而非单一性标准。同时,还需针对实物证据和言词证据分别采用对应于"确认(非法)"情形的"可能(合法)"标准,和对应于"不能排除(非法)"情形的"确实(合法)"标准。[4]

(3)民事诉讼证明标准研究。其一,有学者探讨了民事诉讼证明标准的客观化问题。其认为证明标准的客观化本质上是自由心证客观化的内在要求,如何通过"证明标准"的客观性实现对法官的自由心证进行客观化,是保证事实认定客观化的重要途径。证明标准的客观化可以弱化法院不应有的职权,增强当事人行使程序的自主权,扩大当事人对事实认定的参与作用,从而克服和避免法官对事实认定的主观化倾向。[5]其二,有学者批判了在民事诉讼领域提高证明标准的主张,认为排除合理怀疑标准在民事诉讼领域缺乏足够共识,并且可能冲击高度盖然性的一般标准;美国法和德国法并未提供提高证明标准的比较法论据;提高证明标准显示出对证明标准功能不切实际的期待。在高度盖然性的"高"标准确立并严格适用后,未来中国民事诉讼证明

---

[1] 参见汪建成:"以效率为价值导向的刑事速裁程序论纲",载《政法论坛》2016年第1期。
[2] 参见谢登科:"论刑事简易程序中的证明标准",载《当代法学》2015年第3期。
[3] 参见徐建新、方彬微:"我国刑事非法证据排除规则司法实践实证研究——以W市刑事审判实务为视角",载《证据科学》2016年第6期。
[4] 参见刘方权、宋灵珊:"非法证据排除程序中的证明标准问题",载《福建师范大学学报》(哲学社会科学版)2015年第6期。
[5] 参见张伟:"'相同'与'差异'之间:民事诉讼证明标准的客观化初探",载《东南学术》2015年第3期。

标准体系的作业应主要指向"降低"而非"提高"。[1] 其三，有学者讨论虚假诉讼厘定涉及的证明标准问题后认为，对于虚假诉讼中常见的债权债务纠纷，最高人民法院《关于防范和制裁虚假诉讼的指导意见》中提出的"特别注意情形"所涉及的事实，应当在针对虚假诉讼的法律规范中明确需要达到"排除合理怀疑"的证明标准；而《民诉法解释》第109条涉及恶意串通事实证明标准的提高与《民事诉讼法》诚信原则相悖，应当修改为优势证据标准。[2]

(4) 行政领域的证明标准研究。有学者探讨了行政诉讼中"排除合理怀疑"标准的适用问题，认为行政诉讼应确立包括"排除合理怀疑"在内的多元化证明标准。但是，在我国行政诉讼中确立"排除合理怀疑"的适用标准绝非易事，僵化的"客观真实"、嵌入性司法、行政诉讼的独特负担以及当前行政法治化的方向都为该标准的适用增添了复杂因素。[3]

(八) 法院取证与证据保全

1. 法院取证

(1) 我国法院收集调查证据制度的变化。有论者根据《民事诉讼法》及相关司法解释关于法院收集调查证据的规定，认为该制度经历了三个阶段的变化：[4]一是1982年第一部《民事诉讼法（试行）》的规定；二是1991年《民事诉讼法》的规定；三是2002年施行的最高人民法院《民事诉讼证据规定》的相关规定。[5]对于第一个阶段，有论者认为，法官承担了收集和调查证据的主要任务，体现了浓重的"职权主义"色彩，同时弱化了当事人的举证责任，由此导致了当事人依赖法院进行收集和调查证据的情况。第二个阶段逐渐建立起以当事人及其代理人收集证据为主、法院调查收集证据为辅的证据制度。主要表现在：一是强调了当事人的举证责任；二是规定了法院收集调查证据的职能，仅限于当事人及其代理人因客观原因不能自行收集的证

---

[1] 参见霍海红："提高民事诉讼证明标准的理论反思"，载《中国法学》2016年第2期。

[2] 参见洪冬英："论虚假诉讼的厘定与规制——兼谈规制虚假诉讼的刑民事程序协调"，载《法学》2016年第11期。

[3] 参见张力："行政诉讼中'排除合理怀疑'的适用语境和路径"，载《证据科学》2015年第5期。

[4] 李政："对我国法院收集调查证据制度的探析"，载《民事程序法研究》2015年第1期。

[5] 《民事诉讼法》分别于2007年和2012年两次修订，但有关法院收集调查证据的内容仍保留了1991年《民事诉讼法》第64条的规定。

据或者法院认为审理案件需要的证据;三是强调法院应当全面客观地审查、核实证据。[1]第三个阶段以最高人民法院《民事诉讼证据规定》第15~18条的规定为标志,使法院调查收集证据的职能范围更为明晰,特别强调除特别情形外,法院一般不得依职权调查收集证据,而只能由当事人申请法院调查收集,突出了法院收集调查证据的被动性。

(2) 法院收集调查证据制度比较研究。有论者梳理了大陆法系主要国家和地区的法院收集调查证据制度,其中,德国明确规定了法院的证据调查权,在考虑和使用证据手段来认定当事人的主张方面,它可以不经当事人申请而进行,法院(独任法官)拥有更大的活动自由。在法国,对解决争议所依赖的事实,法官应当事人的请求或者依职权,命令采取的查明当事人所提出的各种证据措施。在日本,对于某一具体证据调查程序的启动而言,原则上排除了法院职权主动延伸的空间,在证据调查启动方面,法院的地位相对被动,只有案件当事人提出证据调查申请,法院方可进行证据调查。在韩国,法院依职权调查属于补充性、例外性原则,即法院根据当事人申请的证据无法得出心证或者认为有必要时,可以依职权进行证据调查。结论是:大陆法系国家依职权调查证据的规定普遍存在,调查证据的范围和方式不尽相同,范围上或大或小,方式上或直接或间接,但总体而言,法院均有权调查证据。[2]

(3) 法官庭外调查权存在的问题及其完善。法官庭外调查有利于查明案件事实,维护被告人的权利,但立法中关于法官庭外调查的启动条件、调查范围、调查结果的效力规定得不明确,调查程序缺乏可操作性,使之在具体实践中存在诸多问题。对此,有人提出,《刑事诉讼法》应明确法官庭外调查的启动条件,即合议庭在法庭审理过程中认为公诉人、辩护人提出的主要证据清楚、充分,但某个证据或者证据的某个方面存在不足或相互矛盾;规范法官庭外调查的程序,如庭外调查应及时告知具体时间、地点,且告知应当是通过确保双方知悉的方式与明确的内容;扩大法官庭外调查的手段,在法定庭外调查的七种手段之外,还应当赋予法院询问证人、鉴定人、被害人的方式;明确法官庭外调查的结果,如依据法官庭外调查权取得的证据必须经

---

[1] 马原主编:《民事诉讼法的修改与适用》,人民法院出版社1991年版,第64页。
[2] 李政:"对我国法院收集调查证据制度的探析",载《民事程序法研究》2015年第1期。

过控辩双方的质证,否则不能作为定案依据。[1]也有人提出,在法院设立专门的调查取证机构和人员,实行"调审分离"即调查证据法官与审判法官分离制,这有利于避免法官在调查证据中的"先入为主",从而更加客观地评价证据。[2]还有人提出了法院取证的"三强三弱"的改革思路,即强化程序性事项调查,弱化实体性证据收集;强化当事人取证能力,弱化法院调查范围;强化调查取证保护制度,弱化法院主动职权。[3]

(4)环境污染公益诉讼中的法院取证。在环境公益诉讼中,被侵权人应当首先承担因果关系具有可能性的初步证明,但这类证据技术含量高、专业性强,且环境污染又具有潜伏性、累积性等特征,证据搜集十分困难。环境民事公益诉讼还要面临政府及企业阻力,很多污染企业自身实力雄厚且为地方政府纳税大户,证据搜集、审判执行阻力重重。因此,有人提出以法院职权走出取证困境,只有依法院职权,让环境民事公益诉讼逾越证据搜集的高山,赋予环境民事公益诉讼主体永不妥协的勇气,史上最严《环境保护法》才能真正被贯彻执行。[4]

(5)行政案件跨区域审理中的法院调查取证。有学者提出,应强化法院调查取证职权,禁止法院为证明行政行为的合法性调取被告作出行政行为时未收集的证据,强化有关部门和个人的证据协查义务,增强义务协查人的法律责任。建议将妨害调查行为作为"惩戒妨碍司法机关依法行使职权或藐视法庭权威"的行为,纳入犯罪范畴。[5]

(6)家事调查官制度。家事调查官制度指的是由法院在社区聘任熟悉社情民意的群众和干部担任家事调查员,开展家事纠纷案件的调查和调解工作,并提出纠纷解决方案,为法院审判家事纠纷提供参考和依据。自 2015 年 4 月

---

[1] 雷会云:"我国法官庭外调查权存在的问题及完善",载《公民与法》(法学版)2016 年第 3 期。
[2] 李政:"对我国法院收集调查证据制度的探析",载《民事程序法研究》2015 年第 1 期。
[3] 薛海蓉:"法院调查取证制度之辩证分析",载《法制与社会》2015 年第 13 期。
[4] 刘勋:"以法院职权走出取证困境",载《人民法院报》2015 年 1 月 10 日,第 2 版。
[5] 董皞、郭建勇:"独立而公正:行政案件跨区域审理改革的价值追求与制度设计",载《法律适用》2015 年第 2 期。

宁波市海曙法院审理了第一例适用家事调查官制度的家事案件后，[1]该法院运用家事调查官制度处理了社会调查案件14件，在已经审结的大部分案件中法院采纳了调查官的意见，家事调查官在处理家事纠纷中发挥了极大的作用。自2015年11月起，南宁市江南区法院也设立了家事调查官制度，开始聘请家事调查员从事家事纠纷案件的调查和调解工作。家事调查员在仔细了解案情后提出纠纷解决方案，作为法院审判家事纠纷的参考依据。家事调查官制度得到了最高人民法院的充分肯定，为法院审理工作提供了良好的辅助，并为法官理性裁判注入了人文关怀的力量。[2]

（7）技术调查官制度。最高人民法院2014年《关于知识产权法院技术调查官参与诉讼活动若干问题的暂行规定》建立了技术调查官制度。2015年10月，北京知识产权法院技术调查室成立，现有39名技术调查官，另选聘了27名具有教授或者正高职称的技术专家，初步形成了以交流和兼职技术调查官为主、聘用技术调查官为辅的工作模式。2016年，技术调查官参与了250件案件的技术事实查明工作，共出具技术审查意见110份。技术调查官可以直接参与庭前准备、开庭审理及庭后合议的整个审判流程，发挥了其在技术事实查明方面的专业优势。在法官审理案件时，调查官结合案件情况向当事人进行询问，固定双方当事人无争议的技术事实，并确定双方就技术事实存在的争议点，将晦涩难懂的技术语言转化成法官可以理解的语言，辅助法官确定案件审理的重点和思路，使得技术类案件审判质效得到提升。[3]

---

[1] 案件涉及离婚纠纷，女方提出离婚，男方也同意离婚，争议点在于双方不满1周岁的孩子抚养权的归属问题，双方当事人都是85后，均认为自己没有抚养能力。受宁波市海曙法院委托，海曙区关工委以及宁波大学各派2名观护员，组成了家事调查小组。接到法院委托后，调查员首先与当事人夫妻双方进行了深入的交谈，此后，又前往男方母亲家详细了解孩子当前的抚养状况。通过详细调查，在开庭前形成了一份近三千字的报告。调查结果给出的意见是：原被告双方仍然有一定的感情基础，婚姻产生了危机主要是由于双方家庭经济观念不同、婆媳存在矛盾，以及相互之间缺乏沟通、协调，并不是原则性问题，仍然存在解决的可能性。即使协调失败双方离婚，根据家庭状况判断，孩子在达到学龄前可由男方母亲在老家抚养，达到学龄后，最好能到教育条件更好的市里就学。法院经过对案情的审理并结合采纳调查报告意见，得出了随父亲一方共同生活更有利于孩子成长的结论，最终将孩子的抚养权判给了父亲。参见陆小璇："浅议家事审判改革背景下家事调查官制度的引入——以南宁市江南区法院和宁波市海曙区法院的实践为例"，载《法制与社会》2016年第26期。

[2] 朱新韬、杨有荣："家事调查员调解纠纷促和谐——江南区法院创立'家事调查员'制度获全国推广"，载《南宁日报》2016年5月19日，第4版。

[3] 赵春艳："北京知识产权法院技术调查官制度运行1年，结案率提升87%"，载《民主与法制时报》2016年10月29日，第4版。

2. 证据保全

(1) 刑事证据保全。有学者论证了我国《刑事诉讼法》增设证据保全制度的必要性：其一，避免关键涉案证据的灭失或者毁损；其二，弥补了申请取证制度的缺陷；其三，为证人出庭作证制度提供新的探索与尝试；其四，强化取证过程中的平等；其五，提高刑事诉讼效率，节约诉讼资源，有助于使无罪的犯罪嫌疑人、被告人尽快摆脱涉诉之苦；其六，实现诉讼立法的系统化、科学化和规范化。[1] 在如何完善我国刑事证据保全制度问题上，有论者提出，应当赋予当事人证据保全申请权，完善刑事证据保全的程序规范，包括规定当事人申请证据保全的程序事项，明确证据保全的保管主体，还要建立污损、丢失保全证据的责任制等。[2]

刑事证据保全在于保持证据的客观性，确保刑事判决认定的事实符合案件事实真相。新修订的《刑事诉讼法》在前两部《刑事诉讼法》的基础上进一步扩大了证据保全的财物范围，其第 142 条规定，人民检察院与公安机关根据侦查犯罪的需要，除可以依照规定查询、冻结犯罪嫌疑人的存款、汇款外，还可查询、冻结犯罪嫌疑人的债券、股票、基金份额等财产。由于涉案款物在相当多的情况下，不是作为犯罪工具出现，就是作为犯罪结果出现，因而实际也是证明犯罪嫌疑人、被告人是否有罪的重要证据。对这些财物进行扣押、冻结，除具有证据保全的功能外，在客观上还具有一种财产保全的功能。对此，有论者指出，《刑事诉讼法》没有区分证据保全与财产保全，并且以证据保全代替财产保全就不可避免地存在一些缺陷：一是只能对涉案财物采取财物保全，不能针对犯罪嫌疑人、被告人采取行为保全；二是只能保全涉案财物，不能保全非涉案财物；三是只能采取查封、扣押、冻结措施，不能采取提供担保方式等其他财产保全措施。[3]

在实践操作层面，保全证据不够规范的现象普遍存在，这直接影响了证据的效力。如有论者指出，有些侦查人员在实施现场勘查、搜查等侦查措施时不负责任，或者遗漏某些物证，或者在制作有关笔录时不能详细记载甚至没有记载获取物证的情况，割断物证与犯罪现场之间的有效关联；有些侦查

---

[1] 张文慧："关于我国刑事诉讼法增设证据保全制度的若干思考"，载《才智》2015 年第 29 期。

[2] 张俐、黄璞："论刑事证据保全制度"，载《智富时代》2015 年第 10 期。

[3] 吴光升："刑事诉讼财产保全制度论要"，载《中国刑事法杂志》2016 年第 4 期。

人员提取、保存作案工具上的指纹、血迹等关键物证不规范,导致物证受到污染或灭失。在固定保全言词证据方面,有些侦查人员制作文字笔录时违背客观真实的原则,对犯罪嫌疑人无罪辩解不做记录,而在犯罪嫌疑人开始供述犯罪事实时才予以记录,有些讯问存在"指事问供"现象,且根据侦查人员的主观判断有所取舍地进行记录。[1]

(2)民事证据保全。在民事诉讼中。对可能会灭失或以后难以取得的证据,人民法院在诉讼开始之前或者在对证据进行正式调查之前,可以根据申请人或者当事人的请求,对该证据加以调查、固定和保存。法院依据当事人的申请或依职权保护证据的完整性可以使当事人积极有效地向法院提供证据,使案件真相大白,从而能够有效获得法院的救济和支持,保证案件的真实性和法律的公正性。此外,证据保全还具有开示证据、促成诉讼外解决纷争、帮助当事人追求诉讼利益最大化的功能。[2]

第一,对于民事证据保全制度的理解与适用。对于《民事诉讼法》第81条关于证据保全的规定,有学者从三个方面作了分析:[3]一是证据保全目的,即保存证据资料以备将来诉讼中法院可利用其作为认定事实的依据;二是证据保全要件,即"保全的必要性"在于,"证据有可能灭失或者以后难以取得";三是证据保全方法,即应像正式证据调查那样依证据种类而定:需要保全的证据为证人时,法院应像正式的证据调查那样传唤证人到场,对其进行询问以获取证言,最后将其记载于笔录中;需要保全的证据为物证时,法院应像正式的证据调查那样对其进行勘验并记载勘验的结果;需要保全的证据为文书证据时,法院应像正式的证据调查那样阅览文书并获知其内容。

第二,关于民事证据保全程序及其完善。《民事诉讼法》第81条第3款规定:"证据保全的其他程序,参照适用本法第九章保全的有关规定。"有学者认为,证据保全与保全程序在性质上是两类根本不相容的诉讼程序,从理论上讲,绝无参照适用保全程序的可能,实践中即便循此操作也存在诸多障碍从而根本达不到证据保全应有的效果。因此,该规定不仅在方法论上不能

---

[1] 李娜等:"证据裁判原则下完善公安机关刑事证据审查机制的思考",载《新疆警察学院学报》2016年第2期。
[2] 夏誉峰:"我国民事证据保全制度的价值",载《法制博览》2016年第11期。
[3] 占善刚:"证据保全程序参照适用保全程序质疑——《中华人民共和国民事诉讼法》第81条第3款检讨",载《法商研究》2015年第6期。

立足,在司法适用中也是困难重重,因而属于立法错误,应予废除。证据保全是附随的民事诉讼程序,应具有完整的程序结构。作为预先进行的证据调查程序,证据保全至少涉及证据保全的条件、启动方式、管辖法院、具体程序、所应采取的方式及效力等制度的适用,这些均应在民事诉讼立法中予以规范,缺一不可。同时,在证据保全程序中,必须始终维系双方当事人对立的程序构造,即在法院实施证据保全程序时,一般应传唤当事人到场。[1]

第三,关于民事证据诉前保全。涉及的理论和实际问题如下:一是诉前证据保全的法律要件及其审查标准。按照该款规定,诉前证据保全的条件是证据可能灭失或者以后难以取得。"可能灭失",既有客观原因,如物品自身腐烂、变质等;也有主观原因,如被申请人故意毁损证据等。"以后难以取得",是指证据虽不至于灭失,但若不采取保全措施,将来获取它会遇到相当大的困难或者成本过高,如证人即将出国定居或者证据是唯一的侵权设备等。法院在审查诉前证据保全申请时,应严格遵循法律规定的条件,既要避免当事人借此程序削弱己方的举证义务,滥用该项权利,又要在申请人确实无法提供证据时,为实现双方的实质平等,支持申请人的合法请求。审判实践中,对诉前证据保全通常是裁判全部支持或者全部驳回其申请。[2]二是诉前证据保全制度本身不完善,可操作性较差,法院对其态度并不积极,适用起来过于麻烦,律师也对此避而远之,导致诉前证据保全制度在我国的适用率非常低。对此,有人建议扩大诉前证据保全的适用条件;增加诉前证据保全的执行主体,赋予某些法院在"紧急情况"下对诉前证据保全申请的管辖权;充分保障参与程序主体的权利,包括当事人在场见证的权利以及保全错误时的救济手段;明确规定诉前证据保全中证据的效力等。[3]

此外,还有论者对于我国诉前证据保全现状作了比较全面的分析,指出了其中存在的问题,如各规范性文件对相关问题规定不一,保全方法原则性过大、效力不明确,保全费用规定不明确,证据保全程序与民事保全程序相

---

〔1〕 占善刚:"证据保全程序参照适用保全程序质疑——《中华人民共和国民事诉讼法》第81条第3款检讨",载《法商研究》2015年第6期。

〔2〕 姚建军:"申请诉前证据保全应在法律规定的边界内行使——陕西西安中院裁定催化公司申请华浩轩公司侵害专利权诉前证据保全案",载《人民法院报》2016年第9月8日,第6版。

〔3〕 尚宋阳:"论我国民事诉前证据保全制度存在的问题与改革思路",载《信阳农林学院学报》2016年第3期。

混同,程序保障不充分,当事人程序性权利保障缺失等。有的则运用数据分析了当前诉前证据保全制度的运行状况,并认为诉前证据保全制度在司法实践中运行不佳是不争的事实,律师对诉前证据保全制度并不热衷。[1]造成这些问题的原因主要有:职权主义色彩浓厚、不尊重当事人的程序主体地位、证据保全程序不独立、当事人的证明权未确立等。[2]有的学者对于诉前证据保全的性质及相关制度做了研究:其一,诉前保全的性质。诉前保全的性质有两个:一是诉前证据保全属证据保全范畴,是证据保全的特殊形式,其性质与证据保全相同;二是证据保全属证据调查的范畴,属法官主导实施的职权行为。[3]其二,诉前证据保全的功能。论者认为,诉前证据保全的功能主要可以分为两个大的方面:一是固定、保存证据和发现案件真实的功能,即为保证发现本案真实而保全证据,以避免举证的困难;二是收集证据、确定事实及促进和解和调解的功能。其三,诉前证据保全的构成要件。论者认为,对于诉前证据保全的条件,不应将"情况紧急"和"证据可能灭失或者以后难以取得"看作具体解释和说明的关系,而应作为并列关系,即把二者加起来理解。其四,诉前证据保全程序。一是诉前证据保全的申请,申请的主体只能是"利害关系人",排除了法院依职权在诉前主动采取证据保全措施的可能,并且申请诉前证据保全必须采书面形式,并应当说明申请的理由、申请保全的证据及其与本案诉讼请求的关系。二是诉前证据保全的管辖,即"证据所在地、被申请人住所地或者对案件有管辖权的人民法院"。三是诉前证据保全的担保。关于证据保全的担保,应由法院裁量。法院主要考量的因素是证据保全对被申请人可能产生的影响、申请人和被申请人的具体情况、保全证据的类型、情况紧急的程度等。四是诉前证据保全的时限。论者认为,《民事诉讼法》第101条第2、3款对"保全"程序规定的两个期限也应当适用于诉前证据保全,即"人民法院接受申请后,必须在48小时内作出裁定;裁定采取保全措施的,应当立即开始执行";"申请人在人民法院采取保全措施后30日内不依法提起诉讼或者申请仲裁的,人民法院应当解除保全"。五是诉

---

[1] 丁朋超:"试论我国民事诉前证据保全制度的完善",载《河南财经政法大学学报》2015年第6期。

[2] 戴党平:"新民事诉讼法视野下的法院诉前证据保全",载《福建警察学院学报》2015年第2期。

[3] 王艳:"试析我国诉前证据保全程序的完善",载《天中学刊》2015年第3期。

前证据保全的裁定。对于诉前证据保全的裁定，应当注意以下几点：无论同意还是驳回当事人的诉前证据保全申请，法院都必须以裁定的形式作出；裁定必须在法定时间内作出；在情况不是特别紧急时，法院可以考虑经过言词辩论后作出证据保全裁定；当事人对许可性证据保全裁定不得申请不服。其五，诉前证据保全的调查方式。论者认为，诉前证据保全可采用的证据调查方式基本不受限制，只要证据调查许可的方法，在证据保全程序中都可以使用。至于具体采用何种方法，主要是由所要保全的证据种类决定的。其六，诉前证据保全的程序保障。在类型上可以分为两种情况：保全裁定的程序保障和调查证据的程序保障；内容主要包括诉前证据保全申请人和被申请人的受通知权、陈述权、受审酌权、突袭性裁判防止权、程序参与权和在场见证权的保障。[1]有论者建议，强化程序保障，应注重程序参与，涉及被申请人或者案外人利益的，应当给予其参与程序及表达意见的机会。[2]此外，还有论者提出建立诉前证据保全与案件诉讼关联制度，[3]即经诉前证据保全程序确定的证据，与诉讼中经普通证据调查确定的证据的效力相同；同时，基于主张责任规则，经保全确定的证据在本案诉讼中仍需当事人主动援引，法官才得以认定。

最后，对于民事诉讼中的证据保全的比较研究。有论者从比较法的视角研究了两大法系证据保全制度，认为大陆法系和英美法系在诉讼模式上的差别造就了证据保全制度上发展的不同。大陆法系的法官职权模式给了证据保全制度生存和发展的土壤，而英美法系的当事人对抗制则是创立了笔录证言制度，以求普遍的正义。在大陆法系国家中，通过证据保全程序所获取的证据是预先调查的证据，与证据调查程序中所获得的证据具有同等的效力；而在英美法系国家中，在审前准备程序中当事人所准备的证据，与审判过程中陪审团对案件的酌定是相分离的，笔录证言的当事人在开庭中还需出庭作证。[4]

（3）境公益诉讼证据保全。环境公益诉讼证据保全问题是环境公益诉讼

---

[1] 许少波："诉前证据保全之适用"，载《江海学刊》2015年第3期。
[2] 戴党平："新民事诉讼法视野下的法院诉前证据保全"，载《福建警察学院学报》2015年第2期。
[3] 王艳："试析我国诉前证据保全程序的完善"，载《天中学刊》2015年第3期。
[4] 姜恺、张赛赛："国外民事证据保全制度研究及借鉴"，载《科技展望》2016年第24期。

中最受关注的问题之一，其重点在于如何进行保全，由何种主体启动证据保全以及证据保全的种类与方式。环境诉讼的复杂性需要从专业技术性角度处理证据保全的难题，并认为污染方阻挠及"地方保护"、法律制度不完善也会给环境公益诉讼证据保全造成直接影响。据此，论者建议完善环境公益诉讼证据保全制度，尤其是要增设环境公益诉讼诉前证据保全制度，包括明确诉前证据保全的实施主体，即为法律规定的组织以及检察机关；规范启动证据保全的条件，即证据存在灭失或者以后难以取得的情况；要求相关主体提供相应的担保，担保费用结合所需保全的证据价值，由实施主体作出相应浮动的规定。此外，环境公益诉讼证据保全可能会接触到企业的商业、技术秘密，因此进行证据保全要做好被保全人的商业与技术秘密的保护工作，严格规定泄密赔偿与惩罚措施，维护被保全人的合法权益。[1]

（4）电子证据保全。①第三方电子证据保全问题。在审判实践中，通过第三方电子证据保全机构为当事人保全电子证据已在司法审判中得到广泛适用。有论者结合"南京途牛科技有限公司与华盖创意（北京）图像技术有限公司侵害著作权纠纷案"，讨论了第三方电子证据保全的有关理论和实践问题：一是在证据保全中，第三方电子证据保全机构是否可以有一席之地；二是保全证据是否必须有相关资质要求；三是所保全的电子证据的真实性判断问题；四是所保全的电子证据的作用问题，能否起到证明权属的作用。论者主张，电子证据保全不应当设置主体资质要求，但必须审查其真实性、合法性、关联性、证明力。虽然法律没有赋予电子证据保全机构所保全的证据像公证证据那样具有证据推定效力，但可以起到证明权属的作用。[2]②"云证保"问题。例如，将动态数据指纹保存于电子数据保全的安全中心，由此固定电子数据的原始形态，防止电子数据被篡改。[3]其具体操作程序包括：当医疗争议发生后，由医患双方共同参与，通过第三方证据保全客户端对需要

---

[1] 翁如强："环境公益诉讼证据保全研究"，载《中国环境管理干部学院学报》2016年第5期。

[2] 李自柱："知识产权诉讼中有关电子证据的两个问题"，载《电子知识产权》2016年第12期。

[3] 2016年5月21日下午，在重庆渝北区银鑫国际大酒店，重庆兴手付科技发展股份有限公司举行了"云证保"电子数据保全产品发布会。参见 http://www.newssoon.com/it/2016/0524/1143.html，最后访问日期：2017年5月30日。

保全的电子病历原件创建唯一的 HASH（哈希值）；将该哈希值发送至电子数据保全中心的保全服务器；由该保全服务器将收到的哈希值发送至电子数据保全中心的时间戳服务器以加盖有效的时间戳，由此生成电子数据保全证书；该保全证书再通过保全服务器传输至用户客户端。"云证保"作为第三方证据保全机构所采取的证据保全方法，具有即时性、不可更改性等特点，更好地适应了电子病历发展的客观要求。[1]

（5）证据保全公证。有论者通过分析证据保全公证事例，论证证据保全公证的重要作用，如公证申请人和法院充分认可证据保全公证的优势和效力，能够确保证据的真实性、合法性和关联性，有助于提高法院审判效率等，并提出对发展证据保全公证业务的思考，包括对证据保全类公证市场发展前景进行合理预判，建立专业化证据保全公证队伍，配备先进的软硬件技术设备，加强跨界合作实现优势互补等。[2]有论者针对我国当前证据保全公证的现状，指出证据保全公证的发展潜力和业务开展，其认为随着市场经济的发展，证据种类逐步多样化，如电子信息的出现，电子信息的特殊性使得网上证据保全公证成为公证机构的一项新的法律服务内容。论者认为，在新形势下，做好证据保全公证需要注意以下几方面：其一，做好宣传工作，通过新闻媒体、报纸、电台、期刊等方式对证据保全公证加以推广，让社会公众了解证据保全公证的内容、方式方法及效力。其二，积极与相关行政单位、银行金融机构、房地产管理部门等单位合作，争取能够批量办理证据保全公证。其三，公证机构在逐步推广证据保全公证这一业务的同时，也应努力争取法院的支持，在诉讼过程中，能够更多地采纳经过公证的证据，引导诉讼当事人积极采取公证形式保全证据。[3]此外，有论者还专门研究了网络证据保全公证问题，分析了它的特点和优势及其不足，如网络证据保全公证存在保全公证程序及方法不严谨、公证缺乏有效监督等问题，并针对性地提出了一些对策建议，包括完善网络证据公证保全程序、提升公证人员技术水平、建立并完善网络公证平台、强调独立的司法判断等。[4]还有论者提出应创新网络证据保全公证具体程序及方法，认为网络证据的保全程序应固定为以下的步骤：一

---

[1] 林梅：" 论电子病历的第三方保全"，载《医学与法学》2016 年第 6 期。
[2] 向海平：" 从'中国商标第一案'看证据保全公证"，载《中国公证》2015 年第 12 期。
[3] 郑锋钢：" 证据保全公证问题探析"，载《知识经济》2015 年第 7 期。
[4] 钟延新：" 网络证据保全公证问题探讨"，载《法制博览》2015 年第 34 期。

是应当在两名以上的公证员的监督下进行网络证据的保全操作；二是对网络证据保全公证进行全过程的笔录或根据实际情况选择拍照或者全程录像；三是检测所要操作的设备是否被安装木马病毒或者被非法侵入；四是记录操作人员的保全全过程，包括登录的网页输入的网址、下载以及打印等每一过程；五是审核保全的证据是否符合客观事实；六是制作公证书并盖章签字。在保全方法上，网络物证保全可以采取勘验、扣押和调取等措施，但应"整盘固定"，即对存储设备上的所有数据进行保全；网络书证可采用调取的方法进行，但在保全过程中应注重其完整性和真实性；对于电信号形式的视听资料和可以转化为电信号形式的视听资料可以采取调取的方式进行保全，而对于非电信号以外的视听资料可采取打印、成像以及其他的输出方式，转化为传统的证据形式进行保全，对于网页中有 FLASH 或其他插件的应采用正版的第三方的截屏软件进行截屏保全，以求最大程度上反映证据的全部内容。[1]

此外，还有学者专门研究了网络证据保全公证问题。发生在互联网上的网络侵权行为的证据具有易删除、易篡改等特点。权利人自行保存相关网页、进行截图，其真实性容易受到质疑，证据效力比较有限，选择公证则是有效的保全方式。[2]对于网络证据保全公证的研究，主要包括：①网络证据保全公证的技术风险。有人结合"新传在线（北京）信息技术有限公司告中国网通四川自贡公司案"，分析了技术风险可能的途径，包括利用磁盘缓存制造浏览器在线访问假象、修改缓存文件导致浏览器访问虚假网页、通过木马软件或远程侵入的方式控制工作电脑等。为此，公证员要树立积极的风险意识，不断提高职业技能、强化证据审核力度并规范操作规程。网络证据保全公证效力提升的技术措施，包括网络证据固定方式的选择、软硬件设备的配备、已下载页面电子文档的保存、电子签名和数字时间戳的运用等。[3]②网络证据保全公证存在的问题主要是具体程序的缺失、高技术性缺失、时效性缺失、证据效力的认定等。为此，应当完善网络证据公证保全的程序，提高公证人

---

[1] 丁亚红："网络证据的保全问题"，载《法制博览》2015 年第 14 期。

[2] 石飞："云南充分运用公证职能加大知识产权保护力度，保全证据公证服务发挥重要作用"，载《法制日报》2016 年 10 月 19 日，第 2 版。

[3] 杨月珠："论网络证据保全公证的技术风险与效力提升策略——从新传在线告中国网通案说起"，载《中国公证》2016 年第 7 期。

员的技术水平,建立统一的网络公证平台,加强独立的司法判断。[1]③网络证据保全公证的隐私权保护。网络证据保全有时会获取个人隐私,在保全过程中以及保全之后对证据的运用过程中,都可能导致个人信息的外泄,对个人隐私权造成损害。对此,在获取证据的过程中,应当对网络中的信息进行证据信息与个人隐私的分离,最大限度缩小接触案件有关证据的人员的范围,保证获取证据信息方式和手段的合法性,同时注意内容甄别,如果有与案情无关且涉及他人工作、生活、婚姻、家庭等信息,应当注意筛选,尽量从保全的页面中将其分离。[2]

(九) 质证与认证

1. 质证

(1) 质证的基本要素。刘晓兵认为,民事庭审质证是质证双方在法庭主持下就证据的证明力和可采性进行相互辩驳的诉讼行为,其要素包括质证主体、质证客体、质证内容和质证方式四个方面。质证主体应是证据或其形成过程的认识者、质证意思的独立表示者、质证程序的参与者、质证行为的实施者、与质证相关的程序性权利的享有者或程序性义务的承担者,其不但包括当事人,而且包括广义上的证人。质证客体的范围应限于"当事人提出质疑的证据",过宽或过窄均不利于兼顾司法公正的实现和诉讼效率的提升。质证内容应限于证据的真实性、关联性和合法性三个方面,证据的客观性缺乏质证意义。[3]郑未媚认为,质证的要素包括质证的主体、对象和具体规则。中国质证主体应该包括控辩审三方。法官除了主持质证活动外,还要进行质证活动,实际上还是承担着质证的角色。[4]我们认为,首先,质证主体的界定应当以证明权为基准,质证是当事人的诉讼权利,因此,法官对证人的询问不是质证;证人不能对其他证人发问,因而也不是质证主体。其次,质证的客体范围应当包括与案件事实有关的任何证据信息,不应局限于"当事人提出质疑的证据",因为对证人可信性的弹劾就是交叉询问的重要规定性特征。在现代审判制度中,事实认定者对证据评价包含两个方面:一是证据信

---

[1] 孟凡婧:"网络证据保全公证问题研究",载《科技与企业——企业科技创新与管理学术研讨会论文集》(下) 2016年6月9日,第136页。

[2] 卢毅:"网络证据保全公证过程中保护隐私权问题探讨",载《法制博览》2016年第29期。

[3] 刘晓兵:"民事庭审质证的基本要素研究",载《证据科学》2015年第3期。

[4] 郑未媚:"庭审中心与质证规则构建",载《证据科学》2016年第3期。

息的可靠性、可信性，二是对证据信息的推论。

（2）对质权。孙长永、胡波认为，在欧洲人权法院审判实践中，对《欧洲人权公约》第6条第3款d项规定的对质询问权所应具备的公正要素，包括口头询问、证人出庭、平等武装以及官方义务，作了有条件的限缩，但同时也提出了"唯一或决定性"规则作为底线性保障。对于一项最低限度的基本权利，欧洲人权法院的保障与限制，无疑关乎其对"公正"审判标准的界定。[1]

（3）鉴定意见的质证。刘振红认为，鉴定意见的质证常常流于形式，鉴定人、有专门知识人出庭制度也未完全达到预期效果，根本原因是对质证客体、质证主体、质证方法的特殊性缺乏认识。鉴定意见属于"二次生成的专业意见"。这要求对鉴定意见采取"线性分段质证法"，即围绕"案件情况－检材－专业意见"这一线性过程展开质证。其中，普通人可胜任"案件情况"到"检材"的第一阶段质证任务，而"检材"到"专业意见"的第二阶段质证任务只有专业同行才能胜任，为此，应实施鉴定人、有专门知识人同时出庭制度。[2] 王思思、狄胜利认为，专家辅助人出庭质证应当引进交叉询问规则，以改进我国鉴定意见质证的"无序"方式。[3]

（4）审判中心与质证。杨宇冠、刘曹祯认为，审判中心要求发挥庭审在调查核实证据和认定案件事实中的决定作用。法庭质证是庭审的中心活动，完善庭审质证制度，是推进以审判为中心的诉讼制度改革的重要举措。[4] 陈学权认为，在我国未来刑事法庭上，交叉询问能否成为常态，应当成为衡量"推进以审判为中心的诉讼制度改革"成败的重要标志。因为"以审判为中心"必然要求法院在案件事实的认定上，不能再对侦查阶段控方收集的有罪证据材料照单全收，而是要求法官在法庭上通过法定证据调查程序对控方提交的证据进行审查、核实，切实承担起对控方证据材料有无证据能力和证明力的守门员职责。对证人证言的法庭调查，如果仅以侦查阶段控方收集的书

---

[1] 孙长永、胡波："保障与限制：对质询问权在欧洲人权法院的实践及其启示"，载《现代法学》2016年第3期。

[2] 刘振红："论鉴定意见质证的特殊性"，载《法学杂志》2015年第4期。

[3] 王思思、狄胜利："专家辅助人出庭质证规则研究"，载《证据科学》2015年第2期。

[4] 杨宇冠、刘曹祯："以审判为中心的诉讼制度改革与质证制度之完善"，载《法律适用》2016年第1期。

面笔录证言为调查对象,那么所谓法庭证据调查就很难发挥真正的作用。在证人到庭时,控辩双方应当按照何种规则对证人发问,裁判者应当根据何种规则行使庭审指挥权从而规范控辩双方对证人的询问,是我国交叉询问规则必须回答的问题。[1]

2. 认证

(1)证据能力。韩旭研究了侦查实验笔录证据能力的审查判断问题。最高人民法院《刑诉法解释》虽将"实验条件相似"确立为侦查实验笔录是否具有证据能力的判断标准,但由于侦查实验程序规范性不足、已有的制度规范缺乏协调性以及外部监督制约机制和证明机制的双重缺失,导致该类证据在审查判断上的操作困难。实验结论的可靠性依赖于实验条件的实质相似性,包括实验场所的一致性、实验工具的同一性、实验环境的相近性、实验主体的同质性、实验过程的完整性等内容。为充分发挥实验结论在诉讼中的证明作用,有必要将侦查实验改造成为一种控辩审三方均可实施的证明手段,并建立证明规则、见证规则以及专家辅助人出庭规则等相关的制度规范。[2]宋维彬研究了勘验、检查笔录的证据能力。刑事诉讼中勘验、检查笔录的应然范围应当仅包括五官感知类笔录,不应包括搜查、扣押类笔录与证据提取类笔录。国外勘验、检查笔录证据能力立法,存在传闻证据模式与直接言词模式两类,我国宜选择传闻证据模式,同时借鉴直接言词模式的成功经验。勘验、检查笔录原则上不具备证据能力,应当要求法庭审判时法官亲自进行勘验、检查或者侦查人员出庭作证。勘验、检查笔录只有符合以"可信性之情况保障"与"必要性"为设置标准的例外情形时,才具备证据能力。[3]

(2)印证理论。周洪波指出,近年来不少学者围绕"印证"来研究我国刑事证明模式,这些研究造成的突出理论印象是:"印证"这一概念工具,在实证上能够较为具体地呈现中国特色刑事证明方法的类型特征;在规范上也能作为事实认定的具体判断标准发挥作用,尽管还应适当借鉴西方自由心证方法。这导致"印证"一词在刑事司法实务中有泛滥之势。主要问题是:对印证的理解不合常识且较为驳杂,无法清晰标识我国刑事证明方法的模式特

---

[1] 陈学权:"以审判为中心呼唤科学的交叉询问规则",载《证据科学》2016 年第 3 期。
[2] 韩旭:"论侦查实验笔录证据能力的审查判断",载《法商研究》2015 年第 1 期。
[3] 宋维彬:"论刑事诉讼中勘验、检查笔录的证据能力",载《现代法学》2016 年第 2 期。

证；对证明方法模式的归因解释难以成立；未能澄清对证明方法的应有规范立场，因而无力促成现实的合理化变革。因此，学界仍需寻找替代性模式理论来说明我国刑事证明方法所面临的转型问题。目前的两种刑事证明模式理论，要么不是好的替代性理论，要么还称不上是替代性理论。这两种刑事证明模式理论，一种是以新法定证据主义这种类型理论来解说我国刑事证明方法的总体特征；另一种则是二元模式理论，即以直接证据为核心的"验证模式"和完全使用间接证据的"体系模式"，以更细致地说明我国刑事证明方法的总体特征。后者因为并未否定印证模式的标识有效性，而只是认为其太过粗糙，所以其并非是替代性理论，且其根本没有比较我国刑事证明方法与西方的差异。就此而言，寻求替代性的刑事证明方法模式理论，可谓任重而道远。[1]

蔡元培[2]认为，在证明力审查判断上，"印证模式"在实践中存在诸多漏洞：一是将具有或然性的经验法则普适化；二是重视证立、轻视排伪；三是过于依赖直接证据，这些漏洞会导致案件事实背离实质真实。随着审判中心主义的推进和排除合理怀疑的落实，我国应当由印证模式走向印证与心证的"混合模式"。只有在印证的过程中融合心证，使主观判断和客观判断相结合，使外部性审查和内部性审查相结合，才有可能弥补印证模式的证明漏洞。这种融合需要以下五个方面的制度来加以保障：一是裁判说理制度的落实，这是自由心证的应有之义。二是证据能力规则的构建。自由心证的前提之一就是证据必须具备证据能力。在传闻证据规则、任意自白规则、意见证据规则、品格证据规则、最佳证据规则、实物证据鉴真规则等方面，我国仍有很大程度的缺失。三是笔录类证据规则的完善。尤其是律师在场制度，笔录制作人、见证人出庭制度和非法笔录类证据排除制度亟须完善。四是对单个证据审查判断的强化。法官只有对每项证据的真实性和相关性进行独立审查，排除那些虚假的或者不具有相关性的证据，才能对证据之间的关联性进行审查。五是印证规则的有限适用。融合心证，还应当允许法官在一定条件下不再适用印证规则，应当为印证规则的适用设置一定的条件和边界。对印证性证据本

---

〔1〕 周洪波："中国刑事印证理论批判"，载《法学研究》2015 年第 6 期。
〔2〕 蔡元培："论印证与心证之融合——印证模式的漏洞及其弥补"，载《法律科学》2016 年第 3 期。

身也应当采严格证明,即印证应当达到排除合理怀疑的程度。

(3)证言可信性的弹劾。强卉认为,在我国刑事诉讼中,弹劾规则对判断证人证言的可信性与证明力有所助益,理由如下:

第一,规定内部证据及旁证的使用顺序及旁证使用的相关限制。例如,针对先前不一致的陈述,在通常情况下控辩双方不能提出先前不一致陈述的旁证,除非证人、被害人、鉴定人有机会解释或者否认该陈述,并且控辩双方有机会就该陈述对上述人证进行询问。

第二,规定弹劾证据的有限可采性。当某一证据兼有弹劾作用和实质证明作用时,应将其作为实质证据使用。先前不一致陈述可以作为弹劾证据使用。

第三,明确弹劾证据及其证据能力、证明力和表现形式。弹劾证据的运用旨在抵销证人的可信性。关于弹劾证据的证据能力需有三个原则:一是相关的弹劾证据具有可采性。二是当证据的证明价值被不公正的偏见等危险性实质上超过时,即使相关,法官也应当行使自由裁量权予以排除。三是关于弹劾证据的证明力由法官审查判断。[1]

(十)推定与司法认知

1. 事实推定

有学者从交叉学科视角,对事实推定与认知偏差做了研究。文中提出,法官在运用经验法则认定案件事实时,容易出现认知偏差,对彭宇案判决书的分析证明了这一点。经验推定是事实上的推定,而不是法律上的推定;经验推定不是过错推定,原被告之间的举证责任并没有发生转移,但经验推定会降低或免除原被告一方的举证责任,并导致一方的胜诉或败诉。实验研究表明,经验推定作为一种思维活动,受制于法官作为普通人所存在的两种认知偏差:代表性启发式和后见偏见。代表性启发式是一种有用的思维法则,但它往往会诱导人们在决策时忽略类型普遍性——"基础比率"的重要性,从而引起逆谬误;而后见偏见使得法官很难无视事后结果对判断的左右,从而影响法官对经验法则的确定与适用。改善经验推定,需要在司法中引入"普通人"视角,关注真实世界的法官如何思维及其认知局限。在此基础上,

---

[1] 强卉:"刑事证人证言的可信性问题研究——以美国证据法中的证人弹劾制度为视角",载《法律科学》2016年第3期。

应当对法官进行统计学和决策理论训练以抑制代表性启发式的影响，促进其决策过程中借助慎思，并反思决策过程；同时，引进法官之间的个案分工协作制以防范后见偏见。[1]

有研究者提出，推定的法律效果往往意味着降低证明要求，因此司法实践的参与者往往会有一种运用事实推定的天然冲动。当事实推定所依据的经验法则具有高度盖然性时，就是表见证明；当依据的经验法则只具有一般盖然性时，则是一个情势证明。这两种类型都表明，"事实推定"作为一个法律概念并没有独立的价值和内容，应该予以取消。在事实推定的法律效果上，不管将其界定为强制性推定抑或许可性推定，都存在问题。因为证明责任分配的本质是对风险的分配，任何变动都会对当事人的利益造成极大影响，因此法官无权对证明责任进行随意更改，必须以"法定"条件来限制法官对推定的运用，以免带来证明责任分配的不可预期性，从而保护当事人的权益。[2]

2. 刑事推定

有学者指出，我国《刑法》和相关司法解释对于巨额财产来源的非法性、特定的明知要素以及以非法占有为目的要素构建了推定规范。这对解决司法证明困难、贯彻特定刑事政策以及提高认定事实的效率，都有积极意义。在推定规范的适用中，基础事实的证明，意味着推定事实的自动成立；被告人因此承担证明推定事实不成立的证明责任，否则即承担罪名成立的"败诉风险"。推定具有一定的局限性和负面作用，其是否继续存在取决于刑事法律体系是否严密，以及国家法律是否具备解决特定犯罪案件司法证明困难的能力。[3]

有学者认为，在职务犯罪中确立刑事推定规则，有助于破解腐败犯罪证据收集困境、提高诉讼效率、节约司法资源，契合当前严惩腐败犯罪刑事政策的需要。腐败犯罪追诉中运用刑事推定被国际社会普遍接受和认可。我国刑事立法中有腐败犯罪刑事推定的规定，司法实践中也运用了刑事推定，但存在推定的程序性规则匮乏、推定适用范围狭窄、推定适用的对象有限以及

---

[1] 参见陈林林、何雪锋："司法过程中的经验推定与认知偏差"，载《浙江社会科学》2015年第8期。

[2] 参见钟维、王毅纯："'事实推定'理论之反思"，载《西部法学评论》2015年第4期。

[3] 参见陈瑞华："论刑事法中的推定"，载《法学》2015年第5期。

实践中运用规范化程度不够等缺憾。其进一步完善，可从非法所得的推定、腐败犯罪主观要素的推定、贿赂行为的推定等方面着手。[1]有研究者认为，司法人员对如何认定贪污罪非法占有目的的问题存在认识上的误差，因而导致了司法裁判的不统一。论者通过分析北大法宝数据库中的相关案例，认为法官的认定存在不提及、少说理、欠明确、不统一等乱象，而其原因包括主观心态难证明、法律规定不明确、学术观点不一致等。要解决该问题，需要制定推定规则。根据相关案例中裁判思路、理由的总结和梳理，可以抽象出认定非法占有目的的行为模式，包括肯定性行为模式和否定性行为模式，据此可以构建贪污犯罪中目的认定的推定规则。[2]

有学者建议创设有关强制性讯问中录音录像问题的推定规则。实践中存在录音录像选择性录制和提供的困扰。因此，必须对违反强制性录音录像要求所获供述的证据能力及审查、认定、排除程序等作出规范，以此来保证录音录像价值的实现。考虑到拒不提供录音录像与以刑讯逼供等非法方法收集证据之间的高伴生性关系，可以通过推定规则的设计来实现这一目的。[3]

在涉及环境的刑事犯罪中，因果关系问题的推定依然受到关注。有研究者提出，在污染型环境犯罪中，关于排污行为、污染源和危害后果之间因果关系的证明，存在以下难题：完整的证据链条形成难、达到与普通犯罪相同的证明标准难、传统因果关系理论的适用难等。因此，有必要针对污染型环境犯罪的特殊性，寻找解决上述难题的特殊途径。论者分析了国外学者提出的无因果关系理论和事实证明本身理论、设备责任说、疫学因果关系理论、间接反证理论、因果关系推定理论等学说，认为我国污染环境犯罪应当借鉴因果关系推定理论，这是多方面原因影响之下的选择，在我国刑事立法中也有一定的先例可以参考。在建立相关推定过程中应当注意，坚持公平原则、严格限制因果关系推定理论在污染环境类案件中的适用，应当排除其他可能性。[4]

---

[1] 参见彭新林：“腐败犯罪刑事推定若干问题研究”，载《法学杂志》2015年第3期。
[2] 参见何家弘、黄健：“贪污罪非法占有目的之推定规则初探”，载《法学杂志》2016年第10期。
[3] 参见何家弘、王爱平：“强制性讯问录音录像推定规则”，载《国家检察官学院学报》2015年第3期。
[4] 参见姚贝：“论污染型环境犯罪的因果关系”，载《中国刑事法杂志》2015年第5期。

在商业欺诈类案件中，犯罪嫌疑人常见的辩解是"没有非法占有目的"，即便有充足证据证实财物已经完全脱离所有人控制且在犯罪嫌疑人的支配下，也鲜有犯罪嫌疑人承认想将涉案财物据为己有。对此主观要素的认定，基本依靠推定。在适用推定判断此类案件行为人的目的时，应避免过度干预而成为市场交易活动创新和发展的阻力，因此应坚持谦抑的司法理念、坚持具体案件具体分析、坚持对事实的多维分析、兼顾法律和情理、遵循有利于行为人立场并允许反驳等原则。同时，应从完善立法、规范推定司法适用两条路径，进一步完善商业诈骗犯罪非法占有目的的推定。[1]

3. 民事推定

有研究者从比较法角度，对美国证明妨碍推定的理论和实践进行了探讨。自1722年英国法院创立证明妨碍推定以来，它一直是英美法院通常的证明妨碍制裁或者救济方法。不过近年来学者对美国证明妨碍推定适用在多方面提出异议，包括其是否促进发现真实、是否有助于证明妨碍规章制度的目标实现、是否有助于诉讼程序的顺利进行等等。偏爱证明妨碍推定的美国司法实践或含蓄或直接地回应了理论上的批判，例如，以否定发现真实在民事诉讼中的地位为出发点，证明妨碍推定的目的并非探究案件真实，而是维系当事人之间的诉讼平衡，保障诉讼的正当程序。这种动向对我国证明妨碍推定研究与适用有借鉴意义，可促进我们准确定位证明妨碍推定制度的价值及其优劣，理解其适用条件和正当程序。[2]

有研究者对我国物权领域的推定规则进行了总结和梳理。论者提出，物权诉讼过程中的证明责任是案件裁判的重点问题，我国《物权法》中暗含大量的物权推定规范，这是《物权法》中证据规范的鲜明特色。从法律要件事实的角度，可以将我国《物权法》上的物权推定规范分为三类：不动产登记簿的权利推定规范、占有的权利推定规范和不可反驳的物权推定规范。不动产和动产善意取得制度的构成要件及其证明责任并不相同，前者要求相对较低，这是由不动产登记簿公信力高于动产占有公信力所决定的；相比于占有，不动产登记簿具有更高的可信度和更坚实的信赖基础。[3]

---

[1] 参见马谨斌："商业欺诈案件非法占有目的之推定"，载《东方法学》2015年第3期。
[2] 参见赵信会："美国证明妨碍推定的理论与实践"，载《证据科学》2015年第4期。
[3] 参见王雷："论物权推定规范"，载《比较法研究》2016年第6期。

书证的真实性判断是各国民事司法实务的重点和难点。我国法律一直缺乏书证真实性判断的明确规范，直到2015年最高人民法院《民诉法解释》才首次确立了公文书证实质真实的判断规则。考察大陆法系国家和地区的立法例可以发现，推定在书证真实性判断中发挥了重要作用。我国法律应进一步完善书证真实性的判断规则，正确适用推定并充分发挥其在事实认定中的积极作用。具体做法如下：应当适用推定来判断公文书证的形式真实和实质真实，当事人可以推翻报道性公文书证的实质真实推定，却不能推翻处分性公文书证的实质真实推定；可以适用推定来判断私文书证的形式真实，但应限制当事人滥用私文书证形式真实的异议权；不应适用推定来判断私文书证的实质真实，因其属于法官自由裁量权的范围。[1]

对于民事诉讼中亲子关系的推定规则，有学者进行了实证研究。虽然我国《婚姻法解释（三）》首次规定了亲子关系诉讼的推定规则，结束了长期以来各界关于能否适用推定认定亲子关系的争论，将亲子关系诉讼中的事实推定上升为法律推定。然而，观察六年来亲子关系诉讼中推定规则的适用状况可以发现，裁判者对其适用范围、适用条件以及原告范围等问题理解不同，这导致实践中同案不同判现象频现。对此，既要在理论层面使裁判者明确亲子关系诉讼中推定的逻辑结构和法律效果，正确处理推定与亲子鉴定在亲子关系认定问题上的适用关系，并合理配置双方当事人的程序性权利义务；又要在民事立法层面建构完善的亲子关系推定及强制认领制度，保障亲子关系诉讼中推定规则的有效实施。[2]

4. 案例分析

（1）天津市一中院终审强奸案：被告人与饭店服务员（被害人）相识，其后多次将其带至宾馆发生性关系。被告人辩称，与被害人发生性关系时，不明知对方未满14周岁。该案法官认为，现有证据可以证明被害人受到性侵时系幼女，不满14周岁。根据最高人民法院、最高人民检察院、公安部、司法部《关于依法惩治性侵害未成年人犯罪的意见》，奸淫幼女犯罪需要行为人主观上明知对方系幼女，包括明知和应当明知；性侵未满12周岁的幼女可以

---

〔1〕 参见张海燕："推定在书证真实性判断中的适用——以部分大陆法系国家和地区立法为借鉴"，载《环球法律评论》2015年第4期。

〔2〕 参见张海燕："我国亲子关系诉讼中推定规则适用之实践观察与反思"，载《政法论丛》2015年第1期。

推定行为人主观上明知；已满 12 周岁未满 14 周岁的幼女，从其身体发育状况、言谈举止、衣着特征、生活作息规律等观察可能是幼女，而实施奸淫等性侵害行为的，应当认定行为人明知对方是幼女。

本案中，被害人曾陈述：被告人看到过其户口本复印件上是 13 周岁，其也曾告诉过被告人其户口本上登记的年龄信息是错误的。被告人曾供述：被害人说过她 16 周岁，也说过她户口本上是 13 周岁，她还说户口本上的年龄是错的等。被害人陈述和被告人供述在这一细节上基本一致，可以证明被告人确实看过被害人的户籍信息。由此可见，从被告人主观心态来看，其知道被害人当时可能不满 14 周岁。从被害人照片看，其身体发育一般，并非较为成熟，一般人通过社会经验会意识到其可能系幼女。为贯彻保护幼女的刑事政策，控方只要能证明被告人可能知道对方系幼女，即可认定被告人主观上明知对方系幼女。对于辩方提出的不明知对方系幼女的辩解，除非有确切证据证明行为人确实不知道对方系幼女，才可以采纳。因此，审理案件的法官根据相关证据，推定本案被告人明知对方是幼女。[1]

(2) 重庆市一中院终审环境诉讼案：被告重庆远上机械制造有限公司（以下简称"远上公司"）2003 年搬迁至重庆市北碚区澄江镇柏林村金家沟组，主要从事铸造加工，用废钢铁生产汽车铸件，排放污染物为废气、粉尘等，废气刺鼻难闻。距原告王莉家住宅约 1.7 米，远上公司围墙距其排烟管道（烟囱）底部距离约 25 米。因反复咳嗽 2 个月，王莉 2011 年 8 月 12 日到重庆市第九人民医院住院治疗，诊断为支气管肺炎、支气管哮喘。王莉以远上公司排放废水废气致人损害为由，诉至重庆市渝北区法院，请求远上公司给予损害赔偿。远上公司则以其生产与王莉患病之间的因果关系无法得到证明为由，请求法院驳回王莉的诉讼请求。

对于王莉患病与远上公司排放污染物有无因果关系，法院经过审理认为，两者具有因果关系。首先，没有证据表明王莉的直系长辈有支气管肺炎、支气管哮喘病史。其次，从时间上看，远上公司污染在前，王莉生病在后。再次，支气管肺炎、支气管哮喘等呼吸道疾病与环境有关联性，而远上公司的排放物就有废气、粉尘等，且排放点距离王莉家较近，故不能排除王莉所患

---

[1] 参见路诚："对明知幼女的认定及对未成年人强奸幼女的量刑"，载《人民司法》2015 年第 10 期。

疾病与远上公司排污行为有关联。最后，虽然远上公司举示两份验收监测报告证明排放污染物达标，但该两份报告均系王莉患病后才进行检测所形成的报告，不能证明远上公司此前的排放是否达标，更不能证明对王莉身体健康没有产生影响。法官认为，对于环境污染案件中因果关系的认定可以采取推定方式，有证据证明下列基础事实存在的，可以推定被告的污染行为和原告损害之间具有因果关系：①排污者排放了污染物；②受害人接触了该污染物；③受害人接触该污染物之后损害才发生。在此基础上，被告必须提出充分的证据证明推定事实不存在，或者基础事实不存在才能免责，如果仅仅提出一些证据使推定事实存在与否处于真伪不明的状态是不够的。[1]

三、法庭科学研究进展

(一) 法医病理学

1. 死亡原因确定

（1）猝死研究。猝死是指由机体潜在疾病或重要器官急性功能障碍导致的意外突然死亡，因猝死的原因各种各样以及死亡过程的不同，对猝死案例死亡原因的分析是法医病理学鉴定难点之一。李明等[2]收集了2009~2012年广东地区622例确诊的猝死案例作统计学分析，发现心源性猝死为猝死主要类型（59.49%），冠心病为主要病因，发病呈年轻化，青壮年猝死综合征也需引起学者们的注意。猝死研究主要涉及以下方面的内容：

第一，中枢神经系统。刘岩等[3]收集手足口病相关的脑干脑炎死亡婴幼儿脑干组织蜡块作为实验组，与因非脑部疾病或损伤死亡婴幼儿（对照组）作比较，发现实验组脑干组织炎症细胞"袖套样"浸润的血管周围和胶质小结中，小胶质细胞分布最多（对照组脑干组织中未见），而实验组脑干组织PSGL-1广泛表达于炎症细胞，"袖套样"血管周围及胶质小结中阳性细胞数

---

[1] 参见黄成、陈果："环境诉讼因果关系推定需受害者证明基础事实"，载《人民司法》2015年第2期。

[2] 李明等："广东地区622例猝死案例的流行病学调查"，载《中国法医学杂志》2015年第1期。

[3] 刘岩等："致死性脑干脑炎婴幼儿炎症细胞分布及PSGL-1的表达"，载《法医学杂志》2015年第5期。

量多并且着色明显,考虑认为手足口病相关脑干脑炎死亡的婴幼儿脑干中,参与炎性发病过程的主要是小胶质细胞,另外 PSGL-1 可能参与手足口病致死性脑干脑炎的疾病过程。李明等[1]也收集了 EV71-VP1 染色阳性的婴幼儿的器官、组织进行检验分析,发现 EV71-VP1 在脑内神经元、胶质细胞、血管周呈"袖套样"浸润的炎症细胞及胃底腺壁细胞呈强阳性,而 PSGL-1 仅在胃底腺壁细胞、腭扁桃体隐窝鳞状上皮组织、肺泡巨噬细胞及各组织白细胞中表达,SCARB2 则除肠、脾组织外均有表达,考虑到 SCARB2 与 EV71 组织分布具有相关性,在病毒的侵染及复制过程中起重要作用,胃可能是 EV71 复制的重要部位。

第二,心血管系统。Li Yang 等[2]对 2001~2012 年间的 31 例因主动脉夹层而死亡的案例作统计学分析发现,死者以男性为主,平均年龄 44 岁,以 A 型夹层为主(77.4%),最常见的死亡原因是心包填塞(87.1%)。然而,在 31 例中有多达 26 例未能得到临床确诊,一般被诊断为急性心肌炎、冠状动脉疾病等,提示主动脉夹层的临床确诊率较低,法医工作者应注意系统尸体检验以明确真正的死亡原因。Jia Jianzhang 等[3]建立兔心肌梗死模型,并观察左室血管结扎后不同时间点的 cTnI 表达情况,发现结扎后 0.5h 时 cTnI 染色增强而在 1h 时减退,此外对 30 例急性心肌梗死死亡的人体心肌组织进行免疫化学检验,在梗死区域发现 cTnI 染色的减退,认为在急性心肌梗死后越早进行 cTnI 免疫化学检验结果越准确,且相较于常规 HE 染色观察有更强的特异性。郑娜等[4]应用衰减全反射-傅里叶变换红外光谱(attenuated total reflection-Fourier transform infrared spectroscopy,ATR-FTIR)检测急性心肌缺血猝死大鼠的血清分子特征,利用相关软件进行光谱预处理并求二阶导数光谱,分析发现仅从一维光谱较难区分急性心肌缺血实验组及空气栓塞对照组的分

---

[1] 李明等:"婴幼儿脑干脑炎 EV71-VP1、PSGL-1 和 SCARB2 的表达",载《法医学杂志》2015 年第 2 期。

[2] Li Y. et al., "Aortic Dissection and Sudden Unexpected Deaths: A Retrospective Study of 31 Forensic Autopsy Cases", *Journal of Forensic Sciences*, 2015, 60 (5): 1206-1211.

[3] Jia J. et al., "Immunohistochemical Analysis of Cardiac Troponin Inhibitor in an Experimental Model of Acute Myocardial Infarction Experimental Model and in Human Tissues", *Pathology - Research and Practice*, 2015, 211 (6): 456-461.

[4] 郑娜等:"二维红外光谱用于急性心肌缺血猝死的鉴别研究",载《中国法医学杂志》2016 年第 6 期。

子差异，相比之下二维光谱则显示两组光谱的成分差异。另有课题组[1]观察鞘胺醇 1 - 磷酸 2/3 受体（S1PR2/3）在大鼠心肌缺血再灌注的在体实验中对心脏的影响，认为 S1PR2/3 受体对缺血再灌注心肌起保护作用。冠状动脉粥样硬化性心脏病是法医病理鉴定中常见的心血管死亡原因之一。李雪榕等[2]通过观察确诊为冠心病死亡案例中心肌组织磷酸酶与张力蛋白同源基因（phosphatase and tensin homology deleted on chromosome ten，PTEN）的表达，发现冠心病组 PTEN 蛋白的表达量低于对照组，可能与冠心病的发生发展有关。

第三，过敏性休克。过敏性休克发病突然且隐匿，不仅是临床医学诊治的一大难点，常引起医疗纠纷等问题，对于法医病理工作者来说也是棘手的问题，其中血清中 IgE 含量变化一直被认为是诊断过敏性休克的特异指标，但目前仍待更深入明确的研究，亦有不少学者提出类胰蛋白酶等指标的检验作用。苏俊等[3]建立豚鼠过敏性猝死的模型，室温（20℃）保存 6h 后冷藏（4℃），后在不同时间点取血清检测 IgE 含量，与对照组比较发现实验组 IgE 有显著改变，更重要的是冷藏后 48h 内不同时间点之间血清 IgE 含量无统计学差异，提示过敏性猝死 6h 内将尸体冷藏保存，48h 内进行血清 IgE 检测对过敏性猝死的法医学鉴定仍有参考价值。米丽等[4]建立大鼠过敏性休克死亡模型并分组检测血清 IgE、类胰蛋白酶的质量浓度，发现过敏性休克死后大鼠的血清 IgE、类胰蛋白酶明显升高，但其水平受死亡时间、环境温度影响较大，冷藏保存下浓度相对稳定。郭相杰等[5]则针对过敏性休克死亡者心、肺及空肠组织中类胰蛋白酶免疫荧光表达进行检测分析，发现过敏性休克死亡者心、肺及空肠组织中类胰蛋白酶的表达均明显高于对照组。上述研究提示，血清 IgE 及类胰蛋白酶的检测均可作为过敏性休克死亡鉴定的辅助检验手段，值得

---

[1] 张晓嘉等："鞘胺醇 1 - 磷酸 2/3 受体对心肌缺血再灌注损伤的影响"，载《中国法医学杂志》2016 年第 5 期。

[2] 李雪榕等："PTEN 在冠心病心肌组织中的表达"，载《法医学杂志》2016 年第 2 期。

[3] 苏俊、余舰、刘勇："过敏性猝死豚鼠不及时冷藏对血清 IgE 的影响及法医学意义"，载《法医学杂志》2015 年第 5 期。

[4] 米丽："大鼠过敏性休克死后血清 IgE、类胰蛋白酶的变化"，载《法医学杂志》2015 年第 3 期。

[5] 郭相杰等："类胰蛋白酶在过敏性休克死者心肺肠组织中的表达"，载《中国法医学杂志》2015 年第 2 期。

留意的是环境温度及保存时间对检测结果的影响,应注意样本收集及保存,而无法获得满意的血液标本时,心、肺及空肠组织中类胰蛋白酶的免疫表达亦可参考。史洁茹等[1]通过检测过敏性猝死组、冠心病猝死组及对照组人体心肌标本肥大细胞类胰蛋白酶、脑利钠肽(brain natriuretic peptide,BNP)的表达,发现肥大细胞类胰蛋白酶在过敏性猝死组及冠心病猝死组中均呈阳性染色,而冠心病猝死组中 BNP 表达量则高于过敏性猝死组,认为联合检测心肌组织内肥大细胞类胰蛋白酶及 BNP 能更有效地为过敏性猝死和冠心病猝死的法医学鉴别诊断提供帮助。

第四,猝死综合征(sudden unexplained death syndrome,SUDS)。法医病理鉴定实例中出现过不少急促死亡的案例,且尸体检验未能发现明显的病理改变,被称为猝死综合征,因死者多为青壮年,亦称青壮年猝死综合征(sudden manhood death syndrome,SMDS)。目前已有不少学者进行了关于 SUDS 的研究,SUDS 也正渐渐获得学者们以及前线鉴定人员的关注。Zheng Jinxiang 等[2]对 2007～2013 年间东莞市及深圳市龙岗区的 879 例 SUDS 死亡案例作统计学分析,发现东莞市每年约 1.02/100000 人发生 SUDS(龙岗区为 2.23/100000 人每年),以男性居多(男:女 = 13.92:1),死亡年龄为 17～55 岁(平均 35 岁),多为夜间睡眠过程中发生不幸,但主要是在早上 7～9 时被亲友发现,值得注意的是,97.74% 的 SUDS 死者为从事工厂工作的蓝领人员,通常承受着高强度体力负荷,且受教育程度不高。说明针对 SUDS 进行研究有着深远的意义,亦提示法医工作者在实际鉴定案例中不应忽略 SUDS 的可能性。Huang Jinglu 等[3]收集了 56 例在日间活动中猝死的案例(均是尸检结果阴性、未能找出确切死亡原因的案例),对其 KCNE1、KCNQ1 及 NOS1AP 外显子进行测序与对照组比较分析,发现在 2 例 SUDS 中 KCNE1 的 F54F 位点发生了变异,且 NOS1AP 中 rs3751284 的基因型及等位基因频率,以及 rs348624

---

[1] 史洁茹等:"过敏性和冠心病猝死者心肌组织中肥大细胞类胰蛋白酶、脑利钠肽的表达",载《法医学杂志》2016 年第 3 期。

[2] Zheng J. et al. , "A Case – control Study of Sudden Unexplained Nocturnal Death Syndrome in the Southern Chinese Han Population", *The American Journal of Forensic Medicine and Pathology*, 2015, 36 (1): 39 – 43.

[3] Huang J. et al. , "Genetic Variants in KCNE1, KCNQ1, and NOS1AP in Sudden Unexplained Death during Daily Activities in Chinese Han Population", *Journal of Forensic Sciences*, 2015, 60 (2): 351 – 356.

的基因型频率与对照组相比发生了具有统计学意义的变化,据此提示上述外显子可以作为日间活动中猝死案例的敏感的检验指标,然而通过更大样本量及更深入的研究仍有待进行。此外,Wang Chung 等[1]及许传超等[2]在对睡眠中猝死的鉴定中利用外显子组测序技术进行检验,结果筛选出 KCNQ1 基因 G643S 的杂合突变,有报道称该突变与心肌钾离子浓度平衡紊乱(易发心衰)有关。Lei Huang 等[3]则在 SUDS 遗体中发现 LRRC10 中 p. E129K 位点的变异,认为 LRRC10 为 SUDS 相关基因。上述研究及案例报道为 SUDS 研究与鉴定提供了思路,应用各种辅助检验手段明确 SUDS 死亡原因也可望得到实践应用。

(2) 机械性损伤研究。主要涉及以下方面的内容:

第一,颅脑损伤。这是最常见的机械性损伤,在暴力性死亡中占首要位置。由于头部结构的复杂以及作用力的多种多样,颅脑损伤分析常常给法医病理学鉴定人员带来不少挑战。穆娇等[4]应用钙离子通道阻断剂尼莫地平实验研究大鼠弥漫性轴索损伤(DAI)病理机制中钙离子的参与情况,发现损伤组中轴索的 β-APP 及 NF-L 表达量在伤后 12~72h 内均有所上升,vWF 表达以及脑含水量在 12h 时上升并于 24~72h 内急剧上升,于此相对应地,超微结构显像显示轴索及血管损伤在 12h 时出现并于 24~72h 内加剧;而尼莫地平的应用使得 β-APP、NF-L、vWF 表达下调,减轻了轴索及血管的损伤程度,并抑制 DAI 中神经钙蛋白的活性(表达量未受影响),提示钙离子浓度在 DAI 的继发损伤过程中扮演着重要角色,与神经钙蛋白的活性有关。另有研究发现,对比于颅脑外伤后即刻死亡的脑组织,伤后较长时间死亡的脑组织中检测到神经球蛋白(Ngb)免疫活性的阳性表达,值得留意的是,在脑外伤 12 个月后死亡的脑组织中 Ngb 免疫活性仍很强烈,提示了 Ngb 在颅脑外

---

[1] Wang C. et al., "Using Whole Exome Sequencing and Bioinformatics in the Molecular Autopsy of a Sudden Unexplained Death Syndrome (SUDS) Case", *Forensic Science International*, 2015, 257: e20 – e25.

[2] 许传超等:"利用外显子组测序技术鉴定猝死死因 1 例",载《中国法医学杂志》2015 年第 5 期。

[3] Lei H. et al., "Molecular Pathological Study on LRRC10 in Sudden Unexplained Nocturnal Death Syndrome in the Chinese Han Population", *Int J Legal Med*, 2016: 1 – 8.

[4] Mu J. et al., "Calcium Signaling is Implicated in the Diffuse Axonal Injury of Brain Stem", *International Journal of Clinical and Experimental Pathology*, 2015, 8 (5): 4388.

伤后的免疫活性变化情况，也为组织病理学机制研究提供了思路。[1]陈仁辉等[2]则关注大鼠弥漫性脑损伤后水通道蛋白-4（aquaporin-4，AQP-4）的表达及其在脑水肿发生过程中的作用，发现损伤后脑组织含水量、AQP-4含量及血脑屏障通透性随时间延长而增加，AQP-4阳性表达的胶质细胞数量也明显增多，认为AQP-4表达即血脑屏障通透性的增加促进脑水肿的发生，而胶质细胞中AQP-4的表达变化有望辅助于弥漫性脑损伤诊断。

近年来有学者利用傅里叶显微红外光谱（Fourier transform infrared microspectroscopy，FTIRM）分析蛋白质分子结构和化学键的功能及其特点，以研究DAI等。张吉等[3]建立了大鼠颅脑外伤模型并以β-APP检验确认DAI，再利用FTIRM检测脑干轴索损伤情况，结果呈低红外吸收强度的区域与已确认的轴索损伤区域相吻合，且通过对吸收峰的分析发现受损的与正常的轴索的蛋白构象存在区别。任冠恒等[4]则将蛋白质组学中研究生物组织切片中蛋白质和小分子物质分布的经典技术——基质辅助激光解吸/电离-飞行时间质谱成像（matrix-assisted laser desorption/ionization time-of-flight imaging mass spectrometry，MALDI-TOF-IMS）技术引入法医病理学相关研究，MALDI-TOF-IMS通过单次扫描并在保持组织中细胞和分子完整性的同时，能够同时分析生物组织切片中的各种未知组分，获取组织的分子成像图，将其应用于法医学研究中，可用于筛选鉴定相关生物标志物，有利于阐明法医学损伤的病理机制、死亡时间推断等重点难点问题。其课题组[5]尝试应用MALDI-TOF-IMS技术，建立DAI大鼠脑组织内蛋白差异化表达的质谱成像方法，并成功发现质荷比为4963、5634、6253、6714及7532的5个蛋白质分子的表达量在DAI大鼠脑组织内存在差异，证明了该技术的可应用性。

---

[1] Chen X. et al., "Long-term Neuroglobin Expression of Human Astrocytes Following Brain Trauma", *Neuroscience Letters*, 2015, 606: 194-199.

[2] 陈仁辉等："大鼠弥漫性脑损伤后水通道蛋白4的表达"，载《法医学杂志》2016年第1期。

[3] Zhang J. et al., "Characterization of Protein Alterations in Damaged Axons in the Brainstem Following Traumatic Brain Injury Using Fourier Transform Infrared Microspectroscopy: A Preliminary Study", *Journal of Forensic Sciences*, 2015, 60 (3): 759-763.

[4] 任冠恒等："MALDI-TOF-IMS在蛋白质组学研究中的新进展"，载《法医学杂志》2016年第2期。

[5] 任冠恒等："MALDI-TOF-IMS分析DAI大鼠脑组织内差异蛋白的分布"，载《法医学杂志》2016年第4期。

第二，骨骼肌损伤。张淼等[1]通过建立大鼠骨骼肌挫伤模型，应用CB2R激动剂及抑制剂，检测骨骼肌修复过程中相关因子的表达情况，结果发现CB2R激动剂的应用减弱了骨骼肌挫伤区中性粒细胞及巨噬细胞的浸润程度，此外促炎因子MCP-1、TNF-α、IL-1β、IL-6以及促纤维化因子IL-4、IL-13、TGF-β、P-Smad3的表达情况均被下调，而抗纤维化因子IL-10表达量则被上调；当应用CB2R抑制剂时则观察到与上述结果截然相反的实验结果，提示在骨骼肌修复过程中CB2R参与调控了骨骼肌挫伤区炎性浸润及纤维化过程。Jiang Shukun等[2]通过建立大鼠骨骼肌挫伤模型，检测发现在对照组肌细胞胞浆中MAGL仅呈现微弱的免疫活性，而在损伤组织中的多核细胞、单核细胞、成纤维细胞及再生的多核肌管中均检测出增强的MAGL免疫活性，双荧光染色也检出了MAGL阳性表达的中性粒细胞、巨噬细胞及成纤维细胞，即骨骼肌损伤后，MAGL阳性表达于特定细胞内，提示MAGL参与了炎性反应、纤维合成的过程。基于前述实验，还应用MAGL抑制剂JZL184对MAGL下游作研究，发现中性粒细胞、巨噬细胞浸润情况及促炎因子表达均下调，随着损伤后时间的推移，肌组织再生也被显著抑制，此外CB1R拮抗剂及CB2R拮抗剂的使用缓解了JZL184的抗炎反应作用。[3]

第三，外伤与多器官功能衰竭（MOF）。Xu Guangtao等[4]收集了120例外伤并住院5~15天后死亡的案例，与43例外伤后马上死亡的案例作比较，检测案例中大脑额叶、心室间隔、肝右叶及肾组织中的铜、铁、锌、硒微量元素的含量，发现实验组中二次感染及MOF的发生率分别为78.33%及29.17%，且上述四种微量元素在组织中的含量明显下降，考虑严重外伤后重

---

[1] Zhang M. et al., "CB2R Orchestrates Fibrogenesis through Regulation of Inflammatory Response during the Repair of Skeletal Muscle Contusion", *International Journal of Clinical and Experimental Pathology*, 2015, 8 (4): 3491.

[2] Jiang S. et al., "The Distribution and Time-dependent Expression of MAGL during Skeletal Muscle Wound Healing in Rats", *Histology and Histopathology*, 2015, 30 (10): 1243-1254.

[3] Jiang S. et al., "The Monoacylglycerol Lipase Inhibitor JZL184 Decreases Inflammatory Response in Skeletal Muscle Contusion in Rats", *European Journal of Pharmacology*, 2015, 761: 1-10.

[4] Xu G. et al., "Trace Element Concentrations in Human Tissues of Death Cases Associated with Secondary Infection and MOF After Severe Trauma", *Biological Trace Element Research*, 2015, 168 (2): 335-339.

要器官中的微量元素减少可能与二次感染及MOF有关。Wang Guanghuan等[1]建立兔子严重外伤模型并检测锌离子浓度水平及NMDA受体的表达情况,发现大脑及脑干锌浓度在伤后12h开始上升,但血清中锌浓度自伤后即急剧下降,脑干背侧区域NMDA受体亦呈现与损伤后时间相关的规律。考虑重度外伤可以引起锌离子浓度的急性下降并增强氧化应激反应,此外NMDA受体表达的改变也可引起神经毒性,可能是严重外伤致MOF机制之一。

(3) 机械性窒息研究。主要涉及以下方面的内容:

第一,勒死。韩奇杰等[2]归纳了当前研究发现可用于推断机械性窒息死亡的分子生物学指标,包括:①肺表面活性蛋白A（surfactant protein A, SP-A）含量与缺氧严重程度和持续时间呈正相关,但不能用于鉴别机械性窒息死亡类型;②机械性窒息是即刻早期基因（immediate early genes, IEGs）特异性表达的诱因;③多种miRNA与机械性窒息有关,有关miRNA表达的研究渐渐被引入机械性窒息研究领域;④不同死因HIF-1α在肺血管上分布不同,在机械性窒息死亡机体中,HIF-1α主要表达在肺内微动/静脉,乃至小动/静脉,有别于其他死因机体内的表达情况。Yan Zeng等[3]通过检测机械性窒息死亡机体的脑、心肌组织中多种miRNA表达情况,发现mir-122表达显著下调,而其靶向因子G6PC3、ALDOA和CS含量则有所上升,认为上述因子在缺氧时糖及能量代谢过程中有重要作用,可作为判断缺氧的生物学指标。马素华等[4]将一种具有较短半衰期的葡萄糖同系物2-deoxy-2-[^{18}F] fluoro-D-glucose（^{18}F-FDG）通过尾静脉注射入大鼠体内,并利用正电子发射断层扫描（PET）检测对照组及实验（勒死）组的^{18}F-FDG吸收情况,以期反映勒死过程中大鼠脑部能量代谢的改变。经比较发现,大脑不同区域呈现出不同的能量代谢情况:黑质区、脑桥、延髓、下丘脑及杏仁核区域的^{18}F-

---

[1] Wang G. et al., "Altered Levels of Zinc and N-methyl-D-aspartic Acid Receptor Underlying Multiple Organ Dysfunctions after Severe Trauma", *Medical Science Monitor: International Medical Journal of Experimental and Clinical Research*, 2015, 21: 2613.

[2] 韩奇杰等:"分子生物学指标用于推断机械性窒息死亡的研究进展",载《中国法医学杂志》2016年第1期。

[3] Yan Z. et al., "G6PC3, ALDOA and CS Induction Accompanies Mir-122 Down-regulation in the Mechanical Asphyxia and Can Serve as Hypoxia Biomarkers", *Oncotarget*, 2016, 7 (46): 74526-74536.

[4] Ma S. et al., "Fatal Mechanical Asphyxia Induces Changes in Energy Utilization in the Rat Brain: An 18 F-FDG - PET Study", *Legal Medicine*, 2015, 17 (4): 239-244.

FDG 吸收率降低，且大脑皮质的运动及视觉区 ^{18}F – FDG 吸收率提高，而纹状体、海马区及小脑则未见显著差异性改变。提示在大脑不同区域会呈现不同的能量代谢方式，以抵抗机械性窒息（勒死）所导致的大脑缺血或低氧，达到保护大脑正常功能的作用，但其详细的机制仍有待探究。

第二，水中尸体。郑武等[1]在福州内河晋安河、白马河11个采集点分别采集水样，通过形态学分析浮游藻类种类，发现硅藻门、绿藻门及裸藻门裸藻属等种类，且与季节有关：冬、夏两季晋安河和白马河水体中都以硅藻类占有较高比例，但硅藻类在冬季出现的频率高于夏季，而绿藻类及裸藻类夏季分布较冬季丰富，考虑与不同季节水中有机质、光照强度、温度以及浮游藻类生长习性等因素有关。进一步对不同水域采样进行深入研究分析，积累并形成区域性硅藻数据库，能全面准确地协助鉴定人员分析溺死尸体的落水地点。赵建等[2]采集了广州市区海珠桥段珠江水样本，分别采用标准硝酸破机法（"标准法"）和微波消解 – 扫描电镜联用法（"联用法"）进行检验，比较两种方法对硅藻的检出量/率及最低检出量。结果"联用法"的硅藻检出量及检出率均比"标准法"高，具有统计学差异，而"联用法"最低检出量也低于"标准法"，同时微波消解后硅藻结构未产生明显变化。赵建等[3]还报道，对水中发现的腐败尸体，但病理学检验未能找到具体死因的，通过"标准法"及"联用法"进行硅藻检查。结果在同一尸体中，应用"标准法"仅在肾内检出个别种属藻类，肝及股骨骨髓中未检出硅藻，而应用"联用法"在肝、肾内均检出多个种属藻类（股骨骨髓中亦检出个别硅藻），且与推断的落水点硅藻种类相互匹配，最终确定死因。除此之外，利用"联用法"对比分析生前溺死死者肺组织及溺死液中硅藻比例（L/D 比值）[4]，发现生前溺死组的 L/D 比值高于死后浸泡组的 L/D 比值，认为可以为生前溺死或死后抛尸提供鉴别方法。其实验及案例实践应用均提示"联用法"对硅藻破坏程度

---

[1] 郑武等："福州内河真核浮游藻类种群分布调查"，载《中国法医学杂志》2015年第2期。

[2] 赵建等："两种硅藻检验方法的比较"，载《中国法医学杂志》2015年第1期。

[3] Zhao J. et al., "Application of the Microwave Digestion – vacuum Filtration – automated Scanning Electron Microscopy Method for Diatom Detection in the Diagnosis of Drowning", *J Forensic Leg Med*, 2015, 33: 125 – 128.

[4] Zhao J. et al., "A Quantitative Comparison Analysis of Diatoms in the Lung Tissues and the Drowning Medium as an Indicator of Drowning", *J Forensic Leg Med*, 2016, 42: 75 – 78.

低且检出率高,在法医学溺死案件中具有良好的应用价值。王会品等[1][2]将勒福特(Lefort)王水应用于硅藻检验中,以期建立勒福特王水消解法("勒福特法",浓硝酸:浓盐酸=3:1)。通过对溺死兔子肾组织样本进行"标准法"及"勒福特法"检验,对消化能力、硅藻破坏程度及硅藻回收率作比较评估,结果"勒福特法"消化能力及回收率均优于"标准法",检测时间少于传统方法,且电镜观察发现"勒福特法"消解后的硅藻形态比较完整,简单、高效、定性定量分析准确的特点使得其具有较好的应用价值及可观的前景。

(4) 电击与高低温。王志军等[3]力图为高温死亡鉴定提供新的方法途径,应用傅里叶显微红外光谱(Fourier transform infrared microspectroscopy, FTIRM)分析高温死亡大鼠肾的化学基团变化,结果发现高温死亡组大鼠肾小球组织在3290、3070、2850、1540及1396cm^{-1}处吸收峰强度增高,结合上征吸收峰的特征说明高温死亡大鼠肾小球细胞成分增多而致脂质、蛋白、核酸、糖原等成分增多;此外 A1650/A3290 与 A1650/A1540 的比值降低,说明高温死亡的大鼠肾小球组织内蛋白质相对含量降低,胶原蛋白相对含量增加,且肾小球内细胞受到氧化应激作用的影响。该实验反映高温死亡大鼠肾小球的 FTIRM 光谱具有一定特异性,可作为高温死亡鉴定的辅助诊断方法用于人体样本研究,以期应用于实践当中。冯国伟[4]、张国忠等[5]则通过建立大鼠电击死模型观察相关病理变化。通过透射电镜观察电击死大鼠心肌超微结构,发现心肌细胞肌原纤维断裂,线粒体嵴和膜溶解消失,Z线、M线排列紊乱;对照组皮肤经 X 射线能谱分析未检测出铜、铁、铝、铅等金属元素,而电击死组及死后电击组均能检出与接触电极片相一致的金属元素,且两组

---

[1] Wang H. et al., "A Simple Digestion Method with a Lefort Aqua Regia Solution for Diatom Extraction", *Journal of Forensic Sciences*, 2015, 60 (s1).

[2] 王会品等:"勒福特王水消解法检验动物器官硅藻的法医学应用",载《中国法医学杂志》2016年第5期。

[3] 王志军等:"高温环境下死亡大鼠肾傅里叶显微红外光谱变化",载《法医学杂志》2015年第4期。

[4] 冯国伟:"电击死大鼠皮肤特殊染色与心脏 HIF-2α、H-FABP 表达变化研究",河北医科大学2015年硕士学位论文。

[5] 张国忠等:"电击死大鼠心脏超微结构及 HSP70、HIF-1α 表达变化",载《法医学杂志》2015年第4期。

之间元素含量存在一定差异;热休克蛋白70(HSP70)及低氧诱导因子-1α(HIF-1α)在电击死组呈强阳性表达,与死后电击组及对照组比较存在有统计学意义的差异;电击死组中低氧诱导因子-2α(HIF-2α)阳性表达增强,以电击死即刻组为剧,电击死60min组减弱但仍高于正常60min组,而死后30、60min电击组阳性表达与同期对照组相比无明显差异;心脏型脂肪酸结合蛋白(H$-$FABP)在对照组中表达为细胞胞浆着色,在电击死组心肌细胞可见缺染,且缺染面积随电击时间延长而逐渐增大,死后电击组心肌细胞虽然可见缺染,但程度小于电击死组。据此,透射电镜观察心肌超微结构及X射线能谱分析可以作为判定电击死的参考依据之一,且HSP70、HIF-1α、HIF-2α及H$-$FABP含量的变化,对于电击死的判定以及生前电击与死后电击的鉴定有一定的参考意义。

2. 死亡时间推断

陶丽等[1]沿多学科多角度对PMI推断研究进展进行综述,从生物化学、超声反应、代谢组学、影像学和遗传物质降解规律等方面介绍了近年早期PMI推断研究的新技术和新方法,认为动物模型及实验室条件下建立的数学模型实用性较差,应尽量增加可能影响方程的参数,从多角度多因素筛选稳定敏感的生物学指标并优化回归方程,提高死亡时间推断的准确性。

随着分子生物学技术的发展,遗传物质检测方便高效,加之其受体外因素影响较小且降解规律与死亡时间呈一定规律性,目前已被引入死亡时间推断研究。吕叶辉等[2][3]通过建立不同温度下大鼠动物死亡模型,应用RT-qPCR技术探讨脑、肺组织及肌肉组织中RNA降解规律与早期PMI的相关性,筛选出不同组织相应的内参指标(脑:5S rRNA、miR-9和miR-125b;肺:miR-195、miR-200c、5S、U6和RPS29;肌肉:miR-1、miR-206、5S和RPS29),并发现β$-$actin、GAPDH和ACTB表达水平与PMI和环境温度相关性良好,并依此建立相关性及准确率俱佳的数学模型,可为温度变化条件下

---

[1] 陶丽、马剑龙、陈龙:"早期死亡时间推断研究进展",载《法医学杂志》2016年第6期。

[2] Lv Y. et al., "RNA Degradation as Described by a Mathematical Model for Postmortem Interval Determination", *J Forensic Leg Med*, 2016, 44: 43-52.

[3] 吕叶辉等:"不同温度下大鼠脑组织RNA降解与早期PMI的相关性",载《法医学杂志》2016年第3期。

早期PMI推断提供参考。[1]马剑龙等[2]在大鼠死后144h内的12个时间点及4种不同温度的情况下，应用RT－qPCR检测大鼠脑组织中可用于推断死亡时间的指标，并根据实验结果演算出基于PMI、环境温度与RT－qPCR测得的β－actin相关数据的数学模型，且对大鼠进行了验证推断实验，与实际PMI相比，拟合推断而得的结果错误率从30%~43%不等，其推断结果的准确率与较长PMI及较高的环境温度有关。王勇等[3]则在不同PMI时间点对大鼠骨骼肌采用HE染色观察等手段，对骨骼肌DNA降解情况进行分析，结果发现大鼠死后21d以内，DNA浓度及GAPDH的表达量迅速下降，期间各时间点之间均存在显著性差异，而在之后至42d期间，数值维持在一个较低的水平，无显著变化。提示大鼠骨骼肌组织DNA含量变化规律可尝试用于晚期死亡时间的推断。

除遗传物质降解规律研究之外，不少学者亦通过多学科技术方法探讨PMI推断的可能。安志远等[4]对死后眼组织变化用于PMI推断的研究进展作了综述，总结了目前研究发现的眼角膜、视网膜、玻璃体液及房水等随PMI呈现的规律性变化。眼组织具有相对隔绝且受外界因素影响较小等优势，通过多种研究方法更深入地探究眼组织随PMI的变化规律，可能更客观地用于推断PMI。

夏志远等[5]试图探讨大鼠肌肉电导率（electrical conductivity，EC）与PMI的关系，在不同稀释浓度浸渍液及不同环境温度下测定不同PMI的大鼠肌肉样本的电导率，发现浸渍液肌肉样本的EC在24h内随PMI变化不明显，而24h后变化显著，此外不同稀释浓度浸渍液中肌肉样本EC与稀释比例之间存在严格的二次相关性，并依据实验结果拟合出回归方程，可能成为现场晚

---

[1] 吕叶辉等："人体脑组织RNA表达水平与早期PMI的相关性"，载《法医学杂志》2016年第4期。

[2] Ma J. et al., "Exploration of the R Code – based Mathematical Model for PMI Estimation Using Profiling of RNA Degradation in Rat Brain Tissue at Different Temperatures", *Forensic Science, Medicine, and Pathology*, 2015, 11 (4): 530 – 537.

[3] 王勇等："大鼠死后骨骼肌DNA降解规律与晚期死亡时间的关系"，载《中国法医学杂志》2015年第4期。

[4] 安志远等："死后眼组织变化与死亡时间推断"，载《中国法医学杂志》2016年第6期。

[5] 夏志远等："大鼠肌肉电导率测定与死亡时间的推断"，载《中国法医学杂志》2015年第6期。

期尸体死亡时间推断的新方法。姚尧等[1]则将 ATR-FTIR 光谱技术引入该领域，通过分析猪死后肋软骨和肋骨组织的化学降解过程，为后期 PMI 推断提供可行的新途径和新方法，发现肋软骨与肋骨 FTIR 部分峰强比出现了时序性变化趋势，并与 PMI 存在良好的相关性，且肋软骨较肋骨组织时序性要强，说明了红外光谱技术在 PMI 推断领域的可行性及前景。

值得注意的是，目前很多关于 PMI 推断的研究都是以动物实验为主，而 PMI 推断最终应以人体样本的研究为落脚点。尹长玉等[2]选取 3 例成人、3 例婴幼儿大脑皮质和脾组织，在不同 PMI 时间点检测 5s、5.8s、18s、28s rRNA 的表达水平，实验结果表明，rRNA 的 4 类亚基（5s、5.8s、18s、28s）在死后机体组织的表达稳定性较高，在 240h 仍可检出，在 216h 以内基本保持稳定，年龄段对 rRNA 稳定性的影响无统计学差异，但婴幼儿组脾组织中 18s 与 28s rRNA 亚基的降解速度稍快，此外死亡原因对 rRNA 表达稳定性无显著影响。

3. 损伤时间推断

（1）颅脑损伤时间推断。马诗雨等[3]就细胞周期蛋白依赖激酶 5（cyclin-dependent kinase 5，CDK5）的分布、生理活性作用及其作为标志物在脑损伤方面的研究进展作了综述，CDK5 在神经细胞的发育、修复及退行性变等方面发挥着重要作用，需要留意的是其特异性激活剂 p25 和 p35 的蛋白表达在大鼠脑挫伤后呈现不同的变化规律，且与损伤时间有较好的相关性。胡玉莲等[4]发现大鼠脑挫伤后 0~168h 时间内皮质挫伤区中 C-FOS 及 AQP-4 的表达随损伤时间的变化呈明显的时序性变化，即 C-FOS 阳性表达于伤后 12h、AQP-4 阳性表达于伤后 72h 分别达高峰。李周儒等[5]则发现脑挫伤

---

[1] 姚尧等："猪肋软骨和肋骨的 ATR-FTIR 光谱变化与死亡时间的关系"，载《法医学杂志》2016 年第 1 期。

[2] 尹长玉等："死亡人体组织中 rRNA 亚基的稳定性及影响因素评价"，载《中国法医学杂志》2015 年第 3 期。

[3] 马诗雨等："CDK5 的表达与脑损伤时间推断的相关性研究进展"，载《法医学杂志》2016 年第 1 期。

[4] 胡玉莲、许光亚、刘敏："大鼠脑挫伤后脑 C-FOS、AQP-4 表达与损伤时间的关系"，载《中国法医学杂志》2015 年第 1 期。

[5] 李周儒等："大鼠脑挫伤后 caspase-3 和 HAX-1 的表达"，载《法医学杂志》2015 年第 1 期。

后，随着损伤时间的延长 caspase -3 表达逐渐增强，3d 达到峰值后逐渐下降，直至 7d 仍呈高水平表达；HAX -1 阳性细胞表达在伤后开始升高并于 6h 表达强度最高，12h 后则逐渐下降直至 3d 几乎测不到。吴雨虹等[1]通过实验研究发现，原发性脑干损伤后 S100B 和胶质纤维酸性蛋白（glial fibrillory acidic protein，GFAP）的表达具有时间规律性，即伤后 30min，S100B 阳性表达开始增多并随损伤时间延长逐渐升高于 24h 达到高峰后下降，直至 72h 基本降至正常水平；GFAP 阳性表达则一直高于对照组，自伤后 30min 升高并于 48h 达到高峰后下降，呈倒"V"形趋势。王涛等[2]通过小鼠脑外伤模型，在损伤后不同时间点检测评估血脑屏障通透性以及损伤皮质区闭锁小带蛋白 -1（zonula occludens -1，ZO -1）的表达变化，发现脑外伤后血脑屏障通透性呈先升高后降低的变化趋势，而 ZO -1 在脑外伤后皮质区呈先降低后升高的表达规律，与脑外伤后血脑屏障通透性变化规律呈负相关。大鼠脑损伤后促红细胞生成素（erythropoietin，EPO）及其受体（erythropoietin receptor，EPOR）的表达与损伤时间的关系亦被关注，研究发现[3]伤后 24h 内，EPO 及 EPOR 表达量与损伤时间呈正相关，且具有较好的相关性。上述实验研究均为颅脑损伤时间推断以及损伤机制鉴定提供了新方向新指标，相关数学模型的建立可期应用于法医学鉴定中。

（2）骨骼肌损伤时间推断。于天水等[4]的研究主要关注大鼠骨骼肌损伤后不同时间点组织学的变化规律，发现大鼠骨骼肌损伤区中性粒细胞和巨噬细胞比率在伤后 6h~14d 期间呈现规律性变化，其中所有样本在伤后 12h 及伤后 1d 分别以中性粒细胞或巨噬细胞的比率最高，据此可用于早期损伤时间推断，而伤后 3~14d，两种细胞比率则逐渐下降。此外，实验结果发现 α -平滑肌肌动蛋白（α - smooth muscle actin，α - SMA）阳性肌成纤维细胞在骨骼肌伤后 5d 开始出现并于伤后 14d 达阳性率最高峰（>50%，其他损伤时间

---

[1] 吴雨虹、王慧君、王欣："大鼠原发性脑干损伤后 S100B 和 GFAP 的表达变化"，载《法医学杂志》2015 年第 1 期。

[2] 王涛等："闭锁小带蛋白 -1 在脑外伤后皮质中的表达变化"，载《法医学杂志》2015 年第 2 期。

[3] 李伟、齐麟："大鼠脑损伤后 EPO 及其受体表达与损伤时间的关系"，载《法医学杂志》2016 年第 2 期。

[4] 于天水等："大鼠骨骼肌损伤后不同时间中性粒细胞及巨噬细胞比率的变化"，载《中国法医学杂志》2015 年第 1 期。

点样本阳性率均<50%），与肌成纤维细胞出现时间规律性一致，挫伤区域的胶原蛋白沉积也随伤后时间的推移逐渐增多，提示肌成纤维细胞的检测可用于损伤时间推测。[1]除了对于组织学与损伤时间关系的研究，也有不少针对 mRNA 表达与损伤时间关系的研究。杜秋香等[2]通过使用 RT - qPCR 对大鼠挫伤骨骼肌不同损伤时间点数种目标 mRNA 表达水平进行检测及分析其离散程度，发现 7 种候选基因（ICAM - 1、NF - κB、MX2、MT1、MT2、sTnI 和 Cox6c）均与骨骼肌损伤时间存在一定的关系，其中 sTnI 和 Cox6c 与其他基因相比，变异性小且可靠性高。孙俊红等[3]也通过研究发现 Cox6c mRNA 在大鼠骨骼肌挫伤后 36h 内呈现规律性表达，即损伤后 6h 之前表达量高于对照组，而在 6~36h 期间的表达量则低于对照组。此外还发现挫伤骨骼肌中精氨基琥珀酸裂解酶（argininosuccinatelyase，ASL）mRNA 相对表达量在损伤前期（48h 内）呈规律性表达，即在伤后 8~20h、32~40h 及 48h 三个时间段 ASL mRNA 的表达量高于对照组 2 倍表达量。[4]此外，相关研究[5]还提出，可以将筛选的大鼠骨骼肌挫伤组织中稳定表达的 Rpl32 和 Rpl13 作为双内参基因，以计算转化生长因子 β 激酶 1（TGF - beta Activating Kinase 1，TAK1/MAP3K7）的相关结合蛋白 2（TAK1 - associated Binding Protein 2，TAB2）mRNA 的相对表达量，可提高分析结果及损伤时间推断的准确性。李三强等[6]发现分泌型卷曲相关蛋白 5（secreted frizzled - related protein 5，SFRP5）mRNA 表达量在损伤后即明显下降，损伤 48h 内均低于对照组，变化规律呈"V"形（损伤后 20h 表达量最低），此外，在伤后 4h，切创组骨骼肌中 SFRP5 mRNA 的表达量低于挫伤组，说明不同损伤类型对于 SFRP5 mRNA 的

---

[1] Yu T. et al., "Time - dependent Appearances of Myofibroblasts during the Repair of Contused Skeletal Muscle in Rat and Its Application for Wound Age Determination", *Journal of Forensic Medicine*, 2015, 31 (1): 1 - 6.

[2] Du Q. et al., "Relative Expression of Indicators for Wound Age Estimation in Forensic Pathology", *Journal of Forensic Medicine*, 2015 (2): 81 - 84.

[3] 孙俊红等："大鼠肌肉挫伤后 COX6C mRNA 的表达与损伤时间关系"，载《法医学杂志》2015 年第 3 期。

[4] 孙俊红等："大鼠肌肉组织挫伤后 ASL mRNA 表达与损伤时间的关系"，载《中国法医学杂志》2015 年第 4 期。

[5] 杜秋香等："双内参基因用于大鼠挫伤肌肉 TAB2 mRNA 表达量检测"，载《中国法医学杂志》2016 年第 3 期。

[6] 李三强等："SFRP5 mRNA 在大鼠肌肉挫伤后的表达"，载《法医学杂志》2015 年第 5 期。

表达有不同的影响，SFRP5 mRNA 以及前述数种目标 mRNA 变化规律可望作为指标用于骨骼肌损伤时间的推断。

（3）皮肤损伤时间推断。王琳琳等[1]通过研究揭示了皮肤损伤后炎性细胞浸润及纤维组织增生程度随损伤时间的变化，以及相关因子（包括 IL-1b、IL-6、TNF-a、IFN-g、MCP-1、CXCL12、VECF-A、EGF、KGF、pro-col Ⅰa2 和 pro-col Ⅲa1 等）表达量随损伤时间的变化规律，为皮肤损伤时间推断研究提供了基础。李珊珊等[2]则研究大麻素 CB_2 受体（cannabinoid CB_2 receptors）在皮肤修复过程中的调控作用，发现 GP1a 减弱了胶原蛋白沉积作用，降低 TGF（transforming growth factor）-β1、TGF-β1 受体和 P-Smad3（phosphorylated small mothers against decapentaplegic homolog 3）的表达并反馈增加了其抑制剂 Smad7 的表达，此外 AM630 则起到相反的调控作用，认为大麻素 CB_2 受体通过调控纤维合成过程及 TGF-β/Smad 途径进而在皮肤修复过程中起作用。另有多项研究[3][4]通过蛋白印迹法或 RT-qPCR 技术检测小鼠皮肤切创后相关因子的蛋白及基因表达情况，发现包括 PI3K、p-PI3K、Akt、p-Akt 以及 Beclin-1、LC-3、IL-1α、IL-1β、MCP-1 等的基因及蛋白表达随损伤时间呈现不同程度的变化，均为皮肤损伤后损伤时间推断提供一定的参考。

4. 法医病理学检验技术

虚拟解剖是目前法医病理学中的研究热点之一。王坚等[5]对近年关于应用 CT 技术进行法医病理学实践及研究的情况进行综述，回顾的案例报道中应用 CT 作为辅助手段，进行死因分析、死亡时间推断及损伤分析等，以更方便更准确地协助法医工作者完成各种法医病理学检验。CT 辅助检验的优势体现在其能在短时间内获得比较完整准确的尸体相关数据，检查方便，分辨率高，

---

[1] Wang L. et al., "A Fundamental Study on the Dynamics of Multiple Biomarkers in Mouse Excisional Wounds for Wound Age Estimation", *J Forensic Leg Med*, 2016, 39: 138-146.

[2] Li S. et al., "Cannabinoid CB (2) Receptors are Involved in the Regulation of Fibrogenesis during Skin Wound Repair in Mice", *Mol Med Rep*, 2016, 13 (4): 3441-3450.

[3] 赖红梅："切创后细胞自噬及炎症因子的表达与损伤时间的关系"，载《中国法医学杂志》2016 年第 6 期。

[4] 高彦令等："小鼠皮肤损伤愈合过程中 PI3K/Akt 通路的作用"，载《法医学杂志》2016 年第 1 期。

[5] 王坚等："CT 在法医病理学中的应用与展望"，载《刑事技术》2015 年第 1 期。

图像能清晰地反映出尸体的解剖关系，层次分明，且数据保存及传输方便。CT 也同样存在不足，可能因为尸体器官组织的客观原因、阅片者缺少法医学知识或执行方法不完善等，容易导致偏信 CT 技术而误诊误判。李正东等[1]则报道了一例应用 CT 成像技术重建颅脑损伤形成机制的案例，该案例中一名男子颅脑损伤并行颅脑手术，但一直不省人事终于 5 个月后死亡。鉴定人员为了重建该死者颅脑损伤机制，分析其损伤为暴力打击或是摔伤所致，收集了死者生前就医时的影像学资料及颅脑手术摘除的骨板等进行再扫描，利用软件重组出死者颅骨及颅底的损伤模型，并结合病理学综合分析判断认为，该男子符合酒后摔伤而致严重的颅脑外伤。另见不少案例报道[2][3]应用离体心脏 MSCT 冠状动脉造影技术，辅助法医病理学司法鉴定。离体冠脉造影联合三维成像技术对于冠状动脉狭窄程度分级、血管畸形及微小病变的检验具有优越性，且操作简便，可与尸体检验同时进行，节省时间的同时指导尸体检验，并能将血管病变立体直观地展现出来，便于非专业人士理解和接受，为鉴定意见提供可靠依据。除了心血管系统的检查，亦见案例报道[4]应用MSCT 对交通事故死者全身进行扫描，并与系统尸体检验结果进行比较，认为MSCT 的优势在于可以清晰显示尸体各部位骨折的三维形态特征以及各部位的积气，但对于器官及软组织损伤检测能力有限。

（二）法医临床学

按照司法部《司法鉴定收费项目和收费标准基准价（试行）》目录，法医临床学鉴定业务范围涵盖了 17 个规范的鉴定委托事项：损伤程度鉴定、伤残程度评定、伤病关系鉴定、诈病诈伤鉴定、医疗纠纷鉴定、劳动能力鉴定、活体年龄鉴定、男性性功能评定、听觉功能评定、视觉功能评定、致伤物和致伤方式推断、医疗费合理性评定、后期医疗费评定、医疗护理依赖程度评定、三期评定（误工、护理、营养时限）、治疗时限评定，以及法医学文证审

---

[1] Li Z. et al., "Use of 3D Reconstruction of Emergency and Postoperative Craniocerebral CT Images to Explore Craniocerebral Trauma mechanism", *Forensic Science International*, 2015, 255: 106 – 111.

[2] 吴永波等：“离体心脏冠状动脉造影术及其法医学应用”，载《法医学杂志》2016 年第 5 期。

[3] 钱辉等：“离体心脏 MSCT 冠状动脉造影判定冠心病猝死 1 例”，载《法医学杂志》2016 年第 3 期。

[4] 韩顺琪等：“道路交通事故死者 MSCT 扫描与尸体解剖结果的比较”，载《法医学杂志》2016 年第 2 期。

查。此外，还涵盖保外就医（是否符合暂予监外执行）、保险理赔（重大疾病、高残、失能）等个性化的鉴定委托事项。整体鉴定业务涵盖了与司法审判相关的涉及活体损伤医学问题的各种类别，在上述鉴定委托事项中，均形成了相应的技术标准或规范等专家共识。

1. 法医临床学的科学研究概述

法医临床学属于问题导向性学科，司法实践中的现实难点构成了学科前沿的问题来源。从近年来国家科技支撑计划课题、863 计划项目、国家自然基金面上项目等课题所包含的法医临床学内容来看，以现代临床医学诊断技术为基础，建立了多元性、综合性、客观性人体功能障碍评定技术和方法，涵盖了"肢体功能评定技术"、"视觉功能评定技术"、"听觉功能评定技术"、"认知功能障碍评定技术"、"活体骨龄评定技术"、"平衡功能评定技术"等，代表了法医临床学研究的前沿问题。上述课题任务由司法部司法鉴定科学技术研究所（以下简称"司法部司鉴所"）、中山大学中山医学院法医学系、中国政法大学证据科学研究院、四川大学华西基础医学与法医学院、苏州大学医学部法医学系等牵头或参与，一定程度上代表了相关技术的国内先进水平。

2015 年，随着"十二五"科技支撑项目"司法鉴定关键技术研究"的结项，一批科研成果（包括司法鉴定标准、专利、软件著作权登记、著作、文章）问世，尤其是司法鉴定行业标准的出台，增强了法医临床学鉴定的规范性、科学性及鉴定意见的证明效力。2016 年 3 月，由国家自然科学基金委员会医学科学部、信息科学部与政策局主办，司法部司鉴所承办的"人体损伤的法医学研究"双清论坛[1]，对人体损伤法医学研究的重要性、科学性和特殊性，并对法医学领域新技术、新方法的发展及其在临床中的应用研究进行了探讨。议题包括：神经精神与心血管损伤、毒性损伤与环境、损伤机制与时间推断、个体生物特征鉴识等，进一步凝练了法医学的基础理论、关键技术及其司法实践等方面的科学问题。其中，与法医临床学有关的学术报告，为中国政法大学王旭教授提交的"基于 ICF 架构下的法医学伤残评定标准研究"。从以下两个杂志 2016 年度刊登的法医临床类文章看：《中国法医学杂志》刊文 51 篇，其中手功能评定 2 篇、视觉功能评定 2 篇、证据提取 1 篇、

---

[1] 蒋景英、李恩中："第153 期双清论坛人体损伤的法医学研究召开"，载 http://news.sciencenet.cn/htmlnews/2016/4/344545.shtm，访问时间：2016 年 7 月 30 日。

技术应用10篇、损伤程度及伤残等级评定23篇、因果关系7篇、驾乘关系认定1篇、成伤机制鉴定3篇、技术标准研究1篇、医疗费用评估鉴定1篇；《法医学杂志》刊文27篇，其中技术标准3篇、因果关系8篇、手功能评定1篇、技术应用4篇、损伤机制鉴定1篇、损伤程度研究9篇、听觉功能评定1篇。可见法医临床学成为2016年的研究热点。但横向比较，法医临床学与法医学其他门类相比还有很大的差距。

2. 法医临床学鉴定标准建设情况

2015年国务院《深化标准化工作改革方案》（国发〔2015〕13号），着力推动实施标准化国家战略，在此背景下，法医临床学技术标准研发成为学科发展的一大特征，2016年4月18日，"两院三部"联合发布了《人体损伤致残程度分级》，2017年1月1日起正式实施。同时，各实体鉴定机构及研究机构纷纷开展技术标准的研究与培训，如2016年12月12日，由"2011计划"司法文明协同创新中心、全国司法鉴定人继续教育培训基地/中国政法大学证据科学研究院主办了"美国法庭科学的标准化"讲座，邀请国际著名鉴识专家李昌钰博士主讲美国法庭科学标准化之路。

以"遵循最佳证据"的循证医学（evidence-based medicine）理念系统考证法医临床学鉴定标准的科学性、严谨性、可行性，成为法医临床学与证据法学交叉研究的一项内容。在国际公认的WHO-ICF[1]架构下，依实证研究的统计数据，建立具有数据/实验支撑的人体损伤-愈合/正常值数据库，进而修订相关条款/研制技术规范，以增强鉴定标准的证据力，成为法医临床学司法鉴定标准研究的一个趋势。学界对标准研究呈现出活跃的态势，如：①汤家全等[2]《新人体损伤程度鉴定标准存在的问题初探》；②王旭等[3]《试论人身损害赔偿中的后续诊疗项目评定》；③张奎等[4]《新工伤伤残标准

---

[1] ICF，是指国际功能、残疾和健康分类（International Classification of Functioning, Disability and Health），是由世界卫生组织（WHO）制定的国际标准。

[2] 汤家全、刘建锋："新人体损伤程度鉴定标准存在的问题初探"，载《中国法医学杂志》2015年第1期。

[3] 王旭、宁锦："试论人身损害赔偿中的后续诊疗项目评定"，载《中国法医学杂志》2015年第4期。

[4] 张奎、邓振华："新工伤伤残标准脊柱损伤相关条款刍议"，载《中国司法鉴定》2015年第3期。

脊柱损伤相关条款刍议》；④杨天潼等[1]《〈永久性残损评定指南〉（第六版）实践应用指南》；⑤王长保等[2]《AIS – ISS 创伤评分在人体损伤程度鉴定中的应用》；⑥尤萌等[3]《利用 ICF 量表对 TBI 进行伤残评定的可行性研究》；等等。

随着我国社会经济的发展，人身损害赔偿纠纷案件的数量逐年增加，近年来，主张"康复费、后续治疗费、残疾辅助器具费"等后续诊疗项目赔偿的案件逐步增多，相应的司法鉴定活动也较为活跃。最高人民法院《关于审理人身损害赔偿案件适用法律若干问题的解释》第 17 条第 2 款规定："受害人因伤致残的，其……残疾辅助器具费……康复费……后续治疗费，赔偿义务人也应当予以赔偿。"但我国缺乏相关技术标准和指南，使得此类鉴定的随意性大，影响了司法鉴定的权威性。《人身损害后续诊疗项目评定指南》属于行业技术规范。[4]

3. 肢体功能客观评定技术研究

目前，国内常用的损伤与伤残鉴定标准均涉及肢体功能障碍条款，其中，《道路交通事故受伤人员伤残评定》规定肢体六大关节的权重系数分别为：肩关节 0.7，肘关节 0.12，腕关节 0.18，髋关节 0.6，膝关节 0.28，踝关节 0.12。在司法实践中，多数专家普遍认为此权重系数的设定不合理，需要纠正，但又缺乏科学依据。应用三维运动捕捉与分析技术，动态监测受试者完成日常活动基本动作的过程，有望通过对肢体各大关节进行测算，获得科学、客观的权重系数。

有学者[5]用多种传统检查方法探讨客观评定单一肢体损伤功能评定的法医学方法。以日常生活活动能力（activities of daily living，ADL）评分为基础，获得 47 例单一肢体损伤案件肢体功能情况，采用 Fugl – Meyer 运动功能评分

---

[1] 杨天潼、尤萌："《永久性残损评定指南》（第六版）实践应用指南"，载《证据科学》2015 年第 3 期。

[2] 王长保、董黄勇："AIS – ISS 创伤评分在人体损伤程度鉴定中的应用"，载《中国法医学杂志》2015 年第 5 期。

[3] 尤萌等："利用 ICF 量表对 TBI 进行伤残评定的可行性研究"，载《中国法医学杂志》2015 年第 5 期。

[4] 王旭、宁锦："试论人身损害赔偿中的后续诊疗项目评定"，载《中国法医学杂志》2015 年第 4 期。

[5] 孙会艳："单一肢体损伤的功能评定"，载《法医学杂志》2015 年第 5 期。

分级法（简称 FMA 法）、加权法、查表法进行评估，比较 ADL 与三种评价方法的相关性，认为三种方法均能较准确地评定单一肢体损伤后的功能，但查表法与单一肢体损伤后功能丧失的相关性最高。

周围神经损伤是导致肢体功能障碍的基本类型。王晓刚等[1]研究了高频超声检查在周围神经损伤鉴定中的应用价值，发现周围神经损伤的超声特征性表现如下：卡压性损伤神经受压处变细，近端神经节段性增粗；创伤性神经瘤与神经干相连的梭形增粗段，增粗段神经外膜的线性强回声中断，内部回声紊乱；神经完全断裂表现为神经外膜强回声线与神经纤维低回声束完全中断，断端两侧均呈梭形瘤样改变。研究认为，高频超声检查能够明确周围神经损伤类型及发生节段，可为法医临床学鉴定提供有价值的参考。

值得一提的是，我国学者对国际肢体功能评定的标准研究呈现出积极热情的态度。具有代表性的国外标准主要有世界卫生组织《国际功能、残疾和健康分类》（ICF）和美国医学会（American Medical Association，AMA）《永久残损评定指南》（AMA Guides to the Evaluation of Permanent Impairment，GEPI）。ICF 是世界卫生组织制定的关于健康和与健康有关状况的分类系统，2001 年 5 月在第 54 届世界卫生大会上由 191 个成员国签署，签署国一致同意在国际上广泛采用。ICF 将个体的功能和残疾视为疾病、障碍、损伤、创伤与环境背景性因素之间动态交互作用的结果，将"残疾"作为对损伤、活动受限和参与局限性的一个概括性术语，表示在个体（患有某种疾病或损伤）和个体所处的背景性因素（环境和个人因素）之间发生交互作用的不利方面。ICF 一般用限定值来表示功能障碍、损伤程度、损伤范围、损伤部位。[2]美国医学会 1971 年将 13 项残损等级评定指南合并为《永久性残损评定指南》第 1 版，[3]目前已出第 6 版，各版均整合了当时临床医学和残损等级评定领域的最新研究进展。例如，1988 年第 3 版，引入了关节活动度（Range of Motion，ROM）检查量表；1993 年第 4 版，介绍了诊断相关评估（Diagnosis Re-

---

[1] 王晓刚等："高频超声检查在周围神经损伤鉴定中的应用价值"，载《中国法医学杂志》2015 年第 3 期。

[2] M. Mandich, "International Classification of Functioning, Disability and Health", *Australian Occupational Therapy Journal*, 2006, 53（4）.

[3] 参见杨天潼、尤萌："《永久性残损评定指南》（第六版）实践应用指南"，载《证据科学》2015 年第 3 期。

lated Estimates，DRE）和残损评定模型等理论；第 6 版引入了"范式转移"（Paradigm Shift）的理念进行残损等级评定。可以说，GEPI 借鉴和反映了一个多世纪以来人类量化评定残损等级的经验总结，逐步完善残损等级评定方法，提高准确程度，增强可信度，并使评定系数标准化，为残损评定提供稳定的、完备的方法。目前，GEPI 标准是美国 40 个州及澳大利亚、加拿大等国残疾评定所应用的标准，在韩国、伊朗等国家已经被作为残损评估的主要依据广泛使用。[1]其检查方法、术语以及分析架构以 WHO – ICF 为基础，涵盖了当今国际最新的关于残损等级评定的研究成果，包括更为复杂、广泛的医学诊断手段和更为准确的功能丧失系数的解释说明等，代表了残损评定领域最新的、革命性的进展。

我国目前肢体功能评价主要集中在工伤、道路交通事故、人身损害、军残鉴定、保险纠纷鉴定领域。在工伤鉴定领域，肢体功能残损级别是按照肢体长短、骨折种类、手术种类、残缺部位、关节僵直、畸形等情况而定，并不涉及具体的关节活动度；道路交通事故残损级别评定根据肢体长短、关节活动功能丧失程度、肌力、行走功能、残缺部位等，且其中关于关节活动功能丧失程度目前也没有统一的计算方法，导致实践中的做法不一，影响结果的客观公正；普通伤害案件中，肢体功能评价方法与道路交通事故相类似，一般也是按照肢体长短、关节活动功能丧失程度、肌力、行走功能、残缺部位等评定。当然，也有按照关节活动功能丧失程度及肢体瘫痪致肢体功能丧失程度，再根据标准规定的"肢体关节功能评价使用说明"来计算的方法，即结合关节活动度和肌力查表得出肢体功能丧失程度的方法，是近年来在损伤程度鉴定[2]以及伤残程度评定[3]中新出现的一种方法。

4. 视觉功能客观评定技术研究

与视力障碍伪装鉴别的研究相比，视野缺损的伪装鉴别是近年的热点。

---

[1] R. Guthrie, "Compensation: Problems with the Concept of Disability and the Use of American Medical Association Guides", *Journal of Law & Medicine*, 2001 (2).

[2] 由最高人民法院、最高人民检察院、公安部、国家安全部、司法部于 2013 年 8 月 30 日发布的《人体损伤程度鉴定标准》，自 2014 年 1 月 1 日起施行。《人体重伤鉴定标准》（司发〔1990〕070 号）、《人体轻伤鉴定标准（试行）》〔法（司）发〔1990〕6 号〕和《人体轻微伤的鉴定》（GA/T 146 – 1996）同时废止。

[3] 由最高人民法院、最高人民检察院、公安部、国家安全部、司法部联合发布的《人体损伤致残程度分级》自 2017 年 1 月 1 日起施行。

多焦视诱发电位（mfVEP）把位于不同视野部位的局部 VEP 同时记录下来，对视路损伤/病变的定位诊断具有其独特的优势。近年来，对 mfVEP 的不对称性问题进行了系列研究，并在模拟视野缺损状态下的 mfVEP 的波形分析方面取得了阶段性成果。关于正常人四通道 mfVEP 双眼对称性的研究，[1] 其结果显示，正常人左、右眼同一位点的 VEP 波形大致相同。双眼视皮层对称性及视网膜对称性象限视野 mfVEP 振幅密度均相近，相同离心度圆环视野波形对称性良好，双眼中心视野 10 度内微小刺激单元 mfVEP 均具备对称性，周边刺激单元少量双眼不对称。上述结果提示，正常人双眼相应视野区域 mfVEP 波形具有明显对称性，双眼对照有望在法医学客观视野评定中发挥作用。

视功能客观评定，除神经电生理的功能性检查方法外，近年来在形态学检查方面亦有发展，如微视野检查方法、视网膜神经纤维层（retinal nerve fiber layer，RNFL）厚度检查方法等。卢韦华琳等[2] 综述了 RNFL 厚度检查在法医学客观视野评估中的价值。RNFL 是视网膜结构的一个重要的形态学检查指标，光学相干断层扫描（optical coherence tomography，OCT）可以实现对其的客观、准确的测量。大量的临床研究表明，疾病或外伤状态下的视野缺损与 RNFL 厚度有较高相关性，二者呈直线回归关系。RNFL 厚度检查具有手段客观的优势，可以为法医学解决客观视野评定问题提供新的手段和视角。

Alasil 等的研究认为，RNFL 厚度在 $73\mu m \sim 100\mu m$ 之间时，其厚度和视野存在相关性，且疾病和外伤引起的视野缺损都与 RNFL 厚度密切相关。刘夷嫦等对外伤性视神经萎缩的 OCT 表现进行观察，结果发现，视盘 RNFL 厚度与视力、视野有一定相关性，视力在 0.1 以下或视野极度缺损者 RNFL 厚度均明显变薄。马英慧等的研究发现，慢性原发性闭角型青光眼的 RNFL 厚度与视野缺损的相关性（R）为 -0.884。刘杏等观察发现，青光眼患者的 RNFL 厚度与视野平均缺损呈负相关（$R = -0.796$，$P < 0.0001$）。上述研究结果证实，RNFL 厚度与视野缺损有高度的相关性。在相关性研究的基础上，有学

---

[1] 项剑等："正常人四通道多焦视诱发电位双眼对称性研究"，载《中国法医学杂志》2015 年第 6 期。

[2] 卢韦华琳、王旭："视盘 RNFL 检查在法医学客观视野评估中的价值"，载《中国法医学杂志》2015 年第 5 期。

者进一步研究证实 RNFL 厚度与视野缺损的直线相关关系。[1]

5. 手功能评定

手功能的评定一直是法医学鉴定中的疑难问题之一，近年来成为研究热点。首先是评定的客观性问题，其次是评定的精确性问题。杨天潼等[2]对我国《劳动能力鉴定职工工伤与职业病致残等级》（GB/T 16180 – 2014）与美国医学会《永久性残损评定指南》（第6版）在手功能评定方面的规定进行比较研究，从解剖结构缺损功能缺失、运动功能丧失、感觉功能丧失和综合评定等方面分析两者的异同，并评析了手功能评定的理论和方法。王晓辉等[3]对于人体损伤程度鉴定中手功能的评定方法给予了探讨，认为《人体损伤程度鉴定标准》（以下简称《新标准》）自2014年初施行以来，手功能的评定受到法医同行越来越多的关注，一是有关手功能的条款在《新标准》中是新增设的，之前损伤程度鉴定标准里面未涉及，理论上存在盲点；二是手功能的评定还没有统一、明确、可操作性强的方法；三是法医鉴定人员对《新标准》的部分条文在理解上存在分歧。以上问题可能带来操作层面上的技术困难，急需解决。

6. 医疗纠纷司法鉴定问题研究

相关文献检索显示，有关医疗纠纷的研究文献分别为：2014年3087篇（含110篇硕士学位论文和1篇博士学位论文）、2013年2559篇、2012年2941篇、2011年3131篇、2010年2889篇，显示出对这个问题研究的热度一直不减。

关于我国医疗损害鉴定模式，曾恩泉等[4]认为，社会鉴定机构的大量出现，一方面为当事人提供了更多的维权途径，促进了社会公正；另一方面，自负盈亏的经营模式导致的逐利化倾向在一定程度上影响了鉴定的公正性。加之相关监管和鉴定程序规定不健全，鉴定意见冲突、多次鉴定、重复鉴定

---

[1] 卢韦华琳、王旭："视盘 RNFL 检查在法医学客观视野评估中的价值"，载《中国法医学杂志》2015年第5期。

[2] 杨天潼等："《劳动能力鉴定》标准与 GEPI 对手功能评定的比较"，载《中国法医学杂志》2016年第1期。

[3] 王晓辉、朱鑫："人体损伤程度鉴定中手功能评定方法探讨"，载《中国法医学杂志》2016年第2期。

[4] 曾恩泉等："我国医疗损害鉴定模式的反思与重构"，载《中国卫生事业管理》2015年第7期。

等情况也对及时处理医疗纠纷产生了不利影响,损害了法制权威。该文中提到,史卓敏等通过对北京医学会815例再次鉴定案例研究发现,首次鉴定事故率为28.8%,再次鉴定事故率为37.8%,两者差异有显著性。曲娜通过对山东烟台、威海两地法官、医务人员、患者、鉴定专家的近2000份问卷调查发现,患者认为医疗事故鉴定意见不公正的比例高达92.45%,同时高达30%多的医务人员也认为鉴定意见不公正。无论是医务人员还是患者,鉴定专家乃至法官都一致认为医疗事故鉴定意见书存在各种各样的缺陷,其中医务人员比例为52.8%,患者为77.76%,鉴定专家为25.47%,法官为75.23%。可见,医学会鉴定质量堪忧,社会认可度较低。该文还提到,肖柳珍对广东地区法官调查发现,认为司法鉴定机构中立性好的比率为45.03%(77/171),医学会中立性好的比率为28.07%(48/171),两者差异显著。与一般认为医疗损害鉴定的专业性应当优先的结论不同,该调查发现医疗损害鉴定意见的中立性比专业性更易受到法官的关注。该文指出了统一医疗损害鉴定模式的原则与路径,包括:统一鉴定技术标准,统一鉴定人职业准入标准,统一鉴定程序,统一鉴定意见书写规范,统一鉴定责任,统一监管考核制度,建立专家顾问制度,建立医疗损害鉴定国家资助制度等。

7.《人体损伤致残程度分级》标准研究

2016年4月18日,"两院三部"发布《人体损伤致残程度分级》(以下简称《新残标》),并于2017年1月1日起正式实施。作为人身损害赔偿法律实务中的重要鉴定标准之一,《新残标》的发布备受瞩目。从技术的层面上,《新残标》较现行有效的多部人体伤残鉴定标准有诸多新意。

夏文涛[1]指出,如何准确适用《新残标》,无疑成为广大司法鉴定人高度关注的问题。法医学技术鉴定标准中的总则,对标准条款的准确理解往往具有提纲挈领、统揽全局的重要作用,而附则对诸多分级条款的应用则起着关键的指引作用,故在《新残标》的宣贯、学习中,我们应首先对上述部分内容给予高度关注,并注意其与GB 18667-2002《道路交通事故受伤人员伤残评定》(以下简称《道标》)、GB/T 16180-2014《劳动能力鉴定 职工工伤与职业病致残等级》(以下简称《工标》)以及最高人民法院发布的《人体损

---

[1] 夏文涛:"《人体损伤致残程度分级》总体原则的把握与理解",载《法医学杂志》2016年第3期。

伤致残程度鉴定标准（征求意见稿）》（以下简称《残标》）相关内容的异同，可望有助于提高司法鉴定人对当前常用人体伤残等级鉴定标准的总体把握与实际应用能力。

王旭[1]撰文指出了《新残标》确定的鉴定原则及带来的新变化，其鉴定原则分别是：①医疗终结原则：应在原发性损伤及其与之确有关联的并发症治疗终结或者临床治疗效果稳定后进行鉴定。②"残情法定"原则：伤残等级的鉴定意见需由具体的标准条款确定，或"标准不规定者不为残"，这一原则可在一定程度上限制鉴定人员的自由裁量，提高标准的可操作性，有利于鉴定的规范化、标准化、客观化。③十等级分法原则：《新残标》与现行有效的残疾鉴定标准，包括《道标》、《工标》、《人身保险伤残评定标准及代码》一致，采用十等级分法，起到了统一思想、确定格局的作用。④多处损伤分别定级、不晋级的原则：《新残标》4.1规定，受伤人员符合两处以上致残程度等级者，鉴定意见中应该分别写明各处的致残程度等级。同时，本标准通篇无晋级原则的规定。⑤类比（或类推）原则：《新残标》附录6.1规定，遇有本标准致残程度分级系列中未列入的致残情形，可根据残疾的实际情况，依据本标准附录A的规定，并比照最相似等级的条款，确定其致残程度等级。⑥伤病关系处理原则：《新残标》4.3规定，当损伤与原有伤、病共存时，应分析损伤与残疾后果之间的因果关系。根据损伤在残疾后果中的作用力大小确定因果关系的不同形式，可依次分别表述为：完全作用、主要作用、同等作用、次要作用、轻微作用、没有作用。除损伤"没有作用"以外，均应按照实际残情鉴定致残程度等级，同时说明损伤与残疾后果之间的因果关系；判定损伤"没有作用"的，不应进行致残程度鉴定。

《新残标》在因果关系问题上的处理是颠覆性的，首先，它突破了伤残鉴定中因果关系分析的传统法医学理念（详见《道标》规定附则5.3"评定道路交通事故受伤人员伤残程度时，应排除其原有伤、病等进行评定"），对部分因果关系亦予以伤残等级鉴定，这是理念上的一个突破，符合民事赔偿中"盖然性"因果关系的理念，但亦带来司法实践中的困惑。其次，它在残疾评定方面的新变化是：无晋级条款，一些常见损伤较现行标准严格，不以直接因果关系作为评定残疾的前提，变"肢体功能障碍"为"关节功能障碍"评

---

[1] 王旭："《人体损伤致残程度分级》的理解"，载《法医学杂志》2016年第5期。

定，柔性条款减少，限制鉴定人自由裁量；采用了我国自行研制的手功能评定方法；国际化程度增强；等等。最后，它在充分吸纳国内、国外新的损伤理念（如 WHO 关于盲目的分类、WHO 关于听觉障碍的分类、ICF、GEPI）的基础上，进一步追求标准的科学性、规范性，增加了标准的可操作性，并使其更符合国际潮流，彰显了追踪国际标准的先进性。在我国鉴定实务中，各种伤残鉴定标准理论上均为某部法律或行政法规配套的法医学文件，故一个残疾鉴定标准出台后，总有其法律适用的范围。《新残标》是为适应逐步统一《侵权责任法》范围内的人身损害赔偿的诉讼需求而颁布的，其"适用于人身损害致残程度等级鉴定"；没有规定具体的适用领域，这为其适用范围的扩大留下了充分空间。

8. 法医临床学鉴定中的法律问题

李菊萍等[1]认为，法医临床鉴定中的被鉴定人与医疗体系中的患者具有类似的法律地位，我国《司法鉴定程序通则》等相关法律法规明确要求司法鉴定机构在受理鉴定委托时要与委托人签订司法鉴定协议书，其协议的内容从某种意义上来说保障了委托人的知情同意权，但由于委托人一般不是被鉴定人，故这种知情同意并未充分保障被鉴定人的权益。因此，探讨法医临床鉴定中的被鉴定人知情同意权对于构建被鉴定人与鉴定机构间的契约关系、保护被鉴定人的合法权益具有理论和现实意义。可以借鉴医疗活动中患者的知情同意权（在医学实践中由基本伦理上升为受法律保障的患者权利），通过告知同意书的契约形式表达，赋予被鉴定人一定的知情同意权，参与鉴定过程，知悉必要的鉴定信息，从而实现司法鉴定程序的公平、正义。

2014年1月1日，新的《人体损伤程度鉴定标准》正式实施，将原有的重伤、轻伤、轻微伤三个标准整合、完善为一个统一的行业标准，这在法医学鉴定实践中具有标志性的进步意义。但由于新标准在内容上较旧标准发生了较大变化，某些损伤参照新、旧标准评定损伤程度，其结果可能不同。刘鑫等[2]讨论了"过渡期《人体损伤程度鉴定标准》的适用"问题，认为现实工作中可能会存在发生在新标准执行前且尚未审理完毕的损伤，其评定适

---

[1] 李菊萍等："论法医临床鉴定中被鉴定人的知情同意权"，载《法医学杂志》2015年第1期。

[2] 刘鑫、胡德义、郑丽伟："过渡期《人体损伤程度鉴定标准》的适用"，载《中国法医学杂志》2015年第4期。

用标准的考量存有不同意见的情形,而司法部司法鉴定管理局《关于适用〈人体损伤程度鉴定标准〉有关问题的通知》(〔2014〕司鉴1号)规定,致人损伤的行为发生在2014年1月1日之前,尚未审判或者正在审判,需要进行损伤程度鉴定的,适用原鉴定标准。但按照"新标准"不构成损伤或者损伤程度较轻的,适用"新标准"。此即为刑法适用理论上的"从旧兼从轻"原则,从实际应用角度看,该原则"有利于被告人"。相关学者在讨论过渡期标准的适用问题时,多数认为应当执行上述"通知"的原则。但是业界也有相反的观点,认为"新标准"既非法律也非法规,更不是部门规章,仅是技术标准,应遵循技术标准的规律和原则,不宜采用"从旧兼从轻"原则。刘鑫等也认为,"从旧兼从轻"原则有违司法专业技术鉴定的科学性原则。

在社会特殊转型时期,临床法医鉴定纠纷及防范对策成为一个值得研究的新问题。牛常青等[1]指出,法医鉴定在我国鉴定制度中占有重要地位,甚至直接决定了案件中对于犯罪当事人的刑罚轻重和民事赔偿的数额,因此成为风口浪尖上的工作。从我国临床法医鉴定的整体发展来看,相关的规划机制还不健全,法医鉴定人员还存在明显的不足,致使法医在鉴定中出现诸多问题,导致临床法医鉴定纠纷产生。

附录:法医临床学规范性技术文件名录及类别

序号	标准规范名称	编号	标准级别	发布部门	发布日期/实施日期
1	人体损伤程度鉴定标准**	司发通〔2013〕146号	部门规章	五部委(公检法司国安)	2013.08.30/2014.01.01
2	道路交通事故受伤人员伤残评定**	GB 18667-2002	国家强制标准	国家质检总局	2002.03.11/2002.12.01

---

[1] 牛常青、王志华:"新形势下临床法医鉴定纠纷及防范对策",载《法制与社会》2015年第25期。

续表

序号	标准规范名称	编号	标准级别	发布部门	发布日期/实施日期
3	劳动能力鉴定 职工工伤与职业病致残等级**	GB/T 16180-2014	国家推荐标准	国家质检总局、国标委	2014.09.03/2015.01.01
4	人身保险伤残评定标准及代码*	JR/T 0083-2013	行业标准	保监会	2014.01/2014.01
5	残疾人残疾分类和分级	GB/T 26341-2010	国家推荐标准	国家质检总局、国标委	2011.01.14/2011.05.01
6	暂予监外执行规定*	司发通〔2014〕112号	部门规章	五部委（公检法司卫）	2014.10.24/2014.12.01
7	法医临床检验规范**	SF/Z JD0103003-2011	司法鉴定技术规范	司法部司鉴局	2011.03.17/2011.03.17
8	人身损害误工期、护理期、营养期评定规范**	GA/T 1193-2014	行业标准	公安部	2014.11.26/2014.11.26
9	道路交通事故受伤人员救治项目评定规范	GA/T 769-2008	行业标准	公安部	2008.05.21/2008.10.01
10	道路交通事故受伤人员治疗终结时间	GA/T 1088-2013	行业标准	公安部	2013.10.11/2013.12.01
11	职工非因工伤残或因病丧失劳动能力程度鉴定标准（试行）	劳社部发〔2002〕8号	部门规章	劳动保障部	2002.04.05/2002.04.05
12	医疗事故分级标准（试行）	卫生部令第32号	部门规章	卫生部	2002.07.19/2002.09.01
13	人身损害护理依赖程度评定**	GB/T 31147-2014	国家推荐标准	国家质检总局、国标委	2014.09.03/2015.01.01

续表

序号	标准规范名称	编号	标准级别	发布部门	发布日期/实施日期
14	听力障碍的法医学评定*	GA/T 914-2010	行业标准	公安部	2010.11.22/2010.12.01
15	视觉功能障碍法医鉴定指南*	SF/Z JD0103004-2011	司法鉴定技术规范	司法部司鉴局	2011.03.17/2011.03.17
16	男子性功能障碍法医学鉴定规范*	SF/Z JD0103002-2010	司法鉴定技术规范	司法部司鉴局	2010.04.07/2010.04.07
17	性侵害案件法医临床学检查指南	GA/T 1194-2014	行业标准	公安部	2014.09.28/2014.09.28
18	法医临床影像学检验实施规范	SF/Z JD0103006-2014	司法鉴定技术规范	司法部司鉴局	2014.03.17/2014.03.17
19	周围神经损伤鉴定实施规范	SF/Z JD0103005-2014	司法鉴定技术规范	司法部司鉴局	2014.03.17/2014.03.17
20	外伤性癫痫鉴定实施规范	SF/Z JD0103007-2014	司法鉴定技术规范	司法部司鉴局	2014.03.17/2014.03.17
21	人身损害后续诊疗项目评定指南*	SF/Z JD103008-2015	司法鉴定技术规范	司法部司鉴局	2015.11.20/2015.11.20

注：**表示使用频率高，*表示使用频率一般，其他表示使用频率低。

（三）司法精神病学

近两年来，我国司法精神病学的研究主要集中在强制医疗程序、精神病人的监护制度与民事行为能力鉴定、颅脑外伤所致精神障碍鉴定等方面。此外，社会关注度很高的南京宝马案件司法精神病鉴定问题也引人深思，对鉴定实践产生了较大影响。

1. 强制医疗的相关研究

《刑事诉讼法》第四章"依法不负刑事责任的精神病人的强制医疗程序"以及相关法律，对强制医疗的决定程序规定得比较详细，而关于解除程序的法条相对较少，只是原则性地规定解除强制医疗的审查关键点在于是否具有

"人身危险性"和"继续危害社会的可能性",但未对"人身危险性"进一步阐述,以致各地司法机关在作出解除强制医疗决定时面临操作上的困惑,被强制医疗人员复归社会的问题更是涉及整个社会的综合治理。

钱丹凤[1]提出:①对于"人身危险性"的评价,要综合被强制医疗人的病情和解除强制医疗后的监护条件。法官在审查精神病鉴定和诊断评估报告时,不仅要审查诊断评估报告的真实性、科学性和中立性,还要审查被强制医疗人的病理情况,考虑精神病的性质和危害类型,如果属于"暴力型"、短期治疗难以稳定病情且容易复发的,对于解除则要持谨慎态度。监护条件是必须考量的重要因素,包括监护人的监护能力(健康状况、经济能力等)和社区监管条件。如果以上几方面的条件都不具备,即使被强制医疗人的病情稳定,也不能轻易解除强制医疗。②保证诊断评估的科学性和中立性。诊断评估报告应该由三个鉴定专家独立出具,其中一位应当是强制医疗所的主治医生,另外两名鉴定专家可以由法院从专家库里随机挑选。③解除程序的审理方式。基于上海、江苏等地方的试点性的实践经验,建议采用听证方式而不是庭审方式。听证程序有利于法院更加主动地调查事实,可以让被害人和社区适度参与,扩大信息来源,降低家属和社区的心理恐慌。④解除后的衔接与持续管理。这是预防强制医疗人再次出现危害行为的最重要环节,但刑事诉讼法及相关司法解释没有对解除强制医疗后的工作作出规定,这个法律空白是当前肇事肇祸精神病人管理工作的薄弱环节。两个解决思路:一是与现行的精神病防治和监管工作体系衔接,被强制医疗人痊愈后出院,纳入卫生系统—社区精防系统—社区民警—居委会的通知体系,继而对精神病人实行严格的等级防控。二是参考社区矫正制度,建立强制医疗解除后精神病人回归社会的专门管理体系。研究者提出由公安机关主要负责执行,配备精神病医疗机构和专业医疗人员,发展社会各界广泛参与,监护人和家属是监护主力,居委会和村委会、邻居也有监督权。

对解除强制医疗的另一个标准"是否具有继续危害社会的可能性"的评估,陈嘉亮[2]提出以达到"优势证据标准"为宜,并列举某市检察院在办

---

[1] 钱丹凤:"刑事强制医疗解除程序的补白研究——以上海市实地调研情况为视角",载《社会治理》2015年第6期。
[2] 陈嘉亮:"强制医疗程序若干问题实证研究",西南政法大学2015年硕士学位论文。

理强制医疗案件中的经验为例。该检察院通过不断总结，从审查精神病人的就医情况、用药情况、文化程度、情绪状态、病史资料、病发原因、犯罪手法、案发后的精神状态、监护人情况等多方面加以考察，结合相关证人证言和精神病人生活情况综合判断，以使结论相对完整和客观。鉴于"继续危害社会的可能性"的判断依然是建立在相应案件事实和鉴定意见之上的主观性预测，此时的证明标准不宜过高，达到"优势证据标准"即可认为不存在继续危害社会的可能性。

2. 精神病人的监护制度与民事行为能力鉴定

对于经鉴定为无民事行为能力或限制民事行为能力的精神障碍者，为保护其合法权益，维护社会秩序，我国民法中关于监护设立、变更、撤销以及监护职责等问题作出了一系列法律规定，形成了监护制度。我国监护制度始于1987年施行的《民法通则》，至今已有近三十年，没有太多变化。国际上发达国家监护制度的特点是：法律更全面地介入监护关系，更多地尊重被监护人的意志，更细致地区分被监护人的要求，为生活中的弱者提供更人性化的保护和支持，确保他们与其他人平等地实现法律赋予的权利。随着我国《精神卫生法》的实施，精神病人的权益保护越来越受到重视。与发达国家相比，我国精神病人的监护制度在立法理念和司法实践方面都有较大差距，尤其是在精神病人没有近亲属对其监护或者监护人没有监护能力时，我国的监护制度便显现了其缺陷和不足，并且我国的监护制度也没有涉及意定监护和公共监护的规定。[1]

有学者对与精神病人监护制度联系密切的民事行为能力鉴定相关问题进行了探讨和分析。[2]与我国现行精神病人监护制度相关的法律规定是民事行为能力宣告制度。申请人认为被申请人因精神障碍导致其民事行为能力受限或丧失时，可以到法院要求宣告公民限制或无民事行为能力，并由法院指定监护人。法院此时一般要求鉴定机构评估被申请人的民事行为能力状况。目前此类案件明显增加，这对于保障缺乏自我决定能力的限制民事行为能力和无民事行为能力精神障碍者的合法权益不受侵害，具有积极的意义。

---

[1] 王龙菊："论我国精神病人监护制度"，大连理工大学2015年硕士学位论文。

[2] 朱广新："民事行为能力制度的立法完善——以《中华人民共和国民法总则（草案）》为分析对象"，载《当代法学》2016年第6期。

有学者对精神病患者民事行为能力的分级问题提出了意见。[1]民事行为能力的鉴定分为一般民事行为能力鉴定和具体民事行为能力鉴定,对一般民事行为能力的鉴定需要依照三分法:有民事行为能力、限制民事行为能力、无民事行为能力;对具体民事行为能力的鉴定则应采取两分法:有民事行为能力和无民事行为能力。

具体民事行为能力的评定有如下两个难点:[2]一是被鉴定人对行为后果的预测,二是鉴定涉及民事事件对其他人的影响。预测被鉴定人行为的结果,是评定行为能力的重要因素,这种预测常常超越了鉴定人的能力。民事事件对其他人的影响,涉及案情等法律问题,也并非鉴定人熟悉的领域。由此认为,同刑事责任能力一样,民事行为能力也属于法学问题,完全由鉴定人作出判断存在其局限性。

既往民事行为能力鉴定增加明显。[3]所谓既往民事行为能力鉴定,是指对既往特定时间点公民的民事行为能力状况进行评定。对公民的既往民事行为能力进行鉴定时,能够证明被鉴定人既往特定时间点精神状况的材料往往是有限的,这就给作出明确的鉴定意见带来了较大困难。提出进行这类鉴定时应把握以下原则:一是难度大,材料有限,鉴定人员经验知识所起作用较小,此类鉴定应少做或不做,可由司法人员根据优势证据判定;二是不能轻易判定精神病人限制或无民事行为能力。这样既体现了尊重精神障碍患者的自我决定权利,同时也有利于保障社会秩序的正常维持。

诉讼行为能力鉴定有所减少。[4]这类鉴定主要涉及的是案件审理程序问题,越来越多的法官倾向于根据医院的医学证明而不是司法鉴定对此问题进行判定,这既节省了司法资源,也减轻了当事人的诉累。

3. 颅脑外伤所致精神障碍的鉴定研究

现有的研究[5]主要是通过影像学、脑损伤的生物学标记物等来探索脑损伤的严重程度,通过事件相关电位等探索脑外伤后认知功能状况,通过社会

---

[1] 张一哲、刘宏奎:"民事行为能力类型的局限",载《法制博览》2016年第15期。
[2] 陶颖:"无民事行为能力人诉讼离婚若干问题探讨",西南政法大学2015年硕士学位论文。
[3] 钟琼:"108例民事行为能力司法精神医学鉴定分析",载《医学信息》2015年第28期。
[4] 孙冠华、尹殷:"自然人诉讼行为能力欠缺的审查",载《法制博览》2015年第18期。
[5] 张钦廷、陈琛、李豪喆:"法医精神病学焦点问题研究进展",载《中国司法鉴定》2016年第6期。

功能缺陷筛选量表（SDSS）、日常生活能力量表（ADL）、社会功能活动调查量表（FAQ）等，来评估脑外伤所致精神障碍者日常生活及社会功能情况。脑外伤所致精神障碍者精神伤残评定应基于存在脑器质性损伤的基础，原发脑损伤的部位、性质和程度与脑外伤所致精神障碍者的症状存在一定相关性。[1] 随着 MRI 技术的发展，如功能性磁共振成像（fMRI）、磁敏感加权成像（SWI）、弥散张量成像（DTI）、血氧水平依赖效应成像（BOLD）等，不仅可以更好地反映脑实质损伤的情况，而且可以进一步提示脑功能的情况。但上述技术手段尚未在临床医学中得到普遍应用，使其实践应用具有局限性。

一些研究发现，[2] 轻度认知功能障碍的患者存在事件相关电位（ERP）P300 潜伏期和波幅的异常，如潜伏期的延长和波幅的减小。汉森（Hansenne）等研究发现，P300 的潜伏期与患者认知功能存在相关性。失匹配负波（MMN）是事件相关电位 150ms~200ms 之间的成分，是在听觉实验过程中被发现的，与注意力及记忆力密切相关，可以作为预测轻度认知功能障碍预后的指标。除了与认知功能密切相关之外，P300 与脑损伤也有一定的相关性。虽然 P300 被认为与认知功能、脑损伤程度及精神障碍之间存在相关性，但研究发现，P300 在不同精神伤残等级患者之间却没有显著性差异，表明其可以作为有无认知损害的定性指标，但尚不能作为伤残评定的量化标准。

现有评定标准《道路交通事故受伤人员伤残评定》（GB 18667-2002）中，对于精神伤残等级的区分主要基于日常生活水平及社会功能，但相关描述较为模糊，无法进行有效区分。因此，借助标准化评定工具可以在精神伤残评定中更好地评估患者的日常生活水平及社会功能。研究发现，SDSS、ADL、FAQ、躯体生活自理量表（PSMS）、工具性日常生活活动能力量表（IADL）及 Barthel 指数（BI）与精神伤残等级相关。十级精神伤残患者的 BI、SDSS、IADL 总分显著高于对照组，而 PSMS 分显著低于对照组；九级精神伤残患者的 ADL、IADL、SDSS、FAQ 及 BI 总分显著高于对照组；八级精神伤残患者的 ADL、IADL、SDSS 及 FAQ 总分显著高于对照组。脑外伤后人格

---

[1] 汤涛等："功能磁共振技术在脑外伤所致精神障碍者精神伤残评定中的价值"，载《中国司法鉴定》2015 年第 5 期。

[2] 邢燕等："事件相关电位在道路交通事故精神伤残评定中运用的初步研究"，载《中国司法鉴定》2015 年第 3 期。

改变评定量表（SPCPTBI）总分与精神伤残等级具有相关性。有研究表明，[1]颅脑外伤后精神障碍伤残评定应注重脑器质性损伤、认知损害的客观证据，而以社会功能为依据评定其伤残等级。

4. 关于南京宝马案司法精神病鉴定

2015年6月20日下午2点，南京市秦淮区石杨路、友谊河路口发生一起交通事故，一辆南京牌照的马自达轿车，遭到一辆西安牌照的宝马轿车横向撞击，车身解体，车内两人当场死亡。警方在距离现场三四百米处，找到满脸是血的宝马车驾驶员，并将其控制。南京警方确认，宝马车通过路口时，车速高达195.2公里/小时。事发后，南京警方称，肇事者王季进无吸毒史、未酒驾，系普通商人。但经过先后两次司法精神病鉴定，王季进被鉴定患有"急性短暂性精神障碍"、"精神病状态"，属于限制刑事责任能力。2017年4月1日，引发社会各界广泛关注的南京"宝马案"在南京市秦淮区法院开庭，并当庭宣判，犯罪嫌疑人王季进犯以危险方法危害公共安全罪，由于其属于限制刑事责任能力，依法从轻处罚，被判处有期徒刑11年。

"南京宝马案"是继2006年陕西邱兴华杀人案后，又一起引起全国范围关注的涉及司法精神病鉴定的刑事案件。[2]该案被告人王季进经两次鉴定，鉴定意见基本一致，评定为限制刑事责任能力。在该案中，鉴定人员严格按照法律程序完成了鉴定，根据其专业知识对被鉴定人所患的精神疾病作出诊断，在对刑事责任能力的判定上，注意了所使用证据的合法性和证明效力，形成完整的证明链条，符合司法证明的要求。最终，法院采纳了该鉴定意见。

有学者认为，司法精神病鉴定一方面在刑事审判中发挥着举足轻重的作用，另一方面也受到来自公众和司法界的较多质疑。[3]公众的质疑主要来源于我国传统文化在相当程度上对精神疾病的不认可、不宽容。司法界对于司法精神病鉴定的质疑则可以归纳为以下几点：①对鉴定技术的质疑：只是通过向被鉴定人家属了解一下情况，与被鉴定人进行短时间交流，如何就能判定其案发当时的心理状态？②对责任能力判定权限的质疑：鉴定人员是精神

---

[1] 曾永涛、刘波："颅脑损伤所致智能损害的司法精神病学鉴定资料分析"，载《四川精神卫生》2016年第3期。

[2] 顾嘉铭："精神病司法鉴定中的媒介审判——以'南京宝马撞人案'为例"，载《新闻研究导刊》2016年第15期。

[3] 董见萌："透过'南京宝马案'对我国精神鉴定之思考"，载《法制博览》2015年第30期。

医学专家,对责任能力这一法学问题进行判断是否超出了鉴定人员的权力范围和职业能力?③如果说司法精神病鉴定是科学的,那为什么对一个案件的多次鉴定意见往往不一致?

首先,尽管公众对司法精神病鉴定存在质疑,但精神疾病已被现代医学所认可和证实,对由于纯粹生物学意义上的重性精神疾病而处于精神错乱状态的精神病人在法律上免除和减轻处罚已为西方两大法系所认可,是目前国际上的主流做法,这一现实不可更改。其次,对于法学界的质疑,司法精神病鉴定界要理性对待。鉴定的本质不同于临床医学的治病救人,而是要求甄别处于精神错乱状态的精神病人,并对其减免处罚。在刑责自负这一法律理念下,鉴定诊断要更加严格,判断责任能力受限或者丧失更要依据充分。如果说鉴定诊断属于精神医学范畴,可以允许鉴定人依其常识、经验作出判断的话,那么在责任能力的判定方面,则应符合法律的要求。精神检查所见、家属反映情况,不能作为判断刑事责任能力的依据。采纳的证据材料必须符合诉讼证据的基本特征,达到法律上的可信和真实。优先采纳证明力高的证据材料。证明过程清晰可信,形成证据链。简而言之,对于责任能力判定要严格遵循司法证明的原则和要求。

以南京宝马案为例,无论是第一次鉴定作出急性短暂性精神障碍的诊断,还是第二次鉴定认为作案当时被鉴定人处于精神病状态的判断,都属于鉴定人员的专业范畴之内,业外人士不必对此过多苛求与质疑。实际上,整个事件中最能证明被鉴定人当时精神状态的正是王季进开车以接近200公里的时速去撞击别的车辆这一违法行为,这一行为不同于其他伤害手段,本身已足够疯狂。如果排除酒驾、毒驾、恐怖袭击、报复社会等情况,该行为足能证明被鉴定人当时处于某种程度上的精神错乱状态。在得出被鉴定人为限制刑事责任能力这一意见时,两次鉴定依据的证据材料基本上一致,包括被鉴定人案发之前的报警记录,案发后警察对被鉴定人的讯问笔录,并未以家属反映情况和鉴定检查所见作为鉴定依据。

5. 关于精神病鉴定的其他研究成果

郭笑等[1]认为,认知神经科学对法律行为背后神经心理机制的聚焦和讨论,催生了神经科学与法学的联姻——神经法学。其中,从认知神经科学的

---

[1] 郭笑、杨波:"刑事责任能力评定的神经法学观点",载《证据科学》2016年第1期。

角度来评定刑事责任能力是神经法学的重要研究领域。郭笑等的研究重点介绍了精神疾病患者决策过程的认知神经科学研究成果和反社会个体的脑结构和功能异常以及基因多态性的研究证据，以此来分析讨论这两个特殊群体的刑事责任能力，说明认知神经科学可能对司法实践中刑事责任能力评定带来的影响。

贺小军[1]认为，可以通过参考域外制度的某些合理因素，完善我国的精神病鉴定制度。域外的经验包括：设定较为合理的鉴定内容，采用科学的鉴定标准，明确启动鉴定的规制程序，设置较为科学的鉴定意见审查机制及建立重大案件鉴定后的处置风险预警制度等。相比之下，我国精神病鉴定存在范围过窄，鉴定标准不明确、不统一，鉴定程序的启动设计不合理，鉴定意见审查机制不健全，重大案件鉴定过程及其后续处理受制于案外因素的影响等问题。

刘鑫等[2]以鉴定体制与鉴定内容为视角，对我国精神疾病司法鉴定面临问题之应对提出了意见。刘鑫等认为，从表象上看，精神疾病司法鉴定存在重复鉴定率高、鉴定意见不稳定等问题，精神疾病司法鉴定成了诉讼中敏感忌讳的领域。从实质上看，精神疾病司法鉴定体制存在严重问题，鉴定资格注册制只解决鉴定人鉴定能力的形式要件，鉴定人职业化使得鉴定人脱离精神医学临床岗位，从而知识过时而专家身份蜕化。在鉴定内容方面，精神医学司法鉴定可能会超越鉴定人职责和能力回答法律问题、终极问题。在鉴定的思维方法方面，没有建立科学的鉴定路径，没有遵守无病推定原则，对被告人及其近亲属提供的病史等信息资料不作审查。

张钦廷[3]从精神疾病司法鉴定人的视角，分析了精神病人刑事责任能力评定的法理基础、精神疾病司法鉴定人的角色和功能定位、精神病人刑事责任能力评定标准的演变、无刑事责任能力精神病人的处置等问题，以及中国精神病人刑事责任能力评定现状及存在的问题，指出精神疾病司法鉴定人在诉讼中处于中立地位，应当科学、客观、独立、公正地进行鉴定，负有保密

---

[1] 贺小军："精神病鉴定的悖论及其破解"，载《证据科学》2016年第1期。
[2] 刘鑫、代阳："我国精神疾病司法鉴定面临问题之应对——以鉴定体制与鉴定内容为视角"，载《中国司法鉴定》2015年第6期。
[3] 张钦廷："精神病人刑事责任能力司法鉴定焦点问题探讨——以精神疾病司法鉴定人视角为出发点"，载《中国司法鉴定》2015年第6期。

的义务。当前社会对精神疾病司法鉴定存在诸多误解，这主要是精神病人刑事责任能力评定的法理基础阐述不尽全面，以及对造成严重危害后果的无刑事责任能力精神病人处置缺陷等造成的。立法者或政策制定者应当对此种社会舆情做出应对，而不应由精神疾病司法鉴定人面对此种困境。

唐玉冰等[1]对精神损伤的伤害因素参与度的临床特征进行分析，在全国13家司法精神病鉴定机构用"精神损伤的伤害因素参与度评定量表"测评精神损伤因果关系鉴定案例402例，并由鉴定人对这些案件作出"无作用、轻微作用、小部分作用、部分作用、大部分作用、完全作用"6级评定，结果发现，鉴定专家作出的评定结果与通过评定量表的等级划分作出的评定结果的总体符合率为91.0%。研究结论是，精神损伤的伤害因素参与度评定量表能较好地反映精神损伤的临床特点及鉴定专家判定的因果关系。

《精神卫生法》确立了以精神障碍医学鉴定制度来保障严重精神障碍者非自愿住院治疗制度的规范化实施，以避免"被精神病"现象。孙大明[2]通过对该法实施过程中涉及的鉴定问题进行研究，从此类鉴定的属性、鉴定主体、鉴定程序、鉴定内容等方面对该制度实施中的有关问题进行梳理，认为精神障碍医学鉴定本质上虽然不属于司法鉴定，但仍属于立法授权司法鉴定机构实施的一类专门性鉴定活动，在管理上同时需要接受司法鉴定行政和行业管理，也要受到《精神卫生法》及相关精神卫生医疗技术规范的制约，并对此提出了一些对策和建议。

（四）法医生物学

法医生物学的核心研究内容是判断个体之间的亲缘关系和现场检材的来源。2015～2016年度，我国学者围绕这两大研究主题，在试剂盒研制、群体遗传学调查、DNA提取与新技术应用等方面取得了许多研究成果，在国内外法医学杂志发表各类文章362篇，下面从几个方面进行简要介绍：

1. 试剂盒研制

试剂盒的研制分为常染色体STR分型试剂盒、Y染色体STR分型试剂盒、

---

[1] 唐玉冰等："精神损伤的伤害因素参与度评定量表的临床特征分析"，载《临床精神医学杂志》2015年第5期。
[2] 孙大明："《精神卫生法》实施中的鉴定问题研究"，载《中国司法鉴定》2015年第1期。

mtDNA 扩增试剂盒以及 SNP 分型试剂盒。董研等[1]开发了一个能够同时检测 15 个常染色体 STR 基因座和 10 个 Y 染色体 STR 基因座的复合扩增试剂盒，并对其效能进行了评估。该试剂盒通过一次扩增，既可获得用于身份认定的常染色体 STR 基因座信息，也可获得用于家系排查的 Y 染色体 STR 基因座信息，提高了检验效率，增加了遗传信息。桂娟等[2]建立了 15 个 STR 基因座复合扩增体系，并对新疆维吾尔族遗传多态性进行了调查。韩俊萍等[3]建立了一套 15 重快速 STR 复合扩增体系，该体系可以明显缩短反应时间，提高样品检测效率。张素华等[4]建立了一个在五色荧光标记体系下同时检测 22 个常染色体 STR 和 1 个 Y – STR 基因座复合扩增试剂盒，并评估了该试剂盒在中国汉族人群中的法医学参数，其效能检测结果表明其具有良好的可重复性、精确性、灵敏度及种属特异性。同时，该复合扩增体系适用于混合样本检测。王新杰等[5]研制了一个同时检测 29 个 Y – STR 基因座的复合扩增体系，进行了遗传多态性调查并评价其法医学应用价值。实验结果表明，该系统不仅具有良好的适应性、可重复性、精确性、男性特异性、灵敏度及种属特异性，而且与其他方法相比有较大兼容性、更高的单倍型多样性，在法医学实践中有较大的应用潜力。刘亚举等[6]建立了一个六色荧光标记快速扩增体系，包括 24 个常染色体 STR 基因座、1 个 Y – STR 基因座和 Amelogenin、Y – InDel 基因座，该体系灵敏度达 0.0625ng，快速扩增仅耗时 65min 就可获得准确分型。该体系的种属特异性高，分型准确。刘海渤等[7]建立了一个 27 重 SNP 种族推断体系，并验证其用于种族推断的有效性和正确性，结果表明该体系

---

〔1〕 董研等："15 个常染色体和 10 个 Y – STR 基因座复合扩增试剂盒的研发"，载《法医学杂志》2015 年第 5 期。

〔2〕 桂娟等："15 个基因座复合扩增体系的建立及新疆维吾尔族遗传多态性"，载《法医学杂志》2015 年第 1 期。

〔3〕 韩俊萍等："15 重快速 STR 复合扩增体系的构建"，载《法医学杂志》2016 年第 1 期。

〔4〕 Zhang S. et al., "Development and Validation of a New STR 25 – plex Typing System", *Forensic Sci Int Genet*, 2015, 17: 61 – 69.

〔5〕 王新杰等："29 个 Y – STR 基因座复合扩增体系的建立"，载《法医学杂志》2015 年第 6 期。

〔6〕 刘亚举等："六色荧光标记快速 PCR 扩增体系的建立及验证"，载《法医学杂志》2016 年第 2 期。

〔7〕 刘海渤等："27 重 SNP 种族推断体系准确性验证研究"，载《中国法医学杂志》2015 年第 6 期。

可以有效区分洲际人群的祖先来源，为案件侦查提供重要的科学线索。

2. 群体遗传学调查

（1）频率调查。由于近年来新的商业化试剂盒陆续推出，为了更好地应用这些试剂盒，在不同地区、不同人群中的 STR 基因座频率调查仍然是国内学者应用性研究的一个重要方面。

常染色体 STR 基因座遗传多态性研究方面，高泾尚等[1]、秦国栋等[2]、张国安等[3]、刘波等[4]应用华夏 PCR 直扩试剂盒分别对广东阳江地区汉族、山东济宁地区汉族、陕北榆林地区汉族、西藏藏族和四川汉族人群进行了群体遗传学调查。张子龙等[5]、邹鹰等[6]采用 AGCU 21+1 STR 荧光复合扩增试剂盒和 AGCU EX22 荧光复合扩增试剂盒分别对甘肃裕固族、湖南汉族人群 21 个非 CODIS STR 基因座进行了多态性分析。袁丽等[7]应用 DNA-Typer™19 和 AGCU 21+1 STR 荧光复合扩增试剂盒对新疆南疆地区维吾尔族群体进行了 38 个常染色体的遗传多态性研究。陈蓉等[8]应用 Identifiler® Plus 试剂盒获得了临夏回族自治州撒拉族人群 15 个 STR 基因座的遗传学数

---

[1] 高泾尚等："D12S391、D6S1043 在西藏藏族和四川汉族人群中的遗传多态性"，载《法医学杂志》2015 年第 5 期。

[2] 秦国栋、于海兵、冯盛杰："广东阳江地区汉族人群 15 个 STR 基因座遗传多态性"，载《中国法医学杂志》2016 年第 6 期。

[3] 张国安等："山东济宁地区汉族人群 15 个 STR 基因座遗传多态性"，载《中国法医学杂志》2016 年第 6 期。

[4] 刘波等："陕北榆林汉族 15 个 STR 基因座遗传多态性"，载《中国法医学杂志》2016 年第 4 期。

[5] 张子龙等："甘肃裕固族人群 21 个非 CODIS STR 基因座遗传多态性"，载《法医学杂志》2015 年第 5 期。

[6] 邹鹰等："湖南汉族人群 21 个 STR 基因座的遗传多态性（英文）"，载《法医学杂志》2016 年第 5 期。

[7] Yuan L. et al., "Genetics Analysis of 38 STR Loci in Uygur Population from Southern Xinjiang of China", *Int J Legal Med*, 2016, 130: 687–688.

[8] 陈蓉等："临夏回族自治州撒拉族人群 15 个 STR 基因座遗传多态性"，载《法医学杂志》2015 年第 4 期。

据。刘胜等[1]、刘林海等[2]、臧丽丽等[3]分别对和田地区哈萨克族人群、东北地区朝鲜族、甘肃东乡族群体23个STR基因座进行了遗传多态性分析。胡松翠等[4]、赵文博等[5]研究了甘肃省平凉汉族和回族群体19个STR基因座的遗传多态性，获取了相关等位基因频率及法医学参数。

一些学者对各少数民族群体数据也不断进行补充。那春福等[6]应用Goldeneye™DNA 20A（免提取）身份鉴定系统调查了辽宁清原县满族19个STR基因座的遗传多态性。马丽英等[7]采用GlobalFiler®Express试剂盒对甘肃裕固族人群21个STR基因座进行了遗传多态性调查。徐颖等[8]、马温华等[9]应用DNATyper™19试剂盒分别调查了广西瑶族、苗族人群和广西壮族人群18个STR基因座的遗传多态性，补充了这些地区的遗传学基础数据。李忠杰等[10]采用AGCU 17+1 STR荧光复合扩增体系，对居住于苏州地区的四川凉山彝族自治州籍彝族人群进行17个STR基因座的遗传多态性调查，获得

---

[1] 刘胜、贾菲、刘锋："和田地区哈萨克族人群23个STR基因座遗传多态性"，载《刑事技术》2015年第5期。

[2] 刘林海、宋鹤、姜先华："东北地区朝鲜族23个STR基因座遗传多态性"，载《中国法医学杂志》2015年第6期。

[3] 臧丽丽等："甘肃东乡族群体23个基因座遗传多态性"，载《中国法医学杂志》2015年第6期。

[4] 胡松翠、赵文博、王涛："甘肃省平凉回族群体19个STR基因座遗传多态性"，载《中国法医学杂志》2015年第6期。

[5] 赵文博、胡松翠、王涛："甘肃省平凉汉族群体19个STR基因座遗传多态性"，载《中国法医学杂志》2015年第6期。

[6] 那春福、魏建生、金萍："辽宁清原县满族19个STR基因座遗传多态性"，载《中国法医学杂志》2015年第5期。

[7] 马丽英等："甘肃裕固族人群21个STR基因座的遗传多态性"，载《法医学杂志》2016年第4期。

[8] 徐颖等："广西瑶族和苗族人群18个STR基因座遗传多态性"，载《刑事技术》2016年第1期。

[9] 马温华等："广西壮族人群18个STR基因座多态性"，载《刑事技术》2016年第4期。

[10] 李忠杰等："苏州地区凉山籍彝族人群17个STR基因座遗传多态性"，载《中国法医学杂志》2015年第4期。

了相关的群体遗传学参数。董雪梅等[1]、李景等[2]、翟滇等[3]、吴世青等[4]、张金国等[5]、孙小明等[6]分别对云南傣族、哈尼族、壮族,河北沧州回族,湖南沅陵土家族和临夏回族自治州保安族人群的 STR 基因座遗传多态性进行了调查。张璐等[7]应用 Identifiler™ 试剂盒获得了贵州苗族人群15 个 STR 基因座遗传多态性数据。这些对于不同地域群体的遗传学数据调查分析,为法医学个体识别、亲权鉴定以及群体遗传学研究等提供了参考资料。

人类 Y 染色体作为父系遗传标记,是男性特有的染色体,含有基因组中最大的非重组区域,在涉及性犯罪、追溯父系同代、隔代亲权鉴定等方面具有应用价值。在 Y 染色体 STR 基因座遗传多态性的调查方面,边英男等[8]、刘文海等[9]用 Goldeneye™ DNA 身份鉴定系统 26Y 试剂盒分别对福建畲族、湖南苗族人群 26 个 Y-STR 基因座进行研究,获取相关群体遗传学数据,为法医学鉴定提供了基础数据。王丹等[10]应用 AmpFLSTR® Yfiler 试剂盒调查了山东济宁汉族人群 17 个 Y-STR 基因座的遗传多态性。朱如心等[11]应用 GFS 24Y STR 荧光检测试剂盒调查华东地区汉族群体遗传学多态性并且比较

---

[1] 董雪梅等:"云南傣族人群 15 个 STR 基因座遗传多态性",载《中国法医学杂志》2015 年第 5 期。

[2] 李景等:"云南哈尼族人群 15 个 STR 基因座遗传多态性",载《中国法医学杂志》2015 年第 5 期。

[3] 翟滇等:"云南壮族人群 15 个常染色体 STR 基因座遗传多态性",载《中国法医学杂志》2015 年第 5 期。

[4] 吴世青、赵丽:"河北沧州回族群体 15 个 STR 基因座遗传多态性",载《中国法医学杂志》2016 年第 1 期。

[5] 张金国、赵熙、李立昕:"湖南沅陵土家族 20 个 STR 基因座遗传多态性",载《中国法医学杂志》2016 年第 4 期。

[6] 孙小明等:"临夏回族自治州保安族人群 15 个 STR 基因座的遗传多态性",载《法医学杂志》2016 年第 4 期。

[7] Zhang L., et al., "Population Data for 15 Autosomal STR Loci in the Miao Ethnic Minority from Guizhou Province, Southwest China", *Forensic Sci Int Genet*, 2015, 16: e3-e4.

[8] 边英男等:"福建畲族人群 26 个 Y-STR 基因座遗传多态性及其法医学应用",载《法医学杂志》2015 年第 4 期。

[9] 刘文海、李行、杨俊:"湖南地区苗族人群 26 个 Y-STR 基因座遗传多态性",载《法医学杂志》2015 年第 4 期。

[10] Wang D. et al., "Population Data of 17 Y-STR Haplotypes in Jining Han Population from Shandong Province, East China", *Forensic Sci Int Genet*, 2015, 19: 47-49.

[11] 朱如心等:"24 个 Y-STR 基因座等位基因频率的群体差异分析",载《法医学杂志》2016 年第 3 期。

华东汉族和广东汉族人群间的群体差异性，结果表明 GFS 24Y STR 荧光检测试剂盒中的 Y - STR 基因座具有良好的遗传多态性，可应用于父系亲缘关系鉴定。骆继怀等[1]检测了 154 例甘肃东乡族男性 24 个 Y - STR 基因座单倍型的遗传多态性，探讨了其法医学应用价值，结果表明 24 个 Y - STR 复合扩增体系具有较高单倍型遗传多态性和个体识别率。牛一平等[2]采用 Yfiler 试剂盒调查了 17 个 Y - STR 基因座在河北石家庄地区汉族人群中的多态性，评估了其法医学应用价值，积累了原始数据。刘亚举等[3]采用 STRtyper - 27Y 系统分析了河南汉族人群中 27 个 Y - STR 基因座的突变情况，发现河南汉族人群中 Y - STR 基因座突变涉及基因座较多，因此在数据库建设与日常检案中应注意防止错判。王新杰等[4]针对山东汉族人群，采用自行设计引物，调查了 63 个 Y - STR 基因座的基因突变情况，为法医学亲权鉴定、数据库建设和家系排查等提供了基础数据。杨幸怡等[5]采用 Y - Filer 荧光检测试剂调查我国占人口数量最多的 10 个姓氏，结果表明中国汉族 10 个主要姓氏在大的范围内 Y - STR 不表现出姓氏特异性。李莉等[6]选取亚洲单倍群特有的 71 个 Y 染色体二等位基因遗传标记，使用 MassARRAY MALDI - TOF MS 平台进行分型，结果显示，结合所有多态性位点可以获得较高单倍型多样性，表明这些位点有法医学应用价值。罗海玻等[7]采用 PowerPlex® Y23 系统调查了广西壮族自治区无关男性个体 23 个 Y - STR 基因座的遗传多态性。

---

[1] 骆继怀等："甘肃东乡族男性 24 个 Y - STR 基因座遗传多态性（英文）"，载《法医学杂志》2016 年第 3 期。

[2] 牛一平、周晶、张贵芹："石家庄地区汉族人群 17 个 Y - STR 基因座的遗传多态性"，载《法医学杂志》2016 年第 3 期。

[3] 刘亚举等："河南汉族人群 27 个 Y - STR 基因座的突变观察与分析"，载《中国法医学杂志》2016 年第 1 期。

[4] 王新杰等："山东汉族人群 63 个 Y - STR 基因座突变观察及法医学应用"，载《刑事技术》2016 年第 5 期。

[5] 杨幸怡等："17 个 Y - STR 基因座遗传结构及用于姓氏推断的价值"，载《中国法医学杂志》2016 年第 2 期。

[6] Li L. et al., "Typing of 71 Biallelic Markers on Y Chromosome in Xinjiang Han Population of China", *Forensic Science International: Genetics Supplement Series*, 2015, 5: e156 - e158.

[7] Luo H. et al., "Genetic Polymorphism of 23 Y - STR Loci in the Zhuang Minority Population in Guangxi of China", *Int J Legal Med*, 2015, 129 (4): 737 - 738.

除了对 Y 染色体 STR 基因座进行研究，孙许朋等[1]还对河南汉族人群 16 个 Y-SNP 位点的多态性进行调查，结果表明，16 个 Y-SNP 位点在该研究人群中多态性分布较好，有较高的单倍型多样性，具有较高的个体识别率和非父排除率，可以作为 Y-STR 标记的有效补充，同时为今后在进一步增加样本量及 Y-SNP 位点数的基础上研究中国人群的遗传结构特征及群体间的相互关系提供了宝贵遗传资料。孙亚男等[2]通过获取孔姓人群 Y-SNP 和 Y-STR 遗传标记的信息发现，孔姓人群存在复杂的基因交流，结合孔姓家谱历史分析其人群结构的遗传差异在法医学方面有潜在的应用价值，为以后的 Y-STR 和 Y-SNP 的关联性分析提供了基础研究资料。

随着法医学复合扩增试剂盒的不断研发，在 X 染色体 STR 基因座遗传多态性调查研究方面也有新的进展。叶乾素等[3]采用 AGCU X12 STR 荧光检测试剂盒调查了广西桂林汉族群体 12 个 X-STR 基因座的遗传多态性，为法医学应用提供了参考数据。另外，叶乾素等[4]同样使用 AGCU X12 STR 荧光检测试剂盒对中国广西地区毛南族 142 个无关男性个体进行了 12 个 X-STR 基因座遗传多态性调查，所调查的毛南族人群 12 个 X-STR 基因座具有较高的单倍型多样性，故而有较好的识别能力。刘亚举等[5]应用 Goldeneye™ DNA 身份鉴定系统 17X 试剂盒调查河南汉族人群的遗传学数据，结果表明，16 个 X-STR 基因座达到了法医物证学应用要求，尤其对特殊的亲权鉴定案件具有重要的应用价值。

InDel 标记是一种特殊类型的二态遗传标记，兼具 STR 和 SNP 的特征，其突变率低、分布广、数量多，有重要遗传学应用价值。对于 InDel 标记的研究

---

[1] 孙许朋等：“河南汉族人群 16 个 Y-SNP 位点遗传多态性”，载《法医学杂志》2015 年第 1 期。

[2] 孙亚男等：“孔姓人群 Y 染色体遗传多态性研究及其法医学意义”，载《中国法医学杂志》2016 年第 4 期。

[3] 叶乾素等：“广西桂林汉族 12 个 X 染色体 STR 基因座遗传多态性”，载《中国法医学杂志》2015 年第 1 期。

[4] 叶乾素等：“广西毛南族人群 12 个 STR 基因座遗传多态性”，载《中国法医学杂志》2015 年第 4 期。

[5] 刘亚举等：“16 个 X-STR 基因座在河南汉族人群中的法医学应用评估”，载《法医学杂志》2016 年第 6 期。

也有新的进展,李行等[1]采用 InDel X-18PLEX 扩增体系对湖南地区汉族人群进行遗传学调查,该系统在湖南汉族人群中具有良好的多态信息,可以作为补充遗传标记用于法医遗传分析。赵蕾等[2]应用 Investigator®DIPplex 试剂盒调查广西汉族、苗族中的群体遗传学数据,并评估了其法医学应用价值。姜又菁等[3]将在丹尼尔人群中开发的多态性祖先信息标记平台 21-plex DIP panel's 应用于中国的汉族、维吾尔族、藏族人群,结果显示在中国不同群体的识别上无明显差异,多态性差,要在中国人群中发挥作用,需增加合适的多态性位点。百茹峰等[4]调查发现,Investigator®DIPplcx 试剂盒中所包含的 30 个插入缺失多态性位点在西藏藏族人群中具有较好的遗传多态性。石美森等[5]评估了 Investigator®DIPplex 试剂盒 30 个 InDel 位点在北京汉族、河南汉族、新疆维吾尔族、藏族人群中的多态性。该试剂盒为中国人群在基于 STR 基因座检测的个体识别和亲缘鉴定方面提供了强有力的补充资料。

(2)突变率调查。STR 基因座的突变是法医 DNA 检验的普遍现象,特别是在亲缘关系的研究中了解各个 STR 基因座的突变具有重要意义。常染色体作为亲子鉴定中使用最广泛的遗传标记,重视对其基因座突变的分析可以确保遗传证据的正确性。赵琢等[6]采用 Identifiler PCR 扩增试剂盒调查了中国大陆地区汉族 15 个常染色体 STR 基因座,检测 19 037 个三联体,根据等位基因突变的来源确定其突变模式并计算各基因座的突变率。对于 Y-STR 突变的研究,彭珊等[7]采用 AGCU Y24 荧光检测试剂盒对一林姓大家系进行 22 个 Y-STR 遗传标记分型,调查大家系中 Y-STR 基因座在减数分裂等位基因

---

[1] 李行、吕凌飞:"18 个 X-InDel 位点在湖南汉族人群的遗传多态性",载《法医学杂志》2015 年第 5 期。

[2] 赵蕾等:"广西汉族与苗族人群 30 个 InDels 的遗传学调查",载《刑事技术》2015 年第 6 期。

[3] Jiang Y. et al., "A 21-plex DIP Panel's Application in Multinational Chinese Population", *Forensic Science International: Genetics Supplement Series*, 2015 (5): e537-e538.

[4] 百茹峰等:"西藏藏族群体 30 个常染色体 InDel 位点的群体遗传学研究",载《中华医学遗传学杂志》2015 年第 3 期。

[5] Shi M. et al., "Population Data of 30 Insertion-Deletion Markers in Four Chinese Populations", *Int J Legal Med*, 2015, 129 (1): 53-56.

[6] 赵琢等:"中国大陆地区汉族 15 个常染色体 STR 基因座的突变分析",载《中国人民公安大学学报》(自然科学版)2015 年第 4 期。

[7] 彭珊等:"Y-STR 遗传标记在大家系中的突变",载《法医学杂志》2015 年第 2 期。

传递过程中的突变现象。结果表明，Y-STR突变会使同一父系男性个体的Y-STR基因分型产生差异，随着减数分裂次数增多差异增加。张文琼等[1]对STR的突变机制、Y-STR突变的影响因素、快速突变Y-STR的提出及其法医学应用价值进行简要综述，以期为在同一父系男性个体间因突变而无法有效区分的问题提供参考资料。

3. DNA 提取

无论是民事还是刑事案件，从各类生物性检材中能够提取到符合检验要求的基因组DNA至关重要，特别是微量、降解检材的提取一直是法医DNA检验的难点，也是学者们研究的重点。提取到用以检测的DNA量的前提，是找到优化的提取方法。董迎春等[2]分别采用常规硅珠法与改良硅珠法提取并纯化模板DNA，证明改良硅珠法提取DNA易于操作，稳定性较好，灵敏度优于常规硅珠法，可在法医微量物证DNA检验中应用。胡清清等[3]比较了国产博坤磁珠试剂盒和Wawasye磁珠试剂盒对法医学常见PCR抑制物（胆汁酸盐、胶原质、腐殖酸、血红素、黑色素和尿素）的去除效果，发现除Wawasye磁珠试剂盒无法有效去除腐殖酸和黑色素外，两种国产磁珠试剂盒对大多数PCR抑制物均具有良好去除效果。成静等[4]采用EZ-tape脱落细胞粘取器转移皮肤接触性检材脱落细胞，认为使用该法提取样本有利于获得单一来源DNA分型，效果良好。王华荣等[5]分别使用IQ磁珠法、M48磁珠法、PrepFiler磁珠法三种常见磁珠法提取脱落细胞DNA，结果表明PrepFiler磁珠法与M48磁珠法对DNA具有更好的吸附或释放性能，相比IQ磁珠法更适合于脱落细胞中微量模板DNA的提取检验，在实际检案应用中更具优势。

---

[1] 张文琼、刘宇轩、黄代新："Y-STR突变及快速突变Y-STR的法医学应用价值"，载《中国法医学杂志》2015年第4期。

[2] 董迎春等："改良硅珠法提取DNA的灵敏性及稳定性评价初探"，载《中国法医学杂志》2015年第1期。

[3] 胡清清等："两种国产磁珠试剂盒对常见PCR抑制物去除效果比较"，载《中国法医学杂志》2015年第2期。

[4] 成静、廖长青、刘维："EZ-tape在皮肤接触性检材DNA检验中的应用"，载《法医学杂志》2016年第1期。

[5] 王华荣、廖勤、吴世青："三种磁珠法提取脱落细胞DNA的比较"，载《法医学杂志》2016年第6期。

此外，钟大军等[1]报道了采用二步擦拭转移联合硅珠法提取高度污染检材 DNA 并获得较理想的法医 DNA 分型效果的 2 个案例。

在实际案例中出现的不同类型接触性检材的 DNA 提取分型，往往是侦破案件的关键。基于接触 DNA 检验的相关研究均受到重视，董正志等[2]借助相关文献资料，对皮肤触摸痕中接触 DNA 的形成原理、发现与提取、检验中的影响因素以及对检验结果正确地解读和利用等问题进行了阐述。吴婷等[3]对接触性检材的现场发现、前期处理及 DNA 的提取方法、扩增方法、电泳以及结果分析等方面的研究进展作了综述。黄艳梅等[4]详述了接触 DNA 检验过程的研究进展及研究展望。在实际应用方面，黄玥蕾等[5]、骆继怀等[6]、路志勇等[7]、高丽伟等[8]分别研究了电工胶带上、瓜子壳上、砂纸擦蹭皮肤、砖块上脱落细胞的 DNA 的提取分型。宋凯亮等[9]通过成功检出两宗命案中接触类 DNA 检材的基因分型，探讨在命案检材中如何有效提取和检验接触类 DNA 检材，为案件诉讼提供有力的证据。李忠杰等[10]使用改良的硅珠法提取脱落细胞 DNA，检验盗窃现场遗留手套印，提高了 DNA 分型成功率。

骨骼样本的 DNA 提取对腐败尸体的身源鉴定具有重要意义。董慧婷等[11]比较了不同浓度 EDTA 脱钙液对骨骼 DNA 提取效率，探讨快捷高效的骨骼 DNA 提取方法，结果表明 EDTA 脱钙液浓度和时间对骨骼 DNA 提取有一定影

---

[1] 钟大军、王学为、余江："二步擦拭转移联合硅珠法提取高度污染检材 DNA 2 例"，载《法医学杂志》2016 年第 6 期。

[2] 董正志等："触摸痕中接触 DNA 检验概述"，载《中国法医学杂志》2015 年第 3 期。

[3] 吴婷等："接触性 DNA 检验现状与展望"，载《中国司法鉴定》2016 年第 5 期。

[4] 黄艳梅、王萌鸽、赵兴春："接触 DNA 在法医实践中的应用研究进展"，载《中国法医学杂志》2016 年第 2 期。

[5] 黄玥蕾等："电工胶带上人体接触性 DNA 检验"，载《中国法医学杂志》2015 年第 1 期。

[6] 骆继怀、孙红兵、杨鑫："瓜子壳上人体脱落细胞 DNA 检验"，载《中国法医学杂志》2015 年第 3 期。

[7] 路志勇等："砂纸擦蹭皮肤的 DNA 提取及检验"，载《中国法医学杂志》2015 年第 3 期。

[8] 高丽伟、马祥涛："砖块上脱落细胞 DNA 分型检验"，载《中国法医学杂志》2015 年第 1 期。

[9] 宋凯亮、张健："命案中接触类 DNA 检材的提取及检验"，载《中国刑警学院学报》2015 年第 4 期。

[10] 李忠杰等："手套印 DNA 检验在盗窃案件中的应用"，载《刑事技术》2016 年第 2 期。

[11] 董慧婷等："不同浓度 EDTA 脱钙液对骨骼 DNA 提取效率的影响"，载《中国法医学杂志》2015 年第 4 期。

响,使用 0.5mol/L EDTA 脱钙液脱钙 6~12h 效果最佳。宋利军等[1]分别使用骨骼孵化液法、DNA Investigator 试剂盒法和 CTAB 法提取骨骼 DNA,结果显示,骨骼孵化液法和 DNA Investigator 试剂盒法基因座检出率和峰值大致相同,均优于 CTAB 法。彭皓明等[2]对纳米磁珠法提取纯化骨骼 DNA 的效果进行评估,结果显示该方法能得到高质量 DNA 模板,有利于提高分型检验的成功率,可在实际检案中选择应用。涂政等[3]介绍了一种针对烧骨 DNA 的有效提取方法。此外,在杀人、抢劫、强奸等恶性刑事案件中,因受害人与嫌疑人近距离接触,指甲垢上可能留取对方 DNA,指甲垢 DNA 的提取分型往往成为破案的关键。伊海等[4]探索了洗涤法结合硅珠法提取指甲垢 DNA 的应用价值,在 200 枚样本中有 64 枚(32%)检出异体 DNA,104 枚检出受害人单一 DNA,表明该方法可应用于指甲垢 DNA 提取。

在实际案例中遇到的生物检材经常已遭到外源性破坏,这给 DNA 提取分型造成了困难。苏芹等[5]分析比较了棉、化纤和麻布块上洗涤过的血斑 DNA 检验的效果,用 IQ 试剂盒提取 DNA,用 IdentifilerPlus^{TM} 试剂盒扩增,洗涤 30min 以内均可得到成功分型结果,峰高以棉布最高、化纤最低;洗涤 60min 时仅棉布血斑检出率为 100%,其余检出率均低于 60%。混合斑是性侵案件中的常见生物检材,指两名或两名以上个体的体液、分泌液混合形成的斑痕,对其分析结果的解释是法医学检验中的难点之一。李学博等[6]分析应用免疫磁珠分离技术和差异裂解法对混合样本的 DNA 检验效果,评价其法医学应用价值。实验表明免疫磁珠法适用于新鲜混合样本中精细胞的分离检验,且在精细胞含量较低时优势更明显,差异裂解法较适合陈旧混合斑的分离检验。理论研究上,雷亮等[7]对法医学混合斑研究的相关文献进行了综述,旨

---

[1] 宋利军等:"3 种骨骼 DNA 提取方法的应用效果比较",载《中国法医学杂志》2016 年第 1 期。

[2] 彭皓明等:"纳米磁珠提取法在骨骼 DNA 提取中的应用",载《中国法医学杂志》2016 年第 1 期。

[3] 涂政等:"一种焚烧骨骼的 DNA 提取方法",载《刑事技术》2016 年第 1 期。

[4] 伊海等:"洗涤法结合硅珠法提取指甲垢 DNA",载《中国法医学杂志》2015 年第 3 期。

[5] 苏芹等:"不同织物上血斑洗涤后 DNA 检验结果分析",载《中国法医学杂志》2015 年第 1 期。

[6] 李学博等:"免疫磁珠法与差异裂解法检验混合样本的效果观察",载《中国法医学杂志》2015 年第 3 期。

[7] 雷亮等:"法医学混合斑研究进展",载《中国法医学杂志》2015 年第 3 期。

在为混合斑的鉴定提供参考。

在 DNA 提取过程中，快速、高效、操作简便、有效防控污染等特点是法医工作者不断追求的目标。王永清等[1]采用 AutoLys STAR 自动化工作站结合微量检材 DNA 提取试剂盒建立了生物检材 DNA 自动化检验体系，可以批量、高效地提取常见案件中生物检材 DNA。赵春鹤等[2]以 KingFisher™ Flex 微量生物物证 DNA 自动化提取纯化系统为基础，建立了一种自动化高通量提取脱落细胞检材 DNA 的方法。以上方法适应范围广，缩短了工作时间，提高了工作效率。

4. 数据库建设

始建于 2003 年的全国公安机关 DNA 数据库目前已聚集了大量数据，除 DNA 分型等技术数据外，还包括犯罪的时空、类别、手段以及涉案人员的地域、民族、行为等多个维度的海量数据。刘冰[3]总结了我国 DNA 数据库发展的几个关键问题，作为千万级大容量 DNA 数据库，涉及发展方向、安全、稳定的根本性问题要慎重从事，用科学的方法思考、规划和推动工作的进行。葛百川等[4]对 DNA 数据库的战法体系等要素进行综述，探讨在信息化形势下，如何更充分地拓展 DNA 信息应用范围，挖掘 DNA 信息应用潜力。刘烁[5]对 DNA 数据库的优缺点进行分析，提出深化发展 DNA 数据库的应用效能，切实提升打击犯罪的能力。刘冰[6]采用聚类分析的方法，对 DNA 数据库中 2011~2014 年采集的数据信息从犯罪的时间、空间、类别等维度进行了初步分析，认为 DNA 数据库数据挖掘的情报产品所具有的实时性、可靠性，特别是人员身份识别的精准性，使其在犯罪规律研究、犯罪动态分析、公共安全管理决策等领域具有特殊的潜力和价值。

近年来，公安机关利用 Y–STR 检验技术破获了一批案件，该技术在侦

---

[1] 王永清等："现场大量生物检材的自动化提取应用"，载《法医学杂志》2016 年第 6 期。

[2] 赵春鹤、郭业明、巫家盛："自动化高通量提取脱落细胞检材 DNA"，载《法医学杂志》2016 年第 6 期。

[3] 刘冰："现阶段我国 DNA 数据库发展的几个关键问题"，载《刑事技术》2015 年第 4 期。

[4] 葛百川、彭建雄、刘冰："DNA 数据库实战应用战法体系与能力建设研究"，载《刑事技术》2016 年第 4 期。

[5] 刘烁："全面深化公安机关 DNA 数据库建设发展应用 切实提升精确打击犯罪能力和服务实战水平"，载《刑事技术》2016 年第 1 期。

[6] 刘冰："DNA 数据库数据挖掘应用研究"，载《刑事技术》2015 年第 5 期。

破案件中的重要作用得到重视。积累案件中的 Y-STR 数据资源，建设 Y-STR 数据库是提升打击犯罪水平的客观需要。许满军等[1]对建设 Y-STR 数据库的重要性、建设存在的困难及推进 Y-STR 数据库建设工作的设想作了综合叙述。基于 Y 染色体在父系亲权认定、通过男性家系追溯人类迁徙模式及家系研究等方面所发挥的重要作用，尤其是 Y-STR 家系排查法在刑事侦查中具有独特的作用，刘亚举等[2]对建立区域性的 Y 染色体数据库进行了研究。钟小伟等[3]从地域性职业犯罪的特点及形成因素、Y-STR 数据库在查处此类犯罪中的独特优势等方面作了综述，以期为构建全国地域性职业犯罪高危群体 Y-STR 数据库、推动侦查方式的转变创新提供参考。

5. 新技术应用

在二代测序技术的法医学应用研究方面，把二代测序的优势与法医学的实践特点结合起来是学者的追求目标。张素华等[4]基于 Ion PGM 平台评估了 HID-Ion AmpliSeq™ SNP-124 试剂盒的表现，研究发现，Ion PGM 平台对 SNP 检测准确性高，但是对于多聚物的检测性能尚显不足。在灵敏度检测中，高于 0.5ng 基因组 DNA 进行文库构建便可获得理想效果，与目前传统的 PCR-CE 检测技术相当。混合物检测中发现，采用二代测序技术可以从混合物中不同 SNP 位点上的深度测序数据获得贡献者可能的等位基因信息。王乐等[5]、姚岚等[6]、刘宇轩等[7]、张素华等[8]、孙帅等[9]分别对二代测序的法医学应用作了综述。

---

[1] 许满军等："Y-STR 数据库建设初探"，载《法医学杂志》2015 年第 6 期。

[2] 刘亚举、张俊涛、孙现锋："Y-STR 家系排查及数据库建设问题"，载《中国法医学杂志》2015 年第 2 期。

[3] 钟小伟、黄磊："Y-STR 数据库在查处地域性职业犯罪中的应用"，载《中国司法鉴定》2016 年第 6 期。

[4] Zhang S. et al., "Evaluation of HID-Ion Ampliseq™ Panel in HAN Population", *Forensic Science International: Genetics Supplement Series*, 2015 (5): e584-e586.

[5] 王乐等："二代测序技术及其在法医遗传学中的应用"，载《刑事技术》2015 年第 5 期。

[6] 姚岚等："线粒体全基因组测序在法医学中的应用"，载《刑事技术》2015 年第 5 期。

[7] 刘宇轩、张文琼、黄代新："测序新技术 Ion Torrent PGM 及其法医学应用"，载《中国法医学杂志》2015 年第 1 期。

[8] 张素华等："二代测序技术在法医学中的应用进展"，载《法医学杂志》2016 年第 4 期。

[9] 孙帅等："Rapid HIT 200 在法医 DNA 检验中的应用"，载《刑事技术》2016 年第 6 期。

在二代测序的应用方面,王纯等[1]应用外显子组测序对1例青壮年猝死案例进行了分子遗传学分析;王正等[2]通过线粒体高通量测序对同卵双生子甄别进行了研究,取得了较好的效果;刘亚楠等[3]基于 Ion Torrent PGM 平台对孕妇血浆中胎儿游离 DNA 的 Y-STR 检测进行了研究,发现在分娩男性胎儿的孕晚期及中期孕妇血浆中均检测到 Y-STR 片段,测序检测得出的基因座比毛细管电泳检测得出的多,分型准确,证明 Ion Torrent PGM™ 系统用于孕妇外周血血浆胎儿游离 DNA 的 Y-STR 检测,具有高灵敏度、高通量的特点,且有较好的法医学应用价值。

此外,RNA 在法医学领域的研究,特别是非编码 RNA 在法医学领域中的应用研究具有重要的意义。张雅琪等[4]、杨幸怡等[5]总结了环形 RNA (circular RNA,circRNA)的研究历程及生成调节机制、生物学属性及其生物学功能。胡荣等[6]概述了法医物证学 miRNA 研究的现状,对法医 miRNA 分析的研究策略和法医物证学应用前景作了综述,以期为法医 miRNA 分析的应用研究提供借鉴。赵禾苗等[7]对 mRNA 在体液斑迹鉴定和组织来源推断方面的应用及其前景作了综述。

6. 疑难亲缘关系与动植物鉴定

2015～2016 年,在疑难亲缘关系与动植物鉴定研究方面,各有 9 篇文章发表。在疑难亲缘关系鉴定方面,主要集中在同胞关系鉴定上。徐旭等[8]讨论了 ITO 法和判别函数法在全同胞鉴定中的应用价值;张更谦等[9]建立了多

---

[1] 王纯等:"外显子组测序对1例青壮年猝死的分子遗传学分析",载《法医学杂志》2015年第6期。

[2] Wang Z. et al., "Differentiating between Monozygotic Twins in Forensics through Next Generation mtGenome Sequencing", *Forensic Science International: Genetics Supplement Series*, 2015 (5): e58 - e59.

[3] 刘亚楠等:"Ion Torrent PGM™ 系统检测孕妇血浆中胎儿游离 DNA",载《法医学杂志》2015年第6期。

[4] 张雅琪等:"circRNA 的研究进展及其法医学意义",载《法医学杂志》2016年第2期。

[5] 杨幸怡等:"环状 RNA 在法医学中的应用",载《中国法医学杂志》2016年第3期。

[6] 胡荣等:"法医物证学 miRNA 分析的研究进展",载《中国法医学杂志》2016年第5期。

[7] 赵禾苗等:"mRNA 在体液斑迹鉴定与组织来源推断中的应用",载《中国法医学杂志》2016年第5期。

[8] 徐旭等:"51个常染色体 STR 基因座在 ITO 法判断全同胞中的应用",载《中国法医学杂志》2016年第2期。

[9] 张更谦等:"多个已知全同胞参与的全同胞关系排除方法",载《中国法医学杂志》2015年第6期。

个已知全同胞参与下的全同胞关系排除方法；易少华等[1]采用家系基因型重建法成功鉴定了 1 例半同胞关系；杨雪等[2]探讨了多种遗传标记分析在半同胞鉴定中的综合应用效果。此外，任贺等[3]建立了单亲隔代亲权指数的计算方法；格若泽格兹·扎道若等[4]分析了似然比法在物证理化检验结果评估中的应用情况；陈芳等[5]进行了 1 例争议父与生父存在近亲血缘关系的亲权鉴定，这些为疑难亲缘关系鉴定的解决提供了科学依据和素材。

在动植物鉴定方面，主要集中在大麻和罂粟等植物物种的 DNA 鉴定上。张贵芹等[6]对大麻性别连锁 SCAR 标记进行了特异性检测的分析；宋炳轲等[7]采用 DNA ITS2 条码序列对大麻和罂粟的鉴定进行了研究，认为可行；朱典等[8]利用种属特异性 SSR 荧光引物来检测罂粟稀释液中的 DNA，获得了成功。此外，杨雪莹等[9]采用 DNA 条形码技术对常见杨树进行了种属鉴定，陈云霞等[10]基于 12S rRNA 对犀牛角制品鉴定也进行了初步研究。

7. 重要学术会议和行业标准颁布情况

2015 年 5 月 21～22 日在上海举办的司法鉴定理论与实践研讨会上，涉及法医物证专业的主题报告有两个：一个是复旦大学金力院士的"走向下一代"。金力院士首先介绍了法医遗传学的主要任务，即通过 DNA 技术分析生物检材获得 DNA 证据和 DNA 线索。DNA 证据包括个体识别和亲权鉴定。

---

[1] 易少华等："采用家系基因型重建法鉴定半同胞关系 1 例"，载《中国法医学杂志》2015 年第 2 期。

[2] 杨雪等："多种遗传标记分析在 1 例半同胞鉴定中的综合应用"，载《法医学杂志》2016 年第 1 期。

[3] 任贺、刘芳："单亲隔代亲权指数计算方法"，载《刑事技术》2016 年第 4 期。

[4] 格若泽格兹·扎道若等："似然比法在物证理化检验结果评估中的应用（英文）"，载《刑事技术》2016 年第 3 期。

[5] 陈芳等："争议父与生父存在近亲血缘关系的亲权鉴定"，载《法医学杂志》2015 年第 2 期。

[6] 张贵芹等："大麻性别连锁 SCAR 标记特异性检测"，载《中国法医学杂志》2015 年第 1 期。

[7] 宋炳轲等："利用 DNA ITS2 条形码序列鉴定植物大麻和罂粟"，载《中国法医学杂志》2015 年第 2 期。

[8] 朱典、裴黎、刘开会："利用种属特异性 SSR 荧光引物检出稀释液中罂粟 DNA 1 例"，载《中国法医学杂志》2016 年第 6 期。

[9] 杨雪莹、曹海丹、裴黎："采用 DNA 条形码技术鉴定常见杨树种属初探"，载《中国法医学杂志》2015 年第 1 期。

[10] 陈云霞、郭海涛："基于 12s rRNA 的犀牛角制品 DNA 条形码鉴定分析"，载《中国法医学杂志》2016 年第 5 期。

DNA 线索包括人群推断和表型刻画。常染色体 STR、常染色体 SNP、线粒体 DNA 和 Y 染色体等遗传标记位点可用于个体识别、群体推断和表型刻画等法医学应用。随着遗传分析技术由桑格测序向高通量测序和单分子测序技术的发展，人们将准确、快速、经济地从测序数据中获取突破了位点数目限制的高通量信息。金力院士结合其课题组的研究成果，介绍了下一代测序（NGS）在 SNP 分型、mtDNA 分型、人群推定和表型刻画等法医学研究中的策略、技术路线、可喜成果和应用前景。最后，他展望了面向大数据的人类表型组计划。另一个是丹麦哥本哈根大学尼尔斯·莫林（Niels Morling）教授的"法医遗传学中的大规模并行测序技术"（Massively Parallel DNA Sequencing in Forensic Genetics）。大规模并行测序技术也称二代测序技术或下一代测序技术，已逐步应用于法医遗传学的研究。尼尔斯·莫林教授展示了基于大规模并行测序技术对自主研发以及商业化的 SNP 和 STR 系统的检测结果。大规模并行测序技术应用于 SNP 检测时，在灵敏度、均衡性、重复性以及混合物检测方面都表现出了优势；但其应用于 STR 分型时则主要面临两方面挑战：一是基于目前的化学试剂，长片段 STR 扩增困难；二是检测数据的均一性难以保证，以及各个实验室命名规则不统一。尽管大规模并行测序技术目前在法医学领域的应用并不成熟，但对法医遗传学仍具有巨大的吸引力，它只需要少量的 DNA 即可用来进行大量 SNP 和 STR 的研究，提供更为丰富的遗传信息，包括身份信息、祖先信息以及表型特征信息等。

在重要行业标准颁布方面，司法部办公厅 2015 年 11 月 20 日颁布了 28 项司法鉴定技术规范，其中涉及法医物证的有 3 项，分别是生物学祖孙关系鉴定规范（SF/Z JD0105005 – 2015）、亲子鉴定文书规范（SF/Z JD0105004 – 2015）和法医 SNP 分型与应用规范（SF/Z JD0105003 – 2015）。2016 年 9 月 22 日颁布了 8 项司法鉴定技术规范的修订版，其中涉及法医物证的有 1 项，为亲权鉴定技术规范（SF/Z JD0105001 – 2016）。

（五）文件检验学

1. 笔迹检验

（1）签名笔迹检验。传统笔迹检验对于笔迹特征的认识大多局限于二维层面，而缺乏对笔迹三维信息的研究，近年来，笔迹特征的量化得到了越来越多文检工作者的重视。张云等[1]对200人书写的汉字笔迹进行分析研究，通过对笔迹特征进行选取、赋值、量化比对，统计得出了不同人笔迹的单字相似度和多字相似度情况，以及同一人笔迹的单字稳定度和多字稳定度情况，发现有不同人书写单字的相似度会高于同一人书写单字的稳定度的情况出现。但随着组合单字数量的增多，不同人笔迹的相似度会降低，而同一人笔迹的稳定度会提高，当组合单字数量达到一定的量时，稳定度要远高于相似度。实验的统计结果为笔迹鉴定的科学性提供了一定的数据支持，也扩展了笔迹鉴定量化研究的思路。申思等[2]运用笔迹三维特征提取分析仪的压力彩色图显、压痕去墨色图显、压痕深度曲线分析等功能，分析正常签名笔迹的三维信息，探索在速度变化、不同衬垫条件和不同书写工具等书写条件之下，签名书写压力的稳定程度和变化规律。研究表明，书写速度、衬垫条件和书写工具对正常签名笔迹书写压力的影响有：慢速签名的笔力分布相对快速笔迹更均衡，笔迹压痕的深度与书写速度无稳定对应关系；笔痕深度随衬垫物厚度增加而加深，达到最大值后继续增加衬垫物的厚度，凹痕深度反而变小，笔力较大者笔痕达到最大值时所需衬垫物的页数大于笔力较小者；中性圆珠笔字迹与油性圆珠笔字迹的笔痕形态明显不同，中性圆珠笔字迹笔画边缘凸起的高度大于油性圆珠笔字迹。何亮等[3]利用中国刑事警察学院研发的笔迹三维信息提取分析仪，对承受物变化所致的签名笔迹压痕变化进行量化研究，发现书写承受物变化对笔迹压痕影响明显，且压痕曲线走向及形态规律更能真实反映笔迹的特征和本质。羡闻鹏[4]重点关注了笔压特征的稳定性和特异性，通过实验考察了多种观察方法，包括直接观察法、侧光观察法、侧光红外影像显现法、静电压痕仪显现法和三维重现技术，并介绍了各种方法的观察条件和观察效果。笔压特征作为现代文件检验中最重要的证据和检验判定手段，为文件检验奠定了判定基础，为笔迹鉴定提供了可靠依据。除了传统

---

[1] 张云、李育革、石惠："汉字笔迹间不同人相似度和同一人稳定度的量化实验研究"，载《中国人民公安大学学报》（自然科学版）2015年第4期。

[2] 申思、韩丹岩："运用笔迹三维信息提取分析仪对正常签名书写力的研究"，载《中国司法鉴定》2015年第6期。

[3] 何亮、韩丹岩："利用笔迹三维信息提取分析仪研究承受物对签名压痕的影响"，载《中国刑警学院学报》2016年第2期。

[4] 羡闻鹏："浅析文件检验中笔压特征的应用"，载《法制博览》2015年第22期。

的书写工具外,随着信息技术的日新月异,数字手写技术凭借其快速便捷、保留原笔迹进行线上批阅、签发文件的特性,迅速为各类用户所接受,数字手写签名也将越来越多地出现在案件纠纷中。闫龙飞[1]通过总结、分析数字手写笔迹的概貌特征和细节特征,得出数字手写笔迹中书写载体、书写工具种属认定和数字手写笔迹同一认定的检验办法,并对数字手写笔迹的检验规则之完善提出合理化建议。数字手写笔迹给传统笔迹检验理论带来了巨大的挑战,因此鉴定人员必须本着科学客观的工作态度,善于总结特征、发现规律、求新求变,力争科学地得出鉴定意见,推动法庭科学之发展,维护法制公平与正义。李志荣[2]通过引入数学中集合模型的概念对书写技能和书写习惯的结构进行分析,更加形象和直观地说明了笔迹本质的内涵,揭示了书写技能和书写习惯的包容关系。相淑珍[3]应用多元统计分析方法中的贝叶斯判别分析理论对笔迹检验中选取的笔迹特征进行量化处理,从而建立起评价的函数模型,定量地分析笔迹检材与样本的符合程度,迅速、科学、准确地得出鉴定意见,对提高笔迹检验的鉴定质量和检验的综合能力起到了很大的作用,更有利于文检技术人员出庭作证。

(2) 右手书写者左手笔迹特点。大部分中国人从未使用左手进行汉字书写,当临时使用左手执笔书写时,反映出的笔迹必然与其右手笔迹存在较大差别。沈臻懿[4]在提取右利者左、右手分别所书写笔迹的基础上,对其左手伪装书写的字迹与其右手正常字迹进行比较、分析与检验,探讨了左手伪装笔迹的识别与书写人的同一认定。结果显示,人类大脑所特有的生理属性以及书写技能互相迁移的特点,令左手伪装笔迹在包含左手字典型特点与易变特征的同时,亦反映了诸多书写人自身书写习惯的笔迹特征。因此,左手伪装笔迹特征的鉴别,不仅可以确认左手书写这一伪装方式,更可进一步对特殊笔迹的书写人予以同一认定。

(3) 条件变化笔迹检验。书写速度和书体、字体因素,书写姿势、工具、环境因素,书写时间和书写人年龄因素,书写人生理、心理因素等条件的变

---

[1] 闫龙飞:"数字手写笔迹的特点及其检验研究",载《北京警察学院学报》2015年第3期。
[2] 李志荣:"基于集合模型的笔迹本质结构分析",载《中国刑警学院学报》2016年第1期。
[3] 相淑珍:"基于贝叶斯判别分类的笔迹检验定量分析",载《中国人民公安大学学报》(自然科学版) 2016年第2期。
[4] 沈臻懿:"左手伪装笔迹的特征鉴别与同一认定",载《中国司法鉴定》2015年第2期。

化，都可能对需检笔迹产生一定的影响，而笔迹检验中应特别注意对条件变化笔迹的分析。方琳等[1]通过对不同书写衬垫物条件下的笔迹进行实验研究，统计分析出不同书写衬垫物条件下笔迹特征的一般性特点和特有性特点，并总结和归纳出不同书写衬垫物条件下与摹仿笔迹的区别。李晓丽[2]运用观察法、测量统计法等方法，分析了行驶车辆上笔迹实验样本的宏观笔迹特征和微观笔迹特征，对影响笔迹变化的相关因素进行探讨、归纳，总结出在检验在行驶车辆上书写的笔迹时，选择特征应该注意的易变特征及稳定特征，为笔迹鉴定人员检验行驶车辆上笔迹提供了重要的参考依据。书写工具对笔迹特征的影响也不容忽视，柳彬等[3]收集了具有毛笔书法功底者的毛笔字迹和硬笔字迹进行直观比较，记录特征的变化并进行数据分析。实验发现，有毛笔书法功底者的毛笔字迹和硬笔字迹的错别字特征、笔顺特征、运笔特征有着稳定表现，但在某些繁简字的书写特征方面表现出差异。有毛笔书写功底者的毛笔字迹和硬笔字迹有很高的关联性，部分特征可以为它们的同一认定提供依据。

（4）笔迹鉴定意见。笔迹鉴定意见最终以鉴定报告书为载体，笔迹鉴定意见是否客观、科学，对司法公正的意义重大。邹明理[4]提出笔迹鉴定意见合理分类及其鉴定标准再探讨的必要性，论述笔迹鉴定意见合理分类应把握的5个原则，重点探讨正常笔迹鉴定出具6种不同意见的具体标准，认定可疑伪装检材字迹的基本条件和认定书写人的5项技术标准，分析摹仿书写检材字迹的基本规律与鉴定中应当解决可疑检材字迹是否摹仿书写、摹仿检材字迹被摹仿人的认定、摹仿检材字迹书写人的认定三个基本问题各自不同的技术标准。关颖雄[5]认为，从实证角度看，存在两份鉴定结果截然不同的笔迹鉴定意见的情形下，法官在采纳笔迹鉴定意见时，需具体审查其可信性，即笔迹鉴定作为一种科学方法论，获得司法界普遍信赖的前提下，笔迹鉴定

---

[1] 方琳、谢冰欣："笔迹特征在不同书写衬垫物下的实验研究"，载《江西警察学院学报》2015年第4期。

[2] 李晓丽："行驶车辆上书写笔迹特征变化的研究"，载《广东公安科技》2015年第4期。

[3] 柳彬等："对有毛笔书法功底者的毛笔与硬笔的字迹研究"，载《湖北警官学院学报》2015年第10期。

[4] 邹明理："关于笔迹鉴定意见的合理分类及其鉴定标准的再探讨"，载《中国刑警学院学报》2016年第1期。

[5] 关颖雄："笔迹鉴定意见刍议"，载《中国司法鉴定》2016年第3期。

人是否诚实、可信,以及笔迹鉴定人在具体个案中运用鉴定方法获得结果的过程是否可信两个基本方面。此外,站在司法鉴定意见使用者的立场看,有必要进一步关注笔迹鉴定意见的可读性,即超越传统的关注鉴定意见文书"是否规范"的观点,过渡到鉴定意见的使用者是否可以从鉴定意见文本中解读出鉴定实施过程,并对鉴定人的主观推论过程有较为全面的理解,具体需要从文体形式以及内容两个层面予以关注。

2. 印章印文检验

(1) 印章印文特征检验。印章的种类多种多样,其中钢印在日常生活中被广泛地应用在毕业证书、公证书以及授权委托书等各种文件上,起到防伪作用,其检验是印章印文检验的重要组成部分。王晓光等[1]结合钢印实验,阐述了钢印印文的基本形成过程,将其特有细节特征分为痕壁特征、立体角度特征、印透特征、图案边缘翘起特征、金属氧化物附着物特征等,同时阐述了这些特有细节特征的基本特点及影响因素,尤其是易受到盖印压力大小、纸张薄厚等条件的影响,提出了钢印印文检验时的注意事项。此外,印章印文的边框特征由于其处在印文的外沿,伪造者在伪造印文时容易将其忽略,在印文检验中具有重要意义。为此,王晓光等[2]以一起诈骗案件中的印文检验为例,提出了印文边框特征的分类,总结了现代渗透印章、激光雕刻渗透橡胶章、三维精雕机雕刻铜章等印章边框特征的形成机理及表现特点,提出运用印文边框特征进行检验时的注意事项,目的是提高文检人员对印文边框特征的重视程度及在案件检验中科学使用该特征的能力。

(2) 印章印文特征量化。与笔迹检验中笔迹特征的量化研究得到了研究者的重视一样,针对印文鉴定中有效印文特征的提取与分析也是印章印文鉴定领域的热点和难点。韩星周等[3]基于专家经验的评估,利用数学算法编写程序系统实现由经验到数据的量化,探索量化的印文比对检验方法。1875组实验数据表明,当印文重合度 A% ≥ 96.838% 时,检材和样本为同一印章盖印形成;当重合度 A% < 86.266% 时,检材和样本为不同印章盖印形成;当重合度 86.266% ≤ A% < 96.838% 时,不能确定是否为同一印章盖印形成。印

---

[1] 王晓光等:"钢印印文特有细节特征初探",载《刑事技术》2016年第3期。
[2] 王晓光等:"印文边框特征的检验应用",载《刑事技术》2016年第5期。
[3] 韩星周等:"印章印文比对检验的特征量化研究",载《湖北警官学院学报》2015年第1期。

章印文比对的量化,不仅能协助鉴定人出具鉴定意见,也为出庭作证提供了很好的展示界面,具有较高的可行性和有效性。

(3)条件变化印文检验。印章在使用过程中长期浸润在印油、印泥等物质材料中,由于印章材料理化特性的稳定性不同,每次盖印过程中的磨损及保存等条件也不同,印面特征会相应产生不同程度的变化,因此,需掌握印章历时性变化的规律。李萌萌等[1]通过实验设计改变钢印印文的盖印条件,总结盖印条件对钢印印文特征的影响。实验发现,在检验盖印力度较大、印文立体感较强的钢印印文时,应仔细观察、充分利用钢印印文反映出的印面的细节特征,如圆环边框的锯齿状痕迹;在检验盖印力度较小的钢印印文时,应注意发现是否存在角度特征,角度特征基本稳定,但也有可能会因钢印的印面调整而改变。由于钢印印文受盖印条件影响较大,在条件允许的情况下,应尽可能多地收集样本印文,从而可以更好地掌握钢印印文特征,丰富钢印印文检验的客观依据,提高钢印印文的检验鉴定效率。此研究理论为司法鉴定实践中钢印印文的鉴定提供了一定的参考依据。吴尚等[2]以印文为对象,分析印文经多次迭代复印后图文特征的变化规律。其利用 Adobe Photoshop 中的测量工具测量并记录印文经迭代复印后,在变化方向上位移量的分布,进而统计印文的变化位移量并利用 SPSS 数据分析软件对其进行量化分析,发现随着迭代复印次数的增多,复印件和原件之间的重合度逐渐降低,而笔画和复杂程度又会使文字的图文信息辨识度进一步衰减,在迭代复印次数和沿复印文件垂直方向上的位移之间存在着一定程度的线性关系。

(4)印文材料特性检验。通过近年来 CNAS 印章印文鉴定能力验证的实施,许多鉴定人已养成在印章印文检验过程中首先对印文的形成方式作出判断的习惯。除了显微观察外,对印文材料特性的检验也是判断印文形成方式的依据之一。张凌云[3]对同一厂家的红色印章油墨,应用 X 射线光电子能谱技术,进行定性定量分析和碳元素化学状态的深度解析,为印章油墨的检验鉴定提供了一种新的技术方法。该方法虽然设备成本高,但可得到大量的

---

[1] 李萌萌、郝红光:"盖印条件变化对钢印印文特征的影响",载《铁道警察学院学报》2015年第1期。

[2] 吴尚等:"印文迭代复印特征变化的实验研究",载《刑事技术》2016年第2期。

[3] 张凌云:"X射线光电子能谱法鉴别同品牌红色印章油墨",载《湖北警官学院学报》2015年第6期。

谱图信息，灵敏度高，可靠性好，同时需要样品量小，对于伪造印文的检验具有较高的应用价值。

3. 印刷文件检验

（1）激光打印机检验。在当前我国文书司法鉴定中，机制文件检验已成为最常见的鉴定项目。对激光打印文件暗记特征的检验是近年的研究热点，为机制文件检验提供了新的依据。但以往的研究大多数是将文件放大到足够倍数，对局部的跟踪暗码图形的点阵规律进行分析，尚未见对 A4 文件上跟踪暗码进行整体显现和分析的研究。王琳等[1]在现有研究基础上，尝试使用 UV – CS 高清扫描式文检仪对 A4 文件进行整幅扫描，并利用 Photoshop CS4 图像处理软件对扫描获取图像进行处理分析，实现了 A4 彩色激光打印文件跟踪暗码整幅扫描的目的，为利用跟踪暗码鉴别彩色激光打印机提供了一种新的研究分析思路。在此基础上，王琳等[2]还针对富士 ApeosPort 系列多功能一体机形成的纯黑白文件和彩色文件进行量化分析，用 A4 彩色激光打印文件上全部跟踪暗码一次性显现的方法，结合使用 Phoposhop 图像处理软件实现"跟踪暗码颜色为黑色，纸张颜色为白色"的效果，并且分别从是否存在跟踪暗码、跟踪暗码整体分布规律、跟踪暗码单位阵内部分布规律、单个跟踪暗码点形态特征等方面，发现了富士 ApeosPort 系列跟踪暗码的稳定特征。胡萍等[3]采用 MATLAB 程序和 Photoshop 图像处理软件两种方法提取彩色激光打印文件上的暗码点，对影响提取暗码点的因素进行实验研究。牟小彬等[4]运用"图像扫描分析系统"对打印件上由制造工艺等因素引起的，人眼无法辨识的微观特征如打印字迹的灰度、背景噪声点面积等相关参数进行量化测量研究和数据分析。使用 15 项参数组合，将 18 台不同型号激光打印机 3600 页打印样本中的 3596 页正确分类，正确率为 99.8%，对于不同类型激光打印机中等

---

[1] 王琳、黄文林、黄建同："彩色激光打印整幅 A4 纸跟踪暗码显现与分析"，载《中国人民公安大学学报》（自然科学版）2015 年第 1 期。

[2] 王琳、黄建同："富士 ApeosPort 系列彩色激光打印件上跟踪暗码的量化分析"，载《湖北警官学院学报》2015 年第 2 期。

[3] 胡萍、陈维娜、郝红光："对影响激光打印文件上暗码点提取因素的实验研究"，载《造纸科学与技术》2016 年第 4 期。

[4] 牟小彬、王洁、程卫国："量化激光打印机打印文件墨迹形态微观特征分析研究"，载《中国司法鉴定》2015 年第 5 期。

打印量的打印样本分类具有可行性。王晓宾等[1]收集不同品牌和型号激光打印机 10 台，利用扫描电镜/能谱仪对相同的打印字符进行无机元素分析，获得样品的能谱图和 mapping 分析图，对样品进行定量和半定性分析；同时收集 10 个不同品牌的 A4 静电复印纸，分析纸张对实验结果的影响。依据所含元素的种类，可以将 10 台激光打印机分为 4 类；依据主要元素相对百分含量的比值，可以对不同品牌和型号激光打印文件进行区分。研究结果表明，纸张因素对定性结果影响较小，对定量结果影响较大。扫描电镜/能谱法可以简单、快速、无损地区分和识别激光打印文件，可以应用于二次打印文件的检验，为侦查破案提供线索。罗仪文等[2]收集 24 个不同原装硒鼓并制作打印墨迹样品，使用激光剥蚀电感耦合等离子体质谱剥蚀墨迹并检测 18 种元素的信号，对元素响应值进行半定量，并使用多因素方差分析处理数据，建立激光剥蚀电感耦合等离子体质谱（LA-ICP-MS）检测激光打印原装黑色墨粉元素成分的方法，该方法具有较好的精密度和重复性，24 个样品可区分为 15 类，区分率为 94.6%，可以简便、快速地分析原装黑色墨粉，对样品破坏微小，结果准确可靠。

（2）喷墨打印检验。星形轮压痕是喷墨打印机较为稳定和有价值的特征之一。刘宁[3]通过实验考察了 46 种喷墨打印机，运用薄型碳式复写纸采集喷墨打印机输纸机构中星形轮形成的机械压痕，分析复写纸上星形轮印迹所反映的机器个体特定性，并将这种复写印迹与正常打印件上显现出的成行点状压痕进行比较分析，考察星形轮压痕在普通纸、喷墨纸和照片纸不同打印介质上的反映。喷墨打印机星形轮压痕具有个体特殊性，有效显现和综合利用独特星形轮压痕特征可以使喷墨打印机的个体识别成为可能。刘宁[4]还研究发现和比较了显现成趟星形轮压痕的多种方法。实验研究表明，文件检验常见设备的创造性使用，可有效提取分布于 A4 幅面上的、细微潜在的星形轮

---

[1] 王晓宾、黄建同：" 扫描电镜/能谱法检验激光打印文件"，载《刑事技术》2015 年第 3 期。

[2] 罗仪文等："LA-ICP-MS 对激光打印原装黑色墨粉元素成分的分析"，载《中国司法鉴定》2015 年第 1 期。

[3] 刘宁："星形轮压痕作为喷墨打印机个体识别依据的实验研究"，载《中国司法鉴定》2015 年第 4 期。

[4] 刘宁："喷墨打印文件上成趟星形轮压痕显现方法的实验研究"，载《中国刑警学院学报》2015 年第 3 期。

压痕,为文件检验人员充分利用星形轮压痕这一稳定而独特的喷墨打印机特征提供了新思路。

(3) 印刷文件灰度值。印刷文件灰度值产生差异的原理以及变化规律的总结目前还鲜有研究,马陈俊等[1]使用 ImageXpert 印刷图文分析系统测量打印复印文件相似区域的灰度平均值,并以此为切入点研究、总结印刷文件相关区域灰度平均值的变化规律,探索打印与复印文件灰度值特征及其对打印与复印文件鉴别的应用。实验表明,同设备的打印与复印文件相同区域内灰度平均值互有高低,而同一印刷文件上不同区域内灰度平均值差异有规律可循。利用印刷文件上相同区域内灰度平均值鉴别打印与复印文件的可行性不高,但通过其他印刷文件的灰度平均值规律分析、鉴别打印与复印文件还有待进一步研究。

4. 篡改文件检验

(1) 变造文件检验。任重远[2]研究了拉曼光谱法在变造文件检验中的应用,拉曼光谱法在部分变造文件检验领域能得到较好运用,如纸张种类检验、印章印文同一性检验,而在书写工具同一性、朱墨时序检验过程中发挥的作用则非常有限,在文件形成时间检验过程中几乎不能发挥作用。侯进令等[3]以从未看过原字迹的非文检人员是否可以辨认出被涂抹掩盖字迹为检验标准,根据不同黑色签字笔油墨物质成分不同,不同物质对光的透射率各异的特征,在相同条件下使用反射光谱成像技术与透射光谱成像技术分别对多个黑色签字笔间涂抹掩盖字迹实验样本进行检验,将显现效果分为可显现和不可显现两类,试图探寻一种无损、高效、直观的黑色签字笔涂抹掩盖字迹的显现方法,提高黑色签字笔间涂抹掩盖字迹的显现效率。结果表明,除了无法显现原字迹与涂抹掩盖笔迹的油墨物质成分、浓度以及组成配比相同或相近的样本之外,透射光谱成像技术能检验常规的光谱成像技术无法显现的黑色签字笔间涂抹掩盖字迹,其显现效果和效率都优于反射光谱成像技术,

---

[1] 马陈俊、杨旭:"ImageXpert 印刷图文分析系统检验印刷文件灰度值初探",载《中国司法鉴定》2015 年第 4 期。

[2] 任重远:"拉曼光谱法在变造文件检验中应用的实证研究",华东政法大学 2015 年硕士学位论文。

[3] 侯进令、张剑:"透射光谱成像技术检验黑色签字笔涂抹掩盖字迹研究",载《刑事技术》2015 年第 2 期。

是一种高效显现方法,可应用于刑事物证检验领域。

(2) 非同次打印文件检验。以往对于添加打印变造文件的研究多侧重于从不同部分文字的整体排版的区别、墨迹形态的差异和打印色料的异同等角度进行检验,这些方法对于非同机添加打印或较为拙劣的变造技术往往具有非常直接和明显的效果。然而,对于用同台打印机精心制作的同机添加打印文件,仅凭这些技术手段往往难以充分揭露添加变造的事实。强晓莹等[1]从排版布局特征、墨迹分布特征、打印暗记特征、打印遗留痕迹特征等角度,分析同机添加打印的特点并归纳检验方法。结果表明,同机添加打印在排版布局特征、墨迹分布特征、打印暗记特征、打印遗留痕迹特征等方面会暴露出添加打印的痕迹,为鉴定提供依据,综合采用多种检验方法可有效揭露同机添加打印事实。王跃等[2]根据周期性转印痕迹的有无,以及该类痕迹的遗留部位、具体形态、大小、相互位置关系、周长等单个或组合特征,鉴别文书的真假,证明周期性转印痕迹为静电复印/打印文书所特有,周期性转印痕迹的周长反映了不同机型、不同辊轴的种类特征,周期性转印痕迹的单个或组合特征也具备特定性与稳定性,能够反映静电复印/打印机具的个体特征及文书形成时间特征。周期性转印痕迹可为静电复印/打印文书机具的种类鉴定、同机鉴定、文书相对形成时间分析以及换页等篡改检验提供重要依据。

5. 朱墨时序检验

(1) 电阻测量法鉴别朱墨时序。涉及朱墨时序检验的案件逐年增加,对朱墨时序的检验也有很多方法,但朱墨时序一直是文检的难题之一。林建成等[3]利用黑色字迹电阻测量仪,检验黑色签字笔笔画电阻在先朱后墨和先墨后朱两种情况下的变化,根据笔画电阻值的变化判断朱墨时序。结果表明,黑色签字笔笔画与不同印章盖印形成朱墨交叉,笔画电阻在朱墨时序两种情况下会发生规律性变化,根据黑色签字笔笔画电阻在朱墨时序中的变化,可以确定盖印与书写的先后顺序。林建成等为研究黑色签字笔笔画电阻与印文朱墨时序关系提供了一种无损、便捷的检验方法。

---

[1] 强晓莹、施少培:"同机添加打印检验技术研究",载《中国司法鉴定》2015年第1期。

[2] 王跃、张世群:"静电复印/打印文书的周期性转印痕迹研究",载《中国司法鉴定》2016年第4期。

[3] 林建成等:"基于电阻测量法鉴别朱墨时序的实验研究",载《湖北警官学院学报》2015年第12期。

（2）荧光检验朱墨时序。荧光检验法属于朱墨时序检验方法中的无损检验方法，主要有文件检验仪荧光检验法和显微荧光检验法两种具体方法。王少仿[1]使用 VSC5000 文件检验工作站，采用不同紫外光对 72 份实验样本进行照射和透射检验，并调整滤色片、对比度、亮度等参数，观察先朱后墨和先墨后朱两种时序条件下的荧光反应。实验表明，在先墨后朱时序下，打印文字在交叉处笔画颜色变深、宽度增加，但能保持相对完整；在先朱后墨时序下，打印文字在交叉处笔画颜色、宽度没有变化，但部分笔画可能存在中断或不完整现象。运用荧光法能准确判定激光打印文字与盖印印文的形成时序，可应用于实践案件鉴定工作。王少仿等[2]还对复印文字的朱墨时序检验进行了实验探索，取得了较满意的效果。可通过紫外光照射，改变长通滤色片、带通滤色片、放大倍数、增强时间、光圈、增益、亮度、对比度等参数，观察交叉部位与非交叉部位的荧光反应来判定朱墨时序。可选取的特征有：交叉部位是否有颜色加深现象，是否有洇散现象，是否出现断笔现象。如果形成时序为先墨后朱，则使用 365nm 紫外光源或透射光源，长通滤色片为 OG530 或可见光，带通滤色片关闭，并选择合适的放大倍数，调整好配光，能观察到交叉部位的复印文字笔画颜色加深或洇散现象。当形成时序为先朱后墨时，交叉部位的复印文字笔画颜色基本没有变化，但会存在断笔或缺损现象。赵明树[3]以荧光检验法检验书写文件朱墨时序为研究内容，以文件检验仪荧光检验法和显微荧光检验法为研究方法，研究其对常用书写材料、盖印材料和朱墨时序的检验效果。结果发现，文件检验仪荧光检验法对书写材料和盖印材料所发射荧光的强度和强度变化的观察效果较为理想。显微荧光检验法对钢笔墨水与油性盖印材料形成文件的朱墨时序检验有一定规律可循。在书写材料和盖印材料相同、书写条件相同，除部分荧光特性强的书写材料形成的朱墨时序问题和书写色料层与传统印泥的盖印色料层层次关系明显的朱墨时序问题外（仅为对比检验，且需经图像处理增强荧光强度差异），绝大多数情况下，先墨后朱与先朱后墨的朱墨交叉部位的荧光特性差异非常小。

---

[1] 王少仿：“紫外荧光法检验激光打印文字朱墨时序”，载《刑事技术》2015 年第 4 期。
[2] 王少仿、吴兴国：“荧光法检验复印文字朱墨时序的实验研究”，载《湖北警官学院学报》2015 年第 11 期。
[3] 赵明树：“荧光检验法检验书写文件朱墨时序的初步研究”，华东政法大学 2015 年硕士学位论文。

(3) 宏观无交叉状态下的朱墨时序检验。传统的朱墨时序检验方法无法应对这类复杂的朱墨时序问题，杨馨[1]通过实验研究发现，激光打印墨粉与印文色料的层次关系是可用于判断宏观无交叉状态下激光打印文字与盖印印文形成时序的重要特征。印台印文（水性）、光敏印文先盖印后打印的样本中，墨粉颗粒未被印文色料覆盖，而是悬浮于印文色料之上，墨粉表面有光泽，立体感强。然而，在先打印后打盖印的样本中，墨粉颗粒被印文色料所覆盖，墨粉颗粒无光泽，立体感消失。但是残留墨粉与印文色料交叉部位的表观特征并不能反映出激光打印文字与印泥印文、原子印文的形成时序，此时印文色料的三维形态特征可以作为判断宏观无交叉状态激光打印文字与印文形成时序的重要参照。在光敏印文先打印后盖印的样本中，印文能够较好地保存微观形态特征（平面加层痕迹），并在三维模型中得到较好的反映。在先盖印后打印的样本中，印文会受到抑压。研究还发现，时间因素对于无交叉状态下激光打印文字与盖印印文形成时序的判断影响较大。

6. 文件制作时间检验

孙其然等[2]对近年来有关书写时间鉴定方法的研究作了归纳，现有的方法基本可分为三类：分别根据染料的降解、溶剂的挥发及"溶解率"的变化来判断墨迹的形成时间；主要应用液相色谱（-质谱）、气相色谱-质谱以及原位电离质谱等检测技术。由于墨水的配方、纸张、存放环境均会影响墨迹的老化曲线，因此对实验室方法需进行严格验证，在满足方法适用条件的情况下使用，并结合实验数据谨慎解释检测结果。未来，书写时间鉴定方法的研究可从建立规范的样品库、改进结论表述方式、量化环境因素影响、明确墨迹成分、系统研究墨迹老化机理等方向开展。连园园等[3]指出，文件形成时间鉴定可通过三个技术通道来完成，即墨迹（包括印文印迹）的形成时间、纸制品的形成时间及文件内容的系统性分析，其中又以墨迹的书写时间鉴定最为普遍。连园园等在系统分析了半个多世纪以来涌现出来的众多墨迹形成时间鉴定的相关技术，并对其具体方法进行了归纳总结和简单的评析后指出，

---

[1] 杨馨："宏观无交叉状态下的朱墨时序实验研究——以激光打印文字与盖印印文的形成时序为对象"，华东政法大学2015年硕士学位论文。

[2] 孙其然等："书写时间鉴定方法研究进展"，载《中国司法鉴定》2015年第1期。

[3] 连园园、梁鲁宁、刘建伟："文件形成时间检验方法综述和评析"，载《证据科学》2016年第6期。

在未来,书写时间检验技术将更强调原位检验,纸张断代技术将得到长足的发展,系统检验方法将成为主流技术。

(六)毒物毒品检验学

1. 分离检测技术的优化及发展

在毒物分析过程中,样品前处理技术至关重要。前处理技术的良好把握可以减轻或避免杂质对待检毒物检测的干扰,以获得准确可靠的分析结果。目前,对于检材中毒物毒品的分离提取,常用的前处理方法为:液液萃取(LLE)、固相萃取(SPE)、固相微萃取(SPME)、超临界流体萃取(SFE)、液相微萃取(LPME)、微珠萃取(MBE)、中空纤维液相微萃取(HF-LPME)及应用较少的微波样品前处理技术(微波萃取技术、微波衍生化技术、微波水解技术、微波消解技术等)[1],等等。由于这些传统前处理技术面对检材中的混合物具有一定的局限性,因此,2015 年之前,大多数专家致力于优化改进传统前处理技术,如栾玉静等[2]所综述的凝胶渗透色谱、萧伟斌等[3]介绍的二维液相色谱法、谭晓辉等[4]研究的 OASIS HLB 3cc/60mg 固相萃取柱、舒翠霞等[5]研究的固相萃取-气相色谱法等,这些前处理技术的发展在提高毒物毒品分析的灵敏度、准确性、保证重复性等方面取得了进步。

除了对基本前处理技术进行优化改进以外,一些新型前处理技术也相继出现,但这些新型前处理技术绝大多数与检测技术相结合。

(1)传统分离技术的优化。LLE、SPE、SPME、SFE 等传统的前处理技术在面对不同组分、形态、结构的检材时存在着各自的局限性,以检测生物检材中的海洛因为例,对样品的前处理方式主要是液相萃取,但液相萃取易

---

[1] 温锦锋等:"微波样品前处理技术在毒物和毒品检验中的应用",载《中国刑警学院学报》2016 年第 3 期。

[2] 栾玉静等:"凝胶渗透色谱在不同样本检验中的应用和进展",载《刑事技术》2014 年第 4 期。

[3] 萧伟斌、蹇阳、李桦:"二维液相色谱在药物和毒物分析中的应用进展",载《分析化学》2014 年第 12 期。

[4] 谭晓辉等:"SPE-LC-MS/MS 法同时测定尿液中氯氮平及三种代谢产物",载《实用医学杂志》2013 年第 5 期。

[5] 舒翠霞等:"固相萃取-气相色谱法检测全血中佐匹克隆",载《中国法医学杂志》2013 年第 1 期。

于乳化，很难自动化，需要大量的有机溶剂，毒性较大，会产生大量的实验室废液。基于种种条件限制，对传统分离技术进行优化就显得尤为重要。

第一，液液萃取法（LLE）。周信康等[1]采用分散液相微萃取与GC/MS联用技术来分析人体尿液中拟除虫菊酯类杀虫剂，实验中确定了分散液相微萃取最优萃取条件：30mg薄荷醇作为萃取剂，0.5mL甲醇作为分散剂，萃取时间为2min，离心时间为5min，在此条件下进行分析，三氟氯氰菊酯、氯菊酯、氰戊菊酯的检出限分别为3.3ng/mL、3.3ng/mL和10ng/mL，相对标准偏差分别为1.8%~12%、3.3%~5.7%、3.8%~13%，富集倍数分别为460、512、1302。与常规的分散液相微萃取方法相比较，薄荷醇萃取剂凝固点高，在低温下即可冷凝为固态，浮在水相上层，易于与水相分离，可避免处于水相下层的重密度萃取剂易于受生物杂质沉淀的干扰而不易分离的制约，且该萃取剂无毒无味，绿色环保。李文海等[2]建立了血液中甲卡西酮快速溶剂萃取分析的新方法（ASE-GC/MS）。通过优化快速溶剂萃取（ASE）的萃取条件（溶剂、温度及时间），对血液中的甲卡西酮进行有效提取，之后用气相色谱/质谱（GC/MS）进行定性、定量分析。该方法检出限为0.02mg/L，定量限为0.1mg/L。血液中甲卡西酮在0.5mg/L、1.0mg/L和2.0mg/L三个添加水平的平均回收率在96.70%~99.27%之间，甲卡西酮在0.1mg/L~50mg/L的浓度范围内线性良好。该方法快速、简便、高效且操作自动化，适用于血液中甲卡西酮的检验鉴定。赵永根等[3]采用Pro Elut PLS柱萃取尿样中的甲卡西酮，以气质联用（GC/MS）测定，检测限为0.025μg/mL，并试验了pH值对回收率的影响。结果表明，样品流速为0.5mL/min，以二氯甲烷为洗脱剂，回收率较好，其回收率在85.3%~90.3%之间，并通过实际案件验证了本方法的可靠性。王丹等[4]建立了中空纤维液-液-液三相萃取模式（3p-HF-LPME）-高效液相色谱（HPLC）法测定尿中的海洛因代谢物吗啡、O6-

---

[1] 周信康等："分散液相微萃取技术与GC/MS联用检测生物样品中拟除虫菊酯类杀虫剂"，载《分析试验室》2015年第4期。

[2] 李文海等："快速溶剂萃取-气相色谱/质谱法分析血液中的甲卡西酮"，载《分析测试技术与仪器》2016年第3期。

[3] 赵永根、郭善："SPE-GC/MS法检测尿中的甲卡西酮"，载《北方药学》2016年第12期。

[4] 王丹、孟品佳、陈琳琳："三相中空纤维微萃取-高效液相色谱检测尿液中的海洛因代谢物"，载《中国刑警学院学报》2015年第3期。

单乙酰吗啡及可待因等。中空纤维液相微萃取技术是将有机溶剂固定在中空纤维孔壁内,生物样品中的大分子杂质难以通过纤维孔进入接收相,中空纤维对样品溶液起到微孔过滤的作用,集萃取、过滤、富集于一体。以此为基础,实验对高效液相色谱的检测条件及影响液相微萃取的有机溶剂、样品相和接收相 pH 值、萃取时间、搅拌速度等因素进行了考察和优化,将该方法运用于司法鉴定中节约试剂,既环保又便捷,且能得到可靠结果。

第二,固相萃取法(SPE)。黄林等[1]根据刑事案件中毒物毒品的性质,对固相萃取技术中 pH 值、萃取时间、搅拌速度等相关条件进行改进,实现了对水中农药残留及生物组织中常规毒物的筛查。张琳等[2]分别采用稀释法、蛋白沉淀法、固相萃取法(HLB、MCX 固相萃取柱)和 96 孔板法(Ostro 96 孔板、Captiva 96 孔板),对 12 种毒品添加全血样本进行预处理,进行 UPLC – MS/MS 检测,比较不同前处理方法对全血中 12 种毒品成分检测结果的影响,结果显示,6 种前处理方法所得校正曲线线性良好,R 值均大于 0.999。稀释法的灵敏度最低,MCX 固相萃取法的灵敏度最高,可达 0.02ng/mL,其余方法多在 0.05ng/mL ~ 1ng/mL 之间。基质效应为稀释法较好(100% 左右),蛋白沉淀法、两种固相萃取法和 Ostro 96 孔板法呈离子抑制(60% ~ 90%),Captiva 96 孔板法呈离子增强(100% ~ 140%)。回收率为稀释法和 Captiva 96 孔板法较差(60% ~ 80%),Ostro 96 孔板法最好(接近 100%),其余方法基本相当。该结果显示,稀释法操作简单,适用于全血中待测组分的快速测定;固相萃取法灵敏度高,适用于全血中痕量毒品成分的检测;96 孔板法操作简单快速、省时省力,能满足高通量血样检测的需要。这为鉴定人在实际案件中选择何种前处理方法提供了科学依据。吴玉红等[3]研发了一种新型的提取药物、毒物和毒品的固相萃取柱,并为此申请了专利。其包括柱体和筛板,其特征在于柱体底部开有出液口,柱体内装有两块筛板,在两块筛板之间填充有硅藻土,柱体上部直径大于柱体下部直径,柱体上部到柱体下部呈锥形过渡,在柱体进液口顶端外圆周上设有凸缘,在柱体进液口顶端安设有洗耳

---

[1] 黄林、党富生:"固相萃取在毒物分析中的应用研究",载《化工管理》2016 年第 32 期。
[2] 张琳等:"不同前处理方法对全血中 12 种毒品成分检测结果的影响",载《中国法医学杂志》2015 年第 5 期。
[3] 吴玉红等:"用于提取药物、毒物和毒品的固相萃取柱",中国专利,CN204731079U,2015 – 10 – 28。

球，该洗耳球的出气口插入柱体的进液口。柱体上部直径大于下部直径，使得柱体能够装入更多剂量的洗脱溶剂，可以减少重复倒入洗脱溶剂的次数，由于溶剂装量较多，重力较大，使洗脱溶剂更顺畅地流下。此新型萃取柱结构简单、控制方便、成本低廉，便于在公检法、卫生防疫、药检、环保、食品检验等领域广泛推广使用。而后，吴玉红等[1]又研发了一种检材中多目标药物毒物同时快速提取方法，并申请专利。该种方法将稀释后的检材转移至固相萃取柱中，依次用乙醚、二氯甲烷洗脱，合并洗脱液浓缩供检；上述固相萃取柱中装填有特定组成和特定性能的填料。此发明的提取方法可在5分钟之内将检材中的全部药物、毒物一次性分离提取出来，具备普适性强、操作简便、工作量小、除杂能力强、提取效率高的优点，对所有常见药物、毒物的提取率基本在90%以上。吴清华等[2]综述了国内外固相微萃取技术（SPME）在法庭科学领域中毒物、毒品和微量物证（炸药残留物）样品前处理、火场助燃剂残留物及人体气味鉴别方面的应用，为法庭科学领域毒物毒品、微量物证的相关研究和侦查办案提供了科学依据和参考。

除了方法的建立，孟梁等[3]运用气相色谱质谱法比较了中空纤维液相微萃取法（HF - LPME）与超声辅助低密度溶剂分散液液微萃取法（UA - LDS - DLLME）这两种微萃取技术在尿液与血液样品中的效能，并对这两种萃取方法进行了参数优化。在此优化条件下，UA - LDS - DLLME 所用时间较少，适用于批量样品的同时前处理，并且有着较高的提取率；而 HF - LPME 有着较好的样品净化功效，并且由于它的可重复性高，对复杂基质样品来说是一种强健、适宜的提取技术。

（2）新型分离技术的开发与应用。磁性纳米粒子是近年来发展起来的一种新型材料。在法庭科学领域，纳米磁珠萃取的出现，克服了传统样品前处理分离效率低、操作复杂、有机溶剂消耗量大、易造成环境污染和损害操作

---

[1] 吴玉红等："一种检材中多目标药物毒物同时快速提取方法"，中国专利，CN105388058A，2016 - 03 - 09。

[2] 吴清华、张振宇："固相微萃取技术在法庭科学领域中的应用"，载《化学分析计量》2016年第4期。

[3] Meng L. et al., "Comparison of Hollow Fiber Liquid - phase Microextraction and Ultrasound - assisted Low - density Solvent Dispersive Liquid - liquid Microextraction for the Determination of Drugs of Abuse in Biological Samples by Gas Chromatography - mass Spectrometry", *Journal of Chromatography. B*, *Analytical Technologies in the Biomedical & Life Sciences*, 2015 (989): 46 - 53.

人员身体健康等缺点。然而,将磁性纳米粒子应用到体液中毒品的提取则鲜有报道。胺基纳米磁珠是近年新研发的一种专门用于提取人体体液中常见毒品的新材料。在磁场的作用下,基于磁珠的磁性和胺基功能团的特性,胺基纳米磁珠可有效吸附毒品,而由于分子间键合反应产生的吸附不稳定,会因更强的溶解反应释放出被吸附的毒品,可使毒品得以提取分离。杨丽君等[1]将胺基 Fe_3O_4 纳米磁珠用于提取血液中的甲基苯丙胺、吗啡和氯胺酮 3 种毒品,利用 GC/MS 对血中 3 种毒品的提取情况进行研究分析,结果显示,胺基纳米磁珠可以有效富集血液中的甲基苯丙胺、吗啡和氯胺酮,回收率均高于 70%,富集倍数均大于 30 倍。杨丽君等同时对提取强度、pH 值、洗脱液用量、标准曲线、检测限,以及日间精密度与日内精密度等影响因素进行分析:当采用漩涡方式、pH 值大于 7、洗脱液用量为 80μL 用量时提取率较高。甲基苯丙胺、吗啡和氯胺酮线性关系 R 分别是 0.9826、0.9526 和 0.9914,最低检出限分别是 0.062μg/mL、0.093μg/mL 和 0.041μg/mL。提取甲基苯丙胺、吗啡和氯胺酮的日内精密度和日间精密度均小于 6.0%。该方法富集效率高,吸附所需时间短,能有效提高血液中常见毒品的检测灵敏度。

金建中[2]将 X 射线衍射法运用到常见毒物的检验中,如巴比妥、地西泮、盐酸甲基苯丙胺、盐酸海洛因、亚硝酸钠、氰化钾等毒物,能够利用定性分析来保证检验结果的准确性与快速性,提供更为满意的图谱以及准确的测定结果。相较于气相色谱/质谱联用法、红外光谱法等而言,X 射线衍射法具有对环境无污染、灵敏度高、分析时间短、选择性好以及样品处理简单等优势,实际操作中无需使用任何化学试剂,也不会损耗样品或造成任何污染,可以得出样品的准确分子结构,在常见毒物的检验分析中具有重要意义。随着科学技术的发展与检验手段的更新,利用 X 射线衍射法来定性分析检验常见毒物,能够有效解决样品的配制与提取等问题,保证晶体粉末毒物分析的高效性、准确性与快速性,具有较高的应用价值。

石银涛等[3]建立了超高效液相色谱 - 四极杆 - 飞行时间串联质谱(UPLC - Q - TOF/MS)快速筛查血液中 10 种毒物的检测方法。用乙酸乙酯提取血液样

---

[1] 杨丽君等:"胺基纳米磁珠提取血液中 3 种毒品",载《刑事技术》2016 年第 4 期。
[2] 金建中:"常见毒物的 X 射线衍射法检验运用",载《科学家》2016 年第 12 期。
[3] 石银涛等:"超高效液相色谱 - 四极杆 - 飞行时间质谱法快速筛查血液中 10 种常见毒物",载《色谱》2016 年第 5 期。

品，浓缩至近干后，用甲醇溶解定容，过 0.22μm 滤膜后，直接测定。目标物经 ACQUITY UPLC@BEH C_{18} 色谱柱（100mm×2.1mm，1.7μm）分离，以甲醇和 0.1%（v/v）甲酸水溶液为流动相，梯度洗脱，四极杆飞行时间串联质谱电喷雾正离子模式检测，外标法定量。结果表明，目标物在 10.0~500.0μg/L 范围内线性关系良好，相关系数为 0.9908~0.9958，检出限和定量限分别为 1.0μg/L~2.0μg/L 和 4.0μg/L~8.0μg/L。在 20.0μg/L、50.0μg/L 和 200.0μg/L 三个添加水平下的平均回收率为 56.7%~83.0%，相对标准偏差为 3.6%~8.9%。利用 Agilent Mass Hunter PCDL Manager 软件建立常见毒物的数据库，并应用于加标样品的筛查分析。该方法能快速筛查出添加的 10 种常见毒物，检出率达 100%，且保留时间偏差均小于 0.1min，同位素丰度匹配得分、同位素间距得分和 MS 匹配得分均大于 90，MS/MS 图谱匹配得分均大于 70。该方法可用于法庭科学与临床毒物分析。

2. 检测技术的优化、开发与应用

(1) 传统检测技术的优化。

第一，气相色谱/质谱联用。无机物导致的中毒事件时有发生，鉴定人员需不断更新技术，建立合适系统的检测方法，以适应现代这一充满"毒物"的环境。宣宇等[1]对硫化氢中毒者血中 H_2S 的检测及腐败产生和内源性 H_2S 的鉴别进行探讨，取新鲜空白血液和 5℃下保存 1 个月和 1 年的血液各 2mL，经微波低火加热 1min 后，吸取顶空气体 100μL 进行 GC/PFPD-S、GC/MS 检测；取相同样本进行酸化处理后进行检测；取疑似 H_2S 中毒者血液直接加热后进行检测。结果显示，新鲜血液和 5℃下保存 1 个月和 1 年的血液均可检出 H_2S 成分，但保存 1 个月以上的血液可同时检出二硫化碳（CS_2）成分；酸化处理后的血液，H_2S 和 CS_2 成分检出的含量明显比未加酸化的血液高；中毒者血液中除了检出 H_2S 成分外，还检出甲硫醚成分。这表明，血液样本同时检出 H_2S 和较大量的 CS_2 时，不宜判定为 H_2S 中毒，可能为腐败所致；而同时检出 H_2S 和较大量的甲硫醚，则可作出 H_2S 中毒的判断。这为法庭科学工作者检验酸性气体中毒提供了很好的研究思路。

---

[1] 宣宇、沈磊、傅得锋："硫化氢中毒者血中硫化氢的检测及特征鉴别"，载《中国法医学杂志》2015 年第 3 期。

血中一氧化碳检测常用的方法为分光光度法。张婷等[1]考察了顶空－气相色谱－质谱联用（HS－GC－MS）分析方法测定血中一氧化碳的多种影响因素，包括顶空体积、加热温度、加热时间、加酸方式、制备饱和血样的方法等内容。同时对相同案件检材的 HS－GC－MS 分析方法与常规分光光度法进行比较，得出 HS－GC－MS 分析方法检测一氧化碳的注意事项，并得出其在腐败检材的测定中更具优势的结论。

郭林等[2]建立了一种简单、快速地运用气相色谱质谱法（GC/MS）检测人类全血与尿液中的四种安非他明的方法。在样品的前处理过程中，蒸馏是最易破坏安非他明与甲基苯丙胺的步骤，在此研究中，液液萃取法代替了蒸馏步骤，最上层的溶剂层被直接注入而没有被衍生化，有效地阻止了易挥发的安非他明在蒸馏过程中随蒸汽蒸发，并确保了校正曲线的线性度。此法的检测限为 5ng/mL，学术界对这种基础、简单的分析方法少有提及。

赵文成[3]介绍了用 GC/MS 检测动物组织中 β－兴奋剂残留这一新方法，分别考察了提取、净化衍生化、内标物的选择、色谱条件、升温程序的控制以及质谱检测条件等对 β－兴奋剂残留检测的影响。赵文成用该方法检测了动物组织、肝脏中克伦特罗、莱克多巴胺、沙丁胺醇、异舒普林四种 β－兴奋剂残留物，结果显示该方法灵敏度高，准确可靠。

努尔艾力·塔依尔等[4]建立了基于固相萃取与衍生化技术，用 GC/MS 对生物样品（血液、尿液）中的阿片类毒品及其代谢物进行精确定性、定量的检测方法。本方法简单、快速、灵敏度高、定性定量准确，适用于吸毒或毒品滥用者血样、尿样的筛查与确认检验。平均加内标回收率为 95.9% ~ 101.6%，相对标准误差（RSD）为 2.13% ~ 8.59%，最低检测限（LOD）为 1ng/mL，最低定量限（LOQ）为 25ng/mL。实际案件尿液样品中检测出可待因、吗啡、6－乙酰吗啡，可待因含量大于 400ng/mL，吗啡为 384ng/mL，6－

---

[1] 张婷、王瑞花、于忠山："顶空－气相色谱－质谱联用法测定血中一氧化碳"，载《中国刑警学院学报》2015 年第 1 期。

[2] Guo L. et al., "Simple and Rapid Analysis of Four Amphetamines in Human Whole Blood and Urine Using Liquid－liquid Extraction without Evaporation/derivatization and Gas Chromatography－mass Spectrometry", *Forensic Toxicology*, 2015 (33): 104 – 111.

[3] 赵文成："β－兴奋剂残留的分离检测研究"，甘肃政法学院 2016 年硕士学位论文。

[4] 努尔艾力·塔依尔等："GC、GC－MS 法定性定量法检测血液和尿液中阿片类毒品及其代谢物的含量"，载《新疆医科大学学报》2016 年第 7 期。

乙酰吗啡为278ng/mL，血液检测量极小，确证了吸毒人员已经吸食海洛因的违法事实。

甲卡西酮，俗称"长治筋"、"浴盐"，是苯丙胺类毒品的一种类似物，一般为粉末状态或与水混合液体，吸食后有提神作用，与苯丙胺类毒品效果类似。研究表明，该物质能导致急性中毒和毒品依赖，过量易造成不可逆的永久脑部损伤甚至死亡。近年来，甲卡西酮在我国的滥用日益严重，尤其在娱乐场所吸毒人员把甲卡西酮与大剂量酒精共同饮用，造成人员死亡的情况时有发生。上文提及，赵永根等[1]采用 Pro Elut PLS SPE - GC/MS 法对尿样中的甲卡西酮进行检测，操作方法简便，使用检材量少，杂质干扰少，分析速度快，灵敏度高，并在实际案件中验证了本方法的可靠性。

在毒物毒品鉴定中，质谱的检索工作具有一定的难度，需要考虑毒物的峰谱图是否一致，匹配度有多高，类似物有多少等因素。为此，赵卫等[2]对自动质谱去卷积定性系统（AMDIS）在法医毒物分析中的应用进行了研究，结论表明，AMDIS 检索能实现自动化和快速，适用于 GC/MS 法快速鉴定毒物。

第二，液相色谱/质谱联用。中国中毒案件发生较为频繁，各种新型化学药剂（如毒鼠药等）的推出也给中毒案件中的毒物分析带来了挑战。这类新型化学药剂的主要检测手段是以联用技术为基础建立的。乔正等[3]建立了超高效液相色谱－串联质谱（UPLC - MS/MS）法测定人血液中毒死蜱的含量。样品的提取采用简单的蛋白质沉淀法。色谱条件为液相色谱柱，使用配比为5∶95的溶剂 A（0.1% 甲酸溶液和2mmol/L 乙酸铵）与溶剂 B（甲醇和2mmol/L 乙酸铵）作无梯度洗脱。在5ng/mL～500ng/mL 范围内线性良好（R = 0.9987），检测限和最低定量限分别为2ng/mL 和4ng/mL。该方法为毒死蜱的快速提取与检测提供了参考。张美玲等[4]建立了一种简单测定生物样品中阿立哌唑与氯氮平的液相色谱－质谱联用法。采用的方法为液－液乙酸乙酯萃取样品，

---

[1] 赵永根、郭善："SPE - GC/MS 法检测尿中的甲卡西酮"，载《北方药学》2016 年第12 期。

[2] 赵卫等："AMDIS 在法医毒物分析中的应用"，载《当代化工研究》2016 年第2 期。

[3] 乔正等："UPLC - MS/MS 法测定人血液中毒死蜱的含量及其在中毒案例中的运用（英文）"，载《法医学杂志》2015 年第2 期。

[4] 张美玲等："液相色谱－质谱联用法测定生物样品中阿立哌唑与氯氮平"，载《中国法医学杂志》2015 年第2 期。

色谱柱为 Zorbax SB - C_{18}（2.1mm×150mm，5μm），流动相为乙腈与 0.1% 甲酸，梯度洗脱，流速为 0.4mL/min，柱温 30℃，采用 ESI 离子源，MRM 离子方式监测。结果显示，阿立哌唑与氯氮平在 50ng/mL~2000ng/mL 的浓度范围内线性良好（R>0.993）；回收率均在 87%~112% 范围内，日内、日间 RSD 均小于 12%。该法在实际案例中，可作为血液与尿液中阿立哌唑与氯氮平浓度简单、高效的检测手段的参考。生物毒素的检测研究越来越受到重视，吴振兴等[1]建立了腹泻性贝毒毒素 9 种代表性化合物的高效液相色谱 - 电喷雾串联质谱（HPLC - ESI - MS/MS）检测方法。该法以 80% 甲醇水溶液对贝类组织中的毒素进行提取，再以亲水亲脂平衡柱（HLB）对提取液进行净化，最后以 HPLC - ESI - MS/MS 测定。结果显示，9 种代表性化合物在各自浓度范围内线性良好，回收率为 68.9%~94.2%，精密度为 3.5%~9.5%。

此外，一些催眠类药物在自杀、抢劫案件中时有见到，对这类物质快速准确的检测方法的探索是法庭科学毒物分析中的一个重要课题。扎来普隆作为非苯二氮䓬类催眠药物之一，催眠效果好，使用人群不断增加，案件中比较常见。张蕾萍等[2]建立了尿液中扎来普隆和 5 - 氧 - 扎来普隆的液相色谱 - 串联质谱检验方法。将尿液用乙腈直接沉淀蛋白并通过 96 孔板去磷脂后，选用 ZORBAX Eclipse Plus C_{18} 色谱柱，以 0.1% 甲酸水（A 相）和乙腈（B 相）作为流动相，进行梯度洗脱分离。采用液相色谱 - 串联质谱仪的电喷雾电离，正离子模式扫描、多反应监测（MRM）模式检测扎来普隆及 5 - 氧 - 扎来普隆，并用外标法定量。结果显示，该方法可有效分离尿液中的扎来普隆及 5 - 氧 - 扎来普隆，保留时间分别为 2.48min 和 1.96min，样品检验时间仅需 4min。该实验所建方法操作简单，检出限低，回收率高，选择性强，可用于尿液中扎来普隆的染毒检验鉴定。

γ - 羟基丁酸具有强烈的镇静作用，无色无味，常被当作迷奸药用于性犯罪。施妍等[3]建立了尿液中 γ - 羟基丁酸（GHB）及其前体物质 1，4 - 丁

---

[1] 吴振兴等："液相色谱 - 串联质谱法检测 9 种腹泻性贝毒毒素"，载《食品安全质量检测学报》2015 年第 8 期。

[2] 张蕾萍等："UPLC/MS/MS 检验尿液中的扎来普隆和 5 - 氧 - 扎来普隆"，载《刑事技术》2015 年第 2 期。

[3] 施妍等："尿液中 γ - 羟基丁酸及其前体物质的检测和应用"，载《法医学杂志》2015 年第 3 期。

二醇（1,4-BD）和 γ-丁内酯（GBL）的液相色谱-串联质谱法。该法以 GHB-d6、MOR-d3 为内标，尿样经甲醇沉淀蛋白后通过液相色谱分离，电喷雾离子源进行离子化，多反应监测模式对各化合物进行检测。结果显示，GHB 及其前体物质 1,4-BD、GBL 的检出限分别为 0.1μg/mL、0.1μg/mL 和 2μg/mL，准确度为 87.6%~98.1%，日内及日间精密度均小于 15%，基质效应大于 80%。该法灵敏度高、简便快捷、专属性强、可靠性高，可为司法鉴定实践中涉及 GHB 的案件提供技术支持和基础数据。

值得注意的是将串联技术运用到制毒原料与中间体的检测。翟晚枫等[1]建立了检测易制毒化学品黄樟素的超高效液相色谱定量分析方法，并对其进行了优化。实验结果表明，所测黄樟素样品色谱行为良好，在 2μg/mL~200μg/mL 范围内线性良好，相关系数高于 0.9999。以信噪比 S/N>3 计算，检测限为 0.1μg/mL。加标回收率在 98.21%~102.18%之间，RSD 为 0.35%~0.96%。在室温放置 96h、-20℃放置 15d 以及在室温和-20℃反复冻融 3 次的条件下均可保持稳定。苗翠英等[2]建立了液相色谱-质谱联用（LC-MS）技术检验羟亚胺的方法，并确定了 LC-MS 检验羟亚胺的最优实验条件为有机相初始浓度 8%、梯度陡度 5%/min、喷雾电压 1KV、加热块温度 240℃、解离管温度 180℃和干燥气流量 6L/min。该法定性准确、分析速度快，能够满足日常办案需求。张婷等[3]建立了一种用液相色谱质谱联用法分析检测指纹印迹中甲基苯丙胺及其主要代谢物的方法。此法在 0.00502μg/cotton swab~0.502μg/cotton swab 范围内线性关系良好，最低检测限为 1.502ng/cotton swab，定量限为 5.002ng/cotton swab，平均提取回收率为 70.1%，此法在上漆了的木制品以及光滑的基板表面同样显示出了较好的回收率，表明此法可以用于实际案件中微量物证的获取及分析。

第三，多种色谱与质谱混合联用。血液中医用麻醉剂的检测，是确定案

---

[1] 翟晚枫等："超高效液相色谱检测黄樟素方法研究"，载《刑事技术》2015 年第 3 期。

[2] 苗翠英、潘星宇、翟晚枫："液相色谱-质谱联用技术检验羟亚胺方法研究"，载《中国人民公安大学学报》（自然科学版）2015 年第 3 期。

[3] Zhang T. et al., "Detection of Methamphetamine and Its Main Metabolite in Fingermarks by Liquid Chromatography – mass Spectrometry", *Forensic Science International*, 2015（248）：10-14.

件性质、为办案提供科学依据的重要步骤。刘晓锋等[1]建立了一种在线固相萃取－液相色谱－质谱法来测定血液中利多卡因、普鲁卡因、丁卡因、辛可卡因、苯唑卡因、普莫卡因、布比卡因、罗哌卡因和丙胺卡因9种当前临床麻醉手术中常用的局部麻醉药的含量。该法采用在线 SPE 样品预处理，Acclaim™ Polar Advantage Ⅱ 120Å 色谱柱（3.0mm×150mm，3μm），流动相 A 为水，B 为乙酸－甲醇溶液，梯度洗脱，采用 ESI 离子源，SRM 监测模式。该实验方法具有样品量少、前处理简便、分析快速、结果准确、自动化程度高、重复性好等优点，适用于血液中局部麻醉药的筛查和确证分析。

石银涛等[2]建立了血液中氯硝西泮及其代谢产物7－氨基氯硝西泮的自动固相萃取－液相色谱－串联四极杆飞行时间质谱（ASPE－LC－Q－TOF/MS）的快速筛查方法。结果显示，目标物的线性范围为 20ng/mL～1000ng/mL，相关系数为 0.9989～0.9993，检出限为 2ng/mL～10ng/mL。此法实现了对实际样品中目标物的筛查、确证和定量，具有快速、简便、高效的优点，对复杂基质中安眠镇静药物的定性和确证具有重要的实际意义。与此同时，刘文龙等[3]也建立了一种基于固相萃取－高效液相色谱串联四极杆飞行时间质谱检测人全血中马钱子碱的检测方法。该法将样品通过 Oasis HLB 固相萃取小柱，经 3mL 去离子水淋洗，有机溶剂洗脱后，在 Zorbox Eclipse Plus C_{18} 色谱柱（2.1mm×50mm，1.8μm）上分离，以 0.1% 甲酸水溶液－甲醇为流动相梯度洗脱，流速为 0.3mL/min，然后通过四极杆飞行时间串联质谱检测，结果显示以甲醇为洗脱溶剂，加入量为 3mL 时，马钱子碱在 200ng/mL～2000ng/mL 的添加水平下回收率为 80.1%～101.3%，相对标准偏差为 5.2%～8.3%。人全血中马钱子碱在 50ng/mL～5000ng/mL 范围内线性良好（R^2 =0.99997），检测限为 10.2ng/mL，最低定量限为 34.1ng/mL。

随着中草药中毒现象频繁发生，在毒物检验中开展中草药鉴定成为法庭

---

[1] 刘晓锋等："在线固相萃取－液相色谱－质谱法测定血液中9种局部麻醉药"，载《理化检验》（化学分册）2015年第2期。

[2] 石银涛等："ASPE－LC－Q－TOF/MS 检测血液中氯硝西泮和7－氨基氯硝西泮"，载《药物分析杂志》2015年第4期。

[3] 刘文龙等："SPE－HPLC/QTOF－MS 法检测人全血中马钱子碱"，载《刑事技术》2015年第5期。

科学研究的一个方向。翟金晓等[1]建立了生物检材中雷公藤甲素和雷公藤酯甲的液相色谱－串联质谱（LC－MS/MS）分析方法。结果显示，各生物检材中雷公藤甲素和雷公藤酯甲在相应的线性范围内线性良好（$R>0.9950$），检出限均为2ng/mL或2ng/g，回收率为61.08%～102.98%，日内精密度和日间精密度均小于12.58%，准确度为90.61%～105.80%。所建方法操作简便，灵敏度高，特异性强，适用于同时分析生物检材中的雷公藤甲素和雷公藤酯甲，为雷公藤中毒的法医学鉴定提供了技术保障。关于雷公藤的毒物学检测研究，陈滋浚等[2]结合以前文献，对雷公藤中主要有毒成分的提取、检测、研究作了综述，列举了简单、快速、检测限低、准确的分析检测方法，为法庭科学从业人员提供了参考。

张蕾萍等[3]建立了固相萃取－液相色谱/串联质谱法，用于分离检测全血中的斑蝥素。该法可有效分离血样中的斑蝥素，血中斑蝥素在5ng/mL～200ng/mL范围内线性关系良好，相关系数为0.9972，最低检出限为2ng/mL，回收率为80%以上，日内与日间精密度均小于6%，其操作简单，检出限低，回收率高，选择性强，可分离鉴定血液中的斑蝥素。

玉米赤霉烯酮是由禾谷镰刀菌、三线镰刀菌及串珠镰刀菌等镰刀菌属产生的一种雌激素类真菌毒素，具有生殖发育毒性、免疫毒性、基因毒性和可疑致癌性等特点。施妍等[4]建立了一种基于超高效液相色谱－串联质谱技术，检测毛发中玉米赤霉烯酮的分析方法，该法将毛发样品经冷冻研磨后加入0.5mL乙腈，置于冰水浴中超声30min，采用Acquity™ UPLC－HSS－T_3色谱柱分离，电喷雾负离子源进行离子化，多反应监测方式（MRM）对玉米赤霉烯酮的母离子及子离子进行监测，三重四极杆质谱测定。结果显示，该方法在5pg/mg～250pg/mg范围线性良好；玉米赤霉烯酮的检出限为2pg/mg，定量限为5pg/mg；提取回收率为90.9%～95.3%；基质效应88.2%～

---

[1] 翟金晓、刘伟："LC－MS/MS检测生物检材中雷公藤甲素和雷公藤酯甲"，载《法医学杂志》2015年第6期。

[2] 陈滋浚等："雷公藤中主要有毒成分的检测"，载《中国法医学杂志》2015年第2期。

[3] 张蕾萍等："液相色谱－串联质谱法检验全血中的斑蝥素"，载《中国法医学杂志》2015年第2期。

[4] 施妍、卓先义："超高效液相色谱－串联质谱法检测毛发中的玉米赤霉烯酮"，载《中国司法鉴定》2015年第3期。

92.5%；准确度为 93.5% ~ 107.8%，日内及日间精密度（RSD）均小于 10%。本年度中关于生物毒素的检测研究较多报道于食品安全检测方面，对法庭科学中常见生物检材如血液、尿液、器官组织中生物毒素的分析的建立较少，向这一方向发展研究无疑能为毒物检验学的发展做技术支撑。

目前国内外有关血、尿中地西泮及 I 相代谢物（去甲西泮及奥沙西泮）检测研究的报道较多，但有关其 II 相代谢物（羟基地西泮葡萄糖醛酸苷及去甲羟基地西泮葡萄糖醛酸苷）检测研究的报道较少。与尿液和血液等体内检材相比，唾液具有成分简单、容易收集和可防作弊等优点，在药物检测与监管、毒品滥用鉴定、毒驾与药驾监测等方面的应用越来越广。王乐乐等[1]采用固相萃取 - 高效液相色谱 - 串联质谱法（SPE – HPLC/MS/MS）检测人唾液中地西泮及其代谢物。采用固相萃取法（SPE）处理唾液，HPLC/MS/MS 法检测，MRM 记录方式，保留时间和定性离子对定性，内标法和标准曲线法定量。结果显示，地西泮及其代谢物去甲地西泮、去甲羟基西泮、去甲羟基地西泮葡萄糖醛酸苷（OG）、羟基地西泮葡萄糖醛酸苷（TG）的检测限在 0.01ng/mL ~ 0.5ng/mL 之间，线性范围 0.1ng/mL 或 0.5ng/mL ~ 100ng/mL，回收率为 84.9% ~ 106%。口服 5mg 地西泮后 15 天内唾液中可检出地西泮及去甲西泮，但检出时间存在差异，去甲羟基西泮、TG 和 OG 则不能检出。综上，该实验结果证实，人常量口服地西泮后，唾液中仅可检测到地西泮及去甲西泮，但检测窗口期较宽，最长者可达 15 天，其 LOQ、线性范围、回收率均可达生物检材检测的要求，此方法可在相关研究和地西泮中毒案件检验中得到应用。

第四，其他传统检测方法。在处方药保泰松的中毒案件检验中，马静红等[2]建立了人血液、尿液中保泰松的气相色谱氮磷检测的分析方法。在酸性条件下用乙酸乙酯提取血液、尿液中的保泰松，采用气相色谱法对其定性、定量分析。以正常人血液、尿液为空白样本，分别添加保泰松标准品，确定检材的前处理方法、色谱分析条件、工作曲线和线性范围，考察方法的精密度、回收率。结果显示，该方法线性关系良好，日内精密度小于 5%，日间精

---

[1] 王乐乐等："SPE – HPLC/MS/MS 法检测人唾液中地西泮及其代谢物"，载《中国法医学杂志》2016 年第 2 期。

[2] 马静红等："人血液、尿液中保泰松的气相色谱快速分析"，载《中国法医学杂志》2015 年第 5 期。

密度小于8%，方法回收率在98.6%~104.2%之间。严慧等[1]建立了一种高效液相色谱电化学检测方法检测全血中的亚硝酸盐，实验表明，亚硝酸盐的保留时间为13.8min，在全血中的检测限为0.4μmol/L，在整个工作浓度范围内，校正曲线呈线性相关（$R^2 = 0.9999$）。余静等[2]认为，红外光谱技术分析结果准确、重复性好并且无损等优点，使得其在毒品的定性定量分析以及来源推断领域也有较为重要的应用价值。红外光谱分析技术能够帮助分析人员快速区别不同种类的毒品、确定毒品的分子结构、区别毒品的盐型与碱型、区别毒品不同的盐型、快速区别吗啡乙酰化程度、快速区分各种异构体。王新等[3]公开了一种快速检测唾液中毒品的方法。取唾液样品加入碱溶液调节pH值，然后量取上述唾液溶液滴加到进样片取样处，再向唾液样品中添加一定体积的辅助化学添加剂，将进样片送入离子迁移谱分析检测仪热解析进样器内。经热解析后分析检测输出分析检测结果。测量检测限可以达到1ng以下量级（0.1ppm以下浓度）。单个样品分析时间小于5s，软件自动输出检测结果。此发明中测量方法简便、快速、高效、可靠性好。

（2）新型检测技术的开发与应用。

第一，传感器技术。牛凌梅[4]将与生物分子结合的化学修饰电极应用到农残类目标物的检测研究中，制备了以含有连续腺嘌呤碱基模块的DNA为交联剂的双层纳米金传感器，并利用差分脉冲伏安法分别研究了多巴胺、百草枯在修饰电极上的电化学行为。结果显示，多巴胺和百草枯分别在8.0×10^{-8}mol/L至8.0×10^{-6}mol/L和8.0×10^{-7}mol/L至5.0×10^{-5}mol/L范围内与其峰电流呈良好的线性关系。此种修饰电极方法快速、灵敏，可用于实际样品的测定。周洁[5]研究了以电化学生物传感器为主题的传感器，包括电化学DNA传感器、电化学免疫传感器、电化学酶，应用于环境毒物重金属离子和

---

[1] Yan H. et al., "Determination of Nitrite in Whole Blood by High - Performance Liquid Chromatography with Electrochemical Detection and a Case of Nitrite Poisoning", *Journal of Forensic Sciences*, 2015 (61): 254 - 258.

[2] 余静等: "红外光谱技术在物证鉴定中的应用"，载《光谱学与光谱分析》2016年第9期。

[3] 王新等: "一种快速检测唾液中毒品的方法"，中国专利，CN106198702A，2016 - 12 - 07。

[4] 牛凌梅: "化学修饰电极对除草剂及神经递质类物质的测定及应用研究"，河北医科大学2015年博士学位论文。

[5] 周洁: "环境毒物及癌症标志物检测的新型电化学生物传感器研究"，浙江大学2015年博士学位论文。

贝类毒素软海绵酸的检测。结果显示，电化学 DNA 传感器对汞离子的检测范围为 1μM~20μM，检测下限为 1μM；基于磁珠的电化学免疫传感器对软海绵酸的检测范围为 0.05μg/L~50μg/L，检测下限为 0.039μg/L。将此两种传感器用于实际样本的检测，也得到了较满意的结果。核酸适配体是一小段经体外筛选得到的寡核苷酸序列，能与相应的配体进行高亲和力和强特异性的稳定结合，这些优越性使得它可以作为生物分子识别元件应用于传感器中进而快速高效地检测毒物毒品。孙美琪等[1]综述了基于适配体为识别元件的高选择、高灵敏、快速的毒物毒品检验方法，分析了适配体在这方面运用中的优点与不足，为毒物分析检测的发展提供了参考方向。近些年，各式各样的生物模型也被运用于环境中毒物的检测与风险控制，建立媒介型生物传感器用于水中呼吸抑制剂（如 As_2O_3、KCN、SA、DNP）的检测也已有研究。[2]

第二，免疫层析技术。单克隆免疫金标免疫层析技术（GICA）作为一种快速、敏感的检测技术，是目前一些检验单位对药（毒）物滥用初筛较为常用的方法。尽管可以提高工作效率，但由于检测对象不同，其科学性、可靠性缺少实验数据支持，因此存在着目标药物可能漏检，给工作造成损失或失误的巨大风险。王瑞龙[3]通过开展空白添加、动物实验，探索尿液用的单克隆免疫金标试纸对血液中苯二氮䓬类、巴比妥类、毒品类等五大类 16 种药（毒）物筛选的检测阈值及 LC-MS/MS 确认方法的研究，通过实际案例对单克隆免疫金标试纸筛选血液中药（毒）物的结论可靠性进行验证，并对单克隆免疫金标试纸的较优检测条件作了论述。张凯等[4]利用竞争法免疫层析原理，以上转发光材料（UCP）作为生物示踪物，建立一种可在现场快速定量检测尿液中氯胺酮（KET）含量的上转发光免疫层析定量检测方法（KET-UPT-LF），并通过专用的便携 UPT 生物传感器分析进而计算出氯胺酮浓度。通过对系列浓度标准品检测结果分析，KET-UPT-LF 敏感性为 93.75ng/mL，线性范围为 93.75ng/mL~6000ng/mL（$R = -0.99448$，$P < 0.0005$）。在现场

---

[1] 孙美琪等："适配体在毒品毒物分析中的应用"，载《中国司法鉴定》2015 年第 2 期。

[2] Yong D. et al., "Detecting Total Toxicity in Water Using a Mediated Biosensor System with Flow Injection", *Chemosphere*, 2015 (139): 109-116.

[3] 王瑞龙："单克隆免疫金标试纸应用于血液中药物筛选的可靠性研究"，山西医科大学 2015 年硕士学位论文。

[4] 张凯等："上转发光技术快速检测尿液中氯胺酮"，载《刑事技术》2016 年第 2 期。

样品检测评价中，同一样本 KET‐UPT‐LF 和胶体金的定性分析结果是一致的。KET‐UPT‐LF 与定量确证方法 LC‐MS 的定量检测结果经 t 检验无显著差异。

第三，表面增强拉曼光谱识别技术。耿莹莹等[1]利用 RT3000 便携式拉曼光谱仪对甲基安非他命、安眠酮等 10 种毒品进行测试，并对黄樟脑、甲苯等 10 种易制毒化学品进行测试，考察便携式拉曼光谱仪对毒品和易制毒化学品的检测识别能力。结果显示，此 10 种毒品和 10 种易制毒化学品都具有典型的特征拉曼峰，将此毒品和易制毒化学品谱图进行建库，可以对其进行分子层面的准确识别。通过对算法识别的优化以及阈值的调节，便携式拉曼光谱仪所测安全粉末的误报率为 0。便携式拉曼光谱仪具有重量轻、便于携带的优点，可为毒品和易制毒化学品的现场快速判别提供一种新的手段。王磊等[2]通过将自适应平滑滤波器和结合小波变换的支持向量机（SVM）分类器有机组合，建立了低信噪比拉曼光谱的模式识别方法，实现了人体尿液中甲基苯丙胺和亚甲基二氧基甲基苯丙胺的定性微量分析，整体检测准确率高于 95%，假阳性率为 7.3%，假阴性率为 0。

陈达等[3]发明公开了一种尿液中海洛因代谢物吗啡的咖啡环效应共聚焦显微拉曼光谱联用检测方法。此发明将咖啡环效应与便携式拉曼光谱仪技术相结合，利用咖啡环效应的分离富集作用，有效地对尿液样本中的不同物质进行分离和富集，通过便携式拉曼光谱仪对形成的咖啡环沉积物进行高分辨微区检测，将采集到的光谱数据与吗啡的标准拉曼光谱进行比对，可快速判断样品中是否含有此物质，从而推断尿液提供者是否摄入海洛因。杨良保等[4]发明了基于表面增强拉曼光谱技术检测人体体液中毒品的方法，包括硅片清洗、合成具有 SERS 活性的金纳米溶胶；将金纳米溶胶与表面活性剂进行混合、将自组装金纳米溶胶材料滴在硅片上，干燥后得 SERS 基底；取人体体

---

[1] 耿莹莹等：''便携式拉曼光谱仪在毒品和易制毒化学品快速检测中的应用"，载《光散射学报》2015 年第 1 期。

[2] 王磊等：''尿液中常见毒品微量检测的表面增强拉曼光谱识别"，载《分析化学》2015 年第 1 期。

[3] 陈达等：''一种尿液中海洛因代谢物吗啡的咖啡环效应共聚焦显微拉曼光谱联用检测方法"，中国专利，CN106053423A，2016‐10‐26。

[4] 杨良保等：''基于表面增强拉曼光谱技术检测人体体液中毒品的方法"，中国专利，CN106053426A，2016‐10‐26。

液，向其中加入试剂一有机溶液，混匀后离心，取上层清液；向上层清液中加入试剂二碱溶液，摇匀后再加入试剂三有机萃取剂，震荡萃取、离心其有机层溶液滴加到 SERS 基底上，利用拉曼光谱仪进行 SERS 检测。此发明通过对人体体液中毒品的前处理，采用自组装金纳米溶胶材料对尿液、血液、唾液中的毒品进行快速检测，避免其他杂质的影响，并适用于现场毒品的检测。

（3）常见毒品的检测。曹芳琦等[1]建立了一种基于傅里叶变换红外光谱（FTIR）、气相色谱-质谱联用（GC-MS）和核磁共振波谱技术结合特殊谱库的检索对比鉴定未知样品的方法。该法将未知样品采用红外衰减全反射（ATR）专用采样器直接检测；样品用含 4-甲基甲卡西酮（4-MMC，内标物）的甲醇溶液溶解后经 GC-MS 检测；而后样品经氘代甲醇溶解后进行核磁氢谱（^{1}H NMR）和碳谱（^{13}C NMR）的检测。所测结果与美国禁毒署提供的相关谱库比对一致；用^{1}H NMR 和^{13}C NMR 谱图对其结构进行了进一步确证，认定未知样品为 4-甲基乙卡西酮（4-MEC）。上文提及，李文海等[2]建立了血液中甲卡西酮快速溶剂萃取（ASE）-气相色谱/质谱（GC/MS）分析新方法。通过优化 ASE 的萃取条件（溶剂、温度及时间），对血液中的甲卡西酮进行有效提取，之后用 GC/MS 进行定性、定量分析。该方法快速、简便、高效且操作自动化，适用于血液中甲卡西酮的检验鉴定。

张大雷等[3]建立了人体全血中 4-溴-2，5-二甲氧基苯乙胺的衍生化 GC/MS 分析方法。结果显示，血液中 4-溴-2，5-二甲氧基苯乙胺的最低检出限为 6ng/mL，在 0.02μg/mL~10μg/mL 的浓度范围内线性关系良好（R=0.9993），日内精密度和日间精密度均小于 10%，平均提取回收率约为 69%。朱焕慧等[4]建立了全血和尿液中 4-甲氧基甲基安非他明（PMMA）的液相色谱-质谱（LC-MS/MS）联用检测方法。结果显示，采用 SPE-LC-MS/MS 法，血液和尿液中 PMMA 含量在 0.1μg/L~100μg/L 范围内呈良好的线性

---

[1] 曹芳琦等："4-甲基乙卡西酮的鉴定研究"，载《中国司法鉴定》2015 年第 3 期。
[2] 李文海等："快速溶剂萃取-气相色谱/质谱法分析血液中的甲卡西酮"，载《分析测试技术与仪器》2016 年第 3 期。
[3] 张大雷等："GC/MS 衍生化法检测血中 4-溴-2，5-二甲氧基苯乙胺"，载《刑事技术》2015 年第 1 期。
[4] 朱焕慧、梁敏思："SPE-LC-MS/MS 测定生物检材中 4-甲氧基甲基安非他明"，载《中国法医学杂志》2015 年第 5 期。

关系，相关系数 R^2 为 0.9988（血液，n=6）和 0.9995（尿液，n=6）；标准回收率分别为 71%~80%（血液）和 76%~89%（尿液），日内与日间精密度均小于 6%。PMMA 的方法检测限（LOD）为 0.03μg/L，定量下限（LOQ）为 0.1μg/L。此法可对血液和尿液中的 PMMA 准确定性，且检出限低，回收率高，选择性强，可适用于相关毒品检验。郑水庆等[1]建立了 N，N-二烯丙基-5-甲氧基色胺的气相色谱-质谱定性分析方法，通过查阅资料并对该组分的质谱图谱进行解析，鉴定为 N，N-二烯丙基-5-甲氧基色胺，属于色胺类化合物。该方法简单、准确，可用于 N，N-二烯丙基-5-甲氧基色胺的鉴定。

甲基苯丙胺（MAM）是我国滥用程度最高的毒品之一。林申等[2]结合 MAM 定性分析中初筛[酶联免疫吸附法（ELISA）、免疫胶体金技术（GICA）、荧光偏振免疫分析技术（FPIA）、放射免疫技术（RIA）]和确证（气相色谱、液相色谱、顶空固相微萃取-气相色谱）两个阶段，通过对近几年甲基苯丙胺检测相关文献的总结，简述了不同鉴定方法在 MAM 定性分析中的应用特点。

新精神活性物质是通过对现有管制的毒品分子结构进行微小修饰或改变的化合物，其毒性和危害性不亚于传统毒品，但未受到法律管制。新精神活性物质主要分为七大类，哌嗪类是其中较重要的一类。其中，1-苄基哌嗪（BZP）、1-（3-氯苯基）哌嗪（mCPP）、1-（3-三氟甲基苯基）哌嗪（TFMPP）三种哌嗪类药品因具有与"摇头丸"的主要成分 MDMA 相同的致幻效果，逐渐成为"迷幻药"的替代品。关于它们的检测报道，主要是在检测血浆、尿液、血清中氯胺酮、摇头丸、可卡因、苯二氮䓬类安眠镇静类药物等管控药物时被检测到，而对其单独报道则较少。常颖等[3]对哌嗪类新精神活性物质进行了详细综述，并选取哌嗪类的典型代表 1-苄基哌嗪，从概述、合法用途、非法生产和使用、药理学、药效学、吸食效果、毒性、成瘾

---

[1] 郑水庆等："N，N-二烯丙基-5-甲氧基色胺片剂的 GC/MS 检验"，载《刑事技术》2015 年第 2 期。

[2] 林申等："甲基苯丙胺定性分析方法的研究进展"，载《中国药物滥用防治杂志》2016 年第 1 期。

[3] 常颖等："哌嗪类新精神活性物质综述"，载《刑事技术》2016 年第 4 期。

性和法律监管等方面进行了详细阐述。同时，常靖等[1]综述了3种哌嗪类药物的管制情况、滥用情况、毒理作用及检测方法。

王继业等[2][3]发明公开了一种基于SPR技术的氯胺酮（K粉）及可卡因检测方法。该方法是将SPR芯片经EDC/NHS活化后的羧基基团偶联BSA上的氨基后作为传感芯片，当待测样品通过传感芯片表面时，利用表面等离子体共振检测仪检测待检测唾液与分子识别敏感芯片界面处全反射光的光强变化来直接测定唾液中的氯胺酮或者可卡因含量。此方法检测灵敏度高，可大大降低吸毒人员检测的漏检率，提高工作效率，具有重要的应用价值。

3. 毒理学相关理论的研究

近年来，作为大麻的替代品，各种新型合成大麻素以"香料"的形式不断涌现并被非法使用。摄入大麻类物质后，使用者的短期记忆、感觉敏感性以及运动神经协调性等都会受到损伤，因此，生物检材中大麻类物质的检测及结果评判十分重要。董晓茹等[4]主要围绕大麻及合成大麻素等大麻类物质的药理毒理特点、体内代谢、原体及代谢产物的检测方法等方面的研究作了综述。

刘冬梅等[5]研究了大鼠甲醇中毒后血液及体内主要组织中甲酸的浓度及分布特点。结果显示，大鼠甲醇中毒后，其代谢产物甲酸在血液及组织中均有蓄积，在器官组织中的蓄积更显著，且高效液相色谱法可以作为一种准确检测甲酸的定性定量方法。深入研究甲酸在甲醇中毒机制中的作用，建立一种稳定检测甲酸的分析方法，能为实际案例的解决提供参考。

代谢组学通过组群指标分析，进行高通量检测和数据处理，能对生物体内的小分子代谢物进行动态的定性定量分析，可灵敏地发现由毒物作用引起的异常代谢变化，获得毒物毒性效应、作用机制和生物标记物的信息。严慧

---

[1] 常靖等："3种哌嗪类药物滥用研究进展"，载《中国法医学杂志》2016年第4期。

[2] 王继业等："一种基于SPR技术的氯胺酮（K粉）检测方法"，中国专利，CN106568743A，2017-04-19。

[3] 王继业等："一种基于SPR技术的可卡因检测方法"，中国专利，CN106568744A，2017-04-19。

[4] 董晓茹等："大麻类物质体内代谢毒理及检测研究进展"，载《药物分析杂志》2016年第6期。

[5] 刘冬梅等："大鼠甲醇中毒后体内的甲酸分布"，载《法医学杂志》2015年第6期。

等[1]综述了代谢组学在滥用药物、农药和有毒动植物毒理学研究等方面的应用，展望了代谢组学技术在法医毒理学领域的良好应用前景。

高渊等[2]研究了氯胺酮在大白兔死后体内的弥散过程和再分布机制。结果显示，大白兔死后氯胺酮灌胃尸体放置96h内，脑、尿液、玻璃体液、左上/下肢肌肉样本中均未检测到氯胺酮，心血、外周血、心肌、脾、肾、肝、肺、胆汁中氯胺酮含量随死后时间呈动态升高的变化；其中距离胃较近的组织（如脾）较早检测到含量较高的氯胺酮，而距离较远的组织或体液中氯胺酮含量较低且较晚检测到；心血/外周血中氯胺酮含量比值为1.73。表明氯胺酮在家兔体内存在死后再分布的现象，从胃到器官组织、心血顺浓度梯度弥散是主要机制，脑、玻璃体液、尿液、肢体肌肉不受死后弥散的影响。该结论可在实际案例中作为生前服毒与死后染毒氯胺酮的鉴别依据参考。

4. 数据库建设

董新凤等[3]建立了一个以化合物质谱图为检索信息的数据库。启动运行软件化合物查询系统，点击查询化合物，有5种查询方式：万能查询、根据CAS号查询、根据中文名称查询、根据英文名称查询、根据分子量查询。打开特定化合物主界面，显示信息包括英文名称、CAS号、分子式、分子量、保留时间、离子采集模式、碰撞能量、离子碎片、中毒症状、解毒方法等。对此类质谱数据库的建立可用于未知样品的筛查。

5. 行业标准及其他研究与应用

有关吸毒后生物样本中毒品检测时限的研究，可为检测样品的采集时间提供依据。以往有研究认为，唾液中的毒品检测时限比血液和尿液短，针对海洛因进入人体后血液中其代谢物的检出时限有所报道，但尚无针对唾液中毒品检测时限的研究报道。陈跃等[4]经实验得出，血液中 O^6 - 单乙酰吗啡和吗啡的检测时限随着用药量的增加而延长；这两种代谢物在唾液中的检测时限均明显比在血液中更长久。从有利于海洛因滥用者的排查与检测方面考

---

[1] 严慧、沈敏："代谢组学在法医毒理学的应用进展"，载《法医学杂志》2015年第3期。

[2] 高渊等："氯胺酮在家兔死后体内的弥散研究"，载《中国法医学杂志》2015年第3期。

[3] 董新凤："农药/鼠药色谱-质谱数据库的构建"，载《中国卫生检验杂志》2015年第9期。

[4] 陈跃等："唾液与血液中海洛因代谢物的检测时限"，载《中国法医学杂志》2016年第1期。

虑，唾液样品比血液样品更具优势。

公安部 2016 年发布了 "法庭科学吸毒人员尿液中苯丙胺等四种苯丙胺类毒品气相色谱和气相色谱 – 质谱检验方法"[1]、"法庭科学吸毒人员尿液中吗啡和单乙酰吗啡气相色谱和气相色谱 – 质谱检验方法"[2]、"法庭科学吸毒人员尿液中氯胺酮气相色谱和气相色谱 – 质谱检验方法"[3]、"法庭科学毛发、血液中氯胺酮气相色谱和气相色谱 – 质谱检验方法"[4]等行业标准。

（七）微量物证检验学

近两年，微量物证检验学的发展主要集中在各类常见微量物证的检验分析，在气相色谱 – 质谱联用（GC – MS）、高效液相色谱（HPLC）等传统检验方法改进与优化的同时，一些新的检验方法陆续出现。同时，微量物证检验学与文件检验学、痕迹检验学都有相关的交叉研究开展。

1. 经典微量物证检验方法的发展与优化

虽然近年有一些新型检验方法出现，但传统的经典检验方法并未失去其存在价值，仍具有较高的灵敏度和较好的选择性，为法庭科学工作者所继续应用。

（1）红外光谱特征性强，是鉴定有机化合物的主要方法。潘远彬等[5]使用傅里叶红外光谱法（FTIR）对源自国内的 8 个省市的 54 个机动车号牌用油墨及反光膜样品进行分析，通过传统红外光谱解析的方式对样品的红外吸收特征进行总结。其利用光谱软件 Omnic 8.2 的谱图管理功能建立了名为 "蓝色油墨层"、"树脂层" 和 "背胶层" 的 3 个检索谱库，并将每个样品的蓝色油墨层、树脂层和背胶层的红外谱图在对应谱库里进行全谱范围的相关性检索和平方微分差检索，获取相应的匹配度及其概率密度分布。这种方法不破坏检材，且灵敏度高，为机动车号牌用油墨检验提供了一种检验方向。孙振

---

[1] GA/T 1319 – 2016 "法庭科学吸毒人员尿液中苯丙胺等四种苯丙胺类毒品气相色谱和气相色谱 – 质谱检验方法"。
[2] GA/T 1318 – 2016 "法庭科学吸毒人员尿液中吗啡和单乙酰吗啡气相色谱和气相色谱 – 质谱检验方法"。
[3] GA/T 1329 – 2016 "法庭科学吸毒人员尿液中氯胺酮气相色谱和气相色谱 – 质谱检验方法"。
[4] GA/T 1316 – 2016 "法庭科学毛发、血液中氯胺酮气相色谱和气相色谱 – 质谱检验方法"。
[5] 潘远彬、王连明、王元凤："机动车号牌用油墨及反光膜的红外光谱分析"，载《中国司法鉴定》2015 年第 6 期。

文等[1]在实际交通肇事逃逸案件中通过红外光谱差谱技术对从血迹区域提取的油漆碎片的红外谱图进行处理，所得谱图与无血迹的油漆碎片的谱图无明显差别，这为证实嫌疑车的肇事事实提供了科学依据，也为类似案件中油漆的检验提供了参考。熊甜丽等[2]收集了34个不同品牌、型号鞋子的鞋带纤维，使用傅里叶显微红外光谱仪确定纤维的成分，使用生物显微镜观察纤维的显微形态，证明了显微红外光谱法与生物显微镜相互印证是确定鞋带纤维种属的有效方法。姚慧芳等[3]运用傅里叶变换红外光谱仪ATR附件，对同一产地不同生产批次的蚕丝进行鉴定，发现不同年份生产的蚕丝的红外光谱基本一致，但通过比较可鉴别其差异，该法可用于区分不同批次的蚕丝纤维。

（2）气相色谱－质谱联用法是国际法庭科学界公认的一种分析方法。李阳等[4]利用热分离进样－气相色谱/质谱联用（TSP－GC/MS）仪对枪支发射药及其残留物进行检验分析，发现苯噻唑和二苯胺两种特征化合物的检出可作为判断发射药及其残留物存在的依据，并通过实验确认此检验方法是检验涉案枪支发射药及其残留物的一种快速、简便、灵敏度高的方法，同时证明了使用该方法和扫描电镜/能谱法（SEM/EDX）分别对发射药及其残留物和底火残留物进行检验会使检验结果更加准确、可靠。田桂花等[5]建立了利用热脱附－气质联用法（TD－GC－MS）对微量汽油进行定量分析的方法。以内标法建立了汽油的标准曲线，通过汽油绝对进样量对应各特征成分的综合计算，得出了样品中的汽油含量。邹红[6]选择使用较为普遍的材料——人造革作为载体，选用93号汽油、0号柴油作为助燃剂，用气相色谱－质谱联用技术处理样品的总离子谱图，并对汽油残留物和柴油残留物进行分析及对

---

[1] 孙振文等："油漆物证检验中血液干扰的去除"，载《刑事技术》2015年第2期。

[2] 熊甜丽等："鞋带纤维的红外光谱与显微形态分析"，载《中国司法鉴定》2016年第4期。

[3] 姚慧芳、王银娥、李肖龙："利用红外光谱鉴别不同批次的蚕丝"，载公安部物证鉴定中心主编：《第七届全国微量物证检验及应用技术学术交流会论文汇编》，群众出版社2016年版，第252~257页。

[4] 李阳、夏攀："涉案枪支发射药及其残留物的TSP－GC/MS检测方法的分析研究"，载公安部物证鉴定中心主编：《第七届全国微量物证检验及应用技术学术交流会论文汇编》，群众出版社2016年版，第177~180页。

[5] 田桂花等："TD－GC－MS法对微量汽油的定量分析"，载《消防科学与技术》2016年第8期。

[6] 邹红："汽油与柴油燃烧残留物特征GC－MS对比分析"，载《武警学院学报》2015年第10期。

比。这一方法可根据汽油残留物和柴油残留物在成分和保留时间上的不同而对两者进行区分,虽然本次实验中的载体会对燃烧残留物的成分有一些改变,但并不会影响最后的鉴定结果。李文海等[1]选取癸烷作为汽油成分的特征物,利用模拟实验检验燃烧残留物中的汽油成分,通过自动质谱去卷积定性系统(AMDIS),建立火灾现场燃烧残留物中汽油成分的快速确证方法。实验证明,该方法具有定性快速准确、重现性好等特点,可广泛应用于火灾现场燃烧残留物中汽油成分的检验鉴定。张振宇等[2]将固相微萃取(SPME)技术与气相色谱-质谱联用技术相结合对润滑油进行分析,通过固相微萃取方法采集润滑油中的挥发性组分,然后进行气质联用法分析。

(3) 高效液相色谱因其应用面广、灵敏度高的特点在微量物证检验中同样被广泛应用。张路杰等[3]用高效液相色谱法对21种不同颜色的电线塑料护套样品中的助剂成分进行了提取和检验,为电线塑料护套样品和检材的比对检验提供了一种科学有效的方法。旺堆等[4]采用高效液相色谱法,对46张百元假币上的蓝色图文油墨进行分析,发现根据色谱数据的异同能够对不同案源的假币进行鉴别。王文豪等[5]建立了二硝基重氮酚的固液浸取-高效液相色谱-串联质谱检验方法,检出限低、操作简单、回收率高,可用于爆炸尘土中二硝基重氮酚的检验鉴定,解决了实际案件爆炸尘土中二硝基重氮酚爆炸残留物难以检测的问题。此方法对二硝基重氮酚制造和使用过程中的质量与环境监测也有借鉴价值。左跃先等[6]建立了一种高效液相色谱串联四极杆飞行时间质谱(HPLC-Q-TOF-MS)检验黑索金、奥克托今和太安3

---

[1] 李文海等:"GC/MS/AMDIS 技术快速确证火灾现场中的汽油成分",载公安部物证鉴定中心主编:《第七届全国微量物证检验及应用技术学术交流会论文汇编》,群众出版社2016年版,第133~136页。

[2] 张振宇等:"火场润滑油燃烧残留物的 SPME-GC/MS 检验方法研究",载《刑事技术》2016年第5期。

[3] 张路杰、旺堆、韩闯:"电线护套中助剂成分的高效液相色谱分析",载《福建分析测试》2015年第2期。

[4] 旺堆等:"假币蓝色图文油墨的 HPLC 分析",载《中国刑警学院学报》2015年第1期。

[5] 王文豪等:"HPLC-MS/MS 检测爆炸尘土中的二硝基重氮酚",载《刑事技术》2016年第2期。

[6] 左跃先、王勇、耿庆:"HPLC-Q-TOF-MS 法检验黑索金、奥克托今和太安",载公安部物证鉴定中心主编:《第七届全国微量物证检验及应用技术学术交流会论文汇编》,群众出版社2016年版,第75~77页。

种炸药成分的方法。其采用电喷雾离子源（ESI）负模式，水相中添加硝酸铵，使 3 种被测炸药成分形成加合离子，同时检测这 3 种炸药的成分。徐能斌等[1]建立了土壤中 8 种羟基化多溴联苯醚（OH－PBDEs）的 QuEChERS－超高效液相色谱串联质谱（UPLC－MS/MS）分析方法，并在市区进行了实际采点分析。这种方法操作简便、灵敏度高，并适用于大批量样品的快速分析。

（4）X 射线荧光光谱法（XRF）具有元素分析范围广、分析速度快、灵敏度高、不破坏检材等优点。黎乾等[2]考察了六四式手枪在不同距离（0、2、5、10、15、20、25、30、35、40、45、50、60、80、100、120、140、170、200、300、500、1000cm）垂直射击 PU 布块靶体时遗留相关元素（氯、钾、硫、锑、锡、钡、铅、汞、砷、铁、铜、锌、钛、钙、铑）的区域扫描图，建立了微束 X 射线荧光光谱面扫描技术分析射击样本的方法，并建立了六四式手枪射击残留物特征元素分布图形随射击距离而变化的数据模型，同时对所得数据进行了归一化处理，为区分接触射击、贴近射击、近距离射击、远距离射击提供了依据，可以协助推断射击距离。同时，运用微束 X 射线荧光光谱面扫描技术测定元素分布形态来推断射击距离，可提供射入口形态、发射药颗粒分布特征和隐藏的特征元素分布特征等信息，使推断结果更加准确。

（5）样品前处理方法的优化。邢寒竹等[3]基于分散液液微萃取技术（DLLME）和气相色谱－串联质谱，建立了一种快速分析食用油中酚类抗氧化剂的新方法，对影响萃取效果的重要因素，如萃取剂种类及体积、分散剂种类及体积和萃取时间等进行了详细优化。成昊等[4]采用固相分散萃取－分散液相微萃取－气相色谱质谱法对土壤中的痕量拟除虫菊酯类农药进行了分析。

---

[1] 徐能斌等："超高效液相色谱－质谱法检测土壤中的羟基化多溴联苯醚"，载《分析化学》2015 年第 2 期。

[2] 黎乾等："微束 X 射线荧光光谱仪测定射击残留物特征元素分布图的应用研究"，载《分析测试学报》2015 年第 4 期。

[3] 邢寒竹等："分散液液微萃取－气相色谱－串联质谱快速分析食用油中的酚类抗氧化剂"，载《分析化学》2015 年第 3 期。

[4] 成昊等："基质固相分散萃取－分散液相微萃取－气相色谱质谱法测定土壤中拟除虫菊酯类农药"，载《分析化学》2015 年第 1 期。

冯长根等[1]采用碱蒸馏预处理方法，通过使用超声波加速偏二甲肼（UDMH）与衍生化试剂水杨醛发生化学反应的速度，生成稳定的衍生化产物，利用气相色谱－质谱法进行定量分析，从而实现土壤中偏二甲肼的分析检测。

2. 现场新型微量物证的检验与新技术的应用

（1）现场新型微量物证的检验。张晓霞等[2]采用衰减全反射红外光谱（ATR－FTIR）法对市面上常见的23种品牌48个固体胶样品进行检测，根据红外光谱的特征吸收峰峰位、峰形和相对峰高比对样品进行了分类，发现不同品牌固体胶的红外图谱有明显差异，而多数同品牌、不同型号的固体胶在某些波数区间也存在着一定的差异，从而可对其进行区分。朱红慧[3]概述了植物孢粉研究在司法检验领域的进展，分析探讨了植物孢粉研究成果在司法检验中的应用价值，指出了植物孢粉研究在司法检验领域的发展趋势，提出了植物孢粉对司法检验具有重要作用的观点。孟宪双等[4]建立了祛痘类化妆品中百菌清、腈菌唑、敌菌丹3种禁用杀菌剂的气相色谱－质谱联用法。实验中用HP-5MS石英毛细管气相色谱柱分离，以特征质谱碎片进行定性，外标法进行定量，在优化实验条件下，发现化妆品试样中上述杀菌剂在各自的线性范围内呈良好的线性关系。此方法具有良好的准确度与精密度，可为祛痘类化妆品中杀菌剂的检验提供技术参考。顾志斌[5]建立了同时测定化妆品中6种硝基酚的固相萃取－超高效液相色谱分析法。样品采用乙腈为提取溶剂，经超声提取后再作高速离心处理，上清液以Oasis HLB固相萃取柱净化，收集甲醇洗脱液，采用色谱分析。此方法可成功应用于化妆品试样的分析，实现了对6种不同极性的硝基酚类化合物在同一色谱柱条件下的基线分离。

---

[1] 冯长根、廖琪丽、王力："碱蒸馏/超声波衍生化－气相色谱－质谱法测定土壤中的偏二甲肼"，载《分析化学》2016年第9期。

[2] 张晓霞、黄翠薇："衰减全反射傅里叶红外光谱法检验办公用固体胶"，载公安部物证鉴定中心主编：《第七届全国微量物证检验及应用技术学术交流会论文汇编》，群众出版社2016年版，第211～215页。

[3] 朱红慧："植物孢粉研究成果在司法检验中的应用探析"，载公安部物证鉴定中心主编：《第七届全国微量物证检验及应用技术学术交流会论文汇编》，群众出版社2016年版，第18～21页。

[4] 孟宪双等："分散固相萃取净化/气相色谱－质谱联用法同时测定祛痘类化妆品中的3种禁用杀菌剂"，载《分析测试学报》2015年第8期。

[5] 顾志斌："固相萃取－超高效液相色谱法测定化妆品中6种硝基酚"，载《现代测量与实验室管理》2015年第6期。

王莉媛[1]利用乙醇、乙酸乙酯、乙醚、三氯甲烷4种溶剂对倩碧、欧莱雅、梦妆、自然堂、美宝莲5种粉质化妆品中的有机质进行提取,并通过气相色谱-质谱联用法对该5种不同品牌的粉质化妆品成分进行初步区分检验,能够对其进行有效的区分。张斌等[2]采用超高效液相色谱-二极管阵列检测器(UPLC-DAD)同时测定奥扎格雷、烟酰胺、阿魏酸、苯酚、水杨酸、苯乙基间苯二酚和辛酰水杨酸7种美白成分,实验结果证明,该方法简单、快速、准确、可靠,适用于化妆品中多种美白成分的同时检测。张慧敏等[3]以专柜购买的品牌样品和网上购买的标注同品牌同类化妆品为研究对象,采用显微拉曼光谱仪对16个不同品牌的常用化妆品样品进行了检测,包括常用的护肤水、护肤乳、眼霜、爽身粉、芦荟胶及腮红,实现了化妆品的快速鉴别,为拉曼光谱法日后有望成为一种快速分析化妆品化学成分的有效工具提供了证明。常冠群等[4][5]利用X射线荧光光谱法对27种不同品牌的封箱胶带基带中的微量元素进行了定性分析,并对30种不同品牌的透明胶带基带中的微量元素进行了定量分析。该研究发现,X射线荧光光谱法对于27种封箱胶带组成的351组样品可以区分332组,区分率高达94.6%;对于30种透明胶带根据排列组合原理两两之间相互配对组成的435组样品可以区分397组,区分率达91.3%。该方法操作简单、分析速度快、灵敏度高,可以弥补扫描电镜/能谱法在胶带检验中的不足。徐秀明[6]采用紫外光谱技术,针对收集的辽宁、广东、内蒙古、上海、新疆等不同厂家的22种透明胶带样品进行了系统的研究,通过比较紫外吸收光谱和导数光谱吸收峰的数目和位置的差异,实现了对不同品牌、不同型号或同一品牌不同型号样品间的区分,为法庭科学领域透明胶带的区分检验提供了一种有效方法。

---

[1] 王莉媛:"气相色谱-质谱法对粉质化妆品检验研究",载《广东化工》2015年第23期。
[2] 张斌等:"超高效液相色谱法同时测定化妆品中7种美白成分",载《日用化学工业》2016年第2期。
[3] 张慧敏等:"拉曼光谱法快速检测化妆品",载《分析仪器》2016年第1期。
[4] 常冠群等:"XRF法在封箱胶带检验中的应用",载《中国司法鉴定》2015年第5期。
[5] 常冠群等:"XRF法在透明胶带检验中的应用",载《中国人民公安大学学报》(自然科学版)2015年第2期。
[6] 徐秀明:"紫外吸收光谱法检验透明胶带的研究",载《辽宁警察学院学报》2016年第2期。

(2) 应用新技术检验传统微量物证。郭洪玲等[1]用经红外光谱法和扫描电镜/能谱法检验不能区分的不含无机填料的聚甲基丙烯酸甲酯塑料（PMMA）和聚乙烯塑料（PE）作为样品，对这两种样品分别采用常温凝胶色谱法和高温凝胶色谱法测量其相对分子量和分子量的分布情况。此方法弥补了红外光谱法和扫描电镜/能谱法的缺陷，为塑料物证的检验和区分提供了一种新思路。张振宇等[2]采用差示扫描量热法（DSC）分析汽车油漆，考察了制样方法、升温速率、样品量等因素对实验结果的影响，以及实验结果的重现性。用此种方法分析油漆操作简便、区分效果好、重现性好。这种检验分析技术不仅可以应用在微量物证检验中，在交通事故鉴定中也有所涉及。乔杰等[3]采用高效液相色谱－蒸发光散射法（HPLC－ELSD）分析确定人体以及7种动物油脂的甘油三酯种属特征。此研究采用蒸发光散射检测器检测，以此得出特征标准峰，再对样品进行分析，可得出人体油脂、7种动物油脂的谱图数据特征。分析发现，甘油三酯可作为鉴定人类和这7种动物油脂种属的依据。郝红飞等[4]对包括拉曼光谱法在内的多种对射击残留物检验的化学方法及仪器分析法进行了概括，指出射击残留物的检验已经从现场的检验发展为实验室的标准检验，并且强调了射击残留物的快速提取与检测技术的重要性。李文环等[5]收集了丙烯腈－丁二烯－苯乙烯（ABS）、聚丙烯（PP）、聚乙烯（PE）、聚对苯二甲酸乙二醇酯（PET）、聚苯乙烯（PS）、聚氯乙烯（PVC）、聚碳酸酯（PC）等7种常用的塑料，利用近红外光谱仪分别测得其反射光谱，应用主成分分析和反向传播（BP）神经网络建立了这7种塑料的快速鉴别模型。刘宁宁等[6]采用深度分辨率为5微米的频域光学相干层析（OCT）成像系统对11种不同车型、颜色、品牌的车身油漆进行初步成像研

---

[1] 郭洪玲等："凝胶色谱法在两种塑料物证检验中的应用研究"，载《刑事技术》2015 年第 3 期。

[2] 张振宇、李朝军、李继民："车用涂料的差示扫描量热法分析"，载《中国刑警学院学报》2015 年第 4 期。

[3] 乔杰等："高效液相色谱－蒸发光散射法分析油脂物证种属特征"，载《刑事技术》2015 年第 5 期。

[4] 郝红飞等："枪弹射击残留物检验方法"，载《分析测试技术与仪器》2015 年第 2 期。

[5] 李文环等："基于近红外光谱结合主成分分析和 BP 神经网络的常用塑料快速鉴别"，载《塑料工业》2016 年第 12 期。

[6] 刘宁宁等："基于光学相干层析（OCT）技术的车身油漆无损断层成像研究"，载《刑事技术》2016 年第 5 期。

究,结果表明,光学相干层析技术能够区分不同油漆样品。王雅晨等[1]首次将表面增强拉曼光谱技术(SERS)应用于对单根棉纤维中分散红17的检测,将制备好的纳米银溶胶直接滴加在有色纤维表面,采用激光显微共聚焦拉曼光谱仪对分散红17染色的单根棉纤维进行拉曼光谱表征。这证明了表面增强拉曼光谱可实现对单根棉纤维上少量染料的检测,有望对同种类(如均为棉纤维)而染料不同的单根纤维进行表征并进行区分。石慧霞等[2]介绍了一种新的元素成分检验技术——激光诱导击穿光谱技术(LIBS),该技术与扫描电镜/能谱、X射线荧光光谱、激光剥蚀-电感耦合等离子体质谱(LA-ICP-MS)等技术相比较,具有几乎能够测量元素周期表上所有元素的优势,包括X射线荧光光谱所不能检测的H、Li、Be、B、C、N、O等轻于Na的元素及电感耦合等离子体质谱(ICP-MS)所较难检测的F、Cl卤族元素及主量元素。该技术无须样品前处理,可直接沿Z轴方向对物质进行逐层剖析,具有微量、原位、无损的特点。特别是激光剥蚀-激光诱导击穿光谱复合技术(LA-LIBS)可连接电感耦合等离子体质谱,在获取样品主量元素的同时,获取样品的痕量元素等定性定量结果,在玻璃、金属、胶带、油墨、泥土、矿物、纸张、纤维、染料等物证的检验及鉴别中将发挥更加便捷有效的作用。

3. 与法庭科学其他分支的交叉

(1)与文件检验学的交叉。王晓宾等[3]收集了10台不同品牌和型号的激光打印机,利用扫描电镜/能谱仪对相同的打印字符进行无机元素分析,获得样品的能谱图和mapping分析图,对样品进行定性和半定量分析,同时收集10种不同品牌的A4静电复印纸,分析纸张对实验结果的影响。此方法实现了对不同机型的打印文件的区分,进一步证明了扫描电镜/能谱法能够有效地应用于激光打印文件的检验。陈宁等[4]运用基于银胶的表面增强拉曼光谱技

---

[1] 王雅晨等:"表面增强拉曼光谱检测单根有色纤维中染料的探究",载《分析仪器》2016年第5期。

[2] 石慧霞等:"激光诱导击穿光谱技术介绍及应用",载公安部物证鉴定中心主编:《第七届全国微量物证检验及应用技术学术交流会论文汇编》,群众出版社2016年版,第32~36页。

[3] 王晓宾、黄建同:"扫描电镜/能谱法检验激光打印文件",载《刑事技术》2015年第3期。

[4] 陈宁等:"基于银胶的表面增强拉曼光谱检验黑色签字笔墨迹",载《广东公安科技》2015年第3期。

术对纸张上的 16 种黑色签字笔墨迹进行了检验。实验用 16 种签字笔在同一张纸上写字,处理后分别采集黑色签字笔墨迹的表面增强拉曼光谱和墨迹所在纸张的表面增强拉曼光谱。在此实验中纸张不影响签字笔墨迹光谱中的拉曼振动峰,而且不同签字笔墨迹主要拉曼特征峰的峰数和拉曼位移存在一定差异。陈宁等[1]还运用基于金胶的表面增强拉曼光谱技术快速原位检验 90 种黑色签字笔和中性笔的书写墨迹,分析结果显示,墨迹样本均可有效采集表面增强拉曼光谱,根据光谱信息,可将全部样本分为六大类,说明该技术可快速原位检验纸张上的黑色书写墨迹,同时为黑色书写墨迹的比对检验提供了新思路。

李开开[2]利用共聚焦显微拉曼光谱技术,分别对不同品牌、同一品牌不同型号及不同时间的激光打印机打印文件墨粉字迹的拉曼光谱进行研究,并探讨了非原装硒鼓对激光打印机打印文件拉曼光谱检验的影响。实验结果表明,运用显微拉曼光谱技术,可以通过对拉曼特征峰位置、数目和相对强度的比较,区分激光打印机所形成的打印文件墨粉成分的异同,进而为鉴别激光打印机打印文件提供了一种快速、无损的检验方法。韩伟等[3]采用激光显微拉曼光谱技术,选择 56 种不同品牌和型号的印泥(油)盖印样本,利用印泥(油)中的染料和添加剂的拉曼标准谱峰,分析印泥、普通印油和光敏印油的种类特征。结果显示,拉曼光谱能够达到对印泥(油)进行种属鉴别,即印泥、印油和光敏印油的区分,同一类型印泥(油)中成分属性的区分以及次种类属性的进一步细化区分。马盛君等[4]利用傅里叶变换红外光谱法对常见品牌的 14 种蓝色和黑色圆珠笔进行字迹色痕的成分分析。实验用甲醇将书写在纸上的油墨提取下来,挥干提取剂,再刮取遗留的薄膜状物质进行红外分析,通过谱图数据处理将实验样本分为两大类七小类,说明只使用红外

---

[1] 陈宁、李舒莹、张晓霞:"基于金胶的表面增强拉曼光谱检验黑色书写墨迹",载《刑事技术》2016 年第 3 期。

[2] 李开开:"利用显微拉曼光谱检验激光打印机打印文件墨迹的研究",载《中国人民公安大学学报》(自然科学版)2016 年第 2 期。

[3] 韩伟、黄建同、王皓:"利用拉曼光谱技术对印泥和印油种类的鉴别",载《中国人民公安大学学报》(自然科学版)2016 年第 2 期。

[4] 马盛君等:"利用傅里叶变换红外光谱检验圆珠笔油墨的可行性研究",载公安部物证鉴定中心主编:《第七届全国微量物证检验及应用技术学术交流会论文汇编》,群众出版社 2016 年版,第 314~318 页。

光谱法检测圆珠笔字迹仅能达到部分种类的区分。马广鹏等[1]利用显微分光光度法对同批次纸张同一条件下系列油印印章、原子印章及喷墨和激光打印印章进行测量，发现不同种类印章因其成分不同，故得到不同图谱，而同种印章因色度不同造成峰高有所不同，但峰形一致。该结果为利用显微分光光度法对不同种印章进行定性鉴别提供了科学基础。罗仪文等[2]建立了激光剥蚀电感耦合等离子体质谱法检验激光打印原装黑色墨粉元素成分的方法，对收集的24个样品进行分析，发现此方法的分辨率高达94.6%。

（2）与痕迹检验学的交叉。在射击残留物方面，周拓等[3]从两起案件中的疑似枪支结构入手，选取合适的部位进行残留物提取，采用乙酸乙酯取代丙酮、石油醚等毒性较大的溶剂，进行直接萃取的前处理方法，在优化的色谱条件下，对残留物中的二号中定剂（二甲基二苯脲）进行气相色谱－质谱快速检测，成功检出二号中定剂二甲基二苯脲成分，其检测灵敏度较高，可以帮助办案人员判断疑似枪支是否存在击发的可能或击发的行为。李浩等[4]用警用9毫米转轮手枪及其子弹试射常用汽车钢板，选取靠近弹孔边缘处表面、弹孔0.5厘米圆周表面、射出口花瓣内侧进行射击残留物采样，并用扫描电镜/能谱法观察射击残留物微粒表面形态及分析元素组成。结果发现，以扫描电镜/能谱法进行射击残留物的微粒分析，可以确认疑似孔洞是否为弹孔，也可根据残留物微粒分布密度推断射击距离，对涉枪案的检验具有一定的参考价值。胡浩男等[5]利用扫描电镜/能谱法和电子探针法相互补充，来检验气枪射击产生的残留成分，为枪击案射击残留物的检验提供了新的思路。当检材中未检出Sn、Pb、Sb、Ba等射击残留物特征元素时，或许可以考

---

[1] 马广鹏等："显微分光光度法区分油印印章、原子印章及喷墨和激光打印印章"，载公安部物证鉴定中心主编：《第七届全国微量物证检验及应用技术学术交流会论文汇编》，群众出版社2016年版，第324～327页。

[2] 罗仪文等："LA–ICP–MS对激光打印原装黑色墨粉元素成分的分析"，载《中国司法鉴定》2015年第1期。

[3] 周拓、刘俊、康伟："GC/MS快速测定射击残留物中二号中定剂二甲基二苯脲2例"，载《中国刑警学院学报》2016年第4期。

[4] 李浩、何洋："警用9毫米转轮手枪在汽车钢板上射击残留物的扫描电镜能谱分析"，载《公安海警学院学报》2015年第4期。

[5] 胡浩男、张家来："SEM–EDX/EPMA法检测射击残留物成分"，载公安部物证鉴定中心主编：《第七届全国微量物证检验及应用技术学术交流会论文汇编》，群众出版社2016年版，第186～188页。

虑涉案枪支为气枪等非制式枪支，射击残留物可能为塑料等非金属物质，此时应用对轻元素检测更为准确的电子探针法，可能会获得比扫描电镜/能谱法更好的效果。

在弹头检验方面，宋小娇等[1][2]简要介绍了电感耦合等离子体质谱仪的工作原理和几种常见的电感耦合等离子体质谱技术，综述了国外法庭科学领域应用电感耦合等离子体质谱技术分析弹头来源的研究成果，指出了研究国产弹头的铅同位素组成以及微量元素组成，并建立相关数据库对推断弹头来源及涉枪案件侦破的重要意义。此外，建立了用电感耦合等离子体质谱技术检验弹头的方法，对该方法的测试条件进行了探索和优化，利用该方法对3个不同生产厂家制造的13枚弹头中的铅同位素组成进行分析，发现不同厂家制造的弹头差异比较明显，同一厂家制造的弹头同位素比值较为接近。此研究与同位素分析技术在法庭科学领域其他方面（毛发、骨骼、指甲以及泥土、植物）的研究一样，都是对同位素分析技术在物证检验和溯源中应用的初步探索。

在其他痕迹物证检验中，微量物证检验技术亦有相关应用。杨瑞琴等[3]利用 2 - (5 - 溴 - 2 吡啶偶氮) - 5 - 二乙氨基苯酚（5 - Br - PADAP）分光光度法测定手掌面镀锌工具遗留印迹的锌含量，考察了缓冲液用量、pH、显色剂用量等反应条件对测定的影响，在优化好的条件下，建立了标准曲线并测定了不同接触时间、时间间隔条件下手掌面镀锌工具遗留印迹的锌含量，首次在实验中证实了 Zn^{2+} 与蛋白质结合后可以被络合能力更强的 5 - Br - PADAP 分子夺取出来而显色的假设。

4. 其他领域的微量物证研究

（1）爆炸案件。刘贞堂等[4]采用20L球形爆炸装置，在不同条件下进行煤尘爆炸实验，对相应实验条件下的气、固残留物采用扫描电镜/能谱法分析、工业分析及气相色谱仪分析。实验给出了类原煤颗粒、类球形煤胞和残

---

[1] 宋小娇等："电感耦合等离子体质谱检验弹头研究进展"，载《刑事技术》2015年第3期。
[2] 宋小娇等："铅同位素比值法在弹头检验中的应用"，载《刑事技术》2015年第6期。
[3] 杨瑞琴、邢卓、周红："5 - Br - PADAP 分光光度法测定手掌面镀锌工具遗留印迹的锌含量"，载《光谱学与光谱分析》2016年第12期。
[4] 刘贞堂等："基于20L球形爆炸装置的煤尘爆炸残留物研究"，载《中国矿业大学学报》2015年第5期。

球形煤胞在低质量浓度、最佳爆炸质量浓度、高质量浓度下的近似比例,并对煤尘爆炸残留气体的浓度变化进行了分析。樊俊丹等[1]采用离子色谱法检验爆炸案件及爆炸实验提取的残留物中铵根离子及硝酸根离子的成分含量,通过与空白样本的对比,分析导致乳化炸药爆炸残留物中铵根离子、硝酸根离子含量降低的原因。结果发现,生产工艺的改进导致乳化炸药爆炸更充分,残留物更少,所以铵根离子、硝酸根离子含量偏低,其检验难度加大。刘占芳等[2]应用实时直接分析-高分辨飞行时间质谱(DART-HR-TOFMS),对硝胺类有机炸药黑索金及其爆炸残留物进行精确质量质谱分析,借助 MassWorks 质谱解析软件对质谱数据进行了噪音过滤及峰形校正处理,获得了炸药准确的同位素分布模式,然后通过实际同位素分布模式的校正峰形与理论峰形匹配的谱图准确度对待选的分子式进行排序,实现了黑索金的准确识别和鉴定。赵海雨等[3]以乙腈作为溶剂提取浮土中的三硝基甲苯(TNT),建立了利用液相色谱串联质谱联用仪检验浮土中 TNT 的方法,有效避免了尘土复杂基质的干扰,能够满足对爆炸残留物中 TNT 的检测要求。陈明等[4]建立了自制烟火药爆炸残留物中氯酸钾、雄黄和雌黄等主要成分的激光拉曼光谱检验法。用激光拉曼光谱仪在烟火药爆炸残留物的微区中寻找炸药颗粒并进行原位检验,同时用炸药组分标准物质作对照检验,然后将烟火药爆炸残留物中的炸药颗粒拉曼光谱图与标准物质拉曼光谱图进行对照来定性。结果显示,用该方法检验自制烟火药中的氯酸钾、雄黄、雌黄拉曼光谱图与标准物质拉曼光谱图一致,雄黄和雌黄能明显区分。该研究实现了利用激光显微拉曼光谱技术对物质成分进行直接定性,克服了化学法检验无法直接得到物质成分及其结构的缺点。刘骥巍等[5]基于电晕放电离子迁移谱(CD-IMS),提出了一种新型负电晕放电电离源结构,并应用于痕量爆炸物的快速检测。该研究将常规的双向气流模式设计为单向气流模式,利用漂气吹扫,避免了

---

[1] 樊俊丹、王力春:"乳化炸药爆炸残留物分析",载《刑事技术》2015 年第 3 期。
[2] 刘占芳等:"谱图准确度在高分辨飞行时间质谱分析硝铵类有机炸药 RDX 中的应用",载《理化检验》(化学分册) 2015 年第 4 期。
[3] 赵海雨等:"液相色谱串联质谱联用法检验 TNT",载《刑事技术》2016 年第 6 期。
[4] 陈明等:"激光拉曼光谱检验自制烟火药爆炸残留物中的氯酸钾、雄黄和雌黄",载《刑事技术》2016 年第 2 期。
[5] 刘骥巍等:"单向气流负电晕放电离子迁移谱的研究及其在爆炸物检测中的应用",载《分析化学》2016 年第 8 期。

活性分子引发的一系列复杂反应,获得了单一的试剂离子,便于谱图解析;对运行参数优化后,将其应用于对常见爆炸物的快速高灵敏检测。谭俊鹏等[1]综述了SPR传感器检测痕量炸药的研究进展,描述了间接竞争法和置换法的检测过程,重点阐述了SPR传感器检测痕量炸药的芯片修饰方法的研究进展与特点,包括使用蛋白物理吸附修饰、聚乙二醇修饰、高分子聚合物修饰的传感器芯片,总结了近年来对SPR传感器检测痕量炸药的研究情况,并对SPR传感器检测痕量炸药的发展方向进行了展望。李娟等[2]研究了危险化学品爆炸残留物的离子色谱、气相色谱-质谱联用和X射线衍射等仪器的快速检验方法,并应用于一起非法私设化学品仓库爆炸的现场物证检验鉴定,对现场的炸坑泥土、残留化学品进行快速检验,及时查明了引发起火爆炸的化学品种类。

(2) 交通事故案件。时秋娜等[3]对橡胶裂解的气相色谱-质谱分析条件进行了探索,并以所建立方法和扫描电镜/能谱法对一起交通肇事案件中的橡胶物证进行检验。通过比较检材和样本以及不同样本间橡胶胶料和无机元素的异同,实现了对检材和样本的比对认定,并发现不同轮胎的胎面胶、胎侧胶成分各不相同,甚至同一轮胎的胎面胶和胎侧胶成分也有差异。刘冬娴等[4]用扫描电镜/能谱法检验了汽车轮胎橡胶样品中无机成分并进行了对比分析。该研究发现,同一汽车轮胎不同层次橡胶元素种类及含量有差异,不同种类汽车轮胎橡胶元素种类及含量有差异。此方法可应用于交通肇事逃逸案中汽车轮胎橡胶物证中无机成分的对比分析。李永明等[5]利用浮沉比较法(简称浮沉法)和悬浮法测定了玻璃的密度,发现浮沉法的测量精度相对较高,但操作相对复杂,测量周期长,密度测量偏差不超过±0.0003;悬浮法操作简便,测量周期短,当玻璃试样质量大于10g时,重复性好,测量偏差

---

[1] 谭俊鹏、郝红霞、杨瑞琴:"SPR传感器检测痕量炸药的研究进展",载《刑事技术》2016年第5期。

[2] 李娟、张红旗:"烟花爆竹火药的X射线衍射法检验",载公安部物证鉴定中心主编:《第七届全国微量物证检验及应用技术学术交流会论文汇编》,群众出版社2016年版,第85~87页。

[3] 时秋娜、刘占芳、乔婷:"交通肇事案件中橡胶物证的检验",载《刑事技术》2016年第5期。

[4] 刘冬娴、徐连生、贺江南:"扫描电镜-X射线能谱法检验汽车轮胎橡胶",载《合成材料老化与应用》2015年第6期。

[5] 李永明等:"玻璃密度测量方法比较与实践",载《玻璃与搪瓷》2015年第1期。

较小，测量偏差不超过±0.0005。但我国尚未建立比较完备的玻璃数据库，在检材与样本的同一认定上往往需要耗费大量的时间、人力与财力，建议相关法庭科学工作者逐步建立地区级的玻璃数据库，将玻璃制品按照种类、生产工艺、生产时间、应用情况等进行分类，进而为建立国家级玻璃数据库打下基础。吴迪等[1]利用多晶粉末X射线衍射法对从交通事故案发现场采集到的泥土样品进行物相及成分分析，并与案发现场周边30km范围内的13个挖土工地采集的泥土样品比对，发现样品的衍射峰及物相成分与其中5个工地所采集的泥土样品相符，肇事车辆疑属这5个工地。结果表明，多晶粉末X射线衍射法在交通事故物证司法鉴定中，具有分析时间短、见效快、成本低、科学性强的特点，可为交通事故的侦破处理及打击交通违法犯罪提供更为有效、便捷、快速、科学的依据。汽车油漆是交通肇事案件中重要的物证之一。才志成等[2]对微区X射线衍射法在汽车油漆物证检验中的应用进行了研究，用以准确鉴定油漆物证中的无机填料。应用微区X射线衍射法对颜色相同的汽车漆片进行物相分析，并与扫描电镜/能谱仪和红外光谱检验结果相比较，准确得出了3个油漆样品的无机物质组成，不但与电镜和红外的检验结果相互印证，而且提供的物相信息更精确。

（3）纵火案件。张小宏等[3][4]采用表面增强拉曼光谱检验了火灾模拟现场纸张、橡胶燃烧后表面的助燃剂残留物，主要研究了不同点位、不同助燃剂对样品表面助燃剂残留物拉曼光谱的影响。实验重点给出了汽油与不同样品共同燃烧后残留物的分析和燃烧后样品不同采集点的助燃剂残留物拉曼光谱分析，并对不同助燃剂残留物的拉曼光谱进行了分析。此实验中，纸张和橡胶样品经助燃剂燃烧前后具有明显的增强拉曼信号差，且这种差异受分析点位的影响，不同助燃剂在不同样品表面残留物表现出有差异的增强拉曼信号。这种方法有助于鉴定火灾现场助燃剂的种类，从而有助于判断案情性

---

[1] 吴迪等："多晶粉末X射线衍射法在物证司法鉴定中的应用研究"，载《贵州师范大学学报》（自然科学版）2016年第4期。

[2] 才志成等："微区X射线衍射对油漆填料的检验研究"，载《刑事技术》2016年第4期。

[3] 张小宏等："表面增强拉曼光谱分析纸张和橡胶助燃剂残留物"，载《消防科学与技术》2015年第4期。

[4] 张小宏等："助燃剂残留物成分的红外/表面增强拉曼光谱对比分析"，载《消防科学与技术》2015年第11期。

质、为侦查办案提供依据。此外，其还采用红外光谱分析了不同木材燃烧后样品表面的助燃剂残留物，并与其表面增强拉曼光谱分析结果进行对比。研究发现，各种木材表面的助燃剂残留物均表现出较强的红外信号；与红外光谱谱峰相比，汽油残留物的拉曼响应相对较小；两种方法均能部分鉴定和鉴别木材中的汽油、柴油、天那水等助燃剂，结果基本一致。这表明，结合红外光谱和拉曼光谱进行分析，有望为火灾物证中助燃剂及种类的鉴定、火灾成因分析等提供重要依据。刘博伟等[1]建立了基于纳升电喷雾离子化质谱（nanoESI-MS）分析易燃液体及其燃烧残留物的方法，在优化的实验条件下，对93号汽油、0号柴油以及它们的燃烧残留物利用纳升电喷雾技术直接离子化，进入质谱分析检测。结果表明，该方法可以在敞开式的大气压环境下快速检测出样品中的目标离子峰，可以快速分析易燃液体及其燃烧残留物，样品无需复杂的前处理，装置简单便携。随着质谱小型化的发展，纳升电喷雾离子化质谱更易于建立现场勘查和火因鉴定的现场快速分析方法。范子琳等[2]采用固相微萃取法，对汽油中苯系和萘系5类特征成分在不同萃取温度和不同萃取时间条件下的萃取效果变化规律及其原因进行了研究。通过测定汽油中苯系物和萘系物的原始相对体积分数，与固相微萃取法萃取到的成分的相对体积分数进行对照分析。结果表明，随温度升高，汽油总萃取量下降，随时间延长，汽油总萃取量增加，但汽油中苯系和萘系5类特征成分的萃取规律并非均与总萃取量变化趋势保持一致。该结论为不同萃取条件的谱图分析比较、评价汽油固相微萃取提取方法的优劣以及实际火灾物证鉴定中汽油存在与否的准确判断提供了参考。刘术军等[3]针对火灾现场汽油燃烧残留物的特征信息，利用高敏传感器技术、电子集成技术和信息融合技术等开发出对汽油敏感的多功能气体传感器阵列，并对阵列传感器进行信息融合与智能处理，最终研制出一套能够快速检测汽油燃烧残留物的检测装置，为纵火案件现场判定是否存在汽油及辅助确定汽油位置提供了新的技术支持。

---

〔1〕 刘博伟、李艳艳、罗爱芹："纳升电喷雾离子源质谱对易燃液体及其燃烧残留物的分析"，载《消防科学与技术》2016年第6期。

〔2〕 范子琳等："汽油中苯系萘系成分固相微萃取性能研究"，载《消防科学与技术》2016年第11期。

〔3〕 刘术军、王柏："火灾现场汽油烧残物快速检测技术的研究"，载公安部物证鉴定中心主编：《第七届全国微量物证检验及应用技术学术交流会论文汇编》，群众出版社2016年版，第113~117页。

除上述几点外,近两年对土壤中各类物证的研究也有很多。田芹等[1]利用高效液相色谱-同位素稀释串联质谱法(LC-ID-MS/MS)建立了土壤和蚯蚓中手性 α-,β-,γ-六溴环十二烷(HBCD)的分离分析方法。在我国乡村地区,泥土中的除草剂等也是鉴定泥土来源的一种重要物证。宋丽娟等[2]利用固液萃取和液相色谱串联质谱法建立了对土壤中磺酰脲类和磺酰胺类除草剂的提取和鉴定方法。陈烨等[3]建立了固相微萃取-气相色谱/三重四级质谱法(SPME-GC/QQQ)同时测定土壤中多种氯代苯胺(CAs)的方法。此方法方便快捷,适用于土壤中痕量氯代苯胺的测定。刘向磊等[4]以负载二苯硫脲泡塑选择性富集金和银,实现了金和银与其他干扰因素的分离,建立了负载二苯硫脲泡塑富集、硫脲解脱-电感耦合等离子体质谱法同时测定痕量金和银的新方法。此方法可以有效地避开土壤中其他元素的干扰。翟琨等[5]利用分子信标、单链核酸(ss DNA)及核酸染料 SYBR Green I,通过同步荧光分析法,建立了一种高灵敏度、高选择性的土壤汞(Hg^{2+})的定量检测方法,分子信标的引入使此方法特异性增强,选择性更高。王萍等[6]结合一例纵火案件,采用扫描电镜/能谱仪、X 荧光光谱仪、偏振光显微镜、X 射线衍射仪、激光粒度分析仪等多种理化分析方法检验提取自案件现场及犯罪嫌疑人家中汽油瓶上附着的泥土样品。根据泥土中元素种类、元素相对含量、粒度分布特征及泥土中矿物种类、组合特征等信息,确定现场泥土与犯罪嫌疑人住处汽油瓶上附着的泥土可能有相同的来源,从而为案件侦破提供了有力的证据,案件侦破后证明检验结果正确。为了提高发射光谱检验微量泥土物

---

[1] 田芹等:"手性高效液相色谱-同位素稀释串联质谱法测定土壤及蚯蚓中的六溴环十二烷对映体",载《分析化学》2015 年第 9 期。

[2] Song L. et al., "Detection of Sulfonylurea and Sulfamide Herbicide in Soil by LC-MS/MS", *Forensic Science and Technology*, 2015 (5)。

[3] 陈烨等:"固相微萃取-气相色谱/三重四级质谱法测定土壤中氯代苯胺类残留",载《分析化学》2015 年第 7 期。

[4] 刘向磊等:"负载泡塑富集-电感耦合等离子体质谱法测定地质样品中痕量金和银",载《分析化学》2015 年第 9 期。

[5] 翟琨等:"基于分子信标及核酸染料 SYBR Green I 定量检测土壤中的汞",载《分析化学》2015 年第 8 期。

[6] 王萍等:"泥土物证的理化综合检验分析",载《刑事技术》2016 年第 6 期。

证的灵敏度和分辨率，缩小检材量，高扬等[1]将卤化物作为载体，通过卤化物的加成反应提高了发射光谱的分析灵敏度，较好地通过泥土中诸多的常见元素、微量元素的异同和含量的多少进行泥土的种属认定。该方法所需检材少，再现性好，可用于案件中泥土物证的检验。

（八）痕迹检验学

新的痕迹学技术体系，包括痕迹显现发现原理与技术方法、痕迹形态学与比对检索技术（包括痕迹检验基础性研究和痕迹信息化建设）、基于痕迹物证的供体特征推断技术、痕迹形成属性参数和特征鉴定技术、痕迹时空信息检验技术和基于痕迹信息的现场重建技术等 6 个方向。近两年，痕迹技术类论文在痕迹显现发现原理与技术方法、痕迹形态学与比对检索技术 2 个方向发展较为迅猛，其余 4 个方向表现欠佳，主要原因是关注的重点尚停留在痕迹的发现和比对方面，对痕迹的线索能力和辅助法庭审判方面重视不够。

1. 痕迹显现发现原理与技术方法

潜在痕迹的显现与增强是检验鉴定的基础和前提，其发展和提高基本依赖于光学成像、材料学、生物化学、有机化学、荧光化学和仪器分析化学等技术的发展水平。在光学成像领域，左琦[2]研究了 CERA LT 弹壳手印显现系统在具体案例中的应用。弹壳表面汗潜手印显现的主要方法有：多波段光源显现法、激光显现法、烟熏法、真空镀膜法、硝酸银法。对圆柱形光滑客体拍照易产生光斑，实践中多采用定向反射拍照法、小角度掠入式多方位拍照法、photoshop CS4 修复法、IPP 软件修复等，采用这些方法虽然能取得一定的效果，但对设备要求高、对技术水平要求高，操作过程复杂，不易掌握，难以推广。2013 年英国 Consolite Forensics 公司与 John Bond 博士合作推出 Cartridge Electrostatic Recovery and Analysis Light，简称 CERA LT 弹壳手印显现系统。2014 年河南警察学院在全国率先引进该系统应用于科研和办案。左琦通过设定实验，对 CERA LT 弹壳手印显现系统的应用进行了研究，研究发现，该系统利用定制的光学系统和高分辨率彩色摄像机及专用图像处理软件，可以使弹壳等圆柱形客体表面手印的观察、显现、提取、图像增强等系列工作

---

[1] 高扬、孙志男："应用化学载体的发射光谱法检验案件中的泥土物证"，载公安部物证鉴定中心主编：《第七届全国微量物证检验及应用技术学术交流会论文汇编》，群众出版社 2016 年版，第 284～289 页。

[2] 左琦："CERA LT 弹壳手印显现系统的应用"，载《铁道警察学院学报》2015 年第 5 期。

一次完成,使用操作方便、自动化程度高、软件简单易用、图像质量高,是一种有价值的新检验方法。

王猛[1]采用溶剂热法在水和乙二醇的混合溶剂中合成了高质量的 $LaPO_4:Ce,Tb$ 纳米荧光粉末。然后,通过透射电子显微镜(TEM)、粉末 X 射线衍射(XRD)、荧光光谱(FS)等表征手段分别对稀土纳米荧光粉末的微观形貌、晶体类型、荧光性能进行了表征,合成纳米荧光粉末的形貌为单分散的纳米棒,平均长度为 700nm,平均直径为 20nm,其晶体结构为单斜 $LaPO_4$ 晶型,并且在 254nm 紫外光照射下能够产生较强的绿色荧光。最后,将合成的纳米荧光粉末应用于光滑客体表面汗潜指纹的无损显现中,并详细考察了指纹显现的对比度、灵敏度、选择性、背景干扰等指标。实验结果表明,使用 $LaPO_4:Ce,Tb$ 纳米荧光粉末显现的指纹在 254nm 紫外光的激发下能够产生明亮的绿色荧光,指纹乳突纹线部位连贯清晰、细微特征反应明显,指纹与客体之间的对比反差强烈、客体产生的背景干扰较小,因此该显现方法具有较高的对比度、灵敏度和选择性。该显现方法操作简单、显现效果优良、适用范围广,其创新之处在于,经 $LaPO_4:Ce,Tb$ 纳米荧光粉末显现后的指纹还可以进行后续的 DNA 提取及检测。

杨鸣等[2]研究了短波紫外反射法显现香烟外包装塑料薄膜表面潜在指印。鉴于香烟盒外包装双轴拉伸聚丙烯(BOPP)薄膜无色透明且厚度薄的特点,薄膜上的潜在指印往往较为微弱,短波紫外反射法无法得到较好的显现效果。该研究在实验基础上提出了改进方法,使得穿透薄膜的短波紫外光完全被打印纸吸收,经潜在指印漫反射的短波紫外光在 CCD 上成像,较好地反映了指印的细节部分,同时可以通过控制照射时间最大限度地保持物证检材的原始状态,减少对后续 DNA 检验的影响。

成磊等[3]研究了短波紫外反射照相显现曲面客体上的潜在指印。利用环形短波紫外灯小角度照射曲面客体,通过固定曲面客体使之仅沿中心轴线方

---

[1] 王猛:"$LaPO_4:Ce,Tb$ 纳米荧光粉末的合成及其在指纹无损显现中的应用",载《光谱学与光谱分析》2016 年第 5 期。

[2] 杨鸣、刘涛:"短波紫外反射法显现香烟外包装塑料薄膜表面潜在指印",载《刑事技术》2015 年第 5 期。

[3] 成磊等:"短波紫外反射照相显现曲面客体上的潜在指印",载《辽宁警专学报》2015 年第 2 期。

向旋转，依次拍照记录，再导入 Photoshop 中通过图像拼接技术获得完整的指纹图片。通过总结相机参数设置、曲面客体所产生的反射光斑以及曲面畸变对成像结果的影响，得出一套优化的拍摄方案。

禚昌鑫等[1]研究了光亮金属表面汗潜指印拍摄方法，从几种显现和固定光亮金属表面汗潜指印的有效技术手段，综合得出最佳条件或方法：一是在暗环境下压低照射光源，配以柔和、均匀的面光源进行照射；二是对于圆柱形、球形或凹凸不平的光亮金属客体，宜在光源前加上一层薄纱布或白绸使光线均匀、柔和，或使用白纸（硫酸纸）罩住被拍痕迹指印，使光从灯罩的外侧射入，相机从灯罩的上方对指印进行拍摄；三是利用涂油和喷蜡两种方法，将光亮金属客体表面转化为光亮非金属客体表面，然后再利用非金属表面的反光特性进行配光拍摄。

在手印显现荧光试剂研究领域，稀土荧光材料具有光稳定性好、较宽的激发光谱与较窄的发射光谱、激发光谱与发射光谱分离以及可调谐发射光谱的波长等光学特征，克服了传统有机荧光基团易被光漂白、发射光谱较宽的诸多缺陷。稀土荧光材料对于激发光源的选择范围比较广泛，有利于充分利用已有的硬件资源，也可以在其连续的激发谱中选取更为合适的激发波长，从而使样品的背景荧光降到最低点，提高分辨率和灵敏度。

王猛等[2]研究了 $NaYF_4$：Yb，Er 上转换发光纳米材料的合成及其在手印显现中的应用。稀土上转换发光纳米材料是一种特殊的稀土发光材料，它可以通过多光子机制将低能量的长波辐射转变为高能量的短波辐射，可以在红外光的照射下产生可见荧光，红外光的能量较低，不会引起客体产生自体荧光，进而提高了手印显现的抗背景干扰能力。采用溶剂热法在水－乙醇－油酸的混合溶剂中合成球形、单分散性较好、平均粒径约为 75nm、晶体结构为六方 $NaYF_4$ 晶型、在 980nm 红外光的激发下能够发射出较强的绿光的 $NaYF_4$：Yb，Er 上转换发光纳米材料，将其用于常见光滑非渗透性客体以及某些渗透性客体表面汗潜手印的粉末法显现，显现的手印纹线清晰连贯、细节特征明显、对比反差强烈，鉴定价值较高。

---

[1] 禚昌鑫、杨潜：“光亮金属表面汗潜指印拍摄方法研究”，载《科学与财富》2015 年第 12 期。

[2] 王猛、郭兴家：" $NaYF_4$：Yb，Er 上转换发光纳米材料的合成及其在手印显现中的应用"，载《辽宁大学学报》（自然科学版）2015 年第 2 期。

王猛等[1]采用溶剂热法合成出性能优良的 LaF_3：Eu，Tb 荧光纳米粉末，将该荧光纳米粉末配制成荧光纳米悬浮液，成功应用于光滑客体表面潜在手印的显现。经 LaF_3：Eu，Tb 荧光纳米悬浮液显现的手印在254nm紫外光照射下能够发射出明亮的黄色荧光，纹线清晰连贯、细节特征明显。

王猛等[2]以聚乙烯亚胺为修饰剂，采用水热法合成出性能优良的 YVO_4：Eu 纳米荧光材料。该纳米荧光材料的粒径尺度约为30nm，形貌为单分散的球形，晶体结构为四方 YVO_4 晶型，其表面为聚乙烯亚胺修饰，在254nm紫外光的激发下能够发射出较强的红色荧光。将 YVO_4：Eu 纳米荧光材料用于常见光滑非渗透性客体以及某些渗透性客体表面汗潜手印的粉末法显现，其显现出的手印具有纹线清晰连贯、细节特征明显、对比反差强烈、背景干扰较小等优点，能够实现手印的高灵敏度显现。

谢安等[3]研究了稀土荧光粉 Zn_2SiO_4：Mn^{2+}，Er^{3+} 的性能优化及对潜在指纹的显现，详细探讨了偶联剂的用量、反应温度和时间对粉体显现潜在指纹效果的影响：一是体积分数为5%的盐酸溶液处理过的荧光粉，能够清晰显现玻璃片、瓷砖、金属板、塑料、皮革、白纸上的新鲜汗液手印；二是硅烷偶联剂 KH550 和 KH560 分别可以使荧光粉表面具有亲水性和亲油性，对荧光粉的荧光性能没有产生明显影响；三是硅烷偶联剂 KH550 修饰的荧光粉可以显现遗留在玻璃片上长达3d的汗液手印和长达7d的油脂手印。

使用金属粉末或磁性粉末显现手印对后续 DNA 提取、扩增的影响主要表现为以下两个方面：一方面，粉末处理后的手印上附着有大量的金属粉末或磁性粉末，与广泛使用的 Maxwell 型 DNA 自动纯化仪的磁珠吸附裂解液中 DNA 分子方法冲突，使 DNA 纯化不彻底；另一方面，通过提取、纯化后遗留的金属粉末会使 DNA 扩增过程中起关键酶化作用的 Mg^{2+} 失活，影响 DNA 的

---

[1] 王猛、王海平："LaF_3：Eu，Tb 荧光纳米悬浮液在手印显现中的应用"，载《公安海警学院学报》2015年第1期。

[2] 王猛："YVO_4：Eu 纳米荧光材料的合成及其在手印显现中的应用"，载《光谱学与光谱分析》2015年第6期。

[3] 谢安、李柳："稀土荧光粉 Zn_2SiO_4：Mn^{2+}，Er^{3+} 的性能优化及显现潜在指纹的研究"，载《中国稀土学报》2015年第3期。

复制。谢涛等[1]研究了纳米发光材料在手印无损DNA显现中的应用，证明使用合成的纳米发光材料显现潜在手印能够初步实现手印物质中DNA的同步提取与检测，既可保证手印显现高对比度、高灵敏度、高选择性，以及抗客体背景干扰能力；又由于纳米发光材料的特殊荧光效应，附着在手印上的粉末相对较少，DNA的纯化可以比较彻底，并且纳米发光材料也不会影响扩增试剂中Mg^{2+}的作用，使手印DNA的检出率明显提高。

在化学试剂显色方面，主要有"502"熏显法和潜在血印痕显现化学试剂。光滑纸张由于表面有胶质，其渗透性大大降低，介于渗透性和非渗透性物体的中间，可称为半渗透性物体，使用常用的非渗透性客体上手印的显现方法（如粉末显现法和直接拍照法）无法取得良好效果。显现光滑纸张上手印的方法有茚二酮溶液、茚三酮溶液、硝酸银溶液、碘熏还有近几年新出现的DFO熏显法等，但这些方法如果操作不当，对人体伤害较大，药水不易配制且不易保存。袁楚平等[2]研究了用于光滑纸张上指纹显现的"502"熏显法，利用"502"自动熏显箱，再利用紫外照相法，取得了较好的显现效果。

潜在血手印是命案现场最常见的痕迹之一，其特点是含血量极少，用肉眼很难观测，给勘查取证工作带来一定困难。王忱[3]对考马斯亮蓝与四甲基联苯胺显现血手印进行了比较，结果显示，考马斯亮蓝R-250和四甲基联苯胺均可以有效地显现某些渗透性客体和非渗透性客体上的潜在血手印，考马斯亮蓝R-250显现非渗透性客体上血手印的效果优于四甲基联苯胺，四甲基联苯胺显现渗透性客体上血手印的效果优于考马斯亮蓝R-250。

韩国强等[4]探究了一种安全无毒的新型阳离子荧光黄用于502胶熏显手印后续染色的新方法。通过荧光光谱仪测量了其吸收光谱和发射光谱，以色彩模式（Lab）值作为显现效果的评价标准，通过对溶剂、试剂浓度、不同客体显现效果等影响因素的考察，初步建立了阳离子荧光黄用于502胶熏显手

---

[1] 谢涛、林添春、王猛："纳米发光材料在手印无损DNA显现中的研究"，载《中国刑警学院学报》2015年第3期。

[2] 袁楚平、余尚伟："光滑纸张上的指纹显现之'502'熏显法"，载《黑龙江科技信息》2015年第17期。

[3] 王忱："考马斯亮蓝与四甲基联苯胺显现血手印的比较研究"，载《科技创新导报》2015年第20期。

[4] 韩国强、罗亚平："502胶显现潜在手印后阳离子荧光黄染色研究"，载《中国人民公安大学学报》（自然科学版）2016年第3期。

印后染色的操作方法，并与传统的染料罗丹明6G、BBD作了比较。结果表明，阳离子荧光黄的最大吸收波长为445nm，最大发射波长为495nm，试剂浓度为0.1g/L的乙醇溶液就能产生鲜亮的黄绿色荧光，在实际办案中有很好的应用前景。

高峰等[1]使用$Al(OH)_3$胶体悬浮液为新型小颗粒（SPR）指纹显现试剂对胶带粘面上富脂潜指纹的显现效果进行了研究。以$Al(OH)_3$、NaOH、$H_2C_2O_4$、$C_{18}H_{29}NaO_3S$为原料，制备$Al(OH)_3$胶体SPR指纹显现试剂，研究$C_{18}H_{29}NaO_3S$浓度及指纹遗留时间对胶带粘面富脂潜指纹显现效果的影响，并与两种市售SPR试剂的指纹显现效果进行比较。研究发现，当$C_{18}H_{29}NaO_3S$浓度为8.61mmol/L时，所制$Al(OH)_3$胶体SPR指纹显现试剂对遗留时间为24h以内的潜指纹显现效果良好，对1h的新鲜潜指纹显现效果优于SPR1001 Dark试剂。这表明，胶带粘面富脂潜指纹可用$Al(OH)_3$胶体悬浮液SPR试剂很好地显现，纹路清晰、细节特征明显且与背景对比度高。

骨骼含有较多的油类物质及水分，作为工具痕迹的承痕客体之一，检验时需要进行前期样本处理，以提高其上的工具痕迹质量，同时也能更好地对物证进行保存与保管；常用的骨骼处理方法有煮制法、沤制法、虫蚀法，利用碱性蛋白酶、碱粉或某些含有可降解蛋白的酶的洗涤剂来处理软组织等，但这些方法在使用中都有诸多不足和弊端。王震等[2]针对骨骼的特性建立了针对骨骼上工具痕迹的超声波清洗、乙醇脱水、石油醚脱脂及红外干燥的预处理方法，确定了乙醇浸泡时间为300min、石油醚浸泡时间为300min、红外干燥时间为120min。该预处理方法不仅脱脂脱水率高，而且有效提高了骨骼上工具痕迹的反差，更有利于痕迹特征的提取。

当前轮胎印痕图像的增强方法大多数仅是对图像进行简单线性变换、灰度拉伸、去噪等传统方法，会导致图像出现颜色失真、边缘模糊、细节丢失等问题。乔丽[3]提出了专业性较强的轮胎印痕图像增强方法，针对现场采集的轮胎印痕图像存在光照强度分布不均、背景和目标对比度低的情况，提出了基于中心环绕的Retinex理论增强算法，即单尺度Retinex和多尺度Retinex。

---

[1] 高峰等："$Al(OH)_3$胶体悬浮液对胶带粘性表面富脂潜指纹的显现研究"，载《刑事技术》2016年第5期。

[2] 王震等："骨骼上工具痕迹预处理新方法研究"，载《刑事技术》2015年第4期。

[3] 乔丽："轮胎印痕图像增强方法的研究"，陕西师范大学2011年硕士学位论文。

在指出单尺度 Retinex 算法在胎痕图像增强上的局限性的基础上,通过实验证明了多尺度 Retinex 算法在轮胎印痕增强方面的优越性。针对轮胎印痕图像中存在大量的噪声及光源分布不均等问题,提出了基于小波分解与重构的图像增强方法;并通过实验仿真,能够取得较好的增强结果,对侦查肇事车辆案件具有较强的理论研究意义和应用价值。

王跃等[1]研究出一种现场大面积泥水渍和血足迹快捷显现技术,克服了传统显现技术无法一次性快捷显现地板上大面积泥水渍和血足迹的难题。将 FDA 显现液装入 μm 级精细雾化器中,开启 μm 级精细雾化器雾化 FDA 潜在足迹显现液,喷涂处理浅色地板上制作的不同遗留时间和遗留量的泥水渍和血足迹样本。在这一过程中,泥水渍和血足迹物质部位即时呈现蓝色图案,显现出的图案特征清晰连贯、与浅色地板背景反差突出,足迹图案特征放大后没有发生扩散现象。这表明,μm 级精细雾化器雾化 FDA 潜在足迹显现液能有效增强地板表面泥水渍和血足迹的显现效果。

为探索一种新型非渗透、半渗透和渗透砖表面上血足迹的荧光亮红增强技术,王跃等[2]使用雾化器喷雾增强非渗透、半渗透和渗透砖表面上的血足迹。研究发现,非渗透、半渗透和渗透砖表面的血足迹经荧光亮红溶液处理后,445nm 蓝色激光照射下,使用黄色滤光镜观察,蓝色地板砖、水磨石砖、水泥砖、矿渣砖、泥土烧制砖上的血足迹增强效果极其明显。血迹光致荧光为亮黄荧光,荧光持续长久,也没有颜色背景,反差极其明显;足迹特征没有发生扩散现象,检验鉴定价值较高。荧光亮红溶液可以直接喷雾增强非渗透、半渗透和渗透砖表面上的血足迹,增强效果极其明显,不受客体背景影响。这表明,荧光亮红溶液增强血迹技术能够作为一种新型非渗透、半渗透和渗透砖表面的血足迹增强技术的有效补充,能够作为深色和多背景客体表面上的血足迹增强和显现技术。

为探索一种光滑地板客体表面尿渍足迹的新型显现方法,王华等[3]使用

---

[1] 王跃、刘娜、庄京伟:"犯罪现场上大面积泥水和血足迹快速显现技术实验研究",载《警察技术》2016 年第 5 期。

[2] 王跃等:"荧光亮红增强砖面的血足迹新型技术研究",载《中国刑警学院学报》2016 年第 1 期。

[3] 王华、张品喜:"光滑地板上尿渍足迹显现新方法研究",载《科技创新与应用》2016 年第 19 期。

光触媒雾化器 FPD 显现液雾化喷涂光滑地板客体表面上尿渍足迹样本，发现光滑地板客体表面上尿渍足迹有效时间约为 1s，尿渍足迹呈现蓝色纹线，足迹花纹特征清晰连贯、与光滑地板客体表面反差明显。这表明，光触媒雾化器 FPD 显现液雾化喷涂光滑地板客体表面上尿渍足迹能够得到有效反差，足迹认定价值高，可有效提高光滑地板表面上尿渍足迹的发现率、提取率和利用率。

为评估应用全色足迹勘查光源显现遗留在平滑颜色纸张表面灰尘足迹的效果，陈池等[1]利用全色足迹勘查光源分别对不同颜色纸张表面遗留的灰尘足迹进行拍摄并评估效果，发现对于不同颜色的平滑纸张在全色足迹勘查光源下均能取得良好的拍摄效果。研究表明，全色足迹勘查光源可以有效显现平滑颜色纸张表面遗留的灰尘足迹，该方法简便易行、显现效果好。

2. 痕迹形态学与比对检索技术

该领域的研究主要集中在手印（特别是三级特征）、鞋印、轮胎印痕、工具痕迹、枪弹等痕迹物证比对的科学性基础方面，主要手段是首先建立此类物证特征的数学模型，然后进行统计分析，得到个体认定的概率统计结果，包括鉴定意见的等级和影响鉴定的各种参数，今后的研究方向有鉴定可能的出错率、概率模型等。具有三级特征的指纹提供了更多的指纹特征，特别是高分辨率（≥1000dpi）活体指纹采集仪出现后，在自动指纹识别系统中应用汗孔便成为可能，首要问题是指纹汗孔的识别价值问题。夏育琴等[2]通过客观随机实验共抽取了 300 枚指纹，提出了一种标注指纹汗孔的方法，并对指纹汗孔在标注后进行统计分析，发现不同人之间各种大小的汗孔统计结果差异都很大，而相同人在不同时间点采集得到的汗孔数据则差异很小。该研究得出了指纹汗孔在一定程度上具有稳定性和唯一性的结论，从而证明了指纹汗孔具有识别价值。

姚雪等[3]认为，基于潜在手印的个体识别技术研究的发展趋势应为对手印形态学及遗传学信息进行重新思考和研究，来突破现有技术瓶颈。其基于

---

[1] 陈池、杨玉柱、朱圣博："应用全色足迹勘查光源检验平滑纸张表面遗留灰尘足迹"，载《中国人民公安大学学报》（自然科学版）2016 年第 3 期。

[2] 夏育琴、吴向荣："指纹汗孔的识别价值初探"，载《海峡科学》2015 年第 10 期。

[3] 姚雪等："基于潜在手印的个体识别技术研究发展趋势"，载《中国司法鉴定》2015 年第 3 期。

对手印中有形物质的接触转移规律特点、常用手印显现方法对转移物质的影响的认识，面向手掌面物质成分接触转移规律及显现方法对脱落细胞的影响、手印显现操作与接触 DNA 检测有效组合方法的建立，以及皮肤微生物组 DNA 分型三个方向对潜在手印中蕴含的信息进行多方面多层次的挖掘，最终达到实现人身同一认定的目的。

指纹鉴定人员对指纹的认知差异是影响指纹鉴定的主要因素。刘世权等[1]研究了指纹鉴定人员对现场指印的认知能力，邀请 106 家指纹鉴定机构参加 4 组指纹的测试，对指纹鉴定人员在指印分析阶段的细节特征选择、信息判断等问题进行研究，得出结论：指纹鉴定人员对质量高的现场指印，无论在质量区域划分、特征选取还是在价值判断等方面差异性均不明显；而对于质量低的现场指印，在上述各方面均存在明显的认知差异。因此，建议逐步建立现场指印质量预评估体系，将现场指纹进行质量区域划分，科学界定不同质量区域的边界，提高指纹鉴定人员对现场指纹质量区域的理解。

对重叠指纹的快速分离是实现复杂环境下指纹特征鉴别和识别的关键。传统的重叠指纹分离算法采用指纹特征提取自动匹配技术，需要大量的先验指纹数据库知识才能实现重叠指纹的分离，可操作性不强。杨琳[2]提出了一种基于纹理特征分形的重叠指纹快速分离技术。研究表明，该算法具有较好的重叠指纹分离性能，可实现重叠指纹快速分离，进而提高对指纹的识别效率。

在足迹鉴定方面，绳鑫等[3]通过对赤足足迹特征的分类和质与量的分析，提出足迹特征的质量高低的评断方法：一是是否存在稳定性高、出现率低、明显可靠的特征；二是决定特征总和反映性的特征数量，即特征总和的量。对于足迹特征的数量的分析和确定，不能单纯以个数为标准，而应以特征所包含的内容的多少为标准。舒力迪等[4]以行走和可变形赤平足痕迹为研

---

[1] 刘世权、罗亚平、吴剑："指纹鉴定人员对现场指印认知能力的研究"，载《刑事技术》2015 年第 1 期。

[2] 杨琳："基于纹理特征分形的重叠指纹快速分离技术"，载《科技通报》2015 年第 8 期。

[3] 绳鑫、沈极展："论赤足足迹人身同一认定中特征质量与数量的关系研究"，载《时代报告》（学术版）2015 年第 8 期。

[4] 舒力迪、轩兴涛："赤平足行为特征匹配与识别研究"，载《内蒙古农业大学学报》（自然科学版）2015 年第 1 期。

究对象，应用主动形状模型理论，借助 K-L 变换主成分分解理论和主动形状概念模型，针对赤平足压痕多姿态行为特征问题，从 283 枚赤平足图像足迹库中随机抽取 25 位行为人，以行为人常态和有意识控制下所产生的脚趾伸展、脚弓拱起 3 种典型姿态的赤平足压痕实例——共 75 枚赤平足变形痕迹图像作为实验对象，进行了多姿态行为特征匹配和识别实验与测试分析，建立了赤平足主动形状识别技术方案，实现了赤平足图像识别系统程序设计，进行了系统方案可行性测试实验和新实例相似性匹配的识别分析实验，通过详细地分析系统方案的结构设计、赤平足压痕特征集实例建立方法、分布模型标准化、主成分分析模型建立等关键环节，证明该方案具有较好的可行性和应用价值，适用于赤平足痕迹图像识别和鉴定工作。

枪弹痕迹的比对已经逐步走向三维模式，陈喆[1]基于一致匹配单元（CMC）理论，以子弹弹壳痕迹为研究对象，建立了一套能够提取弹壳底火区域的三维形貌数据，通过对三维形貌数据进行有效特征的提取，利用 CMC 方法进行分析比对并给出可靠结论的弹痕自动识别方法，并通过实验验证了该方法的有效性。

工具痕迹鉴定的前提是工具痕迹具有唯一性，即特定性，是指工具同一部位在相同方式下形成的痕迹具有唯一性。工具痕迹证据在美国受到从业者的质疑，其中一个主要质疑即工具痕迹的唯一性问题。美国国家科学院在 2009 年关于工具痕迹的研究报告中称，工具痕迹的唯一性和再现性基本假设的有效性还没有被证明。杨敏等[2]结合使用工具制作痕迹实际经验，通过建立凹陷工具痕迹和线条工具痕迹特征的结构化特征模型，使用数学概率方法估算工具痕迹细节特征的出现概率并讨论工具痕迹特征的唯一性问题。从计算线条痕迹和凹陷痕迹细节特征出现概率的结果来看，两个工具形成的凹陷痕迹在相同位置出现一条相同直线概率的数量级达到了 9，形成两条同样的直线概率数量级达到 17，即两把斧子的作用面上出现相同的一条直线细节特征的概率达到了亿分之一的水平，从概率的角度来说，这是一个小概率事件。因此从理论上讲，工具痕迹细节具有唯一性。

---

[1] 陈喆：“子弹弹壳痕迹的 CMC 自动识别方法的研究”，哈尔滨工业大学 2015 年硕士学位论文。

[2] 杨敏、牟丽：“基于特征模型的工具痕迹特征唯一性研究"，载《刑事技术》2015 年第 4 期。

在线条状工具痕迹比对过程中，存在比较指标模糊、比较内容非量化等难点，造成了比对结果差异大、决策过程艰难。随着数字技术的发展，如何利用计算机自动提取特征、自动比对结果成了诸多研究者探索的内容。李洪武等[1]研究了基于曲线拟合的线条状工具痕迹自动比对方法，指出工具痕迹中线条状工具痕迹在整体痕迹数量上占有最大的比例，通过霍夫变换方法提取工具痕迹特征，将线条状工具痕迹比对对象从图像维度转换为单维度的数值，给出了基于曲线拟合的工具痕迹比对方法。测试采用了12组3种不同工具痕迹图像进行测试，每组3幅，共36幅，对痕迹特征进行曲线拟合，分别从拟合误差、相关性、直线模型差几个角度评价相似度。从整体实验结果上看，该方法可以自动得到准确的、量化的比较相似度数值，提高了痕迹整体鉴定的效率，使逐一量化分析痕迹特征成为可能。

高毅等[2]分析了影响赤足特征变化的因素，可为准确制作赤足足迹样本提供参考。从赤足的反映形式出发，通过实验对不同形成条件下赤足整体特征和局部特征进行统计，发现不同行走速度下，赤足趾、跖、弓、跟主要区域特征均发生一定变化，并归纳出不同步速下赤足各部位特征的变化规律特点。高毅等[3]利用足迹的步态特征进行年龄分析，从足迹跟压痕的形成机理入手，利用足底压力测量系统对不同年龄阶段人群的足底分布特点及力学参数进行统计研究，得到跟压痕与人年龄的相关性和稳定性，为利用步态特征分析足迹遗留人的年龄提供了理论参考。

对犯罪现场玻璃上的射击痕迹进行分析，首先要判断射击器具的种类。周毅锦等[4]对犯罪现场常见的几种发射器（弹弓、弓弩、气枪、钢珠枪、手枪）进行测速分析，在实验室中模拟对玻璃的射击，制作了191个3.50mm~5.0mm厚度平板玻璃的射击样本。实验发现，若发射器具发射的弹丸速度范围和使用的弹丸种类相对固定，对玻璃产生的破坏程度也相对稳定。该研究

---

[1] 李洪武、董波："基于曲线拟合的线条状工具痕迹自动比对方法研究"，载《警察技术》2015年第3期。

[2] 高毅、杨文文、李冬："行走速度对赤足足迹特征的影响研究"，载《中国司法鉴定》2016年第6期。

[3] 高毅等："足迹跟压痕步态特征稳定性研究"，载《中国人民公安大学学报》（自然科学版）2016年第1期。

[4] 周毅锦、周腾、李振健："平板玻璃上射击痕迹分析"，载《刑事技术》2016年第4期。

将玻璃上的射击痕迹形态依破坏程度分成 5 类，通过对 5 类痕迹类型的出现概率、组合方式以及痕迹尺寸进行汇总分析，得出不同射击器具和弹丸的留痕特点。

与普通玻璃相比，钢化玻璃由于其出色的性能和安全性得到了越来越广泛的应用，对于枪击钢化玻璃所形成的裂纹痕迹的研究也就有了实际意义。包清等[1]使用不同型号的枪支在相同的实验条件下，进行了一系列枪击钢化玻璃的实验，观察其裂纹出现的位置与形态。结果发现，枪击钢化玻璃后出现一个完整闭合圆环区的频率高，并且通过直观观察发现，闭合圆环区的裂纹位置与子弹速度或枪支型号等因素无关，而取决于弹着点在整个玻璃平面的位置，并使用统计软件 SPSS 进行了验证，确认该裂纹的曲率半径与子弹速度、弹头质量无显著相关性，而与弹着点的位置参数具有显著的线性相关。研究表明，可利用残缺的玻璃裂纹的曲率半径推算出弹着点和枪击角度与位置。

3. 基于痕迹物证的供体特征推断技术

与人的性别、年龄、体态、足型、身高等有密切关系的指标之一是跟压痕，即可以通过足跟部位跟压痕的大小、形状反映人体的体貌特征。跟压痕是足跟压在地面等承痕客体上随着行走时身体总重心的上下移动而形成的。恩克吉亚等[2]研究了步长变化对足迹跟压痕迹特征的影响，分别研究了同一人在正常、变长和变短 3 种情况下步长变化与跟压痕变化之间的关系，并发现步长的变化值、跟压痕纵向直径的变化均在一定区域范围内浮动，从规律及特点发现：①当步长增加时，跟压痕分布位置区域随着步长的加长向弓区移动偏移，并且跟压痕所在的变化区间在一定范围内相对集中。通过足迹年龄分析跟压痕大小与年龄相关规律，在步长增加后利用跟压痕纵向直径进行年龄分析时应作适当调整，年龄调整幅度在 5~10 岁左右的概率较高。②当步长增加时，跟压痕随着步长的加长多表现为逐渐变重，且迫痕、拧痕等伴生痕迹明显增多。③在步长变短后的跟压纵向直径与正常步长行走的跟压纵向直径相比规律性变化不明显，但总体呈步长变短跟压痕纵向直径变短趋势，

---

[1] 包清、梁帅："浅析枪击钢化玻璃切向、环形裂纹痕迹"，载《中国司法鉴定》2016 年第 1 期。

[2] 恩克吉亚、宋立伟、赖红楠："步长变化对足迹跟压痕迹特征影响的研究"，载《中国公共安全》（学术版）2015 年第 4 期。

故在足迹年龄分析时应予以考虑。而在实际现场的足迹分析中，还要结合鞋种、现场环境、形成足迹时的动作等各方面因素综合分析。

袁广岛等[1]研究了落脚部位动力形态性别差异。通过实验，取得男女样本足迹各 200 例，经观察，该两组数据似乎具有正态分布性，通过 PEMS 统计软件对其正态分布性进行分析，得出男性足迹在落脚部位多反映为偏外落足，而女性足迹在落脚部位多反映为正落、小偏外落足；男女足迹落脚角度皆服从正态分布，且男性足迹的落脚角度平均要大于女性足迹的落脚角度，离散程度大于女性；在对现场足迹进行分析时，若能确定足迹遗留者相应的年龄段，则在分析男女性别上具有一定的准确性和可行性，但在实战中要多方面结合分析足迹遗留者的性别，如鞋种和足迹长、宽等。

身高与足迹之间存在较强的相关关系。传统的身高分析经验公式为"身高＝赤足足迹长×7"，但在实际工作中，由于各种主客观原因，这一检验技术的使用者常常会遇到分析结论不够准确的情况，使技术员或侦查员感到无所适从。为了更好地发挥这一检验技术的作用，张巍[2]通过对成年男子的赤足足迹长与身高相互关系进行统计分析，同时与其实际身高相比对找出上下的误差范围，进行身高分析误差概率研究，并对不同身高段足长与身高的比例关系进行研究。

利用鞋底痕迹长减系数法推算遗留人身高是足迹分析中常用的方法。由于已有的经验系数取值都有一定的幅度，导致不同人利用该方法推算身高时差距较大，影响了该方法在实际工作中的应用。钟新文[3]对几种常见鞋种系数进行了系统实验，得出了部分鞋种更为准确的系数取值，进一步完善了利用鞋底痕迹长减系数推算身高的方法，为足迹教学内容的不断更新完善和实际部门利用此公式推算作案人身高提供了较准确的参考系数。

静电复印机、激光打印机都是利用静电原理印刷文书，都要经过充电、曝光、显影、转印、定影、清洁、消电流程，并通过感光鼓、显影辊、转印辊、定影辊等圆柱形辊轴实现上述功能。然而，由于打印机具受非正常工作环境、劣质打印介质（如纸张、墨粉）、劣质功能部件等多种因素影响，辊轴

---

[1] 袁广岛、齐晨："落脚部位动力形态性别差异研究"，载《森林公安》2015 年第 4 期。

[2] 张巍："赤足足迹身高分析误差评估"，载《科技视界》2016 年第 13 期。

[3] 钟新文："鞋底痕迹长减系数法推断身高实验再研究"，载《警察技术》2016 年第 2 期。

相互之间或者辊轴与纸面之间极易堆积纸屑、硬物杂质等，最终导致这些辊轴表面受损，并随着打印机具使用频率的加大，形成由小至大、由轻至重、形态各异的损伤痕迹。这些损伤位置处容易累积残余墨粉，并通过墨粉的转印将其损伤形态反映在纸张表面，形成静电复印/打印文书的周期性转印痕迹。静电复印/打印文书的周期性转印痕迹对于复印/打印机具的种类鉴定，同机鉴定，形成时间鉴定及文书的添页、换页鉴定都具有重要价值。王跃等[1]对静电复印/打印文书上周期性转印痕迹在上述四个方面的鉴定运用进行案例实证与理论归纳，以期对印刷文书检验手段的认识更加深化。

4. 痕迹形成属性参数和特征鉴定技术

痕迹不仅仅反映客体的形态信息，还反映力学、光学等特征信息，通过对痕迹的研究，可以得到形成痕迹时的状态信息，判断痕迹的真伪，如伪造手印、假影像、伪装足迹、伪装开锁痕迹等。谷雨龙[2]通过对不同打击力度下打击工具在客体上形成的痕迹进行研究，探讨常见工具的打击痕迹特征，研究不同打击力度所形成痕迹的差异性及痕迹反映与打击力度之间的关系。实验得出，当打击力度较小时，痕迹结构不清晰，痕迹各部位特征不明显，痕起缘、痕止缘重合，没有痕迹壁；当打击力度较大时，痕迹结构清晰，各部位特征明显。但是，当力度极大时，客体破碎，这时，痕迹不能完整反映出工具特征。当打击力度较小时，出现表浅凹陷痕迹，能反映工具的轮廓结构等种类特征，个别特征反映不明显；当打击力度较大时，出现较深的凹陷痕迹，能很好地反映工具的轮廓结构等种类特征，个别特征反映清晰。对于不同的打击力度在客体上所形成的不同痕迹，按机械性能选择最能清晰表现出工具特征的客体来鉴别，有助于提高侦破案件的效率。

撬压痕迹与打击痕迹在现场的出现率很高，而且这两种痕迹在有些情况下，相似程度也很高，再加上工具的不确定性，这样就给利用痕迹推断作案工具的种类及作案的手法等方面的工作带来了一定的难度。李志宏[3]通过对相同客体上撬压痕迹与打击痕迹的形态、深度、位置、数量等特征的研究，

---

[1] 王跃、张世群："静电复印/打印文书的周期性转印痕迹研究"，载《中国司法鉴定》2016年第4期。

[2] 谷雨龙："不同打击力度下锻工锤的打击痕迹特征研究"，载《黑龙江科技信息》2015年第32期。

[3] 李志宏："撬压与打击痕迹特征差异性研究"，载《黑龙江科技信息》2015年第32期。

总结两类痕迹特征的差异性、确定痕迹的具体种类。实验得出，打击工具的打击面一般而言都是规则的、均匀的，有一定的形状，对于斧头和锤子这两种工具而言，其打击面的形状多为圆形、四边形和正多边形，而且打击痕迹的面积在多数情况下要大于撬压痕迹的面积。如果凹陷状痕迹的痕底是倾斜的，并且痕迹的面积也相对较小，在相关的部位有另外一处痕迹与之对应，则该痕迹是拆离撬压或扩缝撬压动作形成的撬压痕迹；若痕迹是独立出现的，则该痕迹是倾斜打击动作形成的打击痕迹；如果凹陷状痕迹各部位的凹陷程度相同且痕底是平面的，则该痕迹是垂直打击形成的痕迹。但是如果有另外一处痕迹与该凹陷状痕迹有力学对应关系的话，则该凹陷状痕迹是撬压动作形成的，并且在支点和阻力点之间的长度范围内，工具有弯曲状结构。在拆离撬压和扩缝撬压中，工具头部形成的痕迹是倾斜状的，也就是说，痕底是个斜底，凹陷状痕迹各部位的深度是不均匀的。打击痕迹中，垂直打击动作形成的凹陷状痕迹的各部位深度均匀、一致，倾斜打击动作形成的凹陷状痕迹各部位深度不均匀，受力大的地方痕迹深、受力小的地方痕迹浅。

推断技术性开锁工具，可以结合视频等手段快速缩小侦查范围。于洋等[1]研究了利用边柱制栓锁技术性破坏痕迹分析破坏工具的技术。通过实验对技术性破坏的弹子球面上的痕迹、弹子U槽上的痕迹、制栓钢片及钢珠上的痕迹、锁芯孔内壁上的痕迹进行了研究，发现通常情况下在边柱制栓锁的弹子、锁芯内壁以及边柱上都是轻微的正常使用痕迹，零件不会变形。当采用破坏工具对边柱制栓锁进行技术性破坏时，施加的扭矩远远大于正常开锁的扭矩，锁具开启后，弹子、锁芯内壁和边柱上都有可能出现不同程度的局部变形或破损，这些痕迹出现时标志着锁具被技术性破坏。研究提出，在检验中将锁具拆解后，应结合零件的材质，分析痕迹出现的部位、零件变形部位与开锁的关系，最终确定开锁方法。

马元元等[2]用被增配过的原配钥匙进行模拟开锁实验，观察并记录开启前和开启过程中的增配痕迹，探索了月牙槽状齿钥匙增配痕迹形成规律、增配痕迹随开启次数的渐变过程以及影响增配痕迹的变化因素。实验发现，被

---

[1] 于洋、戴林：“边柱制栓锁技术性破坏痕迹的检验”，载《警察技术》2015年第1期。
[2] 马元元、陶巧卒、陈薇："月牙槽状齿钥匙增配痕迹的实验研究"，载《中国司法鉴定》2015年第2期。

增配钥匙的齿面上有明显的磕碰痕迹和擦划痕迹,增配痕迹随开启次数增加呈渐变性变化,且不同区域的增配痕迹变化不同。这表明,月牙槽状齿钥匙的被增配痕迹为磕碰痕迹和擦划痕迹,齿槽壁上的被增配痕迹随着开启次数增加较稳定。

断线钳和手持式液压钳的破坏痕迹在案件现场经常出现,且具有特定的痕迹特点,研究这两种工具的形成痕迹特点及其区别有助于侦查破案。刘裕庞等[1]基于工具痕迹检验的理论和方法,结合案件现场钳剪痕迹的特点,通过分析断线钳和手持式液压钳的破坏能力、分析两种工具的留痕特点和区别,为案件现场的钳剪痕迹的检验提供方法,为侦查破案提供依据。

犯罪现场气割痕迹指犯罪嫌疑人使用气割工具分离特定客体,在切割部位因高温作用而引起的变形。气割痕迹检验的目的是判断现场提取的分离体与切割余材是否构成同一整体,为破案提供证据,这与整体分离痕迹检验的目的完全相同。气割痕迹是相对独立的,而该类痕迹的检验原理与其他痕迹的检验具有共同性,都是基于同一认定理论,运用化学、断裂力学、材料力学等相关学科知识。王松巍等[2]就痕迹的形成机理、痕迹特征的变化规律等进行了初步研究。

防盗窗上的割削工具破坏痕迹特征显著,具有重要的检验价值。刘裕庞等[3]基于工具痕迹检验的理论和方法,通过分析防盗窗上的割削工具破坏痕迹特点,分析管子割刀和钢锯割削破坏防盗窗痕迹的区别,分析不同规格管子割刀、钢锯的留痕区别,探寻防盗窗上的割削工具破坏痕迹的检验方法,为侦查破案提供依据。

金静等[4]为研究"无痕"助燃剂在火灾现场的燃烧痕迹,选用涤纶地毯和乙烯-醋酸乙烯酯(EVA)拼图地板作为纤维和泡沫类地板的代表,以工业酒精作为易挥发助燃剂的代表,研究助燃剂用量、灭火方式等对燃烧痕

---

[1] 刘裕庞、孙佳龙:"断线钳和手持式液压钳剪切痕迹研究",载《广东公安科技》2016年第1期。

[2] 王松巍、曾祥平:"气割痕迹分类、形成机理及特征初探",载《铁道警察学院学报》2016年第2期。

[3] 刘裕庞、孙佳龙:"浅谈防盗窗上的割削工具破坏痕迹研究",载《广东公安科技》2016年第2期。

[4] 金静、王俊、张金专:"酒精在纤维和泡沫地面材料表面燃烧痕迹特征研究",载《中国安全科学学报》2016年第6期。

迹形成特征规律的影响。通过与未加载助燃剂的燃烧痕迹对比发现，加载工业酒精后，纤维类地毯因浸润性强、热稳定性差，燃烧轮廓以典型的灰化形式存在，往往形成烧洞；EVA 拼图地板材料则出现圆润的燃烧轮廓，轮廓内部的炭化物细碎，表面有典型的白色鼓泡，酒精用量增加时，鼓泡更多更紧密，与地面的粘结更为紧密；灭火射水，特别是燃烧过程中的射水对燃烧痕迹具有较大的破坏作用，但是熄灭后的射水不会将与地面紧密粘结的可燃地面材料的熔融炭化物冲离地面。

检验鞋底磨损特征是我国近代公安局刑事侦查工作人员开展侦查工作的一项新的科研成果，它突破了传统形象特征检验足迹的约束性，完善了足迹检验的相关理论，为刑侦工作人员早日侦破案件奠定了坚实的基础。叶周廷[1]从足迹步态的静态与动态特征、鞋印痕迹静态磨损与动态磨损特征、足迹静态特征与动态特征作用几个方面，提出分析和检验足迹的静态特征与动态特征，对足迹学理论化研究起到完善的作用。

5. 痕迹时空信息检验分析技术

汤济源等[2]研究了根据 QZS92 式手枪推弹突笋痕迹判断射击顺序。通过实验，用 5 支 92 式手枪制作了 150 枚射击弹壳样本，分析、总结了各推弹突笋痕迹位置、尺寸、形态等特征与枪弹在弹匣中排列位置的关系，得出以下结论：若弹壳底部的推弹突笋痕迹的宽度大于 1mm 或出现多处推弹突笋痕迹，则可排除首发枪弹；推弹突笋痕迹位于弹壳底部 4 时位为左排枪弹，位于 7 时位为右排枪弹；若弹壳底部的推弹突笋痕迹的宽度小于 1mm，则不能判断射击顺序。研究指出，判断枪弹射击顺序是目前的研究难点之一，仅依靠弹壳底部推弹突笋痕迹判断，还不能够准确区分枪弹射击顺序，应该与现场中的其他痕迹物证相关联，进行比对、印证，以确保鉴定意见的准确性。

汤济源等[3]通过实验针对 10 支 77 式手枪制作的 200 枚射击弹头进行系统研究，经观测、统计和分析，得出以下结论：枪支射击弹头进膛痕迹出现的形态、尺寸、数量、出现率等特征，可以为区分 77 式手枪的首、次发射击

---

[1] 叶周廷："足迹检验中鞋底磨损特点的作用"，载《法制博览》2016 年第 5 期。

[2] 汤济源等："根据 QZS92 式手枪推弹突笋痕迹判断射击顺序"，载《辽宁警察学院学报》2015 年第 6 期。

[3] 汤济源、吕晓淼、汤滨："关于 77 式手枪弹头射击顺序研究"，载《净月学刊》2015 年第 5 期。

弹头提供重要参考。

6. 基于痕迹的现场重建技术

现场重建既包括犯罪现场的场景重建，也包括犯罪嫌疑人实施犯罪过程的重建。在火灾调查方面，室内火灾发生后燃烧图痕的主要承载客体一般是壁面，大面积的壁面记载着火灾发展蔓延的"足迹"，一部分痕迹是因为壁面表层材料在温度、热辐射等各种因素的作用下发生热解行为形成的，即壁面热蚀痕迹，这种特殊变化与火场温度、燃烧持续时间、起火部位存在着对应的联系和规律，因此研究壁面热蚀痕迹有助于更客观、准确地认定起火原因。但目前火灾调查过程中在利用火灾图痕确定起火点和起火原因方面，仍缺乏完善的理论支持，尚处于经验、半经验的阶段，缺少直观的技术验证，抽象的认定结论不易被事主接受、缺乏说服力，如何从理论和定量分析的层次开展火灾调查成为当前工作的重点，依托火灾动力学仿真模拟软件为基础的火灾数值重构技术以其可视化、周期短、成本低、可重复等优势被逐渐应用到火灾调查中。韩娜[1]研究了壁面热蚀痕迹的数值重构方法，该研究利用层次分析法和量纲分析法建立了半物理的壁面热蚀痕迹的预测模型，并将模型嵌入 FDS 源程序，实现对火灾过程中壁面热蚀痕迹的再现计算，扩展了火灾动力学仿真模拟软件的计算功能及显示功能。通过对壁面热蚀痕迹的数值重构，可以分析壁面热蚀痕迹的发展特征，初步论证了使用该方法为火灾调查提供理论依据的可行性和重大意义。

曾文淇等[2]对火灾调查中木材炭化行为的 ASTM E 119 及 ISO 834 实验、锥形量热实验、全尺寸实验研究方法等作了综述。锥形量热实验方法与前两种实验的主要差异是其热辐射及氧浓度这两个影响因素的不同。只要能控制好这两个影响因素，利用 ASTM E 119 及 ISO 834 实验和锥形量热实验研究方法对木材炭化速率进行实验，所得的结果基本相似。全尺寸实验研究方法与前两类实验研究方法相比，更有利于了解实际建筑火灾中木材的炭化过程。火灾调查人员通过研究木材炭化行为，有助于分析火灾的一些重要特性，如引燃方式、燃烧状态、燃烧时间、火灾蔓延方向等，在一定程度上为火灾调

---

[1] 韩娜："壁面热蚀痕迹的数值重构研究"，载《消防技术与产品信息》2015 年第 2 期。
[2] 曾文淇、张友华、苏伟平："火灾调查中木材炭化行为的常用研究方法"，载《城市建筑》2015 年第 27 期。

查工作提供了指导和依据。

余莹莹等[1]利用锥形量热仪测定不同辐射热通量和不同燃烧时间下木质类人造板材的炭化深度，建立木质类人造板材炭化痕迹的数学模型，并嵌入到 FDS（Fire Dynamics Simulator）源程序中，与自身功能相结合，实现重构木质类人造板材炭化痕迹的功能。同时实验研究了不同油盘尺寸、不同燃烧时间、不同火源位置和不同材料种类对炭化痕迹的影响，并利用新编译的 FDS 程序对实验进行重构，对比重构结果和实验结果，证明该程序可以用于重现木质类人造板材的炭化痕迹。

基于火灾烈度理论，徐晓楠等[2]进行了较为接近真实火灾的火灾场景实验，记录火灾发展的情况和火场温度的变化。利用增加了新功能的 FDS 软件对火灾场景实验进行了数值重构，通过对比火场温度、热释放速率和火灾后石膏板壁面留下的痕迹，验证了数值重构的有效性，确定了石膏板受热痕迹的预测模型，与 FDS 源代码相耦合，实现了重现石膏板受热痕迹的功能，证明了对痕迹进行数值重构能够对火灾调查工作起到辅助作用。

火灾痕迹物证是调查认定火灾原因的重要证据。在真实火场中，火灾痕迹物证往往受到消防射水的破坏，从而影响其证明作用。为此，吕显超等[3]研究了消防射水对几种常见火灾痕迹物证（木材炭化痕迹、混凝土受热痕迹、导线熔痕金相组织、玻璃破坏痕迹）证明作用的影响机理，并据此提出了减小消防射水影响作用的措施与建议。

道路交通事故中汽车火灾鉴定，主要涉及车辆工程、痕迹学和微量物证等专业类别，这就要求鉴定机构和鉴定人至少要具备以上三类专业知识才可以开展此类鉴定项目，并且此类鉴定对现场勘验的要求非常高，特别是对地面痕迹的提取和固定，同时汽车起火对周边环境的影响以及在车辆搬运过程中对车辆的处置，也是鉴定过程中需要关注的重要内容。

---

[1] 余莹莹、徐晓楠："木质类人造板材炭化痕迹实验及数值重构研究"，载《火灾科学》2015年第1期。

[2] 徐晓楠、施照成、余莹莹："石膏板受热痕迹火灾场景实验及数值重构研究"，载《消防科学与技术》2015年第4期。

[3] 吕显超、张金专："消防射水对火灾痕迹物证证明作用的影响"，载《湖北警官学院学报》2015年第7期。

李羚子等[1]对距火源不同高度的中空玻璃破裂行为及热炸裂痕迹进行研究，分析迎火面和背火面的温度、热应力、裂纹形态及玻璃热炸裂痕迹等参数。玻璃板厚度为6mm，尺寸为600mm×900mm，空气夹层厚度为6mm。对比不同高度处玻璃在5、10、15、20、25、30min的温度变化曲线。结果表明，迎火面和背火面上距离玻璃底端36cm处温度最高。迎火面玻璃在底端热应力较小，容易破裂；背火面玻璃上高度与长度比值约为0.4的位置热应力最小，最容易破裂。迎火面多从底端边缘处开裂，背火面在左右两侧被遮蔽边缘开裂。迎火面玻璃热炸裂后碎片表面无同心纹，形成的裂纹整体呈"蝌蚪"状；背火面玻璃裂纹为树枝状放射性裂纹，短直密集，无同心纹，裂纹断口光滑，断面上未出现弓形纹。

王淳浩等[2]分析了道路交通事故中整体分离痕迹存在的主要部位，整体分离痕迹检验在道路交通事故重建中的作用（认定肇事逃逸车辆、确定事故发生时车与车碰撞接触部位及两车之间的位置关系、辅助判断事故中人与车的接触部位和接触方式、判断事故发生原因），并举例探讨了整体分离痕迹在道路交通事故重建中的具体应用。

（九）交通事故鉴定

1. 交通事故鉴定宏观研究

（1）鉴定体系研究。俞春俊等[3]认为，目前国内针对道路交通事故鉴定仍缺少必要的基础性研究，在鉴定项目分类、支撑技术研究、监管体系建设方面存在缺少规划、法规滞后现象，严重制约了道路交通事故鉴定行业的发展。俞春俊等针对道路交通事故鉴定实际需求及现存的突出问题，从法律、技术和管理三个层面分析提出了道路交通事故鉴定体系框架，旨在解决当前道路交通事故鉴定中普遍存在的鉴定资质不明、鉴定范围不清、缺乏有效监管的问题，促进道路交通事故鉴定行业的健康发展，进而推动道路交通事故处理水平的整体提升。道路交通事故鉴定体系的设计原则包括：根据实际需

---

[1] 李羚子、张金专、金静："高度不同的中空玻璃破裂行为及热炸裂痕迹研究"，载《消防科学与技术》2016年第6期。

[2] 王淳浩、王超勇："整体分离痕迹检验在道路交通事故重建中的运用"，载《铁道警察学院学报》2016年第1期。

[3] 俞春俊、李平凡："道路交通事故鉴定体系框架概要设计"，载《中国公共安全》（学术版）2015年第1期。

求设置鉴定项目类别；做好鉴定技术支撑层面的总体设计；做好鉴定机构监管制度的顶层设计。道路交通事故鉴定体系框架概要设计包括道路交通事故鉴定项目分类体系、道路交通事故鉴定技术体系和道路交通事故鉴定行业监管体系。

（2）鉴定技术综述。冯浩等[1]认为，道路交通事故技术鉴定是利用法医学、痕迹物证学、交通工程学、道路工程学、车辆工程学等专业知识，从人、车、路、环境等方面综合分析交通要素与事故发生之间的因果关系。目前，道路交通事故的鉴定项目主要包括车辆安全技术状况检验鉴定、道路交通事故车速重建、交通事故参与者驾乘关系鉴定、道路交通事故痕迹鉴定等。其中，道路交通事故车速重建主要采用基于事故形态和经典力学的传统重建、道路交通事故重建软件的车速模拟计算、基于事件记录数据的事故重建以及基于视频图像的速度重建等方法。

（3）事故案例统计分析。对已发生的大量交通事故案例进行统计分析，挖掘其蕴含的规律特征，从而发现事故的致因，探讨事故的频度和严重度的主要影响因素，可以为交通安全和事故预防提供重要参考。袁泉等[2]对100例单一车辆碰撞事故进行统计分析，获得了人、车、路、环境因素的特征，并通过逻辑回归建模得到了影响事故严重度的显著因素，结果表明，无乘员陪同的单独驾驶和车辆与树碰撞显著增加了事故伤害的严重度。这100例事故均为袁泉等近年开展的实际事故鉴定工作中积累的案例，包含了鉴定中研究得出的深入数据。基于交通事故大数据开展针对性的统计分析与挖掘研究具有重要的实用价值。

2. 交通事故车速鉴定

确定交通事故中各车辆碰撞前的行驶速度数值，是交通事故鉴定的关键问题之一。目前，车速鉴定领域的具体问题主要包括路面痕迹的确切勘查记录、车辆变形的量化描述分析、计算机仿真的验证、多源数据信息的利用等方面。围绕上述问题开展的相关研究主要包括交通事故现场及车辆痕迹信息的综合利用、损伤生物力学对计算机仿真结果的验证等内容。

---

[1] 冯浩等："道路交通事故技术鉴定发展概述"，载《中国司法鉴定》2015年第5期。
[2] Yuan Q. et al., "Contributing Factors and Severity of Serious Single – passenger Vehicle Collisions in Beijing", *International Journal of Crashworthiness*, 2016, 21 (1): 32 – 40.

（1）典型事故车速分析方法研究。在事故现场车辆制动等痕迹受其他因素影响而消失的情况下，如何计算车速是事故鉴定中常见的难题。邹铁方等[1]提出了基于事故参与者最终位置间距离的事故车辆车速计算模型。其指出，可以依据人、车最终位置间距离对车速进行计算，并通过理论推导给出了具体的预估事故车辆最小车速的模型，最终通过仿真实验与5个真实事故案例，对所提出的模型进行了验证。验证结果表明，其所提出的模型在满足其所设定条件时具有较良好的效果；但这亦表明，如需利用这一模型对人车碰撞事故中车辆最小车速进行预估，则必须保证案例情况与研究中所述情况一致，比如必须为长头车撞人事故、人体必须与挡风玻璃等车辆前部结构接触后被抛出且在抛出后的运动过程中不与除地面外的其他物体发生二次碰撞。邹铁方等[2]借助支持向量回归技术及若干仿真实验数据，建立了基于驾驶员、摩托车、汽车三者最终位置间距离的车速计算模型，并用一个真实事故案例对模型的有效性进行了验证和演示，结果表明，用此方法所得结果可靠；但相同的情况是，为将此模型用于工程实践中，则必须确保实际案例情况与研究情况一致，即事故发生后车辆必须立即完全制动，人、摩托车必须被抛出等。

为了更好地保证车速计算结果的可信性，邹铁方等[3]首先点明，事故现场痕迹因受制于天气、其他过往车辆及人员等的影响会慢慢消逝，使得事故现场所测痕迹会包含很大不确定性，由此需借助不确定性分析技术，将痕迹所包含的不确定性反映到车速计算结果中去；然后分析指出，在大多数情况下可以认为，事故再现结果的不确定性分析问题，就是依据事故中区间痕迹所定义的空间域寻求事故再现结果取值区间的问题。在此基础上，其提出了一种结合凸模型优化及上下界法的简便计算方法，即先采用凸模型优化方法寻找到区间痕迹所定义的椭球空间域内的最值，然后再用上下界法寻找区间痕迹所定义的空间域的顶点处的值，进而获得事故再现结果的最大、最小值；若干案例表明，借助此方法能容易地找出事故再现结果的真实取值区间。因能将痕迹所包含的不确定性引入计算结果中，应可提高所得结果的可信度；

---

[1] 邹铁方等："基于人车最终距离的碰撞车速估算模型"，载《汽车工程》2015年第7期。

[2] 邹铁方等："汽车－摩托车碰撞事故车速及碰撞位置预估方法"，载《中国安全科学学报》2015年第1期。

[3] Zou T. et al.，"A Simple Algorithm for Analyzing Uncertainty of Accident Reconstruction Results"，*Forensic Science International*，2015（257）：229-235。

但从更为客观的角度来看,事故现场痕迹并非全是区间痕迹,其他痕迹输入下如何分析计算结果的不确定性依然值得探索。

(2) 车速表指针残留信息的应用。很多事故车辆在发生碰撞事故后车速表指针停留在某一特定位置,对应的数值与车速之间的关联性值得分析研究。袁泉等[1]针对 30 例实际发生的碰撞后车速表指针不回位事故统计分析了车辆的类型及碰撞特征,结果表明,车速表指针残留示数与实际的碰撞速度之间存在一定的相关性,在满足特定条件时可以为车速分析提供辅助参考依据;车速表指针数据与发动机转速表之间的关联可以相互印证;此种痕迹信息的可用性与碰撞形态、碰撞部位有关。袁泉等的研究提供了一套专用于此类事故的信息采集规范,并应用实际的典型事故案例分析进行了验证。

(3) 交通事故的计算机仿真。基于计算机仿真方法的交通事故再现是鉴定的有力辅助手段之一。奥地利交通事故再现软件 Pc – Crash 事故分析的过程主要是根据事故现场的采集、记录、调查与分析所获取的信息,将事故车辆由碰撞后的终止位置反推回碰撞过程,再反推回碰撞前的运行状态,进而再现事故过程,由此分析事故原因。Pc – Crash 目前仍是交通事故再现仿真的主流软件。张勇刚[2]基于 Pc – Crash 研究了汽车与摩托车碰撞事故再现仿真方法,给出一例典型的此类碰撞事故案例,通过再现获得的痕迹信息与事故现场基本一致;同时结合损伤生物力学知识,根据仿真所得损伤情况与驾驶人法医学报告对比,基本可以确认仿真的准确性与客观性。研究成果对于更好地利用 Pc – Crash 再现仿真事故和交通事故鉴定技术具有指导价值。

(4) 交通事故严重度后果的利用。某种程度上,交通事故的严重度后果取决于汽车碰撞速度等碰撞特征参数。为了充分有效地利用事故的严重程度进行事故再现与车速分析,袁泉等[3]对交通事故严重度的量化描述及其与车速之间的关联进行了深入探讨,基于文献综述和事故调研,确定事故严重程度的特征参数及量化方法。面向汽车碰撞弱势道路使用者事故,如汽车 – 行

---

[1] Yuan Q. et al., "Correlation between Residual Speedometer Needle Reading and Impact Speed of Vehicles in Traffic Accidents", *International Journal of Automotive Technology*, 2015, 16 (6): 1057 – 1063.

[2] 张勇刚:"汽车与摩托车的碰撞事故车速仿真分析",载《中国人民公安大学学报》(自然科学版) 2015 年第 2 期。

[3] 袁泉、陈宏云、李一兵:"汽车 – 弱势道路使用者事故的碰撞速度与伤害严重度研究",载《中国司法鉴定》2016 年第 3 期。

人、汽车-自行车事故，分别给出具体的事故严重度特征参数，探讨这些特征参数与汽车碰撞速度之间的关系。选取弱势道路使用者的损伤评分及特征伤害程度、汽车的前风挡玻璃破裂特征和人车接触的包络线长度描述事故的严重程度，并与碰撞速度之间发生关联。研究表明，在汽车的路面痕迹及其制动措施不确定的情况下，事故严重程度的特征参数可以辅助用来分析或检验汽车碰撞速度。

3. 交通事故痕迹鉴定（视频图像应用）

痕迹是交通事故鉴定的基础，视频图像的运用是新的技术手段，实际工作中需要多方法相互结合，相互印证。痕迹分析是该鉴定项目的一般方法，适用面大，但在痕迹勘验不全面的情况下，证明力会受到影响。视频图像分析是一种较新颖的方法，适用性限于捕捉到有用的图像资料，证明力强。为此，张泽枫等[1]总结归纳了交通事故中确定车辆碰撞时其在道路上位置的方法，并探索不同方法在事故中的证明力及适用性。

"人车碰撞地点"的确定是人车碰撞事故中的关键因素，也是事故责任划分的重要依据。杨建军等[2]研究了PC-Crash软件在道路交通事故仿真再现方面的可行性，在此基础上，对一例车辆碰撞行人事故进行了碰撞过程再现的研究。通过与事故视频的对比表明，结合事故中的车损情况、人伤分析和现场物证，利用道路交通事故再现仿真技术对事故碰撞地点及车速的确定具有可行性和科学性，能确定人车碰撞地点，且具有事故再现的直观可视性，可用于交通事故再现及司法鉴定。

交通事故图像在事故鉴定中的应用日益增多，比如车速分析和信号灯状态判断。在有信号灯的交叉口发生的事故中，当事各方是否存在闯红灯行为是认定事故责任的关键证据。但在实际事故调查及处理工作中，普遍存在因监控视频画面模糊、拍摄角度或位置不佳等因素，导致无法直接确认当事方通过停止线或某一特定时刻信号灯的状态。对此，李平凡等[3]提出了一套基于监控视频和信号配时方案来确定某一特定时刻道路交通信号灯显示状态的

---

[1] 张泽枫等："确定碰撞时车辆行驶位置的要点及应用"，载《中国司法鉴定》2015年第4期。

[2] 杨建军等："利用交通事故仿真技术确定人车碰撞地点"，载《四川省第十二届汽车学术年会论文集》，2015年。

[3] 李平凡等："道路交通信号灯显示状态鉴定方法"，载《中国司法鉴定》2015年第5期。

鉴定方法,并分析了该类鉴定中的检材要求、鉴定流程、技术要点及注意事项,可为道路交通信号灯状态的鉴定及相关技术标准的制定提供参考。该项鉴定由四项基本要素构成:检材、目标车辆或行人、目标时间或空间位置、当事各方行进方向。鉴定的技术要点包括确认交通信号控制方式、获取信号配时方案及相位图、根据时刻确定目标时段的信号周期相位、根据时间坐标轴标记时刻的位置。鉴定的流程分为四个阶段:判断交通信号控制方式;确认信号配时方案及相位图;选择特征时刻(一般为相位切换时刻)作为基准时刻,确定所关注时段的周期相位;在相位图上根据时间轴标记所关注的目标时刻位置,进而确认目标车辆或行人在特定时刻所在行进方向的信号灯显示状态。

4. 交通事故车辆鉴定

对交通事故车辆的性能鉴定是事故分析的基础。近年的研究侧重于失去行驶能力车辆的制动检验及汽车燃烧的检验鉴定研究,具有重要的实用价值。

(1) 车辆制动检验。很多车辆在发生碰撞事故后损坏而失去行驶能力,对其进行制动性能检验的难度较大。史占彪等[1]针对失去行驶能力的事故车辆制动性能检验鉴定方面存在的问题,研发了受损车辆制动性能检测仪和相应的检验鉴定方法,探索使用制动性能检测设备对事故车辆的制动性能进行定量检验。采用受损车辆制动性能检测仪对车轮逐个进行检测的方法,定量检验车辆的制动性能。受损车辆制动性能检测仪在多起鉴定案例中进行了应用,并取得了良好的检测效果。结果表明,这种检测仪既能检验具有行驶能力的车辆,又能检验因事故受损而失去行驶能力的车辆,包括定性和定量两个方面,其结果具有一定的准确性和可重复性,可以用于司法鉴定中对失去行驶能力的事故车辆进行制动性能检验。

(2) 汽车火灾检验。汽车火灾是一种严重的交通事故,在事故发生后对其成因进行检验鉴定有一定的难度。李丽莉等[2]通过对道路交通事故中汽车火灾痕迹的发现、提取和固定,借助相应的技术手段,对汽车火灾形成的原因作出客观的评判。在充分了解汽车的构造和各个系统的分布、运行情况及

---

[1] 史占彪、陈强:"受损车辆制动性能检测仪在司法鉴定中的应用",载《中国司法鉴定》2015年第3期。

[2] 李丽莉、刘国民:"浅谈道路交通事故中汽车火灾鉴定",载《中国司法鉴定》2015年第6期。

重现道路交通事故过程的基础上,对汽车火灾痕迹进行检验、比对和分析。汽车火灾痕迹一般反映为由于自燃和外界作用造成的燃烧痕迹,均会造成汽车的严重损毁,起火点是汽车火灾痕迹检验的关键点。研究表明,道路交通事故中汽车火灾鉴定的主要依据是通过起火点分析起火原因,从而分析火灾与道路交通事故之间的关系。

为使车辆火灾的勘查和鉴定人员在查找车辆火灾起火原因时能够有一种恰当的思路,以便及时、准确地查找到车辆火灾的真正原因,袁锡仓等[1]介绍了鉴定车辆火灾起火原因的三种分析方法:排除法、类比法、溯源法。其中,溯源法对于未完全燃烧的车辆来说是一种最为有效的常用分析方法。袁锡仓等通过实际案例的勘查实践,分别运用三种分析方法,作出了正确的鉴定意见。掌握恰当的分析方法,对从事交通事故司法鉴定人员和车辆事故现场勘查人员认定火灾起火原因、明确责任有所帮助,起火原因的确定对保险赔偿、解决矛盾和纠纷等都有积极的意义。

(3) 新型车辆事故研究。电动化和智能化是车辆的重要发展趋势。杨阳等[2]通过对当前新能源公交车爆炸事故的分析,利用 PHAST 软件计算新能源公交车爆炸过程有关的参数变化,结合新能源公交车本身的结构特点与易发事故的风险性,运用 Maya3D 动画制作软件进行事故场景模拟,再现爆炸事故演变过程。PHAST 是一种事故风险后果计算的专业软件,可以通过计算得到各种可能的燃烧性、爆炸性和毒性后果,目前已经广泛应用于模拟计算可燃气体与液体燃烧爆炸事故的严重程度,为有针对性地采取相应的安全措施提供参考。通过应用 Maya 3D 动画模拟效果既可以较为直观和科学地展现出新能源公交车在发生着火、爆炸时的事故危害性,还可以就新能源汽车可能发生爆炸的危害向普通大众作出很好的科学普及和安全警示。

自动驾驶等智能车辆的发展将会极大地改变未来的道路交通系统,由此引发的交通事故特征也在随之变化,有必要及时了解车型的发展动态,进而把握事故形态的变化趋势。袁泉等[3]基于人-机-环境系统工程理论,调研

---

[1] 袁锡仓、张立君:"车辆火灾事故鉴定方法及应用",载《中国司法鉴定》2015年第4期。
[2] 杨阳、李振明、陈枢衡:"新能源公交车爆炸事故仿真模拟方法",载《安全》2016年第11期。
[3] Yuan Q. et al., "Suppose Future Traffic Accidents Based on Development of Self-Driving Vehicles", *Man-Machine-Environment System Engineering*, Springer Singapore, 2016.

分析无人驾驶车辆的发展趋势,综合考虑各种人、车、路因素的变化,设想未来可能出现的新的交通事故形态。由于发展的不平衡性,各种智能水平的车辆共存并相互影响,加上我国交通原本人车路因素的复杂性,交通事故可能会更加复杂。未来新的交通现象,比如多种智能水平车辆与有人驾驶车辆共存、人机之间驾驶行为切换、智能交通系统的信息安全性问题,以及环境干扰和恶劣气候因素等,都可能引发事故。其中,人的因素依然重要而不容忽视。弱势道路使用者是自动驾驶车的重点避撞对象。袁泉等的研究分析和预测了未来事故可能具有的复杂性,建议今后应深入揭示事故形态的变化特征,并为相关事故的预防、处理、鉴定分析等工作规划对策。

5. 交通事故再现研究

交通事故再现已成为事故鉴定的重要技术手段,对还原交通事故的碰撞过程非常有效,近两年的研究侧重于汽车碰撞行人、两轮车等事故的相关内容,而所采用的软件工具主要是 PC - Crash 软件系统。蒋阳等[1]针对某真实人 - 车碰撞事故案例,基于多刚体动力学原理,建立人 - 车碰撞数字化模型;并借助其重构事故发生时的各参与方运动状态,实现车辆损伤信息与行人冲击损伤机理的多重融合。通过行人最终位置、车辆受损区域、行人损伤等事故现场信息,验证数字重构模型的准确性。研究成果可为进一步探讨汽车前部结构设计与行人损伤的内在联系提供理论支撑;亦对制定规范的交通行为举措、保护交通事故中的弱势群体具有较重要意义。

基于中国道路交通事故深入研究(CIDAS)数据和人体模型 THUMS 的事故仿真,曾必强等[2]研究了行人与普通轿车、SUV 和 MPV 3 种典型车型碰撞过程中,头部与车体的接触状况和响应特点。结果表明,行人头部与车辆的碰撞位置、碰撞角度、碰撞速度和损伤程度均与碰撞车辆类型有密切关系:普通轿车与行人头部碰撞点位置的 WAD 值比其他两种车型大;行人头部与普通轿车的碰撞角度比另两种车型大,而相对碰撞速度则比另两种车型低。该研究结果可为新车行人保护设计与行人保护法规制定提供参考。

---

[1] 蒋阳等:"基于多刚体动力学的人 - 车碰撞事故形态重构研究",载《科学技术与工程》2016 年第 34 期。

[2] 曾必强、高继东、彭伟:"基于事故再现的行人头部碰撞研究",载《汽车工程》2016 年第 8 期。

为更快获得与真实情况吻合的事故再现结果，胡林等[1]基于正交实验设计研究了汽车-两轮车碰撞事故再现过程中的参数，其在动力学分析的基础上建立了汽车与两轮车相互侧面碰撞的模型，得到了两车碰撞速度的表达式后，筛选出影响汽车、两轮车碰撞速度推算和事故再现结果准确性的主要参数，并通过具体的事故案例设计正交实验，分别获得了对汽车、两轮车的参数影响权重顺序。以此为基础，运用 PC-Crash 软件对一起真实的汽车-两轮车碰撞事故案例进行模拟重建，结果表明，按参数权重顺序辅助汽车-两轮车碰撞事故的再现仿真，可用较短时间再现与实际事故情况相吻合的结果。为更简洁地仿真多车碰撞事故，基于 Pc-Crash 软件及已有研究基础，邹铁方等[2]提出再现多车碰撞事故的分步方法。在该方法中，其运用 Pc-Crash 内"定义新仿真"的功能，将多车碰撞事故分解为多个两车碰撞事故，然后就每一个两车事故进行仿真并确保仿真痕迹尽可能与真实痕迹吻合，如此反复后得到与真实痕迹最为吻合的仿真结果，则将其视为与实际情况最可能吻合的事故再现结果。通过一个真实案例进行演示后发现，依托其所提出的事故再现流程，不仅能得到与事故现场痕迹最为吻合的事故再现结果，还能有效地降低事故再现仿真的难度。

6. 交通事故法医学鉴定

交通事故造成的人体伤害是最严重的事故后果。相关的法医学鉴定对于致伤推断、事故再现和伤残评定至关重要。当前的研究集中于利用影像、生物医电等技术对人体损伤的检验鉴定，以及基于法医病理学和统计学对事故案例进行分析，获取伤害的规律特征。

（1）法医学鉴定案例分析。颅脑损伤是最严重的交通事故特征伤害之一。张俊涛等[3]探讨了影像检验在颅脑损伤中的法医学应用。选取法医门诊 2014 年 1 月至 10 月检验鉴定的 71 例伤者同时进行 1.5T 磁共振和 64 排螺旋 CT 检查，对比颅脑损伤出血灶检出情况。其中男 58 例、女 13 例，年龄 18～

---

[1] 胡林、方胜勇、陈强："基于正交实验的汽车-两轮车碰撞事故再现的参数影响研究"，载《汽车工程》2016 年第 5 期。

[2] 邹铁方等："基于 Pc-Crash 的多车碰撞事故再现仿真分步方法"，载《中国安全科学学报》2016 年第 5 期。

[3] 张俊涛、苏伟民："影像检验在颅脑损伤中的法医学应用"，载《河南科技大学学报》（医学版）2015 年第 1 期。

67岁,受伤原因包括道路交通事故、钝器打击、高空坠落等。通过对71例颅脑损伤中脑出血灶的MRI和CT检测,经卡方检验,二者在颅脑损伤出血灶的检出率和敏感性方面不存在统计学差异。结果表明,MRI和CT均可用于颅脑损伤出血灶检测的法医学检验,对于法医临床学的检验鉴定具有重要的理论意义。

韩顺琪等[1]使用多层螺旋CT（multi-slice spiral computed tomography, MSCT）对交通事故的致伤特征进行观察和分析,探讨MSCT在分析交通事故中的应用价值。以2例交通事故为对象,运用MSCT平扫、三维重建技术以及心脏穿刺造影技术对尸体进行全面检查,结合尸表检查分析交通损伤的特征和形成机制等。结果表明,MSCT作为一种非侵入性的检查方法,对于骨骼损伤、心脏移位、胸腔积液以及软组织损伤均具有良好的检出率,MSCT平扫结合心脏造影有助于诊断心血管系统的损伤,在法医学实践中具有极大的应用前景。

秦志东等[2]为分析交通事故中脊柱损伤法医鉴定的特点,选取了2013~2014年134例交通事故脊柱损伤案例,通过分析脊柱损伤的部位、性质和特点,发现所有案例中脊柱损伤部位主要集中在腰椎、胸椎、颈椎,而损伤类型则以关节脱位、骨折为主。交通事故脊柱损伤情况较为复杂,要结合伤者年龄、性别、伤后恢复时间、是否有陈旧性疾病或损伤等情况,仔细甄别才能作出鉴定意见。

穆娇等[3]探讨了脑损伤死亡的发生规律及法医病理学特点,对同济医学院法医学鉴定中心2002~2011年240例颅脑损伤死亡案例进行了回顾性统计分析。240例颅脑损伤死者中,男性比例明显高于女性,40~50岁年龄段死亡率最高,致伤方式以钝器打击、交通事故、高坠最常见;农民和工人是高发人群;秋季死亡率最高;出血类型以蛛网膜下腔出血最为常见;原发性颅脑损伤168例,占70%,继发性脑干损伤死亡23例,占9.58%,并发症49例,占20.42%。结果表明,颅脑损伤的发生在年龄、性别、职业及法医病理学特点等方面的分布上存在一定的规律,法医工作者应掌握其内在规律,根

---

[1] 韩顺琪等:"MSCT鉴定交通事故致死2例分析",载《法医学杂志》2015年第1期。
[2] 秦志东、张磊:"交通事故中脊柱损伤法医鉴定的特点分析",载《医学与法学》2015年第3期。
[3] 穆娇等:"240例颅脑损伤死亡案例的回顾性研究",载《中国司法鉴定》2015年第4期。

据全面系统的病理学检验、临床资料对脑组织及脑外器官的病理学改变进行综合分析，作出客观、全面、准确的鉴定意见。

（2）伤残评定。刘磊峰等[1]研究了道路交通事故伤残鉴定中影响智残程度的相关因素。将100例交通事故伤残鉴定案例按照鉴定意见分为轻度组、中度组、重度组；对三组的一般资料、临床病史资料、社会功能和智力进行组间比较，同时以上述资料作为自变量，组别为因变量，进行logistic回归分析。研究证实，临床病史资料中颅内出血灶、社会功能中的家庭职能、生活自理和智力测定中的智商是影响智残程度鉴定的相关因素，可以作为精神伤残鉴定的指标。

邢燕等[2]研究了事件相关电位（Event Related Potential，ERP）在道路交通事故精神伤残评定中的运用。在法医精神病学鉴定实践中，精神伤残评定案例日益增多，而伤残评定时脑外伤者在精神检查、神经心理学测验中可能存在夸大认知功能障碍程度或故意伪装的现象，所以关于精神伤残评定的客观技术、方法成为热点，寻找更可靠和相对真实反映认知功能损害的客观指标成为现实需要。以2011~2013年在某鉴定机构进行精神伤残评定的被鉴定人为研究对象，共纳入272例被试接受事件相关电位检测，其中208例能进行有效评价。以精神伤残为分组变量，发现靶刺激平均反应时在各组之间具有统计学差异，两两比较表明仅7级与10级之间有统计学差异；ERP综合评价异常程度在不同精神伤残等级之间的构成比差异无统计学意义；不同导联潜伏期和波幅比较，仅F4、C4和P4波幅在不同精神伤残等级者之间有统计学差异。结果表明，ERP检查结果尚不能成为有效划分精神伤残等级的重要指标，其效用尚需进一步探讨。

（3）计算机仿真技术用于人体损伤分析。交通事故中的人体损伤是一种明确的痕迹，在事故再现领域受到重视。为了更好地运用此类痕迹，韩云龙等[3]运用实验设计的手段，并考虑车头形状小变化的影响，通过软件仿真实

---

[1] 刘磊峰等："道路交通事故伤残鉴定中影响智残程度的相关因素分析研究"，载《国际精神病学杂志》2015年第4期。

[2] 邢燕等："事件相关电位在道路交通事故精神伤残评定中的运用研究"，载《2015年全国司法精神病医学鉴定学术会议资料汇编》。

[3] 韩云龙等："基于仿真的车－人碰撞事故中行人不同部位损伤相关性分析"，载《公路与汽运》2016年第6期。

验,研究了车-人碰撞事故中行人不同部位损伤的相关性问题。其借助拉丁超立方设计实验,用随机森林方法分析各敏感参数的重要性,并以此为基础分析行人各部位损伤及其与敏感参数之间的相关性。结果表明,车速是对行人头部、胸部及腿部损伤影响最显著的参数;车速与行人各部位损伤、行人头部与胸部损伤之间具有较强的相关性,可在此基础上建立相关车速鉴定和损伤验证模型用于交通事故鉴定分析。

有限元方法是一种基于计算机技术的数值计算方法,目前已逐渐被应用于医学及生物力学领域。通过有限元分析,可以研究交通损伤中人体结构的受力过程和受伤机制,为交通损伤的法医学鉴定提供帮助。刘成刚等[1]综述了近年来国内外在交通损伤中颅脑、颈椎、胸腹部、骨盆及四肢的有限元建模和分析进展。随着生物力学的兴起以及各学科之间的融合,交通事故中力的作用、传导、受力载体的应力变化、生物力学响应等方面的问题逐渐受到重视。人体交通损伤虽然有不同的表现方式,但从力学角度分析都有着相似的发展过程。因此,利用应力的作用、分布及应变特点分析交通损伤的致伤机制,有助于疑难案例的法医学鉴定,有限元可以起到桥梁作用,满足人体交通损伤的力学分析。随着计算机技术的发展和研究的不断深入,有限元方法将成为法医学交通损伤鉴定中的有力工具,提高法医鉴定的准确性。

(十) 声像资料鉴定

党凌云等[2]统计发现,2015 年度全国声像资料鉴定业务共计 8754 件,比 2014 年(1811 件)增长了 383.4%,约占全年总体案件量的 0.4%。在 2015 年司法部司法鉴定管理局印发的 28 项司法鉴定技术规范中,包括 5 项声像资料鉴定相关规范:SF/Z JD0301002 - 2015《录音设备鉴定技术规范》、SF/Z JD0300002 - 2015《音像制品同源性鉴定技术规范》、SF/Z JD0301003 - 2015《录音资料处理技术规范》、SF/Z JD0302001 - 2015《图像真实性鉴定技术规范》、SF/Z JD0302002 - 2015《图像资料处理技术规范》。

1. 声音鉴定技术

(1) 语音/说话人鉴定。语音同一性鉴定又称声纹鉴定、话者识别/鉴定、

---

[1] 刘成刚等:"有限元方法在交通损伤中的应用及其法医学前景",载《法医学杂志》2016 年第 3 期。

[2] 党凌云、郑振玉:"2015 年度全国司法鉴定情况统计分析",载《中国司法鉴定》2016 年第 3 期。

说话人鉴定和噪音鉴定，指通过比较、分析，对声像资料记载的语音的同一性问题所进行的科学判断[1]，是声像资料鉴定中的传统项目。经过数十年的研究与发展，针对语音同一性问题的研究逐渐深化。杨俊杰考虑实际案件中无法得到与检材相同的方言或者普通话样本的情况，对山西方言与普通话之间可供比对的特征音段[2]进行了系统研究，同时对普通话音节中同声同韵异调音节[3]、异声同韵音节[4]的可比性进行实验，为语音同一性鉴定时选择可比对特征音节提供了参考依据。申小虎等[5]研究了语音在降噪过程中因滤波处理导致语音在不同频段产生变化的现象，发现经过降噪处理的检材、样本的某些定量观测特征会给鉴定意见带来否定倾向，但定性观测特征仍具有说话人的同一性认定的参考价值。陈泉金等[6]对不同强度的白噪声对语音特征提取的影响进行研究，认为信噪比降低会引起共振峰频率偏移，甚至丢失共振峰，噪声对高阶共振峰影响大于低阶共振峰，基频在噪声环境下具备较高的抗干扰能力，声纹鉴定中应重点分析噪声对语音特征的影响。王宇靖等[7]以30位18～28岁的男性被试为对象，在快速、中速和慢速三种语速条件下，对汉语普通话中四个三合元音/iau/、/iou/、/uai/、/uei/共振峰的动态特征进行了量化分析，发现不同语速语音组合比对时，各三合元音的判别能力均有所下降，因此，语速相同或相近时，三合元音的共振峰动态特征可以有效区分不同说话人，但在语速差异较大时，应当保持谨慎。李英浩等[8]使用动态电子腭位（EPG）分析语速对普通话音段产生的影响，分析结果发现，音

---

[1] SF/Z JD0300001-2010"声像资料鉴定通用规范"。
[2] 杨俊杰："山西方言与普通话进行司法者识别可用特征音段研究"，山西大学2015年博士学位论文。
[3] 杨俊杰："语音同一性鉴定中同声同韵异调音节的可比性定性研究"，载《中国司法鉴定》2015年第2期。
[4] 杨俊杰："异声同韵音节共振峰特性的可比性研究"，载《第十三届全国人机语音通讯学术会议（NCMMSC2015）论文集》，2015年。
[5] 申小虎等："滤波降噪对语音同一认定的影响"，载《警察技术》2015年第6期。
[6] 陈泉金、黄君灿、陈航："白噪声不同信噪比对语音基音和共振峰的影响研究"，载《刑事技术》2015年第1期。
[7] 王宇靖、李敬阳、曹洪林："语速对三合元音共振峰动态特征的影响"，载《第十三届全国人机语音通讯学术会议（NCMMSC2015）论文集》，2015年。
[8] 李英浩、孔江平："语速对普通话音段产生的影响"，载《第十三届全国人机语音通讯学术会议（NCMMSC2015）论文集》，2015年。

段发音动作的绝对时差和动作重叠度与语速存在线性关系,音段生理/声学时长与语速也存在线性关系。在快速语流中,音段发音动作的绝对时差和动作重叠度增大,辅音动作一般减弱,减弱程度与辅音发音方式有关,舌尖擦音的产出机制有可能发生变化,元音动作幅度减弱,在声学上表现出央化趋势,同时,元音受协同发音影响程度变大。申小虎等[1]为确定声纹鉴定中咳嗽音声纹特征的应用价值,录制 30 名条件相近、身体健康发音人的咳嗽声各 3 组样本,发现相同个体样本的咳嗽音与不同个体样本的咳嗽音相比较,前者在共振峰频率与过渡形态、基频参数、音强曲线方面的差异性明显小于后者,但相比普通语音个体稳定性较弱。研究表明,单一咳嗽音特征在话者识别中具有参考价值,但不能作为同一认定的标准。

近年来,手机应用软件市场上出现了大量的变声软件,如微信变声器、超级变声器等,伪装语音再次进入鉴定视野。张巍[2]对伪装语音的听觉识别进行了实验研究,采集 10 位发音人的正常语音以及提高基频、降低基频、加快语速、减慢语速、捏鼻伪装、咬物伪装、捂嘴伪装、嚼物伪装、耳语伪装和变更方言 10 种伪装方式的语音样本,通过熟悉和不熟悉说话人的听觉识别统计,发现降低基频、加快语速和嚼物伪装 3 种伪装方式识别率在 90% 以上,耳语伪装识别率最低,只有 67%,为伪装语音等疑难案件的检验鉴定提供了一定的参考和借鉴。陶定元[3]针对电子伪装语音伪装程度的鉴定、电子伪装语音的说话人识别系统和电子伪装语音还原的算法三个主要问题,提出了一种将 DTW 与 VQ 相结合的识别模型,从电子伪装语音中识别出说话人的身份;针对语音中的性别特征在高伪装程度下缺失的现象,提出了一种可以区分电子伪装语音中的说话人性别的方法;结合语音信号的重采样理论和基音同步叠接相加理论,通过对语音的基音频率和语速进行动态调整,从电子伪装语音中还原出说话人原始语音。林乐[4]分析对比了电子伪装语音伪装前后特征参数基音频率、语谱图、梅尔倒谱系数,以及梅尔倒谱系数的统计特性的变

---

[1] 申小虎等:"咳嗽音特征在话者识别中参考价值的相关研究",载《中国刑警学院学报》2016 年第 4 期。
[2] 张巍:"伪装语音的听觉识别研究",载《科技视界》2016 年第 13 期。
[3] 陶定元:"电子伪装语音下的说话人识别方法研究",南京邮电大学 2016 年硕士学位论文。
[4] 林乐:"基于高斯超向量和支持向量机的电子伪装语音鉴定方法研究",南京邮电大学 2016 年硕士学位论文。

化，对特征参数的变化规律进行了归纳总结，提出了一种鉴定电子伪装语音的方法。

语音识别、话者自动识别是近年来语音同一性检验的主要发展方向，大量文献专注于不同条件下的语音识别算法研究。马啸空等[1]提出了一种非监督的活动语音检测（Voice Activity Detection，VAD）方法，采用能量、主频率分量和短时谱熵3种互补性声学参数形成三维特征，并采用K均值聚类（K - mean）算法自适应地选择活动语音脉冲检测特征并且计算下一步的语音检测过程中所用到的阈值。结果表明，该方法在各种不同情境下均具有较好的性能，相比传统的VAD算法更加鲁棒高效。田垚等[2]提出使用基于说话人标签的DNN模型提取Bottleneck特征代替该模型中的短时频谱特征来计算充分统计量，从而使统计量中包含更多有利于说话人识别的信息。相比于原来的短时频谱特征，基于Bottleneck特征的说话人识别系统性能在等错误率和最小检测代价上相对提升了7.65%和5.71%。张鹏远等[3]设计了一个可在可穿戴设备或智能家居上应用的语音识别引擎。在解码策略方面，通过修改垃圾音素的重入令牌数和重入次数，使得集外语音的拒识率提高到64.8%，而内存占用只增加了8.5k字节。在拒识算法方面，提出了离线计算背景概率（在线查表）的方法，集外拒识率达到93.8%，而内存占用和计算速度方面也得到了优化。王青等[4]基于倒谱均值规整（Cepstral Mean Normalization，CMN）、均值方差规整（Mean Variance Normalization，MVN）、功率规整倒谱系数（Power Normalized Cepstral Coefficients，PNCC）、ETSI AFE标准前端4种不同的特征规整和提取方式，比较了神经网络输入层融合、隐藏层融合、输出层融合3种特征融合以及后验概率平均和ROVER（Recognizer Output Voting Error Reduction）的方法，在Aurora4数据库上的实验表明融合方法有一定效

---

〔1〕 马啸空、郭武："复杂噪声场景下的活动语音检测方法"，载《第十三届全国人机语音通讯学术会议（NCMMSC2015）论文集》，2015年。

〔2〕 田垚等："基于深度神经网络和Bottleneck特征的说话人识别系统"，载《第十三届全国人机语音通讯学术会议（NCMMSC2015）论文集》，2015年。

〔3〕 张鹏远等："一种小资源下语音识别算法设计与优化"，载《第十三届全国人机语音通讯学术会议（NCMMSC2015）论文集》，2015年。

〔4〕 王青："基于DNN特征融合的噪声鲁棒性语音识别"，载《第十三届全国人机语音通讯学术会议（NCMMSC2015）论文集》，2015年。

果。李景杰[1]针对耳语音转换正常语音进行了基于规则和基于统计的识别研究,以提高耳语音的自然度和可懂度,同时将深层神经网络用于耳语音频谱转换的建模当中,在混合模型框架下对耳语音识别的声学模型建模方法进行了研究,提升了耳语音的识别率。李娜[2]将不同长度的语音段表示为固定维度的高维特征向量,以此来替代原始声学特征向量,再采用子空间分析的方法对高维特征向量进行分析建模,从而得到性能更好、实时性更高的说话人确认系统。申小虎等[3]提出,在说话人识别系统中使用一种动态时频倒谱系数参数的方法,在不减少反映话者个体特征分布特性的前提下,可消除冗余信息并降低样本特征的维度。利用上述方法提取语音特征参数并输入混合高斯-通用背景模型进行说话人语音分类,在 Matlab 上进行仿真,结果表明,动态时频倒谱系数可有效改进话者语音识别系统的识别正确率。陈建涛等[4]对基于文本无关的话者识别技术的研究现状作了综述,总结出文本无关话者识别技术研究过程中已使用过的特征参数主要包括基于发声特性的特征参数、基于听觉特性的特征参数、基于声道参数模型的特征参数三类,话者识别的模型则包括模板匹配模型、矢量量化模型、隐马尔科夫模型(HMM)、高斯混合模型(GMM)、人工神经网络模型等。研究发现,要形成一个有效、可靠的多特征结合的系统是当前研究的难点之一。

说话人识别朝着商业应用发展,在噪声较强环境下的说话人识别正成为研究热点。吴迪[5]针对低信噪比环境下说话人识别分别研究了低信噪比环境下的鲁棒特征参数、特征补偿和识别模型,提出的说话人识别模型更适用于低信噪比的环境。针对说话人确认中话者建模问题,李敬阳等[6]提出GMM-DNN 的混合建模方法,先通过 GMM 提取原始语音特征的统计特征,然后通

---

[1] 李景杰:"耳语音转换正常语音及耳语音识别建模方法研究",中国科学技术大学 2015 年硕士学位论文。

[2] 李娜:"高维特征空间中的说话人确认方法研究",西北工业大学 2015 年博士学位论文。

[3] 申小虎、万荣春、张新野:"一种改进动态特征参数的话者语音识别系统",载《计算机仿真》2015 年第 4 期。

[4] 陈建涛、陈维娜:"基于文本无关的话者识别技术综述",载《电脑知识与技术》2016 年第 1 期。

[5] 吴迪:"低信噪比环境下说话人识别研究",苏州大学 2016 年博士学位论文。

[6] 李敬阳等:"一种基于 GMM-DNN 的说话人确认方法",载《计算机应用与软件》2016 年第 12 期。

过 DNN 非线性映射的方式将统计特征变换到一个与说话人相关的线性可分空间；选用栈式自编码神经网络（Stacked Auto – encoder Neutral Network，SAE）作为深度神经网络的基本模型。通过对 NIST 语料库的实验表明，采用 GMM – DNN 的说话人确认方法相对于传统的 GMM – UBM 话者建模方法具有一定的优势。

（2）语音降噪处理。受录音环境、距离和设备所限，许多检材音频模糊，无法有效识别语音信息。因此，降噪处理是录音鉴定的必要步骤。林暖辉等[1]探讨了声纹鉴定中噪声对语音频谱特征的影响及常用降噪方法，发现噪声对语音的基音频率、共振峰频率等会产生不利干扰，干扰程度与噪声强度有关。高速驾驶环境下汽车噪声主要由风噪和胎噪构成，毛潇宇[2]提出了一种利用含噪语音功率谱建立高斯混合概率模型的噪声估计方法，完成纯净语音功率的更新，仿真实验表明，算法在噪声估计方面相比其他传统算法估计的误差平均降低 20% 左右，在语音增强方面处理后语音的信噪比相比其他算法提升了至少 1 个 dB。芦伟东等[3]针对语音信号降噪和提取算法降噪效果不佳等问题，提出一种基于改进 EMD 算法和 Hilbert 算法混合的语音信号降噪和提取方法，发现将 EMD 算法和 Hilbert 算法进行混合优化后，和传统的小波变换语音信号降噪算法相比，不容易出现差错并且具有更好的降噪性能。吴冠宁等[4]通过分析和研究 VSLMS 自适应滤波算法和子空间变换的原理和方法，提出了一种新的组合方式，实现了语音降噪算法的进一步改善。魏有权[5]研究了基于噪声估计的语音增强算法，可降低估计噪声的延时和偏差，减小增强语音的失真，提高语音增强算法在无语音区的抑制噪声能力。武奕峰等[6]针对语音通信中纯净语音信号经常受到周围有色噪声环境干扰导致语音质量下降的

---

[1] 林暖辉、张伟颂、徐毓文："浅议声纹鉴定中噪声对语音频谱特征的影响及降噪处理"，载《黑龙江科技信息》2015 年第 36 期。

[2] 毛潇宇："高速驾驶环境中汽车噪声的语音增强算法"，北京交通大学 2015 年硕士学位论文。

[3] 芦伟东、杨省伟、周平："EMD 算法和 Hilbert 算法混合的语音信号降噪和提取"，载《科技通报》2015 年第 3 期。

[4] 吴冠宁、佟国香："基于组合算法的语音降噪研究"，载《信息技术》2015 年第 10 期。

[5] 魏有权："基于噪声估计的语音增强算法研究"，昆明理工大学 2015 年硕士学位论文。

[6] 武奕峰、贾海蓉、郭欣："用子空间提高有色噪声背景下的语音质量"，载《太原理工大学学报》2015 年第 2 期。

问题，提出了一种用子空间提高语音质量，改善听觉感知度，降低用户听觉疲劳感的算法。该算法通过用非平稳噪声估计方法实时跟踪噪声信号的特征值，对跟踪的噪声和信号进行对角化，并对带噪语音再次进行维纳滤波处理，最后获得更新的最优特征值估计方程。为了适应车载、家用、医用等不同应用环境下的噪声处理，研究人员提出了多种不同算法。郑党等[1]提出了一种基于小波语谱图分析的去噪技术。该技术的特点在于，利用小波变换的多分辨性对带噪语音进行多尺度分析，利用语谱图列自相关函数的特性划分语音段和噪声段，利用点连续检测法去除语音段残留的噪声。梁维谦等[2]提出了一种子带自适应噪声抑制方法，通过加权重叠相加滤波器组和基于心理声学模型的子带划分、基于先验和后验信噪比的快变的非线性降噪增益、基于噪声声压级估值的慢变的增益下限阈值、基于峰值跟踪的子带增益平滑及其跟踪和释放时间系数的精细选择等算法，明显提高了言语清晰度。

（3）录音真实性鉴定。在这个研究领域，数字水印技术方面的研究远多于音频篡改盲检测研究。余芳[3]提出了一种鲁棒性数字水印算法，该算法充分利用小波变换在音频信号处理中的优势和信号均值的稳定性，将视觉上可识别的二进制水印图像量化嵌入到低频系数的平均值上。王晓盼[4]把图像信息当作水印，以音频信号为载体，利用扩频技术、奇异值分解与离散小波变换完成对音频水印算法的设计，借助扩频思想提高水印图像的隐蔽安全性，应用奇异值分解的稳定性减小音频水印算法过程中噪声信号对载体的影响，使用小波变换的多分辨率及在时频域表示信号局部特征的性能。杨志疆等[5]提出了一种基于 DWT - QR 的脆弱性音频水印算法，先对音频分帧，然后在每一帧前部分嵌入同步码保证水印的嵌入与检测帧同步，并在帧后部分基于 DWT - QR 变换把采用二次混沌加密的脆弱水印嵌入到高频分量中。仿真实验

---

〔1〕 郑党、鲍鸿、张晶："基于小波语谱图分析的语音去噪技术"，载《计算机工程与应用》2016 年第 4 期。

〔2〕 梁维谦等："一种改善言语清晰度的子带自适应降噪算法"，载《清华大学学报》（自然科学版）2016 年第 11 期。

〔3〕 余芳："基于 DC - DM 的小波域数字音频水印算法研究"，华中师范大学 2015 年硕士学位论文。

〔4〕 王晓盼："基于扩频的数字音频水印技术的研究"，河北科技大学 2015 年硕士学位论文。

〔5〕 杨志疆、叶阿勇："一种基于 DWT - QR 的脆弱性音频水印算法"，载《吉林师范大学学报》（自然科学版）2015 年第 1 期。

表明,该算法简单、高效、透明性与易碎性强,而且能较准确地实现对恶意篡改的定位与统计。

林晓丹[1]基于线性预测模型,提出一种通用的语音信号真实性和完整性的鉴别方法,将线性预测残差信号通过带通滤波器,消除谐波信号分量的干扰,将预测残差的高阶统计特征作为判断篡改的依据。实验结果表明,该方法能够有效实现语音篡改盲检测,并定位篡改位置,在噪声环境下具有更高的鲁棒性。李晗[2]对 AMR (Adaptive Multi-Rate) 和 AAC (Advanced Audio Coding) 两种压缩音频进行双压缩检测,一方面结合 AMR 编解码原理,提取能够反映 AMR 频率分布以及双压缩操作痕迹的统计特征,并利用深度学习中的 SAE 网络对其进行分类以检测双压缩操作;另一方面结合 AAC 编码过程中的频域掩蔽效应,提出了一种利用深度学习方法对 AAC 双压缩历史及原始码率进行检测的算法。田庚等[3]通过研究现有的录音资料真实性鉴别的相关理论与方法的缺陷,结合量子力学中的隧穿效应机制与量子势阱的投射与折射现象,认为根据量子隧穿理论,将量子势阱视为检测编辑是否存在的仪器,在对频率信息进行估计的基础上进行透过率的计算即可获得对数字资料编辑的相关信息,由此设计实现了一种新的数字录音资料真实性与原始性鉴别模型与方法。通过仿真证实,该方法具备良好的无监督鉴别能力,能有效解决说话人录音资料的鲁棒性和鉴别误差大等问题,为说话人数字录音资料的真实性和原始性鉴别提供了一个新的研究途径。卢启萌等[4]分析了常见的 30 种录音笔录制的音频的义件头和文件数据结构,通过考察音频文件自身的数据情况,对音频属于何种设备录制进行识别。包永强等[5]对音频取证作了综述,对音频取证研究领域的历史进行了回顾,探讨了音频取证的分类,构建了音频取证框架,同时对音频取证的若干项关键技术进行了总结,包括音频主动取证技术、基于电网频率特征的音频篡改技术、无电网频率成分下的音

---

[1] 林晓丹:"采用线性预测模型的语音篡改检测",载《华侨大学学报》(自然科学版) 2015 年第 1 期。

[2] 李晗:"AMR 和 AAC 音频双压缩检测研究",华南理工大学 2015 年硕士学位论文。

[3] 田庚、潘平、刘琦:"基于量子遂穿效应的数字录音资料真实性鉴别",载《电脑知识与技术》2016 年第 6 期。

[4] 卢启萌等:"一种基于数据分析的录音文件来源识别方法",载《中国司法鉴定》2016 年第 1 期。

[5] 包永强等:"音频取证若干关键技术研究进展",载《数据采集与处理》2016 年第 2 期。

频篡改检测技术、录音设备的特征参数、模式识别、数据库建设情况以及录音场合识别等。

国家科技支撑计划"司法取证技术及其在司法检验中的应用"项目,对包括 MP3/WMA 音频在内的重压缩检测、篡改检测与定位等数字音频取证技术进行研究,2015 年结项,成果如下:①提出一种语音电子变换伪装下的说话人识别(Automatic Speaker Recognition,ASR)算法,该算法利用各类电子变换处理对基频及声道特性的篡改而引入的特性,准确估计变换参数,有效还原原始语音特性,从而使 ASR 系统能利用还原后的语音特性识别原始说话人。②提出一种对原始 WAV 格式音频文件的压缩历史进行分析,通过分析其内在的本质特征,鉴定它是否曾经经过压缩,进而还可以分析其此前被压缩的码率的方法。③提出一种录音设备分类方法,通过基于数字录音信号的强度阈值分割实现录音中背景噪声片段的提取和整合,并在此基础上计算背景噪声片段的采样直方图分布统计特征和平均频谱统计特征,结合支持向量机方法进行模式学习和分类,实现了最高为 96.72% 的 21 个录音设备分类准确性。④提出一种基于音频格式信息的录音设备识别方法,通过考察音频文件自身的文件头、文件数据结构,对音频属于何种设备录制进行识别。⑤提出一种音频重复插入的检测算法,判断一个音频文件中是否有音频重复插入现象的存在,并基于该方法开发了方便司法人员使用的声像检验工具,申请了相关的发明专利和软件著作权。⑥研究用二阶频谱分析的方法判断音频是否经过剪辑,其基本出发点为在频域上一个"天然"的信号具有很弱的高阶相关性,而篡改会引入一定的非线性,从而导致信号高阶相关性的显著,将这种高阶相关性的检测作为判断篡改的依据。同时,还研究了小波奇异分析方法、本底噪声分析方法用于检测音频的篡改问题。

2. 图像鉴定技术

(1) 图像真实性鉴定技术一般问题研究。张旭等[1]针对单帧图像的真实性检验技术,介绍了相机参数、压缩和物理几何不一致取证等图像取证相关技术,并对已经提出的视频取证技术按照采集、压缩和篡改方式进行分类,对这些技术的原理和优缺点进行了论述,同时介绍了相关的反取证技术研究

---

[1] 张旭等:"视频取证技术研究进展",载《刑事技术》2015 年第 2 期。

进展。在反取证技术研究方面，Li Yuanman 等[1]进一步研究了有损预测编码方式下的照片压缩痕迹隐藏技术。程格平等[2]研究了针对 JEPG 压缩痕迹的反取证技术，通过在压缩图像的 DCT 系数中添加噪声来去除 JEPG 压缩过程中的量化块效应，从而影响相应的图像取证检测技术。何晶[3]研究了通过数字水印技术鉴别数字图像资料是否经过篡改的问题，利用数字影像资料中存在的随机性和冗余数据，在不破坏影像资料显示效果的前提下，将附属信息嵌入到原始载体中。利用图像中的 EXIF 信息[4]审查图像的原始性和真实性得到了广泛的重视和应用。Sun Xiaoting 等[5]研究了利用图像噪声特征和 EXIF 信息进行图像篡改检测。曹吉明等[6]探讨了利用数字图像的 EXIF 信息和哈希值校验方式实现对数字图像的初步审查。图像中通常包含能够反映成像设备固有特性的设备痕迹信息，如 CFA（Color Filter Array）插值特征、传感器模式噪声等，图像篡改操作基本上会影响这些特征，因此，图像中的成像设备痕迹信息，是被动取证技术研究的重要线索。张晓琳等[7]提出利用图像通道间的 CFA 插值引入的频谱相关性来鉴别图像的真实性，通过分析插值图像与自然图像的频谱差异，基于绿 - 红分量频谱差的高频区域提取特征，并对待鉴定图像重新插值，根据重新插值前后的特征变化来检测图像是否经过篡改。王建刚等[8]利用篡改后 JPEG 图像量化表不一致的特性，提出一种针对 JPEG 图像的篡改盲检测方法。通过待测图像的原始量化表估计，定位可疑篡改区域，并对篡改区域使用估计的原始量化表重新编码，通过重新编码

---

[1] Li Y. et al., "Anti - Forensics of Lossy Predictive Image Compression", *IEEE Signal Processing Letters*, 2015, 22 (12).

[2] 程格平、王毅："一种基于压缩图像的反取证方法"，载《计算机时代》2015 年第 9 期。

[3] 何晶："基于数字水印的图像鉴定取证技术研究"，载《智能计算机与应用》2015 年第 4 期。

[4] 石玉浩："利用 Exif 信息进行图像真伪性检验"，载《"决策论坛——管理科学与工程研究学术研讨会"论文集》（下），2016 年。

[5] Sun X. et al., "The Detecting System of Image Forgeries with Noise Features and EXIF Information", *Journal of Systems Science & Complexity*, 2015, 28 (5).

[6] 曹吉明、傅晓海："计算机伪造图像的司法鉴定技术研究"，载《广东公安科技》2015 年第 1 期。

[7] 张晓琳、方针、张新鹏："利用通道间相关性的 CFA 图像盲取证"，载《应用科学学报》2015 年第 1 期。

[8] 王建刚、魏君、纪东升："基于色彩滤镜阵列的图像篡改盲检测研究"，载《计算机与网络》2015 年第 11 期。

前后的差异确定篡改位置。JPEG 图像的双量化效应为 JPEG 图像的篡改检测提供了重要线索，段新涛等[1]通过检测图像篡改中存在的双重压缩效应块和只经历单次压缩块的特征值差异实现篡改定位。在视频图像的篡改检测技术研究方面，周峰等[2]研究介绍了目前几种常用的视频篡改鉴定检测方法，主要包括帧间差异性方法、帧间相关性方法、时间标签连续性方法、帧间运动向量方法、宏块数量检测方法等。

在众多学位论文中，亦有大量研究工作关注图像真实性鉴定问题。黄艳丽[3]研究了数字照片真实性鉴定技术，提出了基于 SIFT 的数字照片规则裁剪检测方法，以及基于光照方向与投影相结合判定数字照片的真实性检测方法等。刘锋[4]研究了数字图像内容取证的关键技术方法，包括四元数理论下的数字水印算法、基于奇异值分解和投影数据分析以及基于小波变换和块均值计算的图像区域复制粘贴检测算法。郑兵[5]研究了基于 JPEG 图像块效应不一致性和压缩量化相关性的盲取证方法。梁早珊[6]研究了基于样本合成图像修复的对象删除被动取证方法。古筝[7]研究了可以追踪被篡改图像原信息的新型水印方法。孙艳茹[8]研究了数字图像区域复制粘贴篡改检测算法，包括基于纹理和不变矩特征图像篡改检测和定位算法、多尺度不变特征图像篡改检测和定位算法，以及基于小波变换和相位相关法图像篡改检测和恢复算法。针对逐步成熟的 Seam carving 技术在图像篡改中的应用取证问题，尹婷[9]探讨了基于 Seam carving 的图像篡改研究相应的被动取证技术，提出了一种基于 LBP 统计特征的 Seam carving 取证算法和一种基于多角度空域和频域熵的

---

[1] 段新涛等：“基于 JPEG 双量化效应的图像盲取证”，载《计算机应用》2015 年第 11 期。
[2] 周峰、金蒙、鄂姝：“视频图像篡改鉴定技术”，载《中国公共安全》（学术版）2016 年第 4 期。
[3] 黄艳丽：“数字照片真实性鉴定技术研究”，北京邮电大学 2015 年硕士学位论文。
[4] 刘锋：“数字图像内容取证的关键技术方法研究”，浙江工业大学 2015 年博士学位论文。
[5] 郑兵：“基于 JPEG 图像块效应不一致性的盲取证”，山东科技大学 2015 年硕士学位论文。
[6] 梁早珊：“基于样本合成图像修复的对象删除被动取证研究”，湖南大学 2015 年硕士学位论文。
[7] 古筝：“追踪被篡改原图信息的数字水印算法研究”，北京邮电大学 2015 年硕士学位论文。
[8] 孙艳茹：“数字图像区域复制粘贴篡改检测算法分析与研究”，黑龙江大学 2015 年硕士学位论文。
[9] 尹婷：“基于 Seam carving 篡改技术的被动取证研究”，湖南大学 2016 年硕士学位论文。

低缩放因子 Seam carving 被动取证算法。柴新新[1]和杨培[2]均重点研究了图像复制粘贴篡改检测技术。姚羽轩[3]通过分析帧率上转换后的视频原始帧和插值帧之间统计特征的变化，研究视频帧率上转换的被动取证技术，提出了一种基于边缘强度周期性的视频帧率上转换被动取证算法和一种基于清晰度和帧差的相关系数的视频帧率上转换的取证方法。

（2）图像真实性鉴定技术具体方法研究。依据针对图像真实性问题的研究着手点的不同，图像真实性鉴定技术又可大体划分为图像操作检测技术、图像区域复制检测技术、图像来源鉴别检测技术等。

第一，图像操作检测技术。图像处理过程中的图像操作大体包含图像拼接、图像缩放和图像后处理。在图像拼接检测技术研究方面，Zhang Yujin 等[4]利用图像 DCT 因子的局部二值模式实现图像拼接检测。杜建红等[5]对图像中所有的边缘像素点提取平滑度相关性标量值，通过计算图像中的边缘平滑性来检测图像拼接。卜江等[6]利用马尔可夫链对图像 DCT 变换系数的相关性进行建模，通过提取模型的状态转移概率矩阵作为特征向量，并使用支持向量机分类器对自然图像和篡改图像进行分类，实现图像拼接篡改检测。在图像缩放检测技术研究方面，曹雁军等[7]提出了一种基于马尔科夫特征的细缝裁剪篡改图像识别算法，该方法可以在尽量保持图像细节不扭曲的情况下进行图像缩放，从而有效识别正常图像和细缝裁剪篡改图像。在图像后处理检测技术研究方面，朱方园等[8]通过研究不同滤波器在频域上表现出的不同频率特性，提出一种针对线性滤波器的盲检测方法，该方法通过对图像的频域变换系数进行编码并利用局部异或算子进行加权提取编码图像局部特征来判

---

[1] 柴新新："图像复制粘贴篡改检测技术研究"，南京邮电大学 2016 年硕士学位论文。
[2] 杨培："复制粘贴篡改操作的图像被动取证研究"，湖南大学 2016 年硕士学位论文。
[3] 姚羽轩："视频帧率上转换被动取证研究"，湖南大学 2016 年硕士学位论文。
[4] Zhang Y. et al., "Image – splicing Forgery Detection Based on Local Binary Patterns of DCT Coefficients", *Security and Communication Networks*, 2015, 8 (14).
[5] 杜建红等："基于边缘平滑性的图像拼接定位盲取证算法"，载《计算机工程与设计》2015 年第 2 期。
[6] 卜江、郑彬、陈海洋："基于马尔可夫链模型的图像拼接篡改盲取证算法"，载《计算机科学》2015 年第 12 期。
[7] 曹雁军等："基于内容感知图像缩放的取证技术研究"，载《无线电工程》2015 年第 8 期。
[8] 朱方园等："面向图像平滑滤波器的盲检测算法"，载《信息技术》2015 年第 11 期。

断图像是否经过了滤波操作和进行对应的滤波参数估计。胡成燕等[1]通过计算图像模糊度和色调变化率来检测和定位图像中的人工模糊篡改区域。李剑炜[2]在对内容感知图像缩放技术的研究基础上,提出了有关内容感知图像缩放与对比度增强技术和重采样技术的操作历史取证算法。刘亚慧[3]进行了包含模糊操作的图像操作链的研究,提出模糊与锐化构成的二元操作链检测算法,以及模糊与添加噪声构成的二元操作链检测算法。Yang Jianquan 等[4]研究了基于系数直方图的位图重压缩历史估计问题。

第二,图像区域复制检测技术。图像区域复制分析也属于图像操作范畴,但视频取证领域对该问题的研究特别关注。Yang Bin 等[5]通过提取 Hessian 特征点,并使用自适应最小 – 最大抑制策略来进行特征点选取,从而实现图像区域复制检测。李志伟[6]提出通过图像小波变换技术提取图像的低频信息,并对低频信息内容进行分块,计算每块图像的 DCT 变换系数,最后通过特征向量的字典排序技术实现相似区域的度量,该方法降低了图像区域复制粘贴篡改检测技术的计算量需求。李岩等[7]提出利用 FI – SURF（flip invariant SURF）算法实现图像镜像复制粘贴篡改检测。赖玥聪等[8]提出一种基于指数矩的图像篡改检测算法,该方法将图像分割成重叠的图像子块,然后计算图像子块的指数矩作为特征向量并进行字典排序,最后利用向量相似度和位移确定嫌疑图像区域,并根据嫌疑图像区域的相邻子块个数和角度方差最终确定篡改区域。徐长英等[9]提出一种基于离散小波变换和自相关性计算的

---

[1] 胡成燕、周治平:"基于模糊度和色调变化率的图像模糊取证",载《计算机应用与软件》2015 年第 10 期。

[2] 李剑炜:"基于操作历史的数字图像取证研究",北京交通大学 2015 年硕士学位论文。

[3] 刘亚慧:"包含模糊操作的图像操作链的研究",北京交通大学 2015 年硕士学位论文。

[4] Yang J. et al., "Estimating JPEG Compression History of Bitmaps Based on Factor Histogram", *Digital Signal Processing*, 2015 (41).

[5] Yang B. et al., "Image Copy – move Forgery Detection Based on Sped – up Robust Features Descriptor and Adaptive Minimal – maximal Suppression", *Journal of Electronic Imaging*, 2015 (24).

[6] 李志伟:"图像内区域复制粘贴篡改鉴定",载《电子设计工程》2015 年第 5 期。

[7] 李岩等:"图像镜像复制粘贴篡改检测中的 FI – SURF 算法",载《通信学报》2015 年第 5 期。

[8] 赖玥聪、黄添强、蒋仁祥:"采用指数矩的图像区域复制粘贴篡改检测",载《中国图象图形学报》2015 年第 9 期。

[9] 徐长英、王英:"基于复制粘贴篡改的被动图像取证算法的研究",载《工业控制计算机》2015 年第 6 期。

图像复制粘贴篡改检测算法，该算法主要利用离散小波变换提取图像的低频信息，并采用 Pearson 相关系数进行相似性计算。赵洁等[1]提出基于 JPEG 系数变化率的图像复制粘贴篡改检测方法，通过计算图像两次压缩间的 JPEG 系数变化率，得到 JPEG 系数变化率图像并进行归一化处理，实现篡改区域的检测定位。赵俊红等[2]提出结合基于 ASIFT 和圆投影特征的图像复制粘贴篡改检测方法，指出基于仿射尺度不变特征的算法对具有明显角点特征的重复区域检测具有较好效果，基于改进圆投影特征的算法对不具有明显角点特征的重复区域图像（如随机性纹理、平坦区域）具有较好效果。赵洁等[3]提出了一种利用 Harris 特征点和环形均值描述的图像区域复制篡改检测算法。韩栖林[4]和李思然[5]亦专门对图像复制－粘贴篡改操作的数字图像被动盲取证方法进行了研究。

第三，图像来源鉴别检测技术。图像来源鉴别检测技术大体可分为图像来源设备识别技术和图像生成方式检测技术。在图像来源设备识别方面，Wang Bo 等[6]通过 CFA 插值因子估计等组合特征提取实现手机拍照照片的手机源识别。Huang Yonggang 等[7]研究未知模型的摄像机设备识别方法，通过未知模型识别，把未知模型加入数据库，最后进行 K + 1 类的分类来实现未知模型的设备识别。黄曜等[8]提出依据颜色特征、纹理特征以及统计特征的

---

[1] 赵洁、郭继昌：" 基于 JPEG 系数变化率的图像复制粘贴篡改检测"，载《浙江大学学报》（工学版）2015 年第 10 期。

[2] 赵俊红、衷微、朱学峰：" 基于 ASIFT 和圆投影特征的图像被动取证"，载《华南理工大学学报》（自然科学版）2015 年第 3 期。

[3] 赵洁、郭继昌：" 利用 Harris 特征点和环形均值描述的图像区域复制篡改的被动取证"，载《数据采集与处理》2015 年第 1 期。

[4] 韩栖林：" 基于图像复制－粘贴篡改操作的数字图像被动盲取证研究"，北京邮电大学 2015 年硕士学位论文。

[5] 李思然：" 数字图像同源拼接篡改的盲取证研究"，北京交通大学 2015 年硕士学位论文。

[6] Wang B. et al., "Classifier Combination Based Source Identification for Cell Phone Images", *KSII Transactions on Internet and Information Systems*, 2015, 9 (12).

[7] Huang Y. et al., "Camera Model Identification with Unknown Models", *IEEE Transactions on Information Forensics and Security*, 2015, 10 (12).

[8] 黄曜等：" 基于混合特征提取的图像来源鉴别算法"，载《计算机技术与发展》2016 年第 4 期。

混合特征模式进行图像来源的识别。在图像生成方式检测方面,李莹[1]研究了基于图像质量评价量的数字图像盲取证方法,从来源鉴别与篡改检测出发,实现对来源设备的辨别以及对图像是否经过篡改伪造的检测和篡改区域定位。图像生成方式检测技术关注的内容又包含图像是自然图像还是计算机生成图像,又或者是重获取图像。周牒岚[2]研究了图像CFA插值特性、PRNU特性及回归分析残差图像的多重分形谱特性,提出了两种可以鉴别自然图像和计算机生成的图像的方法。周牒岚等[3]从残差角度分析自然图像和计算机生成图像间的纹理差异,提出了基于回归分析方法鉴别自然图像和计算机生成图像。重获取图像指在原始图像基础上采集而生成的图像。基于LCD显示器的重获取图像主要指通过LCD显示器显示原始或者篡改图像,然后对显示的图像进行再次获取而得到的与原始图像内容相同的图像。李瑞寒[4]研究了基于LCD显示器的重获取图像检测方法,提出了基于成像过程的重获取图像检测算法和基于图像质量的重获取图像检测算法。

(3)人像鉴定技术。许磊等[5]提出建设针对中国人的高精度三维人脸图像数据库,通过采集三维人脸图像并建立数据库,进行人像特征分类、统计人像特征的分布以及训练人像模型,为法庭科学领域的后期人像比对和识别应用奠定基础。王俊娟等[6]介绍了1100多份高清三维人像采集和处理过程中的方法、技巧以及需要注意的问题,对三维人像采集实践工作具有较强的指导意义。人像鉴别是视频侦查的重要组成部分,视频中的人像不仅包含人像的静态特征信息,也能呈现人像的动态特征信息。白笙学等[7]研究了视频中人体的静态特征和动态特征在人像鉴定中的应用方案,提出了视频人像检验的规范化流程,以期规范和程序化视频中人像特征分析检验过程,提高

---

[1] 李莹:"基于图像质量评价量的数字图像盲取证研究",大连理工大学2015年硕士学位毕业论文。

[2] 周牒岚:"基于PRNU与多重分形谱特征的数字图像来源取证",湖南大学2015年硕士学位论文。

[3] 周牒岚、彭飞、龙敏:"基于回归分析的自然图像和计算机生成图像来源鉴别",载《第十二届全国信息隐藏暨多媒体信息安全学术大会论文集》,2015年。

[4] 李瑞寒:"高效重获取图像检测算法",北京交通大学2015年硕士学位论文。

[5] 许磊等:"高精度三维人脸图像数据库",载《刑事技术》2015年第2期。

[6] 王俊娟等:"三维人脸图像的数据采集与预处理",载《刑事技术》2015年第2期。

[7] 白笙学等:"视频中人像静态特征和动态特征研究",载《刑事技术》2015年第3期。

分析检验效率。曾锦华等[1]在人像鉴定技术研究中重点关注了头皮头发特征的价值，并在实际人像鉴定案例中应用，研究不同头皮头发特征的表现形式和特征价值。研究结果表明了人体头皮头发特征的个体信息表征能力及其在人像鉴定应用中的重要性。在人像识别技术研究方面，谢兰迟等[2]研究了不同条件下人像识别算法的应用性能，包括不同分辨率、角度、年龄对于人脸识别算法鲁棒性的影响。

（4）车速计算技术。章志成等[3]提出基于单帧运动模糊图像计算车辆运动速度的方法。在单帧运动模糊图像中，车辆运动距离与图像运动模糊长度相关，运动时间与单帧图像的曝光时间关联，通过距离与时间的关系，在被测车辆图像有运动模糊的前提下，仅通过单帧图像即可测量车辆运动的速度。周琦等[4]和李骏等[5]研究根据装有行车记录仪的机动车辆在行驶过程中的记录数据及状态对车辆行驶速度进行分析计算的方法，通过实际案例分析，阐述基于视频图像的车辆运动速度计算方法在道路交通事故鉴定中的具体应用方案。

（5）国家自然科学基金资助项目。2015年度国家自然科学基金项目中，包含"图像取证"关键词的获批项目有4项，分别为"JPEG压缩检测关键技术研究"、"基于软成像的数字图像篡改定位取证研究"、"数字图像/视频平滑滤波盲取证技术研究"和"数字图像成像渠道取证的非线性机理及应用研究"。2016年度国家自然科学基金项目中，包含"图像取证"关键词的获批项目有5项，分别为"压缩深度卷积神经网络及其在目标检测与图像取证中的应用研究"、"视觉媒体篡改的取证和关联分析关键技术研究"、"基于视觉规律和统计特征的图像拼接篡改盲取证研究"、"数字图像篡改定位若干关键性问题研究"和"多谱黎曼流形协同的润饰、变造数字图像定量鉴别算法研究"。

---

[1] 曾锦华等："人像鉴定中的头皮头发特征应用"，载《中国司法鉴定》2016年第5期。
[2] 谢兰迟等："基于三种类型图像数据的人脸识别测试"，载《刑事技术》2016年第6期。
[3] 章志成、吴昊："基于单帧运动模糊图像计算车辆运动速度的方法"，载《中国司法鉴定》2015年第1期。
[4] 周琦、王华专："交通事故中车速鉴定方法利用——基于视频图像计算车辆行驶速度"，载《中国科技纵横》2015年第4期。
[5] 李骏、赵月、蔡隽："基于行驶记录仪的车速鉴定案例分析"，载《农业装备与车辆工程》2016年第6期。

(十一) 电子数据鉴定

1. APT 攻击相关研究

APT（Advanced Persistent Threat）即高级持续性威胁，它采用多种先进的攻击技术和社会工程学方法对政府机关、研究机构或特定企业进行连续不间断的入侵渗透，逐步获取内部网络权限，长期潜伏在内部网络，窃取各种机密信息。APT 常会利用企业或单位网络中设备或系统的漏洞来进行入侵攻击，而 0 DAY 漏洞在 APT 攻击中居于至关重要的位置，很多攻击都是基于 0 DAY 漏洞发起的。另外，攻击者在实施 APT 攻击时，往往具有很强的针对性，在选定一个攻击目标之后就会利用社会工程学及一系列的手段和技术尽可能详细收集大量和攻击目标相关的信息，进行长时间的潜心准备，如对攻击目标的网络环境、网络架构作详细的了解；搜集目标网络中的应用系统和设备存在的漏洞；了解重要业务系统的访问流程；了解整个网络的组织架构情况；等等。当"万事俱备"之后，攻击者就通过前期获取到的信息一步一步入侵到网络中，中间可能会经过几次跳转、探测，最后成功地获取想要的信息。纪芳[1]首先分析了 APT 攻击的特殊性，进而提出在"互联网+"环境下如何防御 APT 攻击，最后总结了 APT 攻击对企业的影响及应对策略。沈立君[2]分析了 APT 攻击的特点及步骤，在实际案例的基础上建立了一套防治 APT 攻击的模拟方案，根据模拟方案的结果提出了网络安全防范方法和建议。周可政等[3]针对鱼叉式钓鱼攻击中使用的恶意 PDF 文档，以及在 APT 攻击场景下攻击者试图逃避检测而采用的模仿攻击，从 PDF 文档的样本中提取特征，将其训练用于检测的模型以检测出恶意 PDF 文档，取得了理想的检测效果。

2. 移动终端安全性研究

蔺凤池等[4]在研究几种较为成熟的安全监测方法（重打包技术、权限提升检测技术、API 调用监测分析技术、静态污点分析技术等）的基础上，

---

[1] 纪芳："'互联网+'环境下 APT 攻击分析及应对策略"，载《网络安全技术与应用》2015 年第 11 期。

[2] 沈立君："APT 攻击威胁网络安全的全面解析与防御探讨"，载《信息安全与技术》2015 年第 8 期。

[3] 周可政、施勇、薛质："基于恶意 PDF 文档的 APT 检测"，载《信息安全与通信保密》2016 年第 1 期。

[4] 蔺凤池、高见："Android APP 数据泄露的静态污点分析方法研究"，载《中国人民公安大学学报》（自然科学版）2015 年第 4 期。

从静态污点分析方法的角度对数据泄露行为进行分析,采用两种主流分析方法对这两种方式较为成熟的工具原理作了分析。无论是使用权限提升方法检测 APP 是否存在组件劫持漏洞,还是利用污点分析对数据流进行分析来判断是否存在数据泄露行为,都只是针对 Android APP 安全监测技术方法发展中的一部分。监测 Android APP 是否存在漏洞或者恶意行为并不是最终目的,只是利用这些技术方法去发现、解决问题;防止用户隐私泄露、确保用户合法权益才是最终要达到的目的。李汶洋[1]针对目前国内外关于 Android 系统恶意软件检测技术的研究进行总结,对比了静态分析与动态分析,同时列举了国内外的一些研究成果。随着移动互联网的持续发展,移动终端设备的安全问题越来越值得关注。Android 设备的盛行也带来了诸多安全问题,而 Android 漏洞是其安全问题的关键所在。杨刚等[2]从国内外知名漏洞数据库和安全论坛收集了已公布的 Android 漏洞数据,结合漏洞分析技术,构建了 Android 漏洞库,对现有 Android 漏洞信息进行了整理、发布和通报,并基于现有的 Android 漏洞数据,总结了 Android 漏洞的发展规律。

逆向分析是在没有程序源代码的情况下,通过将可执行文件反编译成汇编代码,阅读分析汇编代码分析出程序逻辑的方法。Smali 汇编码是 Android 虚拟机使用的机器码。研究 Android 程序的 Smali 汇编码逆向分析,对 Android 系统的程序功能改进、打补丁和恶意代码分析有重要意义。基于此,赵北庚等[3]设计和完成了一个实验,在没有源代码的情况下,通过对一个真实的 Android 短信木马程序 9555.apk 进行反汇编逆向分析,梳理出程序功能。实验的过程和思路对研究 Android 程序的逆向分析有积极的意义。李天辉等[4]主要研究基于逆向工程的 Android 应用程序中恶意代码的分析方法。首先,通过逆向工程得到 Android 应用程序的 Java 源代码和资源文件,然后根据源代码分析该程序的功能、结构;根据 manifest 资源文件分析程序组件的各种权限,再

---

[1] 李汶洋:"Android 操作系统恶意软件检测技术研究",载《信息网络安全》2015 年第 9 期。

[2] 杨刚、温涛、张玉清:"Android 漏洞库的设计与实现",载《第 30 次全国计算机安全学术交流会论文集》,2015 年。

[3] 赵北庚、王剑锋:"关于 Android 短信恶意木马 Smali 汇编码逆向分析",载《网络安全技术与应用》2015 年第 10 期。

[4] 李天辉、王艳青:"Android 恶意代码的逆向分析",载《信息安全与通信保密》2016 年第 4 期。

结合恶意代码的行为特征判断是否存在恶意代码及其危害。也可以据此方法研究 Android 系统受攻击的原因及防御办法，并进一步发现恶意代码的特征。Android 系统由于其开放性的特点，导致各种恶意破解软件传播，对开发者和用户造成了恶劣影响。刘东豪等[1]介绍了传统 APK 软件的逆向思路及使用场景，接着介绍了 NDK 技术并分析了其在性能、软件安全方面的优势，然后在其原理基础上提出了针对采用 NDK 技术的 APK 文件的破解思路与方法，并通过实验加以验证。最后，针对 NDK 的常用破解手段，提出了几种针对 NDK 破解的保护措施，在一定程度上能防止该类软件的破解。Android 恶意应用程序是智能手机的普及化过程中最受关注的热点问题。在各种恶意行为中，隐私泄露和远程控制是最为常见也是对手机用户危害最大的恶意行为，并且实际上具有消耗用户资费行为的恶意软件常常同时具有远程控制功能。为此，田硕[2]主要关注隐私泄露类的恶意软件，其分析了 Android 恶意应用现状，在此基础上构建了 Android 恶意应用模型，提高了 Android 恶意应用的检测效率。

现在智能手机多使用图案锁作为身份认证机制。为解锁智能手机，用户需要将解锁图案绘制在屏幕上，这样就不可避免地留下油性残留物，又称污迹。敌手可以利用污迹重现解锁图案，使用户隐私受到威胁。吴继杰等[3]通过对现有图案锁的研究，提出了一种能在衣服口袋中进行解锁的系统——Blindlock 图案锁系统。该图案锁利用覆盖原理抵抗污迹攻击，同时利用视觉闭塞原理抵抗肩窥攻击。用户研究表明，Blindlock 可在不改变原有图形记忆方式和增加最少解锁时间的情况下显著提升系统安全性、可用性和密码空间。

获取送检介质曾经挂载的 USB 设备使用痕迹，是电子数据取证实践中的典型鉴定需求之一。虽然现有取证工具有的声称支持此类信息的分析，但实际工作中发现其提取到的痕迹（特别是 USB 设备序列号）并不准确，也不够全面（如缺少 USB 设备被分配的盘符信息），难以满足取证需要。传统的此

---

[1] 刘东豪、施勇、薛质：“Android 平台下 NDK 破解技术研究”，载《信息安全与通信保密》2016 年第 9 期。

[2] 田硕：“Android 系统恶意应用特征分析”，载《网络安全技术与应用》2016 年第 4 期。

[3] 吴继杰、曹天杰、翟靖轩：“Blindlock：一种有效防范污迹攻击的图案锁系统”，载《计算机科学》2015 年第 S2 期。

类痕迹调查完全依靠注册表中的 USBSTOR 表键；为弥补其不足，段严兵等[1]基于电子数据取证视角，在详细说明 USBSTOR 表键取证关键的基础上，增加了 USB 和 UMB 表键的分析；并阐述了在相关注册表键被清除的情况下，如何依靠系统文件补充调查 USB 设备使用过程中可能留有的痕迹。实践证明，所述方法准确高效。另外，从涉案计算机恢复出的大量残缺 Word 文件中，通常残留大量对案件办理有价值的文字、图像和表格数据，定位、提取出这些残留数据对案件调查、取证有重要意义。基于此，徐国天[2]研究了一种从残缺 Word 文件中手工提取残留文字、表格和图像数据的方法，可准确提取出其中残留的数据信息。

3. 云平台安全性研究

OpenStack 作为云计算平台的一员，是 NASA 和 Rackspace 合作开发的旨在为共有云和私有云提供软件的开源项目。选择开源云软件意味着避免了专利供应商技术锁定的潜在困境，OpenStack 的典型设计使它能与传统技术或第三方技术合并。但安全问题是云计算广泛应用的最大障碍及挑战之一。黄高攀等[3]就 OpenStack 实际部署应用中的安全机制进行剖析，并探讨解决方案。

4. Snort 入侵检测系统与防火墙技术研究

在网络安全问题上，网络信息的流失和网络入侵或攻击时有发生。很多用户为了加强网络信息系统防护，避免主机系统或者服务器设备出现各种网络入侵事件，广泛应用了 Snort 入侵检测系统或者防火墙技术，有的还下载安装了各种防病毒的软件系统。但 Snort 入侵检测系统和防火墙技术各有优势，也各有不足，特别是在各种攻击手段日益隐蔽和复杂的现实状况下，给网络安全防范带来了很大困难。高小虎[4]对 Snort 入侵检测系统与防火墙技术联动运行进行了详细的分析阐述，探索了一种创新的网络安全防护手段，对加强

---

[1] 段严兵、罗文华："Windows 操作系统环境下调查 USB 设备使用痕迹方法研究"，载《刑事技术》2015 年第 2 期。

[2] 徐国天："残缺 Word 文件数据信息提取方法研究"，载《中国刑警学院学报》2015 年第 1 期。

[3] 黄高攀等："OpenStack 云计算平台安全解析"，载《信息技术与信息化》2015 年第 10 期。

[4] 高小虎："基于 Snort 的入侵检测系统与防火墙联动机制研究"，载《网络安全技术与应用》2015 年第 11 期。

计算机网络系统安全防范，实现安全运行的检测防御双重功能提供了一定借鉴。

5. 加密技术研究

选择加密（selective encryption）技术，根据访问控制策略产生密钥推导图来分发密钥，在保证云存储数据机密性和细粒度访问控制的前提下，具有简化文件存储加密、系统密钥量少的优势。然而，已有选择加密方案需要完全或部分公开访问控制策略，以用于密钥推导；该信息反映了用户/文件之间的授权访问关系，泄露了用户隐私。在享受云存储益处的同时，如何保证数据的机密性和用户隐私并实现有效访问控制是云时代的一个重要研究课题。基于现有的研究工作，雷蕾等[1]提出了一种新的访问控制策略隐藏机制，在保证云存储数据机密性和细粒度访问控制的前提下，有效地实现了访问控制策略的隐藏和密钥的高效分发。

6. 局域网嗅探系统技术研究

网络管理人员利用局域网嗅探技术可随时掌握网络的实际情况，查找网络漏洞，检测网络性能，当网络性能急剧下降时，可通过嗅探器捕获网络传输中的数据包并对其进行分析，还能对其结果进行分析利用，保证网络的安全。蔡海岩[2]主要通过对网络嗅探、ARP协议等相关内容进行分析，设计以ARP欺骗技术为基础的交换式局域网嗅探系统，有效提高了网络的安全性。由于ARP（Address Resolution Protocol，地址解析协议）是一个无状态的协议，并且对请求/应答信号的数据源缺少认证机制，任何客户端都可以伪造恶意的ARP报文，毒化目标主机ARP缓存表。基于ARP欺骗的攻击危害性大，会导致网络传输效率降低、网络阻塞，甚至用户信息被窃取和隐私泄露。王绍龙等[3]通过分析基于ARP欺骗的中间人攻击（MITM）、拒绝服务攻击（DoS）、MAC泛洪的实现原理和特点，提出ARP缓存检查、ARP包检测、流量分析等ARP欺骗攻击行为取证方法，以及防御ARP欺骗的IP地址静态绑定、DHCP防护和DAI检测等方法。

---

[1] 雷蕾等：“支持策略隐藏的加密云存储访问控制机制”，载《软件学报》2016年第6期。

[2] 蔡海岩：“以ARP欺骗技术为基础的交换式局域网嗅探技术”，载《网络安全技术与应用》2016年第6期。

[3] 王绍龙、王剑、冯超：“ARP欺骗攻击的取证和防御方法"，载《网络安全技术与应用》2016年第10期。

7. GPS 欺骗检测领域的研究

由于 GPS 信号固有的脆弱性，用户端很容易遭受到欺骗攻击，跟踪捕获到欺骗信号，使得欺骗目标产生错误定位，同时还不会引起欺骗目标的察觉。因此，申远军等[1]提出一种基于 P（Y）码互相关的欺骗检测技术，并对其原理进行详细的分析，还列举了基于该技术的应用方案，希望该项技术能在 GPS 欺骗检测领域发挥重要的作用。

8. 区块链技术研究

区块链技术作为密码货币和比特币的底层技术，有别于传统信息系统的中心化他信机制。区块链是一种去中心化或者多中心化的共信机制，这对人们的信任机制产生了很大影响，并促使人们开始重视区块链中的安全技术。朱岩等[2]对区块链中的关键技术及其安全架构展开了研究，阐述了区块链如何通过 P2P 网络技术、分布式账本技术、非对称加解密技术、共识机制技术、智能合约技术来实现对其数据完整性、不可否认性、隐私性、一致性等的安全保护。此外，也对一些新的安全威胁和措施进行分析，对区块链技术与人工智能、大数据、物联网、云计算、移动互联网技术相融合之后可能出现的新安全问题和安全技术进行了探讨。

9. DDoS 攻击检测研究

DDoS 作为《中国互联网网络安全报告》中关于网络攻击的四大主要攻击事件之一，由于其防御较难、隐蔽性强等特点，日益引起人们的重视。在云计算不断发展和普及的背景下，DDoS 攻击检测研究也成为紧迫的任务。谭昕[3]对云计算中的 DDoS 攻击检测进行了模型设计，以期有效地保证企业的数据安全。

四、证据科学教育进展

（一）证据科学研究项目

2015 和 2016 年度，省部级以上证据法学研究项目立项总数分别为 45 项和 47 项，但项目类比略有差异，参见下表：

---

[1] 申远军、张驰："基于 P（Y）码互相关的 GPS 信号欺骗检测技术研究"，载《信息安全与通信保密》2016 年第 4 期。
[2] 朱岩等："区块链关键技术中的安全性研究"，载《信息安全研究》2016 年第 12 期。
[3] 谭昕："云计算下 DDoS 攻击检测分析"，载《网络安全技术与应用》2016 年第 4 期。

2015~2016 年度立项项目和数量对比

项目类别	2015 年立项数	2016 年立项数
国家社科基金项目	13	12
教育部人文社科研究项目	4	4
司法部国家法治与法学理论研究项目	5	6
最高人民检察院检察理论研究课题	7	11
最高人民法院课题	5	4
中国法学会部级法学研究课题	11	10
合 计	45	47

从项目立项的具体内容或研究主题来看，参见下表：

2015~2016 年度立项项目主题分类

主 题	2015 年项目数	所占比例	2016 年项目数	所占比例
基础理论研究	4	8.9%	7	14.9%
刑事错案	4	8.9%	2	4.3%
供述与非法证据排除	4	8.9%	2	4.3%
司法鉴定与科学证据	5	11.1%	3	6.4%
电子与网络证据	10	22.2%	4	8.5%
证人出庭	2	4.45%	—	—
民事证据	5	11.1%	—	—
认知与法官心理	4	8.9%	—	—
庭审实质化	3	6.7%	—	—
知识产权证据规则	2	4.45%	—	—
审判中心主义与证据法改革	—	—	17	36.2%
证明责任	—	—	4	8.5%

续表

主 题	2015年项目数	所占比例	2016年项目数	所占比例
取证规则	—		3	6.4%
其 他	2	4.45%	5	10.6%

(二) 证据科学学科建设和人才培养

1. 学科建设

2016年9月，中国政法大学研究生院统一部署了各专业硕士研究生和博士研究生培养方案修订工作，修订后的培养方案自2017年1月开始执行。现将中国政法大学证据科学研究院各专业培养方案的前四部分内容摘录如下：

(1) 证据法学专业（证据法学方向）攻读硕士学位研究生培养方案（专业代码：0301Z2）

学科、专业简介	证据法学是一门研究证据规则和事实认定规律的学科。本专业注重中外证据制度、证据司法实践和司法文明理论教育与研究，具有多学科交叉的特色。本专业以证据科学教育部重点实验室/中国政法大学证据科学研究院、证据科学北京市交叉学科重点学科和"2011计划"司法文明协同创新中心为依托，汇聚中外雄厚师资，拥有"证据科学研究与应用"教育部创新团队，以及完备的科研、教学和实验资源，科研成果丰硕。
培养目标	本专业培养德才兼备、具有法治意识和比较法视野的法律人才。具体要求包括：①具有良好的学风、高尚的道德品质和健康的心理素质，遵守宪法和法律，崇尚法治和司法正义。②具有扎实的法学基础理论知识和系统的证据法学专业知识，熟悉中外证据立法和司法的现状和趋势；能够运用专业知识分析司法实践中的具体问题，掌握从事法律工作的基本职业技能和逻辑思维能力；拥有一定的科研能力。③熟练掌握一门外语，能够运用外语进行专业研究和学术交流。

续表

研究方向	证据法学方向。以证据规则与事实认定的过程和规律为研究对象，以揭示事实真相和维护司法公正为目的，全面研究证据运用的原理、方法、程序、规范等问题。				
学制及学习年限	学　制	三　年	学习年限	三至四年	

（2）证据法学专业攻读博士学位研究生培养方案（专业代码：0301Z2）

学科、专业简介	证据法学是一门研究证据规则和事实认定规律的学科。本专业注重中外证据制度、证据司法实践和司法文明理论的教育与研究，具有多学科交叉的特色。本专业以证据科学教育部重点实验室/中国政法大学证据科学研究院、证据科学北京市交叉学科重点学科和"2011 计划"司法文明协同创新中心为依托，汇聚中外雄厚师资，拥有"证据科学研究与应用"教育部创新团队，以及完备的科研、教学和实验资源，科研成果丰硕。
培养目标	本专业博士研究生应掌握本学科坚实宽广的基础理论、系统深入的专业知识、相应的技能和方法，具有独立从事本学科创造性科学研究工作和实际工作的能力。 具体要求：①掌握法学核心概念和基本知识体系，并能够在研究工作中熟练运用。具有良好的学术素养和学术道德，具备优秀的学术品格和学术原创力，有较强的独立从事科学研究的能力。②具有扎实的法学基础理论知识和系统的证据法学专业知识，熟悉中外证据立法和司法的现状和趋势；能够运用专业知识和多学科方法分析学科理论和司法实践中的具体问题，掌握从事法律实务和法学教育工作的职业技能和逻辑思维能力。③有敏锐的洞察力和思辨能力，能够追踪国际国内前沿的法学研究的进展。④具备良好的文字表达能力，熟练掌握和运用一门外国语，并争取到境外法学院或者相关单位访问学习一年。⑤系统掌握中国特色社会主义法治理念，深入掌握社会主义法治国家建设的基本理论。

续表

研究方向	证据法学研究方向，以证据规则与事实认定的过程和规律为研究对象，以揭示事实真相和维护司法公正为目的，全面研究证据运用的原理、方法、程序、规范和技术等学术前沿问题。			
学制及学习年限	学　制	三　年	学习年限	三至六年

（3）证据法学专业（法医学方向）攻读硕士学位研究生培养方案（专业代码：0301Z2）

学科、专业简介	证据法学专业法医学方向：遴选法医学专业学生研修证据法学理论，以利于证据法学与法医学相关的科学证据研究，突出跨学科交叉研究的优势与特色，促进中国法治进程中的证据科学的发展。本专业以证据科学教育部重点实验室/中国政法大学证据科学研究院、证据科学北京市交叉学科重点学科和"2011 计划"司法文明协同创新中心为依托，汇聚中外雄厚师资，拥有"证据科学研究与应用"教育部创新团队、"法庭科学研究与应用"团队，以及完备的科研、教学和实验资源，科研成果丰硕。
培养目标	具体要求：根据建设法治国家的要求，培养品行端正、政治坚定、知识面宽广、理论功底扎实，具有理论联系实际和分析问题、解决问题的能力，较为熟练地掌握一门外语，能够适应公、检、法、司部门、司法鉴定机构和各类学校所需要的综合的复合型高级法医学人才。 　　熟悉本学科基础性知识、专业性知识和工具性知识，具有良好的学术素养和学术道德，具有较强的获取知识能力、科学研究能力、实践能力、学术交流能力，具有良好的心理素质，能够进行严谨的逻辑思维和创新性思维，具有良好的理解力、记忆力和表达能力。

续表

研究方向	①法医法学：本方向系法医学新兴分支学科，主要研究学科架构及基本理论。 ②法医学鉴定制度：本方向通过比较研究，系统探讨我国法医学鉴定体制及其理论基础。 ③法医学证据运用：本方向以法医学各分支学科为主线，研究各类法医学鉴定意见的证据运用问题及证据解释问题。
学制及学习年限	学　制　三　年　　学习年限　二至四年

（4）证据法学专业（物证技术学方向）攻读硕士学位研究生培养方案（专业代码：0301Z2）

学科、专业简介	证据法学专业物证技术学方向是为了遴选自然科学专业学生研修物证技术学理论，以利于证据法学与自然科学相关的科学证据研究，突出跨学科交叉研究的优势与特色，促进中国法治进程中的证据科学的发展。本专业以证据科学教育部重点实验室/中国政法大学证据科学研究院、证据科学北京市交叉学科重点学科和"2011计划"司法文明协同创新中心为依托，汇聚中外雄厚师资，拥有"证据科学研究与应用"教育部创新团队，以及完备的科研、教学和实验资源，科研成果丰硕。
培养目标	根据建设法治国家的要求，培养品行端正、政治坚实、知识面宽广、理论功底扎实，具有理论联系实际和分析问题、解决问题的能力，较为熟练地掌握一门外语，能够适应公、检、法、司部门、司法鉴定机构和各类学校所需要的复合型高级法庭科学人才。

研究方向	①物证技术学基本理论：本方向研究物证技术基本理论和基本方法，将现有的科学技术应用于解决诉讼中与物证有关的各种专门性问题。 ②司法鉴定制度：本方向通过比较研究，系统探讨我国司法鉴定体制及其理论基础。 ③文件检验学证据运用：本方向以文件检验学各分支学科为主线，研究各类文件鉴定意见的证据运用问题。 ④微量物证检验学证据运用：本方向以微量物证检验学各分支学科为主线，研究各类微量物证鉴定意见的证据运用问题。			
学制及学习年限	学　制	三　年	学习年限	二至四年

2. 研究机构

（1）两个中外合作研究机构揭牌。2016年1月25日，司法文明协同创新中心海外合作研究机构"中美证据法比较研究中心"挂牌仪式在美国加州大学戴维斯分校举行。美方高度评价中国政法大学与加州大学戴维斯分校的长期合作关系，并对"中美证据法比较研究中心"寄予厚望。司法文明协同创新中心联席主任、中国政法大学张保生教授在致辞中向与会人员介绍了"2011计划"司法文明协同创新中心的职能、任务以及国际交流与合作等情况，并希望通过该研究中心进一步加强中美在证据法学领域的深入合作。2016年1月26日，司法文明协同创新中心海外合作研究机构"中美物证技术联合研究中心"签字仪式在美国纽海文大学李昌钰法庭科学研究院（康涅迪克州）举行。张保生教授在致辞中向与会人员介绍了"2011计划"司法文明协同创新中心的职能、任务以及国际交流与合作等情况，并表示通过该研究中心的建立，进一步加强中国政法大学和纽海文大学在法庭科学技术和国际交流与培训等领域的深入合作。李昌钰博士表示，该中心的成立对推进中美法庭科学领域的交流具有十分重要的意义。双方正式签署协议后，举行了"中美物证技术联合研究中心"挂牌剪彩仪式。

（2）中国政法大学法庭科学仪器研究中心与加拿大多伦多大学建立国际联合实验室。2016年5月29日，加拿大多伦多大学迈克尔·汤普森（Michael Thompson）教授一行访问中国政法大学证据科学研究院，并与法庭科学仪器研究中心签订合作协议，计划在未来三年内开发法庭科学用多功能生物芯片。汤普森教授是加拿大多伦多大学化学系教授，多伦多大学生物芯片与生物工程中心主任，加拿大皇家化学会院士，曾获英国皇家化学会杰出化学家贡献奖等奖项10余项。主持课题60余项，发表论文400余篇，申请专利40余项。汤普森教授研发的芯片抗污技术和植入性芯片技术在全世界居于领先，发表的文章和被引用率居同领域世界第一。汤普森教授这次来访的目的是与法庭科学仪器研究中心建立危爆物品检测国际联合实验室，将多伦多大学先进的生物芯片技术和中国法庭科学仪器研究中心自主研发的便携式设备结合起来，互派研究人员，攻克技术难关，早日实现危爆物品现场快速检测。

（3）英文国际专业期刊《法庭科学与法医学杂志》(Journal of Forensic Science and Medicine) 创刊。该刊是在"2011 计划"司法文明协同创新中心和中国政法大学证据科学研究院的共同努力下，创办的目前唯一主办单位在中国的法庭科学及法医学全英文国际专业期刊，2015 年 5 月和 11 月分别按计划正式出版发行了第一期（创刊号）和第二期。2016 年起改为季刊，期刊名缩写为 JFSM（ISSN：2349 - 5014，E - ISSN：2455 - 0094）。创办该英文期刊的主旨是"让世界了解中国法庭科学，让中国法庭科学走向世界"。JFSM 期刊的编委会由 50 余位国际、国内（比例约为 30/20）相关领域知名专家学者组成，包括法庭科学、法医学领域内的两位工程院院士刘耀教授和丛斌教授。本刊主编李玲教授，现为美国马里兰州法医局执业鉴定人，法医病理学家，兼马里兰大学医学院教授。JFSM 期刊广泛涵盖与法律问题交叉的科学与医学主题，专业领域涉及犯罪学、数字/多媒体科学、工程科学、法医人类学、法医临床学、法医齿科学、法医病理学、法医生物学、法医放射学、法医毒物学、法学、文件检验、法医精神病学与行为科学，等等。JFSM 也接受法庭科学与法医学中技术和责任事故以及伦理相关问题的投稿。栏目包括原著科研论文（original research articles）、综述（reviews）、案例报道（case reports）、短篇交流（brief communications）、社论（editorials）、评论（commentaries）、读者来信（letters to the editor）等。JFSM 期刊正在世界范围的专业领域崭露头角，为中国法庭科学及法医学研究的推广与国际交流提供了前所未有的平台，必将为中国科技文化走向世界做出积极的贡献。

（4）中国法庭科学博物馆（China Forensic Science Museum，CFSM）正式开馆。2016 年 5 月 20 日，中国政法大学证据科学研究院法庭科学博物馆正式开馆，证据科学研究院院长常林教授主持开馆仪式。来自教育部、司法部、最高人民法院、美国马里兰州法医局、乔治华盛顿大学、德国马普研究所、南澳大利亚最高法院、北京大学、中国人民大学、浙江大学、武汉大学、四川大学、公安部物证鉴定中心、西南政法大学、山西医科大学、北京市公安局、北京市司法局、甘肃省高级人民法院等国内外知名专家学者共计90余人参加开馆仪式，共同见证中国首家法庭科学博物馆的诞生。该博物馆是我国第一家法庭科学（含法医学与物证技术）博物馆，它是一家集文献文物收藏、宣传教育和科学研究等为一体的综合性学术研究机构，也是法庭科学文化研究中心的科研平台，属于"2011计划"司法文明协同创新中心重大建设任务之一。该博物馆从2011年开始筹建，主要任务是向国内外研究机构和社会大众宣传中国法庭科学发展的历史，其规划的研究主题包括：①法庭科学通史、断代史、专门史研究类；②法庭科学标志性人物"口述历史"研究类；③相关研究专题整理类；④历史文献校注翻译类；⑤历史文献资料汇编类等。法庭科学博物馆目前分为博物馆本体展区和公共展区两部分。本体展区位于中国政法大学法庭科学技术鉴定研究所五层，面积约230平方米；公共展区位于中国政法大学鉴定所办公楼部分廊道、教室、会议室、门厅、院落等处。目前本体展区共展示藏品619件；公共展区共展示藏品50件。

3. 国际学术会议

（1）第五届"证据理论与科学国际研讨会"首次走出国门在澳大利亚举行。受国家"2011计划"司法文明协同创新中心和"111计划"证据科学创新引智基地联合资助，由中国政法大学证据科学研究院、国际证据科学协会和澳大利亚阿德莱德大学法学院共同主办，阿德莱德大学诉讼法研究中心承办的"第五届证据理论与科学国际研讨会"于2015年7月22～23日在澳大利亚阿德莱德市召开。来自五大洲包括中国、澳大利亚、美国、英国、瑞士、坦桑尼亚、南非等15个国家和地区的220多名证据法学者和法庭科学家参加了此次会议。中方参会人员43人，来自中国政法大学、北京大学、四川大学、西南政法大学、华东政法大学等高校和单位。司法文明协同创新中心联席主任张保生教授率中国政法大学代表团共25人（其中教师21人，博士研究生4人）出席了会议。各国专家学者围绕本次会议主题"当代诉讼中的证明问题：证据法学与法庭科学的发展和变革"进行了广泛而深入的交流。在7月22日上午举行的大会开幕式上，组委会澳方负责人大卫·卡鲁索（David

Caruso）先生、阿德莱德大学校长沃伦·贝宾顿（Warren Bebbington）教授、司法文明协同创新中心联席主任张保生教授、国际证据科学协会主席罗纳德·艾伦教授、阿德莱德法学院院长约翰·威廉姆斯（John Williams）教授分别发表了致辞。

大会主题发言阶段，围绕着"现代诉讼中证据和法庭科学证明的性质"，八位主题发言人依次登台发表了如下英文演讲：①南澳大利亚首席大法官克里斯托弗·J. 克莱克斯（Christopher J. Kourakis）：《当代诉讼中的证明》（Proof in Modern Litigation）；②美国西北大学法学院罗纳德·艾伦教授：《证据法的领域》（The Domain of Evidence Law）；③澳大利亚墨尔本大学大卫·鲍尔定（David Balding）教授：《证据量化评价：日常判案中可行否？》（Quantitative Evaluation of Evidence：Is It Practical for Routine Casework？）；④澳大利亚维多利亚州首席大法官克里斯托弗·麦克斯韦尔（Christopher Maxwell）《法院确定专家法庭科学证据可靠性的必要性和方法》（Why and How Should Courts Determine the Reliability of Expert Forensic Evidence？）；⑤英国诺丁汉大学法学院保罗·罗伯特（Paul Roberts）教授：《统一证据法如何具有兼容性？》（How Is a Unified Law of Evidence Coherent？）；⑥中国政法大学张保生教授《"证据之镜"原理与司法证明的似真性》（The Reform Theory for Proof in China "Mirror of Evidence"：The Plausibility of Judicial Proof）；⑦澳大利亚新南威尔士大学法学院盖瑞·爱德蒙（Gary Edmond）教授：《法庭科学证据和（陪审团）理性评价的条件》[Forensic Science Evidence and the Conditions for Rational (Jury) Evaluation]；⑧坦桑尼亚共和国首席大法官穆罕穆德·C. 奥斯曼（Mohamed C. Othman）：《发展中国家的证据法典革新：法庭科学在东非的加速应用》（Reform of Codes of Evidence in Developing World：A Case for Increased Application of Forensic Science：Practice in Eastern Africa）。

本届大会由3个分会场21个主题单元组成：①DNA证据：技术、演示和革命；②当代法庭科学的有效性与可靠性；③鉴定在笔迹证明中的优势；④视觉专家的训练与交流；⑤当代诉讼中的证明体系与标准；⑥当代刑事司法中的权利保障；⑦法医学鉴定证据：方法和证明；⑧普通法系与大陆法系比较视野下言词证据在刑事证明中的应用；⑨法医学鉴定中的新发展；⑩误判：证明与实践中的教训；⑪当代诉讼中的推理和效率；⑫当代诉讼中的电子数据保存、复原和互联网；⑬国际仲裁中的证明问题；⑭东方世界的非法证据问题：西方思想体系的效用；⑮当代诉讼中的专家证人和普通证人影响和评估：如何对待专家以及陪审团的未来；⑯法庭科学证据的框架：环球视野下的鉴定标准以及法律框架；⑰在法庭中理解鉴定意见：法官和陪审团所面临的挑战；⑱国际冲突与安全中的证明和证据保全问题；⑲品性与不良行为证据的法律和鉴定分析；⑳犯罪心理学和精神作用：来自法律和法庭科学的回应和㉑如何在庭审中交叉询问法庭科学家：给律师的指南。所有中方参会者均在会上作了15～20分钟的报告发言，其中10位中方学者还兼任了12个分会场的联席主持人。

（2）第一、二届"中瑞证据科学国际研讨会"分别在中国海口、瑞士洛桑成功举行。2015年1月19～21日，首届中瑞证据科学国际研讨会在司法文明协同创新中心南方基地海口成功举行。会议主席由司法文明协同创新中心张保生教授担任，会议组委会成员包括中国政法大学常林教授以及来自瑞士洛桑大学的克里斯托弗·山普（Christophe Champod）教授。在开幕式上，海南大学副校长、司法文明协同创新中心南方基地主任王崇敏教授首先致欢迎词，中国政法大学证据科学研究院院长常林教授致开幕词。随后，美国西北大学法学院艾伦教授作了《证据法的领域》的主题发言，洛桑大学山普教授作了《从R诉史密斯案件透视英国指纹证据问题》的主题发言。在研讨会上，证据法学者就"司法鉴定在中国刑事诉讼中的作用"（张保生）、"鉴定人在司法实践过程中的角色和地位"（满运龙）、"基于似然率和贝叶斯模型的证据评价和解释理念"［亚历克斯·皮特曼（Alex Pittman）］以及"中外司法改革过程中遇到的证据实践问题"（张中）等话题首先向法庭科学家们抛出了"绣球"；来自法庭科学领域的学者则以"同位素分析法确定黑火药样品的来源"［娜塔莎·让蒂也（Natasha Gentilier）］、"可疑文件中朱墨交叉时序的检验方法"（王晶）、"生物检材中毒品提取的新技术"（孟梁）、"基于分子识别技术的TNT炸药快速检测方法"（郝红霞）等话题向证据法学者作出了"回应"。会议期间，学者们纷纷突破各自学术领域的固有界限，充分享受着交叉学科研究带来的新鲜气息。闭幕式上，张保生教授从跨学科、跨国境、跨文化背景、跨司法制度、共同取向和学术前沿六个方面对研讨会取得的成果作了总结。第二届中瑞证据科学国际研讨会于2016年9月7～9日在瑞士洛桑举行。来自瑞士、中国、美国、澳大利亚、新西兰等国40余名证据法学和法庭科学领域学者参加了此次会议，与会嘉宾围绕"科学证据与司法证明"这一主题进行了深入的讨论。中方 15 位参会人员来自中国政法大学、北京大学、西南政法大学、公安部物证鉴定中心、辽宁省公安厅、江苏警官学院以及常州市中级人民法院等单位。司法文明协同创新中心联席主任张保生教授率法大 6 人组团参加了此次会议。研讨会分为如下五个单元进行深入研讨：①科学证据与证明的现阶段问题；②指印与法庭影像证据；③DNA 证据；④法庭科学调查与法律程序；⑤文件检验证据。会议讨论内容既包括法庭科学发展的哲学根基，又包括疑似射击残留物检验等具体问题。

（3）"事实与证据：哲学与法学的对话"国际研讨会，掀开了证据法学与其他社会科学对话的新篇章。本次研讨会分为两个阶段，第一阶段 2015 年 12 月 19～20 日，由"2011 计划"司法文明协同创新中心与华东师范大学哲学系、法律系联合主办的"事实与证据：哲学与法学的对话"工作坊在上海华东师范大学举办。会议邀请了十几位国内哲学家与法学家围绕证据与事实问题进行跨学科交流。第二阶段 2016 年 5 月 28～29 日，"2011 计划"司法文明协同创新中心联合华东师范大学哲学系、法学院共同主办"事实与证据：哲学与法学的对话"国际研讨会。童世骏教授在致辞中指出，"事实"和"证据"既是法学概念，也是哲学概念；当柏拉图借苏格拉底之口作出"真实信念"与"知识"之间的经典区分时，这两个概念就连同"律师"、"陪审团"等角色被带进了一场长达两千多年的认识论讨论之中。张保生教授在致辞中认为，事实是证据法学的逻辑起点。审判活动始于事实认定，证据是联系事实客体与认识主体的唯一"桥梁"。证据法学是一门研究运用证据进行事实认定的学科，但事实认定是一个跨学科的课题，法学家希望从哲学家的研究中得到启发。他希望哲学与法学的对话是一个良好的开端，将来围绕"事实与证据"还会有历史学与法学、心理学与法学、语言学与法学、逻辑学与法学等更多交叉学科的对话。来自中国、美国、挪威、澳大利亚、意大利、新加坡、瑞典等国的近四十位学者围绕"事实与证据"、"事实与真实"、"司法证明的哲学基础"等问题展开了热烈的讨论与交锋。

在两天的会议中，对话一方哲学家阵营有挪威卑尔根大学希尔贝克教授、北京大学陈波教授、中山大学熊明辉教授、北京师范大学江怡教授、中国政法大学舒国滢教授、美国迈阿密大学迈克尔·斯鲁特（Michael Sluter）教授、瑞典乌普萨拉大学奥托·斯巴姆（Otto Spam）教授等学者，前述学者从哲学的立场和角度，阐述了证据的定义、事实的概念、证明的规范、论证等认识论和方法论等问题。他们讨论了事实与证据的关系，以及通过证据认定事实的方法论。对话的另一方法学家阵营有美国西北大学法学院罗纳德·艾伦教授、中国政法大学张保生教授、纪格非教授，以及四川大学龙宗智教授、左卫民教授、北京大学陈瑞华教授、意大利帕维亚大学米歇尔·塔鲁夫（Michele Taruffo）教授、美国凯斯西储大学戴尔·南希（Dell Nancy）教授、新加坡国立大学何福来教授等学者，前述学者从法学的立场和司法的语境，论述了法庭审判过程中事实、证据和真相的特性，事实认定的主体、过程和模式，证据推论、概率论在司法证明中的作用等问题。他们对司法程序中的证成问题和认识论理论进行了深入研讨。

挪威卑尔根大学希尔贝克教授在主题报告中指出，法学与哲学之间存在一定聚合关系。在考察了哲学史上理性、感知、行动和实验这四种证据来源的基础上，希尔贝克勾勒了证据、事实和各种论辩之间的丰富关联。同时，通过反思立法环节、法庭活动以及法学学术系统中的专家知识，他认为，法学与哲学在对待确定性与不确定性、证据与事实等问题上，能够达成富有成效的对话。法学与哲学的合作不仅仅体现在语义层面，而且也体现在这两个领域专家之间的人际交往实践之中。美国西北大学法学院艾伦教授在主题报告中提出：任何领域的学者都应该寻求知识和研究工具——分析性、认知性或方法论的工具——它们都可被应用于解决学者所关注的问题。法律制度以及法学知识和法律科学，延伸到人类生活的全部领域；对这些领域的多学科讨论，法学家要保持既谨慎又重视的态度。艾伦教授表示："当我听到张保生教授致辞说，这次法学与哲学的对话将是法学和其他更多领域的对话的开端时，我感到非常振奋；同时我还建议，法学与经济学和政治学之间的对话，也要重视，甚至更要重视。"

在会议闭幕式上，希尔贝克教授、艾伦教授、张保生教授、童世骏教授对本次会议进行了回顾与总结，并对此次会议对法学与哲学领域的学术创作产生的灵感启发表达了美好期待。张保生教授做出两点呼吁：一方面，法学研究者需要深刻反思我国政法战线长期以来形成的一套传统司法哲学理念；而当这样做的时候，就要向哲学家们求教。另一方面，希望哲学家能够将法庭审判当作开展认识论研究的试验场；在此，哲学的"抽象"应当自下而上，而非高高在上。

4. 人才培养

2015~2016年，全国证据法学专业（证据法学和法庭科学两个研究方向）的硕士、博士研究生已招收第九、十届，证据科学交叉学科和国际化视野的人才培养特点更加鲜明。

（1）国际著名教授课程方阵逐渐形成，推动证据科学人才培养国际化。随着一系列中外合作研究机构的挂牌运行，人才培养的国际合作正在加强。课程内容详见下表：

国外著名教授证据科学36学时课程授课情况一览表

序号	姓 名	职称	国家/学校	课程名称	授课时间
1	保罗·罗伯茨（Paul Roberts）	教授	英国诺丁汉大学	比较法视野下的英国刑事证据规则	2015年5月 2016年4月
2	约瑟夫·霍夫曼（Joseph Hoffmann）	教授	美国印第安纳大学	美国刑事案例中的证据问题	2016年11~12月
3	阿维亚·奥伦斯坦（Aviva Orenstein）	教授	美国印第安纳大学	美国证据法及庭审程序概述	2016年6月
4	罗纳德·艾伦（Ronald Allen）	教授	美国西北大学	美国证据法	2015年5月 2016年5月
5	安德鲁·里格特伍德（Andrew Ligertwood） 大卫·卡鲁索（David Caruso）	教授	澳大利亚阿德莱德大学	普通法刑事程序与法庭科学证据	2015年9月 2016年9月
6	米歇尔·塔鲁夫（Michele Taruffo）	教授	意大利帕维亚大学	从比较法视角看待证据法与事实真相	2015年10月 2016年11月
7	佛朗哥·塔罗尼（Franco Taroni）	教授	瑞士洛桑大学	盖然推理和科学证据评估	2015年10月

续表

序号	姓名	职称	国家/学校	课程名称	授课时间
8	迈克尔·格雷科（Michael Greco）	教授	美国律师协会前主席	国际刑法	2015年11月 2016年10~11月
9	满运龙（Thomas Yunlong Man）	教授	北京大学国际法学院	美国律师职业与实务	2015年11月 2016年11月
10	刘大群	教授	联合国前南国际刑事法庭	国际刑法强化	2015年12月 2016年12月

上述课程中，①"2011计划"中瑞证据科学联合研究中心成立以来，瑞士学者访问中国20人次，举办学术讲座32场；4位瑞士教授为中国政法大学学生开设了3门36学时的法庭科学课程。如洛桑大学塔罗尼教授自2015年10月17日起在中国政法大学证据科学研究院讲授了为期6天的"盖然推理和科学证据评估"课程，讲授了什么是概率、贝叶斯公式在法庭科学中的运用、直觉的谬误、如何运用贝叶斯公式进行推理和得出结论。②美国西北大学法学院艾伦教授自2015年5月20日起在中国政法大学研究生院开设了为期6天的课程，系统讲授了美国法律程序、宪法、美国诉讼程序，人民诉詹森案（People v. Johnson），证据相关性、基础铺垫、传闻规则及其例外以及证明责任。2016年5月21日起，艾伦教授又在中国政法大学证据科学研究院开设了"美国证据法"30个课时的课程，在对西方法律体系进行介绍的基础上，对美国《联邦证据规则》及其背后的原理展开了深入讲授。③英国诺丁汉大学法学院罗伯茨教授自2015年5月5日起在中国政法大学研究生院开设了为期两周的"从比较法视角看英国证据法"课程，涉及比较方法论及刑事审判、英国证据法概论、英国证据法之人权法影响、刑事诉讼法改革之比较四个部分。2016年4月6日起，他又在中国政法大学研究生院开设了为期一周的"从比较法视角看英国证据法"课程：第一部分：比较的方法和刑事审判；第二部分：基本概念和英国的刑事证据制度背景；第三部分：刑事证据人权法；第四部分：比较刑事诉讼改革。④澳大利亚阿德莱德大学法学院安德鲁教授

和大卫于 2015 年 9 月 21～29 日、2016 年 9 月 20～26 日分别在中国政法大学研究生院开设了为期 8 天和 6 天的证据法课程，内容涉及事实发现、对抗性证据、证词、证据规则、法庭专家证言等专题。⑤西班牙赫罗纳大学、意大利帕维亚大学法学院塔鲁夫教授自 2015 年 10 月 9 日起在中国政法大学研究生院开设了为期 7 天的课程，主要是从比较法的视野探讨大陆法系和英美法系在证据制度方面的细微差别，其中以美国《联邦证据规则》以及"中国证据和程序"为例，比较了中美在事实认定者的组成以及证据的种类、证据采纳和排除规则方面的差异。2016 年 11 月 17～26 日讲授了"从比较法视角看待证据法与事实真相"课程，9 次课程主题为：事实分析在司法裁判中的重要性、司法系统中"真相"为相对真相而非绝对真相、陪审团制度与实施认定有效性的关系、分析证据的技巧、证明标准、庭审专家证人介绍、科学证据、数据证据及其对因果关系判断的影响、神经科学与事实认定。⑥美国印第安纳大学摩尔法学院奥伦斯坦教授自 2016 年 6 月 13 日起在中国政法大学研究生院展开为期两周的证据法学课程，主题包括：传闻规则的含义、传闻规则的豁免及例外规定、对质条款——因克劳福德（Crawford）案件而产生重大变化、特免权规则、电影展示：《我的表兄维尼》及《大审判》。印第安纳大学摩尔法学院霍夫曼教授 2016 年 11 月 29 日～12 月 9 日期间，在中国政法大学证据科学研究院讲授"美国刑事诉讼中的证据问题"课程。⑦美国律师协会前主席格雷科教授于 2015 年 10 月和 2016 年 10 月 31 日～11 月 11 日再次莅临中国政法大学证据科学研究院讲授"国际刑法"课程。⑧北京大学国际法学院教授、中国政法大学兼职教授满运龙于 2015 年 11 月和 2016 年 11 月开设了为时 9 次的美国律师职业与实务课程。联合国前南国际刑事法庭法官刘大群教授于 2015 年和 2016 年 12 月开设了国际刑法强化课程。

（2）证据科学论坛继续发挥重要作用。例如，2015 年 6 月 26 日，美国印第安纳大学摩尔法学院奥伦斯坦教授在中国政法大学证据科学研究院作了主题为"美国《联邦证据规则》对中国的启示"的学术报告。该报告第一部分对美国证据法的特点进行了简要介绍，包括美国审判层级制度、交叉询问、陪审团、法院的权力、司法透明度以及对质条款。报告第二部分概述了美国证据法存在的问题。报告第三部分探讨了一国证据法如何从他国立法中借鉴经验。2015 年 9 月 8 日和 10 日，瑞士巴塞尔大学法学院格莱施（Sabine Gless）教授应邀在中国政法大学研究生院作了两场讲座，讲座主题分别为：

"船到桥头自然直：瑞士刑事司法系统中的排除规则"（Water Always Finds Its Way—Exclusionary Rules in the Swiss Criminal Justice System）和"公平审判原则：禁止刑讯逼供与非法证据排除规则"（The Principle of a Fair Trial—The Prohibition of Torture and Exclusionary Rules）。2015年9月21日，瑞士洛桑大学犯罪科学学院著名法医学教授帕特里斯·曼金（Patrice Mangin）系统全面地介绍了瑞士法医学，给我国学生了解欧洲乃至世界的最新的法庭科学动态提供了一个窗口。曼金教授从法律与医学的关系谈起，对于瑞士法医学在传统领域和新领域中的成果娓娓道来。他先后介绍了瑞士现存的五个著名的法医学机构以及它们的学科设置、瑞士法医学的培养方式、法医学协会在行业中的作用等。在报告中，他以"阿拉法特中毒案（Arafat poisoning case）"为案例，为大家展示了法医毒物鉴定的过程和细节，介绍了法庭科学在揭示案件事实中的重要作用。2016年5月24日，公安部物证鉴定中心法医遗传技术处副处长、主任法医师涂政在中国政法大学研究生院为证据科学研究院师生作了主题为"刑事案件中的法医DNA技术"的讲座，围绕DNA基础知识、亲子鉴定的原理及DNA数据库、常染色体库、Y染色体库，结合具体案例，详细讲述了各类刑事案件中的DNA提取、数据分析技术，并为广大师生介绍了单细胞提取分型、现场勘查便携设备、DNA技术的风险防范、DNA技术的未来发展方向等内容。2016年5月31日，公安部物证鉴定中心涉爆案件侦查技术处助理研究员赵晓辉在中国政法大学研究生院为证据科学研究院师生做了题为"爆炸物检验鉴定及其证据价值"的讲座，讲述了"国内外涉爆案件的形势"、"爆炸物鉴定的证据价值"、"爆炸物品鉴定"等主题。2016年6月7日，公安部物证鉴定中心微量物证检验技术处副处长、副研究员孙振文在中国政法大学研究生院为证据科学研究院师生做了题为"犯罪现场勘验技术新动向"的专题讲座，首先，他从具体案例出发，从现场勘验、调查访问、物证提取及检验、现场试验、现场重建、犯罪画像、综合研判七个方面，详细讲述了具体案件中犯罪现场勘验技术的应用。其次，从犯罪现场勘验的概念、基本流程、勘验技术新动向、勘验标准化等几个方面全面讲解、深入分析犯罪现场勘验知识。

（三）证据科学课程和教材建设

1. 证据科学课程建设概况

为推进依法治国和司法文明建设，培养大批拥有证据科学知识的法律人才,中国政法大学于 2015 年 6 月向教育部高校法学学科教学指导委员会提交了《关于将〈证据法学〉列为法学本科生核心课程的申请》,主要内容如下:

关于将《证据法学》列为法学本科生核心课程的申请(摘要)

教育部高校法学学科教学指导委员会:

为推进依法治国和司法文明建设,培养大批拥有证据科学知识的法律人才,特向贵委员会提出将证据法学列为法学本科生核心课程的申请如下:

一、证据法学列入核心课程的必要性

证据法是法治的基石,是实现司法公正的基石。证据制度是法治国家的一项基本制度,证据法学在中国特色社会主义法学体系中应有一席之地。证据法学缺位的法学教育体系不能适应法治国家和司法文明建设的需要。

1. 证据法是法治的基石

证据制度是法治国家的一项基本法律制度。艾伦教授说:"证据法在任何诉讼制度中都是最重要、最基础的方面;确切地说,它是法治的基石。""证据法对于任何一个创设了权利或义务的制度都是基础性的。权利和义务取决于准确的事实认定;如果没有准确的裁判,权利和义务根本就没有意义。"[1]这个理念表明了证据法在法律体系中的重要地位,就是说,证据制度不健全,法治的基础就不牢固。

证据法是法治基石的理念,可以追溯到边沁"证据是正义之基"的思想。[2]李学灯先生也阐述过各种权利义务争端的解决都要凭借证据的思想,他说:"惟在法治社会之定分止争,首以证据为正义之基础,既需寻求事实,又需顾及法律上其他政策。认定事实,每为适用法律之前提。因而产生各种证据法则,遂为认事用法之所本。"[3]因此,将证据法学列为法学核心课程,使学生在本科生阶段就树立起证据法治理念,掌握运用证据法原理解决权利和义务争端的能力,这应当成为社会主义法治理念教育的一项重要内容。

2. 证据是实现司法公正的基石

从人类司法文明的演进过程看,证据制度的发展经历了愚昧的神明裁判、野蛮

---

[1] [美]罗纳德·J. 艾伦:"证据法的理论基础和意义",张保生、张月波译,载《证据科学》2010 年第 4 期。

[2] [英]边沁:《司法证据原理》(第三编第一章),转引自[美]特伦斯·安德森、[美]戴维·舒姆、[英]威廉·特文宁:《证据分析》,张保生、朱婷、张月波等译,中国人民大学出版社 2012 年版,第 1 页。

[3] 李学灯:《证据法比较研究》,五南图书出版公司 1992 年版,序部分。

的口供裁判和文明的证据裁判三个阶段。证据采集、鉴定以及案件事实认定的过程，既需要科技手段的有力支持，更要有证据规则的保障，从而最大限度地发现事实真相，减少冤假错案。前首席大法官肖扬院长说："证据是实现司法公正的基石。加强证据科学研究，对有效维护广大人民群众的合法权益，保证国家司法机关公正行使自己的权力，实现社会主义民主和法治具有特别重要的意义。"

党的十八届三中全会提出"深化司法体制改革，加快建设公正高效权威的社会主义司法制度，维护人民权益，让人民群众在每一个司法案件中都感受到公平正义"。证据制度建设是司法改革的首要任务。随着中国特色社会主义法律体系基本形成，法治建设的重心从立法转向以司法为主要内容的法律实施，"打官司，就是打证据"的司法理念日益深入人心。与此同时，愚昧司法、野蛮司法、司法腐败和冤假错案等现象则反映出我国证据制度不健全，司法实践急切呼唤我国证据法律制度的大发展和证据法学教育的大发展。因此，将证据法学列为法学本科生核心课程，有利于培养具有证据裁判意识、掌握证据分析能力的法律人才，促进司法公正，提升我国的司法文明水平。

3. 证据法学在法学教育体系中占有重要地位

首先，从国外情况看，英美大学法学院一般都将证据法学作为必修课程。美国大学法学院的必修课程包括宪法、刑法、合同法、侵权法、民事诉讼法、证据法、法律检索与分析课程，这些是美国律协认可的法学院必须开设的课程。证据法学在澳大利亚大学法学课程结构中也居重要地位，四年制法学学士学位必须修满400学分，其中，法学核心课程共160学分，包括法律程序、合同、侵权行为法、财产法、宪法与行政法、刑法、证据法与法院程序法、法史与法哲学等。参见下表：（略）

其次，从我国证据法学教育的情况来看，我国法律人才培养普遍存在证据法学知识严重缺乏的问题。我们统计了全国24所大学法学院开设证据法学课程的情况，其中，本科生开设证据法学必修课的法学院只有4所（中国人民大学、北京师范大学、武汉大学和上海大学），占16.7%；开设证据法学选修课的法学院17所，占70.8%，证据法学既无必修又无选修课的3所，占12.5%。研究生开设证据法学必修课的法学院11所，占45.8%；开设证据法学选修课的5所，占20.8%；证据法学既无必修又无选修课的8所，占33.4%。参见下表：（略）

樊崇义教授说："证据是一门科学。但是对于这门科学，恐怕我国有80%~90%的人对它感觉陌生，包括法学本科生。在公检法干部中，恐怕也有相当数量的人没有系统研究过。"[1]中国政法大学证据科学研究院2009年在全国七所法院调研发现，法院审理案件十分忽视证据裁判：一是法庭举证、质证混乱，许多物证不在法庭上出示，证人基本不出庭作证，根本无法质证；有的法官甚至连证人席应放在什么位置都搞不清；二是法官不熟悉证据法，遇到问题不知道如何适用证据规则，不能有效组织诉讼双方的证明活动；三是检察官、律师的证据意识淡薄，甚至搞不清直接询问和交叉询问到底有何区别，律师不知如何运用证据规则为委托人进行有效辩护，更不知如何运用异议、弹劾等辩护技术维护当事人的权利。

最后，从法律人才的知识结构来看，证据法学应该列入法学核心课程。关于法律人才的知识结构，张文显教授提出法官"三大知识板块"即证据科学知识、法律科学知识和政策科学知识。他认为，法官需要"以事实为依据"、"以法律为准绳"、"以政策为导向"，但由于法学教育先天性不足，在三大知识板块中，目前最缺的是证据科学知识。[2]审判过程分为事实认定和法律适用两个阶段，但目前16门法学核心课程都是关于法律适用的，而疑难案件90%以上都是事实认定问题，因此，法学院应当加强证据法学课程建设，使我们培养的法官、检察官和律师能够掌握证据科学的理论，以适应未来从事诉讼工作的需要。

4. 开设证据法学课程的意义

第一，证据法学教育有利于提高法律人才的综合素质。证据法学的宗旨，不仅是让学生掌握证据规则，更重要的是使其学习和思考证据规则背后的理念、原则、价值和政策。证据法有"求真"和"求善"的双重功能，规定了社会争端的理性解决方式，反映了正义理想、生活信念、伦理关怀和诉讼效率等各种复杂的社会关系。艾伦教授从五个方面论述了"证据法为基本行为和诉讼行为创造关键性激励因素"：一是可以激励人们以对社会有益的方式行事或"行善"；二是鼓励提起特定的诉求，例如，为了鼓励被害人提起强奸指控，而排除强奸被害人先前性行为的证据；三是通过排除和解或辩诉交易的证据，鼓励争端和平解决；四是保护并鼓励诸如婚姻、律师与委托人、心理诊疗师与患者等重要的社会关系；五是规制专家、科技证据的使用。[3]从某种意义上说，学习证据法也是对世界观、价值观和方法论的学习。证

---

〔1〕参见杜萌："樊崇义解读《办理死刑案件证据规定》和《非法证据排除规定》"，东方法眼原创，载 http://www.dffy.com/fazhixinwen/lifa/201005/20100530153708.htm，最后访问日期：2016年12月5日。

〔2〕参见戴蕾蕾、焦红艳："法院缺懂证据科学法官成错案诱因之一——吉林高院与中政大联手培养证据科学专家型人才模式或可推广"，载《法制日报·周末》2010年5月20日，第7版。

〔3〕参见[美]罗纳德·J. 艾伦："相关性和可采性"，张保生、强卉译，载《证据科学》2010年第3期。

据法学具有重要的价值观和方法论意义。运用证据的推理过程需要辨别真实与虚假，区分本质与现象，平衡事实与价值；事实认定还涉及知识的表达和理解、事实主张的立论与反驳、经验概括与逻辑推论、证据分析与裁决过程、心理学与概率论、质证策略与弹劾技术，等等。因此，学习证据法是一种最好的思维训练，可以提高逻辑分析能力、价值判断能力、辩论技巧和概括水平。

第二，证据法学教育有利于促进法律人才培养的职业化。传统法学教育的目标主要致力于培养学生的理论素养，传授知识、能力和方法，以便为将来所要从事的法律职业做准备。当今法学教育精英化、职业化的特点，则要求法学专业学生在法学院就掌握基本的法律职业技能。由于证据法学直接来源于法律职业实践，是法官审判经验的总结，因而具有很强的实践性，证据分析能力、价值权衡能力和证据裁判能力，是法官、检察官、律师等法律职业群体必须具备的职业技能，也是现代法学教育不可或缺的内容。因此，从某种意义上说，法学院不传授证据法学知识，就不可能培养出合格的法律人。从另一种意义上说，当我们看到自己培养的法官、检察官、律师、警官由于对证据法的无知而滥用司法权酿成一个个冤假错案的时候，大学法学院应当为自己生产的"产品"不合格而承担相应的责任。

二、证据法学列入核心课程的可行性

1. 证据法和诉讼法具有相对独立性

我国证据法学核心课程建设滞后的一个重要原因，是由于受到大陆法系传统和苏俄法学分类的影响，我国法律界长期以来把证据法视为诉讼法的一个组成部分。然而，人们现在认识到这并不正确。

首先，西方两大法系都有十分发达的证据法，其差异主要表现在法律编纂方式不同。英美法系国家的证据法一般具有法典化形式，例如，美国《联邦证据规则》、澳大利亚《1995年证据法》、新西兰《1908年证据法》、《加拿大证据法》（2001年修订）、印度《1872年证据法》等。相比之下，大陆法系国家的传统是将证据规则分散编纂在程序法和有关实体法中。以法国和德国最为典型，证据规则在诉讼法中有非常详细的规定。例如，《法国刑事诉讼法典》第1卷第2编第1章第4节证人的询问，第5节讯问和对质，第9节鉴定；第2卷第1编第6章第3节证据的提交与讨论，第2编第4节证据的提出。《德国刑事诉讼法典》第1编第6章证人（第48～71条），第7章鉴定人、勘验（第72～93条）；第2编第6章审判（第244～246、248～254、256～257、261条）。若把法国和德国刑事诉讼法典中的证据规则抽出来单独编纂，就是一部体系健全的独立证据法典。

其次，证据法和诉讼法具有不同的特性。与诉讼法仅有程序法属性不同，证据法兼有实体法和程序法的双重性。①证据法的实体法特性体现在两个方面：一是证据相关性、证据可采性或证据能力、证明力、证据种类等规则，主要用来规制证据资格即何种证据才能作为事实认定的依据；二是体现各种实体权利（如对质权、不得自证其罪的权利、作证特免权等）、证明责任、证明标准等的实体性规则。②证据法的程序法特性主要体现在证据取证方式、出示方式、询问方式以及认证方式等程序性规定。证明程序的设计，服务于查明事实真相和保障当事人诉讼权利之双重目的。因此，证据规则的创设既要与现行诉讼法协调，又要关注刑法、民商法、行政法等实体法规定，避免与之发生冲突。上述要求使证据法超越了诉讼法的程序功能。

再次，证据法的发达有利于诉讼制度的完善。例如，刑事诉讼一直强调严禁刑讯逼供，但仅从程序角度进行规制往往难以取得实效，而如果确立严格的非法证据排除规则，就能有效削弱或消除侦查人员刑讯逼供、非法取证的内在动力，迫使其严格按照合法程序收集证据。又如，诉讼程序强调直接言词原则，但若没有确立传闻证据规则，从证据可采性的角度对传闻证据加以排除，就很难落实这一程序原则的要求。再如，民事诉讼中的辩论原则，如果仅从程序上规定当事人有辩论的权利，在司法实践中未必能够有效地保障当事人的这一权利，而如果从证据角度规定"未经当事人双方辩论、质证的证据不能作为定案的根据"，就能更好地保障这一权利的实现，从而更加有效地贯彻程序正义的要求。

最后，我国相对独立的证据法律体系已基本形成。近年来，我国证据规则体系不断健全。2001年最高人民法院发布了《民事诉讼证据规定》和《行政诉讼证据规定》；2010年"两院三部"又发布了《办理死刑案件证据规定》和《排除非法证据规定》；2012年《刑事诉讼法》从八个方面修改完善了证据制度，从而使刑事证据规则残缺不全的局面得到了很大改观；2012年《民事诉讼法》也在很多方面丰富了证据规则的内容。证据法是规制诉讼活动中运用证据进行事实认定的法律规范体系，我国证据法律规范在法律、司法解释、部门规章、地方性证据规则和国际条约五个层面的发展，为证据法学的发展提供了丰富的法律来源。

2. 证据法学具有相对独立的学科地位

陈光中教授说："判断证据法学能否作为一门独立的学科，不应以是否有独立的证据法典为标准，而关键看是否有独立的研究对象和完整的理论体系。事实上，我国现行的法典数量远远大于法学学科数量，这说明有独立的法典并不意味着就能成为独立的法学学科。相反的是，行政法学等没有对应的统一法典，却成为一门独立的法学学科。就研究对象和理论体系而言，证据法学尽管与诉讼法学和民法学等实体法学在部分内容上有交叉，但是没有哪一门法学能完全包容证据法学的全部研究内容。因此，证据法学应该作为一个独立的学科。"[1] 证据法学是一门研究证据规则和事实认定规律及方法的学科，是现代法学体系中的一个重要组成部分。尽管我国目前证据法学教育还存在着刑事诉讼证据法学、民事诉讼证据法学的划分，但从近年的发展趋势看，整合刑事诉讼和民事诉讼证据理论，编写将三大诉讼证据法学统一起来的《证据法学》教材，已形成共识。证据法学界越来越一致地认为，三大诉讼中的证据法具有共同的理论基础、基本原则和很多普适规则，从共性入手更有利于学生掌握证据法学的基本原理和基础知识。因此，估计今后不会再出现专门论述刑事诉讼证据和民事诉讼证据的法学教材。

3. 我国证据法学教育已初具规模

在我国法学教育发展初期，证据法曾是一门重要的法学课程。东吴大学法学院著名教授兼教务长孙晓楼，曾专门撰写《法律教育》（1935年出版）一书，并拟定了一个"新课程表"。该课程结构参照了英美一些著名法学院的课程，又结合了当时中国的实际。第一学年课程为基础课。第二学年课程均为专业基础课。第三学年为"民法债编"、"刑法各论"、"国际公法"、"民事诉讼法"、"比较法"、"外国民法"等。第四学年为"民法物权"、"刑事诉讼法"、"公司法"、"票据法"、"侵权行为"、"外国刑法"等。第五学年为"法理学"、"行政法"、"证据法"等必修课程。

改革开放以来，我国证据法学教育经历了起步、形成和快速发展三个阶段，目前正面临着新的发展机遇。主要标志是：①在机构建设方面，中国政法大学、中南财经政法大学、中国人民大学、西安交通大学、甘肃政法学院等学校都成立了证据法学的专门研究机构，证据科学教育部重点实验室（中国政法大学）2005年被批准立项建设，2006年中国政法大学成立了证据科学研究院。②在学科学位点建设和研究生培养方面，2006年7月，全国第一个证据法学硕士和博士学位点由中国政法大学在国务院学位办备案，硕士点下设证据法学、物证技术学、法医学三个研究方向，博士点下设证据法学和法庭科学两个研究方向，2007年招收了第一届证据法学硕士、博士研究生。2010年，北京市教委、北京市学位委员会批准"证据科学"为北京市交叉学科重点学科。③在本科生教学方面，证据法学在四所综合大学、国家法官学院已被列为必修课，在许多大学法学院被列为选修课。

4. 证据法学教材和教学参考资料的准备情况

（1）在核心课程教材准备方面，以卞建林主编《证据法学》（2005年版）、何

---

[1] 陈光中主编：《证据法学》，法律出版社2011年版，第9~10页。

家弘等主编《简明证据法学》(2007年版)、张保生主编《证据法学》(2014年版)、陈光中主编《证据法学》(2011年版)较具代表性。详见附录《证据法学核心课程推荐教材和参考文献》。

(2) 在核心课程辅助教材准备方面,2006年张保生、王进喜等译《证据法:文本、问题与案例》(第三版)是我国翻译的第一部美国法学院证据法学教科书,为准确借鉴域外证据法学学术成果奠定了基础。该教材曾在2007年艾伦教授为中国政法大学本科生开设的《美国证据法》36学时全英文课程中使用,并成为美国伯克利分校法学院培训中国法官的《美国证据法》教材。自2008年起,中国政法大学研究生院开设的"外国证据法专题"课程(36学时限选课)每年均使用该教材授课。该教材第五版(2011年版)正在翻译校对中,计划于2013年出版。

(3) 在核心课程参考文献准备方面,本申请报告附录列出了近年来中外学者出版的40部著作(4部教材、27部中文著作、9部外文译作)、22篇论文,可供本科生在学习证据法学核心课程时阅读。其中,张保生、常林主编的蓝皮书系列《中国证据法治发展报告1978~2008》、《中国证据法治发展报告2009》、《中国证据法治发展报告2010》、《中国证据法治发展报告2011》、《中国证据法治发展报告2012》,内容包括了历年来中国证据立法进展、证据司法实践、重点案件证据分析、证据法学研究进展(含10个研究领域:证据法理论基础和体系、证据属性与事实认定、证据开示、科学证据与司法鉴定、言词证据、证据排除规则、证明责任与证明标准、法院取证与证据保全、质证与认证、推定与司法认知)、法庭科学研究进展(含12个研究领域)、证据科学教育进展、证据科学研究成果选介。该蓝皮书附录部分收集了历年发表的证据科学期刊论文目录、证据科学研究生学位论文目录、证据科学学术著作目录,以及证据科学学术会议一览表和研究项目一览表。上述参考文献,为本科生证据法学核心课程学习提供了重要的参考资料。

5. 证据法学核心课程的整体设计与实施方案

(1) 课程设计原则。证据法学核心课程的设计坚持三个原则:一是理论与实践相结合;二是应然与实然相结合;三是中国与世界相结合。

第一,理论与实践相结合。大学本科生课程应具有一定的理论性,重视证据法学理论体系和基本原理的阐述,使学生能够在宏观把握证据法学基本知识的基础上,在一定的理论高度上俯瞰具体证据规则,对其进行微观分析、深入理解,并能时常返回理论层面来进行反思。同时,证据法则是法官审判经验的总结,是一门实践性很强的学问,有许多活生生的案例昭示了其基本理论和基本原则。从更大的范围说,证据法学所要结合的实践不仅是司法实践,还包括人类社会生活实践。证据法则不能违背常识和逻辑，因为事实认定本质上是经验推论活动，法庭里的事实认定不过是日常生活中的事实认定的一个缩影，是普通人解决各种争端纠纷的游戏规则的升华提炼。

第二，应然与实然相结合。证据法学课程应当考虑学生运用现行法律解决实际问题的需要，但又不能变成一门法律实务课程，仅停留在现有的立法和司法实践，只讨论实然之事及其合理性，而应具有一定的前瞻性，帮助学生把握证据法学的发展趋势，保持学术对现实的批判精神，起到引领立法和司法实践的作用。证据法的学习不仅是学习证据规则，它还是对人类社会复杂的理念、原则、惯例、政策和价值的学习。证据规则以准确、公正、和谐、效率为价值基础，是这些价值的具体化。因此，要理解这些证据规则，就需要理解它们在相互竞争的信念、利益与价值之间所作出的妥协。因此，要学会掌握这些规则，就必须深入领会其中潜在的价值基础和基本原则。

第三，中国与世界相结合。本科生的证据法学核心课程不是"中国证据法学"，不能仅仅局限于中国现行立法和司法实践。中国是世界的一部分，中国司法活动是人类司法实践的一部分。证据法学作为研究证据运用及事实认定规律的学问，应借鉴不同法系、世界各国通行的证据法则，并昭示其普适性，从而使学生全面了解中外证据立法和司法实践，并以比较法的视野，掌握证据分析的方法，提高事实认定的能力。

（2）教学方式与方法。课程教学在内容上应具有广度和深度，讲授本专业国内外最新学术动态、成果和前沿问题，引导学生去准确地领会和把握，拓宽和加强研究生理论基础、综合能力和全面素质。

教学方法可采用讨论式教学法、案例教学法、模拟法庭教学法、实践教学法等方法。

在使用教材时，教师应采用启发式教学方法，先布置学生阅读教材的有关章节，仅用2/3课时进行引导性讲授，1/3课时组织学生提问、研讨、答疑。

（3）课时分配。证据法学作为核心课程，属于学位专业课，占3个学分。本科生可安排在大三上半学期，每周4学时，共72学时。其中，课堂教学54学时，实践课18学时。参见下表：

章 次	教学内容	总学时数	讲授学时数	讨论课等学时数
第一章	事实与证据	6	6	2
第二章	证据制度	6	4	2
第三章	证据法的理论基础和体系	6	4	2
第四章	证据开示	6	6	2
第五章	实物证据的出示	6	8	2
第六章	言词证据的提出	6	8	2
第七章	证据排除及其例外	6	8	2
第八章	证明责任和证明标准	6	6	2
第九章	证明过程、推定与司法认知	6	4	2
	模拟法庭	9		
	实践学习	9		
		72	54	18

"十年树木，百年树人。"目前，我国证据法学教育还比较薄弱，远不能适应中国法治建设和司法改革的需要。因此，从法学教育改革入手，加强本科生证据法学核心课程建设，培养具备证据科学知识、法律科学知识和政策科学知识兼备的法律人才，是推进我国法治建设和司法文明当务之急的一项重要任务。

附录：证据法学核心课程推荐教材和参考文献（略）

2. 证据科学教材建设概况

2015～2016年，有一批证据科学方面的教材问世。修订版教材包括：陈一云、王新清《证据学》（第6版），江伟、邵明《民事证据法学》（第2版），占善刚、刘显鹏《证据法论》（第3版）及霍宪丹《司法鉴定学》（第2版）；新编教材包括：魏虹《证据法学》，王桂芳《证据法精要》，李棠洁、刘丹《实用证据法学》，郭天武《刑事证据法学：原理 案例 实验》，白俊华《证据法学案例评析》，许爱东《物证技术学教程》，汪振林《电子证据学》

及唐良艳《证据学》。详见下表（按出版时间顺序）：

序号	作者	教材名称	出版社	出版日期
1	郭天武	刑事证据法学：原理 案例 实验	中国法制出版社	2015年6月
2	魏虹	证据法学	中国政法大学出版社	2015年8月
3	占善刚、刘显鹏	证据法论（第3版）	武汉大学出版社	2015年8月
4	王桂芳	证据法精要	法律出版社	2015年8月
5	李棠洁、刘丹	实用证据法学	合肥工业大学出版社	2015年8月
6	陈一云、王新清	证据学（第6版）	中国人民大学出版社	2015年10月
7	江伟、邵明	民事证据法学（第2版）	中国人民大学出版社	2015年10月
8	白俊华	证据法学案例评析	中国政法大学出版社	2016年5月
9	许爱东	物证技术学教程	法律出版社	2016年8月
10	汪振林	电子证据学	中国政法大学出版社	2016年8月
11	唐良艳	证据学	法律出版社	2016年8月
12	霍宪丹	司法鉴定学（第2版）	中国政法大学出版社	2016年11月

五、证据科学研究成果选介

（一）证据法学著作选介

1. 《刑事证据法的理论问题》（陈瑞华著，法律出版社2015年版）

本书是作者所著《刑事证据法学》教科书的姊妹篇。作者从立法与司法实践中出现的大量需要解决的具体问题出发，如"证人出庭作证难"、"刑讯逼供屡禁不止"、"法庭审理形式化"、"证明标准不甚明确"甚至"冤假错案频频发生"等，对中国刑事证据立法与司法经验进行了理论上的总结和探索。

内容包括裁判形态中的证据理念、中国式证据规则中的证据理念、非法证据排除的中国问题与理论问题、非法供述的界定与演变、瑕疵证据的补正规则、证据的相互印证规则、实物证据的鉴真规则、过程证据的基本内容、特殊证据的证据能力问题、证明标准的主客观因素之关系等。作者通过对我国证据法的一系列"证明力规则"的观察，提出"新法定证据主义"像是一只"看不见的手"左右着中国证据立法进程，并将持续对诸多证据规则的形成和发展产生影响。就我国非法证据排除规则而言，作者认为中国同时确立了"强制性排除规则"、"裁量性排除规则"与"瑕疵证据补正规则"三大排除规则，并大体形成了以"程序审查优先"为标志的程序原则，以及初步审查与正式调查相结合的程序构造，在排除规则适用对象上则出现了"典型的非自愿供述"向"拟制的非自愿供述"演变的态势。作者还提出了一些隐含在中国证据法中的重要理念，如"相互印证"、对实物证据的"鉴真"。（方柏兴撰稿）

2.《反思与建构：刑事证据的中国问题研究》（陈卫东著，中国人民大学出版社2015年版）

本书分6篇22章，以刑事证据法的中国问题作为开篇，分别从证据的定义以及原则、证据的证明问题、证据规则研究、证据立法的评论以及有关证据法内容的地方试点五个方面对刑事证据的中国问题展开研究。①刑事证据制度。我国庭审程序的虚置在很大程度上与证据制度相关。刑事诉讼立法已将证据制度的完善作为核心内容，2012年《刑诉法》修改使证据立法有了一些新的突破，但理论研究不够深入，如证据究竟是"事实"还是"根据"？证据的表现形式是什么？刑事证据法应当包括哪些原则？本书第二篇对这些问题进行了系统研究。②刑事证明责任。证明机制既是一种裁判规则，也是一种风险分配机制。我国《刑诉法》第49条规定了有我国特色的公诉案件被告人有罪的举证责任分配规制。本书第三篇对该问题进行了深入的分析。③刑事证明标准。我国刑事诉讼每一阶段都有自己的证明标准，并随着诉讼进程而不断提高，体现了一定层次性。但是，将移送审查起诉、提起公诉及有罪判决的标准设定相同必然会产生学理上的问题，本书第四篇重点研究了该问题。④对我国近年证据立法的评论，涉及"两个证据规定"的亮点与不足，以及对2012年《刑诉法》证据制度修改的宏观思考。具体探讨了立法的偏失、修改的方法论与立法体系化的问题，同时，重点研究了再审案件证

评定的规则与方法。⑤证据调研篇是作者运用实证研究方法对证据问题进行的实践与研究。(聂友伦撰稿)

3.《物证鉴定意见的质证路径和方法研究》(李学军等著,中国人民大学出版社2015年版)

物证鉴定意见须依据诉讼法规定的程序接受质证后,才能转化为定案根据。但若以常规路径和方法质证物证鉴定意见,并不能有效审查其证据能力和证明力,故往往难以实现对不可靠之物证鉴定意见"去伪存真"的目的。针对这一现实困境,本书研究了从物证鉴定意见之形成过程入手的全新质证路径和相应的质证方法。物证鉴定是对物证进行同一认定和/或种属认定。物证鉴定意见的形成可以从鉴定的基本程序和鉴定意见的质量两方面分析,前者从程序保障的角度纵向地规范着物证鉴定意见的形成过程,后者从质量干预的视角横向控制着物证鉴定意见的形成效果。基于对物证鉴定意见之形成过程的这种剖析,可知物证鉴定意见只是普通证据之一,具有意见证据的属性。它既不拥有预定的证明力,也不存在预定的证明等级,而是与其他种类证据一样,须经质证程序查证属实后才能成为定案依据。物证鉴定意见不仅具有质证必要性,从现行《刑事诉讼法》与《民事诉讼法》为质证程序所搭建和完善的新的制度平台——鉴定人出庭作证制度、专家辅助人制度等——来看,已拥有了质证可能性。在此基础上,作者提出,物证鉴定意见作为具有科学知识元素的一种证据,其质证路径在于,应紧密结合物证鉴定的实际作出流程和物证鉴定意见的具体形成过程而展开。同时,质证主体有必要就物证鉴定意见的证据能力和证明力采取各有侧重的质证策略,并围绕物证及其鉴定意见的关联性、合法性、可靠性和充分性来找寻质证点,确定质证内容。鉴于不同种类的物证分别是以外形特征及所载字迹、符号、图像、声纹特征或物质属性等发挥其证明价值,且相应鉴定意见的形成过程以及具体的、可影响该鉴定意见之可靠性的鉴定因素各不相同,因此,本书对文书、痕迹、化学、生物、电子、声像这六大类较为常见的物证鉴定意见进行了专题性研究。根据不同物证的鉴定特点和鉴定方法,依照对应鉴定活动的启动、实施等步骤,归纳了与六类物证鉴定意见之证明能力和证明力密切相关的诸项质量要素,分门别类地研究了它们的质证策略、质证内容和具有可操作性的质证方法。(朱梦妮撰稿)

4.《反思证据：开拓性论著》（第2版，[英]威廉·特文宁著，吴洪淇译，中国人民大学出版社2015年版）

本书收入了特文宁最具代表性的证据法论文。第一版出版于1990年，2015年第二版增加了有关叙事在事实认定中的作用、概括与论证、证据法教育以及证据作为跨学科主题等内容。本书对英美法系证据法学的基础理论，如证据法的概念、法律推理和论证、事实的构建、证据的跨学科性质等问题作了深入探讨。作者希望对法律中的证明、证据、推论性推理以及故事叙述问题开发出一个融贯的历史性与理论性视角。全书以反思为基本姿态，对涉及证据、证明与事实认定的一系列最基本问题作了最具根本性的探讨和思考。这些思考大致可分为：①英美证据法理论传统的清理与总结。通过对16~20世纪英美证据法主要学者证据法思想和怀疑论传统正反两条主线的梳理，提炼出英美证据法的理性主义传统这一理论框架（第三、四章）。如今这一理论框架已经为两大法系证据法学者广泛接受和应用，成为进一步研究证据法的基础性框架。②英美证据法基本范畴的理论阐释。这种研究传统上一直注重证据法内部制度细节的讨论，而对其独特范畴的整体性理论阐述较少。本书则对英美证据法的内在基本结构作了富有启发性的理论阐述，令英美法系的局外人可以更为宏观准确地把握英美证据法（第七章）。③叙事在案件事实认定中的角色。有关法律人的叙事如何展开、叙事在事实认定过程中扮演什么角色、叙事与论证之间是什么关系等这些以往为证据法学者所忽视的问题在本书中得到认真对待（第九至十三章）。④证据与证明的法学教育问题。在传统法学院教育中，证据的组织、分析和评价等事实认定问题被认为是无需也无法讲授的常识性问题，对这方面知识的讲授几乎是完全缺席的。本书则大声疾呼在法学教育中"认真对待事实"，并且根据自己和其他人的讲授经验提出了一个初步方案（第二、十四章）。⑤跨学科视野下证据问题研究的基本框架。与许多传统证据法学家不同，特文宁将证据问题视为多学科交叉研究的主题。为了使多学科交叉研究得以可能，他提出了"诉讼中的信息"（IL）这样一个基本框架，来取代传统的"证据、证明与事实认定"（EPF）框架（第七、十五章）。（吴洪淇撰稿）

5.《死刑案件证明标准研究》（陈虎著，知识产权出版社2015年版）

证明标准必须从当事人行为规范和法官裁判规范两个角度加以把握，如果从前者出发，可以将证明标准理解为证明责任承担方的证明负担；从后者出发，则可将证明标准理解为裁判者分配错判风险的制度设置。证明标准设置过高，则控方证明负担加重，难以完成证明任务，此外，也会在防止错误定罪的同时增加错放的风险。而证明标准设置过低，则会降低控方指控犯罪的难度，增加对无辜公民错误定罪的风险。我国现行证明标准已十分严格，但实践中，证据不足的案件往往被作出"留有余地的判决"，主要原因在于现行证明标准对控方加重了证明负担，同时，法院又非纯粹的裁判机构，必须配合各种刑事政策和法外任务的实现，在裁判风险上更为担心错放的发生。提高死刑量刑标准的改革建议存在的问题是：首先，无罪推定原则和严格证明方法在独立的量刑阶段已经不再适用，因而，对一般量刑情节而言，较高的量刑证明标准设置没有必要。其次，对法定加重情节应当进行严格证明，但最多只能适用与定罪阶段相同的证明标准，而不能超过定罪证明标准。最后，量刑阶段的证明对象并非单纯的事实判断，且措辞模糊，因而无法适用超过定罪标准的"绝对确定"标准。不仅如此，提高死刑量刑标准还会带来许多负面后果：如将定罪阶段的疑点利益带入量刑阶段加以分配，冲击定罪阶段的无罪推定原则，并为实践中"留有余地的判决"提供正当化机制。提高量刑标准而保持定罪标准不变，就无法及时纠正审前程序的错误，减少了刑事司法通过证明标准所发挥的对前一程序的纠错功能，等等。本书提出一种新的死刑证明标准改革思路：对死刑案件犯罪构成的四个要件进行层次化区分，对罪体部分适用最高的证明标准——"排除一切怀疑"，而对其他构成要件则可以适当降低证明要求。同时，将可能判处死刑的法定加重情节具体化，并对法定加重情节构建独立的死刑量刑程序，从而在严格证明的制度环境下对这一量刑问题适用和定罪阶段相同的证明标准。让证明标准更具有可操作性，还需要对表决规则进行一定的改革，如对排除一切怀疑的证明要求适用一致裁断规则；而对排除合理怀疑的证明则适用绝对多数裁断规则。（陈虎撰稿）

6.《证据法视野下的谎言》（李小恺著，中国法制出版社2015年版）

在诉讼过程中，谎言的欺骗性和误导性会产生诸多不利影响。这种影响不仅表现为对证言真伪以及事实真相的认定错误，还表现为在使用与评价证据的过程中可能产生的不公正风险。在面对可能存在或已经存在的谎言时，证据法应当对预防谎言、识别谎言与评价谎言的途径、方法和标准加以规范，尽可能减少谎言对事实认定准确性的影响，保证事实调查与司法审判过程的合理性、正当性以及公正性。本书对证人诚实性、通过证明证人说谎以弹劾证人的不同方式及其带来的不公正影响、谎言对证据可采性的影响、识别谎言的各种方法及其不足、对刑事被告谎言的评价与证明力评价之间的关系等问题作了分析和梳理，形成了一套在证据法视野下研究各类因谎言引发之问题的路线图，开发了证据法研究的一条独特思路，对相关问题的后续研究具有借鉴作用。作者对证据法视野下谎言的认识是：证据活动无法彻底消灭谎言，必然会受到各种已知或者未知的谎言的影响，如同对物理量的测量也无法消除误差影响一样。因此，面对证明活动中的谎言及其影响，证据法的任务不是要屏蔽或者消灭它们，而是要在承认其影响可能存在的前提下，保证程序和实体上的公正。（李小恺撰稿）

7.《中国非法证据排除制度：原理·案例·适用》（戴长林、罗国良、刘静坤著，法律出版社2016年版）

本书是最高人民法院三位法官研究非法证据排除制度的阶段性总结，也是一部全面、系统介绍中国非法证据排除制度改革历程和最新成果的代表性著作。作者作为中国非法证据排除制度改革的亲历者以及具体制度设计的参与者，通过本书系统梳理了中国非法证据排除制度的产生动因和改革发展历程，详细分析了该制度的理论渊源、基本定位以及未来改革走向，全面介绍了具体规则的价值考量、设计思路以及运行程序。非法证据排除规则尽管最初发端于外国，但非法证据排除制度改革要想取得成效，必定是理想与现实的最佳结合，空谈理想的改革难以落到实处。非法证据排除制度的产生与发展历程，与司法体制改革紧密相关，反映出人权保障、证据裁判和程序公正等现代司法理念逐步深入人心。中国非法证据排除制度，以取证严重违反法定程序和侵犯人权或重要诉讼权利为基本要件，这决定了其与传统证据规则存在本质区别：它以司法实践为导向，以遏制刑讯逼供、非法取证，加强人权司法保障，防范冤假错案，维护司法公正等为着眼点，广泛借鉴域外制度和经验，从中国司法实践和比较法研究两个层面汲取营养，积极推动实践创新、理论创新和制度创新，立足中国实践探寻合理的制度方案。针对实践中存在的非法证据认定难、排除难等问题，本书结合严格实行非法证据排除规则改革，研究提出各类非法证据的认定标准，对刑讯逼供和威胁、引诱、欺骗等非法方法作出了合理的界定，并探索完善侦查、起诉、审判等诉讼阶段非法证据的排除程序，提出了许多带有前瞻性和创新性的改革建议。同时，本书结合推进以审判为中心的诉讼制度改革,深入探讨了非法证据排除的配套制度改革,对优化完善刑事诉讼程序提出了一些切实可行的意见建议。本书还收入了精心挑选的二十个典型案例,对非法证据排除规则适用中的疑难复杂问题进行针对性的阐释,通过这些案例深入把握非法证据排除制度的实际运行状况,客观理性地展现中国刑事司法制度运行的基本样态。(刘静坤撰稿)

8.《科学证据与法律的平等保护》([美] 盎格洛·昂舍塔著,王进喜、马江涛等译,中国法制出版社2016年版)

科学与法律不可避免地相互依存。就科学证据与平等保护法律而言,一方面,科学证据在平等保护法律中具有核心作用,其不仅影响司法裁判,且提供了一种价值强化机制;另一方面,诸如法律之下人人平等的核心宪法规范,也促使同时代科学发展出新的假说和研究领域,抑制和阻止那些违背普遍社会价值的科研活动。科学与民权法在历史上便存在一些联系。从19世纪到20世纪早期,科学思维与司法推理密切相关。自穆勒诉俄勒冈(Muller v. Oregon)案始,随着判例法的发展,至20世纪中期,科学逐渐成长为一种法外典据渊源。但在这一时期,法院对科学证据的使用并未显示出任何清晰可见和一以贯之的范式。自布朗诉教育委员会(Brown v. Board of Education)案后,美国生活发生剧变,诉辩律师和法院对科学研究的使用也出现变革。该案表明,对废除种族隔离乃至其他涉及种族歧视的重大平等保护案件而言,科学证据在法律诉辩、法院事实认定及法院意见修辞上可发挥重要作用。但布朗诉教育委员会案的判决亦饱受诟病。首要的批评是,联邦最高法院引用社会科学研究结论对法律平等保护的宪法解释,偏离了宪法解释的传统。但科学证据作为宪法性事实认定的一种表现,可在宪法解释中起到多重作用,所有这些都可能强化核心宪法性规范和价值观。在那些运用科学证据来塑造演进中的宪法标准,进而评估法律下之平等的案件中,科学证据的作用尤甚。针对政府涉及《美国宪法》第十四修正案平等保护条款的政策,法院适用的审查构架,除采用"严格审查"标准审查因种族和来缘国给人分门别类外,联邦最高法院还确立了审查因公民权、性别、性取向和其他原因给人分门别类的各种审查标准。科学证据的作用既体现在发展法院审查标准方面,也体现在就具体公共政策合宪性的裁判方面。此外,在平等保护诉讼中,对于证明是否存在违反平等保护条款的歧视而言,科学证据亦在不同程度上发挥作用。对于宪法性事实认定而言，司法裁判本身提供了一个绝佳的审视维度。联邦最高法院在 1993 年多伯特案（Dubert）中提出了一套涉及科学信息的筛选和过滤机制。从诉辩者与科学家的立场看，在对抗制程序中，一方面，科学证据和专家证人的应用很大程度上服务于工具性目的，以增进引入证据的当事人一方的利益；另一方面，诉辩的压力也同样会影响科学发现本身。

随着科学技术的发展，法院解决新的歧视与不平等问题，法律、诉辩、科学研究、社会价值观和主流意识形态之间的互动关系，无疑会继续存在。在诸如如何对待新的群体分类和歧视意图证明要求等领域，科学证据与民权诉讼的交集，或许会促成宪法的新发展。整体来看，要证明制定民权政策的正当性以及执行平等保护规范，对科学证据及其他经验证据的依赖或许会日益加强。（王进喜撰稿）

9.《电子数据取证基础研究》（王立梅、刘浩阳著，中国政法大学出版社 2016 年版）

本书从证据科学视角对电子数据取证进行系统研究，参照国内外有关质量标准和最优方法，从主体、技术、程序、工具等影响因素，分四部分论述了电子证据概说、电子证据分析、取证工具及具体案例分析，从法律原理和具体技术相结合的角度分析了各类电子证据的获取方法。电子信息技术的发展，拓展了司法鉴定科学的研究空间，影响了证据制度的变迁，扩大了科学证据的范围。与其他证明方式相比，电子证据可能在更深、更广的程度上披露未知，从而形成"电子现场"，更接近案件事实。电子数据取证是对电子证据的专门性调查活动，是对电子证据进行审查运用的先置程序和条件保证。电子数据取证结果需要在相关性、合法性和科学可靠性方面得以有效确认，才能使所获得的电子证据满足证据能力的要求，并在案件中发挥应有的证明作用。随着三大诉讼法的修订，电子数据证据将越来越多地直接步入司法舞台。同时，涉及电子数据证据的案件将大幅增加，电子数据证据在办案过程中的重要性必将日益凸显。在现代信息社会，互联网和各种电子设备在生活工作中都发挥着极其重要的作用，人们几乎每天都会与虚拟空间打交道。一旦发生民事纠纷、刑事案件或者其他法律纠纷，电子数据因其带有大量的涉案信息必将发挥重要的作用。（王立梅撰稿）

10. 《正义不会缺席：中国刑事错案的成因与纠正》（黄士元著，中国法制出版社 2016 年版）

近年来，我国纠正了包括赵作海案、佘祥林案、陈建阳案、张高平和张辉案在内的多起刑事错案。一方面，这些错案使真正的罪犯逍遥法外，使无辜者身心遭受无法弥补的伤害，严重损害了司法的正当性和权威性；另一方面，这些错案的纠正像是可以让人看清过去的魔镜，使我们可以发现究竟哪些因素导致了错案，这又给我们提供了反思和完善刑事司法体制的良好机遇。本书第一部分（第一至七章）对我国近年纠正的 6 起刑事错案的详细描述，展示了其中的无辜者为何被确定为嫌疑人，公检法机关如何一错再错，将无辜者投入监狱，无辜者如何不懈抗争，案件如何最终被纠正，错判有罪对无辜者产生了何种影响。

本书第二部分（第八至十二章）讨论了刑事错案的成因、发现与纠正。第八章将错案成因分为三类：第一类为直接原因，如刑讯逼供、强迫证人提供不利于犯罪嫌疑人的证言、忽视甚至隐瞒有利于犯罪嫌疑人的证据、目击证人错误指认、鉴定人错误鉴定等。这类原因对错案有直接影响，也更容易被察觉。第二类为环境原因，如考核机制不合理、司法独立得不到保障、司法经费不足等。这类原因不会直接导致错案，但会对办案人员的办案方式产生影响，进而对错案形成产生影响。第三类是心理原因，主要是各种心理偏差，如隧道视野（Tunnel Vision）、证实偏差（Confirmation Bias）、信念坚持（Belief Perseverance, Belief Persistence）、重申效果（Reiteration Effect）、后见偏差（Hindsight Bias, Know – it – all – along Effect）、结果偏差（Outcome Bias）、正当事业腐败（Noble Cause Corruption）、情感附着（Emotional Attachment）、动机偏差（Motivational Bias）和目标追求（Goal Pursuit）等。在这三类原因中，第三类不容易被察觉，却对错案形成有着根本影响。绝大多数直接原因，如刑讯逼供、隐瞒有利于犯罪嫌疑人的证据、强迫证人提供不利于犯罪嫌疑人的证言等，都是上述心理偏差的外在表现；而绝大多数环境原因，如不合理的考核方式、司法经费不足等，之所以会导致错案，主要是因其强化了这些心理偏差。第九章运用社会学、心理学研究成果探讨了违反规则的行为为何"屡禁不止"的问题。讨论这一问题，是因为办案人员不执行已有法律规定是导致错案的重要原因。第十章讨论了错案纠正的证据基础。在本书收集的 28 起案件中，有 16 起案件的纠正是因为真凶被发现，有 6 起是因为证据不足,有 3 起是所谓故意杀人案的"被害人"重新出现,有 1 起是因为发现血型鉴定错误,有 1 起是因为"同案犯"承认作伪证陷害被告人,有 1 起是因为强奸案被害人承认作伪证陷害被告人。第十一章以我国近年纠正的 28 起刑事错案为例,讨论了公安、检察院、法院、人大、政法委、媒体、被告人、被害人等对错案纠正的影响。第十二章讨论了错案纠正的模式。(黄士元撰稿)

(二)证据法学论文选介

1.《证据制度的完善是实现审判中心的前提》(张保生著,载《法律适用》2015 年第 12 期)

本文认为,证据制度不健全,以审判为中心就会变成一句空话。我国目前众多证据规定中还有如下一些违背证据法原理的错误:一是质证规则的虚化问题。①最高法院《刑诉法解释》第 213 条"不得以诱导方式发问"的规定扼杀了交叉询问。该规定的错误在于混淆了直接询问和交叉询问,而交叉询问的本质特征是以诱导方式发问。②仅许"同案被告人等到庭对质",侵犯了被告人对质权。《刑事诉讼法》第 59 条的质证规定包括被告人与证人对质的权利,但最高人民法院《刑诉法解释》第 199 条只规定"同案被告人等到庭对质",显然是不够的。二是证人出庭作证规则的虚设问题。《刑事诉讼法》第 187 条第 1 款关于"人民法院认为证人有必要出庭作证的,证人应当出庭作证"的规定存在两个问题:首先,它违反了关于证人角色的证据法基本原理,因为不出庭的人就不是证人。其次,它把证人必须出庭以口头方式作证的法定标准,变成了法官自由裁量弹性标准,违背了直接言辞原则。三是迷信直接证据是法定证据主义的复辟。最高人民法院《民事诉讼证据规定》第 77 条把直接和间接证据与证明力问题混淆了。直接证据与待证事实有直接联系,并不意味着证明力大;间接证据与待证事实之间的推论环节较多,并不自动减少证明力。任何证据都没有预设的证明力。四是非法证据排除规则实施中存在的问题:①《刑事诉讼法》第 57 条第 2 款没有赋予辩护方"提请人民法院通知"侦查人员出庭的启动权,严重妨碍了辩护方履行排除非法证据的申请义务。②《刑事诉讼法》第 57 条第 2 款规定的侦查人员出庭"说明情况",显然是指对讯问、勘验、检查、搜查、扣押、羁押等的合法性加以证明,因此,不能说完就走,必须接受对方的质证。③"补正"规定抵销了非法证据排除规则的效力。"两院三部"《死刑案件证据规定》第 9、14、21、

30 条以及《排除非法证据规定》第 14 条的"补正"规定，抵销了非法物证、书证排除规则的效力。五是被告人亲属庭外取证不利社会和谐。《刑事诉讼法》第 188 条第 1 款关于特定亲属不被强制出庭作证的规定，并未免除被告人亲属的作证义务，而且还为亲属庭外取证留下了祸根，这是一个历史性倒退。家庭是社会和谐发展的基础。我国证据立法应当发扬"亲亲相隐"的中华文化传统，尽快确立亲属作证特免权。从司法实践的需要来看，由最高人民法院以司法解释形式制定一部适用于三大诉讼的证据规定，实现"三证合一"，有利于建立完善的证据法律体系，"推进以审判为中心的诉讼制度改革"。这种采取"软件升级"方式的证据规则系统编纂，当务之急是正本清源以消除一些明显的原理性错误和法律冲突。（张保生撰稿）

2.《论刑事诉讼中的过程证据》（陈瑞华著，载《法商研究》2015 年第 1 期）

在我国刑事司法实践中，勘验笔录、检查记录、辨认笔录、侦查实验笔录等对特定侦查活动或证据收集过程的书面记录得到了较为广泛的运用。但对于该类证据，司法实务界并没有给予准确的理解和运用，法学界也缺乏深入系统的理论分析。对此，该文对该类证据的性质、功能以及相关的证据规则展开了深入系统的分析，并将此种记录特定诉讼行为过程事实的证据归纳为过程证据。在我国刑事诉讼中，过程证据主要包括笔录证据、情况说明材料、录音录像资料、侦查人员的证言等几种形式。过程证据虽然独立于结果证据，但可以印证结果证据的真实性和合法性，并对量刑事实和程序性事实具有直接证明作用。过程证据的审查判断有形式审查和实质审查两种模式，原则上，在控辩双方没有提出任何异议、法院也不持疑义的情况下，可以采取形式审查模式，倘若控辩双方就过程证据的证明力或证据能力产生争议，法院则应启动实质审查程序。（方柏兴撰稿）

3.《证据法的法域范围》（[美] 罗纳德·J. 艾伦著，汪诸豪、李吟、蒋毅译，载《证据科学》2015 年第 3 期）

法庭科学家和证据法学者虽然在一些重要方面彼此关联，但作为两个独立学科，它们有着各自独特的构造和演进，关注不同的问题并运用各具特色的认识论。本文以认识论问题、组织问题、管理问题、执行问题和社会问题五个变量为线索展开讨论，并着重探讨了前三个问题。法学认识论与各种类型科学认识论的不同是法学与其他学科冲突的根源之一，而这个变量极其复杂；组织问题体现在对法律体系中各方参与者的规制，为庭审中每个角色分配权力和裁量权；管理问题涉及公众对理智审判程序之外的其他诉求，其与准确事实认定之间形成的竞争关系等问题都属于管理问题。证据法不仅是一套关于证据可采性和排除性的规则，更涉及一个公平、正义而富有效益的社会互动框架的构建最优化问题。最后，尽管证据法以及隐藏在证据法背后的问题要比表面上看起来更加复杂，它反映了对互为竞争关系的政策和考量之一系列妥协，但仍可从中提炼出一些原则以指引证据法起草者和改革者。（汪诸豪撰稿）

4.《〈联邦证据规则〉的象征主义——被创造者、堕落者和被救赎者》[纳尔逊·P. 米勒（Nelson P. Miller）、科特·A. 本森（Curt A. Benson）、克里斯托弗·G. 黑斯廷斯（Christopher G. Hastings）著，王进喜译，载《证据科学》2015 年第 6 期]

"象征主义"用来说明一个能指体系，即用来代表所感知的与人类存在有关真相的人类标识和符号的汇总。作者把美国《联邦证据规则》看作一个伦理体系，采用一种"伦理"方法揭示我们是谁、在做什么，以便从脚踏实地的事实出发，收集所体验的真相；讨论了美国《联邦证据规则》中的象征主义如何反映那些参与司法制度的人所感知的条件，以及所要促进的共同利益。通常对美国《联邦证据规则》的研究较多专注于对证据本身的规制，而忽略了运用证据的主体。作者认为，在每条规则的背后，都是关于律师、委托人、证人、陪审团成员和法官的性质和性情的假设，以及关于证据本身性质的假设。起草者假设律师在其意图和判断力上是堕落的，但又是能够救赎的，通过规制和指引律师的行为以促使正义和真相的产生；美国《联邦证据规则》就当事人常常作了最坏的假设，使其在道德守则中处于群氓地位；它赋予了法官许多权威，使法官成为守门人，但也假设法官犯错误；它将陪审团成员视为沉默的见习者，由其就所体验的现实决定真相是什么，但又授权法官对陪审团作出限制性指示；它将证人假设为不可信、自私的变节者；它同样假设专家是不可信的魔力提供者，但考虑到专家证言的价值，允许专家作证；它还假设证据可能是也可能不是其提出者所主张的事物，要求对证据进行验真。这些假设代表的是美国《联邦证据规则》制定者的理解，即在一个由被创造者、堕落者和被救赎者所构成的制度中，正义的命令是什么。总之，作者对美国《联邦证据规则》从符号和象征主义角度进行了解读，揭示和评估

了其对所规制人员的根本性的共同认识。(王进喜撰稿)

5.《专家辅助人制度研析》(李学军、朱梦妮著,载《法学家》2015年第1期)

2012年修订的《刑事诉讼法》和《民事诉讼法》扩展了具有专门知识者参与诉讼的方式,赋予其出庭就已有鉴定意见或专业问题提出意见的新功能。由此,我国正式建立了专家辅助人制度。将这类只能在法庭调查阶段介入诉讼的专门知识者称为"专家辅助人",符合立法原意,也能揭示其本质功用。在制度价值上,专家辅助人制度具有弥补鉴定制度不足、解决庭审虚化顽疾、为法官认证奠定基础、使双方诉讼力量实现均衡以及对个案专家活动形成监督等重要功效。在立场定位上,专家辅助人的设置初衷和职业属性决定了其保持一定程度的倾向性是该制度的当然特征。在诉讼地位上,专家辅助人虽与证人、鉴定人、诉讼代理人和辩护人等传统的诉讼参与人有类似功用,但也存在本质区别,故应被授予法定的诉讼参与人身份,享有独立的主体地位。对专家辅助人介入诉讼后发表的意见,鉴于证据法学的学理依据、诉讼证明的必要需求和司法实践的现实做法,应当确认其意见的证据属性,认可其证据效力;但基于专家辅助人的特点,围绕专家辅助人意见的审查判断必须遵循三大特殊规则。此外,专家辅助人与律师在庭审环节有必要明确任务分工和角色协作,以更好完成质证活动。(朱梦妮撰稿)

6.《由证明力到证据能力——我国非法证据排除规则的实践困境与出路》(杨波著,载《政法论坛》2015年第5期)

非法证据排除规则是针对严重程序违法行为的一种程序性制裁,其排除基点应为证据能力而非证明力。由于我国证据立法及实践偏重证明力规则而忽视证据能力规则,非法证据排除基点严重错位,以证明力取代证据能力,并由此导致非法证据范围的不清晰、排除程序不独立和滞后、非法证据证明形式化等问题,非法证据排除规则陷入实践困境。未来非法证据排除规则的完善应摆脱证明力的羁绊,以对证据能力的规制为基点,明晰非法证据的范围,从主客观两方面构建非法证据的认定标准:客观方面是指通过严重侵害被追诉人基本权利而获得的证据;主观方面是指通过剥夺被追诉人的意志自由而获得的非法证据。以对证据能力的规制为目标,构建独立、前置的排除程序,庭审阶段的排除应以庭前会议程序为中心来构建,审前阶段应着力构建独立的排除程序。以证据能力为核心,应从强化控方的举证责任、增强辩

方的质证能力、落实证明标准等方面推进非法证据证明的实质化。（杨波撰稿）

7.《域外取得的刑事证据之可采性》（冯俊伟著，载《中国法学》2015年第4期）

随着全球化时代的到来，跨境犯罪正在世界范围内蔓延并呈上升趋势，网络技术的发展、交通运输的便利为跨境犯罪的实施和犯罪分子的跨国流动提供了便利。各国在追诉跨境犯罪过程中遭遇了如何判断域外取得的刑事证据的可采性问题，由于国际法与国内法重叠、取证与可采性法律依据的分离、国家权力与诉讼权利的冲突，域外刑事证据可采性的判断更具复杂性。从域外取得的刑事证据涉及取证程序和可采性两个方面。对域外刑事证据可采性问题的解决主要有四种思路：一是程序优先于实体，包括被请求国法律准据法模式和请求国法律准据法模式。二是实体优先于程序，包括统一可采性模式和最小可采性模式。三是"程序－实体"二元分立，即域外取证是否合法依被请求国法律判断、域外刑事证据是否可采依请求国法律判断的解决思路。四是替代性解决方式，具体包括三种类型：①组建联合侦查组；②个案背景下，一国侦查人员到另一国领土上直接取证；③视频作证或电话会议作证。我国立法、司法中采取的真实性审查方式忽略了对被追诉人的权利保障。为了促进对跨境犯罪的打击和跨境追逃工作高效、有序的展开，我国相关立法应予完善。（冯俊伟撰稿）

8.《刑事证明的两种模式》（褚福民著，载《政法论坛》2015年第2期）

通过对我国刑事立法和相关司法案例的分析可以发现，法官对于案件事实的认定，根据是否存在直接证据而有不同的方式。在具有直接证据的案件中，法官通常采用案件中的其他证据验证直接证据真实性的方式达到证明目的；一旦直接证据得到其他证据的验证，能够确保其真实性，法官即可认定案件的主要事实，达到证明标准。而在没有直接证据的案件中，法官需要对案件中所有的间接证据进行逻辑推理，通过间接证据之间的相互印证形成完整的证明体系或者锁链，排除证据与证据之间、证据与案件事实之间的矛盾，达到证明标准。对于刑事证明模式而言，前者可以概括为基于直接证据的验证模式，后者为完全使用间接证据的体系模式。将两种模式加以对比，可以发现各自的优劣。从认定案件事实可能达到的证明程度来说，验证模式比体系模式具有一定的优势；从认定案件事实的难易程度来说，验证模式相对体系模式拥有优势；验证模式在错误认定案件事实可能性方面具有劣势。与比较法中的理论模型相比，验证模式、体系模式的理论概括所针对的对象不同，具有不同的理论价值；而与印证证明模式相比，验证模式、体系模式对司法实践的概括和分析更加细致，具有独立的学术意义。与自由证明、法定证明、印证证明等理论相比，验证模式和体系模式的提出，推进了现有的刑事证明模式研究，弥补了证明过程和方式的研究空白，完善了刑事证明模式理论体系，为冤假错案出现的原因提供了一种解释理论。（褚福民撰稿）

9.《提高民事诉讼证明标准的理论反思》（霍海红著，载《中国法学》2016年第2期）

本文对最高人民法院《民诉法解释》第109条进行了多侧面、多层次的反思，在此基础上提出了未来民事诉讼证明标准体系化作业的方向问题。具体而言，第109条针对欺诈、胁迫、恶意串通、口头遗嘱、赠与等事实，首次例外地将证明标准从"高度盖然性"提高到"排除合理怀疑"，虽出于建立多元化民事证明标准体系、与民事实体法衔接等良好初衷，但实际上存在诸多理论和实践困境：排除合理怀疑标准在民事诉讼领域缺乏足够共识，并且有扩大化适用而冲击高度盖然性一般标准的危险；民刑证明标准的混搭，会模糊民事诉讼与刑事诉讼的界限；"与民事实体法规则相协调"的证据不充分；美国法和德国法并未提供提高证明标准的比较法论据；提高证明标准显示出对证明标准功能的过高期待，忽视了更具现实性和操作性的周边规则；以规则提高标准的方式防范操作中的降低标准，会引发规则指引的混乱，无助于从正面和源头解决问题。在高度盖然性的"高"标准确立并严格适用后，未来中国民事诉讼证明标准体系的作业应主要指向"降低"而非"提高"。（霍海红撰稿）

10.《法定证据制度辨误——兼及刑事证明力规则的乌托邦》（施鹏鹏著，载《政法论坛》2016年第6期）

自13世纪起，欧洲各主要国家立法者相继在刑事证据立法上确立了十分精确的证明力等级体系，详细规定了每种证据形式的可采性、不同种类证据在诉讼中的证明力以及证据间出现证明力冲突时的优先取舍问题，即所谓法定证据制度。法定证据制度在欧洲运行数个世纪，受到了诸多质疑和批判，但不少反对意见系建立在对该制度误解的基础之上，应予以澄清：首先，法定证据制度并非算术式的定罪。确实的证据、半证据和不完整的证据之间大部分并不能转换。其次,酷刑并非法定证据制度的固有组成部分,而是该制度失灵时"极为扭曲的反作用力"。最后,法定证据制度与自由心证制度之间并无绝对的鸿沟,在多数情况下存有交叉,仅有主次之分。在法定证据制度下,法官在证据形式的选择和适用上依然享有一定的裁量权,对犯罪事实与证据仍应审慎审查,且作必要的智识分析,以避免错案发生。法定证据制度对中国时下刑事证明力规则建构具有较强的反思意义。在本质上,刑事证明力规则便是将法官对证据的自由评价绝对客观化、立法化,这与刑事犯罪的偶发性及不可预期性有着根本冲突。此外,一些经验法则和逻辑规则与刑事证明力规则差之甚远,不宜混为一谈。法官在证据上的自由评价权理应受到一定制约,主要体现为履行说服义务和判决理由公开,但绝非刑事证明力规则的正当依据所在。历史证明,立法者不可能在刑事诉讼中确立一套普适的证明力规则。(施鹏鹏撰稿)

11.《全案移送背景下控方卷宗笔录在审判阶段的使用》(孙远著,《法学研究》2016年第6期)

2012年修订的《刑事诉讼法》否定了之前的卷宗部分移送制度,重新确立了全案移送制度。对此,也有学者持批判态度,认为庭前阅卷导致法官产生预断并进一步导致庭审形式化。本文通过对卷宗移送与庭审实质化的关系进行考察,指出学界主流观点对于起诉书一本主义功能过分夸大,否定了法官通过庭前阅卷产生预断必然导致庭审形式化的理论。透过比较法分析,明确了重新确立全案移送制度的意义,肯定了全案移送制度对以审判为中心的刑诉制度改革的保障作用。制度改革已成定局的情况下,如何在审判阶段使用控方全案移送的卷宗笔录?本文通过对司法解释的分析,提出控方卷宗笔录在庭前审查和庭前准备环节应当发挥重要作用,并以证人证言为着眼点,着重分析了控方卷宗在庭审环节的使用,确定控方卷宗笔录所能够证明的事实范围及所需遵循的原则。在对准用简易程序法理下的卷宗笔录之使用这一问题的分析基础之上,对《刑事诉讼法》第187条第1款进行充分学理解释,为立法的完善以及司法实践提供了清晰的方向与路径。(孙远撰稿)

12.《证据法的理性传统与理论维度——威廉·特文宁的证据理论解读》(吴洪淇著,载《法学评论》2016年第5期)

本文对英国特文宁教授的证据理论进行了系统研究。在过去40年,英美证据法学研究一直处于深刻转型的时代背景中:随着约翰·H. 威格莫尔

(John H. Wigmore)对证据法系统化的完成和美国《联邦证据规则》的颁行,传统证据法学研究走向了顶峰,但同时也是陷入危机的开始,在传统证据法学研究最大成果已然实现的情况下,英美证据法学研究被迫站在了转型的路口。在此背景下,法理学为证据法研究提供了一种反思机制和一种多视角的审视,其学科特性可为证据法研究范围的扩展提供重要基点,在证据法学与司法证明领域相关学科之间提供一个沟通交流的平台,因而证据法哲理化研究在证据法研究转型过程中扮演了非常重要的角色。作为资深法理学家的特文宁,对证据法的法理学追问既源于宏大时代背景的挑战,同时也与其个人学科背景和知识素养密切相关。他所系统总结的英美证据法学的理性主义传统、司法证明的分析方法以及"诉讼中的信息"的系统知识框架,都已经成为英美证据法理论的重要贡献。在我国,证据法哲理化研究方兴未艾。特文宁的努力和我国当前证据法的哲理化倾向,既有许多共同之处也存在诸多差异,但作为先行者,特文宁证据理论可以为我们当前的证据法哲理化研究提供重要的智识资源和示范效应。我们应当"认真对待特文宁"。(吴洪淇撰稿)

13.《我国刑事证据推理模式的转型:从日常思维到精密论证》(封利强著,载《中国法学》2016年第6期)

本文从证据推理的角度来考察刑事证明的具体方法。我国传统的刑事证据推理存在自发性、粗放性和跳跃性等弊端,蕴含着导致错案的风险,应当从日常思维模式转向精密论证模式。为此,作者借鉴威格莫尔分析法和图尔敏(Stephen Edelston Toulmin)模型的相关理论,提出了"刑事证据推理三步法",尝试为疑难案件的事实认定提供一种新思路。具体来说,刑事证据推理应当分三个步骤:一是目标事实版本的确立,即裁判者应当全面搜寻各种可能成立的事实假设,从中选择出最为似真的假设作为开展论证的目标版本;二是证据推理模型的建构,即以经由目标事实版本转化而来的最终待证事实为指向,构建由诸多不同层次推论组成的论证体系,完整地呈现所有推理环节及其构成要素之间的内在关系;三是证据总体分量的评估,即通过对论证模型中的每一个命题进行"赋值"和"演算"来确定整个论证的强度,并以法定证明标准为依据来判断最终待证事实是否能够成立。精密论证模式的运用并不意味着排斥直觉、顿悟等心理机制以及印证这一传统方法,而是通过严格的逻辑手段来减少和避免其可能导致的风险。同时,精密论证模式所呈现的只是一种应然的逻辑进路,其在现实的刑事裁判中能否实现,还取决于

诸多主客观条件。（封立强撰稿）

（三）法庭科学著作选介

1.《猝死法医病理学》（成建定、刘超主编，中山大学出版社2015年版）

猝死鉴定占我国公安机关法医病理学检案数的50%以上，但由于猝死者尸检多不典型，常需借助系统解剖及病理切片才能明确死因，因而该类鉴定常成为法医病理学鉴定的工作难点之一。本书作者通过总结多年法医病理工作经验并结合鉴定实例，较系统地论述了猝死鉴定的基本理论，并对各类疾病猝死的病因、发病机制、病理学改变、猝死机制以及法医学鉴定要点等进行了详细介绍，同时附以大量典型案例和精选图片，增强了具体的指导和参考价值。全书共10章，主要内容包括：心血管系统疾病猝死，中枢神经系统疾病猝死，呼吸系统疾病猝死，消化系统疾病猝死，泌尿、生殖系统疾病猝死，内分泌系统疾病猝死，传染病猝死，原因不明的猝死及过劳死等。

2.《法医病理数字化新技术理论与实践》（刘宁国、陈忆九主编，上海科技教育出版社2015年版）

本书作者依托近年来亲身从事的数字法医病理学研究、鉴定工作，查阅了国内外最新科研成果和案例报道，将基础理论、研究进展、操作方法与具体案例实践相结合，从理论和实践两方面加以归纳总结，力图深入浅出地介绍这些法医病理学领域新的数字化技术手段。本书重点介绍了当前发展较快的虚拟解剖技术和有限元、多刚体等计算机虚拟仿真技术，以及鉴定工作中有较强实用性的快速三维现场图构建、法医骨学专家系统和法医病理全息数字切片等数字化技术。全书共6章，内容包括：基于现代影像学技术的法医虚拟解剖、基于多刚体技术的交通事故重建、基于有限元技术的损伤生物力学分析、基于三维摄影技术的快速现场图制作、基于推理机原理的法医专家系统构建、基于全息显微图像技术的组织病理资料共享等。

3.《科学证据与法医病理学新技术》（百茹峰著，法律出版社2015年版）

法医病理学作为法医学的一个重要分支学科，主要回答与死亡和损伤相关的问题。本书作者首先介绍了法庭科学证据的特征、评价方法以及美国NAS报告对法庭科学的影响和最新工作进展。同时，作者着眼于法医病理学实践，精选与之相关的研究内容，如猝死、损伤、死后化学、虚拟解剖、遗传毒理学、毒理基因组学等，并对诸如土壤埋葬学这个相对年轻的学科，进行了较为详细的说明。全书共10章，主要内容包括：科学证据、骨组织病理学检验、虚拟解剖、法医机械性损伤的分析与解释、猝死、死后化学、毒理基因组学在毒理病理学中的应用、遗传药理学在法医毒理学中的作用、法医流行病学等。

4.《视觉功能检查及客观评定的法医学原则与方法》（王萌、夏文涛、王旭主编，科学出版社2015年版）

本书聚焦于眼外伤后视觉功能水平评估这一公认的法医临床学鉴定实践中的难点问题，从基础理论、基础知识入手，介绍了视觉功能检验与结果评价的基本原则、检验方法与结果评价方法。本书不仅重点关注当前的鉴定实践中运用广泛的技术方法，还凝集近年科研成果，介绍了一些在鉴定实践中具有推广潜力的新技术、新方法。全书共7章，内容包括：视觉功能概述、视觉功能心理物理学检查、眼部一般检查、眼球结构辅助检查、视觉电生理检查、其他视觉功能检验、视觉功能综合评定原则与方法以及附录：视觉功能障碍法医鉴定指南。

5.《法医精神病司法鉴定理论与实践》（赵虎、蔡伟雄主编，人民卫生出版社2015年版）

本书为供法医学、精神病学、司法鉴定类专业用的全国高等学校教材。它围绕法医精神病学专业人才培养目标、专业核心能力、主要实践环节这条主线，紧扣本专业司法鉴定人执业和研究生入学考试要求，突出"三基"（即基础理论、基本知识和基本技能），体现"五性"（即思想性、科学性、先进性、启发性和适用性）；增加了已定论的法医精神病学新技术、新方法，确保教材的新颖性；并按照本专业司法鉴定实践的基本要求和特点，强调了专业理论知识与司法鉴定实践的结合。全书共7章，主要内容包括：法学基础与相关的判定标准、法医精神病学鉴定的基本条件与方法、刑事法医精神病学的司法鉴定、民事法医精神病学的司法鉴定、其他的法医精神病学鉴定、特殊问题等。

6.《精神疾病司法鉴定——刑事篇》（贾福军、郭光全、蔡伟雄主编，人民卫生出版社2015年版）

本书由精神病学、心理学、法学专家学者等共同完成，从精神医学、法学、心理学、社会学等综合视角，较系统介绍了司法鉴定基础知识、《刑法》第18条的理解与适用、刑事责任能力等的评定原则与方法、精神病理学与心理评估技术、典型案例的评析等。全书共5篇25章，第一篇概论，内容包括司法鉴定与精神疾病司法鉴定的概念、精神疾病司法鉴定的历史与现状、司法精神医学与相关学科的关系、精神疾病司法鉴定与精神疾病医学鉴定的区别、精神疾病司法鉴定的基本原则、精神疾病司法鉴定的对象与任务、精神疾病司法鉴定的程序规范、法医精神病学能力验证方法和常见问题、法医精神病司法鉴定检查机构认可相关问题；第二篇精神疾病司法鉴定基础，内容包括精神医学基础知识和相关法学基础知识；第三篇精神疾病司法鉴定评定方法，内容包括评定的医学标准、评定的法学标准、医学标准与法学标准相结合评定原则；第四篇精神疾病司法鉴定实践与案例评析，内容包括精神疾病司法鉴定的准备、精神疾病司法鉴定的信息收集、精神疾病司法鉴定的分析与讨论、精神疾病司法鉴定文书的规范要求、精神疾病司法鉴定的风险与规避、司法鉴定人出庭作证的准备与技巧、精神疾病司法鉴定意见书的审查与采信、司法鉴定后精神障碍患者的处置、常见精神障碍典型案例的介绍与评析；第五篇精神疾病司法鉴定相关法律法规与技术规范，收录了部分法律法规及部门规章和诊断标准与技术规范。

7. 《强制医疗司法鉴定研究》（杜志淳等著，法律出版社 2015 年版）

本书以刑事司法领域对无刑事责任能力精神障碍人的强制医疗为切入点，重点探讨了我国强制医疗刑事特别程序在实施过程中涉及的鉴定问题，包括鉴定程序、鉴定内容、鉴定管理、鉴定标准等；并对诉讼程序与鉴定程序的有序衔接进行了专门研究；对《精神卫生法》、《人民警察法》、《治安管理处罚法》、《传染病防治法》、《禁毒法》等法律法规中强制医疗制度或类似制度实施中涉及的鉴定问题进行了探讨；对强制医疗和司法精神医学鉴定过程中涉及的基本人权保障等问题进行了专门分析。全书共 10 章，内容包括：强制医疗相关法律的整体解读、强制医疗的法律冲突与调适、《精神卫生法》中的非自愿住院治疗与鉴定、其他法律中涉及的强制医疗与司法鉴定、强制医疗的司法鉴定衔接机制、强制医疗司法鉴定制度的比较与借鉴、精神障碍司法鉴定的权利保障、强制医疗司法鉴定程序、强制医疗司法鉴定主要内容、强制医疗司法鉴定管理等。

8. 《法医毒物动力学》（负克明编著，人民卫生出版社 2015 年版）

法医毒物动力学是法医毒理学的新分支学科，是运用法医毒理学和毒物动力学的理论和技术研究机体、尸体、检材或自然环境中法医毒物动力学变化过程的学科。本书阐述了法医毒物动力学的概念、研究对象、研究内容、研究方法、研究方向和亟待解决的问题；介绍了毒物的体内过程、毒物动力学模型与参数、法医毒物动力学研究方法、法医毒物动力学研究中生物样本测定方法；综述了法医毒物动力学的研究进展；重点总结了 31 种中国高发率中毒毒物的法医毒物动力学研究结果。全书共 2 篇 8 章。第一篇法医毒物动力学概论，内容包括：法医毒物动力学概述、毒物的体内过程、毒物动力学模型及参数、法医毒物动力学研究方法、法医毒物动力学研究中生物样本测定方法、法医毒物动力学研究进展。第二篇中国高发率中毒毒物的法医毒物动力学研究，内容包括：高发率中毒毒物法医毒物动力学研究和法医毒物动力学在中毒法医学鉴定中的应用。

9.《法医毒理学原理》（[美]巴里·莱文（Barry Levine）编；北京市公安局刑事侦查总队译，群众出版社 2015 年版）

本书是美国 2011 年出版的一部法医毒理学权威专著，主要介绍了法医毒理学的三个子领域：死后法医毒理学、人体行为能力影响毒理学和法庭毒品检测，全面论述了前处理方法，光谱、色谱、质谱、免疫分析和方法验证，并对日常办案中的乙醇、一氧化碳、氰化物、金属毒物，镇静催眠药及各种治疗药物中毒，阿片类（Opioids）、可卡因（Cocaine）、大麻、苯丙胺类等毒品的分析方法及结果评价进行了详细的介绍。全书共 38 章，内容包括：死后法医毒理学、人体行为表现毒理学、法庭毒品检验、兴奋剂检测、疼痛控制中的检验、药代动力学和药效学、样品制备、分光光度法、色谱法、免疫测定、质谱检测法、方法验证、醇、苯二氮杂卓类药物、γ-羟基丁酸（GHB）、其他中枢神经系统抑制剂、阿片类、可卡因、大麻、安非他明类/拟交感神经胺类、致幻剂、治疗药物 I：抗惊厥药和抗心律失常药、治疗药物 II：抗抑郁药物、治疗药物 III：精神抑制药物（抗精神病药）、治疗药物 IV：抗组胺药、治疗药物 V：非麻醉性止痛药、一氧化碳和氰化物、吸入剂、金属毒物、生物样品中滥用药物的稳定性、药物的死后再分布、死后临床检验、药物基因组学、毛发、胎粪等。

10.《法医昆虫学》（蔡继峰主编，人民卫生出版社 2015 年版）

本书从法医昆虫学的发展历史入手，围绕着尸体变化、死亡时间、嗜尸性昆虫类群、昆虫发育及演替等内容，从多个角度阐述昆虫与尸体的相互作用和关系，在解析真实案例的基础上介绍如何利用昆虫学证据和开展法医昆虫学实践的基本理论、基本知识、基本技能以及方法和技巧。为便于读者学习拓展，配套多媒体和电子版资料。全书共 9 章，内容包括：昆虫生物学、嗜尸性昆虫主要类群及其分类、尸体变化与昆虫、嗜尸性昆虫群落演替、昆虫发育与死亡时间推断、嗜尸性昆虫分子鉴定、法医昆虫学研究方法及学科交叉、昆虫学证据与命案现场等。

11.《印章印文鉴定理论与实务研究》（许爱东主编，法律出版社 2015 年版）

本书首先从宏观层面阐释了印章印文鉴定的界说、印章印文鉴定的历史与现状、印章印文的种类及制作方法以及印章印文的管理与内部监督。其次，阐释了印章印文特征及其变化规律、同一认定理论，并梳理鉴定实务中印章印文特征比对表的制作。再次，从理论结合实践的角度较为深入地分析了各类印章印文鉴定实务等内容。最后，阐释与分析了当前计算机科学技术在印章印文鉴定中的引入与实践。全书共 16 章，内容包括：印章印文鉴定界说，我国印章印文鉴定历史与现状，我国印章印文鉴定历史，印章印文的种类及制作方法，印章的管理与内部监督，印章印文特征及其变化规律，印章印文同一认定理论，印章印文特征比对表的制作，伪造、变造印章印文的方法与特点，传统材质雕刻印章印文鉴定研究，原子印章印文鉴定研究，光敏印文鉴定问题研究，钢印印文鉴定研究，高仿真印文鉴定，朱墨时序鉴定研究，印章印文盖印时间鉴定研究及印章印文的计算机检验等。

12.《物证量化检验鉴定的理论研究与实践探索》（王相臣、胡鑫著，辽宁大学出版社 2015 年版）

本书作者提出将"量化"理念引入到物证检验鉴定中，希望通过对物证特征的"量化"，改变原有检验鉴定模式，使物证检验鉴定从专家经验定性判断为主的模式，进入定性与定量相结合的检验鉴定新模式，实现物证检验鉴定操作过程的"模式化"。全书共 5 章，内容包括：概率论与统计学基础、现代系统科学内容、物证量化检验鉴定的理论研究、物证量化检验鉴定的实践探索、物证的系统关联分析与物证信息应用系统的发展机遇等。

13.《电子数据真实性司法鉴定研究》（廖根为著，法律出版社 2015 年版）

随着三大诉讼法等法律的先后修订，"电子数据"作为一种新证据种类在法律中得到规定。但电子数据的来源难以确立、信息变化不易检测、内容真实性难以判断、取证工具和方法缺乏标准，其可信度难以度量，这些问题使诉讼中电子数据的证据能力和证明力的具体判断十分困难，常常依赖于技术专家提供的专家鉴定意见，即电子数据司法鉴定。在案件审判阶段，电子数据取证类鉴定较少，而有关电子数据证据证明案件事实真实性情况的鉴定较多。本书针对电子数据真实性司法鉴定进行了系统研究，涵盖了基本理论、鉴定实务、证据审查评估和质量监控等内容，形成了电子数据真实性司法鉴定的基础理论体系，提出了电子数据证据真实性评估方法和具体质量监控措施。全书共10章，内容包括：总论、电子数据真实性司法鉴定概述、电子数据真实性司法鉴定的主要内容、电子数据内容方面的真伪鉴定、电子数据功能方面的真实性与否鉴定、电子数据知识产权方面的真实性鉴定、电子数据真实性司法鉴定技术标准、电子数据真实性司法鉴定程序规范、电子数据真实性司法鉴定所涉证据审查规则、电子数据真实性司法鉴定的质量监控等。

14.《新编经济案件司法鉴定》（闵银龙主编，法律出版社2015年版）

本书结合当前经济案件领域发展动态，从宏观角度论述了经济案件司法鉴定的历史、科学理论、管理体制、实施制度、证据属性与适用等基本理论。在此基础上，分类介绍了经济案件中常见的司法鉴定项目的基本内容与方法。全书共20章，主要内容包括：经济案件司法鉴定概述、经济案件司法鉴定的历史回顾与展望、经济案件司法鉴定科学理论基础、经济案件司法鉴定的管理、经济案件司法鉴定的实施制度、经济案件司法鉴定意见的证据属性、经济案件司法鉴定意见的适用制度、笔迹司法鉴定、印章印文司法鉴定、经济案件中可疑文件的其他技术检验、会计司法鉴定、资产评估司法鉴定、专利侵权纠纷司法鉴定、商业秘密侵权纠纷鉴定、技术合同纠纷案件中的技术鉴定、建筑工程司法鉴定、声像资料司法鉴定、计算机司法鉴定、人身损害赔偿司法鉴定、保险理赔司法鉴定等。

15.《工程造价司法鉴定实务》（朱化武、高长春、陈建永编著，中国建筑工业出版社2015年版）

本书论述了在民事诉讼或仲裁案件中，因建设工程合同纠纷而引起的工程造价争议所涉及的工程造价司法鉴定概念、原则、程序和规范；并引用作者参与的多个典型、真实的工程造价司法鉴定案例，阐述了工程造价司法鉴定人员如何全面、准确地把握案情，如何客观、公正地开展司法鉴定工作，如何最大限度地维护案件当事人合法权益的工程造价司法鉴定理念；列举了具有较强实用参考价值的示范文书和鉴定案件实例。全书共4章，主要内容包括：工程造价司法鉴定概述、工程造价司法鉴定程序、工程造价司法鉴定案例、工程造价司法鉴定相关法律法规等。其中，第二章附录的文书示范包括：司法鉴定申请书、重新鉴定申请书、司法鉴定委托书、工程造价司法鉴定委托受理合同、工程造价司法鉴定项目组组成人员通知书、工程造价司法鉴定主要鉴定材料目录、工程造价司法鉴定工作联系函、工程造价司法鉴定现场勘验记录、工程造价司法鉴定意见书封面、工程造价司法鉴定意见书扉页、工程造价司法鉴定人声明、工程造价司法鉴定意见主体格式、工程造价司法鉴定质量控制流程单、工程造价司法鉴定意见书实例。第三章列举的案例包括：工程多次转包案例、专业工程分包案例、多份合同和工程签证争议案例、多次司法鉴定案例、工程未完成和质量不合格案例、工期违约案例。

16.《司法鉴定/法庭科学机构认可评审员培训教程（试行）》（中国合格评定国家认可委员会编著，中国质检出版社2015年版）

本书系统介绍了实验室认可、司法鉴定/法庭科学机构认可概况及基础知识、文件体系、管理体系、相关准则的理解与应用、认可与评审过程、评审技巧与方法、评审员的素质能力与管理等。全书共9章，主要内容包括：概论、基础知识、AS文件体系及相关要求、司法鉴定/法庭科学机构管理体系、《司法鉴定/法庭科学机构能力认可准则》理解及其在评审中的应用、司法鉴定/法庭科学机构认可过程、司法鉴定/法庭科学机构认可评审过程、评审技巧与方法、司法鉴定/法庭科学机构认可评审员等。附录包括：方法的证实和确认、对测量不确定度评估能力的评审、仪器设备及标准物质的期间核查。

17.《司法鉴定/法庭科学机构认可不符合项案例分析》（牟峻、唐丹舟主编，中国质检出版社2015年版）

本书为司法鉴定/法庭科学机构认可评审员培训配套教材。根据《检测和校准实验室能力认可准则》（CNAS – CL01：2006）和《检查机构能力认可准则》（CNAS – CI01：2006）及其要素条款和认可规则文件的具体要求，较全面地列举了在认可评审中开具的不符合项内容的描述，并对不符合项内容进行了质量分析，以帮助读者正确理解认可评审准则、准确开具不符合项、科学实施认可管理。全书共六章，主要内容包括：不符合项概述、《准则》解析（管理要求）与不符合项案例、《准则》解析（技术要求）与不符合项案例、其他相关规则文件的不符合项案例、不符合项质量分析等。附录：《司法鉴定/法庭科学机构能力认可准则》（CNAS – CL08：2013）、《司法鉴定/法庭科学机构能力认可准则在电子物证鉴定领域的应用说明》（CNAS - CL27：2014)、《司法鉴定/法庭科学机构能力认可准则在法医物证 DNA 鉴定领域的应用说明》（CNAS - CL28：2014)、《司法鉴定/法庭科学机构能力认可准则在微量物证鉴定领域的应用说明》（CNAS - CL29：2014)、《司法鉴定/法庭科学机构能力认可准则在法医学鉴定领域的应用说明》（CNAS - CL47：2014)、《司法鉴定/法庭科学机构能力认可准则在文书鉴定领域的应用说明》（CNAS - CL48：2014)、《司法鉴定/法庭科学机构能力认可准则在痕迹鉴定领域的应用说明》（CNAS - CL49：2014)、《司法鉴定/法庭科学机构能力认可准则在法医毒物分析和毒品鉴定领域的应用说明》（CNAS - CL50：2014)。

18.《司法鉴定/法庭科学认可评价体系汇编》（中国合格评定国家认可委员会编著，中国质检出版社 2015 年版）

本书为司法鉴定/法庭科学机构认可评审员培训配套教材。全书收录与司法鉴定/法庭科学认可相关的文件共 20 件，具体为：CNAS - CL08《司法鉴定/法庭科学机构能力认可准则》、CNAS - AL13《司法鉴定/法庭科学机构认可领域分类》、CNAS - AL14《司法鉴定/法庭科学机构认可仪器配置要求》、CNAS - CL27《司法鉴定/法庭科学机构能力认可准则在电子物证鉴定领域的应用说明》、CNAS - CL28《司法鉴定/法庭科学机构能力认可准则在法医物证 DNA 鉴定领域的应用说明》、CNAS - CL29《司法鉴定/法庭科学机构能力认可准则在微量物证鉴定领域的应用说明》、CNAS - CL47《司法鉴定/法庭科学机构能力认可准则在法医学鉴定领域的应用说明》、CNAS - CL48〈司法鉴定/法庭科学机构能力认可准则在文书鉴定领域的应用说明〉、CNAS - CL49《司法鉴定/法庭科学机构能力认可准则在痕迹鉴定领域的应用说明》、CNAS - CL50《司法鉴定/法庭科学机构能力认可准则在法医毒物分析和毒品鉴定领域的应用说明》、CNAS - GL32《司法鉴定/法庭科学领域检验鉴定能力验证实施指南》、CNAS - GL36《司法鉴定/法庭科学鉴定过程的质量控制指南、CNAS - AL01 实验室认可申请书》、CNAS - PD14/11 - B/2《实验室评审报告》、全国人大常委会《关于司法鉴定管理问题的决定》、《公安机关鉴定机构登记管理办法》（公安部令第 83 号)、《司法鉴定机构登记管理办法》（司法部令第 95 号)、《人民检察院鉴定机构登记管理办法》、《关于全面推进司法鉴定机构认证认可工作的通知》（司发通〔2012〕114 号)、《关于全面推进司法鉴定机构认证认可工作有关问题的通知》（〔2012〕司鉴 16 号)。

19.《物证鉴定意见的质证路径和方法研究》(李学军、朱梦妮等著,中国人民大学出版社 2015 年版)

本书以物证鉴定意见的质证作为研究主题,从物证鉴定及所得鉴定意见的实质出发,紧密结合 2012 年修订的《刑事诉讼法》和《民事诉讼法》为质证鉴定意见所搭建的全新制度平台,在充分论证物证鉴定意见的质证必要性和可行性的基础上,创新性地提出了以物证鉴定意见的生成过程为主线的质证路径。并针对文书、痕迹、化学、生物、电子、声像这六大类物证鉴定意见,围绕与其证明能力和证明力密切相关的诸项质量要素,分门别类地研究了各自的质证策略和质证内容,给出了针对性较强且具有实际操作性的质证方法。全书共 7 章,主要内容包括:物证鉴定意见质证概述、文书物证鉴定意见的质证方法、痕迹物证鉴定意见的质证方法、化学物证鉴定意见的质证方法、生物物证鉴定意见的质证方法、电子物证鉴定意见的质证方法、声像物证鉴定意见的质证方法等。

20.《中国司法鉴定管理制度改革研究》(裴兆斌著,法律出版社 2015 年版)

本书运用国别研究、分析比对、历史演进以及价值论述的方法,对中国司法鉴定管理制度改革问题进行了较为深入系统的研究与梳理。范围涉及域外司法鉴定管理制度经验与借鉴、中国司法鉴定管理制度的历史沿革与改革的路径选择、中国司法鉴定统一管理体制的改革与完善、中国司法鉴定机构行业协会管理体制的改革与完善、侦查机关所属鉴定机构和鉴定人登记管理的改革与完善等理论与实践问题。致力于分析我国目前司法鉴定管理制度存在的现实困境,并在此基础上提出有针对性的完善建议,为重构中国司法鉴定管理制度提供意见,推动和促进中国司法鉴定管理制度的改革与创新,并为相关研究提供基础性的理论支撑。全书共 8 章,主要内容包括:域外司法鉴定管理制度经验与借鉴、中国司法鉴定管理制度的历史延革与改革的路径选择、中国司法鉴定统一管理体制的改革与完善、中国司法鉴定机构行业协会管理体制的改革与完善、侦查机关所属鉴定机构和鉴定人登记管理的改革与完善、辽宁省司法鉴定管理实证研究、经验总结与研究展望等。

21.《刑事鉴定制度改革研究》(陈如超著,群众出版社 2015 年版)

本书从社会、政治与法律交叉的层面,对刑事重复鉴定、刑事精神病鉴定、刑事"鉴定争议"的破解、法官对刑事鉴定意见的审查难题、刑事法官与鉴定人事实认知的整合、专家辅助人制度、刑事庭审中的专家陪审员制度等进行了实证分析研究。全书共10章，内容包括：刑事鉴定制度改革批判、刑事重复鉴定的现象与问题、当事人启动刑事重新鉴定的途径与方法、刑事案件中的"涉鉴上访"现象研究、死刑案件中精神病鉴定的启动及其抗辩、刑事鉴定争议解决机制、刑事法官审查鉴定意见面临的困境与挑战、刑事法官与鉴定人事实认定的比较与整合、刑事专家辅助人制度的反思与重构、刑事庭审中的专家陪审员制度等。

22.《刑事司法鉴定程序的正当性》（陈邦达著，北京大学出版社2015年版）

该书围绕如何提高刑事司法鉴定程序的正当性这一核心命题，运用实证和比较研究方法，借助诉讼法学、司法鉴定学等基本理论展开研究；描述归纳了我国刑事司法鉴定运作状况及存在的问题，借鉴法治国家或地区的相关经验，为我国刑事鉴定制度的完善提出建言。本书系统阐释了如何提升刑事鉴定启动程序的正当性、如何强化侦查中运用鉴定的正当性、如何增强侦查中运用鉴定在人权保障方面的正当性、如何提高鉴定意见质证与采信环节的正当性等问题。

23.《司法鉴定职业行为规范研究》（马江涛著，法律出版社2015年版）

本书借助司法鉴定相关的基本理论，重点探讨了司法鉴定职业行为规范体系的现状；司法鉴定机构和司法鉴定人从事司法鉴定职业所应具备的主体条件及其称职性规则、客观中立性规则和可靠性规则；司法鉴定机构和司法鉴定人在司法鉴定职业共同体中与同行之间的关系及其同行监督规则、广告宣传规则和知识交流规则；司法鉴定机构和司法鉴定人与司法鉴定委托人之间的关系及其利益冲突规则、保密规则；司法鉴定人员鉴定意见规范、出庭规则和公开评述规则；对司法鉴定人及其司法鉴定职业行为进行监督、检查的机制，司法鉴定职业惩戒的权力渊源、惩戒措施以及惩戒程序等。全书不含导论共8章，内容包括：司法鉴定基本理论、司法鉴定职业行为规则体系概述、执业前提性规则、职业性规则、委托关系规则、诉讼仲裁规则、司法鉴定职业行为规则的保障机制等。

24.《司法鉴定救助制度研究》（陈如超著，群众出版社2015年版）

司法鉴定救助是指根据法律，援助机构指派（或法律援助机构审查，并由司法鉴定管理部门指定）司法鉴定机构，为经济困难或符合特定条件的人员提供减、免、缓收费司法鉴定服务的一种准法律援助活动。作者通过对我国司法鉴定救助制度的实证研究,分析了司法鉴定救助制度的实践运作状况和存在的问题,提出了建立全国统一的司法鉴定救助制度的理论构想。全书不含导论共6章,主要内容包括:司法鉴定救助概述、司法鉴定救助的可行性分析、司法鉴定救助的责任主体研究、司法鉴定救助制度的规范性评析、我国司法鉴定救助的实证研究、建立全国统一的司法鉴定救助制度。

25. 《法庭科学文化论丛》(第2辑,常林主编,中国政法大学出版社2015年版)

该书为中国政法大学法庭科学文化研究中心主办的专业学术刊物,致力于为法庭科学界、法学界、司法实务界等领域的专家学者提供对话交流的平台,设有"史学研究"、"职业文化"、"学术争鸣"、"域外评价"、"记忆档案"、"文化随笔"等栏目。本辑收录的论文包括:《沉默与躁动》;《鞠躬尽瘁、德沐后人——缅怀法庭科学正高级工程师徐彻同志》;《〈宋经略墓志〉释译与宋慈生平考证》;《宋慈家族考略》;《我国古代诬告检验的现代研究价值》;《痕迹检验发展简史》;《宋代司法检验制度研究——以人身伤亡检验为中心》;《从"海的颜色"到郭汉阳的死刑判决——拉曼光谱发展史》;《司法心理学漫谈——从邱兴华案件说开去》;《中美法庭科学高等教育和入职标准之比较研究》;《司法鉴定机构认证认可实践及建议——以浙江省为视角》;《审视司法鉴定现状兼谈司法公正的评价标准与实现》;《致我们支离破碎的职业敬畏》;《论我国鉴定人安全保障制度》;《司法鉴定意见引发错案问题的讨论》;《浙江高院规范司法鉴定工作相关文件分析》;《亲子鉴定市场化的几大问题》;《指纹鉴定证据问题研究;声纹鉴定指南》;《9世纪初的西方法庭科学——从"卧底"到"检测者"的演变》;《感受美国的刑事审判》;《堂堂正正做人,踏踏实实做学问——法医学家吴家驭、吴梅筠》;《悬疑的阿拉法特之死与神秘的钋-210投毒》;《〈谋产滴血〉——中国古代亲缘关系检验的典型场景》;《从文化角度谈我国历史上两位划时代法医人物的出现》;《司法鉴定文书质量和行业文化建设研讨会会议综述》;《司法鉴定人誓词》;《一个法庭科学人员的守望》。

26. 《法医学概论》(第5版,丁梅主编,人民卫生出版社2016年版)

本书为法医学类专业用教材,本版在保证法医学知识体系完整、基础理论科学、技术方法先进的前提下,重点修订调整了上版教材部分章节内容的逻辑关系：一是将法医学各分支学科的基础理论和基本技术进行整合；二是从诉讼程序和实施程序的不同层面，分别阐述法医学司法鉴定相关的法律法规等相关内容。同时，增加了鉴定人出庭作证的知识和法医司法鉴定相关的部分法律法规等内容；并根据新的司法鉴定书规范的具体要求，重新调整了法医司法鉴定文书体例的格式。全书共5章，主要内容包括：法医学发展简史、法医学分支学科、法医学司法鉴定、法医学司法鉴定文书等。

27.《法医病理学》（第5版，丛斌主编，人民卫生出版社2016年版）

本书为法医学类专业用教材，本版在修订过程中引用了国家新颁布的相关法律法规，采纳了部分一线教师的建议，对部分章节作了修改和补充，增添了新的内容和案例，并适当介绍了近年来法医病理学的新技术、新进展，充分体现了理论性、知识性、技术性和实用性集一体的特点，以方便读者较系统地掌握法医病理学基础理论和检验技术，理论联系实际，具备从事法医病理实际工作的能力，以实现培养能力型法医本科学生的目的。每章均附有小节和思考题，便于学生理解和掌握重点内容，并配有网络增值服务供学习参考。全书共二十章，主要内容包括：死亡、死后变化、死亡时间推断、机械性损伤概论、钝器损伤、锐器损伤、火器损伤、身体各部位机械性损伤、交通损伤、机械性损伤的法医学鉴定、机械性损伤并发症、机械性窒息、高温与低温损伤、电流损伤及其他物理因素损伤、家庭暴力与杀婴、猝死、医疗纠纷、法医尸体检验等。

28.《法医物证学》（第4版，侯一平主编，人民卫生出版社2016年版）

本书为法医学类专业用教材，本版新增法医DNA分析技术基础、STR长度多态性、性染色体STR分型、法医DNA测序、二等位基因DNA遗传标记和表达产物水平遗传标记六章内容。其中，法医DNA测序既包含了经典技术，也介绍了新一代测序在法医物证学的应用前景。STR长度多态性和性染色体STR分型是在上版（DNA长度多态性）一章基础上扩展而成，而表达产物水平遗传标记是上版红细胞血型、HLA、血清型、酶型共四章的有机整合，着重体现新旧知识的有机衔接和系统化。为更好地辅助教学，所有各章均增添了知识拓展和知识链接。全书共20章，主要内容包括：法医物证分析的遗传学基础，DNA多态性的分子基础，法医DNA分析技术基础，STR长度多态性，STR自动分型，性染色体STR分型，法医DNA测序，线粒体DNA多态性，二等位基因DNA遗传标记，表达产物水平遗传标记，亲子鉴定，法医物证检材的提取、包装和送检，血痕检验，精液斑检验，唾液及唾液斑检验，混合斑检验，人体组织检验，个人识别的证据意义评估，DNA 数据库等。

29.《法医毒理学》（第 5 版，刘良主编，人民卫生出版社 2016 年版）

本书为法医学类专业用教材，本版修订和调整的主要内容如下：鉴于近年来关于毒物中毒和致死血浓度日益引起法医工作者的关注，特将此部分内容做成附表，由于附表中中毒和致死血浓度部分数据来源于国外文献，因人种差异，可能与以往报道数据存在差异，故仍保留了正文中的数据，实际检案中需结合具体情况进行斟酌；根据法医毒理学研究进展，补充和修改了部分毒物的中毒机制和中毒症状；每章增加了章前案例，便于读者参考学习。全书共 11 章，主要内容包括：毒物与中毒、腐蚀性毒物中毒、金属毒物中毒、脑脊髓功能障碍性毒物中毒、毒品与吸毒、呼吸功能障碍性毒物中毒、农药中毒、杀鼠剂中毒、有毒动物中毒、有毒植物中毒、突发性和群体性中毒等。

30.《法医毒物分析》（第 5 版，廖林川主编，人民卫生出版社 2016 年版）

本书为法医学类专业用教材，本版保持了前几版教材的基本框架和内容，修订时在内容和形式上作了相应调整。在如何科学地处理检材、应用方法、控制质量、判断结果等方面作了更为细致的阐述；在分析方法方面，进一步增强了色谱－质谱/质谱联用等方法的原理和应用的描述和实例，缩减了薄层色谱法、理化方法以及形态学方法等内容的篇幅；对各类代表性毒物也做了一定的增删；增加了代谢过程和代谢物检测的内容。全书共 16 章，主要内容包括：检材及检材处理、分析方法概述、仪器分析、法医毒物分析信息资源、发挥性毒物、气体毒物、合成药毒物、植物毒物、动物毒物、毒品、杀虫剂、除草剂、杀鼠剂、金属毒物、水溶性无机毒物等。附录麻醉药品品种目录（2013 年版）、精神药品品种目录（2013 年版）、毒性中药品种和西药毒药品种。

31.《法医临床学》（第 5 版，刘技辉主编，人民卫生出版社 2016 年版）

本书为法医学类专业用教材，系统论述了法医临床学鉴定的基本理论、各部位损伤的原因与机制、临床表现和法医学鉴定等内容。与第 4 版比较，本书将损伤并发症放在活体损伤总论中，增加了法医临床学鉴定、颈部损伤和医疗损害及其司法鉴定等内容。为了突出法医学意义和便于学生学习与理解,在第 4 版的基础上适当增加与损伤相关的流行病学统计数据、解剖学与生理学知识、损伤方式与损伤机制以及病理学改变与临床表现和临床演变之间的关系,特别是损伤程度与伤残等级鉴定标准的理解与适用等内容。全书共 19 章,主要内容包括:法医临床学鉴定、活体损伤总论、脊柱与脊髓损伤、眼损伤、耳鼻咽喉损伤、口腔颌面部损伤、颈部损伤、胸部损伤、腹部损伤、盆与会阴部损伤、四肢损伤、非法性行为与反常性行为、性功能障碍、妊娠分娩流产、虐待、诈病与造作伤、医疗损害及其司法鉴定。

32.《法医精神病学》(第 4 版,胡泽卿主编,人民卫生出版社 2015 年版)

本书为法医学类专业用教材,本版在编写时尽力体现"三基"(基本知识、基本理论、基本技能)和"五性"(即思想性、科学性、先进性、适用性、启发性)要求,教材内容力求与国际接轨,反映本学科的新进展和未来的发展方向,删除上版教材中较陈旧和不适用的内容。全书共 9 章,主要内容包括:法学基础,法医精神病学鉴定精神病学基础,各种精神障碍的法医学问题,与法律相关的行为问题,精神障碍的伪装、造作性障碍、瞒病、诬攀和假坦白,精神障碍者鉴定后的处理,精神卫生立法和法医学咨询。

33.《法医人类学》(第 3 版,张继宗主编,人民卫生出版社 2016 年版)

本书为法医学类专业用教材,本版在前两版教材的基础上,结合目前法医人类学研究的最新进展及鉴定实践需要,调整了部分内容。将颅相重合技术与容貌复原合并,并增加计算机三维重建容貌的内容。另外,还新增加面像照片的鉴定内容。为了适应网上教学的要求,本版教材还编写制作了网络增值服务。全书共 13 章,主要内容包括:人体测量仪器及方法、骨骼白骨化时间的推断、动物骨骼与人类骨骼的区别、骨骼的种族鉴定、骨骼的性别鉴定、根据骨骼推断年龄、根据骨骼推断身高、颅骨面貌复原和颅相重合、牙齿的鉴定、毛发及指(趾)甲的检验、医学影像技术在法医人类学中的应用、人像鉴定。

34.《刑事科学技术》(第 4 版,李生斌主编,人民卫生出版社 2016 年版)

本书为法医学类专业用教材,本版在原 16 章内容基础上重新整合调整,新增 5 章内容。首次引入电子证据、3D 测量与现场重建、昆虫物证、动植物物证、爆炸与火灾检验、车辆痕迹检验、指纹识别系统等理论和检验技术引入等内容;并将上版教材中的刑事摄影、手印检验、刑事科学生物证据分析与鉴定等章节的顺序与内容进行了调整增减;同时,在重点讨论刑事技术理论、技术方法的同时,兼顾强调了刑事科学技术运用中人权的保护和伦理道德的维护等问题。全书共 21 章,内容包括:刑事科学技术基本理论、刑事案件现场勘查、刑事影像技术、手印、足迹、枪弹痕迹检验、工具痕迹检验、车辆痕迹检验、文书鉴定、言语识别与鉴定、刑事毒物分析、生物物证鉴定、相貌识别与人像鉴定技术、微量物证分析、刑事科学计算机与计算机犯罪、电子证据、昆虫物证、动植物物证、火灾与爆炸现场的物证检验、刑事科学技术的法律和伦理等。

35.《法医法学》(第 3 版)(常林主编,人民卫生出版社 2016 年版)

本书为法医学类专业用教材,本版从学科架构和理论梳理两方面都作出了新探索,分三个层次进行了相关理论的论述和探讨。第一个层次是与司法鉴定及法医学鉴定有关的法学通论,主要介绍了国家的法律制度概况、涉及法医学鉴定的实体法相关规定、较为系统的证据法学理论和证据规则法律规定等。第二个层次是有关司法鉴定制度的讨论、鉴定程序规范的系统介绍和司法鉴定质量控制,起到法医学为法律服务的"桥梁"作用,也是司法鉴定操作规则和技术管理的规范化问题。第三个层次重点讨论法医学鉴定的产品——鉴定意见,以及围绕鉴定意见的法庭采信,详细介绍了鉴定人出庭作证的基本知识;同时针对法医学常见鉴定领域涉猎的法律问题也进行了学术性探讨。全书共 10 章,内容包括:法律制度概述、法医学鉴定相关实体法律概述、证据法学概述、证据的收集与审查判断、司法鉴定及其制度、法医学鉴定的质量管理、法医学鉴定意见及审查规范、法医学学科与法律。

36.《法医现场学》(万立华主编,人民卫生出版社 2016 年版)

本书为法医学类专业用教材,是经教育部法医学教育指导委员会批准新增列的教材种类。法医现场学是研究涉人身伤亡案(事)件现场勘验与重现的一门科学。其原理与目的是运用法医学、物证技术学、生物学、分析化学、行为与犯罪心理学等自然科学与社会科学理论,研究命案、伤害、性犯罪、自然灾害及意外事故等造成人员伤亡的现场,分析案(事)件发生发展的过程,为案(事)件的处理及案件的审理提供科学证据。全书共 27 章,内容包括:法医现场学概论、法医现场勘验、血迹勘验与分析、致伤物推断与认定、生物物证的现场勘验、现场电子证据勘验、法医现场分析与重现、枪杀案件的现场勘验、爆炸杀人案件的现场勘验、放火案件的现场勘验、分尸案与未知名尸体案件的现场勘验、白骨化尸体案件的现场勘验、强奸案件的现场勘验、高坠死亡案件的现场勘验、机械性窒息案件的现场勘验、水中尸体案件的现场勘验、电击与雷击案件的现场勘验、精神病人杀人案件的现场勘验、自杀案件的现场勘验与重现、猝死案件的现场勘验与重现、中毒案件的现场勘验与重现、交通事故的现场勘验、空难的现场勘验、矿难的现场勘验、海损事故的现场勘验、放射性案件的现场勘验、有毒气体和地质灾害现场的勘验等。

37.《法医病理学综述》（第5卷，[德]米歇尔·仇克斯著；于天水译，中国政法大学出版社2016年版）

本书结合具体案例介绍了低体温症、创伤、神经病理、猝死、组织病理学等领域法医病理检验技术的新进展、新动态，并预测了相关检验技术的未来发展方向。全书共14章，内容包括：低体温症致死——形态学所见、发病机制和诊断价值，高坠死，从生物力学角度理解颅面部钝器损伤，电击死，酗酒者中枢神经系统病变，兴奋型谵妄的法医学评价，心肌桥：真的是心源性猝死的原因吗？猝死相关的非创伤性肌肉出血，法医弹道学，解剖时个人特征在个人识别中的应用价值，文身的文化含义和法医学意义，FBI心理侧写员和法医病理学家在连环谋杀案调查中的合作、作用及责任，法医组织病理学，青少年和年轻成人活体年龄法医学推断等。

38.《法庭DNA鉴定：动植物物证检验》（张幼芳、徐林苗著，西安交通大学出版社2016年版）

本书在系统介绍动植物物证概念、作用、常用检验方法和该类证据发现、提取和保存方法及DNA分析技术原理与方法的基础上，重点介绍了犯罪现场常见的犬类、猫类、野生动物和昆虫等动物的DNA检验技术，同时专章介绍了作者所在课题组建立的一种基于线粒体DNA的植物DNA鉴定技术。本书共5章，内容包括：动植物物证的发现提取保存、DNA分析技术、动物DNA检验、一种基于线粒体DNA的植物DNA鉴定技术等。附录试剂与仪器、操作规程、59对PCR扩增通用引物及序列、12对引物比对情况及所在线粒体基因组上的位置等。

39.《法医基因组学》（李生斌主编，西安交通大学出版社2016年版）

法医基因组学是指综合运用基因组学、生物信息学、计算机科学和数学等多方面知识与方法,阐明和理解大量的基因组数据、信息所包含的法医学意义,并用于解决法医学研究和司法鉴定相关的各种问题的法医物证学新分支学科。法医基因组学研究使得法医 DNA 分析技术的发展日新月异,获得广泛的应用,并推动人类遗传学、生物医学、动物学、考古学等其他学科的进步。在实际案例中,法医基因组学不仅可以用 DNA 遗传标记开展个体识别和亲权鉴定,而且可以有效利用全基因组数据。比如 lobSTR 分析技术,它能够剖析全基因组 STRs,为个体识别和个体医疗开辟了新的途径,还能为生物群体进化、重塑生物群体的演绎历史以及认识人类健康与疾病提供新的视角。全书共 12 章,主要内容包括:法医基因组学概论、人类基因多态性现象、线粒体基因组多态性、法医基因组学理论、法医基因组分型技术、遗传标记数据的统计分析、群体 DNA 数据库、个人识别、亲权鉴定、动植物司法鉴定概述、新一代法医基因组分型、DNA 证据的司法解释等。附录民族 STR 基因组的等位基因分布频率。

40.《滥用物质分析与应用》(沈敏、向平主编,科学出版社 2016 年版)

本书内容涵盖了传统的滥用物质和新型精神活性物质(策划药),反映了当代国内外有关滥用物质及代谢物分析的最新技术和研究成果,在写作上吸取了国内外书籍的长处,既详述了成熟的分析程序和操作方法,又通过文献综述介绍本学科最新的研究动态、进展和成就。信息来源包括国际组织、政府机构、非政府组织设立的网站;MEDLINE 等文献摘要数据库;国内外学术期刊和专业书籍等;本实验室的研究成果。每一章都附有大量参考文献,可供读者进一步追溯信息来源。全书共 2 篇 15 章。内容包括:概论、阿片类物质、可卡因等兴奋剂、苯丙胺类兴奋剂、大麻类物质、医用中枢神经系统药物、致幻剂、蛋白同化雄性类固醇等运动兴奋剂、乙醇、挥发性有机物、毒品鉴定、滥用物质分析新技术、滥用物质分析的应用领域、分析质量控制、分析结果评判等。附录麻醉药品品种目录(2013 年版),精神药品品种目录(2013 年版),非药用类麻醉药品和精神药品管制品种增补目录,毒品的提取、扣押、称量、取样和送检程序,尸体解剖时主要检材的采集方法。

41.《医疗损害司法鉴定实务与防范措施》(蔡继峰主编,人民卫生出版社 2016 年版)

本书以《侵权责任法》的法律内涵为理论基础,以司法鉴定的法律程序为主线,以典型案例为视角,分章节详细阐述了医疗损害司法鉴定工作的重点难点。同时，有针对性地为医疗机构提供防范措施。既可以作为司法鉴定人进行司法鉴定的工具书，也可以为广大医疗机构和患者提供医疗损害案件处理的指导性资料，还可以作为临床医学专业、法医学专业、法学专业有关医疗损害司法鉴定课程的配套教材使用。全书共10章，主要内容包括：医疗损害概论、医疗损害的侵权责任、医疗损害的司法鉴定、医疗过错、医疗损害后果、医疗损害侵权责任的因果关系、医疗损害的防范、医疗损害与医疗犯罪、医疗损害的赔偿、案例分析等。

42.《现代印章印文司法鉴定》（杨旭、施少培、徐彻主编，科学出版社2016年版）

本书介绍了印章印文司法鉴定的历史沿革及现状、现代制章技术及其特点、鉴定实践中常见鉴定项目的特点及鉴定方法，如伪造变造印章印文、印文形成方式、印文与文字形成先后顺序鉴（朱墨时序）、印文盖印时间、印文材料鉴定等，并结合典型案例进行了专业的剖析评判。全书共10章，内容包括：现代印章制作技术、印章印文特征、印章印文同一性鉴定、同源性印章印文鉴定、伪造变造印章印文鉴定、朱墨时序鉴定、印章印文盖印时间鉴定、印文材料检验、印章印文鉴定能力验证计划的综合评析等。附录常见打印文字与印文色料交叉部位的表观特征和常见书写字迹与印文色料交叉部位的表观特征。

43.《可疑笔迹检验》（王少仿著，武汉大学出版社2016年版）

本书分为理论探索篇、实践应用篇、质量保障篇三篇。在理论探索篇，主要探讨可疑笔迹的概念、种类与形成，研究可疑笔迹检验的意义、理论基础，探索笔迹特征的多维分类，研究可疑笔迹检验的一般程序和主要方法以及思维方法和科学性等。在实践应用篇，主要研究各类故意伪装笔迹、条件变化笔迹以及几种常见疑难笔迹。在质量保障篇，从可疑笔迹检验实施前、实施中、实施后三阶段，分析我国司法鉴定管理模式、鉴定机构资质控制、笔迹检验人员资质条件、笔迹检验技术规范、笔迹检验人员职业道德、笔迹检验实施、笔迹鉴定意见的审查、笔迹检验人员的法律责任等方面存在的问题，从法律制度、技术规范、职业道德等层面提出策略性建议，以求能在我国建立起完善的鉴定意见质量保障体系，切实保障鉴定意见的科学性和可靠性。全书共11章，内容包括：可疑笔迹检验概述、可疑笔迹检验的理论基础、笔迹特征的多维分类、可疑笔迹检验的一般程序和主要方法、可疑笔迹检验的思维方法和科学性、故意伪装类可疑笔迹检验、条件变化类可疑笔迹检验、几类常见可疑笔迹检验、可疑笔迹检验实施前的质量保障——制度完善、可疑笔迹检验实施中的质量保障——实时监控、可疑笔迹检验实施后的质量保障——严格审查等。

44.《法医临床学实用眼外伤检查诊断方法》（王元兴、陆士恒主编，科学出版社2016年版）

本书全面阐述了眼科学的基础理论知识、眼的组织解剖与生理功能、眼外伤的分类、特点及病理与病理生理学，详细地介绍了在眼外伤的法医学鉴定中使用的各项临床检查诊断方法，包括：眼外伤的病史采集、眼的一般检查、视力检查、裂隙灯检查、屈光度检查、眼压检查、眼底检查、视觉电生理检查、视野检查、眼B超检查、UBM检查、OCT检查及放射学检查等，具体分析了与伤检条款相关的眼科检查的应用。全书共3篇9章，主要内容包括：第一篇眼外伤的基础理论，介绍了概述、眼的组织解剖与生理功能、眼外伤的分类与特点、眼外伤病理与病理生理学；第二篇眼外伤的各项相关检查，介绍了眼外伤的病史采集、常规检查、辅助及特殊检查；第三篇眼外伤的检查方法在法医学鉴定中的应用，介绍了眼外伤的鉴定程序、与伤检条款相关的眼科检查的应用等。

45.《物证技术学教程》（许爱东主编，法律出版社2016年版）

本书系统阐释了物证技术学的相关概念、历史沿革、基本理论。全书共36章，主要内容包括：物证与物证技术、物证技术学概览、物证技术学的历史沿革、物证技术学与相邻学科的关系、物证技术学科学理论、物证技术学基本方法、物证鉴定人、物证鉴定机构、物证鉴定程序、物证鉴定意见、形象痕迹检验概述、手印检验技术、足迹检验技术、工具痕迹检验技术、枪弹痕迹检验技术、特殊痕迹检验技术、文书鉴定概述、笔迹检验技术、印章印文检验技术、印刷文件检验技术、篡改（污损）文件检验技术、特种文件检验技术、朱墨时序检验技术、文件材料检验技术、文件形成时间检验技术、微量物证检验概述、常见微量物证的检验技术、生物物证检验概述、血液及其他生物斑痕的检验、DNA分析技术概述、其他生物体检验技术、毒品毒物检验概述、常见毒品毒物检验技术、其他毒品毒物检验技术领域、声像资料检验技术、电子数据检验技术等。

46.《医疗损害司法鉴定质量控制研究》(张纯兵著,法律出版社2016年版)

本书以医疗损害司法鉴定质量控制为切入点,从鉴定质量难以满足鉴定意见证据自身要求的现状出发,总结出医疗损害司法鉴定存在法律规范不健全、管理体制不完善、技术规范欠明确、鉴定质量外部控制机制未能发挥应有效能等问题。在借鉴国外经验的基础上,从管理制度、实施程序、鉴定方法、技术规范、能力验证等角度,分析医疗损害司法鉴定质量控制涉及的理论及实践问题,提出切实可行的质量控制措施,初步构建医疗损害司法鉴定质量控制理论体系,对鉴定实务进行指导,有利于鉴定质量的持续改进。全书共7章,主要内容包括:医疗损害司法鉴定及存在的问题、医疗损害司法鉴定质量的影响因素及控制途径、医疗损害司法鉴定管理体系的完善、医疗损害司法鉴定技术规范的完善、医疗损害司法鉴定质量外部控制机制等。

附录 1

证据科学期刊论文目录

附录 1.1　中文证据法学期刊论文目录（2015~2016）

附录 1.2　中文法庭科学期刊论文目录（2015~2016）

附录 1.3　英文法庭科学期刊论文目录（2015~2016）

附录1.1　中文证据法学期刊论文目录（2015~2016）

附录1.1.1　中文证据法学期刊论文目录（2015）

文章名称	作者	刊物	期次
非法证据排除规则的适用对象——以非自愿供述为范例的分析	陈瑞华	当代法学	第1期
非法证据排除规则典型案例分析——以J省D市司法实践为样本	郭旭	法学杂志	第1期
环境侵权证明责任的司法实践现状与评析——以60个真实案件为样本分析	罗发兴	北方法学	第1期
论证据学的学科定位	裴苍龄	环球法律评论	第1期
论刑事诉讼中的过程证据	陈瑞华	法商研究	第1期
论侦查实验笔录证据能力的审查判断	韩旭	法商研究	第1期
美国非法证据排除规则的当代命运	吴宏耀	比较法研究	第1期
美国证据排除规则的转向——以"哈德逊诉密西根州"案为视角	王景龙	比较法研究	第1期
"排除合理怀疑"证明标准在中国适用问题探讨	杨宇冠　郭旭	法律科学（西北政法大学学报）	第1期
侵害患者知情同意权责任纠纷中医疗损害鉴定之内容	赵西巨　李心沁	证据科学	第1期
司法文明指数是一种法治评估工具	张保生	证据科学	第1期
刑讯逼供的中国治理——审讯结构·治理措施·效果评估	陈如超	甘肃政法学院学报	第1期
"语言、证据与司法文明"高端论坛会议综述	沙丽金　左诗瑶	中国政法大学学报	第1期
医疗损害鉴定意见存在问题与对策	王萍	证据科学	第1期
专家辅助人制度研析	李学军　朱梦妮	法学家	第1期
环境侵权诉讼中受害人举证义务研究——对《侵权责任法》第66条的解释	张宝	政治与法律	第2期

续表

文章名称	作者	刊物	期次
论非法证据排除规则的继续效力——以重复供述为切入的分析	吉冠浩	法学家	第2期
论检察环节的非法证据排除	王志勇	中国刑事法杂志	第2期
美国"电子传闻证据例外"的提出及其预期影响	刘玫 徐天然	中国政法大学学报	第2期
美国法中基于品格证据的证人弹劾	汪诸豪	比较法研究	第2期
民法证据规范论	王雷	环球法律评论	第2期
融合心证：对证据印证证明模式的反思	朱锡平	法律适用	第2期
实践中的证据法——中国证据法实施情况调查研究	张中	证据科学	第2期
我国医疗诉讼鉴定制度实证研究——基于北京市三级法院司法文书的分析	刘兰秋 赵然	证据科学	第2期
刑事证明的两种模式	褚福民	政法论坛	第2期
刑事瑕疵证据补救的实证观察	胡忠惠 徐志涛	北方法学	第2期
刑事证人出庭作证制度虚化防范	赵珊珊	中国政法大学学报	第2期
医疗侵权案件地方司法指导文件证据规定研究	刘鑫 连宪杰	证据科学	第2期
"作证却免于强制出庭"抑或"免于强制作证"？《刑事诉讼法》第188条第1款的法教义学分析	李奋飞	中外法学	第2期
专家辅助人出庭质证规则研究	王思思 狄胜利	证据科学	第2期
环境民事公益诉讼证明责任分配研究	傅贤国	甘肃政法学院学报	第3期
非法证据排除规则适用范围探析	闵春雷	法律适用	第3期
论商标争议行政诉讼的举证责任	李海炅	知识产权	第3期
论证据裁判主义与错案预防——基于16起刑事错案的分析	汪建成	中外法学	第3期

续表

文章名称	作者	刊物	期次
论 DNA 证据的鉴真	王志刚	证据科学	第 3 期
论刑事简易程序中的证明标准	谢登科	当代法学	第 3 期
论被害人影响陈述制度	张吉喜	法商研究	第 3 期
量刑事实的证明与认定——以人民法院刑事裁判文书为样本	张吉喜	证据科学	第 3 期
民事庭审质证的基本要素研究	刘晓兵	证据科学	第 3 期
美国非法证据排除规则的实践及对我国的启示	熊秋红	政法论坛	第 3 期
美国宪法不自证己罪特权的适用范围考察——施梅伯案及其以后	张薇薇	现代法学	第 3 期
秦代简牍文献刑事证据规则考论	张琮军	法学	第 3 期
"热"与"冷":非法证据排除规则适用的实证研究	左卫民	法商研究	第 3 期
试论构建法官指导型民事证据交换程序	陈昶屹	法律适用	第 3 期
医疗损害司法鉴定与司法裁判:背离困境与契合构想	周 敏 邵 海	甘肃政法学院学报	第 3 期
证据收集合法性事实的证明方式和证明标准	罗国良 刘静坤	法律适用	第 3 期
2013 年中国证据法治发展的步伐	张保生 常 林	证据科学	第 3 期
英国非法证据排除制度介述与思考	马 岩 任能能	法律适用	第 3 期
证据法的法域范围	罗纳德·艾伦 著 汪诸豪 李 吟 蒋 毅 译	证据科学	第 3 期
澳大利亚刑事推定证据规则适用研究	胡印富 David Field	河北法学	第 4 期
表见证明在食物中毒损害赔偿诉讼中的运用——因果关系证明障碍克服的视角	陈 磊	证据科学	第 4 期
《俄罗斯联邦国家司法鉴定活动法》评述	郭金霞	证据科学	第 4 期

续表

文章名称	作者	刊物	期次
非法证据排除规则的结构性困境——基于内部视角的反思	马明亮	现代法学	第4期
非法证据对法官心证的影响与消除	王彪	证据科学	第4期
论证据分类审查的逻辑顺位	万毅	证据科学	第4期
论证据不足无罪判决的特殊救济	姚显森	法商研究	第4期
论法治视野下的非法证据排除规则	杨宇冠	证据科学	第4期
双重视野下的证据合法性证明问题	刘方权	中国刑事法杂志	第4期
推定在书证真实性判断中的适用——以部分大陆法系国家和地区立法为借鉴	张海燕	环球法律评论	第4期
我国刑事证据能力之理论归纳及思考	纵博	法学	第4期
刑事证据法的价值结构	喻名峰	法学评论	第4期
刑事诉讼中单位作证问题研究	赵文艳	法律适用	第4期
疫学因果关系及其证明	陈伟	法学研究	第4期
用数字证明：从周文斌案的概率分析说起	梁权赠	证据科学	第4期
用辩证唯物主义打造证据学的金身——六论实质证据观	裴苍龄	甘肃政法学院学报	第4期
域外取得的刑事证据之可采性	冯俊伟	中国法学	第4期
英国刑事诉讼中专家意见证据的应用现状及其改革方向	高欣	证据科学	第4期
域外取证法律冲突下证人权益保障问题的审视	王克玉	政法论坛	第4期
证明责任的重构	爱德华·K.程 著 李静静 译	证据科学	第4期
证据科学的研究现状及未来走向	郑飞	环球法律评论	第4期
穿越《美国联邦证据规则》的思考	Edward K. Cheng 著 汪诸豪 王振禹 梁远航 译	证据科学	第5期

续表

文章名称	作者	刊物	期次
非法口供排除规则的反思与重构	王彪	法律适用	第5期
犯罪论体系与刑事司法证明模式之形塑——海峡两岸刑事法之对话	谢澍	证据科学	第5期
改良版威格摩尔图示法：一种有效的证据认知分析进路——兼评最高人民法院刑事指导案例第656号	周洪波 熊晓彪	证据科学	第5期
技术调查官与鉴定专家的分殊与共存	蔡学恩	法律适用	第5期
论我国刑事诉讼中的证据使用禁止——以证据取得禁止和证据使用禁止之间的关系为中心	艾明	现代法学	第5期
论促进家庭暴力认定的证据机制——以诉讼行为的激励作用为视角	冯俊伟	法学杂志	第5期
论我国刑事诉讼电子证据规则	樊崇义 李思远	证据科学	第5期
论辩护律师核实证据的限度	谢小剑 揭丽萍	证据科学	第5期
论行政执法证据在刑事诉讼中的使用——以道路交通违法行为为视角	万尚庆	法学杂志	第5期
论非法证据排除及其规则完善	张伟	证据科学	第5期
论证据推理中的间接相关证据	纵博	中国刑事法杂志	第5期
商业秘密司法鉴定之实践检讨	邓恒	知识产权	第5期
伤亡Vs病死：一个清代宝坻县首事人之死的证据学分析	茆巍	证据科学	第5期
我国民法典中证据规范的配置——以证明责任规范为中心	王雷	法商研究	第5期
行政诉讼中"排除合理怀疑"的适用语境和路径	张力	证据科学	第5期
由证明力到证据能力——我国非法证据排除规则的实践困境与出路	杨波	政法论坛	第5期
言词原则与民事诉讼改革：基于域外法的观察	赵西巨 王云 刘军生	证据科学	第5期

续表

文章名称	作者	刊物	期次
证据客观性的重新解读	周千淇	法律适用	第5期
比较法视野中测谎之证据能力及省思	郑高键 刘国庆	甘肃政法学院学报	第6期
定罪与量刑证明一分为二论	吕泽华	中国法学	第6期
非法证据排除范围界定的困境与出路——兼谈侦查讯问方法的改革	郭志媛	证据科学	第6期
非法证据排除规则中的程序法律思维	高咏	证据科学	第6期
非法证据排除的实践表达	吴纪奎	证据科学	第6期
鉴定意见的证明路径和限度	拜荣静	证据科学	第6期
论德国民事诉讼中的证明妨碍制度——以德国联邦法院的判例为考察对象	马龙	证据科学	第6期
《联邦证据规则》的象征主义——被创造者、堕落者和被救赎者	Nelson P. Miller Curt A. Benson Christopher G. Hastings 著 王进喜 译	证据科学	第6期
论"排除合理怀疑"证明标准的中国意义	王戬	华东政法大学学报	第6期
民事电子证据：从法条独立到实质独立	刘哲玮	证据科学	第6期
排除合理怀疑及其中国适用	肖沛权	政法论坛	第6期
我国专利无效诉讼中的证据规则之反思	熊文聪	知识产权	第6期
违反讯问录音录像规定所获供述之证据能力问题	张颖	证据科学	第6期
刑事司法印证式采纳言词笔录实践之反思	郭文利	证据科学	第6期
刑事证明标准的形式一元论之提倡——兼论审判中心主义的实现路径	吉冠浩	证据科学	第6期
中国刑事印证理论批判	周洪波	法学研究	第6期

续表

文章名称	作者	刊物	期次
证据保全程序参照适用保全程序质疑——《中华人民共和国民事诉讼法》第81条第3款检讨	占善刚	法商研究	第6期
非法证据排除规则的司法适用辨析	王树茂	政治与法律	第7期
执法过程中陷阱取证的异化问题研究——社科法学视角的再思考	黄锫	法学	第7期
民事诉讼鉴定费用的定性分析	占善刚	法学	第8期
审前阶段非法证据排除程序的完善	陈子楠	法学杂志	第8期
刑事证据规则体系的建构	兰跃军	中国刑事法杂志	第8期
证明责任分配的一般原则及其适用——《民事诉讼法》司法解释第91条之述评	袁中华	法律适用	第8期
论排除合理怀疑证明标准的司法适用	肖沛权	法律适用	第9期
我国民事证据失权制度的适用困境与改革路径	夏璇	河北法学	第10期
刑事诉讼中专家辅助人出庭制度的实践与完善——以"念斌案"和"复旦投毒案"为样本的分析	杨涛	法律适用	第10期
论补强证据规则在网络犯罪证明体系中的构建——以被追诉人身份认定为中心	王志刚	河北法学	第11期
运用间接证据认定毒品案件实证分析	蔡绍刚 郁习顶	法律适用	第11期
证据制度的完善是实现审判中心的前提	张保生	法律适用	第12期
刑事证人出庭作证制度完善研究	侯建军 刘振会	法律适用	第12期
医疗纠纷证据认定的制度性调和——以瑕疵病历认定为视角	孙铭溪	法律适用	第12期

附录1.1.2 中文证据法学期刊论文目录（2016）

文章名称	作者	刊物	期次
构筑"以审判为中心"诉讼制度诸要件的思考	石莹莹	政法论坛	第1期

续表

文章名称	作者	刊物	期次
公证文书的证据效力探析	占善刚 楚晗旗	证据科学	第1期
黑车取证的执法困境及其出路	吴亮	清华法学	第1期
精神病鉴定的悖论及其破解	贺小军	证据科学	第1期
鉴定意见概念之比较与界定	苏青	法律科学（西北政法大学学报）	第1期
"近亲属证人免于强制出庭"之合宪性限缩	张翔	华东政法大学学报	第1期
论工伤认定行政诉讼案件中的举证责任	王东伟	证据科学	第1期
欧盟跨境刑事取证的立法模式	冯俊伟	证据科学	第1期
权利与规则：我国刑事被告人质证权的透视与完善——以"司法文明指数"的数据样本为依据	刘文化	证据科学	第1期
契合与超越：我国证据失权制度的司法审慎适用——以2012年《民事诉讼法》及其司法解释为对象	龙兴盛 王聪	证据科学	第1期
亲属免证：究竟是谁的权利——以亲属免证特权权属为基点的展开	覃冠文	政治与法律	第1期
司法鉴定管理体制改革的方向与逻辑	陈如超	法学研究	第1期
"印证"证明模式反思与重塑：基于中国刑事错案的反思	左卫民	中国法学	第1期
证人描述能够告诉我们什么——基于模拟实验的分析	陈晓云	证据科学	第1期
再论物证	裴苍龄	环球法律评论	第1期
中国语境下的自白任意性规则	王景龙	法律科学（西北政法大学学报）	第1期
比较刑事鉴定人与"有专门知识的人"	洪道德	中国政法大学学报	第2期
不强迫自证其罪条款之实质解释论纲	孙远	政法论坛	第2期
从证据收集看审前羁押——基于A市的实证研究	熊谋林	华东政法大学学报	第2期

续表

文章名称	作者	刊物	期次
调取证据应该成为一项独立的侦查取证措施吗？——调取证据措施正当性批判	艾明	证据科学	第2期
对抗抑或证据：专家辅助人功能的重新审视——兼论最高法院审理"奇虎360诉腾讯"案	郭华	证据科学	第2期
电子证据的相关问题	肖恩·博因 张爱艳 肖燕	证据科学	第2期
犯意引诱型侦查的认定与证明：实务观察与理论反思	艾明	法律科学（西北政法大学学报）	第2期
法外证据、超法证据与检察环节证据合法性审查	万旭	证据科学	第2期
概率性证据研究中的认识悖论	巩寒冰	证据科学	第2期
论民事诉讼中电子数据证据庭前准备的基本建构	毕玉谦	法律适用	第2期
论刑事诉讼中勘验、检查笔录的证据能力	宋维彬	现代法学	第2期
论刑事诉讼中私人违法取得证据之证据能力	王彪	河北法学	第2期
论量刑因果关系的司法证明——刑事一体化的视角	杨继文	证据科学	第2期
美国量刑证明标准的变迁、争议及启示	吕泽华	法学杂志	第2期
民事证明责任分配之解释基准——以物权法第106条为分析文本	徐涤宇	法学研究	第2期
涉家暴刑事案件"有专门知识的人"出庭之实践问题研究	徐建新	中国政法大学学报	第2期
"双规、双指"期间自书材料的证据法分析	钟朝阳	证据科学	第2期
提高民事诉讼证明标准的理论反思	霍海红	中国法学	第2期
未成年证人基本问题研究	王进喜 高欣	政法论丛	第2期

续表

文章名称	作者	刊物	期次
我国刑事证明标准的转向与适用	邵劭	证据科学	第2期
我国刑事诉讼中"以审判为中心"的基本理念	张栋	法律科学（西北政法大学学报）	第2期
刑事证据规则立法建议报告	樊崇义	中外法学	第2期
刑事诉讼中"有专门知识的人"的诉讼地位、证据效力及质证范围	刘玫 韩瀚	中国政法大学学报	第2期
讯问录音录像的若干证据法问题研究	王彪	法律适用	第2期
刑事诉讼与民事诉讼"有专门知识的人"制度之比较	曾志滨	中国政法大学学报	第2期
"有专门知识的人"制度的域外介绍——以大陆法系国家和地区刑事诉讼程序为视角	程衍	中国政法大学学报	第2期
专家辅助人制度的构建与完善	冀敏 吕升运	甘肃政法学院学报	第2期
作为证据的家谱——以清代坟山买卖及纠纷解决为例	李哲	证据科学	第2期
证据概念否定论——从证据概念到证据法基本概念体系	孙远	中国刑事法杂志	第2期
证据规则体系及其中国构建	郑曦	证据科学	第2期
"9·11事件"后美国反恐证据规则变迁及其对中国的启示	潘新睿	证据科学	第2期
保障与限制：对质询问权在欧洲人权法院的实践及其启示	孙长永 胡波	现代法学	第3期
非法证据排除中的"实质说理"与改革建议	雷小政	证据科学	第3期
非法言词证据的解释：利益格局与语词之争	吴洪淇	法学家	第3期
论印证与心证之融合——印证模式的漏洞及其弥补	蔡元培	法律科学（西北政法大学学报）	第3期

续表

文章名称	作者	刊物	期次
论合同法中证据规范的配置	王雷	法学家	第3期
论行政执法证据在刑事诉讼中的使用——基于典型案例的实证分析	谢登科	华东政法大学学报	第3期
论脆弱证人作证制度	张吉喜	比较法研究	第3期
什么是真正的直接和言词原则	陈瑞华	证据科学	第3期
事实不证自明—突破医疗损害诉讼证明困境的另一视角	纪格非	证据科学	第3期
审判中心原则下的证据规则	施鹏鹏	证据科学	第3期
审判中心视角下的证据法基本概念	魏晓娜	证据科学	第3期
审判中心主义对我国证据制度的要求	谢佑平	证据科学	第3期
审判中心与证据法：一点浅思	左卫民	证据科学	第3期
司法证明的性质：作为似真推理工具的概率	罗纳德·艾伦 汪诸豪 戴月 柴鹏	证据科学	第3期
庭审实质化与证据制度的完善	樊崇义	证据科学	第3期
庭审中心视野下强制证人出庭作证研究	余方晟 叶成国	河北法学	第3期
庭审中心与质证规则构建	郑未媚	证据科学	第3期
我国法医物证鉴定领域标准化问题及对策研究	袁丽	证据科学	第3期
刑事证明标准的维度分析	刘晓丹	中国刑事法杂志	第3期
刑事隐蔽性证据规则研究	秦宗文	法学研究	第3期
刑事证人证言的可信性问题研究——以美国证据法中的证人弹劾制度为视角	强卉	法律科学（西北政法大学学报）	第3期
以审判为中心要强化证据的认证	陈卫东	证据科学	第3期
以审判为中心呼唤科学的交叉询问规则	陈学权	证据科学	第3期
域外视野：中国医闹之医疗纠纷解决机制探讨——兼与哥伦比亚大学李本教授商榷	肖柳珍	证据科学	第3期

续表

文章名称	作者	刊物	期次
以审判为中心与证据收集	张品泽	证据科学	第3期
证据法发展的实践动力与阻力	张建伟	证据科学	第3期
专家证据、美国的经验与教训	苏珊·哈克 邓晓霞	证据科学	第3期
不起诉不定罪命案之证据实证研究	纪丙学	证据科学	第4期
犯罪构成与证明责任	罗翔	证据科学	第4期
贿赂犯罪证明模式研究	罗猛 邓超	中国刑事法杂志	第4期
论民事诉讼中电子数据的运用规则	冀宗儒 钮杨	证据科学	第4期
论统计学在科学证据报告中的应用	王元凤 于颖超 吴桂玲	证据科学	第4期
论物证鉴定意见的合法性——从刑事错案和规范分析两个视角	徐月笛	证据科学	第4期
交叉询问质证功能论略	刘晓兵	证据科学	第4期
司法鉴定委托受理的困境与改革——基于《司法鉴定程序通则》与司法鉴定实践的双重分析	陈如超	证据科学	第4期
司法鉴定程序通则的修改与解读	郭华	证据科学	第4期
司法鉴定见证研究	刘鑫 方玉叶	证据科学	第4期
司法鉴定启动条件研究	苏青	证据科学	第4期
司法精神病辩护中证明模式的反思与完善	王迎龙	证据科学	第4期
Beweisverwertungsverbote im deutschen Strafverfahrensrecht	Michael Heghmanns	证据科学	第5期
徜徉于哲学与法学之间——"事实与证据：哲学与法学的对话"国际研讨会综述	刘译矾	证据科学	第5期
测谎在台湾地区为被告有利证明方法的检讨	张玮心	证据科学	第5期

续表

文章名称	作者	刊物	期次
德国刑事诉讼法中的证据使用禁止	迈克尔·赫格曼斯 周婧	证据科学	第5期
量刑证据及规则实证研究——以某区基层检察院量刑建议工作为视角	陈冬	法律适用	第5期
论庭审实质化改革与证据规则之完善——以C市法院改革为样本的分析	万毅	中国政法大学学报	第5期
民事诉讼中公文书证之证据效力研究	高星阁	证据科学	第5期
审判中心主义视野下我国刑事证明模式的重塑	王守安 韩成军	政法论丛	第5期
"同一认定"中的意见决策论	A. Biedermann S. Bozza F. Taroni 李冰 赵东	证据科学	第5期
我国民事证明责任分配理论重述	胡学军	法学	第5期
我国刑事诉讼中意见证据规则适用的实证分析	李学军 张鸿绪	证据科学	第5期
刑事庭审实质化与审判方式改革	熊秋红	比较法研究	第5期
刑事证据规则的一般性规定与例外性规定	李富成	中国刑事法杂志	第5期
以审判为中心对检察环节非法证据排除工作的影响及其应对	戴建文	法学杂志	第5期
英国法中司法认定作为证据的可采性分析——兼与美国证据法作比较	胡萌	证据科学	第5期
中国古代诉讼证明问题探讨	陈光中 朱卿	现代法学	第5期
中美刑事错案中司法鉴定致错的比较研究	董凯	政法论丛	第5期
知识产权损害赔偿中证明妨碍规则的成本收益分析	刘晓	证据科学	第5期
证据法的理性传统与理论维度——威廉·特文宁的证据理论解读	吴洪淇	法学评论	第5期

续表

文章名称	作者	刊物	期次
证据排除抑或证据把关：审查起诉阶段非法证据排除的实证研究	吴洪淇	法制与社会发展	第5期
不完全给付之证明责任探究	包冰锋	证据科学	第6期
电子证据的关联性	刘品新	法学研究	第6期
法定证据制度辨误——兼及刑事证明力规则的乌托邦	施鹏鹏	政法论坛	第6期
法国刑事证据自由原则及其限制	王晨辰	证据科学	第6期
法官心证与精神病鉴定及强制医疗关系论	元轶	政法论坛	第6期
公共场所监控视频的刑事证据能力问题	纵博	环球法律评论	第6期
鉴定人出庭作证制度实证研究	陈邦达	法律科学（西北政法大学学报）	第6期
巨额财产来源不明罪证明责任实证分析——以100例司法裁判为研究样本	陈娜	证据科学	第6期
论口供补强规则的展开及适用	向燕	比较法研究	第6期
欧洲人权法院对质询问规则的转变及启示——以"卡瓦贾诉英国案"为主线的考察	胡波	证据科学	第6期
全案移送背景下控方卷宗笔录在审判阶段的使用	孙远	法学研究	第6期
亲子关系诉讼中的亲子鉴定推定及其改革	赵信会	证据科学	第6期
深化司法改革与刑事诉讼法修改的若干重点问题探讨	陈光中 唐彬彬	比较法研究	第6期
同步录音录像制度运行中的若干问题探析——以福建省职务犯罪案件为观察对象	李明蓉	证据科学	第6期
我国刑事证据推理模式的转型：从日常思维到精密论证	封利强	中国法学	第6期

续表

文章名称	作者	刊物	期次
我国刑事非法证据排除规则司法实践实证研究——以W市刑事审判实务为视角	徐建新 方彬微	证据科学	第6期
我国民事诉讼中举证责任分配契约研究	赵小军	证据科学	第6期
印证证明的理性构建——从刑事错案治理论争出发	杨继文	法制与社会发展	第6期
言词证据如何得到辩护	杨宁芳	政法论丛	第6期
以威胁、引诱、欺骗方法获取口供的排除标准探究	纵博	法商研究	第6期
证据的内涵与依法取证——以行政处罚证据的收集为分析视角	江国华 张彬	证据科学	第6期
证明责任视角下的抗辩与否认界别	袁琳	现代法学	第6期
政府信息不存在诉讼之证明责任分配探析	郑涛	清华法学	第6期
证人、鉴定人出庭作证费用补偿范围和标准研究	占善刚 施瑶	证据科学	第6期
环境污染侵权因果关系证明责任之再构成——基于619份相关民事判决书的实证分析	张挺	法学	第7期
贿赂犯罪非法口供排除规则实证分析	胡嘉金	法律适用	第8期
我国环境诉讼的专家证人制度构建	谢伟	政治与法律	第10期
反垄断法的举证责任分配	叶卫平	法学	第11期
论"事实真伪不明"命题的抛弃	欧元捷	政治与法律	第11期
论认罪认罚案件的证明标准	孙远	法律适用	第11期
民事证明责任论纲——对民事证明责任基本问题的认识	潘剑锋	政治与法律	第11期
寻求有效取证与保证权利的平衡——评"两高一部"电子数据证据规定	龙宗智	法学	第11期
证明责任理论的证据语境批判	许尚豪	政治与法律	第11期

附录1.2 中文法庭科学期刊论文目录（2015～2016）

附录1.2.1 中文法庭科学期刊论文目录（2015）

文章名称	作者	刊物	期次
虎咬死1例	董利民　蒋铁岩	法医学杂志	第1期
接种风疹疫苗与病毒性脑炎因果关系鉴定1例	段作瑞	法医学杂志	第1期
15个基因座复合扩增体系的建立及新疆维吾尔族遗传多态性	桂　娟　刘海渤 廖琴香　徐　旭 鲁　涤　袁　丽	法医学杂志	第1期
MSCT鉴定交通事故致死2例分析	韩顺琪　万　雷 秦志强　邓恺飞 张建华　刘宁国 邹冬华　李正东 邵　煜　陈　敏 黄　平　陈忆九	法医学杂志	第1期
论法医临床鉴定中被鉴定人的知情同意权	李菊萍　韩　卫 顾珊智　陈　腾	法医学杂志	第1期
大鼠脑挫伤后caspase-3和HAX-1的表达	李周儒　滕道辉 董国凯　殷文江 蔡红星	法医学杂志	第1期
法医DNA实验室外源性污染15例	林锦锋　王万旭	法医学杂志	第1期
SPE-GC/MS法分析鱼塘水中的5种农药	蔺大伟　张　艳 孙红雷　李文海 邵　凯	法医学杂志	第1期
30个InDel在河南汉族人群中的法医学应用	刘亚举　张俊涛 岳俊涛　郭利红 刘　海　张　毅 李效阳	法医学杂志	第1期
胸锁关节脱位术后克氏针滑脱医疗纠纷1例	刘　勇　张　龙 陈宗溢	法医学杂志	第1期

续表

文章名称	作者	刊物	期次
先天性主动脉瓣下狭窄猝死1例	马祥涛 高丽伟 邹冬华	法医学杂志	第1期
对比度视力与扫描视诱发电位视力的相关性	彭书雅 陈捷敏 刘冬梅 周姝 王萌 夏文涛	法医学杂志	第1期
求真务实，追求卓越，创建品牌期刊——创刊30周年寄语	沈敏	法医学杂志	第1期
52例坠崖自杀案例分析	宋玉勇 王剑 郏立庆	法医学杂志	第1期
河南汉族人群16个Y-SNP位点遗传多态性	孙许朋 杨世平 武红艳 郭娟宁 岳俊涛 樊爱英	法医学杂志	第1期
205例高坠案件局部机械性损伤与死亡性质关系分析	王怀勇 罗斌 石河 黄京璐 李明 张凯	法医学杂志	第1期
重度颅脑损伤的法医学鉴定1例	王萍	法医学杂志	第1期
有限元方法在颈椎挥鞭样损伤分析中的应用	王涛 李正东 邵煜 陈忆九	法医学杂志	第1期
颈部刀刺伤致失血性休克损伤程度鉴定1例	王亚辉 程亦斌 朱广友	法医学杂志	第1期
大鼠原发性脑干损伤后S100B和GFAP的表达变化	吴雨虹 王慧君 王欣	法医学杂志	第1期
《人体损伤程度鉴定标准》理解与适用——腹部损伤	夏文涛 朱广友 范利华 程亦斌 杨小萍 刘瑞珏 刘冬梅 吴军	法医学杂志	第1期
阴道炎臭氧治疗中气体栓塞死亡1例	颜召文 姚季生 戴钟英	法医学杂志	第1期
刀刺致颅脑损伤死亡1例	杨锋 张通振 孙见 李国良	法医学杂志	第1期

续表

文章名称	作者	刊物	期次
肌成纤维细胞在大鼠骨骼肌挫伤修复中的时间规律性及其对损伤时间的推断（英文）	于天水 官大威 常 林 王 旭 赵 锐 张海东 百茹峰	法医学杂志	第1期
LC-MS/MS法同时筛选人血液中45种有毒生物碱（英文）	翟金晓 沈 敏 刘 伟	法医学杂志	第1期
他杀伪装高坠自杀1例	张 峰 武鹏程 孙 栋	法医学杂志	第1期
手套印DNA检验在侦查破案中的应用	张怀才 刘 松 李佑英 丁少成	法医学杂志	第1期
甲基苯丙胺急性中毒合并低温致死1例	张延波	法医学杂志	第1期
法医STR的快速检验方法	郑小婷 李 丽	法医学杂志	第1期
基于HPLC的三芳甲烷类染料字迹人为老化的实验研究	包 清 王世全 申 思	刑事技术	第1期
白噪声不同信噪比对语音基音和共振峰的影响研究	陈泉金 黄君灿 陈 航	刑事技术	第1期
巧用MTP协议破解Android智能手机屏幕锁密码	崔鹤群 赵 强	刑事技术	第1期
新型粉末状荧光502熏显手印荧光波段研究	李 康 涂 霓 李孝君 郝 翔 关 晨	刑事技术	第1期
三维街景地图在多道仪测试中的应用研究	林 燕 李卫华	刑事技术	第1期
指纹鉴定人员对现场指印认知能力的研究	刘世权 罗亚平 吴 剑	刑事技术	第1期
基于上转换发光技术的尿液中吗啡及甲基苯丙胺快速定量检测方法研究	刘 晓 林承喜 张平平 杨笑嫚 赵 勇 李春凤 孙崇云 邱景富 杨瑞馥 周 蕾	刑事技术	第1期

续表

文章名称	作者	刊物	期次
"尸热"现象初探	马孟云　王江峰	刑事技术	第1期
非制式枪支射击自制底火子弹弹壳痕迹检验	田蕊	刑事技术	第1期
胸骨性别判定的研究进展	王福磊　王刚　杨超朋　田雪梅	刑事技术	第1期
CT在法医病理学中的应用与展望	王坚　杨超朋　何光龙　仲靖芳	刑事技术	第1期
京尼平序列显现手印方法研究	王明超	刑事技术	第1期
纳米二氧化钛荧光粉末显现潜在手印研究	王婉婷　赵雅彬　罗亚平	刑事技术	第1期
亮绿SF溶液增强红色光滑客体表面潜血手印技术研究	王跃　胡书良　刘晋	刑事技术	第1期
GC/MS法快速分析鱼塘水中的硫丹	徐仿敏　李海波　刘凌云	刑事技术	第1期
NTFS格式存储设备数据恢复方法研究	徐国天	刑事技术	第1期
基于ITS2条形码序列对新型"香料"毒品植物成分的研究	杨雪莹　曹海丹　裴黎　徐鹏	刑事技术	第1期
GC/MS衍生化法检测血中4-溴-2,5-二甲氧基苯乙胺	张大雷　张吉林　才志成　陈奇　廖林川	刑事技术	第1期
利用扫描电镜/能谱仪和X-射线衍射仪鉴别假"冰毒"	张光浪　闫军红　徐连生	刑事技术	第1期
贵州黔南地区汉族人群18个STR基因座的遗传多态性	张建　李红卫　王乐　封宇　姚伊人　杨帆　陆新　孔智明　白雪　赵兴春	刑事技术	第1期
指纹中化学成分免疫分析技术热点研究	张婷　杨瑞琴	刑事技术	第1期

续表

文章名称	作　者	刊　物	期次
应用 mtDNA 16S rRNA 基因鉴定动物组织种属	阿依努尔·阿卜杜艾尼　古再努尔·孜比比拉　夏米西丁·阿不都热依木　马合木提·哈力克	中国法医学杂志	第 1 期
新生儿肺透明膜病 1 例	鲍现宝　范琰琰	中国法医学杂志	第 1 期
气/质联用和气相色谱 – NPD 法分析唾液中哌替啶	曹　洁　武　斌　王玉瑾　贾　娟　王英元　尉志文　安健康　葛　靖　姜晓宇	中国法医学杂志	第 1 期
犬咬损伤案件的法医学分析 2 例	曹　喆　邱海龙　冯向聪	中国法医学杂志	第 1 期
法医毒物检验中毒物的快速筛查与检测研究进展	常　靖　王芳琳　张泽楠　张云峰　董　颖　侯小平	中国法医学杂志	第 1 期
全国首届留德校友法医学研讨会在成都召开	陈新山	中国法医学杂志	第 1 期
快速 PCR 扩增检验体系的建立及技术指标验证	董　会　于书欣　孙树毅　曾发明　刘　超　李彩霞	中国法医学杂志	第 1 期
改良硅珠法提取 DNA 的灵敏性及稳定性评价初探	董迎春　李诗柳　朱　怡　刘宗伟　言梦非	中国法医学杂志	第 1 期
安徽省公安系统法医 2000 至 2012 年中文论文发表情况调查	方俊杰　杨　亮	中国法医学杂志	第 1 期
砖块上脱落细胞 DNA 分型检验	高丽伟　马祥涛	中国法医学杂志	第 1 期

续表

文章名称	作者	刊物	期次
17个STR基因座快速多重扩增体系的建立及应用	韩俊萍 魏 丽 叶 健 欧 元 王英元 胡 兰 李彩霞 刘 耀	中国法医学杂志	第1期
吸入性甲醇中毒死亡1例	侯丰惠	中国法医学杂志	第1期
老年骨质疏松病变者腰部损伤法医学鉴定1例	胡火梅 肖建德 程嘉丰 杨洁妮 张 波 曾令华	中国法医学杂志	第1期
大鼠脑挫伤后脑C-FOS、AQP-4表达与损伤时间的关系	胡玉莲 许光亚 刘 敏	中国法医学杂志	第1期
踝部骨折成伤方式分析1例	黄 新 邓国伟 郭建军	中国法医学杂志	第1期
电工胶带上人体接触性DNA检验	黄玥蕾 肖 泉 陈海英 唐金晶	中国法医学杂志	第1期
快速形成白骨化尸体法医学分析1例	江绍斌	中国法医学杂志	第1期
广东河源汉族人群17个Y-STR基因座遗传多态性	经广鑫 李海燕 任 鹏	中国法医学杂志	第1期
胸部拳脚外伤致主动脉弓破裂出血死亡1例	李富荣	中国法医学杂志	第1期
酒后口服白加黑中毒死亡1例	李建民 李春凤	中国法医学杂志	第1期
广东地区622例猝死案例的流行病学调查	李 明 黄京璐 王小广 盖连磊 盛立会 王怀勇 权 力 成建定 陈忆九 刘 超 罗 斌	中国法医学杂志	第1期
右颈总动脉夹层动脉瘤破裂死亡法医学分析1例	李 竹 刘江金 黄映康 王 杰	中国法医学杂志	第1期
自动化工作站与Chelex-100法对血样本检验效果比较	刘冰泉 巴华杰 朱爱华 马 骏	中国法医学杂志	第1期

续表

文 章 名 称	作 者	刊 物	期 次
快速 PCR 扩增体系的建立及法医学应用	刘 琳　项林平　胡志敏　董军磊　姜伯玮　白 雪　赵 蕾　欧 元　赵兴春　叶 健	中国法医学杂志	第 1 期
凶器上潜在陈旧血痕 DNA 检验	刘亚举　张俊涛　贾环宇	中国法医学杂志	第 1 期
测序新技术 Ion Torrent PGM 及其法医学应用	刘宇轩　张文琼　黄代新	中国法医学杂志	第 1 期
木棒打击致全颅崩裂死亡 1 例	马祥涛　高丽伟　唐纪定　毛文栋	中国法医学杂志	第 1 期
气相色谱－质谱联用法同时测定 8 种合成大麻素	钱振华　乔宏伟　花镇东	中国法医学杂志	第 1 期
采用 LC－MS/MS 法检验阿维菌素中毒死亡	石银涛　郑 经　杜鸿雁　任 飞　王俊伟	中国法医学杂志	第 1 期
不同织物上血斑洗涤后 DNA 检验结果分析	苏 芹　李玉峰　王 静　唐 晖	中国法医学杂志	第 1 期
新人体损伤程度鉴定标准存在的问题初探	汤家全　刘建锋	中国法医学杂志	第 1 期
内蒙古汉族人群 19 个 STR 基因座遗传多态性	王景舟　钟巧娥　翟志慧　王红梅　张建华　王永在	中国法医学杂志	第 1 期
采用理化方法检验硒化合物中毒	王力春　马 健　罗敬锋　郭东东	中国法医学杂志	第 1 期
乙醇对小鼠口服地西泮半数致死量及早期代谢的影响	王荣帅　庄 冲　苏 军　屈国强　许 珊　潘 超　刘 良　刘 茜	中国法医学杂志	第 1 期
江苏地区汉族人群 15 个 STR 基因座遗传多态性	王 鑫　李景辉　周如华	中国法医学杂志	第 1 期

续表

文章名称	作者	刊物	期次
颅骨异常者头部摔跌伤特征分析 1 例	吴坤兴	中国法医学杂志	第 1 期
辽宁地区汉族群体 4 个 STR 基因座遗传多态性	肖 南　段 莹 于卫建　周世航	中国法医学杂志	第 1 期
车祸后左基底节区出血法医学鉴定 1 例	杨 帆　施晓玲	中国法医学杂志	第 1 期
采用 DNA 条形码技术鉴定常见杨树种属初探	杨雪莹　曹海丹 裴 黎	中国法医学杂志	第 1 期
广西桂林汉族 12 个 X 染色体 STR 基因座遗传多态性	叶乾素　蒋阔林 唐剑频　陈祖聪 林汉光	中国法医学杂志	第 1 期
大鼠骨骼肌损伤后不同时间中性粒细胞及巨噬细胞比率的变化	于天水　马建伟 官大威　刘 力 赵 锐　张海东 百茹峰　郭兆明 张 艳　张振华 吴 镝	中国法医学杂志	第 1 期
大麻性别连锁 SCAR 标记特异性检测	张贵芹　冯 涛 涂 政　彭建雄 裴 黎　白 雪	中国法医学杂志	第 1 期
GA118 - 16A 型遗传分析仪技术指标确证测试	张 涛　孙 敬 庞晓东　贾二惠 赵 颖　崔海涛 李培合　陈 力 赵兴春　刘 冰 周怀谷	中国法医学杂志	第 1 期
小腿创伤后应激性溃疡形成 1 例	张 伟　古津贤 宋美娜	中国法医学杂志	第 1 期
根据损伤机制分析推断驾乘关系 1 例	赵 峰	中国法医学杂志	第 1 期

续表

文 章 名 称	作 者	刊 物	期 次
两种硅藻检验方法的比较	赵 建　袁自闯 张彦吉　石　河 胡孙林　刘　超 温锦锋	中国法医学杂志	第1期
外伤性颈内动脉海绵窦瘘合并颈动脉夹层1例	赵丽丽　张玲莉 刘子龙　陈晓瑞	中国法医学杂志	第1期
人肺癌组织19个常染色体STR及性别基因座变异分析	钟巧娥　王景舟 王红梅　张建华 陈丽琴	中国法医学杂志	第1期
运用动物实验推断电击后溺水死亡	周美新　牛　鑫 程昱翰　王俊杰 田　伟	中国法医学杂志	第1期
肠道肉芽肿患者腹外伤致肠破裂法医学分析1例	周　勇	中国法医学杂志	第1期
阿片类毒品滥用者中饮酒行为的流行病学调查	贾振军　徐少辉 杨　科　百茹峰 刘志民	中国人民公安大学学报（自然科学版）[1]	第1期
彩色激光打印整幅A4纸跟踪暗码显现与分析	王　琳　黄文林 黄建同	公安大学学报（自）	第1期
国产法医遗传分析仪的适用性研究	管　桦　张　涛 赵　颖　荣海博 金　川　陈　力	公安大学学报（自）	第1期
同轴光定向反射仪与全光谱照相系统对光滑客体表面潜在指印提取效果比较	徐　政　杨玉柱	公安大学学报（自）	第1期
虚拟化技术在电子证据检验实训教学中的应用	丁　锰　邱　敏 宋　润　康艳荣	公安大学学报（自）	第1期
油墨捺印指印鉴定中印压特征及其应用	刘传政　赵雅彬	公安大学学报（自）	第1期

---

[1] 中国人民公安大学学报（自然科学版），以下简称"公安大学学报（自）"。

续表

文章名称	作者	刊物	期次
指纹鉴定能力测试的鉴定结果准确性问题研究	刘世权 罗亚平 蔡伟思 吴 剑	公安大学学报（自）	第1期
眼动技术在目击证人辨认决策中的应用	艾 娟	中国司法鉴定	第1期
扭转变形指纹中疑似稳定差异特征的成因研究与评断	冯永平 满 勤 陈 妍 赵新颖	中国司法鉴定	第1期
健全统一司法鉴定管理体制的思路转向	郭 华	中国司法鉴定	第1期
直接书写与平版印刷字迹的区分检验研究	韩星周 黄建同 韩元利	中国司法鉴定	第1期
运用车体痕迹检验结合法医物证鉴定推断摩托车驾驶人1例	何松国 吴颖贤 黄新凤 郑 莉 江 涛	中国司法鉴定	第1期
多个遗传标记联合用于全同胞姐妹关系鉴定1例	林 源 朱如心	中国司法鉴定	第1期
伤残等级重新鉴定增多的原因与对策	刘青青 赵丽萍	中国司法鉴定	第1期
拳击致腹部外伤的损伤程度评定1例	刘 艳 吴久海	中国司法鉴定	第1期
LA-ICP-MS对激光打印原装黑色墨粉元素成分的分析	罗仪文 徐 彻 张清华 马 栋 杨 旭	中国司法鉴定	第1期
160例脑血管病变死亡案的法医学分析	穆 娇 徐伦武 张宏迈 张 吉 林 威 董红梅	中国司法鉴定	第1期
交通伤后外伤性癫痫发作伴颅内出血伤残评定1例	潘娟娟 宋天福 汤云飞	中国司法鉴定	第1期
捺印压力与油墨量对指纹微观细节特征反映性的影响	潘自勤 宁势强	中国司法鉴定	第1期
高效液相色谱法同时测定三种卡西酮类精神活性物质	钱振华 贾 薇 花镇东	中国司法鉴定	第1期
同机添加打印检验技术研究	强晓莹 施少培	中国司法鉴定	第1期
《精神卫生法》实施中的鉴定问题研究	孙大明	中国司法鉴定	第1期

续表

文　章　名　称	作　者	刊　物	期次
医疗不当的现状与防范	孙会艳	中国司法鉴定	第1期
书写时间鉴定方法研究进展	孙其然　沈　敏　徐　彻　罗仪文	中国司法鉴定	第1期
专家陪审员制度研究	王小怡　杜志淳	中国司法鉴定	第1期
锁屏 Android 智能手机取证方法的研究	危　蓉　麦永浩	中国司法鉴定	第1期
司法鉴定投诉处理机制的建立和完善	熊　平	中国司法鉴定	第1期
基于"连带效应"和"过期日志"的 EXT3 文件系统数据恢复方法研究	徐国天	中国司法鉴定	第1期
毒品对于驾驶行为影响的研究进展	闫　惠　崔艳华　王元凤	中国司法鉴定	第1期
浅析商业秘密之秘密性的司法鉴定	晏凌煜　尹腊梅	中国司法鉴定	第1期
指印中化学物质光谱质谱成像分析技术研究进展	张　婷　杨瑞琴	中国司法鉴定	第1期
基于单帧运动模糊图像计算车辆运动速度的方法	章志成　吴　昊	中国司法鉴定	第1期
诚信原则在民事诉讼司法鉴定程序中对当事人的适用	赵　杰	中国司法鉴定	第1期
应用免疫胶体金技术结合酚-氯仿法提取甲醛固定组织 DNA	郑长发　明绍利　牛青山	中国司法鉴定	第1期
法院委托司法鉴定工作机制研究——以民事诉讼为视角	周晓光　姚文杰	中国司法鉴定	第1期
Android 系统手机电子数据取证研究	苗得水　夏　虹	中国刑警学院学报	第1期
棒状骨质客体的破断方式及其痕迹特征研究	王　震　何晨皎　燕　宇	中国刑警学院学报	第1期
残缺 Word 文件数据信息提取方法研究	徐国天	中国刑警学院学报	第1期
顶空-气相色谱-质谱联用法测定血中一氧化碳	张　婷　王瑞花　于忠山	中国刑警学院学报	第1期
非线性变形手印图像校正研究	王　垒　单大国　包　清　王　雷	中国刑警学院学报	第1期

续表

文章名称	作者	刊物	期次
基于 ASP.NET MVC 的司法鉴定管理系统的设计与实现	温洪洋	中国刑警学院学报	第1期
假币蓝色图文油墨的 HPLC 分析	旺堆 周欣欣 许英健 史晓凡	中国刑警学院学报	第1期
考马斯亮蓝显现血手印配方的改进研究	鲍伟江 史韬宁	中国刑警学院学报	第1期
浅议侦查实验笔录的证据能力与证明力	许静文	中国刑警学院学报	第1期
人体纹刺字迹检验	王艳玲 孔凡霞	中国刑警学院学报	第1期
现场油质手印油红 O 显现技术研究	孙年峰 张丽梅 李俊林 刘占清 蔡灯 张忠良	中国刑警学院学报	第1期
血痕红外热成像变化与血痕经过时间关系研究	邓晓军 郑吉龙 刘绍松	中国刑警学院学报	第1期
证据真实性及其强度的科学性评估	崔景旭	中国刑警学院学报	第1期
眶内霰弹存留法医学鉴定1例	安永明 石宏峰 刘嘉	法医学杂志	第2期
争议父与生父存在近亲血缘关系的亲权鉴定	陈芳 陈俭 徐恩萍 付颖 黄琼	法医学杂志	第2期
中外法医精神病学体系简介	陈雪艳 胡泽卿	法医学杂志	第2期
法医病理学中成伤时间推断的相关指标表达(英文)	杜秋香 王小伟 张镭 李三强 高彩荣 王英元 孙俊红	法医学杂志	第2期
43例手舟骨骨折成伤机制的法医学分析	杜宇	法医学杂志	第2期
《人体损伤程度鉴定标准》理解与适用——骨盆及会阴部损伤	范利华 朱广友 沈寒坚 夏文涛 杨小萍 王飞翔 吴军	法医学杂志	第2期

续表

文章名称	作者	刊物	期次
铁铬合金菜刀遗留金属颗粒的成分评价方法	甘增禄 马东烈 赵春梅 刘 力	法医学杂志	第 2 期
小脑扁桃体下疝法医学鉴定 1 例	高海峰 郭 丰 王峰明	法医学杂志	第 2 期
事件相关电位的研究进展及其法医学应用价值	关楠思 刘技辉 张馨元 王 莞 谭嘉宁 彭 博	法医学杂志	第 2 期
婴幼儿脑干脑炎 EV71 – VP1、PSGL – 1 和 SCARB2 的表达	李 明 孔小平 刘 宏 程灵犀 黄京璐 权 力 午方宇 郝 博 刘 超 罗 斌	法医学杂志	第 2 期
苏州地区汉族和哈尼族人群 17 个 STR 基因座的遗传多态性	李忠杰 吴 虎 吴海军 周如华	法医学杂志	第 2 期
Chelex – 100 法和 QIAcube 纯化法在接触性检材检验中的比较	廖长青 成 静 刘 维	法医学杂志	第 2 期
《劳动能力鉴定 职工工伤与职业病致残等级》条款的变化与解读	刘冬梅 章艾武 夏文涛	法医学杂志	第 2 期
Y – STR 遗传标记在大家系中的突变	彭 珊 刘 超 王 瑛 李 越 张楚楚 洪 丽 欧雪玲 孙宏钰	法医学杂志	第 2 期
UPLC – MS/MS 法测定人血液中毒死蜱的含量及其在中毒案例中的运用（英文）	乔 正 严 慧 卓先义 沈保华	法医学杂志	第 2 期
复旦大学基础医学院法医学系简介	沈忆文 李备栩 赵子琴	法医学杂志	第 2 期
刍议法医学证据审查对提高刑事诉讼监督质量的作用	唐述荣	法医学杂志	第 2 期
大鼠局灶性脑挫伤后 p35 及 p25 的表达变化	王汉志 李如波 王正印 张立军	法医学杂志	第 2 期

续表

文章名称	作 者	刊 物	期次
闭锁小带蛋白-1在脑外伤后皮质中的表达变化	王 涛 孟 颖 邹冬华 李正东 陈忆九 陶陆阳	法医学杂志	第2期
湖南省人群血液中33种元素的正常值范围	王 瑶 张素静 王跃进 卓先义	法医学杂志	第2期
通过尸体损伤认定多人作案1例	魏俊刚	法医学杂志	第2期
致伤物特征不典型机械性损伤7例	吴海军 王玉宝	法医学杂志	第2期
秋季冻死法医学分析1例	杨 雄 卢常晖 袁 伟	法医学杂志	第2期
有限元方法在胸腰椎损伤中的应用	张 敏 仇永贵 邵 煜 顾晓峰 曾铭伟	法医学杂志	第2期
水中白骨化尸体的DNA检验	张自雄 胡丽梅 向 峰 邹军根	法医学杂志	第2期
大鼠双后肢挤压伤后肺、肝细胞的凋亡	赵 杰 王华荣 步建衡 左 敏 张国忠	法医学杂志	第2期
垂直抛甩状血迹形态的模拟观察	赵 亮 卢明放 何 望 程海鹰 成建定	法医学杂志	第2期
微视野与视诱发电位在黄斑病变中的法医学应用	周 姝 刘冬梅 彭书雅 孙 婧 刘瑞珏 夏文涛	法医学杂志	第2期
产后杀婴抛尸法医学分析1例	周 勇	法医学杂志	第2期
Windows操作系统环境下调查USB设备使用痕迹方法研究	段严兵 罗文华	刑事技术	第2期
一类视频监控录像数据恢复的新方法	郭丽莉 康艳荣 龙 源 周冬林	刑事技术	第2期
电阻测量法和光谱成像技术联用鉴别添改变造字迹	韩 伟 黄建同 张玉省	刑事技术	第2期

续表

文 章 名 称	作 者	刊 物	期 次
电感耦合等离子体质谱在白酒检验中的应用研究	韩星星 郭洪玲 梅宏成 权养科	刑事技术	第2期
透射光谱成像技术检验黑色签字笔涂抹掩盖字迹研究	侯进令 张 剑	刑事技术	第2期
交通事故中汗潜指印DNA检验	纪中华	刑事技术	第2期
影像证据探讨	黎智辉 许小京 王永强 李志刚	刑事技术	第2期
成像透视测算法在案发现场重建中的应用	刘 军	刑事技术	第2期
指纹鉴定人员点取细节特征稳定性问题研究	刘世权 糜忠良 罗亚平 吴 剑	刑事技术	第2期
被害人学在命案现场分析中的应用（Ⅰ）	闵建雄	刑事技术	第2期
肋骨骨折鉴定时间研究	倪伟勇 钱昭军	刑事技术	第2期
油漆物证检验中血液干扰的去除	孙振文 乔 婷 陶克明 权养科	刑事技术	第2期
Android智能手机锁屏密码及破解方法研究	王即墨 计超豪 裴洪卿	刑事技术	第2期
三维人脸图像的数据采集与预处理	王俊娟 许 磊 黎智辉 谢兰迟 张 宁 郭晶晶	刑事技术	第2期
采用Excel计算耻骨联合年龄	吴 东 王 凯	刑事技术	第2期
QIAcube小型工作站在生物接触类检材提取中的应用研究	徐韩飞 范京来 富渭鑫 陈立彰 尤汉杰	刑事技术	第2期
高精度三维人脸图像数据库	许 磊 黎智辉 王俊娟 谢兰迟 张 宁 王永强 郭晶晶	刑事技术	第2期

续表

文章名称	作者	刊物	期次
UPLC/MS/MS 检验尿液中的扎来普隆和 5-氧-扎来普隆	张蕾萍 黄霜 舒翠霞 任昕昕 崔冠峰 栾玉静 杜鸿雁	刑事技术	第 2 期
免疫组化指标在心肌梗死诊断中的应用进展	张曙光 贾富全 武彦	刑事技术	第 2 期
视频取证技术研究进展	张旭 黎智辉 王鑫 彭思龙 许小京 王世君	刑事技术	第 2 期
固相萃取-色谱质谱技术在毒物筛查中的应用进展	张泽楠 常靖 王芳琳 于忠山 张云峰 崔冠峰	刑事技术	第 2 期
佐匹克隆快速检验	赵海雨 阚旭升	刑事技术	第 2 期
N,N-二烯丙基-5-甲氧基色胺片剂的 GC/MS 检验	郑水庆 梁晨 王威 张润生	刑事技术	第 2 期
福建汉族人群 D6S1043、D12S391 和 D1S1656 基因座遗传多态性	郑武 杨堃 詹翊宇 黄和鸣 徐彩龙 江道赫	刑事技术	第 2 期
血液 1-(3-三氟甲基苯基)哌嗪和 1-(3-氯苯基)哌嗪检验	常靖 郝红霞 李红旭 王芳琳 侯小平 王瑞花	中国法医学杂志	第 2 期
论法医现场学及加强法医现场学教学的重要性和必要性	陈新山	中国法医学杂志	第 2 期
雷公藤中主要有毒成分的检测	陈滋浚 王芳琳 栾玉静 姚伊人 刘耀	中国法医学杂志	第 2 期
氘代内标在法庭毒物分析的应用	杜鸿雁 董颖 张蕾萍 栾玉静 王瑞花 于忠山	中国法医学杂志	第 2 期

续表

文章名称	作者	刊物	期次
采血消毒对血液中乙醇含量的影响	杜娟　周枝凤 刘源　马安德	中国法医学杂志	第2期
高血压性心脏病死亡法医学鉴定4例	高静　陈瑞嘉 高省　张桓 李桢	中国法医学杂志	第2期
Y-STR分型技术在性侵犯案件中应用3例	高林林　周志全 陆永佳　李佑英	中国法医学杂志	第2期
性活动致硬化性脑底动脉瘤破裂死亡1例	高省　陈瑞嘉 高静　李志雄 任康　张桓	中国法医学杂志	第2期
单侧上颌骨额突骨折合并鼻中隔骨折鉴定1例	耿海伟　王帅 闫永书　韩义军 贾雪峰	中国法医学杂志	第2期
人血中甲氰菊酯及其代谢产物检测	郭璟琦　石银涛	中国法医学杂志	第2期
手套印痕的DNA检验2例	郭科建　韩清顺 孟琴　曹杰	中国法医学杂志	第2期
类胰蛋白酶在过敏性休克死者心肺肠组织中的表达	郭相杰　岳维平 王慧敏　靳茜茜 张皓月　王英元 高彩荣	中国法医学杂志	第2期
两种国产磁珠试剂盒对常见PCR抑制物去除效果比较	胡清清　何仕霞 刘宇轩　周凤蕾 贾雲舒　黄代新	中国法医学杂志	第2期
vWA和D12S391基因座在亲缘关系个体中的连锁分析	黄健　吴华 汤美云　蔡金洪	中国法医学杂志	第2期
持续卡压致股神经损伤程度分析1例	季金荣　王长保	中国法医学杂志	第2期
河北汉族人群Investigator HDplex 12个STR基因座遗传多态性	雷亮　徐洁 徐宁　付光平 付丽红　张晓静 李淑瑾　丛斌	中国法医学杂志	第2期

续表

文章名称	作者	刊物	期次
X线头影侧位片同一认定指标的建立	李 冰 武秀萍 马艳宁 王玉瑾 刘洪臣	中国法医学杂志	第2期
主动脉夹层内血栓阻塞右冠脉致心梗死亡1例	李 华 蒋金龙 周小表 谭观良	中国法医学杂志	第2期
头面部损伤分析侦破命案2例	李警锋 孙 军	中国法医学杂志	第2期
二次气管切开术中气管塌陷死亡1例	李文鹤 张 琳 苏 秦 杨 怡 祎 杰 邢景军 周亦武	中国法医学杂志	第2期
筛骨骨折损伤程度鉴定新标准的适用分析3例	刘娜娜 张红艳 杨 佛	中国法医学杂志	第2期
交通事故现场分析1例	刘淑波 陈 斌 胡小林	中国法医学杂志	第2期
模式翻转与给撤图像视觉诱发电位的比较研究	刘 微 张馨元 刘技辉 汤 鹏 张 彪 刘 鹏 关楠思 梁宇光	中国法医学杂志	第2期
Y-STR家系排查及数据库建设问题	刘亚举 张俊涛 孙现锋	中国法医学杂志	第2期
臀部刀刺伤致闭孔动脉断裂死亡1例	刘延明 姜铭章	中国法医学杂志	第2期
嗜尸性昆虫群落演替及其法医学应用研究进展	吕 宙 唐 瑞 杨永强 郝建文 万立华	中国法医学杂志	第2期
河南汉族群体DYF403S1和DYF404S1序列分析及多态性	马亚磊 尚万兵 黄艳梅 黄书琴 张 晶 芦 亮 张 翠	中国法医学杂志	第2期

续表

文章名称	作者	刊物	期次
32例脊柱手术术后医疗过错鉴定分析	史肖倩	中国法医学杂志	第2期
利用DNAITS2条形码序列鉴定植物大麻和罂粟	宋炳轲 杨雪莹 裴黎 张颖 徐小玉 涂政	中国法医学杂志	第2期
人牙咬痕法医学同一认定研究现状与展望	宋君 周秦 逯宜 李生斌	中国法医学杂志	第2期
GPC–GC/MS法测定人血中的丙泊酚	宋林 洪战英 张润生 梁晨 陈永生 柴逸峰 范国荣	中国法医学杂志	第2期
人体损伤程度鉴定标准有关创口条款的探讨	苏学民	中国法医学杂志	第2期
利用SNP复合扩增技术推断骨骼所属人种1例	孙启凡 赵蕾 孙敬 赵兴春 李彩霞	中国法医学杂志	第2期
甘肃裕固族人群15个STR基因座遗传多态性	陶晓岚 刘贤海 臧丽丽 姚宏兵 王涛 李建虎	中国法医学杂志	第2期
PentaD、D21S11基因座分型异常分析3例	童梦洁 马庆 王冬花 杨玉玲	中国法医学杂志	第2期
中国广东3个地区汉族人群15个STR基因座遗传多态性	王琳凯 胡玉华 张阮章 王沙燕	中国法医学杂志	第2期
微流控芯片技术在法医遗传学中的研究及进展	魏丽 仪军玲 王英元 李彩霞	中国法医学杂志	第2期
3种方式自杀死亡1例	熊吉德 杨玉柱 毕永能	中国法医学杂志	第2期
20例手指骨骨折造作伤的法医学鉴定分析	徐东升	中国法医学杂志	第2期
植物物证的DNA条形码鉴定分析	杨雪莹 宋炳轲 裴黎 宋经元	中国法医学杂志	第2期

续表

文章名称	作者	刊物	期次
采用家系基因型重建法鉴定半同胞关系1例	易少华 刘宇轩 胡清清 杨庆恩 梅 焜 周凤蕾	中国法医学杂志	第2期
药物成瘾成果的文献计量学分析	张磊乐 刘 鹏 党永辉 陈 腾	中国法医学杂志	第2期
液相色谱-串联质谱法检验全血中的斑蝥素	张蕾萍 舒翠霞 黄 霜 崔冠峰 于忠山 何 毅	中国法医学杂志	第2期
小肠钡造影致钡剂吸入性肺炎1例	张 琳 马祥涛 段祎杰 邢景军 杨 怡 李文鹤 周亦武	中国法医学杂志	第2期
液相色谱-质谱联用法测定生物样品中阿立哌唑与氯氮平	张美玲 张 园 王学宝 张振南 马建设 林 丹 王贤亲	中国法医学杂志	第2期
同一椎体两次外伤的损伤程度鉴定1例	张志威 乐永锐 冯德庆 张 锴	中国法医学杂志	第2期
福州内河真核浮游藻类种群分布调查	郑 武 张书田 卞 戈 杨 堃 黄和鸣 徐彩龙 陈乃宁 刘 泓	中国法医学杂志	第2期
XRF法在透明胶带检验中的应用	常冠群 孙振文 孙玉友 杨瑞琴	公安大学学报（自）	第2期
光驱、硬盘金属外壳及其标签上潜在指印的光学提取研究	汪明松 高树辉	公安大学学报（自）	第2期
光学无损提取平面足迹的原理与方法	陈蕊丽 周吉亮 唐云祁 魏育新	公安大学学报（自）	第2期
红外光谱法检验香烟过滤纤维的研究	姜 红 赵庆波 李明健	公安大学学报（自）	第2期

续表

文章名称	作者	刊物	期次
纳米二氧化钛荧光粉末显现效果实验研究	王婉婷 赵雅彬 罗亚平	公安大学学报(自)	第2期
汽车与摩托车的碰撞事故车速仿真分析	张勇刚	公安大学学报(自)	第2期
针对电子证据的关联获取研究	赵志岩	公安大学学报(自)	第2期
论刑事诉讼中专家辅助人制度——以实践功效、理论争鸣与立法完善展开	陈心歌	中国司法鉴定	第2期
浅议涉农司法鉴定制度的改革与完善	范少罡 宋国建	中国司法鉴定	第2期
论鉴定人出庭制度如何走出实践困境——以民事诉讼为视角	高明生 李丽丽	中国司法鉴定	第2期
刑事人身物证同一认定鉴定意见审查判断规则研究	孔令勇	中国司法鉴定	第2期
阳极氧化电解显现射击前弹壳上手印的研究	李孝君 慕玉玲 李捷 郝翔 关晨	中国司法鉴定	第2期
刑事诉讼证据新规则对鉴定意见的影响	刘铭	中国司法鉴定	第2期
"过劳死"的司法鉴定理论及实践探讨	刘双高 郑金祥 张立勇 罗光华 侯一丁 成建定	中国司法鉴定	第2期
PrepFiler™提取甲醛固定石蜡包埋组织检测STR分型1例	刘亚举 张丽娟	中国司法鉴定	第2期
月牙槽状齿钥匙增配痕迹的实验研究	马元元 陶巧卒 陈薇	中国司法鉴定	第2期
红外热像技术在建筑物渗漏司法鉴定中的应用	马月坤 左勇志 刘亚坤 刘育民 苢运奇 李博天	中国司法鉴定	第2期

续表

文章名称	作者	刊物	期次
北方汉族21个常染色体STR基因座和1个Y染色体STR基因座的群体遗传学调查	穆豪放 张 盾 殷才湧 王丽娜 张 博 王志争 王 建 陈 峰	中国司法鉴定	第2期
专家陪审在鉴定意见审查中的机理与功效	潘 溪	中国司法鉴定	第2期
钉板打击致颈内动脉海绵窦瘘法医学鉴定1例	沙统一 白 晶	中国司法鉴定	第2期
口服奥氮平致心源性猝死1例	邵家龙	中国司法鉴定	第2期
左手伪装笔迹的特征鉴别与同一认定	沈臻懿	中国司法鉴定	第2期
适配体在毒品毒物分析中的应用	孙美琪 曹芳琦 胡小龙 张玉荣 陆鑫蔚 李茂盛 曾立波	中国司法鉴定	第2期
391例高坠死亡案件鉴定分析——以上海市徐汇区为视角	陶凤毅 陈 雨	中国司法鉴定	第2期
浅议强制医疗的解除	王 健	中国司法鉴定	第2期
建筑设备系统司法鉴定实践中的风险分析与防止	徐选才	中国司法鉴定	第2期
健全司法鉴定统一管理体制的路径分析——基于对党的十八届四中全会精神的思考	杨德齐 徐明江 王 维	中国司法鉴定	第2期
司法鉴定投诉制度研究——以鉴定机构和鉴定人为视角	杨进友	中国司法鉴定	第2期
语音同一性鉴定中同声同韵异调音节的可比性定性研究	杨俊杰	中国司法鉴定	第2期
构建刑事诉讼证人、鉴定人出庭作证保障机制的思考	叶 青	中国司法鉴定	第2期
蟾酥毒理学及检测方法研究进展	翟金晓 刘 伟	中国司法鉴定	第2期

续表

文章名称	作者	刊物	期次
基于气相色谱质谱法的不同极性圆珠笔墨迹的比较分析	张清华 徐彻 孙其然 罗仪文 王雅晨	中国司法鉴定	第2期
交通伤与髋部骨折因果关系鉴定2例	邹彩霞 叶欣 黄胜达 徐平	中国司法鉴定	第2期
54式7.62mm手枪射击弹头与玻璃碰撞后弹丸破片形态研究	黄凯 向雷 陈冰 铁尔巴义	中国刑警学院学报	第2期
GC/MS法在检验乙草胺案件中的应用	杨春雷 甘建骏 刘燕	中国刑警学院学报	第2期
$LaF_3:Eu,Tb$ 荧光纳米粉末的制备及其在手印显现中的应用	王猛	中国刑警学院学报	第2期
贵州苗族人群15个STR基因座遗传多态性研究	刘应喜 赵阳 辛阳	中国刑警学院学报	第2期
几类有机染料在显现血手印中的比较研究	胡亚飞 张浩	中国刑警学院学报	第2期
猎枪弹杯损伤与射击距离关系研究	裴志光 王璐	中国刑警学院学报	第2期
溶剂提取－工作曲线法分析黑色墨迹的形成时间	郭东东 吕荫妮 张海鹏	中国刑警学院学报	第2期
网络赌博案件中代理所用主机的电子数据取证特征分析	高杨 罗文华	中国刑警学院学报	第2期
无损检验法区分印油种类的实验研究	李彪	中国刑警学院学报	第2期
足迹自动分析系统（CAFI）功能优化与实现	孟庆博	中国刑警学院学报	第2期
胃下垂、食道下段糜烂穿孔尸体检验1例	常旭光	法医学杂志	第3期
溃疡性结肠炎误诊为结肠癌医疗损害1例	戴清保 张东飞	法医学杂志	第3期
肺肾综合征并发弥漫性肺泡出血猝死2例（英文）	邓恺飞 申山山 陈忆九 黄平	法医学杂志	第3期

续表

文章名称	作者	刊物	期次
急性冠脉综合征 PCI 术后致植物生存状态医疗损害 1 例	顾 君　王志成　樊江波	法医学杂志	第 3 期
MSCT 鉴定高坠死亡 1 例分析	韩顺琪　万 雷　黄 平　陈忆九	法医学杂志	第 3 期
轻微认知损害的 ERP 研究进展	季萌萌　孟欢欢　罗 斌　陈溪萍　陶陆阳	法医学杂志	第 3 期
股动脉损伤急诊转医后死亡医疗纠纷 1 例	李国林　王 俊　高友祥	法医学杂志	第 3 期
59 例过敏反应死亡案例分析	李正东　刘宁国　赵子琴　沈忆文　陈忆九	法医学杂志	第 3 期
使用充电状态下手机触电死亡 1 例	李 智	法医学杂志	第 3 期
福建汉族人群 21 个常染色体 STR 基因座的遗传多态性	练惠辉　戈文东　林 峰　李 斌	法医学杂志	第 3 期
河南汉族人群 23 个 Y – STR 基因座遗传多态性	刘亚举　张 博　史绍杏　李效阳	法医学杂志	第 3 期
法医昆虫毒理学研究进展	刘之江　翟仙敦　官 玲　莫耀南	法医学杂志	第 3 期
螺旋形骨折成伤机制分析的法医学意义	刘子军　刘明树	法医学杂志	第 3 期
海洛因对大鼠海马、杏仁核和额叶皮质 DLG4 的影响	罗良鸣　龚 群　刘建锋　赵明权　陈冬冬　谢耀耀　朱 华	法医学杂志	第 3 期
CT – VRT 测量西南地区汉族人胸骨柄体和与身高的相关性	骆莹贞　涂 梦　范 飞　郑杰骞　杨 明　李 涛　张 奎　邓振华	法医学杂志	第 3 期

续表

文章名称	作 者	刊 物	期次
大鼠过敏性休克死后血清 IgE、类胰蛋白酶的变化	米 丽　高卫民 杜中波　曹志鹏 张 圆　朱宝利	法医学杂志	第 3 期
尿液中 γ-基丁酸及其前体物质的检测和应用	施 妍　崔小培 向 平　沈保华	法医学杂志	第 3 期
尿液中 γ-羟基丁酸及其前体物质的检测和应用	施 妍　崔小培 向 平　沈保华	法医学杂志	第 3 期
大鼠肌肉挫伤后 COX6C mRNA 的表达与损伤时间关系	孙俊红　张 镭 王小伟　杜秋香 路 健　王英元	法医学杂志	第 3 期
高坠伤并发急性筋膜室综合征 1 例（英文）	王 涛　陶陆阳 张建华　邹冬华 官大威　陈忆九	法医学杂志	第 3 期
枕部外伤后听力下降法医学鉴定 1 例	王晓辉　朱 鑫	法医学杂志	第 3 期
非外伤性鼓膜穿孔 1 例	吴卫东　唐勇明 黄 东	法医学杂志	第 3 期
代谢组学在法医毒理学的应用进展	严 慧　沈 敏	法医学杂志	第 3 期
BAT 在非离子型造影剂过敏反应中的诊断价值	张皓月　许素军 唐笑先　牛记军 郭相杰　高彩荣	法医学杂志	第 3 期
6 例食用含三聚氰胺奶粉中毒死亡患儿的法医学分析	赵 杰　李红涛	法医学杂志	第 3 期
采用植绒拭子提取物证破获系列盗窃案 1 例	周 晶　黄晓强 蒋海云	法医学杂志	第 3 期
《人体损伤程度鉴定标准》理解与适用——脊柱与四肢损伤	朱广友　范利华 夏文涛　程亦斌 刘瑞珏　杨小萍 吴 军	法医学杂志	第 3 期
视频中人像静态特征和动态特征研究	白笙学　刘 涛 王 昕　杨 鸣	刑事技术	第 3 期

续表

文章名称	作者	刊物	期次
Time Since Discharge of Chinese-made Cartridges	鲍立垠 周志飞 李轶昳 王晓琳 张刚 马新和 王桂强	刑事技术	第3期
检材采集与保存方式对DNA提取效率的影响	邓淑娇 李萍 黄桂清 杨电	刑事技术	第3期
乳化炸药爆炸残留物分析	樊俊丹 王力春	刑事技术	第3期
汗潜指印显现技术研究进展概况	方姚 沙万中	刑事技术	第3期
502胶熏显手印的Ardrox荧光染色技术研究	冯雅娴 罗亚平 黄昊	刑事技术	第3期
凝胶色谱法在两种塑料物证检验中的应用研究	郭洪玲 权养科 李海燕 石慧霞	刑事技术	第3期
格里斯熏显反应测定64式手枪射击距离	黎乾 温锦锋 彭聪 汪肇辉 黄炜 林贤文 戴维列 邢若葵 胡孙林 王松才	刑事技术	第3期
基于数据库数据分析的DNA证据作用评价	刘冰	刑事技术	第3期
枪支属性检验规范化研究	吕晓森 刘颖 于遨洋 沈云涛 王璐	刑事技术	第3期
被害人学在命案现场分析中的应用(Ⅱ)	闵建雄	刑事技术	第3期
公安基础信息采集系统研制	齐凤亮 邹积鑫 于健 秦达	刑事技术	第3期
酒精依赖者认知功能评估的探索研究	阮若云 熊卉 郭润 卢翔 陈帆 叶懿 颜有仪 廖林川	刑事技术	第3期

续表

文章名称	作者	刊物	期次
非正常死亡案件中丙酮含量分析	宋丽娟 赵培铎 张广华	刑事技术	第3期
电感耦合等离子体质谱检验弹头研究进展	宋小娇 郭洪玲 梅宏成 权养科	刑事技术	第3期
DNA来源人特征刻画的法庭科学应用研究	孙启凡 赵蕾 江丽 权养科 赵兴春 李彩霞	刑事技术	第3期
常见现场指印乳突线印痕分析	王京都 王旭庆	刑事技术	第3期
扫描电镜/能谱法检验激光打印文件	王晓宾 黄建同	刑事技术	第3期
外伤3天后迟发型外伤性脑内血肿死亡	杨明 张伟 王丹 吴松 李健全	刑事技术	第3期
超高效液相色谱检测黄樟素方法研究	翟晚枫 李彭 贺剑锋 高利生	刑事技术	第3期
基于监控视频的Pc-Crash车人碰撞事故再现仿真再验证	张勇刚	刑事技术	第3期
光谱成像和传统光学方法增强光滑纸张上血指印的比较研究	赵丽华 何海明	刑事技术	第3期
石家庄地区汉族人群18个STR基因座遗传多态性调查	周晶 牛一平 杜潇	刑事技术	第3期
尼龙植绒拭子与棉拭子血痕DNA分型效果比较	巴华杰 金明 王林生 苏勇 刘亚楠 林子清	中国法医学杂志	第3期
医疗损害法医司法鉴定的合法性浅析	曾恩泉 杜冰 陈伯礼 邓振华	中国法医学杂志	第3期
交通事故现场法医学检验分析1例	陈方园 马克兢 狄寒冰 张杰 常先扬	中国法医学杂志	第3期
家兔颅脑钝性损伤模型的建立	邓少云 常红发 刘川川	中国法医学杂志	第3期

续表

文章名称	作者	刊物	期次
肌肉注射致小儿臀肌筋膜室综合征死亡1例	丁润涛 任立国 吴 旭 李如波 官大威 何柏林 沈瑞鹏 杜 傲	中国法医学杂志	第3期
触摸痕中接触DNA检验概述	董正志 韩清顺 郭科建 蒋 纲 刘建军	中国法医学杂志	第3期
不规则损伤长度及面积的测量方法	高海彬	中国法医学杂志	第3期
氯胺酮在家兔死后体内的弥散研究	高 渊 程晓花 钱 玮 武 斌 贾 娟 曹 洁 尉志文 杜 艳 王玉瑾	中国法医学杂志	第3期
外伤后肌壁间妊娠致子宫破裂鉴定1例	何仕霞 胡清清 陈晓瑞	中国法医学杂志	第3期
肺部感染性病变基础上胸部损伤程度评定1例	胡火梅 毛桂寿 王宝荣 刘月锦 裘盛毅	中国法医学杂志	第3期
溺杀伪装意外死亡鉴定1例	黄冰峰 黄京璐 罗 斌	中国法医学杂志	第3期
罗文干与中国早期的法医研究所	黄瑞亭	中国法医学杂志	第3期
室间隔缺损封堵术后并发脑栓塞1例	黄 燕 张 翔 申 丽	中国法医学杂志	第3期
江西赣州地区汉族人群19个STR基因座遗传多态性	黄玥蕾 谢 波 陈海英 唐金晶	中国法医学杂志	第3期
D13S317基因座三等位基因遗传学分析	贾雲舒 钱 水 周凤蕾 梅 焜 杨荣芝 易少华 杨庆恩	中国法医学杂志	第3期

续表

文章名称	作者	刊物	期次
法医学混合斑研究进展	雷亮 臧丽丽 徐洁 付光平 付丽红 张晓静 李淑瑾 丛斌	中国法医学杂志	第3期
免疫磁珠法与差异裂解法检验混合样本的效果观察	李学博 丁春丽 宁淑华 王清山 封宇 李红卫	中国法医学杂志	第3期
疑似自杀案件的法医学分析1例	李学刚 邓炳天 戚函 郑之怀 阙正龙	中国法医学杂志	第3期
贵州省汉族群体22个STR基因座遗传多态性	梁芹 张红玲 戴佳林 王启燕 王杰 黄江	中国法医学杂志	第3期
动物骨骼及肌肉DNA检验确定种属	刘灿刚 陈燕祥 吴波 刘浩东 曾发明 程宝文	中国法医学杂志	第3期
儿童无骨折脱位胸脊髓损伤因果关系鉴定分析	刘会 狄胜利 王旭 郭兆明	中国法医学杂志	第3期
300例心源性猝死案例的法医学鉴定分析	刘奇 王杰 于燕妮 黄映康 夏冰 楼迪栋	中国法医学杂志	第3期
辽南地区汉族群体23个STR基因座遗传多态性	刘胜 那春福	中国法医学杂志	第3期
婴儿高坠伤特点探讨1例	刘四海 张勇 戴建宇 崔波	中国法医学杂志	第3期
广东潮安地区汉族人群15个STR基因座遗传多态性	陆志为 郭炜 周伟志 方秀妆 邱泽民 杨思思	中国法医学杂志	第3期
砂纸擦蹭皮肤的DNA提取及检验	路志勇 王敏 宋利军 唐晖	中国法医学杂志	第3期

续表

文章名称	作者	刊物	期次
甘肃临夏州东乡族人群15个STR基因座遗传多态性	罗春学 赵 鹏 陈 蓉 孙小明 张瑞智	中国法医学杂志	第3期
广东龙川地区汉族人群17个Y-STR基因座遗传多态性	骆春芳 经广鑫 彭德华 梁建峰	中国法医学杂志	第3期
瓜子壳上人体脱落细胞DNA检验	骆继怀 孙红兵 杨 鑫	中国法医学杂志	第3期
711例道路交通事故死亡案例分析	钱高枫 沈 靓 单兴尧 唐 伟 屠佳涛	中国法医学杂志	第3期
超高效液相色谱-MS/MS法测定血中11种苯丙胺类物质	王朝虹 张 琳 赵 蒙 刘 勇 李 虹	中国法医学杂志	第3期
建立法医毒物检验鉴定方法体系	王 群	中国法医学杂志	第3期
高频超声检查在周围神经损伤鉴定中的应用价值	王晓刚 鄂占森 陈一武 尹 倩 陈 峥 陈 敏	中国法医学杂志	第3期
中国4个少数民族人群18个STR基因座遗传多态性	魏 丽 张 涛 孙数毅 贾 竟 韩俊萍 赵兴春 李彩霞 王英元	中国法医学杂志	第3期
中国汉族人群46个Y-STR基因座多态性与突变调查	吴微微 王怀锋 郝宏蕾 任文彦 苏艳佳 吕德坚	中国法医学杂志	第3期
贵阳地区常见尸食性蝇类mtDNA分子标记的检测	夏 冰 刘玉铭 王启燕 张红玲 戴佳琳 刘 燚 吴爱民 黄 江	中国法医学杂志	第3期
双侧颈内动脉夹层致脑梗死死亡1例	谢纯清 王瑞权	中国法医学杂志	第3期

续表

文章名称	作者	刊物	期次
超高效液相色谱-串联质谱法测定血液中噻螨酮	徐健君 赵小林 王瑞花 赵冬梅 朱治国	中国法医学杂志	第3期
硫化氢中毒者血中硫化氢的检测及特征鉴别	宣 宇 沈 磊 傅得锋	中国法医学杂志	第3期
交通事故致闭合性胸主动脉破裂死亡1例	闫晓宝	中国法医学杂志	第3期
人粪便STR分型检验	杨 军 郑美麟 廖燕妮 金 阳	中国法医学杂志	第3期
新疆和田地区维吾尔族人群18个STR基因座遗传多态性	姚伊人 赵兴春 白 雪 亢 斌 王 乐 马温华 莫晓婷 迟 威	中国法医学杂志	第3期
洗涤法结合硅珠法提取指甲垢DNA	伊 海 韩海军 张玉红 杨 敏 贾东涛 李士林	中国法医学杂志	第3期
死亡人体组织中rRNA亚基的稳定性及影响因素评价	尹长玉 王向红 卢俊峰 梅 泽 刘富强 任广睦	中国法医学杂志	第3期
根据骨盆CT片特征指标进行同一认定的研究	赵 峰 张 振 丁春丽	中国法医学杂志	第3期
颅咽管瘤致蛛网膜下腔出血猝死1例	赵铁钢 刘畎南	中国法医学杂志	第3期
稀料中毒者生物样本检验	周海梅 吕 坪 马锦琦 李 朴	中国法医学杂志	第3期
倒立体位加土埋致机械性窒息死亡1例	周 勇	中国法医学杂志	第3期
吞针后勒颈自杀法医学分析1例	邹春艳 孙 超	中国法医学杂志	第3期
ATM视频监控图像中人像检验方法研究	李春宇 孙 睿 裴 凯	公安大学学报（自）	第3期
钢丝钳剪切痕迹研究	魏育新 徐少辉 赵林森	公安大学学报（自）	第3期

续表

文章名称	作者	刊物	期次
论添改文件与相对书写时间的关系及鉴定方法	黄建同　牛　凡　王　琳	公安大学学报（自）	第3期
新型LED光源在刑事科学技术领域中的应用与研究展望	赵雅彬　郭　威　罗亚平	公安大学学报（自）	第3期
液相色谱－质谱联用技术检验羟亚胺方法研究	苗翠英　潘星宇　翟晚枫	公安大学学报（自）	第3期
健全统一 规范 公正的司法鉴定制度	卞建林　郭志媛	中国司法鉴定	第3期
4－甲基乙卡西酮的鉴定研究	曹芳琦　李茂盛　袁晓亮　郑水庆　何思阳　陈永生　张润生　刘文斌	中国司法鉴定	第3期
论建构我国统一的司法鉴定救助制度	陈如超　安　朵	中国司法鉴定	第3期
视功能障碍工伤伤残评定有关问题探讨	陈晓刚　邓振华	中国司法鉴定	第3期
电子探针微量物证检验方法在道路交通事故驾乘关系鉴定中的应用1例	樊少军　杨家明　张生斌	中国司法鉴定	第3期
隐藏信息测试研究与应用	范　刚　王　昊	中国司法鉴定	第3期
2015司法鉴定理论与实践研讨会综述	李成涛　王　洁　朱晋峰	中国司法鉴定	第3期
从实际案例探讨父系关系鉴定中单独检验Y－STR标记的局限性	李　莉　柳　燕　林　源　朱如心　赵珍敏	中国司法鉴定	第3期
中国书画司法鉴定典型案例1例	李英男　张蕴宏	中国司法鉴定	第3期
台湾鉴识科学教育与认证制度研究——以与美国的比较为视角	李智源　李承龙	中国司法鉴定	第3期
新《劳动能力鉴定职工工伤与职业病致残等级》及其相关问题的探讨	刘技辉	中国司法鉴定	第3期
一种基于动态比对表的步态特征检验方法	卢启萌　施少培　李　岩　曾锦华	中国司法鉴定	第3期

续表

文章名称	作者	刊物	期次
先天性缺陷儿不当出生医疗损害鉴定案件成因及对策——附26例分析	罗光华　成建定　刘艳伟　郑锦平　彭健莉	中国司法鉴定	第3期
DART-TOFMS检验红色印油初探	吕小宝　连　茹　王长亮　王　莹　张玉荣	中国司法鉴定	第3期
基于两轴式车辆分析载荷对制动印痕产生的影响	潘少猷　张志勇　张泽枫　冯　浩	中国司法鉴定	第3期
认知询问技术的理论与实践述评	任延涛	中国司法鉴定	第3期
超高效液相色谱-串联质谱法检测毛发中的玉米赤霉烯酮	施　妍　卓先义	中国司法鉴定	第3期
受损车辆制动性能检测仪在司法鉴定中的应用	史占彪　陈　强	中国司法鉴定	第3期
刑事案件精神病司法鉴定的功能、障碍因素及破解	宋远升	中国司法鉴定	第3期
抑郁症患者自杀死亡的法医学分析	陶建忠　沈　刚　诸伊凡	中国司法鉴定	第3期
损伤与疾病共存时的职工工伤伤残评定	夏文涛	中国司法鉴定	第3期
事件相关电位在道路交通事故精神伤残评定中运用的初步研究	邢　燕　张钦廷　陈　琛　汤　涛　管　唯　樊慧雨	中国司法鉴定	第3期
机会丧失理论在医疗纠纷处置中的应用	闫　杰　苏丽娜　廖慧丹　郭亚东　张长全　扎拉嘎白乙拉　蔡继峰	中国司法鉴定	第3期
我国司法鉴定人出庭作证制度的完善——以民事诉讼领域权利保障与权力制约为基点	姚　慧	中国司法鉴定	第3期
基于潜在手印的个体识别技术研究发展趋势	姚　雪　罗亚平　唐　晖　刘　莹	中国司法鉴定	第3期

续表

文章名称	作　者	刊　物	期次
新工伤伤残标准脊柱损伤相关条款刍议	张　奎　邓振华	中国司法鉴定	第3期
残疾人康复辅助器具赔偿争议问题及对策	周晓勇　魏晨婧	中国司法鉴定	第3期
缴获物质"开心粉"及"奶茶"检验结果分析	朱彬玲	中国司法鉴定	第3期
AEC柱前衍生化法鉴别纸张的研究	李继民　许英健	中国刑警学院学报	第3期
DBJ12-2型半自动猎枪的构成机件及弹壳痕迹研究	甘建骏　武世杰	中国刑警学院学报	第3期
典型个案中的科学证据侦查应用反思	刘　铭	中国刑警学院学报	第3期
关于公安机关在精麻药品管理中的职能思考	王锐园	中国刑警学院学报	第3期
几种载体上血迹的定性检验	高　野　闫立强 寇　瑾　徐秀明 孙　雪	中国刑警学院学报	第3期
剪贴字匿名信的言语特征及检验	欧阳国亮	中国刑警学院学报	第3期
利用镍粉配制指纹显现高质量磁性粉末研究	张书杰　于明洋 张忠良	中国刑警学院学报	第3期
利用文件十六进制信息检验视频真伪性方法与应用范围研究	何芳州　杨洪臣 蔡能斌	中国刑警学院学报	第3期
纳米发光材料在手印无损DNA显现中的研究	谢　涛　林添春 王　猛	中国刑警学院学报	第3期
喷墨打印文件上成趟星形轮压痕显现方法的实验研究	刘　宁	中国刑警学院学报	第3期
三相中空纤维微萃取-高效液相色谱检测尿液中的海洛因代谢物	王　丹　孟品佳 陈琳琳	中国刑警学院学报	第3期
网上非法贩卖枪支弹药案电子数据取证方法研究	马贺男	中国刑警学院学报	第3期
指纹查询比对系统查询方法研究	郭卫平	中国刑警学院学报	第3期

续表

文 章 名 称	作 者	刊 物	期次
颅面部动静脉畸形治疗中肺栓塞死亡1例	百茹峰 张海东 于天水 刘冉 鄂晓霏	法医学杂志	第4期
福建畲族人群26个Y-STR基因座遗传多态性及其法医学应用	边英男 特来提·赛依提 朱如心 赵琪 张素华	法医学杂志	第4期
临夏回族自治州撒拉族人群15个STR基因座遗传多态性	陈蓉 赵鹏 罗春学 孙小明	法医学杂志	第4期
HCN4、Cx43在电击死者窦房结组织中的表达变化	陈晓峰 梁栋 韩奇 周士锋 郑茂金 王超群	法医学杂志	第4期
交通伤后急性闭角型青光眼鉴定分析2例	程荷英 李春晓 张运阁 刘红梅	法医学杂志	第4期
《人体损伤程度鉴定标准》理解与适用——其他损伤	范利华 朱广友 王飞翔 夏文涛 程亦斌 沈寒坚 吴军	法医学杂志	第4期
人体不同部位骨骼新旧骨折的影像学判断	高海彬	法医学杂志	第4期
鼻内镜术后右眼失明医疗损害1例	郭殊嘉 胡志强 寇兴华	法医学杂志	第4期
尸体化学的研究进展	韩顺琪 秦志强 邓恺飞 张建华 刘宁国 邹冬华 李正东 邵煜 黄平 陈忆九	法医学杂志	第4期
新生儿会厌部异物堵塞致死法医学分析1例	李森全 蒋晓三 徐海涛	法医学杂志	第4期
背包带自勒死亡1例	廖斌雄 向爱和 谭万彪	法医学杂志	第4期

续表

文章名称	作者	刊物	期次
Goldeneye™ DNA 身份鉴定系统 22NC 试剂盒的法医遗传学调查	林　源　阙庭志 赵珍敏　张素华	法医学杂志	第4期
湖南地区苗族人群 26 个 Y-STR 基因座遗传多态性	刘文海　李　行 杨　俊	法医学杂志	第4期
GlobalFiler® PCR 扩增试剂盒验证及其 STR 遗传多态性	路志勇　薛卢艳 张庆霞　赵　怡 刘金杰　唐　晖	法医学杂志	第4期
齿状突游离小骨法医学鉴定 1 例	吕　铭　赵　越 张运阁　李春晓	法医学杂志	第4期
碳酸钡吸入性中毒致死 1 例	孟凡平	法医学杂志	第4期
食管内异物致食管穿孔死亡 1 例	倪自翔　易旭夫 吴雪梅　刘　敏	法医学杂志	第4期
DXS101 基因座稀有等位基因的确认 1 例	石　妍　陈　冲 任　贺　刘　莹	法医学杂志	第4期
Goldeneye™ DNA 身份鉴定系统 25A 试剂盒的法医学验证	孙耀东　曹利平	法医学杂志	第4期
对基层公安法医队伍建设的思考	王红健	法医学杂志	第4期
法医专家辅助人出庭质证规则缺陷与对策	王思思　胡德义 刘　鑫	法医学杂志	第4期
青少年肠系膜上动脉瘤自发性破裂死亡 1 例	王云云　李登新 隋卫东　周小伟 朱少华	法医学杂志	第4期
高温环境下死亡大鼠肾傅里叶显微红外光谱变化	王志军　申山山 邓恺飞　秦志强 黄　平　王振原	法医学杂志	第4期
苏州大学医学部法医学系简介	杨　娅　陶陆阳	法医学杂志	第4期
霰弹枪近距离射击致人颅脑损伤死亡 2 例	于树振　佘延峰	法医学杂志	第4期

续表

文章名称	作者	刊物	期次
钝性外力作用致四肢长骨干骨折99例分析	余延和 杨春治 魏其琛 张玲芬 汪仁典	法医学杂志	第4期
电击死大鼠心脏超微结构及HSP70、HIF-1α表达变化	张国忠 李瑞利 冯国伟 毕海涛 王松军 丛 斌 左 敏	法医学杂志	第4期
针刀针刺治疗中并发急性咽部出血死亡1例(英文)	张 琳 段祎杰 邢景军 周亦武	法医学杂志	第4期
Z系药物的法医毒理学研究进展	张永志 何洪源 佘彩蒙 廉 洁	法医学杂志	第4期
利用剪切痕迹特征推断剪切工具	崔 军 杨宇波 王泳辉 孙建军	刑事技术	第4期
1025例涉案手机和电脑接头类检材的DNA检验分析	董迎春 李诗柳 言梦非 刘宗伟 朱 怡	刑事技术	第4期
交通伤后多因素介入致死的死因分析	黄家才 黄思兴 张先国 孔 斌 吴 勇 郑 涛 李茂阳 泽 娜	刑事技术	第4期
精神活性物质检测技术的研究进展	李 彭 贺剑锋 刘克林 张春水 高利生 郑 珲	刑事技术	第4期
现阶段我国DNA数据库发展的几个关键问题	刘 冰	刑事技术	第4期
晋城汉族人群19个STR基因座遗传多态性	刘雁军 贺小华 巩智刚 李 琳 王 冰 张天林	刑事技术	第4期
Android智能手机中删除短信的提取	龙 源 邢桂东 郭丽莉 楚川红 仲利静	刑事技术	第4期

续表

文章名称	作者	刊物	期次
交通事故中塑料物证的检验	罗仪文 孙其然 徐彻 卞新伟	刑事技术	第4期
被害人学在命案现场分析中的应用（Ⅲ）	闵建雄	刑事技术	第4期
运用第三方 recovery 破解安卓手机屏幕锁	石穗东 李蒙 雷鸣	刑事技术	第4期
物理显影液与油红O显现纸张上手印的效果评估	王明超 王丹华	刑事技术	第4期
紫外荧光法检验激光打印文字朱墨时序	王少仿	刑事技术	第4期
骨骼上工具痕迹预处理新方法研究	王震 刘晋 燕宇 何晨皎	刑事技术	第4期
利用445nm 激光检测指印固有荧光	杨飞黄 高树辉 侯雨石	刑事技术	第4期
基于特征模型的工具痕迹特征唯一性研究	杨敏 牟丽	刑事技术	第4期
曲面客体铸模整体分离痕迹检验研究	袁国平 王萍 蒋铁奇 刘晋	刑事技术	第4期
低质模糊视频人像的综合性检验与同一认定	张大治 向宁 周鹏	刑事技术	第4期
胸腰段椎体压缩骨折的法医学鉴定	张鑫 刘莹	刑事技术	第4期
汗潜手印显现方法研究的回顾与展望	赵雅彬 罗亚平	刑事技术	第4期
利用立顶和防盗网间剪切角度快速区分直柄式与液压式断线钳	祝忠波 向进 刘四海 李峰	刑事技术	第4期
常见假币形成方式区分方法研究	邹积鑫 于健 齐凤亮 秦达 孙林	刑事技术	第4期
中国汉族人群23个STR基因座遗传多态性	白雪 姚伊人 李俊涛 刘琳 王乐 马温华 莫晓婷 张建 赵兴春 叶健	中国法医学杂志	第4期

续表

文章名称	作者	刊物	期次
AutoCAD 角度测量的法医学应用	谌 龙　文茂林　何 平　李俊松	中国法医学杂志	第4期
中药中毒法医学鉴定浅析	储德强	中国法医学杂志	第4期
锁骨颅骨发育不全法医学鉴定2例	邓宏亮　童铁军	中国法医学杂志	第4期
98例医疗过错鉴定的回顾性分析	邓姣娟　穆 娇　刘龙清　朱少华　谢静茹　董红梅	中国法医学杂志	第4期
不同浓度EDTA脱钙液对骨骼DNA提取效率的影响	董慧婷　路志勇　焦章平　刘金杰　唐 晖	中国法医学杂志	第4期
内质网应激在束缚和挤压伤致大鼠肝损害中的作用	杜澍金　张晓静　韩晓雯　耿 静　李英敏　丛 斌	中国法医学杂志	第4期
钝性心脏破裂死亡法医学分析1例	方 东　蔡型文　杨万歌	中国法医学杂志	第4期
肋骨与锁骨骨折并存伤残评定分析1例	冯志华　陈秋莲	中国法医学杂志	第4期
颅脑外伤痊愈后再发蛛网膜下腔出血1例	付佳旗　董 娟　赵小红　陈晓瑞	中国法医学杂志	第4期
二分髌骨误诊为髌骨骨折法医学鉴定1例	高海彬　吕大磊　郭佳琪　梁丽丽	中国法医学杂志	第4期
12例烧炭自杀法医学鉴定分析	古今平　周品涛　赵二红	中国法医学杂志	第4期
9例脑室出血法医学分析	何仕霞　胡清清　陈晓瑞　张玲莉	中国法医学杂志	第4期
旅途性精神病自杀死亡的法医学分析	何正刚	中国法医学杂志	第4期
脑干腹侧肠源性囊肿死亡分析1例	胡宏远　张 平　于万威	中国法医学杂志	第4期
无骨折脱位型颈髓损伤35例法医学鉴定分析	李 伟	中国法医学杂志	第4期

续表

文章名称	作者	刊物	期次
苏州地区凉山籍彝族人群17个STR基因座遗传多态性	李忠杰 吴 虎 吴海军 周如华	中国法医学杂志	第4期
6岁小孩自缢致机械性窒息死亡1例	梁翠芬 杨安顺 吴锡福	中国法医学杂志	第4期
黄瘤病致心性猝死1例	刘 奇 楼迪栋 于燕妮 王 杰	中国法医学杂志	第4期
根据牙齿磨耗程度推断无名尸年龄误差分析1例	刘圣兵 方丛行 唐俊亮 吴成庆	中国法医学杂志	第4期
过渡期《人体损伤程度鉴定标准》的适用	刘 鑫 胡德义 郑丽伟	中国法医学杂志	第4期
人血液和肝组织中杀扑磷的气相色谱快速分析	马静红 尹小玲 蔡向阳 金 鸣	中国法医学杂志	第4期
胎儿宫内死亡的法医病理学检查要点	马素华 权 力	中国法医学杂志	第4期
DNATyper Y21直扩试剂盒技术指标测试及应用价值评价	莫晓婷 欧 元 白 雪 王 乐 马温华 孙启凡 姚伊人 王 斌 王邦义 张 建 李彩霞 孙 敬 赵 蕾 亢 斌 马 新 杨 帆 江 丽 赵兴春	中国法医学杂志	第4期
胸腺瘤切除术后重症肌无力危象死亡1例	穆 娇 刘龙清 屈希良 朱少华 林 威 董红梅	中国法医学杂志	第4期
LC-MS/MS法检测尸体血液及脏器组织中的呋喃丹	石银涛 任 飞 张 盼 王俊伟 郑 经	中国法医学杂志	第4期

续表

文 章 名 称	作 者	刊 物	期 次
注射 H1N1 疫苗后心源性猝死法医学鉴定 1 例	史为博 刘 洁 易善勇 王 洁 张国忠 李英敏 丛 斌	中国法医学杂志	第 4 期
不同输液量救治失血性休克疗效和脑 AQP4 表达观察	苏锐冰 陈溢润 王 典 黄文龙 刘志伟 吕俊耀 于晓军	中国法医学杂志	第 4 期
大鼠肌肉组织挫伤后 ASL mRNA 表达与损伤时间的关系	孙俊红 朱细燕 王小伟 李三强 杜秋香 路 健 王英元	中国法医学杂志	第 4 期
烟头上脱落细胞 3 种 DNA 提取方法的比较	汪昌丽 樊哲仁 封 宇	中国法医学杂志	第 4 期
中国汉族成年人眉眼部特征的年龄变化初探	王 芳 张继宗	中国法医学杂志	第 4 期
"502" 熏显对指印 STR 分型检验影响观察	王 科 张立臣 温富兴 缪元颖	中国法医学杂志	第 4 期
拳击下颌部致基底动脉撕裂死亡 1 例	王立广 李明明	中国法医学杂志	第 4 期
试论人身损害赔偿中的后续诊疗项目评定	王 旭 宁 锦	中国法医学杂志	第 4 期
大鼠死后骨骼肌 DNA 降解规律与晚期死亡时间的关系	王 勇 杨雅丽 王 晶 李海龙 陈 彻	中国法医学杂志	第 4 期
广州及杭州 6 种嗜尸性蝇类生长发育规律的观察分析	王 禹 王江峰 特来提·赛依提 王 敏 胡 萃 叶恭银	中国法医学杂志	第 4 期
EasyTwain 图像分析在肺萎陷程度鉴定中的应用	谢 骅 崔玉宝	中国法医学杂志	第 4 期

续表

文章名称	作者	刊物	期次
疑似勒死的自缢死亡法医学分析1例	徐东升	中国法医学杂志	第4期
广西毛南族人群12个STR基因座遗传多态性	叶乾素 唐剑频 陈祖聪 汪 萍	中国法医学杂志	第4期
原发性脑干损伤研究进展	张海涛 张 磊 邹志虹	中国法医学杂志	第4期
Y-STR突变及快速突变Y-STR的法医学应用价值	张文琼 刘宇轩 黄代新	中国法医学杂志	第4期
改良腭咽成形术后迟发性出血引起吸入性窒息1例	张 圆 曹志鹏 雒心怡 李如波 官大威 朱宝利	中国法医学杂志	第4期
闽西地区汉族人群20个STR基因座遗传多态性	张 竹 陈婷婷	中国法医学杂志	第4期
DYS389和DYS385基因座的异常分型	赵 丽 高 峰 张艳霞 李爱强 王项华	中国法医学杂志	第4期
19个STR基因座分型在741例亲子鉴定中的应用	周保成 许天龙 毛华芬 张长春 施庆喜 顾 莹	中国法医学杂志	第4期
不同点取特征方法对于指纹鉴定人员在分析阶段点取特征的影响	冯雅娴 罗亚平	公安大学学报(自)	第4期
光滑曲面的离散化研究	李排昌 左 萍	公安大学学报(自)	第4期
汉字笔迹间不同人相似度和同一人稳定度的量化实验研究	张 云 李育革 石 惠	公安大学学报(自)	第4期
中国大陆地区汉族15个常染色体STR基因座的突变分析	赵 琢 张 捷 柳 明 刘志鹏 王 华 孙 俐 翟自芹	公安大学学报(自)	第4期
个体年龄推断的法医学研究进展	边英男 张素华 李成涛	中国司法鉴定	第4期

续表

文章名称	作者	刊物	期次
侦鉴一体的弊端与改造	陈邦达	中国司法鉴定	第4期
2014年度全国司法鉴定情况统计分析	党凌云 郑振玉 宋丽娟	中国司法鉴定	第4期
交通伤致桡骨远端骨折成伤机制分析	杜宇	中国司法鉴定	第4期
浅议检察机关会计司法鉴定的主要职责	段文惠	中国司法鉴定	第4期
以审判为中心诉讼制度下鉴定人出庭制度研究	樊崇义 李思远	中国司法鉴定	第4期
腰椎外伤并椎体血管瘤法医学鉴定1例	冯国平 梁志强 曹银洁 黄利玲 张海磊	中国司法鉴定	第4期
健全统一司法鉴定管理体制的创新思路	郭华	中国司法鉴定	第4期
医患纠纷处置演进与法制困境	胡亚琼 陈蓓 郑陆林	中国司法鉴定	第4期
统一伤残等级鉴定标准的原则与建议	季阳 吕元一 于晓军	中国司法鉴定	第4期
星形轮压痕作为喷墨打印机个体识别依据的实验研究	刘宁	中国司法鉴定	第4期
ImageXpert印刷图文分析系统检验印刷文件灰度值初探	马陈俊 杨旭	中国司法鉴定	第4期
240例颅脑损伤死亡案例的回顾性研究	穆娇 徐伦武 刘龙清 张吉 林威 董红梅	中国司法鉴定	第4期
笔迹鉴定过程中的心理偏差及其控制	潘自勤 张志斌	中国司法鉴定	第4期
强制医疗司法鉴定管理制度的改革与完善	沈臻懿 杜志淳	中国司法鉴定	第4期
完善鉴定人和鉴定机构制度的对策与建议	孙大明	中国司法鉴定	第4期
锈蚀法显现机动车辆发动机号码可行性分析1例	谭秋华	中国司法鉴定	第4期

续表

文章名称	作者	刊物	期次
免疫标记法在汗潜手印的显现与成分检测中的应用进展	汤凤梅 马荣梁 冯永杰 吴浩 曲会英 刘寰	中国司法鉴定	第4期
不负刑事责任精神病人强制医疗相关问题探讨	魏江辉 蔡伟雄	中国司法鉴定	第4期
刑事诉讼中专家辅助人出庭的观念、制度和技术再探讨——以林森浩案二审为样本	吴真	中国司法鉴定	第4期
试论书写节奏在笔迹特征中的表现及实践应用	向七仙 李晓玲	中国司法鉴定	第4期
218例医疗纠纷法医学鉴定回顾分析	颜伟韬 符晓亮 闫杰 郭亚东 蔡继峰	中国司法鉴定	第4期
车辆火灾事故鉴定方法及应用	袁锡仓 张立君	中国司法鉴定	第4期
颅脑损伤的损伤程度综合评定2例	张浩 曹云 王如武	中国司法鉴定	第4期
确定碰撞时车辆行驶位置的要点及应用	张泽枫 张培锋 赵明辉 李丽莉	中国司法鉴定	第4期
基于交叉学科平台的法学专业转型发展的路径探索——以法务(司法)会计本科教育为视角	郑谊英	中国司法鉴定	第4期
WFS视频监控系统数据搜索与恢复技术研究	李子川	中国刑警学院学报	第4期
爆炸现场炸药残留物的分布规律研究	马鸿刚	中国刑警学院学报	第4期
常见遥控类爆炸装置关键组成部件及其爆炸碎片研究	陈立宏 张洪国 张彦春	中国刑警学院学报	第4期
车用涂料的差示扫描量热法分析	张振宇 李朝军 李继民	中国刑警学院学报	第4期
从电子数据取证角度看Windows 7操作系统新变化	罗文华 郑志翔	中国刑警学院学报	第4期

续表

文章名称	作者	刊物	期次
毒品包装塑料自封袋上汗潜手印的荧光超微粒悬浮液显现新技术研究	张丽梅 张冬冬 王帅 顾晓晨 张忠良	中国刑警学院学报	第4期
基于维纳滤波的模糊图像复原研究	王华朋 刘波 陈路 孟超	中国刑警学院学报	第4期
棘轮式线缆剪剪切痕迹特征及其检验	王勇 杨光	中国刑警学院学报	第4期
命案中接触类DNA检材的提取及检验	宋凯亮 张健	中国刑警学院学报	第4期
山西太原地区汉族人群20个STR基因座遗传多态性调查	张娟层 赵阳 刘永康	中国刑警学院学报	第4期
显微观察法检验中性笔笔画与印章印文形成时序的研究	秦玉红	中国刑警学院学报	第4期
悬浮液颗粒度大小对手印显现效果研究	张鸿雁	中国刑警学院学报	第4期
油痕扩散法判定印泥印文形成时间的实验研究	房晓龙 韩丹岩	中国刑警学院学报	第4期
运用多元回归分析法估算身高和体重	甘霖	中国刑警学院学报	第4期
西安交通大学医学部法医学院简介	陈博谦 王振原	法医学杂志	第5期
亲子鉴定中46,××男性性反转1例	陈芳 章红星 陈建红 黄琼	法医学杂志	第5期
造作伤并伪造现场1例	陈伟 于山 洪仕君	法医学杂志	第5期
15个常染色体和10个Y-STR基因座复合扩增试剂盒的研发	董研 林双双 曹禹 吴微微 黄书琴 郑卫国 李发院 葛斌文 郭育林 周怀谷	法医学杂志	第5期
D12S391、D6S1043在西藏藏族和四川汉族人群中的遗传多态性	高泾尚 索朗旦增 罗桑 苏永东	法医学杂志	第5期
特大爆炸事故的法医学鉴定	华海 朱诒琦 李民 周如华 储俊 张刚 江洋	法医学杂志	第5期

续表

文章名称	作者	刊物	期次
简忆我在同济的法医生涯	黄光照 韩仁峰 梁诗尘 黄晓江	法医学杂志	第5期
小心脏综合征伴冠状动脉发育不良及心肌桥猝死1例	黄瑞润	法医学杂志	第5期
服用"加味升麻葛根汤"合并间质性肺炎死亡1例	柯曾水 冯书涛 刘金锁 屈锋利	法医学杂志	第5期
闭合性胰腺损伤引发医疗损害2例	赖曙光 余贤旺 李永宏	法医学杂志	第5期
18个X-InDel位点在湖南汉族人群的遗传多态性	李　行　吕凌飞	法医学杂志	第5期
人类暴力攻击行为的遗传相关性研究进展	李　辉　李　磊 徐红梅　赵子琴 刘文斌　周怀谷	法医学杂志	第5期
SFRP5 mRNA在大鼠肌肉挫伤后的表达	李三强　刘雁军 朱细燕　杜秋香 王亚方　王英元 孙俊红	法医学杂志	第5期
105例被监管人员死亡案例分析	李昱陶　宋丽娟 曹爱奎　周　健 高彩荣	法医学杂志	第5期
过劳死与劳动强度、心血管事件风险的相关性分析1例（英文）	刘宁国　王　涛 黄　平　秦志强 张建华　陈忆九	法医学杂志	第5期
致死性脑干脑炎婴幼儿炎症细胞分布及PSGL-1的表达	刘　岩　钟巧娥 王景舟　王永在 顾　捷　孙文娟 白慧茹　陈丽琴	法医学杂志	第5期
卵巢巧克力囊肿合并妊娠死亡1例	陆凯明　王志永 卞士中　张志湘	法医学杂志	第5期

续表

文 章 名 称	作 者	刊 物	期 次
中国成年男性一手掌占全身体表面积比值的计算	陆 晓　高 东	法医学杂志	第5期
线粒体SNP分型用于法医DNA检验1例	阙庭志　朱如心 赵珍敏	法医学杂志	第5期
过敏性猝死豚鼠不及时冷藏对血清IgE的影响及法医学意义	苏　俊　余　舰 刘　勇	法医学杂志	第5期
单一肢体损伤的功能评定	孙会艳	法医学杂志	第5期
33例肺动脉血栓栓塞死亡的法医学分析	孙　杰　张建华 邹冬华　陈忆九	法医学杂志	第5期
干细胞移植患者不同组织STR基因型分型比较	童梦洁　何凤琴 马　庆　周超东 陈　玲	法医学杂志	第5期
创伤后急性骨萎缩法医学鉴定1例	王飞翔　范利华 夏文涛　应充亮	法医学杂志	第5期
甲基苯丙胺中毒相关死亡法医学死因分析3例	王　涛　翁榕花 邹冬华　张建华 黄　平　陈　敏 秦志强　刘宁国 陈忆九	法医学杂志	第5期
眼外伤评分法在机械性眼损伤中的法医学应用	项　剑　郭兆明 王　旭　于丽丽 刘　会	法医学杂志	第5期
"后抢脸"致儿童无骨折脱位型脊髓损伤1例	闫晓宝　杨保丰 张　金　李旭辉	法医学杂志	第5期
甘肃裕固族人群21个非CODIS STR基因座遗传多态性	张子龙　马丽英 孙红兵　杨　鑫 骆继怀	法医学杂志	第5期
应激性心肌病研究进展及法医学意义	周小伟　王云云 Anandas S 袁如霞　李浩然 朱少华	法医学杂志	第5期

续表

文章名称	作者	刊物	期次
58 例神经性勃起功能障碍法医学分析（英文）	朱广友 沈 彦 刘洪国	法医学杂志	第 5 期
勒颈致缺氧性脑病法医学鉴定 1 例	朱镕霆 杨 蕾 郑传斐 徐晓明	法医学杂志	第 5 期
64 式与 92 式手枪弹的射击时间	鲍立垠 周志飞 土晓琳 李轶昳 张 刚 马新和	刑事技术	第 5 期
不完整 STR 分型的价值挖掘	陈 静 苑美青 谢 群 徐秀兰 徐 珍 李万水	刑事技术	第 5 期
单细胞分离检验技术在法医学中的应用研究	丰 蕾 杨 帆 李彩霞 徐 珍 涂 政 李万水 胡 兰	刑事技术	第 5 期
顶空气相色谱法测定血中乙醇含量不确定度分析	何文芬 金广庆	刑事技术	第 5 期
DNA 数据库数据挖掘应用研究	刘 冰	刑事技术	第 5 期
和田地区哈萨克族人群 23 个 STR 基因座遗传多态性	刘 胜 贾 菲 刘 锋	刑事技术	第 5 期
SPE–HPLC/QTOF–MS 法检测人全血中马钱子碱	刘文龙 孙志卫 李常明 丁 丁 陈文斌	刑事技术	第 5 期
合成大麻素 JWH–250 的高效液相色谱分析方法研究	苗翠英 邱志远 翟晚枫 魏 巍 全雪峰 王兆玉	刑事技术	第 5 期
被害人学在命案现场分析中的应用(Ⅳ)	闵建雄	刑事技术	第 5 期
高效液相色谱–蒸发光散射法分析油脂物证种属特征	乔 杰 赵鹏程 许英健 韩 闯	刑事技术	第 5 期

续表

文章名称	作者	刊物	期次
GlobalFiler™剂盒在尸骨鉴定中的应用	任文彦 郝宏蕾 王怀锋 吴微微 苏艳佳	刑事技术	第5期
GlobalFiler™试剂盒在尸骨鉴定中的应用	任文彦 郝宏蕾 王怀锋 吴微微 苏艳佳	刑事技术	第5期
遗传病推断复合扩增体系的构建	孙启凡 赵蕾 徐颖 王玮 龙源 马纪强 魏以梁 赵兴春 叶健 李彩霞	刑事技术	第5期
济宁地区汉族人群16个Y-STR基因座遗传多态性	孙庆东 侯伟光	刑事技术	第5期
摩托车驾车人死亡事故有关损伤分析	童昉 张琳 段祎杰 邢景军 杨怡 李文鹤 梁悦 周亦武	刑事技术	第5期
二代测序技术及其在法医遗传学中的应用	王乐 叶健 白雪 杨帆 赵兴春	刑事技术	第5期
植绒和棉签拭子对不同载体微量生物物证的提取研究	徐海军 叶志鹏 徐姚力 张金燕 李丽	刑事技术	第5期
短波紫外反射法显现香烟外包装塑料薄膜表面潜在指印	杨鸣 刘涛	刑事技术	第5期
线粒体全基因组测序在法医学中的应用	姚岚 李万水 胡兰 徐珍	刑事技术	第5期
D19S433基因座稀有等位基因4的发现与确认	张怀才 丁少成 李佑英	刑事技术	第5期
光学相干断层成像检验技术	张宁 黎智辉 许小京	刑事技术	第5期

续表

文章名称	作者	刊物	期次
男性个体 Amelogenin 基因座无效扩增 1 例	陈爱萍 刘 峰 尹 路	中国法医学杂志	第 5 期
运用超声判断胎儿死亡时间 1 例	陈 巍 高永超 王成权	中国法医学杂志	第 5 期
影像学检查在交通伤致股骨头缺血性坏死鉴定中的价值	程 光 刘 明 高 军 宗双乐	中国法医学杂志	第 5 期
染色体 Yp11.2 范围内多个 Y-STR 等位基因缺失探究	邓继良 胡森杰 刘亚举 李 政 张兹钧	中国法医学杂志	第 5 期
云南傣族人群 15 个 STR 基因座遗传多态性	董雪梅 肖普芳 张 东 毕智勇 杨 濮 黄 颖 许冰莹	中国法医学杂志	第 5 期
电击后勒颈他杀法医学鉴定 1 例	段祎杰 黄泉源 杨 怡 贾海鹏 苏 秦 张 琳 李文鹤 周亦武	中国法医学杂志	第 5 期
以创道长度评定面部贯通伤 1 例	冯 凯 董玉友	中国法医学杂志	第 5 期
口服阿奇霉素分散片后死亡 1 例	高 爽 张金刚 白银冰	中国法医学杂志	第 5 期
应用 STR 和 SRY 分型鉴定性分化异常 1 例	韩俊永 王 坤 薛士杰 金静君 陈金烟 刘慎敏	中国法医学杂志	第 5 期
山东汉族群体 39 个 STR 基因座遗传多态性	韩清顺 黄 磊 宋丙林 孙庆东 郭科建 张梦昭 李萌萌 王华伟 孟 琴	中国法医学杂志	第 5 期
林几教授在日本侵华时期坚持法医学教育	黄瑞亭	中国法医学杂志	第 5 期

续表

文章名称	作者	刊物	期次
《法医月刊》办刊特色与历史作用	黄瑞亭	中国法医学杂志	第5期
利用螺旋CT三维扫描成像鉴定成年活体年龄1例	赖小平 林汉光 吴德清 邝文建 陈 锐 唐剑频 许传超 邱升元	中国法医学杂志	第5期
根据损伤确定臂长推测罪犯身高1例	李东东 陈新山 李 敬 王志琴	中国法医学杂志	第5期
大鼠应激性心肌病模型心肌组织BNP的表达变化	李 凤 李玉军 王 凯 李 宏 冉雯雯 杨 平	中国法医学杂志	第5期
云南哈尼族人群15个STR基因座遗传多态性	李 景 文静涛 罗明胜 邓云川 郑增福 苏俊玮 黄 颖 许冰莹	中国法医学杂志	第5期
挂衣架悬吊卡颈窒息死亡1例	李慎明 李国明	中国法医学杂志	第5期
应用MRI对膝关节交叉韧带断裂鉴定45例分析	李 伟	中国法医学杂志	第5期
少精、弱精症精斑检验1例	梁翠芬 向 轲 崔晓光 朱小畴	中国法医学杂志	第5期
颈部神经纤维瘤浸润右颈内动脉致破裂猝死1例	梁 悦 张 琳 吴 江 段祎杰 邢景军 杨 怡 李文鹤 童 昉 周亦武	中国法医学杂志	第5期
刮宫术后脑出血死亡法医学分析1例	林彩雯 王玉娃	中国法医学杂志	第5期
218例交通致死案件中车辆类型与死亡关系分析	刘 泉	中国法医学杂志	第5期
CT片观察指标分析在新旧眶内壁骨折鉴别中的应用	刘 莹 张 鑫 高晓东 封 华 卞晶晶	中国法医学杂志	第5期

续表

文章名称	作　者	刊　物	期次
视盘 RNFL 检查在法医学客观视野评估中的价值	卢韦华琳　王　旭	中国法医学杂志	第 5 期
外伤致颅骨骨膜下血肿损伤程度鉴定分析 1 例	吕茂群　兰云殿　胡华子	中国法医学杂志	第 5 期
死亡时间推断的方法学研究进展	马剑龙　陈　龙	中国法医学杂志	第 5 期
人血液、尿液中保泰松的气相色谱快速分析	马静红　张　隆　蔡向阳　金　鸣	中国法医学杂志	第 5 期
腹腔卒中综合征致死亡 1 例	毛彦辉　张艳艳　赵文举　尚万兵　郭胜华　樊爱英	中国法医学杂志	第 5 期
心脏震荡研究现状及法医学鉴定	穆　娇　徐伦武　刘龙清　张　吉　林　威　董红梅	中国法医学杂志	第 5 期
辽宁清原县满族 19 个 STR 基因座遗传多态性	那春福　魏建生　金　萍	中国法医学杂志	第 5 期
我国公安法医人才教育与培养现状与对策初探	庞宏兵	中国法医学杂志	第 5 期
急性 METH 中毒大鼠心肌 LTCCs $\alpha\_(1c)$ 和 β_2 的表达	宋健文　梁嘉珮　乔东访　曲一泓　刘　超　王慧君　岳　霞	中国法医学杂志	第 5 期
178 例中毒死亡案例分析	陶凤毅	中国法医学杂志	第 5 期
山东菏泽市汉族人群 18 个常染色体 STR 基因座遗传多态性	王超群　赵兴春　孙启凡　邓　锴　王　乐　白　雪　刘金杰　王　峰　姚伊人　叶　健	中国法医学杂志	第 5 期
命案现场血迹分析 1 例	王　勇　赵　爽　李红卫　贾硕果　吴玉红　吴　伟	中国法医学杂志	第 5 期

续表

文章名称	作者	刊物	期次
AIS–ISS 创伤评分在人体损伤程度鉴定中的应用	王长保　董黄勇	中国法医学杂志	第5期
额部孔状骨折致伤物推断1例	吴　东　李晨霞	中国法医学杂志	第5期
流行性出血热死亡法医学鉴定1例	武建才　彭玉山 苏　祺	中国法医学杂志	第5期
哒螨灵中毒者的 GC/MS 检验1例	夏　勇　康凯渊	中国法医学杂志	第5期
利用外显子组测序技术鉴定猝死死因1例	许传超　蒋拥军 吕国丽　赖小平 林汉光　唐剑频 邝文健　陈　锐	中国法医学杂志	第5期
利用 ICF 量表对 TBI 进行伤残评定的可行性研究	尤　萌　方　雯 王　旭　狄胜利 张凤芹　郭兆明 项　剑　卢韡桦 常　林　杨天潼	中国法医学杂志	第5期
云南壮族人群15个常染色体 STR 基因座遗传多态性	翟　滇　陈立方 吴道来　何　玮 黄　颖　许冰莹	中国法医学杂志	第5期
爆炸案件现场重建1例	张　浩　李进成 陈燕祥　吴道来	中国法医学杂志	第5期
静脉滴注头孢替安致双硫仑样反应死亡1例	张建华　李文展 陈忆九	中国法医学杂志	第5期
利用显微搜索衣物上血迹进行 DNA 检验1例	张　瑾　张　颖 刘开会　温帅媛 白艳平　陶克明	中国法医学杂志	第5期
不同前处理方法对全血中12种毒品成分检测结果的影响	张　琳　王朝虹 李　虹　刘　勇 赵　蒙　李继印	中国法医学杂志	第5期
中国朝鲜族3个多拷贝 Y–STR 基因座遗传多态性	张明龙　张永吉	中国法医学杂志	第5期

续表

文章名称	作 者	刊 物	期次
甘肃临夏回族自治州汉族人群15个STR基因座遗传多态性	赵 鹏 孙小明 罗春学 陈 蓉 丁延云 张宗清	中国法医学杂志	第5期
SPE-LC-MS/MS测定生物检材中4-甲氧基甲基安非他明	朱焕慧 梁敏思	中国法医学杂志	第5期
浅析凶杀案件现场分析作案人数的推断依据	艾拉地力·乌拉斯汉 李文展 葛延昌 马开军	中国司法鉴定	第5期
民事司法中的当事人闹鉴及其对策	安 朵	中国司法鉴定	第5期
XRF法在封箱胶带检验中的应用	常冠群 孙振文 孙玉友 杨瑞琴 乔 婷	中国司法鉴定	第5期
疑难单亲亲子鉴定1例	陈 芳 章红星 陈建红 马武军	中国司法鉴定	第5期
语音同一性鉴定意见阐析	陈维娜	中国司法鉴定	第5期
796例法医毒物鉴定案件浅析	达 情 杨 娅 陆凯明 王晓姝	中国司法鉴定	第5期
道路交通事故技术鉴定发展概述	冯 浩 陈建国 张志勇 潘少猷	中国司法鉴定	第5期
中美手印鉴定程序比较研究	胡家栋	中国司法鉴定	第5期
脊髓损伤致尿潴留因果关系鉴定2例	黎昆良 鲁云生 徐瑞粒	中国司法鉴定	第5期
道路交通信号灯显示状态鉴定方法	李平凡 俞春俊 李 毅 黄 钢	中国司法鉴定	第5期
多重PCR结合飞行质谱技术检测40%非缓冲甲醛固定组织中的降解DNA	柳 燕 李 莉 林 源 赵珍敏	中国司法鉴定	第5期
量化激光打印机打印文件墨迹形态微观特征分析研究	牟小彬 王 洁 程卫国	中国司法鉴定	第5期
颅脑损伤术后引发医疗纠纷司法鉴定1例	潘娟娟 宋庆福 沈雪洪 马 蓝	中国司法鉴定	第5期

续表

文章名称	作者	刊物	期次
魂欲归故里，鉴以斩其荆	阮隽峰	中国司法鉴定	第5期
功能磁共振技术在脑外伤所致精神障碍者精神伤残评定中的价值	汤涛 张钦廷 蔡伟雄 刘超 汤伟军	中国司法鉴定	第5期
我国司法鉴定体制改革研究	汤维建 王德良	中国司法鉴定	第5期
不同血型个体混合细胞的免疫标识及DNA检验	王清山 李学博 李红卫	中国司法鉴定	第5期
我国统一司法鉴定立法的有益探索——以司法鉴定地方立法为视角	王瑞恒	中国司法鉴定	第5期
医疗损害司法鉴定常见投诉问题及对策	王伟国 李雅杰 霍家润	中国司法鉴定	第5期
高等医学院校司法鉴定机构发展模式的探讨	王业全 党珍 崔文	中国司法鉴定	第5期
我国鉴定人出庭作证制度之完善——以证据裁判原则为视角	徐悦	中国司法鉴定	第5期
癫痫患者猝死法医学鉴定1例	颜峰平 陈圆圆 杨庆春	中国司法鉴定	第5期
我国环境损害司法鉴定制度初探	於方 田超 张衍燊	中国司法鉴定	第5期
引发重大交通事故的显著因素特点分析及安全对策	袁泉 李一兵 陈康	中国司法鉴定	第5期
医疗损害司法鉴定因果关系分析及参与度判定	张纯兵 杜志淳	中国司法鉴定	第5期
生态补偿鉴定法律关系思考	张钧 王斐 郝晓琴	中国司法鉴定	第5期
从数据库搜索争论看DNA统计评估	张智杰 吕德坚	中国司法鉴定	第5期
木材宏观特征在盗伐林木案件中的分析利用	朱红慧 陈洪福	中国司法鉴定	第5期
法医研究所的创立及其成就	陈胜泉 陆晓明	法医学杂志	第6期

续表

文 章 名 称	作 者	刊 物	期 次
浅议股骨颈骨折的损伤程度鉴定	陈伟杰	法医学杂志	第6期
下肢损伤者姿势诱发反射下的动态姿势图分析	程冬梅 邵黎明 范利华 陈 芳 孙 婧	法医学杂志	第6期
心肌收缩带坏死在心源性猝死中的病理学特征	葛延昌 黄莉娜 马开军	法医学杂志	第6期
轻度创伤性脑损伤脑脊液及血液生物标记物研究进展	黄 雯 李上勋 李学建 徐宏云	法医学杂志	第6期
X染色体STR和InDel在亲缘鉴定中的应用1例	林 源 阙庭志 赵珍敏	法医学杂志	第6期
大鼠甲醇中毒后体内的甲酸分布	刘冬梅 周 姝 陈捷敏 夏文涛	法医学杂志	第6期
反复家庭暴力致伤的损伤程度鉴定2例	刘四海 戴建宇 张 勇 崔 波	法医学杂志	第6期
Ion Torrent PGM™系统检测孕妇血浆中胎儿游离DNA	刘亚楠 赵雪莹 平 原 徐庆文 黄江平 邹凯南 周怀谷	法医学杂志	第6期
计算混合样本似然率方法的分析与探讨	刘 莹 任 贺 高林林 石 妍 陈 冲 刘雅诚	法医学杂志	第6期
小肠部分切除术后法医学伤残评定2例	陆 晓	法医学杂志	第6期
短期内全身尸蜡形成1例	苏世达 朱 伟 黄 磊	法医学杂志	第6期
溺水尸体硅藻检验的研究进展	孙丞辉 王 彪 李正东 秦志强	法医学杂志	第6期
外显子组测序对1例青壮年猝死的分子遗传学分析	王 纯 王 辉 许心舒 许传超 赖小平 陈 锐 林汉光 邱升元	法医学杂志	第6期

续表

文章名称	作　者	刊　物	期次
接触性检材502胶熏显后手印脱落细胞的DNA提取	王先文　冷雪峰 王守玉	法医学杂志	第6期
29个Y-STR基因座复合扩增体系的建立	王新杰　罗莉静 黄　磊　许　欣	法医学杂志	第6期
第23届国际法医学学术会议述评	王亚辉　沈寒坚 邹冬华　刘宁国 黄　平	法医学杂志	第6期
HO-1对脂多糖诱导大鼠肝细胞内质网应激的作用	王艳莎　季英磊 王　涛　吴林琳 费成平　刘夷嫦 谷振勇	法医学杂志	第6期
身高推断的法医学研究进展	吴荣奇　黄莉娜 陈　新	法医学杂志	第6期
基于股骨组织形态学变化进行种属鉴别	辛彩蕊　柏　思 秦治家　高泾尚 林子清　程亦斌	法医学杂志	第6期
Y-STR数据库建设初探	许满军　黄　磊 魏晨光　孙庆东 吕桂平	法医学杂志	第6期
多囊肾致动脉瘤破裂死亡1例	颜　蔚　曹　原 徐　斌	法医学杂志	第6期
LC-MS/MS检测生物检材中雷公藤甲素和雷公藤酯甲	翟金晓　刘　伟	法医学杂志	第6期
肋骨骨折伤残等级重新评定4例	张运楼　刘青青	法医学杂志	第6期
湖南地区汉族人群20个非CODIS STR基因座多态性	周　健　吴晓雪	法医学杂志	第6期
氯气中毒与肾功能不全因果关系法医学鉴定1例	周　莉　王　明 吴　雪	法医学杂志	第6期

续表

文章名称	作　者	刊　物	期次
股静脉穿刺输液导致腹膜外血肿	董　镧　王娜娜 王　勇　贾硕果 蒲红兵	刑事技术	第6期
DYS389 I 和 DYS389 II 基因座突变分析	郝宏蕾　吴微微 任文彦　苏艳佳 吕德坚	刑事技术	第6期
氯麻黄碱的检验研究	李航麒　兰　晖 庄　顺　林　坚 林　葭　郭　明 叶树海	刑事技术	第6期
大华嵌入视频监控系统电子数据恢复技术研究	李子川　张　祚	刑事技术	第6期
隐形防伪印章印文检验	林　燕	刑事技术	第6期
基于 LiME 工具的 Android 手机动态内存提取	刘　亚　康艳荣 赵　露　于文浩 张国臣	刑事技术	第6期
法医降解生物检材 DNA 分型研究进展	刘宇轩　郑君尧 张文琼　黄代新	刑事技术	第6期
道路交通安全态势研判中影响安全驾驶的相关药物研究进展	栾玉静　黄　霜 王瑞花　董　颖 常　靖　杜鸿雁 于忠山	刑事技术	第6期
被害人学在命案现场分析中的应用（V）	闵建雄	刑事技术	第6期
DNA 数据库在一特大洪水灾难事件中的应用	那春福　刘　胜 王有凤	刑事技术	第6期
铅同位素比值法在弹头检验中的应用	宋小娇　郭洪玲 梅宏成　权养科 朱　军	刑事技术	第6期
喷墨打印微流体纸基数码灰度比色法快速检验氯酸钾	苏日娜　杨瑞琴 于邀洋	刑事技术	第6期

续表

文 章 名 称	作 者	刊 物	期次
特殊环境下尸体现象的形成及损伤检验	孙晓琳　何宏雄	刑事技术	第6期
物证鉴定情报论	王桂强	刑事技术	第6期
"伪基站"数据取证研究	王洪庆　王即墨 计超豪　周祥鹏 刘　栗　朱元栋	刑事技术	第6期
残缺Excel文件数据信息恢复方法研究	徐国天	刑事技术	第6期
椎体压缩骨折时间研究	张　鑫　程克斌 刘　凡　封　华 刘　力	刑事技术	第6期
广西汉族与苗族人群30个InDels的遗传学调查	赵　蕾　袁晚红 王雪倩　孙启凡 欧　元　孙　敬 魏以梁　赵兴春 李彩霞	刑事技术	第6期
杀人案中犯罪嫌疑人处理现场行为分析	钟武魁　周旭科	刑事技术	第6期
电喷雾串联质谱法定性分析新型毒品亚甲基双氧甲基卡西酮	周志刚　严忠雍 张小军　杨宝峰	刑事技术	第6期
二联体亲子鉴定发现单基因座相差7个重复单位1例	班慧芳　王丽娜 张　博　王志争 王　建　穆豪放	中国法医学杂志	第6期
液相色谱－质谱联用法测定卡西酮类策划药物及其代谢物	陈学国　张　婷	中国法医学杂志	第6期
内固定对骨折损伤程度鉴定分析1例	程　翔　高永超 陈　巍	中国法医学杂志	第6期
法医转化医学模式——法医学发展的新契机	丛　斌　齐　倩	中国法医学杂志	第6期
GC/MS法检测混合型农药中毒死亡1例	杜　然	中国法医学杂志	第6期
21个非CODIS系统基因座在二联体亲子鉴定中的应用	段　莹　肖　南 于卫建　陈　玫	中国法医学杂志	第6期

续表

文 章 名 称	作 者	刊 物	期 次
重庆地区汉族人群18个STR基因座的遗传多态性	封宇 张建 张金辉 白雪 刘婷 马温华 莫晓婷 孙启凡 李红卫 赵兴春	中国法医学杂志	第6期
外伤性胎盘早剥的法医学鉴定1例	付华荣 黄新阳 韩康 冯晓梅	中国法医学杂志	第6期
摔伤致眶尖综合征法医学鉴定1例	高洪涛 金子波 杨永青 赵玉荣	中国法医学杂志	第6期
异基因骨髓移植后DNA检验1例	谷建立 李杰亮 王燕	中国法医学杂志	第6期
环境温度对GA118-16A法医遗传分析仪检测性能影响	管桦 荣海博 姜伯玮 张涛 赵颖 聂燕钗 闫梁	中国法医学杂志	第6期
性侵害案件葡萄胎检出单倍型分析	郭晓涛 杜勇 郭建伟 李燕华 陈雪梅	中国法医学杂志	第6期
云南白族、佤族人群18个STR基因座遗传多态性	韩俊萍 谢晓繁 李秀江 魏丽 赵兴春 李彩霞	中国法医学杂志	第6期
环境法医学研究和应用	侯安山	中国法医学杂志	第6期
右颈部刺创继发咽后纵隔巨大脓肿一例	胡火梅 李兆进 王宝荣 毛桂寿 刘月锦	中国法医学杂志	第6期
甘肃省平凉回族群体19个STR基因座遗传多态性	胡松翠 赵文博 王涛	中国法医学杂志	第6期
一氧化碳中毒案件的法医学分析	金洪年 成明	中国法医学杂志	第6期

续表

文 章 名 称	作 者	刊 物	期 次
温州地区汉族人群21个STR基因座的遗传多态性	金璐璐 陈吉顺 刘 倩 金其可 金珍珍 张洪勤 姚 蔚	中国法医学杂志	第6期
脑梗死并硬脑膜下出血死亡1例分析	李继印 罗 成 雷普平 薛 薇 李 虹	中国法医学杂志	第6期
氟乙酰胺中毒致死的人体器官病理形态学观察	廖信彪 罗 斌 余彦耿 夏胜海 张 付	中国法医学杂志	第6期
27重SNP种族推断体系准确性验证研究	刘海渤 孙启凡 陈健刚 魏以梁 李 越 唐 晖 程宝文 李 平 迪力·夏提 张 涛 马 泉 赵兴春 李彩霞	中国法医学杂志	第6期
东北地区朝鲜族23个STR基因座遗传多态性	刘林海 宋 鹤 姜先华	中国法医学杂志	第6期
齿状突骨折伴寰枢椎脱位法医学重新鉴定1例	刘青青 刘 彬 任国印 刘洪敏 赵丽萍	中国法医学杂志	第6期
延迟性脾破裂的法医学鉴定1例	罗仁俊 邱晓明 杨 敏 周文菊	中国法医学杂志	第6期
硅藻比对检验1例	马书玲 秦豪杰 莫耀南	中国法医学杂志	第6期
COX1、12SrRNA、16SrRNA基因复合扩增种属鉴定研究	蒙晓平 白晓军 梅 燕 曹锡梅 张 潮 成 振 荆丽红 郭大玮 张更谦	中国法医学杂志	第6期

续表

文章名称	作者	刊物	期次
PowerPlex21 直接扩增法 DNA 检验应用	钱水 张勇果 杨电	中国法医学杂志	第6期
交通事故中摩托车驾乘关系分析1例	盛晓雪 王元 尹福胜	中国法医学杂志	第6期
外伤诱发巨大成人型多囊肝破裂致猝死1例	童昉 符淑怡 段祎杰 张琳 李文鹤 梁悦 杨怡 邢景军 周亦武	中国法医学杂志	第6期
浅谈胃促胰酶在皮肤损伤愈合中的作用	王灿 赵振宾	中国法医学杂志	第6期
急性胰腺炎死亡特征及法医学分析	王进亮 高卫民	中国法医学杂志	第6期
大鼠肌肉电导率测定与死亡时间的推断	夏志远 翟仙敦 刘蓓蓓 莫耀南	中国法医学杂志	第6期
正常人四通道多焦视诱发电位双眼对称性研究	项剑 王旭 郭兆明 杨英恺 于丽丽	中国法医学杂志	第6期
宫内死亡胎儿法医学鉴定10例分析	徐东宝 王杰 汪元河 夏冰 黄映康	中国法医学杂志	第6期
中毒死亡案件检出三甲基氯化锡1例	徐健君 赵小林 王瑞花 朱治国	中国法医学杂志	第6期
电子捕猎器致人死亡法医分析1例	袁阳刚 张军	中国法医学杂志	第6期
甘肃东乡族群体23个基因座遗传多态性	臧丽丽 王涛 雷亮 陶晓岚	中国法医学杂志	第6期
宫腔镜取环术中猝死医疗纠纷鉴定1例	张凤芹 张海东 狄胜利	中国法医学杂志	第6期
多个已知全同胞参与的全同胞关系排除方法	张更谦 王旭东 张晓嘉 刘晋玎	中国法医学杂志	第6期
血友病患者股骨骨折术后钢板断裂再折鉴定1例	张华文 周云环	中国法医学杂志	第6期

续表

文章名称	作者	刊物	期次
交通事故中轿车驾乘关系确定1例	张杰 孙振文	中国法医学杂志	第6期
佐匹克隆中毒死亡毒物分析鉴定1例	张蕾萍 栾玉静 黄健 王爱华 刘勇涛 韩旭	中国法医学杂志	第6期
LC/MS测定血液中罗哌卡因、咪达唑仑与奥美拉唑	张园 王楠楠 张美玲 徐彩裙 林丹 王贤亲	中国法医学杂志	第6期
基质金属蛋白酶-2的研究进展及其法医学意义	张振华 于天水 刘良 张海东 百茹峰 张艳 鄂晓霏 刘冉	中国法医学杂志	第6期
甘肃省平凉汉族群体19个STR基因座遗传多态性	赵文博 胡松翠 王涛	中国法医学杂志	第6期
腰椎间盘髓核切除马尾神经损伤医疗纠纷鉴定1例	种书亚 项明 石修业	中国法医学杂志	第6期
亲缘关系中等位基因共享分析	周密 张炜	中国法医学杂志	第6期
锐器创致肺破裂损伤程度鉴定1例	周姝 王萌 夏文涛 刘冬梅 彭书雅	中国法医学杂志	第6期
合成大麻素及其代谢物分析技术研究进展	周志刚 杨宝峰 吴刚 周秀锦	中国法医学杂志	第6期
司法鉴定机构发展模式研究——以高等院校和科研院所为视角	《司法鉴定机构发展模式研究》课题组 霍宪丹 杜志淳	中国司法鉴定	第6期
小针刀治疗后截瘫医疗纠纷鉴定1例	程亦斌 高东	中国司法鉴定	第6期
基于飞行时间质谱技术对降解检材的插入缺失遗传多态性检验	冯锐 周建波	中国司法鉴定	第6期

续表

文章名称	作者	刊物	期次
船舶同一性检验技术应用3例	郭永尚　龚万兵　蔡凉凉	中国司法鉴定	第6期
论民事诉讼中鉴定时间排除规则的完善——以法律经济分析为视角	郭宇燕	中国司法鉴定	第6期
45例涉及死亡医疗纠纷的法医学鉴定分析	韩志杰　何一泓	中国司法鉴定	第6期
以审判为中心制度下的专家辅助人制度研究——以民事诉讼为视角	洪冬英	中国司法鉴定	第6期
国内外强奸案件司法处理模式的比较	华　海　杨晓波　张明昌　张　刚	中国司法鉴定	第6期
我国疫苗伤害的鉴定现状分析与对策研究	赖红梅	中国司法鉴定	第6期
浅谈道路交通事故中汽车火灾鉴定	李丽莉　刘国民	中国司法鉴定	第6期
试论我国精神疾病司法鉴定面临的问题	刘协和	中国司法鉴定	第6期
我国精神疾病司法鉴定面临问题之应对——以鉴定体制与鉴定内容为视角	刘　鑫　代　阳	中国司法鉴定	第6期
机动车号牌用油墨及反光膜的红外光谱分析	潘远彬　王连明　王元凤	中国司法鉴定	第6期
情感障碍的语音识别研究进展	潘忠德　蔡伟雄　朱　杰　崔东红	中国司法鉴定	第6期
道路交通事故致伤方式推断2例	秦志强	中国司法鉴定	第6期
运用笔迹三维信息提取分析仪对正常签名书写力的研究	申　思　韩丹岩	中国司法鉴定	第6期
肺结核支气管扩张术后支气管胸膜瘘医疗纠纷1例	石聿树　左　聪　徐宏发　朱文玲　饶福生	中国司法鉴定	第6期

续表

文章名称	作者	刊物	期次
弥漫性轴索损伤诊断研究进展	孙丞辉 邹浩 韩顺琪 邹冬华	中国司法鉴定	第6期
司法鉴定人的民事法律责任研究	唐磊 李润生	中国司法鉴定	第6期
构建中国特色的技术性事实查明机制——走"技术调查官制度为主、技术法官制度为辅"的机制之路	杨海云 徐波	中国司法鉴定	第6期
论司法鉴定救助制度再完善——以《民事诉讼法》解释为视角	张芳芳 林北征	中国司法鉴定	第6期
精神病人刑事责任能力司法鉴定焦点问题探讨——以精神疾病司法鉴定人视角为出发点	张钦廷	中国司法鉴定	第6期
2015'中国司法鉴定杂志社理事年会在琼召开	朱晋峰	中国司法鉴定	第6期
79例中毒致死案的法医学回顾性研究	朱小俊 郑雷 丁煜炜 杨丽萍	中国司法鉴定	第6期

说明：①本统计表中所列期刊论文目录，只限于以下期刊：《法医学杂志》、《中国法医学杂志》、《刑事技术》、《证据科学》、《中国司法鉴定》、《中国人民公安大学学报》（自然科学版）和《中国刑警学院学报》；②本统计表中论文的排列：第一顺序为期次，第二顺序为刊物名称。

附录1.2.2 中文法庭科学期刊论文目录（2016）

文章名称	作者	刊物	期次
15重快速STR复合扩增体系的构建	韩俊萍 孙敬 欧元 刘鹏 叶健 赵雯雯 王雪倩 张译文 刘耀 李彩霞	法医学杂志	第1期
CCR2和CCL2与缺氧缺血性脑损伤的相关性研究进展	罗宇家 李如波 马诗雨 吕孟妍	法医学杂志	第1期

续表

文章名称	作者	刊物	期次
CDK5的表达与脑损伤时间推断的相关性研究进展	马诗雨 李如波 罗宇家 吕孟妍 王汉志 王正印	法医学杂志	第1期
EZ-tape在皮肤接触性检材DNA检验中的应用	成 静 廖长青 刘 维	法医学杂志	第1期
MALDI-TOF-MS对DAI大鼠脑干蛋白质组学的分析	任冠恒 刘宁国 陈忆九 施 妍 邹冬华 黄 平 李正东 邵 煜 邓恺飞	法医学杂志	第1期
成人法洛四联症死亡2例	赵振宾	法医学杂志	第1期
大鼠弥漫性脑损伤后水通道蛋白4的表达	陈仁辉 何松国 蔡灿鑫 黄博学 王志荣	法医学杂志	第1期
多种遗传标记分析在1例半同胞鉴定中的综合应用	杨 雪 石美森 袁 丽 鲁 涤	法医学杂志	第1期
硅珠法提取生物检材DNA的影响因素	郑小婷 徐念来	法医学杂志	第1期
甲维盐中毒死亡小鼠体内的分布及死后再分布	唐玮玮 林玉才 卢延旭	法医学杂志	第1期
降解检材亲缘关系鉴定1例	刘亚举 齐孝蕊	法医学杂志	第1期
氯化琥珀胆碱飞镖致死1例	马克兢 陈方园 张 杰 狄寒冰	法医学杂志	第1期
脑桥小脑角处脑膜内皮型脑膜瘤致猝死1例	邵 煜 张建华 孙 杰 邹冬华 秦志强 陈忆九	法医学杂志	第1期
外周血IL-17蛋白表达与双相躁狂破坏攻击行为的相关性	李豪喆 洪 武 汪 作 苑成梅 李则挚 黄 佳 张 晨 李宁宁 林治光 方贻儒	法医学杂志	第1期

续表

文章名称	作者	刊物	期次
小鼠皮肤损伤愈合过程中 PI3K/Akt 通路的作用	高彦令 刘长胜 赵 锐 王林林 李姗姗 刘 敏 张 淼 姜述堃 田志岭 王 檬 官大威	法医学杂志	第1期
胸外按压致肋骨骨折1例	刘昶忠 陈立军	法医学杂志	第1期
应用下颌第三磨牙建立中国汉族18岁评估模型	范 飞 戴鑫华 王 亮 李 媛 张 奎 邓振华	法医学杂志	第1期
正常人模式脉冲与模式翻转多焦视诱发电位的比较	朱镕霆 刘兴本 徐晓明 郑传斐	法医学杂志	第1期
猪肋软骨和肋骨的 ATR-FTIR 光谱变化与死亡时间的关系	姚 尧 王 琪 荆小莉 李 冰 张胤鸣 王志军 李成志 林汉成 张 吉 黄 平 王振原	法医学杂志	第1期
主动脉粥样硬化溃疡破裂误诊为急性胰腺炎医疗损害1例	楼旭鹏 郑 剑 许小明 李艳红 刘 会	法医学杂志	第1期
注射氯化琥珀胆碱杀人后自杀1例	张延波 郑伟明 罗郁风 陆东方	法医学杂志	第1期
左下肢皮肤裂伤后气性坏疽致死医疗损害1例	刘珍珍 张军阳 李 斌	法医学杂志	第1期
DNA 来源人种族推断研究进展	聂 昊 林子清 莫晓婷 魏以梁 孙启凡	刑事技术	第1期
Fe_3O_4 磁性纳米材料的绿色合成及其在潜指印显现中的应用研究	喻彦林 颜 磊	刑事技术	第1期

续表

文章名称	作者	刊物	期次
被害人学在命案现场分析中的应用（Ⅵ）	闵建雄	刑事技术	第1期
超高效液相色谱-质谱定量测定全血中的13种苯二氮䓬类安眠镇静药物	王朝虹 张琳 赵蒙 刘勇 褚建新 蒋文慧	刑事技术	第1期
仿生指纹膜及印章膜的印痕检验	蔡立红 袁兆锋	刑事技术	第1期
福州山地土壤中植物孢粉组合的特异性研究	郝艳丽 宣瑜 周毓灼 唐卫军 郭建	刑事技术	第1期
高光条件下视频人像处理方法研究	廖广军 邱文敏 周昊灯	刑事技术	第1期
钩吻HPLC指纹图谱研究及来源分析	王毅 王炯	刑事技术	第1期
广西瑶族和苗族人群18个STR基因座遗传多态性	徐颖 马温华 孙启凡 吴飚 林子清 叶健	刑事技术	第1期
火场命案的准确定性分析	蒋艳伟 马菁 杨振来	刑事技术	第1期
基于决策树分析的激光打印文件黑色墨迹量化分析研究	牟小彬 李睿麟 程卫国	刑事技术	第1期
利用字形时代特征佐证文件制成时间	欧阳国亮 李彪	刑事技术	第1期
全面深化公安机关DNA数据库建设发展应用 切实提升精确打击犯罪能力和服务实战水平	刘烁	刑事技术	第1期
食品及食品包装材料中邻苯二甲酸酯类增塑剂检测技术研究进展	方姚 沙万忠	刑事技术	第1期
体液中测定吗啡含量的不确定度评定	董颖 栾玉静 杜鸿雁 常靖 王瑞花	刑事技术	第1期

续表

文章名称	作者	刊物	期次
新生儿先天性肠系膜裂孔疝并全小肠坏死死亡案例分析	黄锶哲 苏 军 刘 良 刘 茜	刑事技术	第1期
虚拟解剖技术在溺死检验中的研究进展	鄢思倩 刘 力	刑事技术	第1期
一种焚烧骨骼的DNA提取方法	涂 政 石 屹 张广峰 李万水	刑事技术	第1期
中国汉族人群GH1基因启动子区单体型及与身高的关系	葛芸英 陈 松 张广峰	刑事技术	第1期
中美法庭科学领域标准化工作比较研究	花 锋 周 红	刑事技术	第1期
精神病鉴定的悖论及其破解	贺小军	证据科学	第1期
刑事责任能力评定的神经法学观点	郭 笑 杨 波	证据科学	第1期
《劳动能力鉴定》标准与GEPI对手功能评定的比较	杨天潼 王 旭 狄胜利 张凤芹 郭兆明 项 剑 于丽丽 杨英凯 尤 萌 卢炜琳 常 林	中国法医学杂志	第1期
109例创伤后应激障碍临床特征分析	孙 波 程宇琪 许秀峰 白 燕	中国法医学杂志	第1期
11例公交车纵火案特征分析	孙振文 孙玉友 周 红 刘占芳 乔 婷 仲利静	中国法医学杂志	第1期
27-plex SNPs复合扩增检测体系构建与应用评价	魏 丽 魏以梁 江 丽 孙启凡 王英元 李彩霞	中国法医学杂志	第1期
3种骨骼DNA提取方法的应用效果比较	宋利军 田 芳 苏 芹 路志勇	中国法医学杂志	第1期
97例杀人后自杀案件法医学特点分析	李 燕 沈 刚 杨宇雷 马开军 沈忆文	中国法医学杂志	第1期

续表

文章名称	作者	刊物	期次
CT、MRI在弥漫性轴索损伤法医学鉴定中应用价值分析	李伟	中国法医学杂志	第1期
DCM猝死与晚期DCM心肌Cx43表达的比较	杨真真 徐宏平 陈新山	中国法医学杂志	第1期
EV71型重症手足口病致死法医学鉴定1例	屈波 周宇 陈鲜 李罗翔 肖桦 龚道银	中国法医学杂志	第1期
GC/MS和GC/NPD法检验液体毒品"神仙水"	阎仁信 杨耕野 石建忠 吴卫兵	中国法医学杂志	第1期
GC/MS快速测定生物样本中地芬尼多及代谢物	王声祥 刘俊亭	中国法医学杂志	第1期
氨基比林中毒合并交通事故死亡1例	任鹏 郑吉龙 杜宇	中国法医学杂志	第1期
藏獒粪便中人碎骨DNA检验1例	孟庆振 徐珍 涂政 刘志芳	中国法医学杂志	第1期
产后经典型溶血尿毒综合征死亡1例	刘冉 吴畏 张海东 百菇峰 于天水 鄂晓霏	中国法医学杂志	第1期
陈旧性骨骼DNA提取方法的探索	罗亚 黄江 梁芹 戴佳琳 王启燕 张红玲 王杰	中国法医学杂志	第1期
刀刺伤致腹膜后血肿的法医学鉴定1例	陈晓锋 鲍学军	中国法医学杂志	第1期
第1腰椎许莫氏结节误诊骨折1例	孟燕春 周君 张涛	中国法医学杂志	第1期
分子生物学指标用于推断机械性窒息死亡的研究进展	韩奇杰 赵树 罗斌 王海洋 谢皓天 徐小龙	中国法医学杂志	第1期
冠状动脉口狭窄伴主动脉窦壁炎致猝死1例	曹和招 李健	中国法医学杂志	第1期

续表

文章名称	作者	刊物	期次
广西京族和汉族群体 18 个 STR 基因座遗传多态性	聂昊 马温华 汪萍 张涛 赵兴春 林子清 叶健	中国法医学杂志	第1期
河北沧州回族群体 15 个 STR 基因座遗传多态性	吴世青 赵丽	中国法医学杂志	第1期
河北承德满族人群 19 个 STR 基因座遗传多态性	赵丽 吴世青 古风生 张艳霞 王项华 李爱强	中国法医学杂志	第1期
河南汉族人群 27 个 Y–STR 基因座的突变观察与分析	刘亚举 郭利红 石美森 李政	中国法医学杂志	第1期
江苏汉族人群 D1S1656、SE33 和 D22S1045 基因座遗传多态性	孙溢华 石云杰 周如华 张健	中国法医学杂志	第1期
颈部注射双甲脒致多脏器功能损害鉴定 1 例	李俊业 赵丽萍 于洋 张云龙 蒋娅男 洪仕君	中国法医学杂志	第1期
捆绑胶带上人体脱落细胞 DNA 分型检验及结果分析	赵斌 赵金玲 孙芳	中国法医学杂志	第1期
连续两次射击脑部自杀 1 例	颜晖 陈弋戈 胡贻中 黄锶哲	中国法医学杂志	第1期
颅骨三维模型制作和数据库的构建	税午阳 周明全 杜国光 纪元 邓擎琼 周颖	中国法医学杂志	第1期
纳米磁珠提取法在骨骼 DNA 提取中的应用	彭皓明 王祥 王锟 张毅 王海生	中国法医学杂志	第1期
骗服钩吻后刺伤颈总动脉致死亡 1 例	杨洪尚 刘杰	中国法医学杂志	第1期
气相色谱/质谱法分析氯化亚砜	李继印 李进 李虹	中国法医学杂志	第1期

续表

文 章 名 称	作 者	刊 物	期次
杀人抛尸焚尸案法医学现场分析1例	蒋艳伟　贾　斌　杨振来	中国法医学杂志	第1期
深圳地区大头金蝇年生长发育规律观察	马孟云　尹晓钧　董玉友　王　禹　王江峰　赖　跃	中国法医学杂志	第1期
视野有效值法和视野评分法评定视野损害的比较和评价	项　剑　王　旭　郭兆明	中国法医学杂志	第1期
四川泸州汉族人群22个非CODISSTR基因座遗传多态性	杨　翮　白　雪　姚伊人　张　建　刘金杰　王　柏　叶　健　刘　琳　李俊涛　殷世强　梁景青	中国法医学杂志	第1期
童车撞墙致骑车幼儿颈髓损伤死亡1例	石聿树　左　聪　徐宏发　饶福生	中国法医学杂志	第1期
土块上附着血迹DNA提取方法效果的比较	郭晓涛　过　彪	中国法医学杂志	第1期
唾液与血液中海洛因代谢物的检测时限	陈　跃　朱　军　张云峰　于忠山　刘　伟	中国法医学杂志	第1期
外伤后下肢深静脉血栓的法医学鉴定1例	张华文　周云环	中国法医学杂志	第1期
先天性离子通道缺陷造成的心源性猝死研究进展	白云秀	中国法医学杂志	第1期
一种测量和计算肺萎陷的简单方法	高海彬　张大为	中国法医学杂志	第1期
右前臂截肢术后续医费用法医学评估1例	李春琳	中国法医学杂志	第1期
右室双腔心在外力作用下诱发心功能衰竭死亡1例	梁　悦　霍少明　张　琳　李文鹤　童　昉　周亦武	中国法医学杂志	第1期

续表

文章名称	作者	刊物	期次
中国28个省/区汉族人群41个STR基因座多态性数据分析	吴微微 刘冰 郝宏蕾 任文彦 苏艳佳 王怀锋 吕德坚	中国法医学杂志	第1期
中国北方汉族群体DRD4基因3个位点遗传多态性	董越 庞灏 丁梅 宣金锋 邢佳鑫 姚军 王保捷	中国法医学杂志	第1期
主动脉窦动脉瘤破裂猝死1例	孙宏杰 李宇宏 黄培军 吴建国 吴准 施建松 张开乔	中国法医学杂志	第1期
弹种自动识别算法研究与实现	唐云祁 李同 丁建伟 郝静如 孟昕	中国人民公安大学学报（自然科学版）[1]	第1期
宏基因组16Sr RNA基因靶向测序技术在手接触印痕检验中的应用	姚雪 裴广倩 童贻刚 罗亚平	公安大学学报（自）	第1期
基于光影成像关系的数字图像检验方法研究	李春宇 槐淼 王以江 黄哲影 郭舜 徐姗	公安大学学报（自）	第1期
喷墨打印亚甲基蓝纸基高效快速测定可疑物中高氯酸盐含量的研究	苏日娜 杨瑞琴 谭俊鹏	公安大学学报（自）	第1期
浅析法医案例数据库的应用	刘兆 徐欣 贾振军	公安大学学报（自）	第1期
手枪射击初学者流畅心理状态研究	周鹏 常小龙 王犇	公安大学学报（自）	第1期
液相小体积提取GC-MS检测尿液中百草枯还原产物	周晓英 孙琴 李普济 代勇	公安大学学报（自）	第1期

[1] 中国人民公安大学学报（自然科学版），以下简称"公安大学学报（自）"。

续表

文章名称	作者	刊物	期次
荧光试剂在潜血手印显现中的增强效果及程序研究	陈蕊丽 逄文耀 朱威龙 李波	公安大学学报（自）	第1期
应用微距全向光源检验粗糙平面客体表面遗留潜在汗液指纹	杨玉柱	公安大学学报（自）	第1期
运用指印特征提升疑难指印鉴定率	张瑾 刘晓明	公安大学学报（自）	第1期
足迹跟压痕步态特征稳定性研究	高毅 肖文强 刘家栋 林筑瑶	公安大学学报（自）	第1期
成人胸腺肥大伴自发性出血猝死法医学鉴定1例	颜峰平 陈圆圆	中国司法鉴定	第1期
从公益诉讼视角看我国环境损害司法鉴定	马勇	中国司法鉴定	第1期
电子数据取证与鉴定发展概述	金波 杨涛 吴松洋 黄道丽 郭弘	中国司法鉴定	第1期
法医毒物学的发展与挑战	向平 沈敏	中国司法鉴定	第1期
华北地区汉族成人面颅骨X线片性别判定的研究	刘玉勇	中国司法鉴定	第1期
环境损害鉴定评估关键技术问题探讨	於方 张衍燊 齐霁 赵丹 徐伟攀	中国司法鉴定	第1期
环境损害司法鉴定中的问题与司法对策	王旭光	中国司法鉴定	第1期
坚持品质追求，服务法治中国，打造司法鉴定精品期刊——寄语《中国司法鉴定》创刊15周年	沈敏	中国司法鉴定	第1期
卷首语	邓甲明	中国司法鉴定	第1期
内固定钢板两次断裂引起医疗纠纷1例	李勇军 王宝泉	中国司法鉴定	第1期
浅析枪击钢化玻璃切向、环形裂纹痕迹	包清 梁帅	中国司法鉴定	第1期
浅议建筑工程管理改革——以建设工程质量司法鉴定为视角	李廷芥 赖木顺 黄建学	中国司法鉴定	第1期

续表

文章名称	作者	刊物	期次
司法技术辅助工作需要高素质的专业人员	杨圣军 高志毅 顾广义	中国司法鉴定	第1期
司法鉴定服务公正司法的思考与对策——以重庆市为视角	陈明辉	中国司法鉴定	第1期
药源性医疗损害的原因	张德雨 张纯兵 宋孝飞 雷兵 金鹤天 张东红 吴军	中国司法鉴定	第1期
一种基于数据分析的录音文件来源识别方法	卢启萌 施少培 卜新伟 李岩 曾锦华 奚建华	中国司法鉴定	第1期
以并发症为主要诉求医疗损害司法鉴定89例分析	宋健文 李丽增 李冬日	中国司法鉴定	第1期
综合应用拉曼光谱法、X射线光电子能谱法检验印刷光盘油墨1例	张凌云 张建华 齐宇颂	中国司法鉴定	第1期
TFD-2纸张手印快速显现系统的实验研究	陈全民 查凌枫 张建东	中国刑警学院学报	第1期
多聚焦图像融合在异形体表面指纹提取中的应用	冯清枝	中国刑警学院学报	第1期
犯罪心理画像应用中存在的问题及对策	康杰	中国刑警学院学报	第1期
关于笔迹鉴定意见的合理分类及其鉴定标准的再探讨	邹明理	中国刑警学院学报	第1期
黑色湿粉显现手印方法的研究	鲍伟江 刘颖 郭春明	中国刑警学院学报	第1期
基于集合模型的笔迹本质结构分析	李志荣	中国刑警学院学报	第1期
人像检验中的人脸特征分类与分析	高一卓	中国刑警学院学报	第1期
调味料中罂粟壳的主要生物碱LC-MS检验	张婷	中国刑警学院学报	第1期

续表

文章名称	作者	刊物	期次
网线接头上脱落细胞采集方法对STR分型的影响	吴渊虬 刘宗伟 陶陆阳	中国刑警学院学报	第1期
新型荧光探针法检测食品中的亚硫酸盐含量	吕勇智 李宏达 邹 宁 张 硕 朱 昱	中国刑警学院学报	第1期
一种ABO血型快速检验试纸条在法医学检验中的应用评估	金 鑫 郝金萍 马应锦 吴宏武	中国刑警学院学报	第1期
荧光亮红增强砖面的血足迹新型技术研究	王 跃 胡书良 王 江 黄彤辉 李 陆 张一然	中国刑警学院学报	第1期
指纹系统自动提取特征模式对指纹比对识别精度的影响研究	杨洪平 陈 迎 顾世翔 张治国 石峻宇	中国刑警学院学报	第1期
64式手枪近距离射击自杀1例	梁 鑫 林子文	法医学杂志	第2期
88例已破故意杀人案的回顾性分析	汤家全 刘建锋	法医学杂志	第2期
circRNA的研究进展及其法医学意义	张雅琪 邵诚臣 李成涛 赵子琴 谢建辉	法医学杂志	第2期
MALDI-TOF-IMS在蛋白质组学研究中的新进展	任冠恒 翁榕花 施 妍 黄 平 李正东 邵 煜 邓恺飞 刘宁国 陈忆九	法医学杂志	第2期
PTEN在冠心病心肌组织中的表达	李雪榕 何 勇 雷雨佳 覃西河 韦庆涛 潘新民 李立娟 张 林	法医学杂志	第2期
STR基因座与Amelogenin的峰面积比在DNA降解评估中的应用	解雅玲 李 璐 邵诚臣 吴铁慧 杜铁帅 周怀谷 李 辉 谢建辉 沈忆文	法医学杂志	第2期

续表

文章名称	作者	刊物	期次
不同前处理方法提取牙齿DNA的比较	骆继怀 孙红兵 杨 鑫 张子龙 王 涛	法医学杂志	第2期
采用多种方式集体自杀1例	王文元 徐淑申 李安伦 王飞舟 唐立冈 曹志华	法医学杂志	第2期
大鼠脑损伤后EPO及其受体表达与损伤时间的关系	李 伟 齐 麟	法医学杂志	第2期
道路交通事故死者MSCT扫描与尸体解剖结果的比较	韩顺琪 万 雷 秦志强 黄 平 邹冬华 陈忆九	法医学杂志	第2期
道路交通事故中脑外伤所致人格改变与精神伤残评定	樊慧雨 张钦廷 汤 涛 蔡伟雄	法医学杂志	第2期
二甲基亚硝胺急性中毒死亡1例	葛延昌 王黎扬 汪 蓉 吴忠平 马开军	法医学杂志	第2期
非典型扼死的法医学鉴定1例	安永明 高 豪 张志威	法医学杂志	第2期
腓总神经损伤误鉴为单瘫1例	邹 琦 方文祥	法医学杂志	第2期
肝癌误诊后死亡引发医疗损害1例	张运阁 李昭元 李春晓 管国富	法医学杂志	第2期
黄斑损伤法医学鉴定1例	周 姝 刘冬梅 刘瑞珏 王 萌 夏文涛 陈捷敏 俞晓英	法医学杂志	第2期
交通事故中二轮摩托车驾乘人员关系分析1例	王 元 盛晓雪 任 军	法医学杂志	第2期
硫化氢对创伤应激引起大鼠急性肝损伤的作用	岑新海 张志湘 王 涛 王艳莎 季英磊 闫 骏 谷振勇	法医学杂志	第2期

续表

文章名称	作者	刊物	期次
六色荧光标记快速 PCR 扩增体系的建立及验证	刘亚举　张俊涛 金海英　石美森	法医学杂志	第 2 期
三种不规则体表损伤面积测量法的比较	张　剑　张　忠	法医学杂志	第 2 期
双侧冠状动脉起源于肺动脉死亡 1 例	陈正莲　沈春宇 陈新山	法医学杂志	第 2 期
外伤后肾错构瘤破裂损伤程度评定 1 例	胡火梅　李兆进 温湧溪　赖　跃 张新宇　邢树立 毛桂寿　刘月锦 肖建德	法医学杂志	第 2 期
我国古代法医学检验制度对当代法医学鉴定的启示	冯　雪	法医学杂志	第 2 期
西南地区汉族男性 CT 颅面径线与身高的关系	涂　梦　骆莹贞 范　飞　云利兵 邓振华	法医学杂志	第 2 期
隐匿性百草枯中毒 1 例	刘　勇　王　方 赵　波　陈宗溢 余　舰	法医学杂志	第 2 期
长头车辆撞击行人致伸展创分析 2 例	瞿　谊　王龙龙 李　桢	法医学杂志	第 2 期
指纹脱落细胞的 STR 检验	郑和成　刘程静 胡利平　张秀峰	法医学杂志	第 2 期
GC – MS 测定白酒中棕榈酸乙酯、油酸乙酯及亚油酸乙酯	刘奕霏　廉　哲 梁鲁宁　尹宝华 邹　洪	刑事技术	第 2 期
HPLC – MS/MS 检测爆炸尘土中的二硝基重氮酚	王文豪　张榆梓 周　红　孙玉友 梅宏成　刘占芳 陈　涛　马　捷 仲利静	刑事技术	第 2 期

续表

文章名称	作者	刊物	期次
法医昆虫学检验现场操作标准探讨	马孟云 王 禹 董玉友 王江峰	刑事技术	第2期
反射变换成像技术在钢印印文检验中的应用	朱明新 李 阳 张 里	刑事技术	第2期
非制式枪射击弹头痕迹自动识别系统及性能测试	周志飞 李轶昳 鲍立垠 赵衍运 宋荣健 王晓琳	刑事技术	第2期
高效液相色谱-飞行时间质谱用于琥珀胆碱的快速检测	李 祎 舒 科 申秀华 骆大晶	刑事技术	第2期
基于MATLAB GUI的刑事图像小波域融合	沈郑燕	刑事技术	第2期
激光拉曼光谱检验自制烟火药爆炸残留物中的氯酸钾、雄黄和雌黄	陈 明 江 波 梁廷霞 王燕军	刑事技术	第2期
监控视频中音频信号的应用	邓宗权	刑事技术	第2期
科学证据在庭审中的排除与运用趋势	刘 铭	刑事技术	第2期
离子液体复合磁性纳米粒子的制备及其在DNA提取中的应用	乔晋东 张小恺 庞 飞 冯鹏飞	刑事技术	第2期
人脸识别技术在追逃工作中的应用现状与展望	肖 军	刑事技术	第2期
上转发光技术快速检测尿液中氯胺酮	张 凯 罗海峰 胡秋实 于 莉 林长青 杨笑嫚 周 蕾	刑事技术	第2期
试论非制式枪支零部件的专用性	鲍立垠 陈 裕 李铁昳 周志飞	刑事技术	第2期
手持式红外光谱仪在TATP临场检测中的应用研究	樊武龙 张冀峰 孙玉友 潘炎辉 孙振文 赵晓辉 刘吉平	刑事技术	第2期

续表

文章名称	作者	刊物	期次
手套印DNA检验在盗窃案件中的应用	李忠杰 徐 杰 何 伟 吴 虎	刑事技术	第2期
通过假币胶片图文特征判定假币同源方法研究	孙 林 邹积鑫 秦 达 刘建伟	刑事技术	第2期
稳定同位素检验推断生物物证供体的生活时空信息	梅宏成 朱 军 权养科 王桂强	刑事技术	第2期
心包破裂的间接诊断鉴定	倪伟勇 孙海平	刑事技术	第2期
印文迭代复印特征变化的实验研究	吴 尚 郝红光 韩星周 秦 达	刑事技术	第2期
电子证据的相关问题	肖恩·博因 张爱艳 肖 燕	证据科学	第2期
对抗抑或证据：专家辅助人功能的重新审视——兼论最高法院审理"奇虎360诉腾讯"案	郭 华	证据科学	第2期
152例高坠死亡案件回顾性分析	黄俊华 贾海鹏 张继遂 曾健勇	中国法医学杂志	第2期
17个Y-STR基因座遗传结构及用于姓氏推断的价值	杨幸怡 刘 宏 陈 玲 冯杏玲 李 越 刘 超	中国法医学杂志	第2期
2个STR基因座同时突变的亲子鉴定2例分析	夏 禹 李佑英 徐长苗	中国法医学杂志	第2期
51个常染色体STR基因座在ITO法判断全同胞中的应用	徐 旭 任 贺 胡超辉 陈 文 陈 冲 石 妍 刘雅诚 鲁 涤 袁 丽	中国法医学杂志	第2期
81例不明原因猝死法医学鉴定分析	欧俊兴 赵 溯 何宇婷 杨 林 瞿勇强 马 琳 罗景轶 雷普平	中国法医学杂志	第2期

续表

文章名称	作者	刊物	期次
GFAP 和 VEGF 在创伤性脑损伤中表达的研究进展	巩海霞 刘长海 贾富全 武 彦	中国法医学杂志	第 2 期
SPECT 在隐匿性肋骨骨折鉴定中应用 2 例	王海平 刘永亭 王 宁	中国法医学杂志	第 2 期
SPE – HPLC/MS/MS 法检测人唾液中地西泮及其代谢物	王乐乐 任昕昕 崔冠峰 尉志文 何 毅 丛 斌 刘 耀 贠克明	中国法医学杂志	第 2 期
不同固定液对冷冻组织病理切片 HE 染色质量比较	王晓宇 齐 君 孟宪杰 崔 涌	中国法医学杂志	第 2 期
产后早期胸主动脉夹层动脉瘤破裂死亡 1 例	刘青青 张志龙 张冬先 任国印 陈 逊 赵丽萍	中国法医学杂志	第 2 期
多次砍击颅骨自杀法医学检验分析 1 例	吴 东	中国法医学杂志	第 2 期
根据损伤形态分析致伤机制 1 例	赵 峰 李 斌	中国法医学杂志	第 2 期
公安机关鉴定人员面临错鉴责任风险	刘 鑫 方玉叶	中国法医学杂志	第 2 期
海洛因依赖对大鼠杏仁核突触数量及结构的影响	罗良鸣 刘建锋 龚 群 覃琼玉 朱 华	中国法医学杂志	第 2 期
急性酒精中毒对大鼠溺死后肺组织硅藻检出的影响	伊吉普 牛真珍 万 勇 张岳灿 问腾飞 喻林升 叶光华 楼迪栋	中国法医学杂志	第 2 期
甲基苯丙胺心肌毒性的研究进展	张骏超 刘洪彬 李强锋 屈国强 张海东	中国法医学杂志	第 2 期
交通事故致肾上腺血肿误诊为肾上腺腺瘤 1 例	谭莹莹 叶 欣	中国法医学杂志	第 2 期
交通事故致死误为他杀 1 例分析	曹峻华 李 明 黄 伟	中国法医学杂志	第 2 期

续表

文章名称	作者	刊物	期次
接触DNA在法医实践中的应用研究进展	黄艳梅 王萌鸽 赵兴春	中国法医学杂志	第2期
离子色谱法测定水中氟乙酸、甲酸和氨基磺酸	刘海燕 金昌锋 李长立 武继锋 刘玉秀	中国法医学杂志	第2期
利多卡因及MEGX在蛛网膜下腔麻醉致死犬体内死后再分布	宋伟 董祖鑫 尉志文 卢敏萍 黄克建 贠克明 丛斌	中国法医学杂志	第2期
辽宁汉族人群23个基因座遗传多态性	贾菲 刘锋 于蛟 姜先华	中国法医学杂志	第2期
轻微钝性外力致疝区肠破裂法医学鉴定1例分析	李鹏 董庆	中国法医学杂志	第2期
人体损伤程度鉴定中手功能评定方法探讨	王晓辉 朱鑫	中国法医学杂志	第2期
山东潍坊汉族5个miniSTR基因座遗传多态性	仪江 刘海东 任甫	中国法医学杂志	第2期
生前烧死出现支气管上皮极化现象1例	崔永峰 董志涛 杜巍 邢树立	中国法医学杂志	第2期
尸体腐败微生物的研究进展	江鑫钰 王江峰 朱光辉	中国法医学杂志	第2期
使用胰岛素他杀1例	杨怡 张琳 邢景军 李文鹤 梁悦 童昉 段祎杰 董红梅 周亦武	中国法医学杂志	第2期
炭化尸体胸骨上窝处出现呼吸泡沫法医学分析2例	宣树卿 任乃平 林改革	中国法医学杂志	第2期
外伤性迟发性脑出血死亡1例	杨建国 史国强 郭忠辉	中国法医学杂志	第2期

续表

文 章 名 称	作 者	刊 物	期 次
我国法医学人才培养体制的困境与改革	曾恩泉　郑绍军　邓振华　陈　红	中国法医学杂志	第2期
误吸入气球致哽死1例	吴坤兴　谢万飞	中国法医学杂志	第2期
心传导系统房室结区挫伤死亡1例	李文鹤　王　昊　杨　怡　童　昉　梁　悦　张　琳　邢景军　段祎杰　周亦武	中国法医学杂志	第2期
胸腰椎压缩性骨折压缩程度评估方法比较	缪寿亮　周湘兰　郑祥武	中国法医学杂志	第2期
学龄期儿童发生休克后损伤程度鉴定1例	洪　杨　崔　轶	中国法医学杂志	第2期
液化石油气中毒死亡兔的法医病理学研究	李文超　周科伟　欧桂生　赵　虎	中国法医学杂志	第2期
阴茎拭子DNA检出女性成分1例	向　轲　梁翠芬　崔　瑶	中国法医学杂志	第2期
应用Photoshop软件精确计算肺萎陷度	李耀芳　王永青	中国法医学杂志	第2期
用MSCT沿鼻骨斜面多平面重组技术鉴定鼻骨线性骨折	田小军　迟海娇　刘乃东　岳英杰　孙　湛　王林芳　郝大鹏	中国法医学杂志	第2期
有限元法在法医交通颅脑损伤中的应用	高　省　高　静　刘　清	中国法医学杂志	第2期
云南德宏缅籍人群15个常染色体STR基因座遗传多态性	袁　亮　周　莹　段　丽　杨洪伟　申志坚　许冰莹	中国法医学杂志	第2期
云南汉族人群19个STR基因座遗传多态性	黄　磊　陈雪云　向超杰　苏世达　范豫杰　许冰莹	中国法医学杂志	第2期

续表

文章名称	作者	刊物	期次
云南苗族群体15个STR基因座遗传多态性	张雯 黄磊 向超杰 苏世达 范豫杰 许冰莹	中国法医学杂志	第2期
浙江义乌朝鲜族人群15个STR基因座遗传多态性	杨静开 陈优君	中国法医学杂志	第2期
致心律失常型右心室心肌病死亡1例	郭炜 李佳 金洪年 谭晓辉 李冬日 王起	中国法医学杂志	第2期
窒息死亡原因法医学分析1例	李钢	中国法医学杂志	第2期
处理光滑曲面上指印光斑方法的实验研究	李俊军 樊金英 高树辉	公安大学学报(自)	第2期
电子证据自动化推理方法的设计与实现	赵志岩	公安大学学报(自)	第2期
公安部技术研究计划的现状及对策	逯永超 张金山	公安大学学报(自)	第2期
基于贝叶斯判别分类的笔迹检验定量分析	相淑珍	公安大学学报(自)	第2期
利用拉曼光谱技术对印泥和印油种类的鉴别	韩伟 黄建同 王皓	公安大学学报(自)	第2期
利用显微拉曼光谱检验激光打印机打印文件墨迹的研究	李开开	公安大学学报(自)	第2期
绳索物证的检验特征研究	谭铁君	公安大学学报(自)	第2期
小波变换在海上刑事案件图像处理中的应用	童冬生 曹海宁	公安大学学报(自)	第2期
中外犯罪学国际学术影响力对比研究——基于SSCI定量分析	张立频	公安大学学报(自)	第2期
"十三五"法医学科学研究发展战略思考	侯一平	中国司法鉴定	第2期
CNAS 2015Z0059指印能力验证结果的解析	钱煌贵 杨旭	中国司法鉴定	第2期
HPLC-ICP-MS法检测水中$Cr(III)$和$Cr(VI)$	张素静 骆如欣 马栋	中国司法鉴定	第2期

续表

文 章 名 称	作 者	刊 物	期 次
大脑枪弹贯通伤存活19天1例	柏天福 杨炳智 李红云	中国司法鉴定	第2期
道路交通事故痕迹鉴定委托中退案明晰	张培锋 崔红玲	中国司法鉴定	第2期
环境污染致人身损害司法鉴定初探	丛 斌	中国司法鉴定	第2期
论环境损害司法鉴定机构的设立模式——以其公有性为视角	远丽辉	中国司法鉴定	第2期
论司法鉴定的科学分类与鉴定人资格管理	贾治辉 欧阳俊荣 凌扬棣	中国司法鉴定	第2期
铝质发动机号码显现的实验研究——三种电解液配方的优化	崔振球 胡宏斌 马元元	中国司法鉴定	第2期
浅谈环境损害司法鉴定	郎 建 张卫东 李红卫 徐国杰 郑文华	中国司法鉴定	第2期
司法行政机关对司法鉴定人出庭作证保障制度研究	潘广俊	中国司法鉴定	第2期
司法鉴定监督基本问题研究——以检察机关为视角	戴羚霞	中国司法鉴定	第2期
诉讼视角下的环境损害司法鉴定取证程序研究	李 乾 陆建泉	中国司法鉴定	第2期
我国环境损害司法鉴定模式的问题与对策	刘 鑫 方玉叶	中国司法鉴定	第2期
心肌桥与法医学死亡原因鉴定案例2例	颜峰平 陈圆圆 杨庆春	中国司法鉴定	第2期
医疗损害技术鉴定中过错参与度影响因子实证研究	薛 梅	中国司法鉴定	第2期
英国专家证人出庭质证实务推介	杨天潼 尤 萌	中国司法鉴定	第2期
语音同一性鉴定中口音韵母、鼻化韵母、鼻韵母的语图判别法探究	王晓婷 杨俊杰	中国司法鉴定	第2期
指纹显现技术的发展方向	马荣梁 赵 越 高 峰 韩 柯	中国司法鉴定	第2期

续表

文章名称	作者	刊物	期次
Real-Time PCR 检测小鼠皮肤切创愈合过程中 CB2RmRNA 变化的时间规律性研究	郑吉龙 章学保 官大威	中国刑警学院学报	第2期
不同来源机制条幅红外光谱判别分析	崔 岚 姚丽娟 杨 洋	中国刑警学院学报	第2期
利用笔迹三维信息提取分析仪研究承受物对签名压痕的影响	何 亮 韩丹岩	中国刑警学院学报	第2期
面向三维仿真案件现场制作的模型检索技术	申小虎 徐同祥 万荣春 陈春涛	中国刑警学院学报	第2期
三维弹痕比对系统数据采集的误差分析	钟新文 霍敬军 任博远 凌剑勇 李一芒	中国刑警学院学报	第2期
碳素墨水改进试剂显现胶带粘面手印的探讨	刘 丽 解海永 朱勋格 张士强	中国刑警学院学报	第2期
现场勘查笔录中物证的合法性问题研究	李 哲	中国刑警学院学报	第2期
《人体损伤程度鉴定标准》部分条款的理解与认识	吕金星 梁建军 周 楠 王 宁	法医学杂志	第3期
《人体损伤致残程度分级》总体原则的把握与理解	夏文涛	法医学杂志	第3期
24 个 Y-STR 基因座等位基因频率的群体差异分析	朱如心 刘俊宏 赵 琪 林 源 李 莉	法医学杂志	第3期
24 个 Y-STR 基因座荧光标记复合扩增体系的建立	刘 宏 李 越 刘长晖 刘 超 葛斌文 陈林丽	法医学杂志	第3期
Biolog-Eco 法检测尸体微生物群落的代谢功能变化	江鑫钰 王江峰 朱光辉 马孟云 赖 跃 周 晖	法医学杂志	第3期
D21S11 稀有等位基因落入相邻基因座 1 例	陆慧洁 陈 玲 邱平明	法医学杂志	第3期

续表

文 章 名 称	作 者	刊 物	期 次
PowerPlex® 21 试剂盒扩增后的分型图谱中 Y 片段丢失的识别	汪三存 丁美满 魏晓林 张 涛 姚 斐	法医学杂志	第 3 期
不同温度下大鼠脑组织 RNA 降解与早期 PMI 的相关性	吕叶辉 李志宏 托 娅 刘 丽 李 堃 卞 杰 马剑龙 陈 龙	法医学杂志	第 3 期
广东汉族人群 H19 基因上游差异甲基化区 SNP	马晓燕 何文智 袁天丽 冼嘉嘉 王晓蔓 李少英 刘海波 黎 青	法医学杂志	第 3 期
过敏性和冠心病猝死者心肌组织中肥大细胞类胰蛋白酶、脑利钠肽的表达	史洁茹 田成俊 曾 强 郭相杰 路 健 高彩荣	法医学杂志	第 3 期
肩撞击综合征伤残等级鉴定 1 例	黄书萍 张运楼 谷月芝	法医学杂志	第 3 期
接触性生物检材 DNA 提取方法的比较	胡丽梅 张 瑞 邹军根	法医学杂志	第 3 期
离体心脏 MSCT 冠状动脉造影判定冠心病猝死 1 例	钱 辉 万 雷 刘宁国 陈忆九	法医学杂志	第 3 期
利用金属探测仪快速定位体内异位弹头 2 例	王昌亮 夏志秀 王明彪 杨洪波 朱 敏 张国华	法医学杂志	第 3 期
人体生物性物质来源鉴定及法医学应用研究进展	邹凯南 桂 程 曹 禹 杨 帆 周怀谷	法医学杂志	第 3 期
石家庄地区汉族人群 17 个 Y–STR 基因座的遗传多态性	牛一平 周 晶 张贵芹	法医学杂志	第 3 期
听力正常人的长潜伏期听觉诱发电位	刘 会 郑 剑 杨小萍 朱广友	法医学杂志	第 3 期

续表

文　章　名　称	作　者	刊　物	期次
外伤后主动脉夹层分离法医学鉴定1例	潘　宇	法医学杂志	第3期
外伤性癫痫及其法医学评定进展	张运阁　李春晓 管国富　吕　铭 程荷英　陈　焕	法医学杂志	第3期
外伤性颅内血肿致同侧肢体偏瘫法医学鉴定1例	陈　东　柏正群 张艳菡	法医学杂志	第3期
新疆维吾尔族群体22个Y-STR基因座的多态性分析	贾东涛　徐中华 王守宇	法医学杂志	第3期
星形胶质细胞瘤出血肇事逃逸后死亡1例	王志文　吕利军	法医学杂志	第3期
有限元方法在交通损伤中的应用及其法医学前景	刘成刚　陆玉军 高　静　刘　清	法医学杂志	第3期
α-溴代苯丙酮的检验研究	郭　建　林小龙 吴升武　刘祥伟 周毓灼	刑事技术	第3期
表面改性三氧化二铝纳米颗粒悬浮液显现汗潜手印研究	张丽梅　张冬冬 张忠良　王　帅 孙年峰	刑事技术	第3期
裁判文书中鉴定意见的采信情况分析	鲍立垠　葛芸英 金益锋　崔　斌 艾康云	刑事技术	第3期
钢印印文特有细节特征初探	王晓光　李萌萌 韩星周　秦　达 闫海情　郭姿含 郝红光	刑事技术	第3期
根据物质组分判断指印遗留时间的研究进展	孙　婧　樊　丽	刑事技术	第3期
公交车放火案件现场勘验分析	曾令华　樊武龙 石　屹　潘炎辉 王明直	刑事技术	第3期

续表

文　章　名　称	作　　者	刊　物	期次
广东地区人群 41 个 STR 基因座遗传多态性	唐振亚　李海燕 陈红英　赵　凯 邝玉斌　宁　忠	刑事技术	第 3 期
基于金胶的表面增强拉曼光谱检验黑色书写墨迹	陈　宁　李舒莹 张晓霞	刑事技术	第 3 期
甲醛固定胚胎绒毛组织的 STR 分型	张勇果　侯伟光	刑事技术	第 3 期
交通肇事逃逸案件中塑料熔球检验	孙振文　王　琥 乔　婷　刘占芳 陶克明　朱　军	刑事技术	第 3 期
两种伤残评定标准的伤残等级比较研究	矫玉文	刑事技术	第 3 期
猎枪射击弹壳痕迹检验	娄　岩　陈六一	刑事技术	第 3 期
论 TATP 炸药现场快速检验技术	张冀峰　樊武龙 孙玉友　赵晓辉 刘吉平	刑事技术	第 3 期
热致荧光法与传统手印显现方法的相互影响研究	李孝君　吴　浩 王金忠　徐　尉	刑事技术	第 3 期
物证袋保存生物检材产生 DNA 转移问题研究	董　会　王　晶 秦翠娇　张　涛 贾　竟　叶　健 李彩霞　刘　超	刑事技术	第 3 期
现场嗅源气味在不同材质上存留特性研究	龙成生　王　辛 吴德华　宋珍华 强京宁	刑事技术	第 3 期
牙髓腔增龄性变化的影像学研究进展	吕　途　何光龙 王　坚	刑事技术	第 3 期
罂粟浆液微量 DNA 检验鉴定种属	朱　典　裴　黎 张　颖　徐小玉 杨雪莹	刑事技术	第 3 期

续表

文章名称	作者	刊物	期次
用于假币溯源的海量电子物证快速处理方法	邹积鑫 李世峰 于健 齐凤亮 刘冠华	刑事技术	第3期
纸张上汗潜指印显现技术——新1,2-茚满二酮基双功能试剂	沙万忠 方姚	刑事技术	第3期
我国法医物证鉴定领域标准化问题及对策研究	袁丽	证据科学	第3期
专家证据：美国的经验与教训	苏珊·哈克 邓晓霞	证据科学	第3期
1,8-二氨基萘衍生化 GC/MS 法测定尿中的亚硝酸盐含量	刘国杰 高丽娜 王姝姗 刘俊亭	中国法医学杂志	第3期
10个 Y-STR 基因座复合扩增体系建立及应用	黄艳梅 马亚磊 莫晓婷 马温华 王蒙 张建 欧元 叶健 赵兴春	中国法医学杂志	第3期
142例二轮摩托车驾乘人员损伤特征分析	官剑辉 谢珍国	中国法医学杂志	第3期
21号染色体基因座中检出3基因型1例	孟凡明 扎拉嘎白乙拉 兰玲梅 谢萍丽 蔡继峰	中国法医学杂志	第3期
2例蛛网膜下腔出血原因鉴定分析	王鸿 何强强	中国法医学杂志	第3期
39个STR基因座在二联体亲子鉴定突变案例中的应用	朱远雁 邹洁 强文 沈钢 李王霞 刘光箭 尹建平	中国法医学杂志	第3期
4种溶液对陈旧斑迹胶体金试剂条 ABO 检测结果比较	郝金萍 金鑫 周毅	中国法医学杂志	第3期

续表

文章名称	作者	刊物	期次
AChE、BChE、PON-1 和 FOS mRNA 在甲拌磷急性中毒致死大鼠脏器中的表达	许广武　田成俊　尉志文　傅善林　刘　良　贠克明	中国法医学杂志	第3期
E-learning 在法医学专业教学中的应用探索	梁　曼　张　荆　刘　艳　韩少平　刘　良　黄代新	中国法医学杂志	第3期
LC-Q-TOF/MS 检验麻醉抢劫案中的新型安眠药	石银涛　任　飞　郭璟琦　丁　静　王俊伟　郑　经	中国法医学杂志	第3期
TES 缓冲液在陈旧性血斑金标抗人 Hb 试剂条试验中的应用	石云杰　孙溢华　苏　勇	中国法医学杂志	第3期
Y 染色体法医 DNA 检验策略	赵兴春	中国法医学杂志	第3期
百草枯中毒损伤程度鉴定 1 例	袁定威　王　梽　王　菲	中国法医学杂志	第3期
唇红创口的损伤程度鉴定浅析	曹志华　赵旭东　徐淑申　李安伦　唐立冈　王文元	中国法医学杂志	第3期
地西泮及去甲地西泮在大鼠体内的死后再分布研究	李　明　王乐乐　郑　锋　尉志文　赵　辛　傅善林　刘　良　贠克明	中国法医学杂志	第3期
对冲性脑挫裂伤损伤程度法医学鉴定 1 例	曹文平　张军雷　吴　畏	中国法医学杂志	第3期
多发伤致胸主动脉假性动脉瘤法医学鉴定 1 例	冯国平　梁志强　曹银洁　黄利玲　张海磊　张　峰　米超金	中国法医学杂志	第3期

续表

文章名称	作者	刊物	期次
多发性冠状动脉血栓形成猝死1例	王 檬　关少华 王林林　吴　旭 朱宝利　田志岭 张孟周　官大威 赵　锐	中国法医学杂志	第3期
冠状动脉肌桥引起心源性猝死1例	马宏声　金洪年 薛　冶　李　佳 乔东访　李冬日 王　起	中国法医学杂志	第3期
核酸染色技术辅助推断晚期死亡时间的初步研究	梅　泽　刘富强 芦俊峰　任广睦 路　健　姜美玲 尹长玉	中国法医学杂志	第3期
环境损害致慢性镉中毒的法医学鉴定5例分析	杨英恺　王　旭 狄胜利　张凤芹 郭兆明　杨天潼 刘　会	中国法医学杂	第3期
环状RNA在法医学中的应用	杨幸怡　李文怡 许文宁　王慧君 刘　超	中国法医学杂志	第3期
混合基因型拆分确定单亲遗传关系鉴定	拜永强　周　栋 张　颖　王瑞瑞	中国法医学杂志	第3期
吉林延边朝鲜族8个Y-STR基因座遗传多态性	张明龙　张永吉	中国法医学杂志	第3期
急性髓细胞白血病并发肺静脉栓塞死亡1例	吴　畏　王凯沁 刘　冉　张海东	中国法医学杂志	第3期
江苏金湖汉族16个Y-STR基因座遗传多态性	孟　岩　钱　莉 蔡云龙　单锡丰	中国法医学杂志	第3期
胫骨内侧平台粉碎性骨折致骺板早闭法医学鉴定1例	秋　鹏	中国法医学杂志	第3期

续表

文章名称	作者	刊物	期次
抗精神病药物致心源性猝死的机制及其法医学意义	米丽　张广辉　曹志鹏　常月峰　朱宝利	中国法医学杂志	第3期
利用Photoshop软件对CT片上肺萎陷程度进行计算初探	袁阳刚	中国法医学杂志	第3期
强化程序意识 规范鉴定行为——关于《司法鉴定程序通则》2016年的修改	刘鑫　王梦娟	中国法医学杂志	第3期
蛆长推断死亡时间回归方程用于腐败尸体鉴定1例	魏智伟　黄安海	中国法医学杂志	第3期
鳃裂瘘管切除术后复发继发感染性休克1例	张琳　丁杨　李文鹤　梁悦　童昉　周亦武	中国法医学杂志	第3期
生前烧死法医学鉴定1例分析	李智	中国法医学杂志	第3期
手部脱落细胞DNA转移及二次转移的实验研究	霍塞虎　章申峰	中国法医学杂志	第3期
双内参基因用于大鼠挫伤肌肉TAB2 mRNA表达量检测	杜秋香　程晓花　朱细燕　王英元　孙俊红	中国法医学杂志	第3期
缩宫素使用不当致子宫破裂法医学鉴定1例	王尧　杜琳敏　夏冰　郭强　王杰	中国法医学杂志	第3期
未成年人杀人现场分析1例	袁明俊　张以刚　吕剑锐　张超　孙彦辉　朱晓东	中国法医学杂志	第3期
稳定型骨盆前环骨折移位伤残评定20例	王志文　吕利军	中国法医学杂志	第3期
件作研究评述	吴冬	中国法医学杂志	第3期
现场提取人粪便的STR检验	龙飞　刘健　刘从勇　陈俊颖　罗佳　何宇	中国法医学杂志	第3期

续表

文章名称	作者	刊物	期次
小肠憩室炎致感染中毒性休克死亡1例	刘 冉　祝立彬　吴 兴　张海东	中国法医学杂志	第3期
心脏损伤致双眼盲目损伤程度鉴定1例	梁 欣　夏元飞	中国法医学杂志	第3期
腰椎椎弓崩裂及腰椎滑脱法医学鉴定1例	李 怀　张 斌　李昌湖	中国法医学杂志	第3期
乙醇与乌头碱联合染毒对大鼠心肌细胞RYR2的影响	杨明真　黄锶哲　卓 荦　王荣帅　刘 茜	中国法医学杂志	第3期
婴幼儿颅骨骨折法医学分析	胡云星　楼义华	中国法医学杂志	第3期
足月小样儿并发肺出血死亡1例	梁 悦　霍少明　童 昉　张 琳　李文鹤　周亦武	中国法医学杂志	第3期
502胶显现潜在手印后阳离子荧光黄染色研究	韩国强　罗亚平	公安大学学报（自）	第3期
从足底受力情况看踏痕分析年龄的可靠性研究	李 冬　廖举峰　初 凯　时 光	公安大学学报（自）	第3期
毒品麻古的气相色谱-质谱检验及其特点	苗翠英　周鲁智　钱尊磊	公安大学学报（自）	第3期
断线钳张角与断头坡面线痕偏角关系的量化研究	彭 迪　田 浩	公安大学学报（自）	第3期
禁毒工作中对含有麻黄碱成分易制毒药品的监管	刘桂红　乌英珍	公安大学学报（自）	第3期
土壤微生物结构的T-RFLP及其法医学应用分析	王旭东　张更谦　张晓嘉　王佳琦　陈尚坤	公安大学学报（自）	第3期
物理显影液显现汗潜、血潜手印研究	马 竞	公安大学学报（自）	第3期

续表

文章名称	作者	刊物	期次
应用全色足迹勘查光源检验平滑纸张表面遗留灰尘足迹	陈池 杨玉柱 朱圣博	公安大学学报(自)	第3期
有害音视频一致性检测方法的研究与实现	王媛媛 詹远 白涛	公安大学学报(自)	第3期
《枪支致伤力的法庭科学鉴定判据》适用性研究——以气枪国家标准为视角	陈六一	中国司法鉴定	第3期
度全国司法鉴定情况统计分析	党凌云 郑振玉	中国司法鉴定	第3期
2016年道路交通事故技术鉴定发展论坛在琼召开	冯浩 张泽枫	中国司法鉴定	第3期
CAD软件在地图测试法中的应用1例	林燕 任卫	中国司法鉴定	第3期
笔迹鉴定意见刍议	关颖雄	中国司法鉴定	第3期
车辆EDR数据在速度重建中的应用	冯浩 吴建平 张志勇 潘少猷 张泽枫	中国司法鉴定	第3期
车辆侧碰事故中侧面刚度系数求解方法研究	王旭东 谷阳阳 张元	中国司法鉴定	第3期
扼死后伴有附加行为案件的法医学分析	刘建锋 郑瓯翔 汤家全 罗良鸣	中国司法鉴定	第3期
法医病理数字化新技术的发展及在鉴定实践中的应用	陈忆九	中国司法鉴定	第3期
拉曼光谱技术在亚硝酸钠中毒快速检测中的研究	秦真科 曹芳琦 刘文斌 杨飞宇 郝红飞 孟航 张润生	中国司法鉴定	第3期
面部注射自体脂肪致盲美容纠纷1例	袁银 王旭	中国司法鉴定	第3期
汽车-弱势道路使用者事故的碰撞速度与伤害严重度研究	袁泉 陈宏云 李一兵	中国司法鉴定	第3期
生物样本中的砷形态分析研究进展	林琳 沈敏 马栋	中国司法鉴定	第3期

续表

文章名称	作者	刊物	期次
数码照片中摄影物距推算与摄影现场重建	冯永平 满勤	中国司法鉴定	第3期
司法鉴定程序公正与实体公正的重要保障——以新《司法鉴定程序通则》的特点与实施要求为基点	邹明理	中国司法鉴定	第3期
司法鉴定模式的分析及改革探索	雷刚 王发红 景永清 党永辉	中国司法鉴定	第3期
司法鉴定人权利保障问题研究——从一起司法鉴定投诉引发的思考	胡祖平	中国司法鉴定	第3期
真空金属镀膜集成优化显现疑难手印的研究	梁彦林 高伟 张磊 薛帆 张赟	中国司法鉴定	第3期
中国刑事错案中的鉴定问题——基于50例案件的实证研究	粮志诚 陈如超	中国司法鉴定	第3期
从"快播涉黄案"看电子数据取证关键技术	罗文华 龙立名	中国刑警学院学报	第3期
纺织物上弹着痕迹与国产7.62mm枪弹弹头形状的相关性研究	杨通 李磊	中国刑警学院学报	第3期
分散固相萃取净化-GPC-GC/MS快速分析鱼塘水中21种农药	王国强 张婷 孙桂进 张炳谦	中国刑警学院学报	第3期
关于"摹仿笔迹""模仿笔迹"的若干考证	欧阳国亮 白晓峰	中国刑警学院学报	第3期
金属有机框架材料(MOFs)在潜指纹显现中的应用	刘文斌 赵雪 梁彦林 田巍 郑玉梅 杨军 姜夏冰 朱华 李晓强	中国刑警学院学报	第3期

续表

文　章　名　称	作　　者	刊　物	期次
土壤微生物 16S rDNA 的 T – RFLP 法医学应用分析	陈尚坤　王旭东 张晓嘉　王佳琦 张更谦	中国刑警学院学报	第 3 期
微波样品前处理技术在毒物和毒品检验中的应用	温锦锋　盛　蔚 林贤文　张志国 陈　宁　胡孙林	中国刑警学院学报	第 3 期
物证检验鉴定的数学原理与方法研究	王相臣　胡　鑫	中国刑警学院学报	第 3 期
茚三酮显现指纹的改进配方	王　军　王　虹	中国刑警学院学报	第 3 期
运用笔迹三维信息提取分析仪对摹仿签名笔力特征的实验研究	申　思　韩丹岩 俞　纲	中国刑警学院学报	第 3 期
20 例海洛因滥用相关死亡案例的法医学分析	黄万麒　李利华 李　桢　洪仕君	法医学杂志	第 4 期
23 例杀亲案件的法医学分析	谢　晓　董向东	法医学杂志	第 4 期
Bankart 损伤合并 Hill – Sachs 损伤的法医学鉴定 1 例	马丽莉　王云介	法医学杂志	第 4 期
MALDI – TOF – IMS 分析 DAI 大鼠脑组织内差异蛋白的分布	任冠恒　翁榕花 施　妍　黄　平 邓恺飞　刘宁国 陈忆九	法医学杂志	第 4 期
成人 Still 病心源性休克死亡医疗损害 1 例	田　甜　王宝泉	法医学杂志	第 4 期
多部位提取结合 Y – STR 技术破获车内物品盗窃案 1 例	章申峰　陆松尧 李佑英	法医学杂志	第 4 期
二代测序技术在法医学中的应用进展	张素华　边英男 赵　琪　李成涛	法医学杂志	第 4 期
反相 HPLC 法同时测定大麻植物中的三种有效成分	傅　强　舒　智 邓　轲　罗　璇 曾昌广	法医学杂志	第 4 期

续表

文章名称	作者	刊物	期次
甘肃裕固族人群21个STR基因座的遗传多态性	马丽英 张子龙 魏铄蕴 孙红兵 杨鑫 骆继怀	法医学杂志	第4期
广东地区汉族人群VEGF基因5'端SNP位点遗传多态性	何文智 马晓燕 冼嘉嘉 袁天丽 李少英 李双琳 刘海波 黎青	法医学杂志	第4期
喉挫伤并杓状软骨半脱位损伤程度鉴定1例	李新锁	法医学杂志	第4期
环境损害致生活性镉中毒与肝损害因果关系分析1例	刘会 王旭	法医学杂志	第4期
急救伤疑似他杀1例	陈竹 刘锋基	法医学杂志	第4期
滥用药物体内代谢的研究进展	丁碧粉 邵雷 张润生 梁晨 张玉荣	法医学杂志	第4期
临夏回族自治州保安族人群15个STR基因座的遗传多态性	孙小明 赵鹏 丁延云 张宗清 张瑞智 陈蓉 罗春学	法医学杂志	第4期
南京汉族人群24个Y-STR基因座的遗传多态性	孙大鹏 闵涯邻 连昌舟 俞卫东	法医学杂志	第4期
人和猪、羊、牛肌组织形态的比较及法医学意义	楼旭鹏 张伟 郑剑 徐宏 赵峰	法医学杂志	第4期
人体脑组织RNA表达水平与早期PMI的相关性	吕叶辉 马开军 李志宏 顾峻 鲍建瑛 杨智昉 高静 曾颜 陶丽 陈龙	法医学杂志	第4期

续表

文章名称	作者	刊物	期次
使用改制射钉枪杀人1例	梁鑫 林子文	法医学杂志	第4期
双手先天性缺指畸形腕部骨折伤残等级评定1例	李日喜	法医学杂志	第4期
司法鉴定创新研究再获新动力——"司法鉴定创新技术研究与应用示范"获批国家重点研发计划重点专项	陈忆九	法医学杂志	第4期
死后生物化学在糖尿病酮症酸中毒法医学诊断中的应用	丁杨 鲁琴 胡寅	法医学杂志	第4期
锁骨胸骨端骨骺闭合规律的多元影像学技术研究进展	范飞 涂梦 骆莹贞 张奎 陈晓刚 邓振华	法医学杂志	第4期
应用微生物菌群鉴定阴道分泌液	邹凯南 胡萌 黄江平 周怀谷	法医学杂志	第4期
晕船反应并虐待致海员死亡1例	李志业	法医学杂志	第4期
DNA数据库实战应用战法体系与能力建设研究	葛百川 彭建雄 刘冰	刑事技术	第4期
NASS唾液卡在唾液核酸采集中的应用研究	石云杰 孙溢华 周如华 马静	刑事技术	第4期
安全防范监控数字视音频编解码技术标准的特点与应用	刘慧念 孙振文 崔冠峰 周红 季安全	刑事技术	第4期
胺基纳米磁珠提取血液中3种毒品	杨丽君 郭鹏 任周阳 谢文林	刑事技术	第4期
藏汉人群EPAS1、EGLN1基因特异SNP位点遗传多态性	杨鑫 胡萌 张子龙 骆继怀 哈飞 马丽英 孙红兵	刑事技术	第4期

续表

文章名称	作者	刊物	期次
单亲隔代亲权指数计算方法	任贺 刘芳	刑事技术	第4期
犯罪地理刻画在侦破系列强奸杀人案件中的运用	丁根元 宋玉勇 方俊杰 陈林	刑事技术	第4期
符合最新标准的刑事数码照片后期处理技术	周鸣 李珂 戴建宇 李峰	刑事技术	第4期
广西壮族人群18个STR基因座多态性	马温华 赵雯婷 孙启凡 莫晓婷 白雪 王乐 张建 姚伊人 赵兴春 李万水 叶健	刑事技术	第4期
基于复合定位技术的微型定位装置	陈伟 李凌云 孙奋进 崔恒荣 严岩 周涛 董立敏 刘文斌	刑事技术	第4期
毛细管区带电泳场放大进样检测自来水中季铵盐类除草剂	张庆庆 孟品佳 王燕燕 张文芳	刑事技术	第4期
美国联邦调查局实验室概况	李彩霞 王耿杰 苏剑 赵雯婷 刘慧念	刑事技术	第4期
哌嗪类新精神活性物质综述	常颖 胡羽鹏 赵阳 贺剑锋 郑珲 高利生	刑事技术	第4期
平板玻璃上射击痕迹分析	周毅锦 周腾 李振健	刑事技术	第4期
气相色谱内标法测定甲基苯丙胺含量的不确定度评定	梁丽军 薛锦锋 田琳琳 刘明明 沈磊	刑事技术	第4期

续表

文章名称	作者	刊物	期次
犬血斑 STR 直接扩增体系研究	钱 水 杜蔚安 刘 超 杨前勇 叶俊华	刑事技术	第 4 期
兔死后肺 CT 影像随时间变化的规律性研究	郑吉龙 张家鑫 王玖琳 巩京慧 倪首涛 章 彪	刑事技术	第 4 期
微区 X 射线衍射对油漆填料的检验研究	才志成 李云志 张大雷 于维彪	刑事技术	第 4 期
应用光谱成像技术去除指纹干扰背景的方法研究	齐敏珺 陈弈桦 王新全	刑事技术	第 4 期
锥形束 CT 在法医学中的应用与展望	王 坚 张家鑫 吕 途	刑事技术	第 4 期
论民事诉讼中电子数据的运用规则	冀宗儒 钮 杨	证据科学	第 4 期
论统计学在科学证据报告中的应用	王元凤 于颖超 吴桂玲	证据科学	第 4 期
论物证鉴定意见的合法性——从刑事错案和规范分析两个视角	徐月笛	证据科学	第 4 期
司法鉴定程序通则的修改与解读	郭 华	证据科学	第 4 期
司法鉴定见证研究	刘 鑫 方玉叶	证据科学	第 4 期
司法鉴定启动条件研究	苏 青	证据科学	第 4 期
司法鉴定委托受理的困境与改革——基于《司法鉴定程序通则》与司法鉴定实践的双重分析	陈如超	证据科学	第 4 期
司法精神病辩护中证明模式的反思与完善	王迎龙	证据科学	第 4 期
116 例女性杀人案件法医学分析	樊树建 张 敏 吴昌春 董曦哲	中国法医学杂志	第 4 期
120 例强奸案法医学回顾分析	牟宏书 李宝强 张 昊	中国法医学杂志	第 4 期

续表

文章名称	作者	刊物	期次
3种哌嗪类药物滥用研究进展	常靖 郝红霞 高庆刚 侯小平 崔冠峰 张云峰	中国法医学杂志	第4期
4种固相颗粒吸附法提取滤纸血痕DNA效果的比较	巴华杰 马骏 刘亚楠 朱爱华 林子清	中国法医学杂志	第4期
HS-GC内标曲线法测定血中乙醇含量的不确定度评估	梁丽军 田琳琳 薛锦锋 沈磊	中国法医学杂志	第4期
ICF脑卒中核心分类组合功能的图形建模研究	尤萌 姜竹青 王旭 狄胜利 张凤芹 郭兆明 项剑 常林 杨天潼	中国法医学杂志	第4期
PBL在医学教育中的现状及法医学专业的应用建议	雷刚 李生斌 党永辉	中国法医学杂志	第4期
不同来源一氧化碳中毒死亡者血液中COHb含量分析	陆雪松 李峰 赵曜 张晗	中国法医学杂志	第4期
采用STR、SNP和X-STR进行胚胎组织亲权鉴定1例	杨翊研 宁超 杨百全 崔银秋 李春香	中国法医学杂志	第4期
彩超检查确定口唇全层撕裂创损伤程度1例	董黄勇	中国法医学杂志	第4期
草甘膦、乙草胺中毒1例	黄婵媛 黄晓青 黄婵娟 何国标	中国法医学杂志	第4期
大头金蝇蛹壳蛋白质降解特征的法医学意义	郑娜 石学志 朱光辉 牛憨笨 范新民 刘杰 陈献雄	中国法医学杂志	第4期

续表

文章名称	作者	刊物	期次
第 12 胸椎三维重建图像性别判定研究	王　宁　苗春雨　吕金星	中国法医学杂志	第 4 期
二分髌骨法医学鉴定 1 例	佘晓欣　鄢　荣	中国法医学杂志	第 4 期
法医学鉴定标准的现状与问题	刘　鑫　敖丽丹	中国法医学杂志	第 4 期
冠心病并发右心室壁破裂猝死法医学鉴定 1 例	康常青	中国法医学杂志	第 4 期
冠心病猝死医疗过错参与度法医学鉴定 1 例	宋健文　乔东访　王慧君　岳　霞	中国法医学杂志	第 4 期
广东潮州汉族人群 17 个 STR 基因座遗传多态性	杨思思　贾晓杰　陈卫镇　张钰勤　郭　炜　邓炼侃	中国法医学杂志	第 4 期
湖南沅陵土家族 20 个 STR 基因座遗传多态性	张金国　赵　熙　李立昕	中国法医学杂志	第 4 期
家族近亲 DNA 亲子鉴定 1 例	黄玥蕾　巫启民　唐金晶	中国法医学杂志	第 4 期
交通事故后伤病共同作用致人死亡法医学分析 1 例	徐　磊　应　玮	中国法医学杂志	第 4 期
交通事故损伤机制法医学分析 1 例	邱晓明　吴兴国　罗仁俊　程萍萍　杨　敏　周文菊　李　航　刘俊华	中国法医学杂志	第 4 期
孔姓人群 Y 染色体遗传多态性研究及其法医学意义	孙亚男　李　屹　翟　滇　邢豫明　曾发明　李　貌　程宝文	中国法医学杂志	第 4 期
颅内出血患者血清 IL-6、TNF-α 变化在法医临床鉴定中的意义	白云秀　白　鹤　柴　丹　金国栋　崔玉佳　王　巍	中国法医学杂志	第 4 期
论法医学领域的标准化方法	花　锋	中国法医学杂志	第 4 期

续表

文章名称	作者	刊物	期次
木柄铁锤水中浸泡两天后DNA检验1例	王军 于桂贤	中国法医学杂志	第4期
溺死鉴定中硅藻检验的应用	薛薇 杨伟栋 邢豫明 程宝文	中国法医学杂志	第4期
曲霉菌病的法医学检验1例	卓荦 庄冲 宋鹏 林澍 夏胜海	中国法医学杂志	第4期
热射病死亡法医学鉴定1例	杨明真 黄锶哲 刘茜	中国法医学杂志	第4期
陕北榆林汉族15个STR基因座遗传多态性	刘波 郭晓云 杜成祝 李岩	中国法医学杂志	第4期
舌骨骨折的法医学鉴定3例	李三海	中国法医学杂志	第4期
输卵管妊娠被切除与腹部外伤因果关系鉴定1例	马克兢 陈方园 张杰 常先扬	中国法医学杂志	第4期
双眼视力及其伤残评价作用研究	宰超 汪岚 王瑜 武光凤	中国法医学杂志	第4期
宋慈《洗冤集录》产生的历史文化条件——纪念宋慈诞辰830周年	黄瑞亭	中国法医学杂志	第4期
胎盘早剥及胎儿死亡法医学鉴定1例	高爽 魏振选	中国法医学杂志	第4期
体位性窒息法医学鉴定1例	屈建民 倪天辉	中国法医学杂志	第4期
头部贯通创法医学鉴定1例	张翔 朱刚 苏宗岷	中国法医学杂志	第4期
外伤性迟发性脾破裂法医学鉴定1例	袁兵兵 郭智强	中国法医学杂志	第4期
下肢深静脉血栓形成的临床法医学鉴定	刘玉利 赵一杰 张国徽	中国法医学杂志	第4期
现场致伤物推断确定案件性质1例	王辉 郑旭飞 郑勇	中国法医学杂志	第4期
液相色谱-质谱联用法测定人全血中灭多威	张美玲 张振南 温丛丛 王志翊 林丹 王贤亲	中国法医学杂志	第4期

续表

文 章 名 称	作 者	刊 物	期 次
一例特殊自杀的法医学分析	杨 文　苏少虎	中国法医学杂志	第4期
缢死后干尸形成机制1例分析	张国庆　梁小飞 党富生	中国法医学杂志	第4期
婴儿舌系带矫正术后死亡医疗纠纷鉴定1例	张华文　周云环 王和斌　林永梅	中国法医学杂志	第4期
应用Ion Torrent PGM™平台检测中国汉族124个身份鉴定SNPs	宋 鹤　周懿舒 刘 锋　沈红缨 于 蛟　赵金玲 赵 斌　郭 飞 姜先华	中国法医学杂志	第4期
右心室贯通伤存活1例	曹文平　赵 杰 吴 畏	中国法医学杂志	第4期
佐匹克隆中毒死亡1例	高 刚　曹亚祥 田三虎	中国法医学杂志	第4期
《管制刀具分类与安全要求》新标准解析	张金菊　王新建	公安大学学报(自)	第4期
高中文化群体中笔顺出现率的调查统计研究	李双双　韩丹岩 戈春杰	公安大学学报(自)	第4期
基于警用图像处理系统对超分辨率图像重建分析	石晓勃　高树辉	公安大学学报(自)	第4期
谈指纹鉴定中的"视野"拓展	张 瑾	公安大学学报(自)	第4期
微藻检验在法庭科学领域的应用初探	徐 欣　刘 兆 丁 辉	公安大学学报(自)	第4期
刑事中毒案件法医毒物分析检材的规范化采集	王 炜　侯 艳 石恩林　李重阳	公安大学学报(自)	第4期
指甲钳剪切痕迹研究	魏育新　徐少辉 杨恩涛	公安大学学报(自)	第4期
撞齿工具开启卡巴类插芯门锁留痕特征	韦 政　马元元 陈海波	公安大学学报(自)	第4期

续表

文章名称	作　者	刊　物	期次
采光权妨害判断标准研究——以相邻关系纠纷中采光权妨害司法鉴定为视角	南　锟　李永一 马德云　左勇志	中国司法鉴定	第4期
毒品所致精神障碍者刑事责任能力审判认定调查研究	张盛宇　撒兰梅 许照高　王俊杰 汤　涛　刘　超 蔡伟雄	中国司法鉴定	第4期
构成有色指印线的种类及成因分析——以民事案件为视角	钱煌贵　叶瑞仁	中国司法鉴定	第4期
股骨颈骨折并发肺栓塞后心功能不全法医学鉴定1例	吴　雪　周　莉 王　明	中国司法鉴定	第4期
汗孔特征的观察与识别	焦彩洋　张晓梅	中国司法鉴定	第4期
静电复印/打印文书的周期性转印痕迹研究	王　跃　张世群	中国司法鉴定	第4期
论涉鉴类刑事庭审实质化的实现——以庭审认证程序为视角	孔令勇	中国司法鉴定	第4期
论终止鉴定——以新《司法鉴定程序通则》为视角	贾治辉　朱　兰 宋利利　朱　昱	中国司法鉴定	第4期
浅析住宅房屋漏水纠纷案件存在的问题及对策	刘亚坤　李真真 邹林亥　鲁巧稚 李博天　章　涛 左勇志	中国司法鉴定	第4期
涉案木材样品的提取及送检	薛晓明	中国司法鉴定	第4期
尸体上牙齿咬痕的检验和思考	张治国　侯　钦 陈启明	中国司法鉴定	第4期
数字手写签名笔迹检验实验研究	闫龙飞　王立梅	中国司法鉴定	第4期
司法鉴定程序通则疑难问题的解读与思考	郭　华	中国司法鉴定	第4期
司法鉴定管理困境及改革路径——以浙江省为视角	俞世裕	中国司法鉴定	第4期

续表

文 章 名 称	作 者	刊 物	期 次
损伤后肢体功能障碍重新鉴定 1 例	戴佳丽　刘　丽　缪斌君　刘体伦	中国司法鉴定	第 4 期
唾液中滥用物质分析的研究进展	冯雪伊　沈　敏　陈　航	中国司法鉴定	第 4 期
完善司法鉴定运行机制的思考与建议	周修友	中国司法鉴定	第 4 期
下腰训练致儿童无骨折脱位型胸脊髓损伤因果关系鉴定 2 例	陈建红　余家树　梁　锋	中国司法鉴定	第 4 期
鞋带纤维的红外光谱与显微形态分析	熊甜丽　孙杰燕　周　娟　史晓凡	中国司法鉴定	第 4 期
中国法医临床学之鉴定现状、技术标准与科学研究	王　旭	中国司法鉴定	第 4 期
"502"胶熏显法显现非汗液手印的研究	柳晓光　舒谷辰	中国刑警学院学报	第 4 期
GC/MS 快速测定射击残留物中二号中定剂二甲基二苯脲 2 例	周　拓　刘　俊　康　伟	中国刑警学院学报	第 4 期
变造指纹印痕识别及检验技术研究	陈　宇　张学杰　顾春光　张智鑫　骆兆萍　冯武生　李青辰	中国刑警学院学报	第 4 期
第五套百元人民币印制特征的比较鉴别	林　红　孟庆博	中国刑警学院学报	第 4 期
法庭说话人识别语音数据库的构建	张翠玲　Geoffrey Stewart Morrison	中国刑警学院学报	第 4 期
咳嗽音特征在话者识别中参考价值的相关研究	申小虎　金　恬　张长珍　万荣春	中国刑警学院学报	第 4 期
山西汉族人群 17 个 Y-STR 基因座遗传多态性研究	马沁雅　刘永康	中国刑警学院学报	第 4 期
字迹色痕与纸张色泽感光度鉴别仪的研究	于　彬　王帅帅　杜英杰	中国刑警学院学报	第 4 期
《人体损伤致残程度分级》的理解	王　旭	法医学杂志	第 5 期

续表

文章名称	作者	刊物	期次
17例颈椎外伤合并颈椎退行性病变的伤病关系分析	陈 芳　程亦斌　范利华	法医学杂志	第5期
不同方法测量不规则瘢痕面积的比较	冉 聘　李婉娟　孙全刚　李剑秋　夏 晴	法医学杂志	第5期
采用4种方式自杀死亡法医学鉴定1例	梁 鑫　玉 成	法医学杂志	第5期
成都市主城区水中尸体多发河流区段硅藻分布	倪自翔　谢 琼　易旭夫	法医学杂志	第5期
钝器致鼻部骨折95例法医学分析	余延和　雷丽婷　杨春治	法医学杂志	第5期
多重置换扩增在含抑制物检材中的应用	丁东雪　丁 梅	法医学杂志	第5期
儿童肾母细胞瘤破裂死亡1例	李 强　秦志东　宋祥和	法医学杂志	第5期
肱二头肌长头腱断裂损伤机制法医学鉴定1例	唐 晋　吉 驰　王居生	法医学杂志	第5期
基于紫外可见积分球反射光谱法鉴定血痕经历时间	闫立强　高 野	法医学杂志	第5期
监管场所25例非正常死亡的法医学分析	杨嵩民　李志业	法医学杂志	第5期
颈部神经纤维瘤合并颈髓损伤因果关系分析1例	苏兴伯　李绍芳　张艳淑　王振国	法医学杂志	第5期
胫骨缺损后腓骨移植伤残等级鉴定1例	汤喜燕　谢福荣　徐彩裙　徐力辛　廖 毅　郑永光	法医学杂志	第5期
离体心脏冠状动脉造影术及其法医学应用	吴永波　郭恒军　陈伟健　李琦军	法医学杂志	第5期
利用尸食性蚤蝇推断死亡时间的法医学研究进展	李 论　冯典兴　吴 静	法医学杂志	第5期

续表

文章名称	作者	刊物	期次
利用现场、尸体损伤及被害人身份进行案犯刻画3例	王长保	法医学杂志	第5期
溺死大鼠肺组织 AQP-1、AQP-4 的表达	赵 兵　姚士强　郝小惠	法医学杂志	第5期
碎尸案中腐败肌肉、牙齿的STR分型	汪三存　丁美满　魏晓林　姚 斐　张 涛	法医学杂志	第5期
新标准下鼓膜穿孔损伤程度鉴定3例	周 翔　王 强	法医学杂志	第5期
性别鉴定中 amelogenin 基因座变异的研究进展	黄江平　杨 帆　刘亚楠　邹凯南　曹 禹　吴 丹　陈荣华　平 原　周怀谷	法医学杂志	第5期
阴唇整形术致抑制死医疗损害1例	李志业	法医学杂志	第5期
证据规则影响下法医学影像资料个体识别研究进展	王建军　裴军昌　邱云亮	法医学杂志	第5期
指标性审核法量化医疗损害参与程度评定	陈宝生　秦豪杰　莫耀南	法医学杂志	第5期
3个 Y-STR 分型体系的法医学应用比较	窦雪丽　陈晓晖　杨幸怡　刘 宏　刘 超	刑事技术	第5期
Al(OH)_3 胶体悬浮液对胶带粘性表面富脂潜指纹的显现研究	高 峰　张斯儒　马荣梁　李孝君　胡文锋　曲会英　赵 越	刑事技术	第5期
LC-MS/MS 测定血液中利眠宁成分	孙会会　仲建军　翟晚枫	刑事技术	第5期
SPR 传感器检测痕量炸药的研究进展	谭俊鹏　郝红霞　杨瑞琴	刑事技术	第5期

续表

文章名称	作者	刊物	期次
穿袜负重倒行走步态特征研究	计永林 宋佳宾 王浩波 夏正飞	刑事技术	第5期
国内外法医毒物学研究进展及发展趋势	杜鸿雁 杨 智 刘 博 张蕾萍 董 颖 王瑞花	刑事技术	第5期
火场润滑油燃烧残留物的 SPME-GC/MS 检验方法研究	张振宁 王 冠 王欣欣 王 萍	刑事技术	第5期
基于方差因子的图像偏色检测研究	李 海 孙 鹏 刘 磊 邵珠镇	刑事技术	第5期
基于光学相干层析(OCT)技术的车身油漆无损断层成像研究	刘宁宁 许小京 张 宁 苏 怡	刑事技术	第5期
交通肇事案件中橡胶物证的检验	时秋娜 刘占芳 乔 婷	刑事技术	第5期
昆虫学证据在死亡时间推断中的应用	吕 宙 万立华	刑事技术	第5期
毛细管电泳技术在微量物证检验中的应用	胡 灿 梅宏成 郭洪玲 朱 军 权养科	刑事技术	第5期
山东汉族人群63个Y-STR基因座突变观察及法医学应用	王新杰 许 欣 黄 磊 魏金叶	刑事技术	第5期
似然比在赤足足迹检验鉴定中的应用	甘 霖 焦彩洋	刑事技术	第5期
无人机航拍技术在犯罪现场勘查中的应用探讨	孙振文 刘冠华 王明直 孙玉友 张 宁	刑事技术	第5期
小型汽车轮胎的射击弹孔与擦痕形状研究	聂卫林	刑事技术	第5期
印文边框特征的检验应用	王晓光 闫海倩 秦 达 郭姿含	刑事技术	第5期
由BB弹枪发射的不同材质同径球形弹丸的比动能差异研究	陈六一 刘 墨 仇祯昱	刑事技术	第5期

续表

文章名称	作者	刊物	期次
由筷子引发的意外损伤致死案分析	刘超　黄健炳	刑事技术	第5期
组合体分离痕迹检验	王京都　王强	刑事技术	第5期
"同一认定"中的意见决策论	A. Biedermann S. Bozza　F. Taroni 李冰　赵东	证据科学	第5期
测谎在台湾地区为被告有利证明方法的检讨	张玮心	证据科学	第5期
246例高坠案件中坠落高度与损伤分析	陆雪松　戴建宇 李峰　贾海鹏 崔波　张勇 张晗	中国法医学杂志	第5期
3人死亡案现场法医学分析1例	李久林	中国法医学杂志	第5期
4个多拷贝RM Y-STR基因座的异常分型	张文琼　肖超 余谨　贾雲舒 黄代新	中国法医学杂志	第5期
D18S51基因座等位基因丢失3例	穆立伟　赵智超 杨金龙	中国法医学杂志	第5期
DYF387S1基因座检出三等位基因1例	周雪　王鑫 杨俊	中国法医学杂志	第5期
FOB试剂条排除血迹污染在DNA检验中的应用	王友政　喻永敏 丛潇	中国法医学杂志	第5期
mRNA在体液斑迹鉴定与组织来源推断中的应用	赵禾苗　王冲 李万水　涂政 徐秀兰　孙辉 胡兰	中国法医学杂志	第5期
PCI术后第二对角支穿孔并心脏破裂死亡1例	李文鹤　石青 张琳　童昉 梁悦　周亦武	中国法医学杂志	第5期

续表

文章名称	作者	刊物	期次
UBM 在眼外伤法医临床学鉴定中的应用	王元兴　王茂静　刘健	中国法医学杂志	第5期
大鼠骨骼肌损伤修复中 FZD4 时序性变化及其应用	孙俊红　朱细燕　张小红　刘起清　杜秋香　王英元	中国法医学杂志	第5期
啶虫脒的 GC/MS 检验 1 例	夏勇　罗祥明　张旭　韩庆艳	中国法医学杂志	第5期
法医物证学 miRNA 分析的研究进展	胡荣　方晨　刘旭　安云鹤　武会娟　严江伟	中国法医学杂志	第5期
肺结核继发大出血死亡 1 例	王飞舟　刘增甲　崔文　王旭　韩笑	中国法医学杂志	第5期
高坠案件法医学鉴定分析 1 例	张小红　贺光社　路健　郭相杰　孙俊红	中国法医学杂志	第5期
高坠致机械性窒息死亡 1 例分析	郭熙	中国法医学杂志	第5期
过失致人死亡伪装交通事故法医学分析 1 例	董阳　刘军	中国法医学杂志	第5期
汉族人肩、髋关节活动范围及与年龄、性别间的关系	王杰　柏灵　王建文　李开　李荣　赵晓杰	中国法医学杂志	第5期
河北秦皇岛地区汉族人群 16 个 Y-STR 基因座遗传多态性	庞飞　张小恺　冯鹏飞　乔晋东	中国法医学杂志	第5期
红苋菜致结肠红染 1 例	楼义华　胡云星	中国法医学杂志	第5期
混合样本拆分检索法用于阴道拭子 DNA 分型检验	龙飞　陈宗溢　陈俊颖　罗佳　何宇　查远梅　杨攀	中国法医学杂志	第5期

续表

文章名称	作者	刊物	期次
机械性窒息死亡机制分析及鉴别1例	高爽 白银冰 樊文忠 魏振选	中国法医学杂志	第5期
基于12s rRNA的犀牛角制品DNA条形码鉴定分析	陈云霞 郭海涛	中国法医学杂志	第5期
甲苯吸入中毒后交通肇事1例	于峰 李建军 文迪 董玫 倪志宇 马春玲 丛斌	中国法医学杂志	第5期
交通事故驾乘关系法医学分析1例	温生新 贾果峰	中国法医学杂志	第5期
口含雷管爆炸自杀被误判为他杀法医学分析1例	赵丹	中国法医学杂志	第5期
勒福特王水消解法检验动物器官硅藻的法医学应用	王会品 陈勇 赵建 刘超	中国法医学杂志	第5期
利用图像处理软件Photoshop计算肺压缩率	王琪	中国法医学杂志	第5期
两种纯化试剂盒对人体脱落细胞检材STR检出率比较	张金国 邵俊 刘谦 易文平 何伶芳 付永 赵霖	中国法医学杂志	第5期
论法医现场学课程的开设	黄亮 李学博	中国法医学杂志	第5期
脑外伤所致精神障碍司法鉴定400例分析	撒兰梅 唐安平 耿娟	中国法医学杂志	第5期
女性杀人分尸后抛尸案3例分析	曹正军 朱明龙 孙勇	中国法医学杂志	第5期
鞘胺醇1-磷酸2/3受体对心肌缺血再灌注损伤的影响	张晓嘉 刘晋玎 王佳琦 张更谦	中国法医学杂志	第5期
拳击面部导致多条挫裂创的成伤机制分析1例	雷丽婷 余延和	中国法医学杂志	第5期
杀虫双中毒死亡的法医学鉴定1例	张植弘 李晓平 王烨琼	中国法医学杂志	第5期

续表

文章名称	作者	刊物	期次
随机模拟法进行单亲累积亲权指数分析	周 密　段重阳　汪 军	中国法医学杂志	第5期
头面部外伤致桥静脉破裂引发硬脑膜下血肿2例	田美慧　李振强　李 浩　曹志鹏　张 圆　雒心怡　薛嘉嘉　朱宝利	中国法医学杂志	第5期
外伤性主动脉夹层法医学鉴定1例	徐安宁　田 彬	中国法医学杂志	第5期
外伤致眶壁组织破坏法医学鉴定	熊 霞　刘青青　邸京津	中国法医学杂志	第5期
外温变化下小鼠肝细胞18s rRNA降解与死亡时间关系研究	姜竹青　赵 东　张海东　王 旭　尤 萌　陈 曦　朱晓旭　钟 伟　冯 时　常 林　杨天潼	中国法医学杂志	第5期
我国法医DNA技术标准化体系建设现状与展望	叶 健　白 雪	中国法医学杂志	第5期
我国法医临床学鉴定标准现状与展望	王 旭	中国法医学杂志	第5期
烟头烧(灼)伤的法医学鉴定分析1例	项 明　种书亚	中国法医学杂志	第5期
腰椎横突假性关节法医学鉴定1例	曾 兴　李伟东	中国法医学杂志	第5期
移植时间和检测方法与allo–HSCT受者的DNA嵌合率及法医学意义	丁春丽　赵 峰　周 雪　李学博　孟 浩　房 强	中国法医学杂志	第5期
应用丽蝇蛹壳脂类推断死亡时间的基础研究	郑 娜　唐 谷　朱光辉　牛憨笨　范新民　刘 杰　陈献雄	中国法医学杂志	第5期
云南地区彝族人群17个STR基因座的遗传多态性	刘程静　郑和成　许建明　吴道来　黄 颖　许冰莹	中国法医学杂志	第5期

续表

文章名称	作者	刊物	期次
中国汉族人群21个常染色体STR的遗传多态性	张艳萍 张彩虹 金孝华 程 捷 陈先丽 王 琳	中国法医学杂志	第5期
自发性胃破裂致猝死1例	刘良财 吴德清	中国法医学杂志	第5期
自杀方式与性别和年龄关系548例分析	李 峰 贾海鹏 曾建勇 谭 力 胡松廷 肖定科 施 枫 黄俊华 张继魁 陆雪松	中国法医学杂志	第5期
大气估算模型在我国环境污染损害司法鉴定中的应用	杨淑英 孙 娟 沈浩松 冷艳秋	中国司法鉴定	第5期
道路交通事故技术鉴定依据研究	李丽莉 黎 波	中国司法鉴定	第5期
电感耦合等离子体质谱法测定汽车大灯灯壳中的微量元素	郭洪玲 贾迥然 权养科	中国司法鉴定	第5期
高坠伤骨折分布及颅骨骨折类型分析	楼旭鹏 刘江金 苟 吉 李冬日 汪家文	中国司法鉴定	第5期
加快中国司法鉴定制度改革发展的若干思考	霍宪丹	中国司法鉴定	第5期
家系性AMELY、DYS456、DYS576、DYS570同时缺失1例	刘 薇 彭 诚 尚雷鹏 毕 洁 余纯应 李妙霞 霍家润	中国司法鉴定	第5期
接触性DNA检验现状与展望	吴 婷 牛青山 王金换 温文娇	中国司法鉴定	第5期
联合应用多种技术分析性别异常者	黄江平 沈 军 曹 禹 平 原	中国司法鉴定	第5期
论精神疾病司法鉴定意见的质证	宋远升	中国司法鉴定	第5期

续表

文章名称	作者	刊物	期次
桥本氏甲状腺炎致心力衰竭猝死尸检1例	李 懑 黄钱军 牛文有 金利刚	中国司法鉴定	第5期
热射病死亡法医学鉴定1例	颜峰平 陈圆圆	中国司法鉴定	第5期
人体损伤程度鉴定相关时限规定的研究	吕金星 梁建军 周 楠 王 宁	中国司法鉴定	第5期
人像鉴定中的头皮头发特征应用	曾锦华 施少培 奚建华 李 岩 卢启萌	中国司法鉴定	第5期
司法鉴定创新研究再获新动力——"司法鉴定创新技术研究与应用示范"获批国家重点研发计划重点专项	陈忆九	中国司法鉴定	第5期
我国境外追逃追赃中鉴定技术应用研究	肖 军	中国司法鉴定	第5期
我国司法鉴定法律援助:尚处于未脱离自发状态的社会救助	张景峰 胡 楠	中国司法鉴定	第5期
系统毒理学——法医毒物学发展的机遇与挑战	沈 敏 严 慧 施 妍 向 平	中国司法鉴定	第5期
印章指印的检验分析	谢步高 江 涛 洪小春	中国司法鉴定	第5期
侦查技术活动与司法鉴定活动辨析——以学科建设为视角	易 旻 白宗政	中国司法鉴定	第5期
知识产权鉴定意见的证据能力研究——以涉专利和商业秘密案件司法鉴定为视角	王强之	中国司法鉴定	第5期
16个X-STR基因座在河南汉族人群中的法医学应用评估	刘亚举 郭利红 岳俊涛 石美森	法医学杂志	第6期
17例杀亲案件的回顾性分析	徐伟杰 纪 平	法医学杂志	第6期
65例道路交通事故死亡案例骨盆骨折特征的法医学分析	张 巍	法医学杂志	第6期

续表

文章名称	作者	刊物	期次
CO I 基因微条形码技术在毛发种属鉴定中的应用	夏晢 丁梅	法医学杂志	第6期
XPG 基因表达用于法医学年龄推断	邓小冬 张伟 张波 马英 木尔扯尔 章丽霞 谢英 刘云	法医学杂志	第6期
Y染色体微缺失和突变的全同胞关系鉴定	苏芹 步凡 陈冲 石研 路志勇 刘雅诚	法医学杂志	第6期
大鼠急性肾缺血再灌注损伤早期的基因表达	林俊毅 茅幸 吴慧娟 薛爱民	法医学杂志	第6期
大鼠血液中 HbCO 随吸入 CO 浓度和时间的变化	陈庆 白洁 李长荣 张文芳	法医学杂志	第6期
儿童颅脑损伤生物力学研究进展	汪家文 黄江 李正东 邹冬华 李竹 王杰 陈忆九	法医学杂志	第6期
二步擦拭转移联合硅珠法提取高度污染检材 DNA 2 例	钟大军 王学为 余江	法医学杂志	第6期
非意外高坠事故现场模拟实验分析1例	屈建民 倪天辉 马哲刚	法医学杂志	第6期
甘肃甘南藏族人群 21 个非 CODIS 基因座的遗传多态性	臧丽丽 雷亮 王涛 陶晓岚 聂笑联 刘贤海	法医学杂志	第6期
藿香正气水中中药成分对大鼠体内乙醇代谢的影响	曾思火 欧俊兴 谷涓华 杨凯润 王蕊 李志 李树华 张瑞林	法医学杂志	第6期
急性乙醇中毒大鼠脑皮质 α-syn 表达与神经细胞凋亡的关系	李凡 张越 马书玲	法医学杂志	第6期

续表

文章名称	作者	刊物	期次
经皮脐血管穿刺术致宫内感染、早产儿死亡医疗损害1例	刘霞 沈寒坚 陈芳 董大安 范利华 杨小萍	法医学杂志	第6期
宁波市三江流域夏季硅藻分布	蔡海光 应捷 倪卓晖 蓝萍 张亦园 余荣军 庞宏兵 叶成立 韦登明	法医学杂志	第6期
全身播散性隐球菌病死亡2例	张孟周 樊少群 王林林 王檬 李如波 官大威 朱宝利 吴旭 张国华 赵锐	法医学杂志	第6期
拳击致心脏挫伤死亡1例	车大虎 谢欣 张瑞	法医学杂志	第6期
妊娠期急性脂肪肝延误诊治致医疗损害1例	熊枫 王兴华 刘钦来 罗柏花	法医学杂志	第6期
三种磁珠法提取脱落细胞DNA的比较	王华荣 廖勤 吴世青	法医学杂志	第6期
膝部外伤后继发骨化性肌炎1例	谭莹莹 叶欣	法医学杂志	第6期
现场大量生物检材的自动化提取应用	王永清 林彬辉 蔡剑伟 张琪 陈晓燕	法医学杂志	第6期
腰椎介入手术引发医疗损害1例	夏晴 范利华	法医学杂志	第6期
胰岛素中毒死因鉴定的研究进展	陈利 卢延旭	法医学杂志	第6期
早期死亡时间推断研究进展	陶丽 马剑龙 陈龙	法医学杂志	第6期
长期服用甲强龙致胃黏膜糜烂出血死亡1例	林镇飚 陈尧	法医学杂志	第6期
中毒昏迷后自身压迫致手功能严重障碍法医学鉴定1例	董大安 陈芳	法医学杂志	第6期

续表

文 章 名 称	作 者	刊 物	期次
椎弓崩裂与外伤伤病关系法医学鉴定26例分析	王立新　朱光烈 戚莉群　盛银雅	法医学杂志	第6期
自动化高通量提取脱落细胞检材DNA	赵春鹤　郭业明 巫家盛	法医学杂志	第6期
19种扩增试剂盒的确证试验	张庆霞　刘小芳 路志勇　王顺霞	刑事技术	第6期
DNA数据库"假三联体错中"信息分析研究	赵　怡　王平峥 刘　莹　王　旭 张庆霞　焦章平 刘雅诚	刑事技术	第6期
Rapid HIT 200在法医DNA检验中的应用	孙　帅　张庆霞 薛卢艳　刘金杰 唐　晖　刘　力	刑事技术	第6期
变形指纹的矫正与应用研究	林弟华　张　明	刑事技术	第6期
工业无线遥控开关爆炸装置的分析研究	陈　涛　孙玉友 曾令华　樊武龙 张冀峰	刑事技术	第6期
钴绿小颗粒悬浮液显现血手印的研究	彭　迪	刑事技术	第6期
换穿鞋足迹检验技术在案件侦破中的应用	吴耀志　安晓晖	刑事技术	第6期
基于Referer字段递归分析的网页挂马检验方法研究	徐国天	刑事技术	第6期
基于三种类型图像数据的人脸识别测试	谢兰迟　王俊娟 黎智辉　许　磊 张　宁　商怀哲	刑事技术	第6期
泥土物证的理化综合检验分析	王　萍　刘玲利 郭洪玲　朱　军 梅宏成　陶克明 权养科	刑事技术	第6期

续表

文章名称	作者	刊物	期次
热致荧光成像技术显现汗潜手印反应机理初探	李孝君 李波 翟广亮 张蕾萍 孙振文 陈蕊丽	刑事技术	第6期
叔侄关系在案件调查中的应用研究	黄书琴 谢晨 吴文静 刘小静 张颖颖 顾丁莉 方园园 申成斌	刑事技术	第6期
我国法庭科学标准适用性评价分析	焦贺娟 强毅 王长林 权养科	刑事技术	第6期
刑事技术工作中的危害因素辨识及防护	文云波	刑事技术	第6期
液相色谱串联质谱联用法检验TNT	赵海雨 宋鸣 阚旭升 关转转	刑事技术	第6期
液相色谱-质谱法检验人血浆中的沙丁胺醇	栾玉静 覃华开 王瑞花 董颖 杜鸿雁	刑事技术	第6期
一起枪击致死案件性质分析	田成俊 王劲松	刑事技术	第6期
一起网络诈骗案中的电子物证检验	周翔	刑事技术	第6期
由一起命案浅谈Y-STR应用新模式	孟庆振 周如华 陈维忠 涂政 马纪强	刑事技术	第6期
指纹鉴定结论的概率化表述	王仲第 刘寰 吴浩 薛静	刑事技术	第6期
亲子关系诉讼中的亲子鉴定推定及其改革	赵信会	证据科学	第6期
文件形成时间检验方法综述和评析	连园园 梁鲁宁 刘建伟	证据科学	第6期
证人、鉴定人出庭作证费用补偿范围和标准研究	占善刚 施瑶	证据科学	第6期
130例交通事故死亡案例肋骨骨折特征分析	张巍 姜殿胜 耿广军	中国法医学杂志	第6期

续表

文章名称	作者	刊物	期次
53例老年人溺死尸体快速上浮原因分析	曹中围 鄢志斌 陈永宏	中国法医学杂志	第6期
62例锐器自杀损伤特征分析	刘四海 李 峰 刘 良 陆雪松	中国法医学杂志	第6期
D18S51基因座可疑等位基因分析1例	黄 波 涂 瑞 张 雷 王 杰 邵 毅	中国法医学杂志	第6期
DNAType Y21试剂盒基因座在河南人群中的遗传多态性	江 丽 郭 磊 莫晓婷 白 雪 孙启凡 迟 威 马 泉 孙 敬 张 建 赵兴春	中国法医学杂志	第6期
DNA甲基化在组织/体液来源鉴定中的研究进展	贾雲舒 曹中围 张文琼 肖 超 韦 甜 易少华	中国法医学杂志	第6期
北京及宁波地区汉族人群24个STR基因座遗传多态性	韩文明 张庆霞	中国法医学杂志	第6期
超滤管在陈旧生物检材中的应用	谷建立 廖燕妮 梁 婷 王 燕 曾 琴	中国法医学杂志	第6期
大规模汉族个体15个STR基因座遗传多态性调查	董迎春 李诗柳 周如华 石云杰 汤 晓 杨 超 刘宗伟 黄洪武 吴 泽 王 军 李永生 曹乃华 刘 鲲 张志敏 孙 伟 朱 怡 黄嘉伟	中国法医学杂志	第6期
大鼠早期缺血心肌中Basigin mRNA的表达	梁 正 温志强 乔君元 张更谦	中国法医学杂志	第6期

续表

文章名称	作者	刊物	期次
大体积水系中微量农药的固相萃取柱选择	朱治国 罗 洁 徐健君	中国法医学杂志	第6期
腭皱法医学同一认定数字化系统的建立	武秀萍 李 冰 韩建宁 潘 菲 马雅静 王玉瑾	中国法医学杂志	第6期
二维红外光谱用于急性心肌缺血猝死的鉴别研究	郑 娜 石学志 李 蜀 牛憨笨 刘 杰 范新民	中国法医学杂志	第6期
法医物证学情境模式教学改革的经验和思考	郭 飞 宋立渠 张龙年	中国法医学杂志	第6期
法医学DNA提取试剂盒优化及适用性评价	姚伊人 白 雪 徐纪民 王友政 喻永敏 张思思 赵兴春	中国法医学杂志	第6期
风疹合并病毒性心肌炎猝死1例	安志超 卢光明 蔡博策	中国法医学杂志	第6期
根据颈椎CT片特征指标进行同一认定的研究	赵 峰 丁春丽 李学博	中国法医学杂志	第6期
广东阳江地区汉族人群15个STR基因座遗传多态性	秦国栋 于海兵 冯盛杰	中国法医学杂志	第6期
广州市白云区57例烧炭自杀案件的法医学检验分析	郭 勇 李学刚 阙正龙	中国法医学杂志	第6期
果核微量生物物证DNA检材提取方法的考量	马秀梓 孙润广	中国法医学杂志	第6期
合成大麻素JWH-122的高效液相色谱分析方法研究	苗翠英 钱尊磊 张林峰 翟晚枫	中国法医学杂志	第6期
混合斑分型检验结果拆分结合数据库检索比对1例	何 伟 吴 虎 李忠杰 黄 伟 顾成明 徐 杰	中国法医学杂志	第6期

续表

文章名称	作者	刊物	期次
基于二代测序平台的90个常染色体SNP分型研究	李海燕 张楚楚 唐振亚 李燃 陈红英 童大跃 孙宏钰	中国法医学杂志	第6期
甲基苯丙胺滥用相关死亡分析	曹楠 邱明洁 黄飞骏 王繁泷 马东烈	中国法医学杂志	第6期
甲亢性心脏病猝死2例	蓝伟雄 江佳莲 杜思昊 陈晓雯 陈奕宏 李冬日	中国法医学杂志	第6期
交通事故肇事车数量法医学分析1例	王玉辉	中国法医学杂志	第6期
利用mRNA检验确证无精子症精斑1例	赵禾苗 徐珍 王冲 刘志芳 高铭泽 姚岚 涂政	中国法医学杂志	第6期
利用Photoshop计算肺萎陷程度	陈敏 杜喆 董其兵	中国法医学杂志	第6期
利用中国汉族成年人胸部正位CR片影像学特征判定年龄	宋利军 田芳 张继宗	中国法医学杂志	第6期
利用种属特异性SSR荧光引物检出稀释液中罂粟DNA1例	朱典 裴黎 刘开会	中国法医学杂志	第6期
颅内创伤性假性动脉瘤的损伤程度鉴定1例	付佳旗 朱晔 陈晓瑞 张玲莉 刘子龙	中国法医学杂志	第6期
母血浆中胎儿游离核酸与无创性产前亲子鉴定	余谨 肖超 黄代新	中国法医学杂志	第6期
浅谈新工伤鉴定标准关于精神伤残的评定	陈军 马长锁	中国法医学杂志	第6期
切创后细胞自噬及炎症因子的表达与损伤时间的关系	赖红梅	中国法医学杂志	第6期

续表

文章名称	作者	刊物	期次
亲权指数和个体识别似然比计算软件的开发与应用	张倩 鲁朝霞 李潇 段文元 克丙申	中国法医学杂志	第6期
杀人焚尸案件法医学分析1例	牟宏书 田程 张昊 罗丁齐	中国法医学杂志	第6期
山东济宁地区汉族人群15个STR基因座遗传多态性	张国安 宋如莹 李璐 王业全 周健 侯森 孙亚楠 杨达 崔文	中国法医学杂志	第6期
烧炭自杀24例法医学分析	高云贵 崔晓光 崔瑶 隋鹏	中国法医学杂志	第6期
死后眼组织变化与死亡时间推断	安志远 王春 谭勇 张晓东 郑吉龙	中国法医学杂志	第6期
特殊性窒息死亡法医学鉴定1例	李金勇 金宇文 高董华 陆一	中国法医学杂志	第6期
外伤性主动脉夹层人体损伤程度鉴定1例	杨文 方俊杰	中国法医学杂志	第6期
未见Tardieu斑形成的生前缢死1例	刘鑫 刘玉利	中国法医学杂志	第6期
刎颈后溺死分析1例	高斌 李文富 蔡增俊	中国法医学杂志	第6期
心脏真性室壁瘤致心源性猝死1例	卢希望 童海景	中国法医学杂志	第6期
血色原微量分光法血痕确证试验	李亚琴 赵贵森 陈炯 詹飞	中国法医学杂志	第6期
羊水栓塞诊断的方法学研究进展及法医学意义	李文鹤 王昊 童昉 梁悦 张琳 周亦武	中国法医学杂志	第6期

续表

文章名称	作者	刊物	期次
造作伤法医临床学检验1例	张军雷 吴畏	中国法医学杂志	第6期
正面照片面部特征指标用于个人识别的选择及评价	王宁 苗春雨 吕金星	中国法医学杂志	第6期
致命室性快速心律失常心室肌能量的代谢改变与氧化损伤	郑宗泰 陈文芳 翁嘉全 张楠威 沈智威 吴嘉燕 王星星 王典	中国法医学杂志	第6期
中国东莞地区汉族人群22个Y–STR基因座的遗传多态性	袁家龙 袁红 赵春鹤 巫家盛 江煜灵 柯永庆	中国法医学杂志	第6期
重度氨中毒经临床治疗半月后死亡的法医学鉴定1例	孟航 张晓东 杨宇雷 马开军	中国法医学杂志	第6期
自发性冠状动脉夹层出血猝死1例	方俊杰 杨文	中国法医学杂志	第6期
佐匹克隆中毒死亡法医学分析1例	于浩 张国华 吴旭 赵锐 张楚楠 朱泽磊 王晓龙 李博 高越	中国法医学杂志	第6期
12例病理诊断引发医疗纠纷的法医学鉴定分析	李影 韩占龙 黄立菊	中国司法鉴定	第6期
Goldeneye™ DNA身份鉴定系统25A在亲子鉴定中的应用	练勇伶 邱平明 陈玲	中国司法鉴定	第6期
Y–STR数据库在查处地域性职业犯罪中的应用	钟小伟 黄磊	中国司法鉴定	第6期
法医精神病学焦点问题研究进展	张钦廷 陈琛 李豪喆	中国司法鉴定	第6期
法医人类学在美国人身识别司法实践中的应用	吴玲 陈艾璐	中国司法鉴定	第6期

续表

文章名称	作者	刊物	期次
汗液中美托洛尔及其代谢物的提取与检测	张文骥 陈 卓 张 婷 许英健 林子清	中国司法鉴定	第6期
行走速度对赤足足迹特征的影响研究	高 毅 杨文文 李 冬	中国司法鉴定	第6期
会计司法鉴定行业发展情况实证研究——以北京市为例	索桂军 郭凤君 欧阳弼奇 樊春雷 付一鸣	中国司法鉴定	第6期
基于数字图像的裸子植物物证的固定及送检研究	谢春平	中国司法鉴定	第6期
假借真公章伪造公文案试析1例	高 爽 魏振选	中国司法鉴定	第6期
鉴定意见的关联性特征及判断研究	马秀娟	中国司法鉴定	第6期
论电子数据的真实性鉴定	李 岩 施少培	中国司法鉴定	第6期
日本民事诉讼中的司法鉴定——以近年的制度改革为视角	佐久间泰司 平野武 张 英	中国司法鉴定	第6期
社会因素相关剖宫产导致医疗纠纷法医鉴定1例	李 开 方俊邦 李 荣 王建文 张 锴 唐 伟 周济鹏	中国司法鉴定	第6期
手印鉴定能力验证活动新模式的探索	薛 静 刘世权 刘 寰 马荣梁	中国司法鉴定	第6期
庭审实质化与鉴定意见的有效质证	卞建林 谢 澍	中国司法鉴定	第6期
完善司法鉴定程序 推进鉴定体制改革——《司法鉴定程序通则》评析	陈邦达 包建明	中国司法鉴定	第6期
心脏射频消融术引发医疗纠纷1例	夏 晴 程亦斌	中国司法鉴定	第6期
新《司法鉴定程序通则》相关条款探讨	远丽辉	中国司法鉴定	第6期

续表

文章名称	作者	刊物	期次
专家辅助人中立性问题研究	张纯兵	中国司法鉴定	第6期
《人体损伤程度鉴定标准》鉴定时机相关条款浅析	胡旭峰 杨卫华	中国法医学杂志	第S2期
《人体损伤程度鉴定标准》颅面部骨折条款的适用与理解	王建丰 倪伟勇 兰樟彩	中国法医学杂志	第S2期
2125例法医学鉴定文书审查分析评述	邵彦辉	中国法医学杂志	第S2期
285例道路交通事故死亡案例分析	王谦 赵凡 牛时忠 张伟伟	中国法医学杂志	第S2期
3例非法行医致人死亡案例分析	李华敏 刘英浩 刘向毅	中国法医学杂志	第S2期
40例交通事故精神伤残程度重新鉴定分析	季宇龙	中国法医学杂志	第S2期
568例高坠法医学鉴定分析	张宏星 王勃 李斌	中国法医学杂志	第S2期
56例CO中毒死亡案例的法医学分析	巩建华	中国法医学杂志	第S2期
58例直系亲属间杀人案件的特点分析	牟宏书 王万利 李宝强 罗丁齐	中国法医学杂志	第S2期
656起命案尸体检验鉴定简要分析	韩国宪	中国法医学杂志	第S2期
PMI推断的研究进展	杜飞 白英杰	中国法医学杂志	第S2期
RNA指标在死后人体皮肤组织中稳定性研究	吕叶辉 陈龙 托娅	中国法医学杂志	第S2期
拔火罐致人死亡1例	马力 陈艳 杨军 田进有 杨春生	中国法医学杂志	第S2期
爆炸案现场分析1例	梁鑫 李国华 梁法兴	中国法医学杂志	第S2期

续表

文章名称	作者	刊物	期次
鼻部及手部骨折损伤鉴定适用新标准分析2例	孟燕春　周君	中国法医学杂志	第S2期
成伤方式侦破交通事故骗保案1例	王蒙　黄忠静	中国法医学杂志	第S2期
创伤后肾功能不全法医学鉴定2例	卢刚　周佳川　宣妙根	中国法医学杂志	第S2期
当前保外就医鉴定工作中存在的问题及对策	张辉	中国法医学杂志	第S2期
当前家庭暴力的新特点分析112例	景虎	中国法医学杂志	第S2期
刀扎伤致气胸法医学鉴定1例	马文静　曹楠　张鑫　白洁　刘凡	中国法医学杂志	第S2期
电动自行车钥匙刺戳致中型颅脑损伤1例	王琪	中国法医学杂志	第S2期
电击致性窒息死亡1例	王磊　李智	中国法医学杂志	第S2期
对教材中关于溺死者颅脑及颜面部淤血形成机制的探讨	何生龙　张绍友	中国法医学杂志	第S2期
多层螺旋CT在交通事故尸检中的应用价值	王红兵　牛常青　闫鑫	中国法医学杂志	第S2期
多排螺旋CT检验在溺死尸体检验中的应用	靳桂生　曹侠　晁春民	中国法医学杂志	第S2期
多因素共同作用致死的法医学分析1例	屈建民　倪天辉　闫春霞	中国法医学杂志	第S2期
多种方式相约自杀现场分析	郭立凯　姜集良	中国法医学杂志	第S2期
法医技术性证据审查常见问题探究	李智慧　王建涛	中国法医学杂志	第S2期
法医技术性证据审查辅助公诉机制初探	赵普宗　赵晓龙	中国法医学杂志	第S2期
法医鉴定中的错误与对策探讨	赵鹏	中国法医学杂志	第S2期

续表

文章名称	作者	刊物	期次
法医现场勘查在命案侦破中的作用分析 3 例	沈艳莎 吴楠	中国法医学杂志	第 S2 期
法医学分析在命案现场重建中的作用	刘东 刘洋	中国法医学杂志	第 S2 期
法医学鉴定文证审查发现问题探讨	刘建祥	中国法医学杂志	第 S2 期
法医学鉴定在交通事故死亡案中的作用分析 4 例	贾宝强 田伟志 刘珏	中国法医学杂志	第 S2 期
法医学司法鉴定改革内容初探	米秀利	中国法医学杂志	第 S2 期
非典型 CO 中毒死亡的法医学检验分析	张磊磊 周文武 王晓溪	中国法医学杂志	第 S2 期
肥厚型心肌病猝死 1 例	郑四龙 严飞翔	中国法医学杂志	第 S2 期
分析捆绑尸体方式推断案件性质 1 例	杨兴兵 尹维贺	中国法医学杂志	第 S2 期
风俗习惯造成死后附加伤分析 2 例	张磊磊 韩呈峰	中国法医学杂志	第 S2 期
腹部刀刺伤致植物人状态鉴定 1 例	李斌 张宏星 王勃	中国法医学杂志	第 S2 期
腹部加压助产致肝破裂法医学鉴定 1 例	田小阳 唐敬东 丁四喜	中国法医学杂志	第 S2 期
感音神经性耳聋法医学鉴定 1 例分析	毛国军 李巧风	中国法医学杂志	第 S2 期
根据衣着检查推断二次抛尸 1 例	付华荣 韩康 黄新阳 冯晓梅	中国法医学杂志	第 S2 期
公安改革中涉及的法医问题浅析	谭清斌	中国法医学杂志	第 S2 期
巩固司法鉴定人制度确立专家辅助人法律地位	杨洋	中国法医学杂志	第 S2 期
骨质疏松症胸骨骨折鉴定 1 例分析	刘龙清 吴永春	中国法医学杂志	第 S2 期
雇凶杀人 50 例分析	秦克军 常交通 韩冰	中国法医学杂志	第 S2 期

续表

文 章 名 称	作 者	刊 物	期 次
广泛性软组织挫伤后肺脂肪栓塞致死1例	白英杰 杜 飞 窦国宴 杨利军	中国法医学杂志	第S2期
过失致人死亡案法医检验分析1例	彭明琪 陈荣余 吴 泽	中国法医学杂志	第S2期
行为分析在命案现场分析中的应用1例	李雷波 任 杰 王 峰	中国法医学杂志	第S2期
行为证据在命案侦查中的应用1例	安学勇	中国法医学杂志	第S2期
亨廷顿病法医精神病鉴定1例	高燕丽 付培鑫 王 靖	中国法医学杂志	第S2期
检察机关法医技术性证据审查职能探析	牛卫军 郭胜华 张彦民	中国法医学杂志	第S2期
检察机关法医远程检验系统的应用初探	牛时忠 王秀军 赵 凡	中国法医学杂志	第S2期
交通事故非即时死亡的死因鉴定要点浅析	张维敏 谢洪彪	中国法医学杂志	第S2期
交通事故致高坠死亡1例	李 明 周志全	中国法医学杂志	第S2期
交通事故致中枢性尿崩症伤残鉴定1例分析	石聿树	中国法医学杂志	第S2期
结合现场分析确定自缢死亡性质1例	马 军 李国智 张 平 张玉向	中国法医学杂志	第S2期
静脉曲张炎性增生误诊骨化性肌炎鉴定1例	邓雄杰 何 峰	中国法医学杂志	第S2期
酒后食物返流致窒息死亡1例	李长青	中国法医学杂志	第S2期
雷击致人死亡1例	石 潭 王彦军	中国法医学杂志	第S2期
利用致伤机理分析鉴定损伤形成过程2例	王跃进 于云辉 翟澍龙 张 琳 杨洪尚 秦 佳	中国法医学杂志	第S2期

续表

文章名称	作者	刊物	期次
颅脑损伤并肺动脉栓塞死亡1例	李同山 罗桂林 史纪方	中国法医学杂志	第S2期
颅脑损伤的死因鉴定相关问题探讨	左 强 彭海峰	中国法医学杂志	第S2期
论司法鉴定专家辅助人出庭的可行性	王 娟	中国法医学杂志	第S2期
论医疗性扩大损伤对损伤程度鉴定的影响	魏金刚	中国法医学杂志	第S2期
氯化镁中毒死亡法医学鉴定1例	任 杰 刘景华 路林超	中国法医学杂志	第S2期
命案现场血迹形态分析1例	蒋伍省 仲琦峰	中国法医学杂志	第S2期
脑积水损伤程度重新鉴定1例	郭佳琪	中国法医学杂志	第S2期
女性杀人的特征分析	金建伟 汤 辉	中国法医学杂志	第S2期
剖尸取毒碎尸案法医学鉴定分析1例	郭昭全	中国法医学杂志	第S2期
前交叉韧带损伤继发松弛膝关节不稳鉴定1例	王 涛	中国法医学杂志	第S2期
浅论命案现场勘查与重建	杜世贵 白正军	中国法医学杂志	第S2期
浅谈损伤顺序的分类	王兆奇 何强强	中国法医学杂志	第S2期
浅析青壮年猝死综合征的法医学鉴定	刘献岐 王中锋	中国法医学杂志	第S2期
浅析外伤性瞳孔散大法医学鉴定	刘远喜 王本胜 郑如超	中国法医学杂志	第S2期
拳脚打击致主动脉弓破裂出血死亡1例	靳 凯	中国法医学杂志	第S2期
桡骨头骨折致伤方式分析1例	都 晖 石 泉	中国法医学杂志	第S2期
桡神经裂断与拇长伸肌断裂鉴别诊断1例	孟令羽	中国法医学杂志	第S2期
人体损伤程度鉴定标准应用中有关问题的探讨	张 剑	中国法医学杂志	第S2期
杀人案现场法医学分析1例	卢显发 覃少湖	中国法医学杂志	第S2期
杀人抛尸案的现场分析1例	叶军义 郑旭飞	中国法医学杂志	第S2期

续表

文章名称	作者	刊物	期次
伤害案件先期取证	陈其 龚道华	中国法医学杂志	第S2期
涉水尸体特殊现象的分析	卫东风	中国法医学杂志	第S2期
实验大鼠胃Kappa-阿片受体与死亡时间的相关性	马自鹏 陈阳	中国法医学杂志	第S2期
适应新标准的肋骨骨折鉴定方法	王辉 李建坤 李方明	中国法医学杂志	第S2期
手功能障碍法医学鉴定1例	蔡云辉 张辉 张先扬	中国法医学杂志	第S2期
双下肢深静脉血栓脱落致肺动脉血栓栓塞死亡1例	邓戎 陈钰 胡治国	中国法医学杂志	第S2期
司法精神病鉴定中的常识性辨认能力初探	胡峰 李毅 李业平 李江涌 李学武	中国法医学杂志	第S2期
死后18天特殊尸体现象1例	李方明 李建坤	中国法医学杂志	第S2期
死后损伤处皮肤血红蛋白浸润法医学分析2例	黄荣发	中国法医学杂志	第S2期
损伤致肾结石形成1例分析	涂风斌 郑成高	中国法医学杂志	第S2期
糖尿病猝死法医学鉴定1例	赵方艳	中国法医学杂志	第S2期
同一部位两次骨折鉴定1例	李亚林 吕红伟 杜运强	中国法医学杂志	第S2期
头颈部外伤与延髓外侧综合症的因果关系鉴定1例	李健	中国法医学杂志	第S2期
徒手打击致心肌挫伤死亡1例分析	赵小林 尹文宁	中国法医学杂志	第S2期
外伤后反射性交感神经营养不良法医学分析1例	王龙龙	中国法医学杂志	第S2期
外伤后精神障碍案件法医学分析4例	杨海云 李景民	中国法医学杂志	第S2期
外伤性瞳孔散大的法医学鉴定	王力 张超	中国法医学杂志	第S2期
外伤性眼球损伤致失明鉴定1例	李少华 方丛行 吴成庆	中国法医学杂志	第S2期

续表

文章名称	作　者	刊　物	期次
韦氏智力测验的研究进展及其法医学应用价值	史天涛　付培鑫　潘烨　芦可宝	中国法医学杂志	第 S2 期
伪装精神障碍司法精神病鉴定 2 例	付培鑫　高燕丽　朱明霞　王靖　史天涛	中国法医学杂志	第 S2 期
我国司法鉴定制度的完善初探	裴旭文　潘昉昱	中国法医学杂志	第 S2 期
县级公安鉴定机构法医病理学鉴定资格探讨	柏天福　何选钧	中国法医学杂志	第 S2 期
现场勘验中犯罪心理痕迹的分析与应用	任立新	中国法医学杂志	第 S2 期
心肌梗塞死亡法医学分析 3 例	郝志国　王卫新	中国法医学杂志	第 S2 期
新《刑事诉讼法》框架下的司法鉴定问题浅析	陈玉林　冯宗美	中国法医学杂志	第 S2 期
性窒息死亡 1 例	袁世东　孙凤莲	中国法医学杂志	第 S2 期
虚拟解剖技术法医学应用浅析	郭静茹　王中锋　刘献岐	中国法医学杂志	第 S2 期
眼鼻损伤致面部条状瘢痕的法医学鉴定 1 例	张文娟　冯美玲	中国法医学杂志	第 S2 期
野外杀人案法医学现场分析 1 例	蒋艳伟　仇唐中　李永强　宋若冰	中国法医学杂志	第 S2 期
医学生对医疗纠纷认知的调查分析	李海霞　杨丹　陈鹤	中国法医学杂志	第 S2 期
抑郁患者杀害配偶后自杀法医学分析 3 例	董黄勇　巩昌强	中国法医学杂志	第 S2 期
意外缢死法医学分析 1 例	蒲涛　吐尔逊·巴依哈达木　艾拉地力·乌拉斯汉	中国法医学杂志	第 S2 期
阴茎背神经阻断术后勃起功能障碍法医学鉴定 1 例	林彩雯　王玉娃	中国法医学杂志	第 S2 期
阴性解剖及应对方法浅析	韩孝征　姜有生	中国法医学杂志	第 S2 期

续表

文章名称	作者	刊物	期次
应激相关精神障碍合并癔症的司法精神病学鉴定分析	韩 卫 李 阳 高 雅 贾晓俤 顾珊智 陈 腾	中国法医学杂志	第 S2 期
有机磷杀虫剂中毒法医学鉴定分析3例	蔡春祥	中国法医学杂志	第 S2 期
院前急救培训及在警员中开展的必要性	郭 飞 张龙年	中国法医学杂志	第 S2 期
掌骨骨折致伤方式分析浅析	尹维贺 任新林 张明昌	中国法医学杂志	第 S2 期
指骨骨折法医学鉴定分析1例	吉 驰 唐 晋	中国法医学杂志	第 S2 期
自勒死亡1例	李建坤 李方明 王 辉	中国法医学杂志	第 S2 期
自伤伪装他伤案件的法医学鉴定3例	朱 虎 王 成	中国法医学杂志	第 S2 期
自缢、割腕后跳水溺死1例	王彩东 周庆清 闫进祥	中国法医学杂志	第 S2 期
纵火案件法医文证审查运用1例	王艳雯 张 青	中国法医学杂志	第 S2 期

说明：①本统计表中所列期刊论文目录，只限于以下期刊：《法医学杂志》、《中国法医学杂志》、《刑事技术》、《证据科学》、《中国司法鉴定》、《中国人民公安大学学报》（自然科学版）和《中国刑警学院学报》；②本统计表中论文的排列：第一顺序为期次，第二顺序为刊物名称。

附录 1.3 英文法庭科学期刊论文目录（2015~2016）

附录 1.3.1 英文法庭科学期刊论文目录（2015）

文章名称	作者	刊物	期次
Relative Expression of Indicators for Wound Age Estimation in Forensic Pathology	DU Qiu-xiang、WANG Xiao-wei、ZHANG Lei、LI San-giang、GAO Cai-rong、WANG Yingyuan、SUN Jun-hong	法医学杂志	第 2 期

续表

文章名称	作者	刊物	期次
Progress of DNA-based Methods for Species Identification	HU Zhen、ZHANG Su-hua、WANG Zheng、BIAN Ying-nan、LI Cheng-tao	法医学杂志	第2期
Sudden Death due to Diffuse Aliveolar Hemorrhage Induced by Pul-monary Renal Syndrome: Two Case Reports	DENG Kai-fei、SHEN Shan-shan、CHEN Yi-jiu、HUANG Ping	法医学杂志	第3期
Time Since Discharge of Chinese-made Cartridges	BAO Liyin、ZHOUZhifei、LI Yiyi、WANG Xiaolin、ZHANG Gang、MA Xinhe、WANG Guiqiang	刑事技术	第3期
Research on Mechanism of Paper Burning by Thermogravimetric Analysis	QIN Da、HAN Xingzhou、WANG Xiaoguang、QI Fengliang、WANG Zijie、GUO Zihan、HAO Hongguang	刑事技术	第4期
Detection of Sulfonylurea and Sulfamide Herbicide in Soil by LC-MS/MS	SONG Lijuan、XU Manjun	刑事技术	第5期
Analysis of Y-STR Haplotypes by Pedigree in Three Surnameconcentrated Villages	LIU Hong、JIN Guowen、YANG Xingyi、LI Yue、SU Huifang、LIU Chao	刑事技术	第6期

说明：本统计表中论文的排列：第一顺序为期次，第二顺序为刊物名称。

附录1.3.2 英文法庭科学期刊论文目录（2016）

文章名称	作者	刊物	期次
大鼠尸体细菌演替规律及其在死亡时间推断中的应用（英文）	张琳 郭娟娟 特拉提·赛依提 彭钰龙 谢丹 郭亚东 闫杰 扎拉嘎白乙拉 蔡继峰	法医学杂志	第1期

续表

文章名称	作者	刊物	期次
新生儿成骨不全Ⅱ型的尸检和MSCT鉴定1例（英文）	邹冬华 邵煜 张建华 万雷 秦志强 刘宁国 黄平 陈忆九	法医学杂志	第1期
Synthesis of Octadecyltrichlorosilane–modified Amphiphilic Silica Nanoparticle for Latent Fingerprint Development	HUANG Wei LI Xiao Jun WANG Hongfei	刑事技术	第1期
浙江省三门县沿海地区人群血液和尿液中33种元素的生物监测（英文）	张素静 骆如欣 马栋 卓先义	法医学杂志	第2期
Forensic Research in Israel	Joseph Almog	刑事技术	第2期
甘肃东乡族男性24个Y-STR基因座遗传多态性（英文）	骆继怀 孙红兵 杨鑫 哈飞 张子龙	法医学杂志	第3期
An Introduction to Evaluation of Physicochemical Data for Forensic Purposes with Application of Likelihood Ratio Test	ZADORA Grzegorz MARTYNA Agnieszka MICHALSKA Aleksandra WLASIUK Patryk	刑事技术	第3期
裁判医学在湘雅的起源与发展（英文）	闫杰 龙玲玲 任立品 廖慧丹 扎拉嘎白乙拉 郭亚东 邱棠 蔡继峰	法医学杂志	第4期
Fingerprint Techniques: the Current and Trend	MA Rongliang	刑事技术	第4期
湖南汉族人群21个STR基因座的遗传多态性（英文）	邹鹰 郭娟娟 李情鹏 左道宏 刘金山 郭亚东 闫杰 扎拉嘎白乙拉 蔡继峰 兰玲梅	法医学杂志	第5期
Identification of Melatonin Poisoning Markers in Biological Samples by Liquid Chromatography–tandem Mass Spectrometry: Case Report and Analysis	ZHANG Leiping HAN Xu DU Hongyan LIU Yongtao XU Duoqi REN Xinxin1, SONG Ge	刑事技术	第5期

续表

文 章 名 称	作 者	刊 物	期 次
The Application of Inductively Coupled Plasma Mass Spectrometry in Trace Evidence Examination	GUO Hongling QIAO Ting SONG Xiaojiao HAN Xingxing GAO Ting QUAN Yangke ZHU Jun	刑事技术	第6期

说明：本统计表中论文的排列：第一顺序为期次，第二顺序为刊物名称。

附录 2

证据科学研究生学位论文目录

附录 2.1　证据法学研究生学位论文目录（2015~2016）

附录 2.2　法庭科学研究生学位论文目录（2015~2016）

附录2.1 证据法学研究生学位论文目录（2015~2016）

附录2.1.1 证据法学研究生学位论文目录（2015）

论文题目	作者	指导教师	学位	学位授予单位
论我国的刑事瑕疵证据补正制度	沈 娜	郭志远	硕士	安徽大学
论刑事瑕疵证据补正规则	周 桃	王圣扬	硕士	安徽大学
民事诉讼中当事人私录证据适用问题研究	李 阳	王圣扬	硕士	安徽大学
刑事辨认笔录证据能力研究	马少捷	王圣扬	硕士	安徽大学
行政执法证据与刑事证据衔接机制研究	曹 敏	王圣扬	硕士	安徽大学
侦查人员出庭作证制度研究	张笑颜	蒋鹏飞	硕士	安徽财经大学
辩护律师调查取证权实证研究	孙海波	尹好鹏 王大敏	硕士	北方工业大学
口供补强规则研究	张全明	安春莲	硕士	北京大学
论司法鉴定中的权力博弈：兼论科学主义对司法权的影响与回归	张 璁	汪建成	硕士	北京大学
论讯问中刑讯逼供的成因及遏制对策	张 文	孙晓宁	硕士	北京大学
论职务犯罪审判中同步录音录像证据的排除使用	王 敏	孙晓宁	硕士	北京大学
刑事诉讼书面证言使用问题研究	宋 昱	孙晓宁	硕士	北京大学
论证人出庭	戴天慧	陈永生	硕士	北京大学
浅议民事诉讼中鉴定意见的适用问题	郭 迎	傅郁林	硕士	北京大学
浅议我国行政复议证据制度的完善	孙长春	沈 岿	硕士	北京大学
论侦查人员的证人地位	牟绿叶	陈瑞华	博士	北京大学
刑事错案的证据问题分析	张 平	彭海青	硕士	北京理工大学
证据新论——信息哲学视野下"材料说"的质性研究	文又玉	夏 燕	硕士	重庆邮电大学
我国海洋污染损害司法鉴定问题研究	王冉雨	韩立新	硕士	大连海事大学

续表

论文题目	作者	指导教师	学位	学位授予单位
我国行政诉讼证据运用研究——以Z市A法院为例	吴法新	吴卫军	硕士	电子科技大学
对我国死刑案件的司法精神病鉴定制度现状的研究——结合CC市近三年命案实例	王铭	房书君 贾国发	硕士	东北师范大学
我国检察机关电子数据取证相关问题研究	刘斌	刘亚娜	硕士	东北师范大学
新刑事诉讼法视角下证人出庭作证制度研究	赵双成	刘晓莉	硕士	东北师范大学
电子证据在刑事侦查中的运用研究	王蕊	马红平	硕士	甘肃政法学院
对签名笔迹鉴定意见进行质证的技术性问题研究	孙靓梅	沙万中	硕士	甘肃政法学院
非法实物证据排除规则研究	胡倩茹	严军	硕士	甘肃政法学院
涉农职务犯罪案件证据应用研究——以山东省汶上县为例	郭广福	王宏璎	硕士	甘肃政法学院
我国非法证据排除规则的实证研究	申慧敏	黄荣昌	硕士	甘肃政法学院
由章国锡案看非法证据排除规则之适用	赵阳	祁亚平	硕士	甘肃政法学院
我国民事诉前证据保全制度的完善研究	丁朋超	周成泓	硕士	广东财经大学
论电子病历的证据资格	李易珊	吴小英	硕士	广西大学
论民事诉讼单位证人的适格性	左大鹏	吴小英	硕士	广西大学
论民事诉讼法中私录视听资料的证据合法性	吴鳕芸	吴小英	硕士	广西大学
论民事诉讼非法证据认定标准	胡晓帆	吴小英	硕士	广西大学
行政执法证据与行政诉讼证据的衔接研究	陈晨	谢尚果	硕士	广西民族大学
电子数据证据研究	李大鹏	蒋人文	硕士	广西师范大学
民事诉讼证据中的伪证法律问题研究	肖琳	吴小嫦 郭剑平	硕士	广西师范大学

续表

论 文 题 目	作 者	指导教师	学位	学位授予单位
民事诉讼自由心证制度研究	江 天	向忠诚	硕士	广西师范大学
论民事诉讼中的经验法则	袁 煜	李卫国	硕士	贵州大学
我国刑事诉讼中近亲属拒证权制度构建研究	陈左香	宋 强 傅贤国	硕士	贵州民族大学
侦查阶段排除非法证据研究	王天子	杨正方 刘计划	硕士	贵州民族大学
量刑事实证明问题研究	王泽华	王 伟 李运才	硕士	贵州师范大学
侦查监督环节排除非法证据研究	许 浒	杨 正 万潘弘	硕士	贵州师范大学
论我国民事诉讼司法再鉴定程序	徐 彬	王 琦	硕士	海南大学
论我国民事诉讼专家辅助人制度	梅 磊	王 琦	硕士	海南大学
污点证人豁免制度研究	钟文沂	王洪宇	硕士	海南大学
刑事证人强制出庭作证制度研究	张金明	俞静尧	硕士	杭州师范大学
反垄断民事诉讼证据制度研究	冉冰洁	柯阳友 甄树清	硕士	河北大学
民事诉讼当事人事实主张研究	李 丽	柯阳友	硕士	河北大学
民事诉讼当事人证据收集权研究	程淑锦	柯阳友 王越飞	硕士	河北大学
民事诉讼证明权研究	杨雅静	柯阳友	硕士	河北大学
医事民事证据协力义务研究	左菲菲	柯阳友	硕士	河北大学
民事诉讼中的证据排除规则研究	李国庆	柯阳友 甄树清	硕士	河北大学
民事诉讼中经验法则的适用研究	张蕾蕾	柯阳友 甄树清	硕士	河北大学
刑事交叉询问制度研究	李首博	陈玉忠	硕士	河北大学
律师辩护人毁灭证据、伪造证据、妨害作证罪研究	田 旭	雷 堂	硕士	河北师范大学

续表

论文题目	作者	指导教师	学位	学位授予单位
离婚案件证据认定规则	丛明明	哈书菊	硕士	黑龙江大学
民事诉讼当事人证据收集制度研究	袁红	哈书菊	硕士	黑龙江大学
C2C电子商务纠纷中的举证责任	李博文	哈书菊 王元庆	硕士	黑龙江大学
交通事故认定书在民事诉讼中的证据效力研究	莫永娟	哈书菊 孙纬	硕士	黑龙江大学
论民事司法中的鉴定意见	霍誉佩	哈书菊 吕诚	硕士	黑龙江大学
论民事诉讼中间接证据的运用	关博	哈书菊 时鹏远	硕士	黑龙江大学
论精神病鉴定制度的司法适用	王玉	陈文 刘宜俭	硕士	黑龙江大学
论刑事错误辨认的防范	何蔷	陈文 于涛	硕士	黑龙江大学
论刑讯逼供的程序遏制	杨文要	陈文 张伟东	硕士	黑龙江大学
技术侦查中获取的证据可采性分析	顾婉婷	孙记 李殿喜	硕士	黑龙江大学
"浙江张氏叔侄案"中的证据问题	赵玲	孙记 彭书滨	硕士	黑龙江大学
侦查辨认中的错案防范	张君婷	孙记 史景山	硕士	黑龙江大学
审判阶段非法证据排除规则的适用	褚衍俊	韩红	硕士	黑龙江大学
污点证人制度研究	侯雨	韩红	硕士	黑龙江大学
刑事诉讼中专家辅助人制度研究	姜中华	韩红	硕士	黑龙江大学
侦查阶段非法证据排除规则的运用	辛庆羲	韩红 刘达生	硕士	黑龙江大学
我国证人诚信义务的制度保障研究	李芬	陈锦红	硕士	湖南大学

续表

论文题目	作者	指导教师	学位	学位授予单位
刑事诉讼专家证人出庭作证制度研究	周洁	沈红卫	硕士	湖南师范大学
论近亲属证人出庭作证特免权例外与规制	王雨欣	王俊民	硕士	华东政法大学
论重复供述的有限排除	王钲	曾友祥	硕士	华南理工大学
论违法所得没收程序中的证明责任分配	何良雄	曾友祥	硕士	华南理工大学
论民事诉讼中的虚假自认	苏漫那	黄娟	硕士	华南理工大学
辩护律师侦查阶段调查取证权研究	万子瑜	刘元璋	硕士	华中师范大学
规范说视角下的民事诉讼证明责任分配问题研究	陈雪平	刘华	硕士	华中师范大学
论民事诉讼中的心证公开	程子刚	石先钰	硕士	华中师范大学
民事抗诉中的检察调查取证权研究	王旭东	石先钰	硕士	华中师范大学
我国民事诉讼中的悬赏取证	蔡爽	石先钰	硕士	华中师范大学
刑事被追诉方调查取证权研究	姚雨	黄新民	硕士	华中师范大学
刑事诉讼中举证责任探析	赵海峰	彭真明	硕士	华中师范大学
刑事证据印证方法的定位、困境与化解	林海伟	刘一纯	硕士	华中师范大学
电子数据研究	崔璐玮	车传波	硕士	吉林大学
非法证据排除程序问题研究	张娟	王充	硕士	吉林大学
非法证据证明责任问题研究	王丽	杨波	硕士	吉林大学
论量刑证据的收集	陈思楠	刘亚军	硕士	吉林大学
论我国医疗损害赔偿诉讼中的证明责任分配	孙冰洁	霍海红	硕士	吉林大学
民间借贷纠纷中的证明责任分配	石峰	霍海红	硕士	吉林大学
亲属拒证权制度的立法完善	冯静莹	闵春雷	硕士	吉林大学
商业秘密司法鉴定问题研究	王晓颖	宋显忠	硕士	吉林大学
我国行政诉讼中非法证据排除规则的运用	于天翼	彭贵才	硕士	吉林大学

续表

论文题目	作者	指导教师	学位	学位授予单位
刑事证据规则研究	刘丽娜	周晓红	硕士	吉林大学
刑事诉讼中亲属拒绝作证权制度的构建	何辉英	张从容	硕士	暨南大学
论亲属容隐制度在我国刑事诉讼法中的完善	胡志伟	李晓静	硕士	江西师范大学
构建中国特色沉默权制度	刘文丞	沈桥林	硕士	江西师范大学
论举证时限制度实践与立法的调适——以制度主体的选择为视角	温琴	王嘎利	硕士	昆明理工大学
网络犯罪案件证据认定问题研究	赵艳	何永军 向群	硕士	昆明理工大学
非法证据排除规则的域内外考察及其启示	吴德春	李忆春	硕士	兰州大学
检察机关调查核实非法取证行为问题研究	王杰	吴双全	硕士	兰州大学
论我国贿赂犯罪污点证人豁免制度的建立	米明亮	吴双全	硕士	兰州大学
论污点证人豁免制度及其在我国的确立	张多良	陈航	硕士	兰州大学
民事诉讼中自由心证规则运用的限定与制约——以许云鹤案为视角	任宗虎	胡珀	硕士	兰州大学
徘徊在人权和维稳之间——避免刑讯逼供行为及其法律规制	张秀斗	陈国文	硕士	兰州大学
我国刑事诉讼中非法证据排除规则研究	田俊业	俞树毅	硕士	兰州大学
侦查讯问同步录音录像制度比较研究	王晟明	俞树毅	硕士	兰州大学
我国证人证言非法证据排除规则研究——以褚明剑受贿案为视角分析	陈立峰	刘斌斌	硕士	兰州大学
新时期公安司法鉴定程序思考	王得椿	王渊	硕士	兰州大学
刑事案件庭前会议中证据排除问题研究	朱红刚	拜荣静	硕士	兰州大学
专利侵权诉讼中举证责任分配问题研究	曹政	拜荣静	硕士	兰州大学

续表

论文题目	作 者	指导教师	学位	学位授予单位
刑事案件证据审查模式的转变及冤假错案的防止	段玉婷	贾登勋	硕士	兰州大学
刑事诉讼证人出庭的法律对策研究——以广州市某区司法实践为视角	蔡夕庆	陈 航	硕士	兰州大学
非法口供排除规则研究	张月迪	徐 阳	硕士	辽宁大学
论我国刑事证明标准中的"排除合理怀疑"	管海新	张云鹏	硕士	辽宁大学
行政证据转化为刑事证据的立法完善	张颖异	张云鹏	硕士	辽宁大学
行政诉讼原告举证责任研究	何恒川	张 弘	硕士	辽宁大学
论事实认定中的法官自由裁量权——以民事诉讼为中心	吴宜渊	胡学军	硕士	南昌大学
论疑罪从无—由呼格吉勒图案引发的思考	张凯丽	刘本燕	硕士	南昌大学
我国设立传闻证据规则的障碍分析	熊熊然	刘本燕	硕士	南昌大学
民事诉前证据保全制度	李 娟	涂书田	硕士	南昌大学
我国司法鉴定人制度探究	程机龙	刘冬京	硕士	南昌大学
刑事诉讼中瑕疵证据补救措施研究	王德涛	胡祥福	硕士	南昌大学
被害人品格证据研究	常 燕	秦宗文	硕士	南京大学
民事推定规范研究	张乐乐	叶金强	博士	南京大学
民事诉讼私录视听资料证据合法性研究	樊利星	高芙蓉	硕士	内蒙古大学
民事诉讼证明妨碍制度研究	崔宇晴	高芙蓉	硕士	内蒙古大学
民事再审新证据制度研究	李亮亮	高芙蓉 赵瑞辰	硕士	内蒙古大学
网络侵权证据认定制度研究	宋 绮	高芙蓉 赵俊平	硕士	内蒙古大学
民事证明责任分配中的法官自由裁量权——以民事审判实务为视角	郭 帅	付冬梅 梁建武	硕士	内蒙古大学

续表

论文题目	作者	指导教师	学位	学位授予单位
司法鉴定意见质证制度研究——以刑事诉讼为视角	李 杰	张树军	硕士	内蒙古大学
死刑案件证明标准的制度保障研究	马立波	龙长海	硕士	内蒙古大学
行贿犯罪认定的若干证据问题研究	方向功	龙长海	硕士	内蒙古大学
刑事诉讼中亲属作证特免权探析	张姗姗	邢 娜 维 英	硕士	内蒙古大学
言词原则研究	程 华	周宝峰	硕士	内蒙古大学
民事诉讼举证责任分配的思考——以法律要件分类说为基础	张 奕	孙建江	硕士	宁波大学
论知识产权诉讼证据保全	宋 双	郭庆存	硕士	青岛大学
家庭暴力犯罪证据规则问题研究	廖雪云	胡常龙	硕士	山东大学
论自由心证证据制度	任继蓉	胡常龙	硕士	山东大学
刑事辩护视角下的非法证据排除问题研究	刘纾含	胡常龙	硕士	山东大学
论电子证据的认定	董鹏君	丁 杰	硕士	山东大学
刑事被告人对质权研究	赵津武	丁 杰	硕士	山东大学
伪证罪与司法程序的交互关系研究	栗 坤	向 力	硕士	山东大学
我国电子证据收集问题研究	解希良	牟宪魁	硕士	山东大学
我国非法证据排除规则研究	苏 逊	黄士元	硕士	山东大学
知识产权诉讼中商业秘密的司法鉴定与保护	李 军	方立维	硕士	山东大学
民事电子证据交换制度研究——以美国电子证据开示制度为线索	刘明超	赵信会	硕士	山东财经大学
"不得强迫任何人证实自己有罪"的制度保障研究	莫 晶	薛 荣	硕士	山西大学
论民事诉讼当事人逾期举证的法律后果	李 浩	刘臻荣 罗锁堂	硕士	山西大学

续表

论 文 题 目	作 者	指导教师	学位	学位授予单位
社会司法鉴定机构诚信体制的完善	武晋英	王子昀 王俊卿	硕士	山西大学
医疗诉讼中专家辅助人制度研究	崔雅楠	马爱萍 陈明华	硕士	山西大学
"疑罪从无"执行之困境破解——以念斌案为例	赵子绚	王霄燕 张 鑫	硕士	山西大学
侦查实验制度研究	李 浩	兰跃军	硕士	上海大学
刑事诉讼中亲属作证特免权研究	杨 伟	胡廷松	硕士	上海师范大学
建立符合我国国情的沉默权制度	王 野	孙文红	硕士	沈阳工业大学
二审"新证据"法律问题研究	李一波	王 晓	硕士	沈阳师范大学
民事诉讼非法证据排除规则相关问题研究	朱嘉庆	王 晓	硕士	沈阳师范大学
非法证据排除规则适用程序研究	梁 成	古立峰	硕士	四川大学
非法证据排除问题实证研究	蔡 明	张 斌	硕士	四川大学
论检察环节证据合法性审查	万 旭	张 斌	硕士	四川大学
刑事诉讼非鉴定专家出庭作证制度研究	李雪莉	张 斌	硕士	四川大学
侦查人员出庭作证制度研究	牛 敏	张 斌	硕士	四川大学
论我国刑事证据开示制度的完善	唐 恬	谢维雁	硕士	四川大学
论隐蔽性证据的适用规则	王亚东	万 毅	硕士	四川大学
相对独立量刑程序中量刑事实之证明	武宪丽	万 毅	硕士	四川大学
试析我国民事诉讼专家辅助人制度	柳位禄	刘晴辉	硕士	四川大学
我国DNA证据制度研究	杜峙峰	唐 磊	硕士	四川大学
我国刑事再审程序启动标准研究——从事实证据角度进行分析	田野宏	龙宗智	硕士	四川大学
直接证据与间接证据的分类研究	陈 盛	龙宗智	博士	四川大学
我国刑事证人出庭制度有关问题研究	赖金洋	李 浩	硕士	四川大学

续表

论文题目	作者	指导教师	学位	学位授予单位
现代证据制度在基层的实践——以民国时期四川南溪"诬告案"为例	韩冰	里赞	硕士	四川大学
刑事错案发现机制研究	陈信安	郭松	硕士	四川大学
刑事诉讼当事人辅助制度研究	刘畅	郭松	硕士	四川大学
行政诉讼证明标准问题研究	方圆	陶涛	硕士	四川大学
证据关联性研究——以民事诉讼法为视角	刘力源	唐磊	硕士	四川大学
行政证据在刑事诉讼中转化使用研究	程龙	左卫民	博士	四川大学
刑事诉讼中的视频监控证据研究	纵博	马静华	博士	四川大学
论品格证据规则在社区矫正裁判程序中的构建	郑磊	田永春	硕士	四川师范大学
非法证据排除的举证责任和证明标准研究	罗颐	刘磊	硕士	苏州大学
论刑事诉讼中的"鉴定人弹劾"	陈丹	张成敏	硕士	苏州大学
目击证人辨认规则建构	马林	张成敏	硕士	苏州大学
我国量刑前调查报告制度初探	李玉晶	陈姗姗	硕士	苏州大学
言词供述适用"毒树果实"规则的必要性和可行性研究	安东亚	刘磊	硕士	苏州大学
"醉酒型"危险驾驶罪证据采信规则研究	蒋寻	刘磊	硕士	苏州大学
论我国著作权侵权诉讼中的证明责任分配问题——以"何裕民侵权案"为研究对象	鞠英	郭小冬 赵棣中	硕士	天津师范大学
论通过控方证据为被告人辩护	蒋洪	张步文	硕士	西南大学
论刑事诉讼中的"情况说明"	黄颖婷	张步文	硕士	西南大学
公证文书证明力研究	王桂英	杨成良	硕士	西南交通大学
论民事证明责任的分配	汪士皓	杨成良	硕士	西南交通大学
全程同步录音录像证据效能研究	贺辉	朱奎彬	硕士	西南交通大学

续表

论 文 题 目	作 者	指导教师	学位	学位授予单位
辩护律师调查取证权运行状况实证研究	汪 伟	李昌林	硕士	西南政法大学
离婚损害赔偿诉讼若干证据问题研究——从婚外同居视角的思考	邢云超	廖中洪 杜 丹	硕士	西南政法大学
论民事法律推定的反驳方式	林 洋	赵泽君	硕士	西南政法大学
论证人特殊作证制度研究	吴 琼	赵泽君	硕士	西南政法大学
美国民事域外证据开示制度研究	韩志萍	赵泽君	硕士	西南政法大学
论民事举证时限制度中的法官自由裁量	梅丽君	赵泽君 罗亚文	硕士	西南政法大学
论司法鉴定人助理制度的完善	张 琳	易 旻 夏下平	硕士	西南政法大学
民事鉴定启动机制研究	陈团结	汪祖兴 陈 斯	硕士	西南政法大学
民事诉讼证明与似真推理	刘春一	金承光	硕士	西南政法大学
审查逮捕阶段非法证据排除问题实证研究	李 苑	孙长永	硕士	西南政法大学
刑事审判中的笔录中心主义研究——以普通程序中笔录的规制为重心	李 滨	孙长永	博士	西南政法大学
审查起诉阶段瑕疵实物证据补救规则研究	汪 凤	李昌盛	硕士	西南政法大学
审级视野下证据失权制度研究	李德惠	唐 力	硕士	西南政法大学
受贿案件言词证据实证研究	潘 丹	薛 竑	硕士	西南政法大学
司法鉴定人保护制度研究——以鉴闹现象为背景	冯向海	贾治辉	硕士	西南政法大学
庭前供述在庭审中的运用问题实证研究	刘 磊	张能全	硕士	西南政法大学
庭审中的法律事实认定——以语用学为视角	张 改	金承光	硕士	西南政法大学
我国司法鉴定人准入制度理论探析	郭 晓	张凌燕	硕士	西南政法大学
我国专家辅助人的选择与选用制度研究	陈宁祥	易 旻	硕士	西南政法大学

续表

论文题目	作者	指导教师	学位	学位授予单位
新刑事诉讼法背景下的勘验、检查法治化研究	赖剑琳	管光承	硕士	西南政法大学
刑事诉讼鉴定人出庭作证实证研究	刘凡	潘金贵	硕士	西南政法大学
刑事诉讼专家辅助人制度实证研究	李志恒	潘金贵	硕士	西南政法大学
侦查人员出庭作证实证研究	陈寒融	潘金贵	硕士	西南政法大学
刑事专家出庭的中国模式研究——徘徊于理想图景与现实困境之间	曾晓海	陈如超	硕士	西南政法大学
侦查机关司法鉴定公信力问题研究	倪婷	潘自勤	硕士	西南政法大学
证人出庭作证的"必要性"条件研究	王新	李昌盛	硕士	西南政法大学
纵向限制协议限制排除竞争效应的举证责任分配——以锐邦诉强生垄断一案为例	李思哲	万江	硕士	西南政法大学
行政诉讼证明标准研究	范文进	唐忠民	博士	西南政法大学
论我国目击证人辨认规则及其完善	张馨予	宋振武	硕士	烟台大学
论非法证据排除规则的完善——以渎职罪案件为实证分析视角	赵书晖	尹茂国 文昌海	硕士	延边大学
中韩非法证据排除规则适用范围比较研究	金爱玲	玄松鹤	硕士	延边大学
论我国电子数据原件认定制度的完善	侯秀明	王继福	硕士	燕山大学
我国专家辅助人制度研究	冯囡	张明	硕士	燕山大学
法律语言证据的语言学分析——基于Roger W. Shuy 的研究	马湛秋	杨立权	硕士	云南大学
非法证据排除规则实施问题及其完善研究	张小钰	王启梁	硕士	云南大学
纪检监察证据诉讼化研究	梁聪	邵卫锋	硕士	云南大学
会计证据在经济犯罪中的司法运用	扈靖	罗刚	硕士	云南大学
论我国刑事诉讼证人出庭作证制度	刘晓媛	刘艺乒	硕士	云南大学

续表

论 文 题 目	作 者	指导教师	学位	学位授予单位
论中国刑事证据制度传统——以中国传统人性论为视角	姜梦迪	蒋铁初	硕士	浙江财经大学
民事诉讼证据失权制度探讨——基于民事诉讼法第六十五条的再思考	段祖号	舒瑶芝	硕士	浙江工商大学
刑事非法证据排除规则问题研究	吕 芳	王 艳	硕士	浙江工商大学
刑事瑕疵证据的可采性研究	臧晓圆	封利强	硕士	浙江工商大学
软件著作权犯罪证据问题研究	郭建秋	于世忠	硕士	浙江工业大学
证人作证方式的多元化研究	诸 凡	丁 娟	硕士	浙江工业大学
经济学视野下的刑事被告人证明责任研究	陈 建	何邦武	硕士	浙江理工大学
反垄断民事诉讼中证明制度研究	郭准钊	姚保松	硕士	郑州大学
论亲属作证特免权制度	张唐伟	马春娟	硕士	郑州大学
刑事电子证据可采性规则研究	杨 宇	马春娟	硕士	郑州大学
论刑事证据裁判原则	季士方	王韶华	硕士	郑州大学
民事诉讼专家辅助人制度研究	秦新辉	王韶华	硕士	郑州大学
审查起诉程序中的非法证据排除	李伟强	王长水	硕士	郑州大学
我国刑事证人保护制度的立法完善	孙敏敏	王长水	硕士	郑州大学
完善职务犯罪非法证据排除规则的思考	杨雷振	石茂生	硕士	郑州大学
《洗冤录》勘验检查制度研究	董向勇	梁凤荣	硕士	郑州大学
非法证据排除的证明机制研究	陶树声	程 捷	硕士	中国青年政治学院
论间接反证	崔少楠	姜丽萍	硕士	中国青年政治学院
论品格的证据价值	周 田	孙 远	硕士	中国青年政治学院
民事证据调查必要性研究	陈楒鹏	孙 远	硕士	中国青年政治学院

续表

论文题目	作者	指导教师	学位	学位授予单位
刑事诉讼中行政执法证据的准入问题研究	沙溪	孙远	硕士	中国青年政治学院
浅谈行政执法证据在刑事诉讼中的适用	张卓然	王新	硕士	中国青年政治学院
检察机关适用非法证据排除规则实证研究——以河北省沧州市为范例	张艳霞	冀祥德	硕士	中国社会科学院研究生院
我国专家辅助人制度研究——以侦查机关为视角	马铮	冀祥德	硕士	中国社会科学院研究生院
论国际商事仲裁电子证据规则的构建——以跨境电子商务仲裁为视角	周妮	黄东黎	硕士	中国社会科学院研究生院
论污点证人制度在我国刑事诉讼中的建立	王伟	熊秋红	硕士	中国社会科学院研究生院
我国非法证据排除问题研究	向煦	王敏远	硕士	中国社会科学院研究生院
云技术环境下的电子数据取证分析	邢迈	祁建建	硕士	中国社会科学院研究生院
中国医疗损害侵权案件举证责任分配的不足和解决方案	李龙笛	谢鸿飞	硕士	中国社会科学院研究生院
辩护律师保密特权研究	谢金莲	洪道德 罗海敏	硕士	中国政法大学
非法证据排除规则的比较研究	许铭轩	洪道德	硕士	中国政法大学
我国非法证据排除规则问题研究	姚佳	洪道德	硕士	中国政法大学
电子证据快速保护制度研究——以网络诈骗犯罪研究	高严	汪海燕	硕士	中国政法大学
违法所得没收程序证据问题研究	马康	汪海燕	硕士	中国政法大学
目击者辨认规则研究	原于刚	汪海燕	硕士	中国政法大学
电子证据证明力规则研究	张新媛	纪格非	硕士	中国政法大学
法经济学视野下的口头证据规则	蒋宣	席涛	硕士	中国政法大学

续表

论文题目	作者	指导教师	学位	学位授予单位
法治视野下的口供证据研究——以犯罪嫌疑人、被告人的口供为视角	吕硕琦	刘斌	硕士	中国政法大学
公共利益特免权研究——以英美法为核心	潘登	王进喜	硕士	中国政法大学
论庭前证言笔录的审查模式	孙腾	王进喜	硕士	中国政法大学
国际刑事法院的证人保护制度研究	王婷	马呈元	硕士	中国政法大学
交叉询问制度及其本土化研究	马振林	林林	硕士	中国政法大学
论不确定性文书鉴定意见的适用	王子夜	刘建伟 张中	硕士	中国政法大学
民事诉讼领域司法鉴定启动条件的经济学分析	张泽健	刘建伟 房保国	硕士	中国政法大学
司法鉴定投诉案例分析与讨论	管俊吉	刘建伟 褚福民	硕士	中国政法大学
论非法实物证据排除	李真	杨宇冠	硕士	中国政法大学
中国非法证据排除规则研究	郭旭	杨宇冠	博士	中国政法大学
论民事诉讼中消极事实的证明	吴恒	毕玉谦	硕士	中国政法大学
论民事诉讼中专家意见规则的完善	李恩泽	纪格非	硕士	中国政法大学
论司法证明过程中的设证推理	郑苒	张中	硕士	中国政法大学
论我国非法证据排除规则	王玲	洪坚	硕士	中国政法大学
论我国刑事证人证言真实性的审查	戴婧婧	杨宇冠	硕士	中国政法大学
论物证的收集与保管制度之完善	王一琳	杨宇冠	硕士	中国政法大学
论询问证人制度	蒋亚梅	孙邦清	硕士	中国政法大学
论证据相互印证规则	张鹤然	刘玫	硕士	中国政法大学
司法证明环节防范刑事错案研究	蔡传磊	刘玫	硕士	中国政法大学
刑事证人作证论	叶扬	刘玫	博士	中国政法大学
美、德非法言词证据排除规则的比较——完善我国刑事证据规则之借鉴	李曼	卫跃宁	硕士	中国政法大学

续表

论文题目	作者	指导教师	学位	学位授予单位
民事证据契约制度研究	梁瀚丹	毕玉谦	硕士	中国政法大学
试述口供补强规则	何小元	许兰亭	硕士	中国政法大学
司法裁判中的事实认定及其方法	庞博	张保生	硕士	中国政法大学
我国反垄断民事诉讼中的证据规则问题研究	李慧君	张保生	硕士	中国政法大学
国际刑事审判传闻措施研究	戴月	张保生	硕士	中国政法大学
我国非法证据排除规则的理论基础	秦凯丽	郑旭	硕士	中国政法大学
我国刑事诉讼中不得强迫自证其罪与《公民权利与政治权利国际公约》的兼容性	孟然	郑旭	硕士	中国政法大学
我国司法鉴定人民事责任问题研究	刘明敬	张云	硕士	中国政法大学
刑事鉴定意见法庭调查若干问题研究	王静迪	顾永忠	硕士	中国政法大学
污点证人制度研究——以美国为蓝本兼及中国污点证人制度构建	徐磊	顾永忠	博士	中国政法大学
刑事司法精神病鉴定本土问题研究	徐静	元轶	硕士	中国政法大学
刑事诉讼法下证人出庭作证制度检视	康楚英	栗峥	硕士	中国政法大学
刑事诉讼专家辅助人制度反思——以复旦投毒案念斌案为例	李镔斌	常林	硕士	中国政法大学
论鉴定意见之质证	李冬	常林	博士	中国政法大学
医疗损害鉴定意见的科学性评价研究	于潇洋	张凤芹 常林	硕士	中国政法大学
论询问证人制度	蒋亚梅	孙邦清	硕士	中国政法大学
刑事证人出庭作证制度探讨——以人权为视角	赵晓芳	岳礼玲	硕士	中国政法大学
刑事证人出庭作证制度研究	蔡勇	许兰亭	硕士	中国政法大学
刑事证人出庭作证制度研究	宫源	郭志媛	硕士	中国政法大学
刑事质证制度之完善——以审判为中心的视角	王向明	栗峥	硕士	中国政法大学

续表

论 文 题 目	作 者	指导教师	学位	学位授予单位
刑事专家辅助人制度刍议	王泰禄	郭金霞	硕士	中国政法大学
移动互联网背景下的侦查取证与隐私保护	曹 锐	陈 碧	硕士	中国政法大学
注册会计师参与诉讼活动的法律制度研究——以鉴定制度和专家辅助人制度为视角	王 喜	张苏彤	硕士	中国政法大学
论民事诉讼中的推定规则适用	李明蓉	樊崇义	博士	中国政法大学
刑事证据关联性研究	赵培显	樊崇义	博士	中国政法大学
民事专家辅助人制度研究	冯 琳	张文香	硕士	中央民族大学
我国民事诉讼专家辅助人制度的完善	肖 洋	张艳蕊	硕士	中央民族大学
刑事证人强制出庭作证制度的缺陷及其完善	余璐岑	张泽涛	硕士	中央民族大学

附录2.1.2 证据法学研究生学位论文目录（2016）

论 文 题 目	作 者	指导教师	学位	学位授予单位
"排除合理怀疑"证明标准及其在我国的适用研究	孔文静	王圣扬	硕士	安徽大学
论我国刑事诉讼专家辅助人制度	胡星歌	王圣扬	硕士	安徽大学
电子数据证据保全问题研究	王威权	於恒强	硕士	安徽大学
纪检监察证据转化问题研究——以瑕疵证据为路径	王晓天	於恒强	硕士	安徽大学
非法证据排除规则在我国的适用	董小梦	张目强 黄世斌	硕士	安徽大学
经验法则在民事诉讼中的适用	黄 平	刘艳芳	硕士	安徽大学
论逮捕审查中社会危险性的证明标准	钱海平	李晓新	硕士	安徽大学
论行政诉讼的证明标准	赵 洁	陈宏光	硕士	安徽大学
民事诉讼非法证据排除规则研究	蔡 琦	李胜利	硕士	安徽大学

续表

论文题目	作者	指导教师	学位	学位授予单位
我国民事诉讼中电子数据适用问题研究	朱先梅	郭志远	硕士	安徽大学
职务犯罪案件中瑕疵证据适用问题研究	郭彤彤	郭志远	硕士	安徽大学
刑事庭前会议制度的运行困境及出路	王 平	余经林	硕士	安徽大学
WTO证据可采性规则研究	李 萍	张卫彬	硕士	安徽财经大学
电子证据规则问题研究——以知识产权诉讼为例	程舒晓	刘 宇	硕士	安徽财经大学
民事诉讼非法证据排除规则研究	高祥忠	杨仕兵	硕士	安徽财经大学
我国刑事诉讼直接言词原则研究	梁修哲	蒋鹏飞	硕士	安徽财经大学
污点证人作证豁免制度研究	赵 思	陶 杨	硕士	北京交通大学
刑事案件专家辅助人制度研究	徐菲聆	陶 杨	硕士	北京交通大学
论测谎结论的证据效力	李龙鼎	蔡维力	硕士	重庆大学
审查起诉阶段非法证据排除规则研究	庞彦燕	吴如巧	硕士	重庆大学
附属信息与证据客观真实性判断	贾五一	黄 文 熊志海	硕士	重庆邮电大学
口供真实性的审查与判断标准研究	袁 媛	汪振林	硕士	重庆邮电大学
刑事辨认笔录研究	王 俊	汪振林	硕士	重庆邮电大学
诉讼证明中的客观事实与感知事实——以信息为视角	熊晓丹	熊志海	硕士	重庆邮电大学
非法证据排除规则的检察适用研究——以呼格吉勒图案为例	丁 丽	李煜兴	硕士	东南大学
非法证据排除规则在刑事诉讼中的运用——侦查实践中的问题与对策	韦 钰	汪进元	硕士	东南大学
论行政执法证据在刑事诉讼中的转化	曹 莉	欧阳本祺	硕士	东南大学
审前程序非法证据排除规则适用问题研究——以检察机关为视角	刘 青	孟 红	硕士	东南大学
刑事诉讼专家辅助人意见研究	朱小嫚	孟 红	硕士	东南大学
论民事检察调查取证权的运行	苗 芳	马永伟	硕士	甘肃政法学院

续表

论文题目	作者	指导教师	学位	学位授予单位
论我国侦查讯问笔录的现状及完善	刘鹏里	薛炳尧	硕士	甘肃政法学院
反垄断民事诉讼证明责任制度研究	王红聪	彭真军	硕士	广东财经大学
论我国民事诉讼当事人陈述	叶泓瑜	罗筱琦	硕士	广东财经大学
论我国民事诉讼举证时限制度	郭雨雷	张晋红	硕士	广东财经大学
论我国刑事非法证据排除规则的实践现状及完善	李红	蒋石平	硕士	广东财经大学
民事书证证明妨碍研究	李子豪	周成泓	硕士	广东财经大学
中国特色沉默权制度的构建与研究	宋鹏飞	杨帆 朱少波	硕士	广东外语外贸大学
公诉案件中刑事被害人出庭作证制度研究	孙悦	莫澄真	硕士	广西大学
亲子关系诉讼中证明妨碍问题研究	曹祎铭	吴小英	硕士	广西大学
食品安全行政执法证据与刑事证据的衔接探究	何涛	李冀宁	硕士	广西大学
刑事诉讼中亲属免证权制度之研究	黄俏	魏敦友	硕士	广西大学
"借用型"受贿犯罪证据问题研究	覃莹	蒋慧	硕士	广西民族大学
论刑诉专家辅助人意见	唐桥	申君贵	硕士	广西民族大学
电子数据证据研究——以网络金融犯罪为视角	涂香宜	蒋人文	硕士	广西师范大学
口供证据补强规则研究	蒋睿	蒋人文	硕士	广西师范大学
论我国民事诉讼中律师调查令制度的构建	崔春晓	胡辉	硕士	广西师范大学
刑事诉讼证据开示制度研究	王政昭	向忠诚 蒋人文	硕士	广西师范大学
鉴定人出庭作证制度研究	黄璟	余贵忠	硕士	贵州大学
刑事诉讼证据开示制度研究	赵廷凯	余贵忠	硕士	贵州大学

续表

论 文 题 目	作 者	指导教师	学位	学位授予单位
法理学视域下公安机关司法鉴定制度重构研究	刘天辉	刘国华	硕士	哈尔滨商业大学
大数据时代云取证的法律困境及其治理	郑令晗	邓和军	硕士	海南大学
贿赂犯罪证据适用研究	齐乃维	王洪宇	硕士	海南大学
论善意取得中善意要件的证明责任分配	刘倩	张卫	硕士	海南大学
我国民事诉讼证人保证书制度研究	马婷婷	王琦	硕士	海南大学
我国刑事诉讼的证人特免权制度	陈纪梁	邹立刚	硕士	海南大学
论民事审前证据交换制度	潘青	柯阳友 王越飞	硕士	河北大学
论民事诉讼中的心证公开	杨美慧	柯阳友	硕士	河北大学
民事诉讼证明妨碍制度研究	王佳	柯阳友 宋瑞良	硕士	河北大学
民事诉讼虚假作证规制研究	马丹	吕中行	硕士	河北经贸大学
论民事诉讼专家辅助人的法律定位及其意见效力	陈衍桥	许红霞	硕士	河南大学
论我国民事诉讼中律师的调查取证权	王宁	吴泽勇 戴朝辉	硕士	河南大学
民事非法证据排除规则适用问题研究	李道清	许红霞 李佩生	硕士	河南大学
诉前证据保全制度的研究	金钰明	郝振江 郑永强	硕士	河南大学
论民事诉讼证据交换制度	王淑慧	华小鹏	硕士	河南财经政法大学
税收征管程序中举证责任制度研究	刘东明	冉富强	硕士	河南财经政法大学
论电子数据在网购诈骗案中的适用	汪真强	陈文 程显波	硕士	黑龙江大学
论审查起诉阶段的非法证据排除规则	曲纯安	韩红	硕士	黑龙江大学

续表

论 文 题 目	作 者	指导教师	学位	学位授予单位
论刑事司法鉴定中的错案防范	戚 帅	孙 记 王春艳	硕士	黑龙江大学
论刑事瑕疵证据	孟雨萌	韩 红	硕士	黑龙江大学
刑事庭前会议中非法证据排除研究	李舒瑶	韩 红 李士凯	硕士	黑龙江大学
民事诉讼中专家证人制度研究	赵 烨	哈书菊 李士凯	硕士	黑龙江大学
网络购物纠纷中的举证责任制度研究	曹金戈	于 锐	硕士	黑龙江大学
证据视角下刑事错案防范研究	黄 燕	陈 文 刘光宇	硕士	黑龙江大学
我国污点证人制度的构建研究	李索夫	段启俊	硕士	湖南大学
审判中心主义视角下刑事交叉询问制度完善研究	潘 婉	沈红卫	硕士	湖南师范大学
电子数据取证中的个人信息保护相关问题研究	徐 利	王永全 王 奕	硕士	华东政法大学
毒品犯罪案件审查中鉴定意见的相关问题研究	张建彤	王 戬	硕士	华东政法大学
反垄断民事诉讼专家辅助人制度研究	池承平	李伟芳	硕士	华东政法大学
非法证据排除规则在我国的合理构建研究	刘英沛	孙剑明	硕士	华东政法大学
韩国民事证据收集制度研究——兼述对我国文书提出命令制度改革的借鉴意义	金泽燕	陈 刚	硕士	华东政法大学
会计司法鉴定意见的法律效力研究	陈广涛	杜志淳 熊玉莲	硕士	华东政法大学
会计司法鉴定意见庭审质证的相关问题研究	徐 悦	杜志淳 熊玉莲	硕士	华东政法大学
基于手机取证的证据问题研究	王 淼	王永全	硕士	华东政法大学
论民事自认的效力	高 瑛	邓继好	硕士	华东政法大学

续表

论文题目	作者	指导教师	学位	学位授予单位
论刑事诉讼当事人辅助制度的构建	江春	许建丽	硕士	华东政法大学
论刑事诉讼专家意见的证据属性与适用	李莉	王俊民	硕士	华东政法大学
论职务犯罪自书材料的证据归类与司法适用	李晓萍	王俊民	硕士	华东政法大学
民间借贷案件证据规则之分析	刘晴	邵军	硕士	华东政法大学
民事诉讼中电子数据的认证规则研究	张莉	姚远	硕士	华东政法大学
税务诉讼举证责任分配案例分析	李小萍	陈少英	硕士	华东政法大学
我国民事诉讼证据合法性研究——以诉讼过程全面考察	汪亨挺	洪冬英	硕士	华东政法大学
刑事诉讼非法实物证据排除研究	韩娟	王戬	硕士	华东政法大学
刑事诉讼中程序法事实的证明问题研究	谭杰	王戬	硕士	华东政法大学
刑事推定若干基本问题研究	韩卓韦	张栋	硕士	华东政法大学
行政执法证据与刑事证据衔接之程序性问题探究	应争	许建丽	硕士	华东政法大学
医疗纠纷诉讼中要件事实的证明责任分配研究	郑雪凝	谢文哲	硕士	华东政法大学
证人证言真实性的程序保障	樊素平	谢文哲	硕士	华东政法大学
我国非法证据排除程序研究	庞永善	曾友祥	硕士	华南理工大学
我国侦查人员出庭作证制度研究	杨娟	张友好	硕士	华南理工大学
知识产权诉讼专家证人制度研究	王言言	陈慰星	硕士	华侨大学
民事举证时限制度研究	黄晶	石先钰	硕士	华中师范大学
我国刑事非法证据发现方式立法完善研究	王怡	刘元璋	硕士	华中师范大学
我国刑事非法证据认定问题研究	袁大维	黄新民	硕士	华中师范大学
不当得利"没有合法根据"要件的证明责任分配	孙杨	霍海红	硕士	吉林大学
民事质证制度研究	宋建玮	霍海红	硕士	吉林大学

续表

论文题目	作者	指导教师	学位	学位授予单位
我国举证时限制度的历史变迁	许文静	霍海红	硕士	吉林大学
从"彭宇案"看民事司法中的事实认定问题	边卫青	李拥军	硕士	吉林大学
反家庭暴力法证据制度研究	李洋	李洪祥	硕士	吉林大学
论亲子鉴定在亲子关系诉讼中适用	王莹	李洪祥	硕士	吉林大学
非法证据排除证明机制研究	张赫楠	闵春雷	博士	吉林大学
我国非法证据排除规则适用问题研究	邱硕	闵春雷	硕士	吉林大学
刑事案件情况说明问题研究	李向超	闵春雷	硕士	吉林大学
构建司法鉴定"行政主导"与"公共辅治"二元治理体系研究	刘凯	孙德超	硕士	吉林大学
检察机关适用非法证据排除规则研究	丁显超	都亳	硕士	吉林大学
论民事诉讼鉴定意见争议的解决机制	孟祥河	车传波	硕士	吉林大学
物证鉴定质量控制研究——以刑事诉讼为视角	陈婧	车传波	硕士	吉林大学
审查起诉阶段非法证据排除程序研究	杨柠	杨波	硕士	吉林大学
我国刑事诉讼中司法会计鉴定问题研究	王晓萌	杨波	硕士	吉林大学
贪污、受贿案件中非法证据排除规则适用研究	许娇娇	刘亚军	硕士	吉林大学
无罪推定原则的运用方法研究——以"留有余地"的判决为视角	左周	李韧夫	硕士	吉林大学
刑事言词证据采信规则研究	沙剑飞	王志远	硕士	吉林大学
叙事、融贯与真实——事实认定的整体主义模式研究	薛爱昌	钱大军	博士	吉林大学
刑事判决说理问题研究	王玲	王喆	硕士	吉林财经大学
刑事证人出庭制度研究	赵子慧	李光宇	硕士	吉林财经大学
我国警察出庭作证制度研究	王建晖	高生发	硕士	吉首大学

续表

论文题目	作者	指导教师	学位	学位授予单位
纪检监察证据向刑事司法证据转化问题研究	陈锦华	戴霞	硕士	暨南大学
论电子证据证明力的认定	李洁	闫庆霞	硕士	暨南大学
公安机关司法鉴定体制改革问题研究	江卉	杨峰	硕士	江西财经大学
论家庭暴力案件中证据规则的完善	王小单	吴鹏飞	硕士	江西财经大学
论我国非法证据排除规则的现状及完善	刘鹏	邓辉	硕士	江西财经大学
论我国民事证据调查令制度的构建	黎建新	刘国	硕士	江西财经大学
我国刑事证人出庭作证制度的问题及其完善研究	张筱婷	刘国	硕士	江西财经大学
民事诉讼自由心证制度研究	乐俊琳	易虹	硕士	江西财经大学
我国民事证据关联性规则研究	王晓琼	王嘎利 况继明	硕士	昆明理工大学
"徐辉强奸杀人案"的证据问题分析	区雅章	陈国文	硕士	兰州大学
高度盖然性证明标准在案件事实不明中的应用——以浙江金华吴俊东案为例	王猛	马明贤	硕士	兰州大学
行政诉讼非法证据排除规则及适用问题研究	蔺晟	刘志坚	硕士	兰州大学
口供补强证据规则问题研究	辛萌	刘绍彬	硕士	兰州大学
论我国污点证人豁免制度的构建——以我国腐败犯罪为视角	杨雄	吴双全	硕士	兰州大学
民事诉讼专家辅助人制度研究	秦雯	俞树毅	硕士	兰州大学
品格证据在民事诉讼法领域的构建研究	李梦醒	邓小兵	硕士	兰州大学
新《民事诉讼法解释》背景下的证人出庭作证制度分析	闫进	邓小兵	硕士	兰州大学
食品药品安全犯罪涉案物品司法鉴定问题研究	林锐斯	陈航	硕士	兰州大学
刑事案件中证人翻证行为的法律规制	杜华	陈航	硕士	兰州大学

续表

论文题目	作者	指导教师	学位	学位授予单位
庭前会议非法证据排除制度研究	杨叶	周桂党	硕士	兰州大学
我国刑事鉴定意见证据能力研究	黄蕴	杨三正	硕士	兰州大学
电子证据在民事诉讼中的收集与保全	佟欣	姜群	硕士	辽宁大学
论行政诉讼的证明标准	宋县伟	刘大伟	硕士	辽宁大学
论民事诉讼当事人证据收集制度的完善	董雪	李丽峰	硕士	辽宁大学
论我国民事拒证推定规则的完善	张君	李丽峰	硕士	辽宁大学
民事诉讼悬赏取证实务分析与立法构建	李怡墨	李丽峰	硕士	辽宁大学
民事证明妨碍规制研究	田新	李丽峰	硕士	辽宁大学
民事专家辅助人制度的实证分析和立法完善	赵晓东	李丽峰	硕士	辽宁大学
论我国刑事审判中交叉询问制度的完善	孟庆达	张云鹏	硕士	辽宁大学
刑事违法所得没收的证明问题研究	谢楠	张云鹏	硕士	辽宁大学
审查起诉阶段非法证据排除研究	宗莹	徐阳	硕士	辽宁大学
我国传统司法中"口供至上"地位研究	张慧云	祖伟	硕士	辽宁大学
我国刑事证人保护制度的探析	吴楠	侯德福	硕士	辽宁大学
论我国刑事诉讼中专家辅助人制度的完善	信欣然	杨文升	硕士	辽宁师范大学
证据法学语境下刑事错案产生原因分析	王珑赢	毛淑玲	硕士	辽宁师范大学
非法证据排除规则的研究	熊燕	张志勋	硕士	南昌大学
环境侵权诉讼因果关系证明研究	连芳芳	胡学军	硕士	南昌大学
论我国民事诉讼的举证时限制度	赵婧	胡学军	硕士	南昌大学
论我国民事诉讼专家辅助人制度的完善	黄思宇	胡学军	硕士	南昌大学
浅析电子证据的保全与制度完善	聂雯	涂书田	硕士	南昌大学
我国贿赂犯罪中构建污点证人制度研究	陈鹏鹏	熊永明	硕士	南昌大学
我国民事诉讼证据交换制度研究	施妃	刘冬京	硕士	南昌大学
我国司法鉴定实践问题及对策研究	金晓猛	陈奇伟	硕士	南昌大学

续表

论文题目	作者	指导教师	学位	学位授予单位
无罪推定原则之法律实务障碍	王忠燕	刘本燕	硕士	南昌大学
不得强迫自证其罪原则本土化研究	陈华新	张复友	硕士	南京大学
民事诉讼证明责任模型的再构造——对证明责任双重含义的反思	陈飞燕	吴英姿	硕士	南京大学
审判阶段被告人对质诘问权研究	樊剑洁	秦宗文	硕士	南京大学
鉴定意见科学性评判标准研究	张慧	赵杰	硕士	南京师范大学
我国刑事专家辅助人制度研究	万钰	赵杰	硕士	南京师范大学
口供任意性规则研究	沈梦颖	程德文	硕士	南京师范大学
刑事证言笔录使用规则研究	陈曼	程德文	硕士	南京师范大学
重复供述的排除问题研究	李阳	程德文	硕士	南京师范大学
论构建我国污点证人作证豁免制度	秦梓涵	汤尧	硕士	南京师范大学
民事电子数据审查判断研究	朱帅	李浩	硕士	南京师范大学
民事诉讼法上的证明妨碍研究	叶晓娟	李浩	硕士	南京师范大学
证据学视野下技术侦查研究	胡志强	汤尧	硕士	南京师范大学
政府信息不存在诉讼举证责任研究	黄培培	杨登峰	硕士	南京师范大学
劳动争议诉讼举证责任研究	梁超	青格勒图 曹子刚	硕士	内蒙古大学
民事表见证明制度研究	陈建园	付冬梅	硕士	内蒙古大学
民事诉讼举证证明责任分配原则研究	潘昕	刘桂琴	硕士	内蒙古大学
民事诉讼专家辅助人制度研究	姜明明	高芙蓉 贺亚丽	硕士	内蒙古大学
失火罪刑事证明标准实践问题研究	周海燕	李卫东	硕士	内蒙古大学
试论非法取证的防控——以检察机关办理受贿案件为视角	陈雨超	李卫东 曹子刚	硕士	内蒙古大学
司法会计鉴定意见的证据法研究	杜岩	周宝峰	硕士	内蒙古大学
瑕疵证据研究	徐鑫	周宝峰 鲁坤	硕士	内蒙古大学

续表

论文题目	作者	指导教师	学位	学位授予单位
我国民事诉讼证明妨碍规制研究	邓丽军	付冬梅 梁建武	硕士	内蒙古大学
我国刑事诉讼中证明标准的相关问题研究	白林炎	邢 娜 张 彪	硕士	内蒙古大学
刑事诉讼中司法鉴定人出庭作证的困境及对策研究	邦宏宏	陈晓青	硕士	内蒙古大学
证据裁判主义下经验法则规范化适用问题研究——以民间借贷案件为视角	权 静	高芙蓉 李全锁	硕士	内蒙古大学
论我国强制刑事证人出庭作证制度的问题与完善	赵文俊	谭庆德	硕士	青岛大学
我国的司法鉴定人出庭制度研究	田德成	谭庆德	硕士	青岛大学
我国刑事审判中瑕疵证据问题研究	陈雪梅	朴成日	硕士	青岛大学
论诉讼外自认——以民事诉讼为视角	马德健	牟宪魁	硕士	山东大学
论我国民事诉讼中的专家辅助人制度	张丹枫	张海燕	硕士	山东大学
论刑事诉讼中的经验法则	陈学琴	胡常龙	硕士	山东大学
危险驾驶罪证据运用特殊性研究——以醉酒型危险驾驶罪为对象	王 昊	胡常龙	硕士	山东大学
论刑事诉讼中的专家辅助人制度	马晓春	周长军	硕士	山东大学
庭审中心主义视角下的直接言词原则研究	毕亮杰	周长军	硕士	山东大学
论刑事瑕疵证据的司法补正	李 琦	丁 杰	硕士	山东大学
民事诉讼中道路交通事故认定书之证明力研究	徐 宏	刘加良	硕士	山东大学
民事诉讼专家辅助人制度研究	王发财	王丽萍	硕士	山东大学
宋代证据制度研究	王 群	林 明	硕士	山东大学
违法所得没收程序证明标准研究	魏雨濛	刘 军	硕士	山东大学
未成年人言词证据取证机制研究	刘 影	田荔枝	硕士	山东大学

续表

论文题目	作者	指导教师	学位	学位授予单位
我国"醉驾"案件刑事取证制度的完善	付皎	冯俊伟	硕士	山东大学
刑事诉讼中公安机关证据保管问题研究	李法云	冯俊伟	硕士	山东大学
刑事证明标准的多元化	朱云凤	冯俊伟	硕士	山东大学
我国法官庭外调查核实权问题研究	李洁	丁杰	硕士	山东大学
协商性司法下的刑事证据契约问题研究	尚柳荣	丁杰	硕士	山东大学
刑事再审改判的证明标准	金路	黄士元	硕士	山东大学
刑事诉讼中非法证据排除规则适用研究	吕燕	郑智航	硕士	山东大学
刑讯逼供防范论	何俊杰	秦伟	硕士	山东大学
知识产权诉讼中构建中国特色专家证人制度研究	郭旦丹	毛映红	硕士	山东大学
宋代刑事证据制度研究	陈丹丹	韩慧	硕士	山东师范大学
会计鉴定意见民事司法适用实证研究	李卓群	白岱恩	硕士	山东政法学院
我国非法证据排除的程序问题研究	袁方	杨晓静	硕士	山东政法学院
我国亲属作证特免权制度研究	刘沐华	杨晓静	硕士	山东政法学院
刑事诉讼中DNA鉴定证据的运用研究	郝皓	张爱艳	硕士	山东政法学院
行政执法证据与刑事证据衔接制度研究	王东升	胡廷松	硕士	上海师范大学
论域外电子取证	张苏媛	邓杰	硕士	上海师范大学
我国刑事证人出庭作证制度研究	何保华	孙文红	硕士	沈阳工业大学
辩护律师调查取证权研究	赵安国	王旭伟	硕士	沈阳师范大学
论民事诉讼中法院调查取证制度	黄靖淇	陈凤贵	硕士	沈阳师范大学
民事电子数据相关法律问题研究	孙登华	王晓	硕士	沈阳师范大学
民事诉讼非法证据排除规则研究	陈小第	王晓	硕士	沈阳师范大学
论借记卡纠纷举证责任分配规则	宁泓萱	刘润仙	硕士	首都经济贸易大学
刑事诉讼中证人、鉴定人出庭作证问题研究	郭晓辉	韩旭	硕士	四川省社会科学院

续表

论文题目	作者	指导教师	学位	学位授予单位
反垄断私人诉讼举证责任分配制度研究	沈妍宏	曹博	硕士	苏州大学
论技术侦查证据使用中的问题及对策	陆体景	陈珊珊	硕士	苏州大学
论民事诉讼证据共通原则	张舒珍	张永泉	硕士	苏州大学
论庭审中的诱导性询问	方丹	张成敏	硕士	苏州大学
论我国刑事司法鉴定启动权的问题与完善	姚佳璐	刘文	硕士	苏州大学
民事诉讼事实认定方法论	冉鹏	胡亚球	硕士	苏州大学
虚假供述诱发冤案现象及对策研究	朱思苪	刘磊	硕士	苏州大学
电子邮件在民事证明中的适用问题研究——以（2015）沪高民四（海）终字第142号判决为例	张红乐	郭小冬	硕士	天津师范大学
我国不得强迫自证其罪原则研究	季晓静	阮大强	硕士	天津师范大学
政府信息公开诉讼举证责任问题探析	杜楠	魏建新	硕士	天津师范大学
探析国际刑事诉讼证据可采性规则	邵皖玉	王南玲	硕士	外交学院
环境侵权民事诉讼举证责任分配制度研究	王旭泽	杨粉米	硕士	西安建筑科技大学
从法理学的视角论疑难案件的裁判	李敏	时显群	硕士	西南大学
刑事笔录证据适用研究	刘莎莎	张步文	硕士	西南大学
刑事专家辅助人制度相关问题研究	陈潇	雷建昌	硕士	西南财经大学
审查起诉阶段非法证据排除规则的适用	陈琳	杨成良 康黎	硕士	西南交通大学
"排除合理怀疑"证明标准适用实证研究	黄玥	潘金贵 于天敏	硕士	西南政法大学
被告人品格证据在我国刑事审判中的适用研究	邓早	向燕 张新强	硕士	西南政法大学
辩护律师核实有关证据问题研究——以刑诉法第37条第4款为对象	邵晨辉	孙长永	硕士	西南政法大学

续表

论文题目	作者	指导教师	学位	学位授予单位
非法证据排除程序研究	许乐	孙长永	博士	西南政法大学
论法国刑事证据自由原则及其限制	王晨辰	孙长永	博士	西南政法大学
违反法定讯问程序收集的口供证据能力问题研究	张春利	孙长永	硕士	西南政法大学
逮捕条件中的社会危险性证明机制调研报告——以C市N区为对象	谭大春	张吉喜 胡建萍	硕士	西南政法大学
贩卖毒品案件实物证据收集实证研究——以审查起诉阶段为视角	孙玉宇	薛颖文 于天敏	硕士	西南政法大学
非法证据排除规则解释学研究	沈露露	纪虎 徐建新	硕士	西南政法大学
技术侦查取得证据的庭外核实问题研究	朱小东	纪虎 陈敏	硕士	西南政法大学
环境民事公益诉讼证明责任分配研究	王胜男	黄宣 裘晓音	硕士	西南政法大学
论民事诉讼中特殊待证事实的证明标准	谢丽丽	李龙	硕士	西南政法大学
论司法鉴定人执业资格审查——以庭审质证为视角	欧阳俊荣	贾治辉	硕士	西南政法大学
论我国医疗纠纷诉讼中的专家辅助人制度	贾微	赵泽君	硕士	西南政法大学
论证据共通原则在我国普通共同诉讼人之间的适用	英宗花	段文波	硕士	西南政法大学
民事诉讼证明类型化研究	刘海洋	李祖军	博士	西南政法大学
民事诉讼中经验法则的不当适用及其规制	尹文倩	赵泽君	硕士	西南政法大学
审查逮捕中"社会危险性"证明机制研究	宁欢	高峰	硕士	西南政法大学
审查起诉阶段适用非法证据排除规则实证研究	郭凤平	潘金贵 黄永维	硕士	西南政法大学

续表

论文题目	作者	指导教师	学位	学位授予单位
我国司法鉴定人准入制度研究——以社会鉴定机构鉴定人为视角	王 磊	王 勇	硕士	西南政法大学
新闻媒体侵害名誉权诉讼证明责任分配研究——以澳大生物美容保健科技开发有限公司诉三投文化传播有限公司案为例	王 珊	黄 宣	硕士	西南政法大学
新刑诉法证人出庭作证问题实证研究	邱友林	李昌盛	硕士	西南政法大学
刑事二审程序中的补充收集证据问题研究	李怡君	张吉喜	硕士	西南政法大学
刑事强制医疗案件的证明问题研究	陈弘远	张吉喜	硕士	西南政法大学
刑事瑕疵证据补正规则实证研究——以G省F市和A省W市检察机关办理的刑事案件为样本	谭年儒	向 燕	硕士	西南政法大学
讯问录音录像的证据法问题研究	高冬梅	向 燕 白宗钊	硕士	西南政法大学
测谎意见的证据能力和证明力研究	陈桂梅	胡宇清	硕士	湘潭大学
方法专利侵权证明责任分配	楚京琴	王国征	硕士	湘潭大学
论我国刑事诉讼中私人取证制度的构建	陈玉凤	李 蓉	硕士	湘潭大学
论刑事诉讼中"新的证据"的认定	杨 彬	李 蓉	硕士	湘潭大学
试论我国刑事鉴定程序的诉讼化	张 琪	李 蓉	硕士	湘潭大学
论诱惑侦查所获证据的证据能力	姚 丹	穆远征	硕士	湘潭大学
网络侵权诉讼电子数据认定研究——以我国著作权网络侵权诉讼为例	张舒琳	肖冬梅	硕士	湘潭大学
一审民事判决书说理研究	奉鑫庭	胡军辉	硕士	湘潭大学
知识产权侵权赔偿额中的证据应用问题研究	冯程程	陈小珍	硕士	湘潭大学
中德民事诉讼诉前证据保全制度比较研究	孙 瑞	秦 鹏	硕士	新疆大学

续表

论文题目	作者	指导教师	学位	学位授予单位
电子证据可采性问题研究	陈磊	邱爱民 沈红	硕士	扬州大学
论书证落款的真实性证明	綦慧	邱爱民	硕士	扬州大学
贿赂犯罪案件污点证人制度研究	陈笛	葛同山 沈红	硕士	扬州大学
强奸罪中违背妇女意志证明研究	甄继业	葛同山 闵正兵	硕士	扬州大学
刑事证人出庭作证制度研究——以审判中心主义为视角	丁婉	葛同山 袁江华	硕士	扬州大学
传闻证据规则研究	宋梦君	牟军	硕士	云南大学
口供与刑事错案	赵云曙	牟军	硕士	云南大学
毒品犯罪中的证据运用问题研究	艾凤飞	邬江	硕士	云南大学
刑诉专家辅助人制度研究	王文慧	邵卫锋	硕士	云南大学
网络犯罪侦查中电子证据的采集与固定问题研究	王媚莉	吕涛	硕士	云南财经大学
互联网时代的电子数据实证研究——基于破坏计算机信息系统案例的分析	林嘉栋	胡铭	硕士	浙江大学
死刑案件证据问题研究——30起死刑错案的实证分析	陈苏莹	胡铭	硕士	浙江大学
论当事人陈述	徐思嘉	翁晓斌	硕士	浙江大学
赔礼道歉非责任化研究	丁晓婷	张学军	硕士	浙江工商大学
刑事诉讼电子数据取证规范化研究	蔡秋明	李昌钰	硕士	浙江工商大学
论我国未成年人犯罪案件中品格证据规则的构建	钱力	于世忠	硕士	浙江工业大学
交通事故认定书在行政诉讼中的效力	张扬	翟小波	硕士	郑州大学
论庭审在公正裁判中的决定作用——以刑事诉讼为视角	王涛	张立勇	硕士	郑州大学

续表

论文题目	作者	指导教师	学位	学位授予单位
论刑事诉讼证据裁判原则	文昕	王长水	硕士	郑州大学
我国民事诉讼中电子数据的采用	张宸怡	周庆	硕士	郑州大学
我国现行民事证据失权制度研究	尹卫华	周庆	硕士	郑州大学
我国刑事电子证据搜查、扣押制度的完善	毕锦明	马春娟	硕士	郑州大学
我国刑事诉讼非法言词证据排除制度研究	雷会云	卢少锋	硕士	郑州大学
刑事诉讼中亲属拒证制度研究	张玉	贺恒扬	硕士	郑州大学
民事诉讼证明标准适用问题研究	冯俊超	孙远	硕士	中国青年政治学院
我国专家辅助人制度探析	张慧群	李静	硕士	中国青年政治学院
被告人对质权制度：中国现状及对策	王俊	冀祥德	硕士	中国社会科学院研究生院
推定在刑事司法实践中的运用分析	左鑫明	邓子滨	硕士	中国社会科学院研究生院
我国刑事诉讼中电子数据的研究	马家启	熊秋红	硕士	中国社会科学院研究生院
医疗损害司法鉴定的鉴定人制度研究	樊晓霞	董文勇	硕士	中国社会科学院研究生院
《刑事诉讼法》第188条第一款的学理分析	吴雨橦	吴宏耀	硕士	中国政法大学
论美国死刑案件中被害人影响证据制度对我国的启示	张蓉蓉	吴宏耀	硕士	中国政法大学
套现型职务犯罪的证明标准问题研究	潘熠	吴宏耀	硕士	中国政法大学
保外就医的鉴定问题研究	高麟	王旭	硕士	中国政法大学
被害人作证保护制度研究	梁瑞洁	岳礼玲	硕士	中国政法大学

续表

论文题目	作　者	指导教师	学位	学位授予单位
辩方证据开示义务研究——对《刑事诉讼法》第40条的再审视	艾梦婕	汪海燕	硕士	中国政法大学
污点证人刑事责任豁免制度探析——以贿赂犯罪为视角	董书雅	汪海燕	硕士	中国政法大学
我国刑事诉讼专家辅助人制度研究	马荷月	汪海燕	硕士	中国政法大学
电子证据鉴真问题初探	牛颖东	陈光中	硕士	中国政法大学
无罪推定研究	徐　灿	陈光中	博士	中国政法大学
法治背景下的传闻证据规则及其构建	吴　越	刘　斌	硕士	中国政法大学
犯罪构成与诉讼证明	许慧君	卞建林	博士	中国政法大学
刑事精神病鉴定羁押研究	胡安然	卞建林	硕士	中国政法大学
非典型鉴定意见的法律性质研究	邓文轩	常　林	硕士	中国政法大学
司法鉴定科学性问题研究	李苏林	常　林	博士	中国政法大学
司法鉴定统一管理——以国家治理体系现代化为视角	宋丽娟	常　林	硕士	中国政法大学
非法证据排除规则在自侦案件中的探讨	高晓丽	刘　玫	硕士	中国政法大学
国际刑事审判法庭书面证言规则研究	禹佳媚	张保生	硕士	中国政法大学
以审判为中心与刑事证人出庭	杨青青	张保生	硕士	中国政法大学
侦查机关的诉讼角色与溯因推理	贾永曼	张保生	硕士	中国政法大学
论美国"强奸盾牌条款"及其对中国的启示	梁远航	满运龙	硕士	中国政法大学
鉴定人出庭作证问题研究——以刑事诉讼为视角	王府凤	肖承海	硕士	中国政法大学
禁止反言在国际法中的适用研究	赵　迪	张　力	硕士	中国政法大学
科技发展下的远程作证研究	王志业	房保国	硕士	中国政法大学
侦查阶段排除非法证据程序研究	张太明	房保国	硕士	中国政法大学
论弹劾证据规则在我国刑事诉讼中的应用	丛　珊	王进喜	硕士	中国政法大学

续表

论文题目	作者	指导教师	学位	学位授予单位
论禁止反言原则	胡萌	王进喜	博士	中国政法大学
证据法的激励机制研究	刘强	王进喜	博士	中国政法大学
论美国对质权制度及其对中国的启示	谭雨凝	洪道德	硕士	中国政法大学
浅析禁止强迫自证其罪原则在我国的确立和发展	李芳芳	洪道德	硕士	中国政法大学
论我国刑事证人保护制度	沈逸	洪道德	硕士	中国政法大学
试论我国刑事瑕疵证据的分类	夏菁	洪道德	硕士	中国政法大学
刑事庭审中交叉询问制度研究	余传福	洪道德	硕士	中国政法大学
论美国合同法中的口头证据规则	胡学媛	刘承韪	硕士	中国政法大学
论民事诉讼审前证据交换制度	连眺	刘金华	硕士	中国政法大学
论民事诉讼中消极事实的证明	吴恒	毕玉谦	硕士	中国政法大学
论人民陪审员制度的改革——以事实认定为中心视角	王芃	胡云腾	硕士	中国政法大学
论司法鉴定意见的撤销	王思思	狄胜利	硕士	中国政法大学
论我国非法证据排除规则的适用范围	王亚男	郭志媛	硕士	中国政法大学
论我国民事鉴定意见质证制度的完善	张大伟	刘金华	硕士	中国政法大学
论我国民事诉讼的专家辅助人制度	刘锦	刘金华	硕士	中国政法大学
论我国刑事诉讼中的证人保护制度	黄思慧	栗峥	硕士	中国政法大学
论刑事质证	张超	栗峥	硕士	中国政法大学
香港传闻证据规则改革以及对我国大陆的启示	罗宇	栗峥	硕士	中国政法大学
论我国刑事证人出庭作证制度的完善——以对质权保障为视角	乔萧菲	刘玫 罗海敏	硕士	中国政法大学
论刑事诉讼中"有专门知识的人"——以刑事诉讼法第一百九十二条第二款为视角	胡逸恬	刘玫	硕士	中国政法大学
论刑事诉讼中的瑕疵鉴定意见——以DNA证据为视角	杨健	鲁涤	硕士	中国政法大学

续表

论文题目	作者	指导教师	学位	学位授予单位
论刑事诉讼专家辅助人制度——以模式化为视角	许振	鲁杨	硕士	中国政法大学
论专家辅助人的资格	刘淼	张中	硕士	中国政法大学
论自认制度在我国民事诉讼中的适用	赵芳	张弘	硕士	中国政法大学
民事诉讼瑕疵书证证明力研究	其米措姆	李训虎	硕士	中国政法大学
民事诉讼证人出庭制度研究	陈辛迪	杨秀清	硕士	中国政法大学
民事诉讼自认适用对象之研究	陈瑶	杨秀清	硕士	中国政法大学
我国民事诉讼证人出庭作证制度研究——以美国制度启示为切入	冯韵	杨秀清	硕士	中国政法大学
专家辅助人制度研究	付金峰	杨秀清	硕士	中国政法大学
民事诉讼专家辅助人制度研究	吴亚平	谭秋桂	硕士	中国政法大学
我国逾期举证法律后果研究	魏来	谭秋桂	硕士	中国政法大学
浅析民事诉讼司法实践中电子数据的认定	谷文杰	史飚	硕士	中国政法大学
审判中心下证据运用研究	王晓红	樊崇义	博士	中国政法大学
刑事错案与口供证据的运用	范鑫	樊崇义	硕士	中国政法大学
试论不当得利的证明责任分配	龙希	易军	硕士	中国政法大学
手机取证规范研究	闫丽	张国臣	硕士	中国政法大学
司法会计鉴定意见在民事诉讼活动中的运用问题研究	文柏程	张苏彤	硕士	中国政法大学
未成年人刑事证据问题研究	高欣	刘良	博士	中国政法大学
我国民事诉讼法中专家辅助人制度之完善	田开强	史飚	硕士	中国政法大学
自由心证公正性保障制度研究	李咏	史飚	硕士	中国政法大学
我国司法会计鉴定人出庭制度研究	郭复兴	张苏彤	硕士	中国政法大学
相对独立量刑程序下的证明问题研究	屈灏	刘玫 卫跃宁	硕士	中国政法大学

续表

论文题目	作者	指导教师	学位	学位授予单位
刑事诉讼交叉询问制度研究	王振禹	张文显	硕士	中国政法大学
刑事诉讼直接言词原则研究	包献荣	刘玫	博士	中国政法大学
刑事诉讼中的专家辅助人制度研究	饶梦莹	顾永忠	硕士	中国政法大学
非法证据排除规则本土化的困境及对策	肖潇	许兰亭	硕士	中国政法大学
论刑事诉讼领域专家辅助人制度	李森	许兰亭	硕士	中国政法大学
刑事证人出庭作证问题研究	王珍	许兰亭	硕士	中国政法大学
侦查人员出庭作证制度研究	肖丽红	许兰亭	硕士	中国政法大学
刑事证人证言的审查判断	金涟伊	郭志媛	硕士	中国政法大学
刑事证人证言可信性审查研究	刘浩然	吴丹红	硕士	中国政法大学
要件事实的识别与运用——以民事证明责任为视角	徐叶	纪格非	硕士	中国政法大学
医疗过错司法鉴定意见采信现状研究	史家	狄胜利	硕士	中国政法大学
医疗损害诉讼证明责任分配制度研究	余晗	胡霁光	硕士	中国政法大学
隐蔽作证制度研究	舒倩	刘玫	硕士	中国政法大学
侦查人员出庭作证制度研究	乔宇	刘玫 赵珊珊	硕士	中国政法大学
专利新颖性推定规则之证据法分析	张秋林	房保国 冯晓青	硕士	中国政法大学
非法证据排除规则实施中存在的问题及其完善	唐明洁	张泽涛	硕士	中央民族大学
刑事非法证据排除规则研究	孙利英	张泽涛	硕士	中央民族大学
公安机关鉴定人出庭作证率低原因分析及对策	王睿	田小穹	硕士	中央民族大学
论民事诉讼非法证据的认定标准	郭嘉妮	张艳蕊	硕士	中央民族大学
网贷平台的第三方电子证据保存制度	周恒	邓建鹏	硕士	中央民族大学
刑事司法鉴定制度反思与完善	巴图	王琪	硕士	中央民族大学

附录2.2 法庭科学研究生学位论文目录（2015～2016）

附录2.2.1 法庭科学研究生学位论文目录（2015）

论文题目	作者	指导教师	学位	学位授予单位
行政执法证据与刑事证据衔接机制研究	曹 敏	王圣扬	硕士	安徽大学
论我国的刑事瑕疵证据补正制度	沈 娜	郭志远	硕士	安徽大学
论刑事瑕疵证据补正规则	周 桃	王圣扬	硕士	安徽大学
基于高光谱图像的物证识别方法研究	李嫣然	李清勇	硕士	北京交通大学
空中手写字符串识别算法研究	刘排排	黄琳琳	硕士	北京交通大学
刑事错案的证据问题分析	张 平	彭海青	硕士	北京理工大学
便携式PCR仪温控系统设计与仿真研究	王 金	孙凡金	硕士	大连海事大学
大连公安机关打击食品药品犯罪问题研究	张琛也	于 霞	硕士	大连海事大学
基于频域特征的鞋底花纹分类识别方法研究	闫晓丰	齐国清	硕士	大连海事大学
面向检索的鞋底花纹图像语义表达算法研究	王行行	史晓非 王新年 何晓光	硕士	大连海事大学
我国海洋污染损害司法鉴定问题研究	王冉雨	韩立新	硕士	大连海事大学
C市公安司法鉴定管理对策研究	梁湘楠	刘琳琳	硕士	大连理工大学
基于J2EE的公安物证自动追踪管理系统的设计与实现	王 勤	高正平 胡选子	硕士	电子科技大学
头骨形态计量学指标对鉴定野生和人工饲养水貂的有效性评价	祁永来	徐艳春 刘振生	硕士	东北林业大学
对我国死刑案件的司法精神病鉴定制度现状的研究	王 铭	房书君 贾国发	硕士	东北师范大学
南京地区汉族人群A血型亚型的分子机制调查与分析	陈 妍	陈宝安	硕士	东南大学

续表

论文题目	作者	指导教师	学位	学位授予单位
司法鉴定民事责任研究	刘亚博	陈玉玲	硕士	东南大学
医用麻醉剂和新型抗抑郁药的体内分析及药代动力学研究	宋林	洪战英 张润生	硕士	福建中医药大学
笔迹中的信息及应用研究	王玲	沙万中	硕士	甘肃政法学院
对签名笔迹鉴定意见进行质证的技术性问题研究	孙靓梅	沙万中	硕士	甘肃政法学院
非法实物证据排除规则研究	胡倩茹	严军	硕士	甘肃政法学院
行政执法与刑事司法衔接机制研究	席志远	朱孔武 金波	硕士	广东财经大学
论民事诉讼法中私录视听资料的证据合法性	吴鳕芸	吴小英	硕士	广西大学
论民事诉讼非法证据认定标准	胡晓帆	吴小英	硕士	广西大学
300 例心源性猝死案例的回顾性分析及应激对心肌 Cx43 影响的实验研究	刘奇	于燕妮 王杰	硕士	贵阳医学院
我国医疗损害赔偿的法律问题研究——以三个典型案件为例	任捷	陈小平	硕士	贵州民族大学
医疗损害纠纷中因果关系认定问题研究	郑重	张学立 张帆	硕士	贵州民族大学
子弹弹壳痕迹的 CMC 自动识别方法的研究	陈喆	赵学增	硕士	哈尔滨工业大学
论我国民事诉讼司法再鉴定程序	徐彬	王琦	硕士	海南大学
色谱与质谱联用技术用于除草剂多残留检测及莠去津降解规律的研究	董新凤	孙汉文 梁淑轩	博士	河北大学
论我国刑事强制医疗程序的完善	耿娟	陈玉忠 蔡春和	硕士	河北大学
55-SNPs 个体识别复合分型体系的构建及法医学应用研究	王茜	丛斌	博士	河北医科大学

续表

论文题目	作者	指导教师	学位	学位授予单位
CCK 受体不同亚型对吗啡急慢性作用的影响及机制研究	郝立净	马春玲	博士	河北医科大学
核小体在 DNA 降解过程中的作用及其法医学应用研究	董春楠	丛斌	博士	河北医科大学
化学修饰电极对除草剂及神经递质类物质的测定及应用研究	牛凌梅	康维钧	博士	河北医科大学
饮酒对脑血管功能与结构的影响及损伤机制	刘霞	丛斌	博士	河北医科大学
电击死大鼠皮肤特殊染色与心脏 HIF - 2α、H - FABP 表达变化研究	冯国伟	张国忠	硕士	河北医科大学
全基因组扫描筛选鉴别同卵双生子的 DNA 甲基化遗传标记	杜情情	李淑瑾	硕士	河北医科大学
清代司法中的痕迹检验	高耀磊	陈景良	硕士	河南大学
"浙江张氏叔侄案"中的证据问题	赵玲	孙记 彭书滨	硕士	黑龙江大学
论民事司法中的鉴定意见	霍誉佩	哈书菊 吕诚	硕士	黑龙江大学
数字图像区域复制粘贴篡改检测算法分析与研究	孙艳茹	沈永良	硕士	黑龙江大学
刑事诉讼中专家辅助人制度研究	姜中华	韩红	硕士	黑龙江大学
侦查讯问中的错案防范	王志超	孙记 李士凯	硕士	黑龙江大学
中西方司法精神病学史学分析	高泰嵩	张聪沛	硕士	黑龙江中医药大学
刑事诉讼专家证人出庭作证制度研究	周洁	沈红卫	硕士	湖南师范大学
基于 CUDA 和深度置信网络的手写字符处理应用	陆军建	林家骏	硕士	华东理工大学
笔迹鉴定视域下的同一认定研究	沈臻懿	杜志淳	博士	华东政法大学

续表

论 文 题 目	作 者	指导教师	学位	学位授予单位
眼外伤司法鉴定医学检查技术应用及鉴定标准研究	宁 娟	杜志淳	博士	华东政法大学
电子数据认证规则研究	朱文睿	牟逍媛	硕士	华东政法大学
汉字签名书写模式多样性的同一认定研究	张程天	杜志淳 许爱东	硕士	华东政法大学
宏观无交叉状态下的朱墨时序实验研究——以激光打印文字与盖印印文的形成时序为对象	杨 馨	杜志淳 许爱东	硕士	华东政法大学
会计师事务所从事会计司法鉴定业务的风险控制研究	卢宗菊	杜志淳 熊玉莲	硕士	华东政法大学
拉曼光谱法在变造文件检验中应用的实证研究	任重远	杜志淳 许爱东	硕士	华东政法大学
论道路交通事故认定制度的完善	吴梦瑶	魏 琼	硕士	华东政法大学
论会计司法鉴定证据的收集	陈 文	杜志淳 熊玉莲	硕士	华东政法大学
论我国司法会计学的研究对象	高 歌	杜志淳 熊玉莲	硕士	华东政法大学
论我国医疗损害鉴定制度的冲突与解决	吴 松	牟逍媛	硕士	华东政法大学
强制医疗程序若干法律实务问题研究	朱弘煜	张 栋	硕士	华东政法大学
伤病共存人体伤残等级评定若干问题研究	龙梁婷	闵银龙	硕士	华东政法大学
上海车险人伤理赔鉴定问题及法律对策研究	殷跃平	李伟群	硕士	华东政法大学
死因裁判庭程序研究及制度适用	安 琪	张 栋	硕士	华东政法大学
诉前司法鉴定的程序化研究	孟 莹	姚 远 邓继好	硕士	华东政法大学
添加打印变造文件检验的研究	强晓莹	施少培	硕士	华东政法大学
我国民事诉讼专家辅助人制度研究	高 旸	谢文哲	硕士	华东政法大学

续表

论文题目	作者	指导教师	学位	学位授予单位
我国司法会计过度借鉴审计问题研究	朱靓	熊玉莲	硕士	华东政法大学
我国刑事诉讼专家辅助人制度研究	公明	许建丽	硕士	华东政法大学
医患纠纷中医疗技术过失司法鉴定相关问题研究	邬梦菲	闵银龙 樊静平	硕士	华东政法大学
英文字迹笔迹特征研究	花苓芝	杜志淳 许爱东	硕士	华东政法大学
英文字迹笔迹特征研究——以上海地区汉族人书写为视角	花苓芝	杜志淳 许爱东	硕士	华东政法大学
油性互溶色料朱墨时序特征变化实验研究	邵晨曦	杜志淳 许爱东	硕士	华东政法大学
中美司法（法务）会计服务体系比较研究——以会计司法鉴定及司法（法务）会计咨询为视角	邓弘慜	杜志淳 熊玉莲	硕士	华东政法大学
专家辅助人意见效力研究——以民事诉讼为视角	徐艺珊	姚远	硕士	华东政法大学
醉酒驾车型危险驾驶罪的司法认定	李旭峰	李翔	硕士	华东政法大学
抗精子适体的制备及其在精子富集上的研究	文迎果	林俊生	硕士	华侨大学
论我国刑事诉讼电子证据取证制度的完善	来鑫	李克武	硕士	华中师范大学
刑事诉讼中专家辅助人制度探究	黄薇	陈志英	硕士	华中师范大学
刑事诉讼专家辅助人制度研究	朱贵霞	高宏贵	硕士	华中师范大学
论我国刑事强制医疗程序的完善	张晓凤	闵春雷	博士	吉林大学
电子数据研究	崔璐玮	车传波	硕士	吉林大学
沟湾遗址新石器时代人骨研究	王一如	朱泓	硕士	吉林大学
论民事诉讼中鉴定意见的证据效力	鲁银辉	李国强	硕士	吉林大学
论刑事强制医疗程序的缺陷与完善	李虹霖	闵春雷	硕士	吉林大学
脑组织力学特性与取材器械研究	王立强	郑午	硕士	吉林大学

续表

论 文 题 目	作 者	指导教师	学位	学位授予单 位
商业秘密司法鉴定问题研究	王晓颖	宋显忠	硕士	吉林大学
商业秘密之秘密性的认定	张 超	张丹丹	硕士	吉林大学
智能手机平台浏览器上网记录的提取与分析	王宇阳	许志闻	硕士	吉林大学
医疗纠纷法律适用问题研究	危 巍	吴文平	硕士	吉首大学
山东省部分地区麦田土壤成分分析	郝大魁	李 强	硕士	济南大学
基于 Gabor 滤波器和高斯马尔科夫随机场的书法笔迹鉴别	邱 娟	张传林	硕士	暨南大学
论强制医疗程序的改革与完善——以精神障碍患者为例	王 惟	占美柏	硕士	暨南大学
我国医疗责任鉴定机构的法律问题研究	唐浩洋	胡鹏翔	硕士	暨南大学
《人体损伤程度鉴定标准》在实践应用中的问题探讨	何宇婷	瞿勇强	硕士	昆明医科大学
高效液相色谱法和气相色谱—质谱联用法同时测定人体尿液中四种抗抑郁药含量的比较研究	高 静	刘 清	硕士	昆明医科大学
建立云南傣族人群法医 DNA 基础数据库	黄 颖	许冰莹	硕士	昆明医科大学
人体死后尿液相关生化值改变的研究	欧俊兴	瞿勇强	硕士	昆明医科大学
云南景颇族人群 Y 染色体遗传多态性研究	陈雪云	许冰莹 曾发明	硕士	昆明医科大学
对一起医疗损害赔偿纠纷案的法律分析	樊彦荣	吴双全	硕士	兰州大学
我国笔迹鉴定现状及立法完善建议	范祥云	胡 珀	硕士	兰州大学
我国强制医疗制度的法律分析	杨有鹏	胡 珀	硕士	兰州大学
新时期公安司法鉴定程序思考	王得椿	王 渊	硕士	兰州大学
行政证据转化为刑事证据的立法完善	张颖异	张云鹏	硕士	辽宁大学
精神病人强制医疗程序研究	陈增辉	徐 阳	硕士	辽宁大学
民事诉讼私录视听资料证据效力研究	刘晓丹	姜 群	硕士	辽宁大学

续表

论文题目	作者	指导教师	学位	学位授予单位
完善我国刑事诉讼专家辅助人制度	康一	徐阳	硕士	辽宁大学
我国医疗损害责任归责原则研究	于瑶	刘传刚	硕士	辽宁师范大学
基于EDMA辽宁汉族成人下颌骨CT的几何形态测量	刘大华	任甫	硕士	辽宁医学院
基于DNA修饰界面原位生长/吸附金属纳米材料的电化学生物传感器	杭乐	汪庆祥	硕士	闽南师范大学
机动车道路交通事故责任纠纷的证明责任分配	廖梦颖	胡学军	硕士	南昌大学
耐热DNA聚合酶的定点诱变及应用于热启动PCR的纳米抗体的淘选	唐笑	李燕萍	硕士	南昌大学
我国司法鉴定人制度探究	程机龙	刘冬京	硕士	南昌大学
刑事司法鉴定若干问题研究	聂琴琴	刘本燕	硕士	南昌大学
头颅钝性撞击伤的生物力学机制研究	汪家文	陈忆九	博士	南方医科大学
滤膜富集—光镜检验硅藻技术的建立及其法医学应用	王玉仲	刘超	硕士	南方医科大学
微量接触类生物检材的快速处置策略探究	董会	刘超 李彩霞	硕士	南方医科大学
科技证据问题初探	陈一辰	蔡仲	硕士	南京大学
裂解气相色谱质谱法对轮胎胎面胶的鉴别研究	李性安	陈网桦 张成功	硕士	南京理工大学
纳米复合材料在潜指纹显现中的应用研究	牛鹏怀	张军	硕士	内蒙古大学
司法鉴定意见质证制度研究——以刑事诉讼为视角	李杰	张树军	硕士	内蒙古大学
道路交通事故车速计算方法分析与应用研究	陈振奎	刘占峰	硕士	内蒙古工业大学
技侦视听资料应用问题研究	黄胜	何永红 沈海东	硕士	宁波大学

续表

论 文 题 目	作 者	指导教师	学位	学位授予单位
论法医学鉴定意见的适用	侯 翔	李 娜 张应立	硕士	宁波大学
TGF-β异构体在肥厚型心肌病中的表达及意义	单正宜	赵 鹏	硕士	青岛大学
成年腰椎MR影像测量在法医学鉴定中的应用	宋 扬	郝大鹏	硕士	青岛大学
大鼠应激性心肌病模型心肌组织BNP的表达及法医学分析	李 凤	李玉军	硕士	青岛大学
鉴定意见比较研究	吕 蕾	谭庆德	硕士	青岛大学
民事诉讼笔迹鉴定意见研究	赵 霞	汪 岚	硕士	青岛大学
刑事物证收集与保管问题研究	刘文娟	汪 岚	硕士	青岛大学
清代司法检验制度研究	范 闻	魏道明	硕士	青海师范大学
济南市司法鉴定管理的现状、问题及对策研究	赵若霖	李国锋 丁保山	硕士	山东财经大学
家庭暴力犯罪证据规则问题研究	廖雪云	胡常龙	硕士	山东大学
论电子证据的认定	董鹏君	丁 杰	硕士	山东大学
论强制医疗司法程序	李俊茹	周 静	硕士	山东大学
论我国网络环境下的商标犯罪	张 旭	崔立红	硕士	山东大学
司法鉴定制度研究	孙 巍	张其山	硕士	山东大学
同一认定中基于牙齿影像的检测与识别算法研究	周 舟	孙国霞	硕士	山东大学
我国医疗损害赔偿制度研究	高 杨	秦 伟	硕士	山东大学
知识产权诉讼中商业秘密的司法鉴定与保护	李 军	方立维	硕士	山东大学
社会司法鉴定机构诚信体制的完善	武晋英	王子昀 王俊卿	硕士	山西大学
肥大细胞及其蛋白酶在药物过敏性休克法医诊断中的应用研究	郭相杰	王英元 高彩荣	博士	山西医科大学

续表

论文题目	作者	指导教师	学位	学位授予单位
SFRP5mRNA 在大鼠骨骼肌挫伤组织中表达规律的研究	李三强	孙俊红	硕士	山西医科大学
敌敌畏在保存尸血和埋葬尸体中的分解动力学	李明	贠克明 张大明	硕士	山西医科大学
地西泮及其代谢物在人体内的药物动力学研究	王乐乐	贠克明	硕士	山西医科大学
对骨骼、牙齿 DNA 提取方法的深入研究	董慧婷	唐晖	硕士	山西医科大学
利多卡因代谢物的法医毒物动力学研究	宋伟	贠克明 黄克建	硕士	山西医科大学
医疗损害技术鉴定中参与度评定的研究	郭绍将	常林	硕士	山西医科大学
用于未知 DNA 供者洲际人群来源推断的 SNPs 复合检测体系研究	魏丽	王英元	硕士	山西医科大学
刑事见证制度研究	金犇	胡廷松	硕士	上海师范大学
我国精神损害赔偿制度的研究	张建东	贾海洋	硕士	沈阳师范大学
蛋白质组学技术在蛇毒鉴定中的探索研究	张经硕	沈敏	博士	苏州大学
非法证据排除的举证责任和证明标准研究	罗颐	刘磊	硕士	苏州大学
湖南省人群血液中 33 种元素正常值范围的调查研究	王瑶	卓先义	硕士	苏州大学
华东地区汉族群体 20 个插入缺失多态的群体遗传学研究及法医学应用	江翔	谢芳 高玉振	硕士	苏州大学
雷公藤、夹竹桃及常见有毒生物碱的中毒、检测及评价研究	翟金晓	刘伟	硕士	苏州大学
驰名商标认定标准司法适用的案例研究	张硕	韩志红	硕士	天津师范大学
新刑诉法背景下我国技术侦查措施的适用及完善	雷晓龙	马泓波	硕士	西北大学

续表

论文题目	作者	指导教师	学位	学位授予单位
卧底侦查所获证据资格问题研究	范 婷	王 勇	硕士	西北师范大学
论通过控方证据为被告人辩护	蒋 洪	张步文	硕士	西南大学
论医疗纠纷中的损害赔偿	赵 阳	税杰雄 杜荣峰	硕士	西南科技大学
行政执法证据与刑事司法证据的衔接问题研究	陈少榜	穆远征	硕士	湘潭大学
论我国成年人监护制度的缺陷与完善	陈 燕	肖伟志	硕士	湘潭大学
论我国刑事专家辅助人制度的完善——以念斌投放危险物质案为考察对象	汤少新	穆远征	硕士	湘潭大学
牙本质天门冬氨酸外消旋化法推断个体生理年龄的探讨	张 双	米丛波	硕士	新疆医科大学
论我国司法鉴定管理制度的完善	宋一雄	王继福	硕士	燕山大学
我国刑事司法鉴定启动程序研究	李争红	陈海平	硕士	燕山大学
我国专家辅助人制度研究	冯 囡	张 明	硕士	燕山大学
刑事诉讼视角下的强制鉴定制度探析	王松山	邱爱民	硕士	扬州大学
司法会计鉴定在贪污案件中的运用	余贤娟	赵如兰	硕士	云南财经大学
东莞公安局物证管理系统的研究与分析	李万安	沈 勇	硕士	云南大学
东莞市公安机关现场勘验管理系统的研究与分析	黎浩威	梁志宏	硕士	云南大学
非法收购、运输、出售珍贵、濒危野生动物、珍贵、濒危野生动物制品罪研究	胡 会	李申俊	硕士	云南大学
非法证据排除规则实施问题及其完善研究	张小钰	王启梁	硕士	云南大学
公安物证信息管理系统的研究与分析	叶立颖	李 彤	硕士	云南大学
故意伤害罪若干问题研究	施永能	董晓松	硕士	云南大学
会计证据在经济犯罪中的司法运用	扈 靖	罗 刚	硕士	云南大学

续表

论文题目	作　者	指导教师	学位	学位授予单位
论侵权法上的医疗损害举证责任	李雪梅	田瑞华	硕士	云南大学
论运输毒品罪共同犯罪的司法认定	唐悄若	陈　飞	硕士	云南大学
试论我国公安机关刑事司法鉴定制度	刘　诚	牟　军	硕士	云南大学
司法鉴定中成套机器设备评估方法的问题研究——以水泥设备为例	胡　舟	牛晓帆	硕士	云南大学
四村派出所物证管理系统的研究与分析	刘景超	梁志宏	硕士	云南大学
台州市公安局物证管理系统的研究与分析	马奕飞	王世普	硕士	云南大学
汽车与行人碰撞事故分析方法研究	李晓旭	陈　涛	硕士	长安大学
TLR4、NF-κB 及 IL-1β 在创伤性脑损伤大鼠脑组织中的表达	唐芳芳	张广政	硕士	郑州大学
工程造价司法鉴定的研究	赵文霞	靳建丽	硕士	郑州大学
冠心病猝死的法医病理学研究	孙　鑫	郑旭东	硕士	郑州大学
民事诉讼专家辅助人制度研究	秦新辉	王韶华	硕士	郑州大学
刑事电子证据可采性规则研究	杨　宇	马春娟	硕士	郑州大学
医疗美容机构的民事责任研究	邢　群	田土城	硕士	郑州大学
刑事诉讼中行政执法证据的准入问题研究	沙　溪	孙　远	硕士	中国青年政治学院
云技术环境下的电子数据取证分析	邢　迈	祁建建	硕士	中国社会科学院研究生院
民事专家辅助人制度研究	冯　琳	张文香	硕士	中央民族大学
M1 类车辆致行人下肢损伤的生物力学机制研究	范箫翔	尹志勇	硕士	重庆理工大学
基于恒温扩增和 DNA 纳米技术对生物活性物质检测的新方法研究	申　波	丁世家	硕士	重庆医科大学
重庆地区尸食性蝇类侵袭建群时间研究及法医学意义	唐　瑞	万立华	硕士	重庆医科大学

说明：本统计表中学位论文的排列：第一顺序为学位授予单位名称，第二顺序为学位类型。

附录2.2.2 法庭科学研究生学位论文目录（2016）

论文题目	作者	指导教师	学位	学位授予单位
论我国刑事诉讼专家辅助人制度	胡星歌	王圣扬	硕士	安徽大学
精神病犯罪人刑事责任问题研究	张 颖	何 俊	硕士	安徽大学
我国医疗产品损害责任制度研究	马子建	刘 燕	硕士	安徽医科大学
电子数据证据能力与证明力问题研究	胡芮嘉	曲 波	硕士	大连海事大学
基于聚类的鞋印图像检索算法研究	舒莹莹	王 演 王新年	硕士	大连海事大学
论医疗损害责任鉴定制度的相关问题	谭隽婷	翟云岭	硕士	大连海事大学
工程结构质量事故司法鉴定中若干问题的研究及实践	徐健程	姜 峰	硕士	大连理工大学
缝隙连接蛋白Cx45、Cx40及TNF－a在梗死心肌中表达及作用	王 祁	李连宏	硕士	大连医科大学
审前程序非法证据排除规则适用问题研究	刘 青	孟 红	硕士	东南大学
刑事诉讼专家辅助人意见研究	朱小幔	孟 红	硕士	东南大学
文书中可疑要件形成方式研究	方 姚	沙万忠	硕士	甘肃政法学院
试论痕迹物证的综合利用	王 帅	傅晓海	硕士	甘肃政法学院
中国知识产权审判技术调查官制度研究	窦 川	胡充寒 胡宗仁	硕士	广东外语外贸大学
关于我国知识产权法院技术调查官制度思考	蒋竹婷	胡充寒	硕士	广东外语外贸大学
我国医疗损害鉴定制度研究	孙琪勇	范利平	硕士	广东外语外贸大学
论我国医疗损害赔偿制度的完善	解林林	杨 洁	硕士	广西大学
生产、销售假药罪若干疑难问题研究	覃智彬	简永发	硕士	广西大学
论刑诉专家辅助人意见	唐 桥	申君贵	硕士	广西民族大学
精神病人强制医疗程序研究	黄凤钗	张 玉	硕士	贵州大学

续表

论文题目	作 者	指导教师	学位	学位授予单位
鉴定人出庭作证制度研究	黄璟	余贵忠	硕士	贵州大学
环境损害司法鉴定法律问题研究	李震	陈小平 张红	硕士	贵州民族大学
基于样条滤波和全元匹配的三维底火弹痕识别技术的研究	佟明斯	赵学增 Jun-feng Song	博士	哈尔滨工业大学
头盖骨微观多孔组织结构及弯曲性能研究	郑伟	熊健	硕士	哈尔滨工业大学
法理学视域下公安机关司法鉴定制度重构研究	刘天辉	刘国华	硕士	哈尔滨商业大学
过度医疗的侵权问题研究	闫平	王福友	硕士	哈尔滨商业大学
醉酒人犯罪刑事责任研究	郭奕	韩立收	硕士	海南大学
假设开发法在土地评估中的应用研究	李倩	宋凤轩	硕士	河北大学
呼格吉勒图案的法理分析	付盼盼	翟海峰	硕士	河北经贸大学
论我国知识产权审判中技术调查官制度的再造	黄琨	刘春霖	硕士	河北经贸大学
生物碱类物质检测方法及毒性分析研究	刘菲	康维钧 石红梅	博士	河北医科大学
混合DNA分析sepDNA软件的应用效能评估及其模块拓展	戴新昱	丛斌	硕士	河北医科大学
3个罂粟SSR基因座荧光复合扩增体系的构建及应用	李元元	丛斌	硕士	河北医科大学
束缚应激加重挤压伤大鼠肠道损伤及内质网应激蛋白的表达变化	马如飞	李英敏 张晓静	硕士	河北医科大学
深静脉血栓形成时间推断研究	杨琛腾	张国忠	硕士	河北医科大学
论民事诉讼专家辅助人的法律定位及其意见效力	陈衍桥	许红霞	硕士	河南大学
论民事诉讼中鉴定意见的适用	樊琦	哈书菊	硕士	黑龙江大学

续表

论文题目	作者	指导教师	学位	学位授予单位
证据视角下刑事错案防范研究	黄 燕	陈 文 刘光宇	硕士	黑龙江大学
论刑事司法鉴定中的错案防范	戚 帅	孙 记 王春艳	硕士	黑龙江大学
民事诉讼中专家证人制度研究	赵 烨	哈书菊 李士凯	硕士	黑龙江大学
环境损害评估制度研究	刘 驰	李爱年	硕士	湖南师范大学
扫描打印文件检验的实证研究	查 睿	许爱东	硕士	华东政法大学
会计司法鉴定意见的法律效力研究	陈广涛	杜志淳 熊玉莲	硕士	华东政法大学
四种常见站姿书写笔迹特征的实证研究	陈晓铭	施少培	硕士	华东政法大学
热敏重印文件检验初探	金 珂	杜志淳 许爱东	硕士	华东政法大学
论刑事诉讼专家意见的证据属性与适用	李 莉	王俊民	硕士	华东政法大学
文字编辑软件特征在打印文件鉴定中的应用研究	马奔霄	杨 旭	硕士	华东政法大学
会计司法鉴定意见庭审质证的相关问题研究	徐 悦	杜志淳 熊玉莲	硕士	华东政法大学
彩色激光印制机具"数字水印"在文检中应用研究	杨晓薇	杜志淳 许爱东	硕士	华东政法大学
毒品犯罪案件审查中鉴定意见的相关问题研究	张建彤	王 戬	硕士	华东政法大学
我国知识产权技术调查官制度研究	范秀荣	王 岩	硕士	华南理工大学
论刑事鉴定意见清单式审查	尹建昌	曾友祥	硕士	华南理工大学
两种嗜尸性蝇类幼期年龄推断的研究	李亮亮	王 敏	硕士	华南农业大学
知识产权诉讼专家证人制度研究	王言言	陈慰星	硕士	华侨大学
大头金蝇的卵巢发育及产卵引诱物的鉴定和活性研究	李胜振	雷朝亮 朱 芬	硕士	华中农业大学

续表

论文题目	作者	指导教师	学位	学位授予单位
我国刑事强制医疗程序完善研究	丁国峰	黄新民	硕士	华中师范大学
物证鉴定质量控制研究	陈婧	车传波	硕士	吉林大学
医疗过错认定问题研究	康璐	王志远	硕士	吉林大学
我国强制医疗程序适用问题研究	李勇	杨波	硕士	吉林大学
构建司法鉴定"行政主导"与"公共辅治"二元治理体系研究	刘凯	孙德超	硕士	吉林大学
医疗损害责任纠纷中医疗事故鉴定与医疗过错鉴定之辨析	刘微	胡晓静	硕士	吉林大学
论民事诉讼鉴定意见争议的解决机制	孟祥河	车传波	硕士	吉林大学
指掌纹物证检验鉴定流程管理系统的设计与实现	宋航	徐昊	硕士	吉林大学
固定后肝组织的取材器械研究	王峰	郑午	硕士	吉林大学
我国刑事诉讼中司法会计鉴定问题研究	王晓萌	杨波	硕士	吉林大学
医疗损害司法鉴定缺陷及对策研究	赵纪星	杨淑娟	硕士	吉林大学
纪检监察证据向刑事司法证据转化问题研究	陈锦华	戴霞	硕士	暨南大学
公安机关司法鉴定体制改革问题研究	江卉	杨峰	硕士	江西财经大学
论刑事诉讼中精神病人强制医疗程序的完善	柳军	刘烁玲	硕士	江西财经大学
试论我国司法鉴定管理体制之完善	占媛	朱丘祥	硕士	江西财经大学
基于稀疏表示的说话人识别研究	吴菲	杨印根	硕士	江西师范大学
成趟与立体足迹分析检验系统的研究	彭进	伍星	硕士	昆明理工大学
新疆地区少数民族 Y-SNP 与 Y-STR 的多态性研究及其在法医学中的应用	于书欣	曾发明	硕士	昆明医科大学
我国刑事鉴定意见证据能力研究	黄蕴	杨三正	硕士	兰州大学
食品药品安全犯罪涉案物品司法鉴定问题研究	林锐斯	陈航	硕士	兰州大学

续表

论　文　题　目	作　者	指导教师	学位	学位授予单位
我国司法鉴定人出庭制度研究	苏艳春	俞树毅	硕士	兰州大学
血液检材中常见安眠镇静类药物的QuEChERS处理与GC-MS分析	冶廷祥	周　雷	硕士	兰州大学
我国刑事冤假错案的成因及对策研究	张生斌	陈国文	硕士	兰州大学
论我国刑事诉讼中专家辅助人制度的完善	信欣然	杨文升	硕士	辽宁师范大学
安全气囊事故责任研究	葛　涛	黄娅琴	硕士	南昌大学
我国司法鉴定实践问题及对策研究	金晓猛	陈奇伟	硕士	南昌大学
伴短暂性记忆障碍的轻度创伤性脑损伤患者默认网络的静息态fMRI研究	王慧芳	龚洪翰	硕士	南昌大学
IgE、P物质在过敏性休克死亡豚鼠脏器中的表达及法医学意义	谢洪波	许小明	硕士	南昌大学
DDIT4在甲基苯丙胺介导的神经毒性及心脏毒性中的作用	陈　锐	王慧君	博士	南方医科大学
PUMA在甲基苯丙胺介导的神经元凋亡中的作用	陈传香	王慧君	硕士	南方医科大学
PCR技术检测藻类16SrDNA特异性片段在溺死诊断中的应用	李　鹏	王慧君 刘　超	硕士	南方医科大学
我国刑事专家辅助人制度研究	万　钰	赵　杰	硕士	南京师范大学
鉴定意见科学性评判标准研究	张　慧	赵　杰	硕士	南京师范大学
电子伪装语音下的说话人识别方法研究	陶定元	李燕萍	硕士	南京邮电大学
试论非法取证的防控	陈雨超	李卫东 曹子刚	硕士	内蒙古大学
司法会计鉴定意见的证据法研究	杜　岩	周宝峰	硕士	内蒙古大学
民事诉讼专家辅助人制度研究	姜明明	高芙蓉 贺亚丽	硕士	内蒙古大学
呼和浩特市公安机关刑事科学技术队伍建设现状分析及对策研究	苏浩宇	朱斯琴	硕士	内蒙古大学

续表

论文题目	作者	指导教师	学位	学位授予单位
L市公安局司法鉴定中心CNAS认可体系的建立和实施	冯明亮	那黎	硕士	宁夏大学
CT检查对颌面部骨折愈合时间窗的评价	韩实媚	郝大鹏	硕士	青岛大学
精神病人刑事责任能力评定研究	马颖慧	汪岚	硕士	青岛大学
我国的司法鉴定人出庭制度研究	田德成	谭庆德	硕士	青岛大学
MSCT曲面重组在鼻骨线性骨折法医鉴定中的应用价值	田小军	郝大鹏	硕士	青岛大学
单眼视力、双眼视力与阅读视力的初步研究	武光凤	汪岚	硕士	青岛大学
64层螺旋CT后处理技术在眶壁骨折法医学鉴定中的应用价值	张荣芳	陈祥民	硕士	青岛大学
刑事程序性制裁的类型化研究	杨晓静	周长军	博士	山东大学
知识产权诉讼中构建中国特色专家证人制度研究	郭旦丹	毛映红	硕士	山东大学
论刑事诉讼中的专家辅助人制度	马晓春	周长军	硕士	山东大学
危险驾驶罪证据运用特殊性研究	王昊	胡常龙	硕士	山东大学
民事诉讼中道路交通事故认定书之证明力研究	徐宏	刘加良	硕士	山东大学
论我国民事诉讼中的专家辅助人制度	张丹枫	张海燕	硕士	山东大学
论我国民事诉讼司法鉴定费的分配	张文慧	张海燕	硕士	山东大学
宋代刑事证据制度研究	陈丹丹	韩慧	硕士	山东师范大学
刑事诉讼中DNA鉴定证据的运用研究	郝皓	张爱艳	硕士	山东政法学院
会计鉴定意见民事司法适用实证研究	李卓群	白岱恩	硕士	山东政法学院
生态损害鉴定法律问题研究	王斐	张钧	硕士	山西大学
医疗损害赔偿纠纷判例研究	宁超	苏天照	硕士	山西医科大学
正畸治疗前后腭皱的形态学改变在口腔法医学同一认定中的研究	潘菲	罗晓晋	硕士	山西医科大学

续表

论文题目	作 者	指导教师	学位	学位授予单位
民事诉讼程序中重新鉴定问题研究	于 晓	林伟强	硕士	深圳大学
民事诉讼中伪证行为的规制	张庆梅	林伟强	硕士	深圳大学
论我国医疗损害责任制度	张菲菲	周绍强	硕士	沈阳工业大学
民事电子数据相关法律问题研究	孙登华	王 晓	硕士	沈阳师范大学
脑外伤后认知功能障碍评价的法医学初步研究	孙会艳	陶陆阳	博士	苏州大学
我国医疗纠纷案件鉴定问题研究	王 健	张 鹏	硕士	苏州大学
论我国刑事司法鉴定启动权的问题与完善	姚佳璐	刘 文	硕士	苏州大学
计算机辅助颅像重合中相似性度量方法研究	刘 薇	耿国华	硕士	西北大学
个案工作介入司法鉴定救助研究	张 阳	张世勇	硕士	西北农林科技大学
人车碰撞事故再现及仿真分析	陈 奇	张道文	硕士	西华大学
工程造价司法鉴定研究	伍 洋	陶学明	硕士	西华大学
超员、超速型危险驾驶罪研究	唐荣璠	汪 力	硕士	西南大学
论我国环境司法鉴定制度的完善	陈志桢	吴 勇	硕士	湘潭大学
专利诉讼中技术调查官制度研究	贺 伟	余仲儒 胡梦云	硕士	湘潭大学
中国知识产权审判技术调查官制度构建研究	李慧婷	刘友华	硕士	湘潭大学
试论我国刑事鉴定程序的诉讼化	张 琪	李 蓉	硕士	湘潭大学
我国医患纠纷解决法律机制研究	袁伟荣	宋桂平	硕士	新疆财经大学
中国新疆189例心源性猝死尸检分析	玛依拉·图尔贡	马 翔	硕士	新疆医科大学

续表

论文题目	作者	指导教师	学位	学位授予单位
阿片类毒品在人体标本中集成检测技术的研究和应用	努尔艾力·塔依尔	金茂强 艾克皮尔·热合曼（Akbar Rahman）	硕士	新疆医科大学
新生儿死亡医疗纠纷的法医病理学研究	赵文举	樊爱英	硕士	新乡医学院
论书证落款的真实性证明	綦慧	邱爱民	硕士	扬州大学
建设工程质量司法鉴定制度研究	高楠夫	邵卫锋	硕士	云南大学
毒品鉴定特殊制度问题研究	谷丽娟	罗刚	硕士	云南大学
我国医疗纠纷案件审理中的意见证据制度研究	李菲	戴琳	硕士	云南大学
我国公安机关司法鉴定机制研究	李宗靖	陈飞	硕士	云南大学
电子证据在刑事诉讼中的运用	刘明骏	牟军	硕士	云南大学
我国刑事证人出庭作证保障制度研究	唐雅琴	牟军	硕士	云南大学
刑诉专家辅助人制度研究	王文慧	邵卫锋	硕士	云南大学
论贪污贿赂犯罪初查证据的转换	徐金玉	张青	硕士	云南大学
驾驶人驾龄与交通事故相关性研究	刘霞	张韡	硕士	长安大学
互联网时代的电子数据实证研究	林嘉栋	胡铭	硕士	浙江大学
法医病理检验在公安刑事侦查中的应用现状分析	贺冬	闫红涛 张广政	硕士	郑州大学
论刑事强制医疗程序	牛晓航	王长水	硕士	郑州大学
我国刑事强制医疗程序的完善	申林	王长水	硕士	郑州大学
论刑事诉讼证据裁判原则	文昕	王长水	硕士	郑州大学
论测谎结论在我国刑事诉讼中的运用	刘梦华	王新	硕士	中国青年政治学院
医疗损害司法鉴定的鉴定人制度研究	樊晓霞	董文勇	硕士	中国社会科学院研究生院
专家辅助人制度研究	付金峰	杨秀清	硕士	中国政法大学

续表

论　文　题　目	作　者	指导教师	学位	学位授予单　位
中国南方人群青壮年猝死的流行病学调查及致病基因筛查	吴秋萍	成建定	硕士	中山大学
刑事司法鉴定制度反思与完善	巴　图	王　琪	硕士	中央民族大学
刑事非法证据排除规则研究	孙利英	张泽涛	硕士	中央民族大学
公安机关鉴定人出庭作证率低原因分析及对策	王　睿	田小穹	硕士	中央民族大学
网贷平台的第三方电子证据保存制度	周　恒	邓建鹏	硕士	中央民族大学
环境损害司法鉴定制度研究	霍继男	黄锡生	硕士	重庆大学
医师注意义务研究	章杏莉	吴如巧	硕士	重庆大学
微型面包车驾驶员颅脑损伤机制及对策研究	雷　晨	尹志勇 陈忠敏	硕士	重庆理工大学
微型面包车正面碰撞中驾驶员下肢损伤机制与防护研究	石亮亮	尹志勇 陈忠敏	硕士	重庆理工大学
大鼠溺死内参基因筛选和水通道蛋白5的表达	汤呈怀	万立华	硕士	重庆医科大学
安卓手机应用软件的取证研究	郭　斌	杜　江	硕士	重庆邮电大学

说明：本统计表中学位论文的排列：第一顺序为学位授予单位名称，第二顺序为学位类型。

附录 3

证据科学学术著作目录

附录 3.1　证据法学学术著作目录（2015~2016）

附录 3.2　法庭科学学术著作目录（2015~2016）

附录3.1 证据法学学术著作目录（2015~2016）

附录3.1.1 证据法学学术著作目录（2015）

书　名	作　者	出版社
刑事司法鉴定程序的正当性	陈邦达	北京大学出版社
民事证据规定：原理与适用	李　浩	北京大学出版社
公证证明标准与责任	蒋　轲	北京大学出版社
手印显现实训教程	刘　丽	东北大学出版社
痕迹司法鉴定	敖日其冷	法律出版社
具体举证责任论	胡学军	法律出版社
新编经济案件司法鉴定	闵银龙	法律出版社
刑事影像技术	徐为霞	法律出版社
刑事诉讼法：案例与图表（第4版）	叶　青	法律出版社
刑事证据制度新探："两个证据规定"实证研究	叶　青	法律出版社
最新工伤认定规则与适用（第2版）	杨科雄	法律出版社
证据法学（第3版）	陈光中	法律出版社
刑事证据法的理论问题	陈瑞华	法律出版社
2015民事诉讼法及司法解释汇编	法律出版社法规中心	法律出版社
司法鉴定职业行为规范研究	马江涛	法律出版社
2015中华人民共和国人身损害鉴定与赔偿法规全书	法律出版社法规中心	法律出版社
中国司法鉴定管理制度改革研究	裴兆斌	法律出版社
探求刑事正当程序：刑事诉讼基本问题研究	沈红卫	法律出版社
法庭风云：刑事辩护证据运用与法庭策略	胡祥甫	法律出版社

续表

书 名	作 者	出版社
强制医疗司法鉴定研究	杜志淳	法律出版社
司法鉴定学	贾治辉	法律出版社
刑事审判方法（第2版）	南 英　高憬宏	法律出版社
法医学	闵银龙	法律出版社
证据法精要	王桂芳	法律出版社
印章印文鉴定理论与实务研究	许爱东	法律出版社
证据的容颜 司法的场域	张建伟	法律出版社
科学证据与法医病理学新技术	百茹峰	法律出版社
刑事证据规则论	侯东亮	法律出版社
电子数据真实性司法鉴定研究	廖根为	法律出版社
中国刑事诉讼运作机制实证研究（六）：以新《刑事诉讼法》实施中的重点问题为关注点	左卫民　马静华	法律出版社
证据法基本问题的新探索	周成泓	法律出版社
中国法医学史	黄瑞亭　陈新山	华中科技大学出版社
实用证据法学	李棠洁　刘 丹	合肥工业大学出版社
砸开上帝的坚果：法医从未公开的档案	[美]布莱恩·隐内 著　王旸 译	接力出版社
专家辅助人制度的中国模式	郭 华	经济科学出版社
2014司法鉴定能力验证鉴定文书评析	司法部司法鉴定科学技术研究所	科学出版社
基于证据的政策制定：中英比较研究	李晓轩	科学出版社
证据运用案例与实务	孔红波	清华大学出版社
电子数据取证	刘浩阳　李 锦　刘晓宇 等	清华大学出版社

续表

书　名	作　者	出版社
刑事鉴定制度改革研究	陈如超	群众出版社
首届"宋慈杯"获奖鉴定文书	沈　敏　霍宪丹	上海科学技术文献出版社
证据法论（第3版）	占善刚　刘显鹏	武汉大学出版社
民事诉讼证明妨碍规则之具体适用	包冰峰	厦门大学出版社
民事诉讼证明的方法论	常宝莲	厦门大学出版社
民事诉讼举证时限制度研究	夏　璇	厦门大学出版社
出庭质证方法与技巧	胡祖平	浙江大学出版社
司法会计鉴定实务问题研究	于友达	浙江大学出版社
医疗损害司法鉴定实务	冯正骏	浙江工商大学出版社
死刑案件证明标准研究	陈　虎	知识产权出版社
DNA证据的应用与规制	王志刚	知识产权出版社
司法鉴定/法庭科学机构认可不符合项案例分析	牟　峻　唐丹舟	中国标准出版社
人身损害伤亡伤残鉴定及赔偿标准精选	中国标准出版社	中国标准出版社
司法鉴定/法庭科学认可评价体系	中国合格评定国家认可委员会	中国标准出版社 中国质检出版社
全国专家型法官司法意见精粹 刑事证据卷	国家法官学院	中国法制出版社
行政诉讼证据前沿实务问题研究	吉罗洪　池寒冰	中国法制出版社
国有土地上房屋征收与补偿条例（案例应用版）：立案·管辖·证据·裁判	中国法制出版社	中国法制出版社
中华人民共和国侵权责任法（案例应用版）：立案·管辖·证据·裁判	中国法制出版社	中国法制出版社
中华人民共和国行政处罚法（案例应用版）：立案·管辖·证据·裁判	中国法制出版社	中国法制出版社

续表

书名	作者	出版社
中华人民共和国治安管理处罚法（案例应用版）：立案·管辖·证据·裁判	中国法制出版社	中国法制出版社
中华人民共和国刑事诉讼法（案例应用版）：立案·管辖·证据·裁判	中国法制出版社	中国法制出版社
医疗事故处理条例：立案·管辖·证据·裁判（案例应用版）	中国法制出版社	中国法制出版社
中华人民共和国民事诉讼法：立案·管辖·证据·裁判（案例应用版）	中国法制出版社	中国法制出版社
刑事证据法学：原理 案例 实验	郭天武	中国法制出版社
证据法视野下的谎言	李小恺	中国法制出版社
毁灭证据论	薛潮平	中国法制出版社
最新劳动能力鉴定职工工伤与职业病致残等级标准详解及适用指南	庄洪胜	中国法制出版社
冤错案件纠防论	陈国庆	中国检察出版社
侵财犯罪案件的证据收集、审查与认定	曹坚	中国检察出版社
暴力犯罪案件的证据收集、审查与认定	高保京	中国检察出版社
贪污犯罪案件的证据收集、审查与认定	薛正俭	中国检察出版社
人民检察院文件检验工作细则释义	幸生	中国检察出版社
刑事公诉案件证据审查指引	最高人民检察院公诉厅	中国检察出版社
证据法学论丛（第4卷）	潘金贵	中国检察出版社
刑事审判：理论与实证	李昌盛	中国民主法制出版社
反思与建构：刑事证据的中国问题研究	陈卫东	中国人民大学出版社
刑事证据法学（第2版）	刘广三	中国人民大学出版社
证据理论：边沁与威哥摩尔	[英]威廉·特文宁 著 吴洪淇 杜国栋 译	中国人民大学出版社
证据学（第6版）	陈一云 王新清	中国人民大学出版社
民事证据法学（第2版）	江伟 邵明	中国人民大学出版社

续表

书　名	作　者	出版社
物证鉴定意见的质证路径和方法研究	李学军	中国人民大学出版社
中国司法文明指数调查数据挖掘报告2014	张　中	中国人民大学出版社
反思证据：开拓性论著（第2版）	[英]威廉·特文宁 著 吴洪淇 译	中国人民大学出版社
中国指纹学	沈国文	中国人民公安大学出版社
中国指纹史	沈国文　徐同祥	中国人民公安大学出版社
刑事诉讼法庭质证规则研究	樊崇义	中国人民公安大学出版社
2014布莱克斯通之警察问答证据及程序（第12版）	[英]斯玛特 [美]沃特森 著 李玉华　田力男等 译	中国人民公安大学出版社
量刑证据与证明问题研究	张吉喜	中国人民公安大学出版社
专家意见中立性问题研究——美国法之理论与实务	罗芳芳	中国政法大学出版社
证据法学反思：跨学科视角的转型	[美]帕克、萨克斯 著 吴洪淇 译	中国政法大学出版社
司法鉴定：诉讼专门性问题的展开	刘振红	中国政法大学出版社
学说汇纂（第22卷）利息 证据 对法的不知	[古罗马]优士丁尼 著 胡东海 译	中国政法大学出版社
中国司法文明指数报告2014	张保生	中国政法大学出版社
底线——刑事错案防范标准	樊崇义	中国政法大学出版社
非法证据排除规则的理论与实践	田力男　郑　曦	中国政法大学出版社
司法文明与程序正义	张进德	中国政法大学出版社
中国诉讼法治发展报告2014	卞建林	中国政法大学出版社

续表

书 名	作 者	出版社
中国证据法治发展报告 2013	张保生 常林	中国政法大学出版社
证据法学	魏虹	中国政法大学出版社
实践证据法	张中	中国政法大学出版社
法庭规则与技巧研究	孙青平	中国政法大学出版社
证据制度的经济学分析	屈新	中国政法大学出版社
行政证据制度建构研究	姬亚平	中国政法大学出版社
证据解释——庭审过程中科学证据的评价	[美]罗伯逊、维尼奥 著 王元凤 译	中国政法大学出版社
证据科学读本：美国 Daubert 三部曲	王进喜	中国政法大学出版社

附录 3.1.2 证据法学学术著作目录（2016）

书 名	作 者	出版社
人民调解制度研究	徐胜萍	北京师范大学出版社
2016 中华人民共和国民事诉讼法及司法解释全书（含指导案例）	法律出版社	法律出版社
2016 中华人民共和国刑事诉讼法及司法解释全书（含指导案例）	法律出版社	法律出版社
非法证据排除程序适用指南	裴显鼎	法律出版社
刑事审判参考（总第 102 集）	最高人民法院刑事审判一至五庭	法律出版社
数据电文意思表示制度基本问题研究	于海防	法律出版社
刑事诉讼原理与实务研究	姜焕强	水利水电出版社
民事诉讼法理论与实务专题研究	潘牧天 孙彩虹	苏州大学出版社
司法改革论评（第 20 辑）	张卫平 齐树洁	厦门大学出版社
司法的逻辑：实践中的方法与公正	刘星	中国法制出版社
正义不会缺席：中国刑事错案的成因与纠正	黄士元	中国法制出版社

续表

书　名	作　者	出版社
中华人民共和国行政诉讼法（案例应用版）	中国法制出版社	中国法制出版社
法官如何思考 刑事审判思维与方法	臧德胜	中国法制出版社
中华人民共和国诉讼法典·注释法典（新3版）	国务院法制办公室	中国法制出版社
民事诉讼原理与实务	邓　岩	中国政法大学出版社
民事误判实证研究——以408件再审案件为分析样本	刘　澍	上海三联书店
中国非法证据排除制度：原理·案例·适用	戴长林　罗国良　刘静坤	法律出版社
故意杀人案件审判疑难问题与实践	张正智	人民法院出版社
人民法院案例选（2015年第4辑，总第94辑）	最高人民法院中国应用法学研究所	人民法院出版社
司法鉴定职业行为规则建议稿与释义	王进喜	中国法制出版社
证据推理研究——以科学证据为分析视角	周　蔚	中国人民大学出版社
鉴定意见证据规则研究	苏　青	法律出版社
刑事审判实务大讲堂	卫彦明	人民法院出版社
司法（第10辑）	徐　昕	厦门大学出版社
图解立案证据定罪量刑标准与法律适用·第一分册（第10版）	《最新执法办案实务丛书》编写组	中国法制出版社
图解立案证据定罪量刑标准与法律适用·第二分册（第10版）	《最新执法办案实务丛书》编写组	中国法制出版社
图解立案证据定罪量刑标准与法律适用·第三分册（第10版）	《最新执法办案实务丛书》编写组	中国法制出版社
图解立案证据定罪量刑标准与法律适用·第四分册（第10版）	《最新执法办案实务丛书》编写组	中国法制出版社

续表

书 名	作 者	出版社
图解立案证据定罪量刑标准与法律适用·第五分册（第10版）	《最新执法办案实务丛书》编写组	中国法制出版社
中国检察官论丛（第1卷）	王守安	中国检察出版社
司法鉴定统一管理体制改革与发展研究文集	司法部司法鉴定管理局	中国政法大学出版社
电子证据认证规则研究——以三大诉讼法修改为背景	刘显鹏	中国社会科学出版社
错案追踪（2014~2015）	江国华	中国政法大学出版社
刑事审判参考（总第103集）	最高人民法院刑事审判一至五庭	法律出版社
刑、民诉讼证明制度比较研究	李丽峰	法律出版社
2015司法鉴定能力验证鉴定文书评析	司法部司法鉴定科学技术研究所	科学出版社
科学证据与法律的平等保护	[美]埃格洛·昂舍塔 著 王进喜 马江涛等 译	中国法制出版社
中国诉讼法治发展报告（2015）	卞建林	中国政法大学出版社
电子数据取证基础研究	王立梅 刘浩阳	中国政法大学出版社
刑事司法指南（2016年第2集，总第66集）	陈国庆	法律出版社
证据学	唐良艳 李海萍	法律出版社
物证技术学教程	许爱东	法律出版社
电子证据学	汪振林	中国政法大学出版社
刑事庭审之事实认定的本质、局限以及罪案评价研究	祁亚平	法律出版社
刑事审判参考（总第104集）	最高人民法院刑事审判一至五庭	法律出版社
民事诉前证据收集制度研究	许少波	社会科学文献出版社
民事诉讼询问权研究	孙邦清 史飚	中国政法大学出版社

续表

书　名	作　者	出版社
司法鉴定基本问题研究：以刑诉法司法鉴定条款实施情况为侧重点	陈邦达	法律出版社
刑事司法指南（2016年第3集，总第67集）	陈国庆	法律出版社
刑事诉讼中法院职权调查问题研究	林铁军	法律出版社
简明证据法学（第4版）	何家弘　张卫平	中国人民大学出版社
刑事听证研究	程绍燕	中国人民公安大学出版社
非法证据排除规则实施问题研究	甘雨来 著　卞建林 编	中国人民公安大学出版社
中国非法证据排除规则研究	郭旭 著　卞建林 编	中国人民公安大学出版社
定罪证明标准研究	张璐 著　卞建林 编	中国人民公安大学出版社
污点证人制度研究	徐磊	中国人民公安大学出版社
司法鉴定学（第2版）	霍宪丹	中国政法大学出版社
涉外刑事证据规则研究	温克志	中国政法大学出版社
刑事审判参考（总第105集）	最高人民法院刑事审判一至五庭	法律出版社
司法鉴定逻辑	陈国庆　张中平	暨南大学出版社
刑事证据问题研究	陈卫东	中国人民大学出版社

附录3.2 法庭科学学术著作目录（2015～2016）

附录3.2.1 法庭科学学术著作目录（2015）

书名	作者	出版社
刑事司法鉴定程序的正当性	陈邦达	北京大学出版社
新编物证技术学	李学军 主编	北京交通大学出版社
来自纳粹地狱的报告：奥斯维辛犹太法医纪述	（匈）米克洛斯·尼斯利 刘建波 译	北京联合出版公司
手印显现实训教程	刘丽 王猛 李明 编著	东北大学出版社
电子数据真实性司法鉴定研究	廖根为	法律出版社
法医学	郝树勇 主编	法律出版社
国家司法鉴定人和司法鉴定机构名册（2014～2015年度）	司法部司法鉴定管理局 编	法律出版社
痕迹检验	韩均良 主编	法律出版社
科学证据与法医病理学新技术	百茹峰	法律出版社
强制医疗司法鉴定研究	杜志淳等 著	法律出版社
司法鉴定学	贾治辉 主编	法律出版社
司法鉴定职业行为规范研究	马江涛	法律出版社
文件检验	柯昌林 主编	法律出版社
新编经济案件司法鉴定	闵银龙 主编	法律出版社
印章印文鉴定理论与实务研究	许爱东 主编	法律出版社
中国司法鉴定管理制度改革研究	裴兆斌	法律出版社
法医鼻祖国·宋慈传	祝熹	福建省地图出版社
司法鉴定概论	杜志淳 主编	高等教育出版社
法医研究所	朱明川	贵州人民出版社
法医临床鉴定意见书指南	周鑫 编著	湖北人民出版社

续表

书　名	作　者	出版社
中国法医学史	黄瑞亭　陈新山　主编	华中科技大学出版社
砸开上帝的坚果：法医从未公开的绝密档案	［美］布莱恩·隐内 著 ［美］王旸 译	接力出版社
2014 司法鉴定能力验证鉴定文书评析	司法部司法鉴定科学技术研究所 编著	科学出版社
视觉功能检查及客观评定的法医学原则与方法	王　萌　夏文涛 王　旭　主编	科学出版社
医疗纠纷的鉴定与防范	司法部司法鉴定科学技术研究所、上海市重点法医学实验室 编著	科学出版社
物证量化检验鉴定的理论研究与实践探索	王相臣　胡　鑫	辽宁大学出版社
第五届全国指纹学学术交流会论文选	公安部物证鉴定中心 编	群众出版社
法医毒理学原理	［美］Barry Levine 编 北京市公安局刑事侦查总队 译	群众出版社
司法鉴定救助制度研究	陈如超	群众出版社
刑事鉴定制度改革研究	陈如超	群众出版社
法医毒物动力学	贠克明 编著	人民卫生出版社
法医精神病司法鉴定理论与实践	赵　虎　蔡伟雄　主编	人民卫生出版社
法医昆虫学	蔡继峰 主编	人民卫生出版社
精神疾病司法鉴定—刑事篇	贾福军　郭光全 蔡伟雄 主编	人民卫生出版社
法医病理数字化新技术理论与实践	刘宁国　陈忆九 主编	上海科技教育出版社
上海犯罪现场调查：东方神探阎法医传奇	童孟侯	上海科技教育出版社

续表

书　名	作　者	出版社
首届"宋慈杯"获奖鉴定文书选编	沈　敏　霍宪丹 主编	上海科学技术文献出版社
大法医：人体实验室	［美］比尔·巴斯　乔恩·杰弗逊　蔡承志 译	天津人民出版社
文字·刑事探案记	言　明 著	文汇出版社
医疗损害司法鉴定实务	冯正骏 主编	浙江工商大学出版社
人体伤残标准实用速查手册	李铁英 编	中国法制出版社
人民检察院法医工作细则释义	幸　生 主编	中国检察出版社
人民检察院文件检验工作细则释义	幸　生 主编	中国检察出版社
重庆法医理论与实践（第3卷）	李剑波 主编	中国检察出版社
工程造价司法鉴定实务	朱化武　高长春　陈建永 编著	中国建筑工业出版社
物证鉴定意见的质证路径和方法研究	李学军　朱梦妮等 著	中国人民大学出版社
司法鉴定技术及操作规程	俞　文　王　炜　贾宗平 主编	中国商业出版社
法庭科学文化论丛·第2辑	常　林 主编	中国政法大学出版社
司法鉴定：诉讼专门性问题的展开	刘振红	中国政法大学出版社
专家意见中立性问题研究：美国法之理论与实务	罗芳芳	中国政法大学出版社
ATC 016.2 液相色谱质谱联用技术	汪聪慧 主编	中国质检出版社
司法鉴定/法庭科学机构认可评审员培训教程（试行）	中国合格评定国家认可委员会 编著	中国质检出版社
司法鉴定/法庭科学认可评价体系汇编	中国合格评定国家认可委员会 编著	中国质检出版社
司法鉴定/法庭科学机构认可不符合项案例分析	牟　峻　唐丹舟 主编	中国质检出版社
猝死法医病理学	成建定　刘　超 主编	中山大学出版社

说明：本统计表以出版社名称为序。

附录3.2.2　法庭科学学术著作目录（2016）

书　名	作　者	出版社
2015司法鉴定能力验证鉴定文书评析	司法部司法鉴定科学技术研究所 编著	科学出版社
Forensic Medicine	李　桢　翟勇强 著	云南科技出版社
产品质量司法鉴定理论与实践	叶忠民　周林霞　谢逸敏 著	中国建材工业出版社
道路交通事故司法鉴定	刘久华　苏志成 主编	河北人民出版社
第七届全国微量物证检验及应用技术学术交流会论文汇编	公安部物证鉴定中心 编	群众出版社
法庭DNA鉴定：动植物物证检验	张幼芳　徐林苗 著	西安交通大学出版社
法医病理学（第5版）	丛　斌 主编	人民卫生出版社
法医病理学实验指导（第2版）	成建定 主编	人民卫生出版社
法医病理学综述（第5卷）	（德）米歇尔·仇克斯 著　于天水 译	中国政法大学出版社
法医的眼泪	（日）上野正彦 著　王 丹 译	法律出版社
法医毒理学（第5版）	刘　良 主编	人民卫生出版社
法医毒理学实验指导	朱少华 主编	人民卫生出版社
法医毒物分析（第5版）	廖林川 主编	人民卫生出版社
法医毒物分析实验指导（第2版）	沈　敏 主编	人民卫生出版社
法医毒物分析实验指导（第2版）	沈　敏 主编	人民卫生出版社
法医法学（第3版）	常　林 主编	人民卫生出版社
法医基因组学	李生斌 主编	西安交通大学出版社
法医精神病学（第4版）	胡泽卿 主编	人民卫生出版社
法医临床学（第5版）	刘技辉 主编	人民卫生出版社
法医临床学实验指导（第2版）	刘兴本 主编	人民卫生出版社
法医临床学实用眼外伤检查诊断方法	王元兴　陆士恒 主编	科学出版社

续表

书　名	作　者	出版社
法医人类学（第3版）	张继宗 主编	人民卫生出版社
法医物证学（第4版）	侯一平 主编	人民卫生出版社
法医物证学实验指导（第2版）	张　林 主编	人民卫生出版社
法医现场学	万立华 主编	人民卫生出版社
汉博十年	胡祖平 主编	浙江大学出版社
痕迹检验技术实训教程	米学军 主编	中国政法大学出版社
痕迹检验技术实训指导	冯　珣　王锦辉 主编	北京大学出版社
机动车身份特征痕迹检验图谱	冯　海　李富海 主编	华南理工大学出版社
鉴定意见证据规则研究	苏　青 著	法律出版社
可疑笔迹检验	王少仿 著	武汉大学出版社
滥用物质分析与应用	沈　敏　向　平 主编	科学出版社
人类干细胞研究的法律规制与医学实践	向　静 著	群众出版社
人身损害司法鉴定指引与实务	孙大明 编著	北京大学出版社
实用法医鉴定程序	邢树立　王　军 主编	知识产权出版社
司法鉴定法律法规文件汇编	浙江省汉博鉴定科学技术研究院　浙江汉博司法鉴定中心 编	法律出版社
司法鉴定基本问题研究：以刑诉法司法鉴定条款实施情况为侧重点	陈邦达 著	法律出版社
司法鉴定逻辑	陈国庆　张中平 主编	暨南大学出版社
司法鉴定统一管理体制改革与发展研究文集	司法部司法鉴定管理局 编	中国政法大学出版社
司法鉴定文书写作	项　琼　陈国庆 主编	中国政法大学出版社
司法鉴定学（第2版）	霍宪丹 主编	中国政法大学出版社
司法鉴定职业行为规则建议稿与释义	王进喜 主编	中国法制出版社
文件检验	李永清　柯昌林 主编	中国政法大学出版社
物证技术学教程	许爱东 主编	法律出版社

续表

书 名	作 者	出版社
物证鉴定与犯罪侦查	翁 里 著	浙江大学出版社
物证系统检验鉴定理论与实践	于 彬 编著	辽宁大学出版社
现代印章印文司法鉴定	杨 旭 施少培 徐 彻 主编	科学出版社
刑事理化检验、法医学和生物物证学实训教程	徐晓玲 主编	中国人民公安大学出版社
医疗损害司法鉴定实务与防范措施	蔡继峰 主编	人民卫生出版社
医疗损害司法鉴定质量控制研究	张纯兵 著	法律出版社
中国邮票辨伪指南（续编）	吴乃根 主编	中国文史出版社
刑事科学技术	单大国 主编	高等教育出版社
刑事科学技术（第4版）	李生斌 主编	人民卫生出版社
刑事科学技术	董长青 刘光明 主编	辽宁科学技术出版社
刑事科学技术工程学基础	谢冬柏 单 国 编著	科学出版社
2016年山东省刑事科学技术论文集	山东省公安厅物证鉴定研究中心 编著	山东人民出版社
刑事技术实训指导	白建军 冯 珣 主编	北京大学出版社

说明：本统计表以出版社名称为序。

附录 4

证据科学学术会议一览表
(2015~2016)

会议名称	时间地点	会议主办单位	会议主题
中瑞证据科学国际研讨会	2015年1月19~21日海南海口	"2011"司法文明协同创新中心·中瑞证据科学研究中心	法庭科学对于司法文明的促进作用、科学证据运用中的法律问题
《人体损伤程度鉴定标准》研讨会	2015年1月25日北京	北京司法鉴定业协会、北京市公安局法医检验鉴定中心、北京市公安局公安交通管理局、北京市人民检察院	深度解读标准中争议条款、统一具体条款的把握尺度、达成业内共识
台州系列疲劳审讯案——非法证据排除研讨会	2015年4月23日北京	京师律师事务所	如何在司法实践中排除疲劳审讯所得的非法证据,保障当事人的合法权益
中澳非法证据排除规则研讨会	2015年5月6~7日江苏常州	中华人民共和国最高人民法院、澳大利亚联邦人权委员会	中澳非法证据排除制度比较、非法证据排除与错案预防、非法证据的排除范围和认定、非法证据的排除程序
司法鉴定理论与实践研讨会	2015年5月21日上海	司法部司法鉴定科学技术研究所、上海市法医学重点实验室	司法鉴定理论和实践：司法鉴定制度与管理中的有关问题
2015年第五届证据理论与科学国际研讨会	2015年7月22~23日澳大利亚阿德莱德	"2011计划"司法文明协同创新中心、中国政法大学证据科学研究院	证据法学与法庭科学改革的交汇点,审视当代诉讼中的证明问题
《网络知识产权案件的审理指南》与电子数据证据的司法适用专题研讨会	2015年8月28~30日北京	中国知识产权发展与运用联盟	网络知识产权诉讼中的调查取证与证据链——典型案例分析、电子数据证据的司法适用疑难问题——取证、保全、审查认定
刑事证据规则学术研讨会	2015年10月10日福建漳州	中国政法大学法律实证研究中心、福建省漳州市检察院	刑事证据规则的完善与实践探讨

续表

会议名称	时间地点	会议主办单位	会议主题
电子证据与程序法治论坛	2015年11月21日北京	中国人民大学刑事法律科学研究中心、中国犯罪学会、腾讯研究院犯罪研究中心	电子证据与程序问题
中国文件检验鉴定技术专家委员会成立大会	2015年11月28日北京	中国刑事科学技术协会中国文件检验鉴定技术专家委员会	宣布成立中国文件检验鉴定技术专家委员会、审议并讨论了《文件检验鉴定技术专家委员会管理办法》
中美非法证据排除模拟法庭	2015年11月28日山东济南	北京大学法学院、耶鲁大学中国法中心、山东律师事务所刑事专业联盟、济南市律师协会	同一案例在中美两国不同法律制度、不同法庭审判方式下,非法证据排除程序的不同
审判中心与证据法的发展研讨会	2015年12月6日北京	"2011计划"司法文明协同创新中心、中国政法大学证据科学研究院、《证据科学》杂志	审判中心主义与证据法的发展
吉林省法学会刑事诉讼法学研究会2015年年会	2015年12月6日吉林长春	吉林省法学会刑事诉讼法学研究会	推进以审判为中心的诉讼制度改革、审判中心下证据的收集、保管及认定、刑事诉讼中当事人财产权益的保护
"刑事程序与刑事证据"学术研讨会	2015年12月12日北京	"2011计划"司法文明协同创新中心、中国政法大学刑事司法学院刑事诉讼法学研究所	推进以审判为中心的诉讼制度改革,探讨刑事诉讼法新问题
中国政法大学第三届法律与精神医学论坛	2015年12月12日北京	"2011计划"司法文明协同创新中心、中国政法大学法律与精神医学研究中心	精神病学司法鉴定中的证据、证明与程序

续表

会议名称	时间地点	会议主办单位	会议主题
初建电子证据规则：《电子签名法》的重要价值——数字签名司法实务研讨会	2015年12月14日北京	中国人民大学网络犯罪与安全研究中心、北京商用密码行业协会	探讨《电子签名法》中的电子证据规则：电子签名与司法审判、电子签名的证据效力与证据规则、电子签名的司法证明价值
事实与证据：哲学与法学的对话工作坊	2015年12月19~20日上海	"2011计划"国家司法文明协同创新中心、华东师范大学哲学系、法律系	国内哲学家和法学家就证据与事实问题进行跨学科创造性交流
中国刑事司法研讨会	2016年1月11日~16日德国弗赖堡市	德国马普外国与国际刑事法律研究所	中国刑事案件证人出庭现状、中国恢复性司法实践、全球化视野下的中国证据立法进程新发展
"中美司法制度比较研究"研讨会	2016年2月25~29日美国印第安纳大学	美国印第安纳大学摩尔法学院、2011计划司法文明协同创新中心	中国非法证据排除规则实施状况、争点法律效力的证据法视角、中国证据法的实施状况及其问题
中国证据法改革研讨会	2016年3月8~10日新西兰奥克兰大学	奥克兰大学商学院法商研究所	"2011"司法文明协同创新中心、中国证据法的发展实践情况阐述和数据分析、中国证据法立法深入剖析
涉家庭暴力刑事案件专家证人制度研讨会	2016年3月17日云南楚雄	最高人民法院中国应用法学研究所	家暴专家能否作为专家证人出庭作证、涉家庭暴力刑事案件证据的收集等
国际刑事司法程序与司法文明学术研讨会	2016年3月22日浙江杭州	浙江大学	国际刑事司法程序与司法文明：国际刑事司法机构及其贡献、国际刑事审判机构所管辖的罪行、国际刑事司法程序与证据法

续表

会议名称	时间地点	会议主办单位	会议主题
2016年道路交通事故鉴定技术发展论坛	2016年3月29日海口	司法部司法鉴定科学技术研究所	道路交通事故技术鉴定的规范化行动
"刑事司法改革热点"高级论坛	2016年4月16日浙江衢州	证据科学研究院教学科研实践基地	贯彻落实以审判为中心与证人出庭制度研究
司法鉴定规范化的里程碑——《司法鉴定程序通则》研讨会	2016年4月28日陕西西安	西北政法大学公安学院、司法鉴定中心、陕西省物证声像资料类专业委员会	讨论《司法鉴定程序通则》、专家主题发言
第五届全国法医DNA检验技术研讨会暨2016法医遗传学新进展国际研讨会	2016年5月17~19日北京	公安部物证鉴定中心	全面回顾我国法医遗传学发展历程，总结经验、分析问题、凝聚共识、展望未来，促进我国法医DNA事业在新的历史起点上更快发展
证据科学发展研讨会	2016年5月20日北京	中国政法大学证据科学研究院	围绕证据科学发展方面展开了深入而热烈的讨论，共话证据科学学科建设和未来发展蓝图
"事实与证据：哲学与法学的对话"国际研讨会	2016年5月28~29日上海	"2011计划"司法文明协同创新中心、华东师范大学哲学系、华东师范大学法学院	事实与证据的关系
秦汉刑事证据文明论坛	2016年6月18日山东济南	山东大学法学院	秦汉刑事证据文明——以出土简牍文献为考察依据
《网络安全法》二审稿专题研讨会	2016年7月24日北京	中国人民大学网络犯罪与安全研究中心、公安部第一研究所电子数据取证与鉴定技术实验室、北京司法鉴定业协会声像资料专业委员会	《网络安全法》二审稿中的刑事法规则、行政法规则、证据法规则、比较法规则，以及网络安全法的规则体系、理论基础

续表

会议名称	时间地点	会议主办单位	会议主题
第二十五届国际声纹鉴定协会年会	2016年7月24~27日 英国约克	国际声纹鉴定协会	语音同一性鉴定、语音增强处理、录音真实性鉴定、说话人画像、争议话语分析、语音感知、语音辨认、LADO和说话人自动识别等11个方面
第二届中瑞证据科学国际研讨会	2016年9月7~9日 瑞士洛桑	瑞士洛桑大学、中国政法大学证据科学研究院	科学证据与司法证明
2016刑事科学技术国际研讨会	2016年9月21~23日 北京	中国人民公安大学刑事科学技术学院、上海市现场物证重点实验室	法庭科学教育发展与现状、犯罪现场痕迹物证取证规范、毒品检测装备研发、视频人像动态特征检验研究、智能影像分析技术在公共安全领域的应用、电子数据取证发展趋势、警用无人机在形式技术三维现场的技术研究、警用大数据区位标识方法及应用展望等
"完善刑事庭审的证人出庭制度"研讨会	2016年10月15日 北京	"2011计划"司法文明协同创新中心、中国政法大学刑事法律研究中心	陈光中教授"庭审实质化与证人出庭作证实证研究"项目汇报，温州市两级人民法院、西城区人民法院关于证人出庭的试点工作报告讨论，全面、深入探讨证人出庭制度在理论及实践方面的经验和问题，为推动以审判为中心的诉讼制度改革、落实庭审实质化建言献策

续表

会议名称	时间地点	会议主办单位	会议主题
第三届法医DNA鉴定技术研讨会暨2016齐鲁DNA法庭科学高峰论坛	2016年10月20~21日 山东济宁	山东省司法鉴定协会、济宁医学院	国内DNA鉴定领域知名专家进行专题讲座；与会专家交流分享法医DNA鉴定领域最新技术进展，共同探讨面临的挑战和解决办法
"刑事证据排除规则的运行与检讨"研讨会暨首届证据法学青年学术论坛	2016年10月22日 北京	"2011计划"司法文明协同创新中心、中国政法大学证据科学研究院	刑事证据排除规则的运行与检讨
"德国刑事诉讼当代争议性问题"讲座	2016年10月24日 北京	中国政法大学诉讼法研究院	德国刑事诉讼法的最新发展、目前德国刑事诉讼中的争议性问题、非法证据排除的判断及其对量刑的影响
中美司法鉴识科学教育研讨会	2016年11月5日 江苏如皋	美国纽海文大学李昌钰刑事司法和鉴识科学学院、中国人民公安大学、中国政法大学、西安交通大学、华东政法大学	国内外刑侦科学界最新成果和未来发展趋势
2016年海峡两岸刑事诉讼法研讨会	2016年11月5日 湖南长沙	中国刑事诉讼法学研究会	全球化视野下刑事司法新挑战：恐怖主义及其有组织犯罪的程序法应对、国际暨区际刑事司法协助、电子证据在刑事司法中的运用、网络犯罪与侦查及其他司法热点问题
中国政法大学第四届法律与精神医学论坛	2016年11月12日 北京	"2011计划"司法文明协同创新中心	当前我国法律与精神医学交叉领域中的突出问题与对策

续表

会议名称	时间地点	会议主办单位	会议主题
吉林省法学会2016年年会暨推进以审判为中心的诉讼制度改革研讨会	2016年11月12日 吉林长春	吉林省法学会	推进以审判为中心的诉讼制度改革：审判中心下的证据制度完善、认罪认罚从宽制度的实践探索
法庭科学新技术应用高峰论坛	2016年11月16~18日 广东佛山	中国刑事科学技术协会	法庭科学新技术应用
第十届全国公安院校刑事科学技术研讨会暨刑事科学技术教育论坛	2016年12月5~7日 江西南昌	江西警察学院	刑事科学技术学科建设与教学改革、痕迹检验、法化学、文件检验、刑事图像技术、法医学和现场勘查

附录 5

证据科学研究项目一览表

附录 5.1　国家自然科学基金项目证据科学研究课题立项一览表（2015~2016）

附录 5.2　国家社会科学基金证据科学研究课题立项一览表（2015~2016）

附录 5.3　教育部人文社会科学研究项目证据科学研究课题立项一览表（2015~2016）

附录 5.4　最高人民法院实证项目证据科学研究课题立项一览表（2015~2016）

附录 5.5　最高人民检察院实证项目证据科学研究课题立项一览表（2015~2016）

附录 5.6　司法部国家法治与法学理论研究项目证据科学研究课题立项一览表（2015~2016）

附录 5.7　中国法学会项目证据科学研究课题立项一览表（2015~2016）

附录5.1 国家自然科学基金项目证据科学研究课题立项一览表（2015~2016）

附录5.1.1 国家自然科学基金项目证据科学研究课题立项一览表（2015）

	项目名称	项目批准号	项目负责人	依托单位	批准经费（万元）
1	青少年品行障碍暴力犯罪者Robo2基因多态性与脑神经网络发育缺陷研究	181571341	周建松	中南大学	57
2	基于数字化现场重构的交通伤机制研究	181571851	邹冬华	司法部司法鉴定科学技术研究所	58
3	海洛因依赖小鼠伏隔核/海马/前额叶皮质中双重特异性磷酸酶关键基因的筛选及作用机制研究	281571858	朱永生	西安交通大学	58
4	NPY应激诱导PGC-1α表达对心肌细胞线粒体功能的影响及信号传导机制研究	381571848	朱少华	苏州大学	55
5	法医学	481525015	朱波峰	西安交通大学	350
6	伴冷漠特质精神分裂症暴力罪犯的DNA甲基化、基因表达以及脑影像学研究	481571316	王小平	中南大学	57
7	网络取证中的电子证据融合、推理及呈现技术研究	561572153	田志宏	哈尔滨工业大学	63
8	过氧化物酶体增殖激活物受体参与的神经炎症反应在毒品成瘾中的作用	581501631	赵晓杰	南京医科大学	18
9	在杏仁体-海马通路中伏隔核对恐惧记忆泛化形成的"开关"作用与调控机制研究	681530061	赵 虎	中山大学	273

续表

	项目名称	项目批准号	项目负责人	依托单位	批准经费（万元）
10	猝死综合征与桥粒蛋白基因突变的相关性研究	781501630	张明昌	复旦大学	18
11	纹状体mTORC2信号通路对可卡因成瘾神经元结构重塑的调控	881571860	张璐	南方医科大学	56
12	硅藻DNA条码的法庭科学应用基础研究	981571861	张霁	四川大学	70
13	Nrf2通路在MA与HIV-Tat蛋白协同诱导多巴胺能神经元自噬中的作用及机制	1081560303	曾晓锋	昆明医科大学	38
14	全基因组核小体保护遗传标记的筛选及法医学应用探索研究	1181571857	严江伟	中国科学院北京基因组研究所	58
15	人不同体液特异circRNAs的鉴定、甄选及法医学意义研究	1281571853	谢建辉	复旦大学	58
16	基于全基因组外显子测序的中国汉族海洛因依赖遗传学分析	1381571856	魏曙光	西安交通大学	60
17	基于新一代测序的体液特异microRNAs法医学探索研究	1481501635	王正	司法部司法鉴定科学技术研究所	18
18	基底外侧杏仁核组蛋白乙酰化对海洛因成瘾记忆调控机制研究	1581501636	王云鹏	西安交通大学	18
19	基于支持向量机构建维吾尔族青少年骨龄评估体系的探索性研究	1681571859	王亚辉	司法部司法鉴定科学技术研究所	58
20	糖原合成酶激酶3β/α突触核蛋白/葡糖脑苷脂酶代谢通路在METH诱导神经退行性病变中的作用机制	1781501628	王爱枫	南方医科大学	18

续表

	项目名称	项目批准号	项目负责人	依托单位	批准经费（万元）
21	轻度脑外伤后应激功能障碍的法医学基础研究	1881530062	陶陆阳	苏州大学	273
22	基于高通量 mRNA 差异表达分析构建 SEM-GC 模型推断损伤时间的研究	1981571852	孙俊红	山西医科大学	60
23	合成卡西酮类策划药滥用后代谢特征变化及其机制的探索研究	2081501633	施妍	司法部司法鉴定科学技术研究所	17
24	甲卡西酮神经毒性损伤中 NO 相关氧化应激通路的初步研究	2181501632	梁曼	华中科技大学	18
25	Nurr1 在吗啡依赖致神经损伤中的作用机制研究	2281571850	李英敏	河北医科大学	25
26	基于血脑屏障多药耐药相关蛋白2（MRP2）的海洛因代谢组学研究	2381501629	李良	中山大学	18
27	甲基苯丙胺依赖的 AC-cAMP-PKA 信号通路分子机制及天麻素戒断干预研究	2481560302	李利华	昆明医科大学	38
28	内源性大麻素系统在乙醇中毒分子机制中的作用	2581571849	姜宴	复旦大学	57
29	新型多重插入/缺失的法医学 AIMs 探索研究	2681571854	侯一平	四川大学	58
30	DNA Barcoding、MiSeq 和 HRM 结合构建法医学硅藻检验体系及海南岛硅藻生态研究	2781560304	邓建强	海南医学院	38
31	DDIT4-mTOR 信号轴介导的自噬在 METH 神经毒性损伤中的作用及其机制	2881501627	陈玲	南方医科大学	18

续表

	项目名称	项目批准号	项目负责人	依托单位	批准经费（万元）
32	抗人载脂蛋白6基因工程抗体用于法医混合检材中精细胞的鉴定与分离	2981501634	陈炯	河南科技大学	18
33	品行障碍者冷漠特质的催产素干预作用及遗传机制研究	3081501637	陈琛	司法部司法鉴定科学技术研究所	18
34	尸源性VOCs影响丝光绿蝇定位尸体机制的法医学研究	3181571855	蔡继峰	中南大学	56

说明：本统计表信息来源于国家自然科学基金委员会网站（http://www.nsfc.gov.cn），排列顺序为"项目批准号"。

附录5.1.2 国家自然科学基金项目证据科学研究课题立项一览表（2016）

	项目名称	项目批准号	项目负责人	依托单位	批准经费（万元）
1	基于基因组/转录组技术的微量生物检材法医遗传学研究	181630054	张霁	四川大学	275
2	DRD1转录调控对精神分裂症发生的作用及法医学应用	281601653	姚军	中国医科大学	17
3	毒品现场检测流动注射-电化学发光免疫技术研究	381601642	杨娅	苏州大学	17
4	海马-前额叶通路对条件性恐惧记忆特异性与泛化的调控机制研究	481601652	薛丽	中山大学	17
5	云南人群Y染色体高精度谱系树的构建及其法医学应用研究	581660311	许冰莹	昆明医科大学	36
6	自噬流阻滞在低氯化多氯联苯（PCB52/PCB28）肝脏毒性中的作用研究	681601641	谢晓利	南方医科大学	18

续表

	项目名称	项目批准号	项目负责人	依托单位	批准经费（万元）
7	Tau 蛋白磷酸化及其调控机制在氯胺酮所致认知功能障碍中的作用	781671867	吴　旭	中国医科大学	56
8	束缚应激对脑外伤后神经功能的影响及基于 ERS - 自噬调节通路的相关分子机制研究	881601643	王　涛	苏州大学	17
9	基于下一代测序的法医 DNA 疑难检材全解析度 STR 检验探索研究	981601649	王　乐	公安部物证鉴定中心	18
10	STR 基因座侧翼序列 SNP 在混合斑个人识别检验中的意义	1081671872	王保捷	中国医科大学	58
11	基于材料属性检测的儿童头颅有限元模型构建及损伤仿真实验研究	1181660309	汪家文	贵州医科大学	37
12	急性心肌缺血线粒体 MitomiRs 表达谱改变及法医学应用与基础研究	1281601645	托　娅	上海健康医学院	18
13	基于 NGS - STR 分型和 IBS 策略进行远亲缘关系鉴定的研究	1381671873	孙宏钰	中山大学	58
14	甲基苯丙胺对小鼠相关脑区神经递质的影响及 D3R 调控作用的机制研究	1481601655	苏红亮	山西医科大学	17
15	中国汉族群体 O3 - M122 单倍群下游 AIMs 系统深度挖掘、验证和应用基础研究	1581671874	石美森	中国政法大学	56
16	以线粒体 DNA 单倍型类群分析进行贵州主要民族样本族源推断的探索研究	1681601650	任　峥	贵州医科大学	17

续表

	项目名称	项目批准号	项目负责人	依托单位	批准经费（万元）
17	α-突触核蛋白与Tau蛋白的相关性在METH所致神经毒性机制中的协同作用研究	1781671865	邱平明	南方医科大学	56
18	硫化氢中毒生物标志物的法医毒物分析筛选及相关机理研究	1881671868	马栋	司法部司法鉴定科学技术研究所	56
19	NOS1AP基因突变上调心肌细胞NO触发不明原因心性猝死的分子机制研究	1981671866	罗斌	中山大学	58
20	1-甲基海因在动物类中药材中的生成机制及其法医学意义的研究	2081671864	刘俊亭	中国医科大学	56
21	新型遗传标记微单倍型（Micro-Haplotypes）的分型方案和群体遗传学特征及其法医学应用研究	2181671871	梁伟波	四川大学	56
22	GLUTs及氧化应激在甲基苯丙胺与HIV-Tat蛋白协同损伤血脑屏障中的作用及机制	2281660310	李桢	昆明医科大学	37
23	DYZ1阵列鉴别男性单卵双生个体的法医学基础与应用研究	2381671875	李淑瑾	河北医科大学	58
24	Rac1介导AMPA受体转运对可卡因成瘾伏核区沉默突触形成的调控	2481601654	李娟	南方医科大学	18
25	法医学	2581625013	李成涛	司法部司法鉴定科学技术研究所	350

续表

	项目名称	项目批准号	项目负责人	依托单位	批准经费（万元）
26	DNA甲基化分析血液及血痕推断个体年龄的法医学探索研究	2681601648	黄 云	四川大学	17
27	基于红外光谱及质谱组织成像结合化学计量学方法对高、低温死亡原因鉴定的探索性研究	2781671869	黄 平	司法部司法鉴定科学技术研究所	58
28	嗜尸性蝇类转录组学与死亡时间相关性的研究	2881641082	黄 江	贵州医科大学	10
29	CB2R通过Nrf2调节小鼠骨骼肌挫伤修复及其分子机制研究	2981671862	官大威	中国医科大学	59
30	百草枯中毒致肾损伤中5-羟基-1-甲基海因形成及药理作用研究	3081601644	高利娜	中国医科大学	18
31	mRNA结构与功能对筛选损伤时间推断指标的影响研究	3181601646	杜秋香	山西医科大学	17
32	基于毒物分解动力学和代谢组学方法研究乌头生物碱中毒标志物	3281601647	崔海燕	山西医科大学	17
33	鸦片罂粟的基因组学研究及高特异性遗传分子标记筛选	3381671876	丛 斌	河北医科大学	58
34	早期死亡时间推断敏感性mRNA指标的鉴定与功能学研究	3481671863	陈 龙	复旦大学	56
35	MII-Y-STR单倍型遗传结构与Y染色体单倍群关联性的法医学祖先推断探索研究	3581601651	边英男	司法部司法鉴定科学技术研究所	18
36	新型复合遗传标记SNP-STR的开发研究及其在法医学混合检材分析中的应用价值评估	3681671870	白 鹏	四川大学	56

说明：本统计表信息来源于国家自然科学基金委员会网站（http://www.nsfc.gov.cn），排列顺序为"项目批准号"。

附录5.2 国家社会科学基金证据科学研究课题立项一览表（2015～2016）

项目名称	项目批准号	项目类别	项目负责人	工作单位
刑事庭审实质化研究	15AFX015	重点项目	汪海燕	中国政法大学
民法证据规范论：案件事实的形成与民法学方法论的完善	15FFX005	后期资助项目	王 雷	中国青年政治学院
民事事实认定权运行机制研究	15BFX037	一般项目	马登科	西南政法大学
技术侦查取证规则研究	15BFX067	一般项目	张 中	中国政法大学
民事证人庭外作证体系研究	15BFX068	一般项目	李 峰	浙江工业大学
冤假错案防范视角下骗供诱供问题研究	15BFX070	一般项目	胡常龙	山东大学
非法证据排除规则的实践困境及其立法完善研究	15BFX093	一般项目	杨 波	吉林大学
民事诉讼证明妨碍救济制裁制度研究	15BFX094	一般项目	于 鹏	北京理工大学
隐蔽性证据虚假补强问题研究	15BFX096	一般项目	秦宗文	南京大学
证据法视野下的测谎研究	15BFX097	一般项目	邵 劭	杭州师范大学
知识产权诉讼技术事实查明机制研究	15BFX135	一般项目	沈世娟	常州大学
知识产权诉讼证据规则研究	15BFX136	一般项目	陈慰星	华侨大学
刑事错案的认知和行为法学研究	15CFX028	青年项目	林喜芬	上海交通大学
云环境中的取证问题研究	15CFX029	青年项目	何亮亮	南京信息工程大学
独立统一涉案财物管理中心建立的论证与设计研究	16AFX011	重点项目	李玉华	中国人民公安大学
刑事庭审证据调查规则研究	16AFX012	重点项目	龙宗智	四川大学
"互联网+"时代电子签名的证据力研究	16BFX032	一般项目	刘满达	宁波大学

续表

项目名称	项目批准号	项目类别	项目负责人	工作单位
大数据时代电子文件的证据规则与管理法制建设研	16BFX033	一般项目	刘品新	中国人民大学
民事诉讼间接证明研究	16BFX073	一般项目	包冰锋	西南政法大学
我国刑事庭审质证规则研究	16BFX079	一般项目	王晓华	华东政法大学
当代中国的案件事实认定法定主义倾向及治理研究	16BFX092	一般项目	阮堂辉	中南民族大学
刑事言词证据的"危险性"及其与刑事错案的关联	16BFX093	一般项目	王 戬	华东政法大学
当事人平等原则与民事证明减轻体系的建构研究	16BFX094	一般项目	周 翠	浙江大学
中国民事诉讼中的法定证据规则研究	16BFX095	一般项目	吴泽勇	河南大学
打破"窠臼":证据裁判视角下刑事错案防范机制	16XFX010	西部项目	陈 敏	西安理工大学
网络著作权侵权证明责任研究	16CFX060	青年项目	包建华	大连理工大学

说明:本统计表信息来源于全国哲学社会科学规划办公室网站:http://www.npopss-cn.gov.cn/。

附录5.3 教育部人文社会科学研究项目证据科学研究课题立项一览表(2015~2016)

项目名称	项目批准号	项目类型	负责人	工作单位
网络犯罪电子数据证据适用规则研究	15YJA820007	规划基金项目	郭金霞	中国政法大学
法官心证形成机理研究——以民事诉讼为例	15YJA820025	规划基金项目	史长青	上海大学
大数据时代刑事电子数据证据的收集与运用	15YJC820088	青年基金项目	庄乾龙	北京林业大学

续表

项目名称	项目批准号	项目类型	负责人	工作单位
命案口供治理与错案预防的政治学	15YJC820061	青年项目	王 峥	中国刑警学院
刑事庭审质证规则研究	16XJA820001	规划基金项目	潘金贵	西南政法大学
税务诉讼证明责任规则研究	16XJC820001	青年基金项目	敖玉芳	贵州师范大学
审判中心主义改革与证据法调控	16YJC820005	青年基金项目	樊传明	华东师范大学
审判中心视域下的司法假定方法检验研究	16YJC820009	青年基金项目	韩振文	山东理工大学

说明：本统计表信息来源：中国高校人文社会科学信息网：https：//www.sinoss.net/index.html；教育部网站：http：//www.moe.edu.cn/s78/A13/A13_gggs/。

附录5.4 最高人民法院实证项目证据科学研究课题立项一览表（2015~2016）

项目名称	项目类型	主持人	工作单位
完善诉讼中司法鉴定制度研究	2015年审判理论一般课题	朱旭光 郭 华 张 丽	山东省泰安市中级人民法院 中央财经大学 天津市和平区人民法院
基层法院民事司法鉴定制度实证研究	2015年审判理论自选课题	刘振红 郝兴军	安阳师范学院 安阳市龙安区人民法院
涉家暴刑事案件专家证人出庭研究	2015年审判理论自选课题	徐建新	浙江省温州市中级人民法院
电子数据的司法证明体系	2015年审判理论自选课题	曾宪文	最高人民检察院方圆杂志社
刑事庭审实质化问题研究	2016年重大课题	王海萍 左卫民	四川省高级人民法院 四川大学

续表

项目名称	项目类型	主持人	工作单位
关于以审判为中心视野下的非法证据排除规则适用问题的统计分析	2016年司法统计分析课题		上海市高级人民法院
关于贿赂案件非法言词证据排除问题的统计分析	2016年司法统计分析课题		江西省高级人民法院
关于庭审规范化问题的统计分析	2016年司法统计分析课题		四川省高级人民法院

附录5.5 最高人民检察院实证项目证据科学研究课题立项一览表（2015~2016）

项目名称	项目批准号	项目类型	负责人	工作单位
直接言辞原则的落实与公诉质量提升	GJ2015C16	一般课题	周晓燕	北京市人民检察院第一分院
直接言辞原则的落实与公诉质量提升	GJ2015C17	一般课题	孙 远	中国青年政治学院法学院
检察官质证问题研究	GJ2015C30	一般课题	戴 飞 杨宇冠	江苏省盐城市人民检察院、中国政法大学
保证刑事案件证人出庭对策	GJ2015D06	自筹经费	冯 翔	南京审计学院
职务犯罪跨境追逃中的证据问题研究	GJ2015D07	自筹经费	冯俊伟	山东大学法学院
刑事间接证据定案功能研究	GJ2015D08	自筹经费	张 喜	甘肃省天水市人民检察院
职务犯罪嫌疑人供述激励机制研究	GJ2015D16	自筹经费	彭玉伟	中国人民公安大学
"以审判为中心"背景下的刑事诉讼证据审查	GJ2016C09	一般课题	陆而启	厦门大学

续表

项目名称	项目批准号	项目类型	负责人	工作单位
"以审判为中心"背景下的刑事诉讼证据审查	GJ2016C10	一般课题	李　勇	江苏省南京市建邺区人民检察院
"以审判为中心"背景下的刑事诉讼证据审查	GJ2016C11	一般课题	马贵翔	复旦大学
"以审判为中心"背景下证人出庭作证的公诉应对	GJ2016C12	一般课题	欧秀珠	福建省人民检察院
"以审判为中心"背景下的举证质证方式改革	GJ2016C13	一般课题	言文静	湘潭大学
"以审判为中心"背景下的举证质证方式改革	GJ2016C14	一般课题	李　明 韦晓一	广州大学、广东省人民检察院
大数据在检察工作中的运用及风险防范——以职务犯罪侦查为视角	GJ2016C47	一般课题	俞波涛 刘品新	江苏省镇江市人民检察院 中国人民大学
"以审判为中心"背景下职务犯罪案件侦查阶段证明标准体系研究	GJ2016D08	自筹经费	刘记福 赵　钧	湖南工业大学 湖南省人民检察院
"以审判为中心"背景下的刑事诉讼举证质证方式改革	GJ2016D09	自筹经费	李卫东	内蒙古大学
"以审判为中心"背景下的公诉证明标准研究	GJ2016D11	自筹经费	李　辞	福州大学
论强制医疗程序中检察机关的举证责任	GJ2016D28	自筹经费	朱新武	安徽省淮南市人民检察院

附录5.6 司法部国家法治与法学理论研究项目证据科学研究课题立项一览表（2015～2016）

课题名称	课题批准号	课题类型	负责人	工作单位
法医精神病鉴定质量控制对策研究	15SFB2020	一般课题	蔡伟雄	司法部司法鉴定科学技术研究所
电子签名证据的认定路径与证据体系	15SFB2021	一般课题	刘满达	宁波大学
证据分析的认知机制与偏差控制研究	15SFB3017	中青年	蔡艺生	西南政法大学
大数据背景下电子取证问题研究	15SFB3018	中青年	蒋洁	南京信息工程大学
脑电心理生理证据科学性研究	15SFB5021	专项	刘洪广	中国人民公安大学
法官认知风格对司法裁判的影响	16SFB2002	一般课题	范凯文	上海交通大学
美国警察拍身搜查规则研究——以特里盘查为视角	16SFB2014	一般课题	杨曙光	烟台大学
审判中心主义视角下刑事涉案财物处理机制研究	16SFB2025	一般课题	张泽涛	中央民族大学
司法鉴定立法研究	16SFB2026	一般课题	邓甲明	司法部司法鉴定管理局
疑难案件中法官决策的认知风格研究	16SFB3006	中青年	谢小瑶	宁波大学
警察出庭作证制度的落实问题研究	16SFB3022	中青年	姬艳涛	中国人民公安大学
环境民事公益诉讼证明责任分配研究	16SFB3048	中青年	刘显鹏	中南民族大学

说明：本统计表信息来源：中国高校人文社会科学信息网：https://www.sinoss.net/uploadfile/2016/1102/20161102111105100.pdf；司法部网站：http://www.moj.gov.cn/yjs/node_30056.htm。

附录5.7 中国法学会项目证据科学研究课题立项一览表（2015~2016）

课题名称	课题批准号	课题类型	负责人	工作单位
法官决策的影响因子与心理机制研究	CLS（2015）B07	重点项目	陈林林	浙江大学光华法学院
我国刑事陪审制度改革中事实问题与法律问题的区分	CLS（2015）B11	重点项目	陈学权	对外经贸大学法学院
庭审实质化实现路径研究	CLS（2015）C45	一般项目	张斌	四川大学法学院
庭审实质化问题研究	CLS（2015）C46	一般项目	张学群	云南省高级人民法院
审判中心主义视角下行政执法证据准入问题研究	CLS（2015）C50	一般项目	孙远	中国青年政治学院
落实非法证据排除法律制度实证研究	CLS（2015）Y14	青年调研项目	张健	江苏大学文法学院
刑事辩护与非法证据排除规则的完善	CLS（2015）Y15	青年调研项目	牟绿叶	浙江大学光华法学院
环境民事案件证明问题研究	CLS（2015）D077	自选项目	王倩	湖北经济学院法学院
网络犯罪证明体系研究	CLS（2015）D115	自选项目	王志刚	重庆邮电大学法学院
即时通讯工具的证据效力及其采认规则研究	CLS（2015）D118	自选项目	刘显鹏	中南民族大学法学院
大数据环境中电子取证障碍分析与对策研究	CLS（2015）D119	自选项目	蒋洁	南京信息工程大学公共管理学院
审判中心主义视角下侦讯录像效能提升路径研究	CLS（2016）C32	一般课题	朱奎彬	西南交通大学
以审判为中心的证据制度改革研究	CLS（2016）C34	一般课题	戴长林	最高人民法院

续表

课题名称	课题批准号	课题类型	负责人	工作单位
人民陪审员主要进行事实认定实证研究	CLS（2016）C35	一般课题	胡云红	国家法官学院
"互联网+"时代的电子取证问题研究	CLS（2016）C39	一般课题	朱节中	南京信息工程大学
数字网络时代美国宪法第四修正案问题研究——以警察电子数据取证与公民宪法隐私保护为研究视角	CLS（2016）C51	一般课题	高荣林	湖北警官学院
刑事专家辅助人的角色定位与制度建构——以司法证明的科学化为视角	CLS（2016）C58	一般课题	封利强	浙江工商大学
知识产权诉讼消费者调查证据研究	CLS（2016）Y20	青年调研课题	湛茜	华东师范大学
损害赔偿诉讼中的司法认知与策略行为研究	CLS（2016）D03	自选课题	杨彪	中山大学
刑事庭审实质化的理论与实践	CLS（2016）D115	自选课题	熊焱	四川省高级人民法院
两岸共同打击电信诈骗犯罪中的证据问题研究	CLS（2016）D116	自选课题	冯俊伟	山东大学
刑事案件"诉前会议"制度研究	CLS（2016）D117	自选课题	吴高庆	浙江工商大学
损害赔偿诉讼中的司法认知与策略行为研究	CLS（2016）D03	自选课题	杨彪	中山大学
鉴定纠纷及其解决机制——基于民事司法鉴定的实践逻辑	CLS（2016）D126	自选课题	陈如超	西南政法大学
民事诉讼中法官调查取证权研究	CLS（2016）D127	自选课题	袁中华	中南财经政法大学

说明：本统计表信息来源于中国法学会网站：https：//www.chinalaw.org.cn/Column/Column_View.aspx?ColumnID=895&InfoID=22184；http：//www.chinalaw.org.cn/Column/Column_View.aspx?ColumnID=895&InfoID=17686.

　　《中国证据法治发展报告2015~2016》是首次改版为双年卷的集体合作研究成果，它凝聚了国家"2011计划"司法文明协同创新中心、中国政法大学证据科学教育部重点实验室师生和有关协同单位研究人员的共同努力和心血。我们衷心感谢编写组全体成员为本书出版所做出的贡献！

　　本书具体分工如下：

　　张保生、王旭：序言：2015~2016年中国证据法治前进的步伐。

　　张中：第一篇第一部分证据立法进展综述（一）法律，（二）司法解释；第二篇第二部分证据法学研究进展（八）法院取证与证据保全。

　　简乐伟：第一篇第一部分证据立法进展综述（三）行政法规、部门规章。

　　房保国：第一篇第一部分证据立法进展综述（四）地方性证据规定，第一篇第二部分证据司法实践发展综述（三）公安机关证据制度建设。

　　冯俊伟：第一篇第一部分证据立法进展综述（五）国际条约，以及第二篇第二部分证据法学研究进展（一）证据法理论基础和体系。

　　郑飞：第一篇第二部分证据司法实践发展综述（一）人民法院证据制度建设。

　　张洪铭：第一篇第二部分证据司法实践发展综述（二）人民检察院证据制度建设。第二篇第二部分证据法学研究进展（三）证据开示，以及附录5.2~5.7。

　　王世凡：第一篇第三部分司法鉴定制度建设综述；第二篇第五部分证据科学研究成果选介（三）法庭科学著作选介，以及附录1.2、附录1.3、附录2.2、附录3.2、附录5.1。

樊传明：第一篇第四部分司法实践中的证据制度建设。

谢步高：第二篇第二部分证据法学研究进展（四）科学证据与司法鉴定。

张伟：第二篇第一部分证据科学研究进展。

黄石：第二篇第二部分证据法学研究进展（二）证据属性与事实认定。

吴丹红：第二篇第二部分证据法学研究进展（五）言词证据。

吴洪淇：第二篇第二部分证据法学研究进展（六）证据排除规则，第二篇第四部分证据科学教育进展（一）证据科学研究项目。

戴锐：第二篇第二部分证据法学研究进展（七）证明责任和证明标准。

尚华：第二篇第二部分证据法学研究进展（九）质证和认证，第二篇第四部分证据科学教育进展（二）证据科学学科建设和人才培养，（三）证据科学课程和教材建设。

褚福民：第二篇第二部分证据法学研究进展（十）推定与司法认知，以及附录1.1，附录2.1，附录3.1和附录4。

刘良、黄锶哲：第二篇法庭科学研究进展（一）法医病理学。

王旭：第二篇法庭科学研究进展（二）法医临床学。

马长锁：第二篇法庭科学研究进展（三）司法精神病学。

李成涛：第二篇法庭科学研究进展（四）法医生物学。

杨旭：第二篇法庭科学研究进展（五）文件检验学。

郝红霞：第二篇法庭科学研究进展（六）毒物毒品检验学。

杨瑞琴、郭亚坤、任翼飞、张洪歌、张天源：第二篇法庭科学研究进展（七）微量物证检验学。

刘晋：第二篇法庭科学研究进展（八）痕迹检验学。

袁泉：第二篇法庭科学研究进展（九）交通事故鉴定。

曾锦华、卢启萌：第二篇法庭科学研究进展（十）声像资料鉴定。

许晓东：第二篇法庭科学研究进展（十一）电子数据鉴定。

证据法学部分副主编：褚福民

法庭科学部分副主编：袁丽

张保生　王　旭
2017年11月21日

声 明
1. 版权所有，侵权必究。
2. 如有缺页、倒装问题，由出版社负责退换。

图书在版编目（CIP）数据

中国证据法治发展报告.2015-2016/张保生，王旭主编.—北京：中国政法大学出版社，2018.7
ISBN 978-7-5620-8051-0

Ⅰ.①中⋯ Ⅱ.①张⋯ ②王⋯ Ⅲ.①证据－法律－研究报告－中国－2015-2016 Ⅳ.①D925.013.4

中国版本图书馆CIP数据核字(2018)第124573号

出 版 者	中国政法大学出版社
地　　址	北京市海淀区西土城路25号
邮寄地址	北京100088 信箱8034分箱　邮编100088
网　　址	http://www.cuplpress.com （网络实名：中国政法大学出版社）
电　　话	010-58908289(编辑部) 58908334(邮购部)
承　　印	固安华明印业有限公司
开　　本	720mm×960mm　1/16
印　　张	46
字　　数	760千字
版　　次	2018年7月第1版
印　　次	2018年10月第2次印刷
定　　价	108.00元